Liao Yiwu

DIE DONGDONG-TÄNZERIN UND DER SICHUAN-KOCH

Geschichten aus der chinesischen Wirklichkeit

Aus dem Chinesischen
von Hans Peter Hoffmann

S. FISCHER

Für die deutsche Ausgabe:
© S. Fischer Verlag GmbH, Frankfurt am Main 2013

Satz: Druckerei C. H. Beck, Nördlingen
Druck und Bindung: CPI books GmbH, Leck
Printed in Germany
ISBN 978-3-10-044816-3

Inhalt

Vier Lehrmeister

VORWORT DES AUTORS

Ich bin am 19. Tag des sechsten Monats nach dem chinesischen Bauern-
kalender geboren. Nach dem, was die alten Leute sagen, ist das der Tag,
an dem Boddhisattva Guanyin, die Retterin aus Kummer und Not, die
Erleuchtung erlangt hat. Ein großer Tag. Doch direkt darauf folgte die
fürchterliche Hungersnot von 1959 bis 1962, und landesweit verhunger-
ten zig Millionen Menschen. Mein längst verstorbener Vater hat mir
einmal erzählt, mit gut einem Jahr sei mein Körper voller Ödeme und
mein kleines Glied ganz durchsichtig gewesen, selbst zum Weinen hätte
mir die Kraft gefehlt. Zum Glück habe ein alter Arzt der chinesischen
Medizin am Niushikou in Chengdu mich von der Schwelle des Todes
zurückgeholt und mir mein kleines Leben gerettet. Mein Vater erzählte
weiter, durch die Behandlung des alten Arztes seien zuerst die Geschwüre
weggegangen und anschließend habe er für ergänzende Nahrung gesorgt.
Schließlich habe man mich über mehrere Monate hinweg jeden Morgen
und jeden Abend über einen Eisentopf gehalten, in dem alle möglichen
Kräuter köchelten, und mir das gelbe Wasser, wie das die chinesische
Medizin nennt, Tropfen für Tropfen aus dem Körper gepresst.

Auf diese Weise wurde der Hunger mein erster Lehrmeister, er hat
mich meine ganze Kindheit über verfolgt; und obwohl er meine Entwicklung nachhaltig beeinflusste, ich in allem hinterher war und noch mit
vier Jahren Schwierigkeiten mit dem Laufen hatte, so hat er doch
meinen Geschmack geschärft und schlussendlich die Art und Weise
meines Schreibens bestimmt.

Ich war gerade in die Volksschule gekommen, als die Kulturrevolution
ausbrach und die Familie auseinandergerissen wurde. Meine Mutter ist
mit mir und meiner kleinen Schwester aus Yanting, einer Kleinstadt im
Norden von Sichuan, auf eigene Faust nach Chengdu gezogen, wo sie
bei einer jüngeren Schwester ihrer Mutter, der Frau eines ehemaligen

Bürokraten der Guomindang, unterkam. Darauf folgten unzählige weitere Umzüge und unzählige Überprüfungen – ich erinnere mich, ich war neun Jahre alt, als meine Mutter mitten in der Nacht als angeblich flüchtige Grundbesitzerin zur Polizeistation vor Ort gebracht und verhört wurde. Von da an waren mir diese typisch chinesischen Bezeichnungen »Schwarzwohner« und »Schwarzer Haushalt« in die Seele gebrannt, sie wurden mein zweiter Lehrmeister. Noch viele Jahre später stand ich unter der Kuratel dieses strengen »Zuchtmeisters«. Um die Schande, mit der ich geboren war, abzuwaschen und auch, um diesen Lehrer-Schüler-Komplex, in dem sich alle möglichen Gefühle der verschiedensten Lebensabschnitte vermischten, in Ordnung zu bringen, habe ich mich freiwillig noch viel tiefer sinken lassen und bin noch mit einer Vielzahl von »Schwarzwohnern aus Schwarzen Haushalten« in Kontakt gekommen – die Intelligenz unseres Landes definierte sie oder uns als die »schweigende Mehrheit«.

Ich ernannte mich selbst zum »Aufnahmegerät der Epoche«, schrieb die »Gespräche vom Bodensatz der chinesischen Gesellschaft«* und traf damit den Nerv des offiziellen China. Sie kamen gar nicht auf die Idee, den besonderen Hintergrund des Autors als eines »Schwarzwohners aus einem Schwarzen Haushalt« in Rechnung zu stellen, auch wenn ich bereits öffentlich bekannt hatte: Dieses Buch ist ein Buch voller Narben und »ohne jede Scham«. Bei all dem Blut, all dem Leid und all der Schande können Leute wie wir nur überleben, wenn wir jede Scham fallen lassen. Nur so, in der Geschäftigkeit von Kakerlaken, können wir ein normales Leben führen.

Mein dritter Lehrmeister war die Obdachlosigkeit. Unter dem Ansturm der Kulturrevolution wurde meine Familie in alle Himmelsrichtungen zerstreut, ich selbst verkam zu einem Penner, sprang auf Wagen auf, aß, ohne zu zahlen und ohne zu arbeiten, lebte von Kinderarbeit, fälschte Reisepapiere und Behördenstempel, trieb mich auf den Fernstraßen in den Bergen herum, hauste in den Strohhütten von Verwandten, die in ihren Bauerndörfern in bitterster Armut lebten – das Einzige, was ich zum Glück nicht machte, war betteln und stehlen. Da ich meine Zeit mit Nichtstun verbrachte, bin ich nach dem Ende der Kulturrevolution viermal durch die Aufnahmeprüfung für die Universität gefallen. Beim fünften Mal kam ich auf Empfehlung des offiziellen Schriftstel-

---

* Liao Yiwu, *Fräulein Hallo und der Bauernkaiser*, übers. v. H. P. Hoffmann u. B. Höhenrieder, S. Fischer Verlag, Frankfurt a. M. 2002.

lerverbandes ohne Prüfung in die Schreibklasse der Universität Wuhan, doch weil ich mir in jungen Jahren auf meinen Wanderschaften schlechte Angewohnheiten zugelegt hatte, bin ich ständig angeeckt und schließlich von der Schule geflogen – der Stimulus dieser unablässigen »Erziehung im Ausnahmezustand« hatte in mir eine Dichternatur reifen lassen, die etwas von einem streunenden Köter hatte. Während der gesamten 80er Jahre, also während der gesamten Zeit meiner Jugend, habe ich mich im Land herumgetrieben, so wie die modernen Literaten im Westen eine Generation zuvor, ich habe Gedichte geschrieben, Lesungen veranstaltet, mich herumgeprügelt und inoffizielle Publikationen herausgebracht. Dies alles hat auf verschiedenste Weise meinem späteren Leben und Schreiben seinen Stempel aufgedrückt.

Parallel zur Nacht des großen Massakers auf dem Platz des Himmlischen Friedens las ich dann das Gedicht »Massaker«, und wie ich in diesem Gedicht ausrief: *Chinesen haben kein Haus. Unser Haus ist eine warme Sehnsucht. In diesem Wunsch lasst uns sterben!* und mich so gegen die absolute innere wie äußere »Obdachlosigkeit«, die mein dritter Lehrmeister mir aufzwang, auflehnte, zeigte mein vierter Lehrmeister, das Gefängnis, zur rechten Zeit sein blutiges Eisengesicht. Der Ort, an dem ich verhaftet wurde, nannte sich »Rindhornbucht«. Der Staat hatte an den Enden dieser Bucht zuvor zehn bis zwanzig Polizisten in den Hinterhalt platziert, wackere Bullen; aus dem Ganzen hätte man einen Lehrfilm machen können über Einkreisung und Unschädlichmachung von Topkillern. Die großartige Aktion zur Aufnahme eines neuen Schülers des Lehrmeisters Gefängnis übertraf alle meine Erwartungen. Es folgte eine Leibesvisitation, und ich war noch nicht wieder zu mir gekommen, als ich, dieser schlechte, mit literarischen Ambitionen vollgestopfte Student, auch schon auf dem Flur des Untersuchungsgefängnisses zu Boden gedrückt und bis auf die Haut ausgezogen wurde. Der Leser mag nun meinen, ich hätte mir das in Klippschulen übliche Education-Board eingehandelt – dem war nicht so, man fuhr mir mit Essstäbchen im Anus herum und suchte da drin nach etwas, was da nicht hineingehörte.

Was daraufhin geschah, steht in meinem Buch *Für ein Lied und hundert Lieder**. Um mich meinem vierten Lehrmeister nachhaltig dankbar

---

* Liao Yiwu, *Für ein Lied und hundert Lieder. Ein Zeugenbericht aus chinesischen Gefängnissen*, übers. v. H. P. Hoffmann, S. Fischer Verlag, Frankfurt a. M. 2011.

zu zeigen, der den Dichter in mir zum Zeugen komprimierte, werde ich in alle Vergangenheit, Gegenwart und Zukunft dieses mein »neues Leben« nicht mehr vergessen. Ich bin dem Gefängnis dankbar, es hat mich von morgens bis abends mit so vielen verschiedenen Menschen zusammengesteckt, mit zum Tode Verurteilten, mit Konterrevolutionären, mit Menschenhändlern, mit einem Bauernkaiser, mit großen Räubern und Schwindlern – es sei, so der Rechtsabweichler und Dichter Liu Shahe, eine besondere Fügung, dass die Richtung meines Schreibens auf diese Weise von Grund auf umgekehrt worden sei.

Das Gefängnis war mein letzter Lehrmeister, und obwohl schon viele Jahre seit meiner Entlassung vergangen sind, lebe ich immer noch in einem großen unsichtbaren Gefängnis. In meinen Träumen bin ich immer auf der Flucht, wenn ich aufwache, habe ich Krämpfe. In meinen Träumen schreie ich: Ich will nicht Chinese sein!, aber ich muss doch in diesem Bett schlafen, und das Bett steht in China. Ich bin versessen darauf, anderen gute Ratschläge zu geben und Pläne für ihren illegalen Grenzübertritt zu spinnen, ich selbst aber sitze immer nur da und schwelge in dem Gefühl, ein »ideologischer Verbrecher« zu sein. Die Unbezähmbarkeit meiner Gedanken, die Unbezähmbarkeit meiner Füße und die unausweichlichen Auseinandersetzungen mit der Polizei haben mir zwei Scheidungen und über zehn Ablehnungen von Ausreiseanträgen eingebracht. Ob mein Vaterland aus übergroßer Liebe so besorgt ist, der streunende Köter könnte nicht wiederkommen, wenn er erst einmal weg ist? Oder sollten die Beamten der Sondereinheit, die mich seinerzeit verhaftet haben, auf einmal für Ein- und Ausreise zuständig sein und tiefere Anhänglichkeiten für ihre ehemaligen Häftlinge empfinden? Ich bin mir da nicht sicher. Ich habe nur das Schreiben, und neben dem Schreiben wieder nur das Schreiben. Wenn ich nicht schreibe, ist mein Leben leer, öde, oberflächlich, ohne Erinnerung und kommt einem langsamen Selbstmord nah; und das Schreiben ist Mühsal, eine endlose Mühsal.

Wieder sind ein paar Jahre im Flug vergangen, die Geschichten vom Bodensatz der Gesellschaft sind eine nach der anderen fertig geworden oder werden gerade fertig. Immer wieder sage ich mir: Hör auf! Willst du kein Zuhause? Selbst ein verdammter streunender Köter hat einen Platz, wo er hingehört. Aber das ist das Leben; dieser Kraft, die einen vorantreibt, dieser von oben kommenden, unsichtbaren Kraft kann man nicht entkommen.

Doch in diesem Augenblick legen sich mir all die Freunde und

Feinde, die meinen Werdegang begleitet haben, um die Schultern wie das Licht einer Wintersonne.

Ich danke meinem ersten Lehrmeister, dem Hunger – auch wenn es mir heute an nichts fehlt, ist mit dem Fortschreiten der Zeit meine Sorge um die Welt tiefer geworden, und der Hunger nach Freiheit brennt heftiger als jeder Hunger des Körpers.

Ich danke meinem zweiten Lehrmeister, dem Schwarzwohnen – als »Schwarzwohner« war ich über 20 Jahre von den Behausungen der Menschen abgeschnitten und habe in meinen eigenen vier Wänden oft genug meine »vorläufige Aufenthaltsgenehmigung« vorzeigen müssen. Dieses ohnmächtige Gefühl der Erniedrigung ist immer wieder der Nährboden für mein Schreiben gewesen und hat mich dem Gefühl nach und in Wirklichkeit mit den Massen auf dem Bodensatz der chinesischen Gesellschaft auf die gleiche Stufe gestellt.

Ich danke meinem dritten Lehrmeister, der Obdachlosigkeit – wieder sind ein paar Jahre vorübergerauscht, in denen ich kein festes Dach über dem Kopf hatte, monatelang nicht aus den Kleidern gekommen bin, vor allem nicht aus den Socken, ich durfte die Schuhe gar nicht mehr ausziehen, hätte nicht gedacht, dass ich in meinem Alter noch mit den Jungen auf der Piste sein würde. Aber auch das ist das Leben – waren denn die alten Grundbesitzer, zu denen ich für ein Interview über Berge und Täler gewandert bin und die viel stärker waren als ich und ein Leben lang nicht aus ihren Bergnestern herausgekommen sind, nicht genauso ausgebeutet und schlechter behandelt worden als Schweine und Hunde?

Und ich danke meinem vierten, letzten Lehrmeister, dem Gefängnis – nach einem halben Leben in der Umerziehung tue ich längst, was die Umerziehungsorgane verlangten, ich habe mich vollständig umgekrempelt und bin von Grund auf ein neuer Mensch geworden. Um mich diesem Lehrmeister erkenntlich zu zeigen, habe ich als nunmehr »berühmter Bauchladenschriftsteller«, der der Polizei eine Menge Kopfzerbrechen bereitet, mit übermenschlicher Energie gut 300 »Unterdrückte« ausfindig gemacht und mit ihnen ein China dokumentiert, das sonst für immer im Dunkeln geblieben wäre.

DIAO BU'ER,
EIN SPIELER IN GLAUBENSFRAGEN

Am Nachmittag des 13. April 2010 schlendere ich durch den Yu'er-Park in der Altstadt von Dali, wo ich meinem alten Freund Diao Bu'er, den ich schon seit Jahren nicht mehr gesehen habe, in die Arme laufe. Ich bin ziemlich überrascht. Wir verbeugen uns, setzen uns hin und erzählen einander, wie es uns so ergangen ist. Meinen guten Diao Bu'er mit seiner miesen Visage hat der Weg des Glaubens durch alle Höhen und Tiefen geführt. Nach dem ganzen Begrüßungshallo fällt mir ein, dass seine beiden Eltern Professoren waren. Die kultivierten Kreise, in denen sie lebten, haben ihn von klein auf geprägt, Mitte der 90er Jahre hat er die Universität abgeschlossen und die ihm zugewiesene Arbeit bei der Redaktion eines Zeitungsverlags in Chengdu angetreten; im Handumdrehen war er frisch verheiratet und eigentlich am Ziel seiner Wünsche, als er das Foto einer Falun-Gong-Übung mit dem einer normalen Qigong-Übung verwechselte: Es prangte an der linken Ecke der Unterhaltungsseite, übte einen »schlechten gesellschaftlichen Einfluss« aus und brachte ihm natürlich die Suspendierung und eine Untersuchung ein.

Auf dem Tiefpunkt seines Lebens lernte er mich kennen, seinen »reaktionären Saufkumpan«. In dem Sommer damals hat er oft mitten in der Nacht vor den sieben Stockwerken gestanden und mit seiner scheppernden Stimme, die klang wie ein kaputter Gong, geschrien: »Lass uns was essen und trinken gehen!«, was regelmäßig erschrockene Nachbarn auf den Plan rief: »Müsst ihr hier rumgeistern?«

Doch eines Tages stand in aller Herrgottsfrühe nicht er, sondern seine Frau vor dem Haus und erzählte, Diao Bu'er sei nicht nach Hause gekommen, ob ich eine Ahnung hätte, wo er geblieben sei? Ich hatte die Augen noch nicht richtig auf, konnte keinen klaren Gedanken fassen und schlafwandelte noch. Und dann sagt mir viele Jahre später derselbe Diao Bu'er im brandenden Sonnenlicht von Yunnan, er schlafwandle noch immer. Die hastigen Gäste auf dieser Welt seien alle Schlafwandler.

Er war so durcheinander, dass er eine Religion nach der anderen hinter sich ließ, ohne sich wirklich vom Glauben trennen zu können.

—⟿—

LIAO YIWU: Hast du dich immer noch nicht für einen Glauben entschieden?

DIAO BU'ER: Doch, ich bin Christ.

LIAO YIWU: Und davor?

DIAO BU'ER: War ich Lamaist.

LIAO YIWU: Und davor?

DIAO BU'ER: Chinesischer Buddhist, die Sekte vom Reinen Land.

LIAO YIWU: Und vor dem Reinen Land?

DIAO BU'ER: War ich Daoist.

LIAO YIWU: Und wieder davor?

DIAO BU'ER: Die Bahai-Sekte.

LIAO YIWU: Und wieder davor?

DIAO BU'ER: Davor habe ich mit Feuereifer den Koran studiert und hätte beinahe auch daran geglaubt.

LIAO YIWU: Und wieder davor?

DIAO BU'ER: Davor war ich schon einmal Christ.

LIAO YIWU: Und davor?

DIAO BU'ER: Habe ich mich mit dem Bai-Volk herumgetrieben, ihre Tempel besucht, Räucherkerzen angezündet und vor ihren Göttern Kotau gemacht. Du weißt so gut wie ich, dass in den paar hundert Benzhu-Dorftempeln* in der Ebene von Dali zwischen dem Cang-Berg und dem Erhai-See Tausende von regionalen Göttern verehrt werden. Religion, Geschichte, Mythologie, Volkslegenden – am Himmel und auf der Erde gibt es alles, was das Herz begehrt. Es ist wie eine Götzenversammlung und wirkt ein bisschen wie die Parlamente im Westen. Aber etwas hat mich geschafft damals, stell dir vor, irgend so ein kleines Tempelchen von zehn Quadratmetern und alles voller Pilger, man kann sich überhaupt nicht mehr rühren, aber auf den Schreinen ist alles pickepacke voll: der Drachenkönig der Vier Meere, die Türgötter der fünf Daos, Laozi, Konfuzius und Guanyin. In einem Tempel wurden über fünfzig Götter verehrt, die haben auf der Vorderseite des Schreins gar nicht alle Platz, also biegt man sie um die Ecke; wenn man da reinkommt, ist man von Göttern umzingelt.

LIAO YIWU: Wo kommen denn diese Götter alle her?

DIAO BU'ER: Das war ein ganz abgelegenes Fischerdorf, jedes Jahr aufs Neue ist hier der Roman *Die Reise in den Westen*** der Hit, in sämtlichen Familien kann man die Namen der Unsterblichen aus dem Effeff herunterrappeln: der Affenkönig Sun Wukong, das Schwein Zhu Bajie, die Mönche Xuanzang und Sha Wujing, der Jadekaiser, die Mutter der Westens, der barfüßige Unsterbliche, die achtundzwanzig Sternbilder … es ist einfach viel zu viel, selbst Wu Cheng'en, der Autor des Romans, wird zu den erleuchteten Unsterblichen gerechnet …

---

* Benzhu-Tempel, eigentlich Tempel der »örtlichen Schutzgottheiten«, sind eine Form der Verehrung, die es nur beim Volk der Bai gibt.

** *Die Reise in den Westen*, einer der vier klassischen Romane von Wu Cheng'en (ca. 1500 bis ca. 1582, Ming-Dynastie), basiert auf der wahren Geschichte des Mönchs Xuanzang, der während der Tang-Dynastie in den Westen, nach Indien, reiste, um die heiligen Schriften des Buddhismus nach China zu holen. Der Roman ist mit vielen phantastischen und komischen Geschichten aus Volkssagen und Mythen verwoben und nicht zuletzt wegen der Komik seiner Figuren einer der beliebtesten klassischen Romane.

LIAO YIWU: Aber das ist doch nicht viel, im Lohan-Tempel in der Kreisstadt Xindu drängen sich fünfhundert Lohans, und nicht einer wird ausgelassen.

DIAO BU'ER: Pro Gott ein Räucherstäbchen und einen Kotau, da braucht man ja zwei Stunden, bis man fertig ist.

LIAO YIWU: Kann man denn nicht für alle Götter zusammen ein Räucherstäbchen anzünden und einen Kotau machen?

DIAO BU'ER: Man darf sich doch die Riten für die Götter nicht so einfach machen! Ich widme einem einzigen Gott sogar immer drei Räucherstäbchen und drei Kotaus.

LIAO YIWU: Da wird einem doch schwindlig, oder?

DIAO BU'ER: Man schwitzt wie ein Schwein. Es ist wie im Fitnesscenter.

LIAO YIWU: Du hast ein erfülltes Leben.

DIAO BU'ER: Ich weiß wirklich manchmal nicht mehr, wo mir der Kopf steht.

LIAO YIWU: Du bist auch schon abgemagert bis auf die Knochen.

DIAO BU'ER: Bei dem großen Erdbeben in Sichuan damals war ich noch dünner, ich habe ausgesehen wie eine Mumie. Einmal bin ich nach Xiaguan gepilgert, am helllichten Tag, da hat mich ein plötzlicher Wirbelwind von einem Augenblick auf den anderen hochgerissen und über zehn Meter durch die Luft gewirbelt. Ich knallte in den Staub und habe mir beinahe den Steiß gebrochen. Aus Schaden wird man klug, ich fand, ich sollte noch mehr Kotaus machen, ich war noch nicht umsichtig genug, das war bestimmt ein Gott gewesen, der sich vernachlässigt gefühlt hat. Deshalb habe ich mich, um alle Götter gleich zu behandeln, und auch, um mich nicht zu Tode zu schuften, von den Benzhu-Tempeln der Bai abgewandt.

LIAO YIWU: Wegen eines einzigen Augenblicks gleich alles über den Haufen geworfen?

DIAO BU'ER: Es reichte.

LIAO YIWU: Das klingt ein bisschen voreilig.

DIAO BU'ER: Voreiligkeit ist ein Kennzeichen unserer Zeit. Der Glaube, das ist wie eine Heirat, ganz am Anfang hofft jeder, dass man zusammen alt wird und für immer ein Herz und eine Seele bleibt, aber das Ende vom Lied ist, dass die Scheidungsraten von Tag zu Tag steigen. Bei den normalen Nach-Siebziger- und Nach-Achtziger-Familien ist es schon nicht schlecht, wenn sie zwei, drei Jahre halten.

LIAO YIWU: Ich habe erlebt, dass eine Familie nach knapp vierzehn Tagen auseinanderbrach.

DIAO BU'ER: Ich habe sogar erlebt, dass man sich direkt nach der Hochzeit hat scheiden lassen, wie im Theater. Deshalb sind jetzt Ehen auf Probe in Mode, so wie insgeheim auch der Glaube auf Probe.

LIAO YIWU: Der Vergleich hinkt. Bei einer Ehe auf Probe wohnt man zusammen, aber wer wohnt bei einem Glauben auf Probe zusammen?

DIAO BU'ER: Da wohnt man mit den jeweiligen Göttern zusammen. Wenn man innerlich bewegt bleibt, wenn einem der Glaube bleibt, dann bis dass der Tod euch scheidet.

LIAO YIWU: Götter können nicht mit Menschen zusammenwohnen, geschweige denn mit ihnen ins Bett gehen.

DIAO BU'ER: Deshalb wird das mit dem Glauben ja auch immer schwieriger.

LIAO YIWU: Ich habe eher den Eindruck, das mit dem Glauben fällt dir immer leichter.

DIAO BU'ER: Ich bin Sternzeichen Zwilling, ich habe Blutgruppe B, ich bin empfindlich und hin und her geworfen wie eine Kalebasse auf dem Wasser, ich folge mit Haut und Haaren der Strömung. Ich sehne mich nach Vertrautheit, aber ich fürchte mich vor Bindungen. Frauen können das noch, die suchen sich einen Mann und schlagen Wurzeln, aber Männer, Männer sind Gesellschaftstiere, die können nur mit Hilfe übernatürlicher Kräfte Wurzeln schlagen.

LIAO YIWU: Die übersinnlichen Kräfte sind im islamischen Fundamentalismus am stärksten, etwa bei den Taliban in Afghanistan, die haben sogar einen über zweitausend Jahre alten großen Bamiyan-Buddha in die Luft gejagt.

DIAO BU'ER: Den hätte ich mir sowieso nicht ansehen können. Aber die Moscheen in der Altstadt und in der Umgebung von Dali, die habe ich mit Respekt betrachtet. Es gab Tage, da bin ich den Cang-Berg rauf und auf den Friedhof der Moslems, dort habe ich laut aus dem Koran vorgelesen, bis es mir eine Gänsehaut über den ganzen Körper gejagt hat. Mohammed sagt, ihr müsst das Seil Allahs ergreifen, ihr dürft euch nicht spalten …

LIAO YIWU: Du Weichei …

DIAO BU'ER: Ich habe mich von Grund auf geändert. Habe ein ernstes Gesicht aufgesetzt, wie ein richtiger Moslem, habe morgens, mittags und abends gebadet, morgens, mittags und abends Richtung Mekka gebetet und aus dem Koran vorgetragen. Außerdem habe ich ein ums andere Mal ein Gottesdiensttagebuch geschrieben, die schönsten Stellen habe ich bei den Gebetsstunden meiner Freunde vorgetragen.

LIAO YIWU: Lass hören, ich bin ganz Ohr!

DIAO BU'ER: Ein junger Imam sang Texte aus dem Koran, laut und mit schöner Stimme, und rief damit die Gläubigen von überall her zur Moschee. Unentwegt brachen Blitze durch die Regen- und Rauchschleier der dunklen Altstadt … gut zehn Minuten später begann der Gottesdienst, ein alter Imam führte den Vorsitz, sang wie immer aus dem Koran, aber seine Stimme war heiser. Die Moslems mit ihren weißen Kaftanen und Turbanen warfen sich immer wieder zu Boden, riefen gemeinsam Allah, und ein heftiges Murmeln antwortete. Meine Kehle war ganz trocken, es war, als würde ich das vor mir sehen: wie die Moslems in Scharen ihre Heimat verlassen, auf den Meeren herumirren und in den letzten Zügen gen Westen um Wasser beten. Die alte und raue Stimme klagte wieder und wieder: »Wahrer Gott, gib uns Wasser. Taufe uns. Sättige unseren Durst, jetzt und in Ewigkeit.«

LIAO YIWU: Gar nicht schlecht.

DIAO BU'ER: Das war nicht nur nicht schlecht, ich bin sogar in Tränen ausgebrochen.

LIAO YIWU: Na, dann hättest du dir ein islamisches Mädchen suchen und ganz darin aufgehen sollen.

DIAO BU'ER: Ja, aber eines Tages habe ich ein paar Leute in ein islamisches Restaurant eingeladen, es gab jede Menge Gerichte, der Chef von dem Laden hat über das ganze Gesicht gestrahlt. Der Schnaps machte ein paarmal die Runde und mir fiel auf einmal ein alter »Bebilderter Koran« ins Auge; er lag auf einem Tisch in der Ecke, ich nahm ihn in die Hand und blätterte darin, eigentlich wollte ich bei der Gelegenheit meinen Freunden ein paar Zeilen erklären und etwas gegen ihre feindliche Haltung gegenüber Osama Bin Laden tun, da stürmte der lokale Verschnitt von Bin Laden herein, riss mir den Koran aus der Hand und schrie: »Nicht anfassen!« Auch seine Frau reagierte umgehend und kam mit hocherhobener Schaufel heraus, bereit, mir eins überzubraten. Betrieben die so ihr Restaurant? Ich war wie vor den Kopf geschlagen.

LIAO YIWU: Hast du Alkohol getrunken? Orthodoxe islamische Restaurants verkaufen keinen Alkohol; sie reden nicht davon, aber innerlich verachten sie Leute, die betrunken sind.

DIAO BU'ER: Verstehe. Deshalb haben sie nie etwas zu trinken gewagt, als die Gläser hochgingen. Aber waren er, er und er das wert? Aber, aber, aber mussten die das machen? Egal, wenn etwas nicht geht, muss man ihm aus dem Weg gehen. Also auf Nimmerwiedersehen Islam, auf Nimmerwiedersehen Wüste, heiliger Krieg und Kamele.

LIAO YIWU: Auch wieder ziemlich empfindlich.

DIAO BU'ER: Aber ich war auch ziemlich verletzt. Da öffnet man sich, kriecht zu Kreuze, und dann treten einem die wilden Esel ins Gesicht. Um mich davon zu erholen und meine Freunde das Ganze möglichst rasch vergessen zu lassen, habe ich mich am Weibao-Berg in die Einsamkeit zurückgezogen.

LIAO YIWU: Auf dem heiligen Boden des Daoismus?

DIAO BU'ER: Der hat noch mehr Stil als der Qingcheng-Berg in Sichuan, und auch mehr diese Aura von Unsterblichkeit, so viele steile Felsen, wie es da gibt, und wilde Tiere und Vögel und von Menschen kaum eine Spur. Die Höhle des langen Frühlings, die ich bezog, liegt gerade so im Nabel des Weibao-Bergs, der Erdodem fließt hier gemächlich direkt aus den fünf Organen und sechs Eingeweiden der Erde; wenn man sich an diesen unsichtbaren Odem dranhängt, Schnaps trinkt, in den Klassikern liest, schläft, früh aufsteht, meditiert, sich durch Atemübungen verjüngt, sich richtig ins Zeug legt und alle Widrigkeiten der Welt fahren lässt, dann kann man das spüren: »Das Dunkle des Dunklen, das ist das Tor zum Wunderbaren …«[*]

LIAO YIWU: Und da wären noch: »Große Gestalt ist ohne Form, große Musik ist ohne Ton, große Fülle scheint leer …«[**]

DIAO BU'ER: Das Leben im Taiji ist in der Höhle des langen Frühlings sorgfältig mit dem *Daodejing* abgestimmt.

LIAO YIWU: Ich kenne den Daomeister dort, er ist wirklich innerlich frei und von Herzen einfach und gut.

DIAO BU'ER: Deshalb habe ich ihn als Meister angenommen.

LIAO YIWU: Aber er nimmt nicht jeden.

---

[*] Zitat aus dem *Daodejing Laozis*, Kap. 1, Übers. v. H. P. Hoffmann.
[**] Zitat aus dem *Daodejing Laozis*, Kap. 41 (die ersten beiden Teilsätze), Kap. 45 (der letzte Teilsatz), Übers. v. H. P. Hoffmann.

DIAO BU'ER: Man darf etwas nur tun, wenn man ehrlich daran glaubt. Das war es, was ich wollte, diese große innere Freiheit.

LIAO YIWU: Ich habe auch auf dem Weibao-Berg gewohnt, ich weiß, dass es da oben ein paar Dutzend daoistische Tempel gibt und eine ziemlich verwirrende Anzahl von Schulen.

DIAO BU'ER: Richtig, richtig, ganz wie es in den Gongfu-Romanen steht, die Zheng- und Xie-Schule, das sind verschiedene Wege. Mein Daomeister gehörte zur Zhengyi-Dao-Fraktion*, er steht in einer Linie mit Chang Chunzi, oder wie er auch heißt: Qiu Chuji**, und legt Wert auf Herzensbildung und Erziehung; außer ihm ist da noch die Lü-Fraktion, die von Lü Dongbin, einem der Acht Unsterblichen***, ins Leben gerufen worden ist; und dann die Tianshi-Fraktion an der Südseite des Berges, sie beruft sich auf den Himmlischen Lehrer Zhang Daoling**** aus dem zweiten Jahrhundert der westlichen Zeitrechnung als ihren Ahnherrn, er war viele Jahre überall im Land auf Wanderschaft gewesen und hatte viele Dinge auf den Straßen und Gassen aufgenommen, so etwa die Herstellung der Unsterblichkeitspillen, das Zeichnen von magischen Symbolen, das Gottspringen*****, das Fangen und Freilassen von Dämonen und so weiter und so fort.

---

* Die Zhengyi-Dao-Fraktion, wörtlich »Weg der orthodoxen Einheit«, ist eine daoistische Lehre, die sich während der Yuan-Dynastie (13.–14. Jhdt.) entwickelte.

** Qiu Chuji (1148–1227), daoistischer Patriarch, großer Reisender, Gründer der Drachentor-Schule.

*** Die Acht Unsterblichen, Figuren aus der chinesischen Mythologie (Daoismus), die in der Not angerufen werden können; sie verkörpern menschliche und soziale Gegensätze und Hierarchien: Mann–Frau (Yin–Yang), jung–alt, arm–reich, Volk–Adel.

**** Der Titel »Himmlischer Lehrer Zhang« wird später von allen Patriarchen der Zhengyi-Dao-Lehre getragen.

***** »Gottspringen« oder auch »Sprung des großen Gottes« ist eine Form des »Austauschs« zwischen dem Bereich der Lebenden und der Toten. Für ihn sind zwei Personen notwendig, der erste (oder große) Gott und der zweite Gott; für die Gläubigen ist der erste Gott Gegenstand einer Präexistenz, der zweite sein Gehilfe. Bei dem »Sprung« dreht sich der erste Gott im Kreis, während der andere die Trommel schlägt. Der Gott wird mit bestimmten Melodien und Gebeten gerufen, wobei dem zweiten Gott die Aufgabe zukommt, als Sprachrohr die Antworten des Gottes auf die Fragen der Menschen zu kommunizieren. Gerufen werden Heilige und manchmal auch die Seelen von Verstorbenen.

LIAO YIWU: Und dann noch allerlei Hokuspokus.

DIAO BU'ER: Richtig, richtig. Diesen Yin-Yang-Meistern fällt das Haar über das halbe Gesicht, sie verstehen sich besonders auf Aas und Gebeine, damit ziehen sie Nachtfalter, Frösche, Riesenschnaken und Spinnen an; und wenn ihnen was an dir nicht passt, dann treiben sie üble Scherze mit einem. Die von ihnen gezähmten Tierchen kommen abends, wenn das Yang-Qi der Sonne sich allmählich zurückzieht, nach und nach aus ihren Verstecken.

LIAO YIWU: Um was zu tun?

DIAO BU'ER: Um das geistige Qi der Menschen aufzusaugen und so die Menschen zu vergiften.

LIAO YIWU: Was für Symptome bekommt man da?

DIAO BU'ER: Man wird schläfrig. Tagelang ist man ziemlich runter. Manchmal bekommt man auch leichtes Fieber. Wenn man nicht rechtzeitig das Gift ausscheidet, dann kann das ans Leben gehen.

LIAO YIWU: Und wie scheidet man das Gift aus?

DIAO BU'ER: Du vertreibst die Viecher in einem Umkreis von hundert Metern.

LIAO YIWU: Nachtfalter, Frösche, Riesenschnaken und Spinnen?

DIAO BU'ER: Und Fledermäuse, Tausendfüßler, Geckos und anderes Getier, alles in allem wohl eine ziemliche Masse von Arten.

LIAO YIWU: Wie hält man die Giftigen und Nichtgiftigen auseinander?

DIAO BU'ER: Die Giftigen sehen ziemlich extrem aus. Faustgroße Nachtfalter, Frösche, groß wie Suppenschalen, die Riesenschnaken mittelfingerlang und die Tausendfüßler messen gut anderthalb Ellen. Wenn du eins von den Viechern siehst, schlag es auf der Stelle tot, verbrenn es, und tu auch die Asche weg. Einerseits wirst du das Gift los, andererseits lässt der Yin-Yang-Meister dein Qi frei.

LIAO YIWU: Kein Wunder, dass die Moskitos und die Spinnen auf dem Weibao-Berg so groß und fett sind, bisher habe ich immer gedacht, das sei wegen der guten Lebensbedingungen.

DIAO BU'ER: Der Schlagabtausch zwischen den verschiedenen Fraktionen findet in der Natur statt, vermutlich ging das in der Zeit der Frühlings- und Herbstannalen* vor über zweitausend Jahren oder noch früher los. Kein Wunder, dass Laozi sich auf einmal rücklings auf einem schwarzen Ochsen sitzend über den Hangu-Pass zurückziehen wollte.

LIAO YIWU: Aber du hast dich jetzt schon zurückgezogen.

DIAO BU'ER: Ich schimmelte am ganzen Körper, wenn ich einen fahren ließ, roch es nach Moos.

LIAO YIWU: Bist du auch ganz oben gewesen, am Pavillon der Himmelsmutter? Die beiden Daoistinnen dort sollen schon seit Jahrzehnten nicht mehr vom Berg heruntergekommen sein.

DIAO BU'ER: Die Leute aus den Dörfern schicken ihnen manchmal was rauf, sie müssen nicht vom Berg runter; rundherum sind alles Schluchten. Sie senken und heben den Kopf, ein gutes Dutzend Unsterbliche begleitet sie. Sie sehen gut, sie sind fit, und sie fühlen sich nicht einsam, sie haben keine Mühe, eine Nadel einzufädeln. Ich stand mit ihnen auf gutem Fuß, ich hatte gerade die Eingebung, zu ihnen nach oben zu ziehen, als die hundert Jahre alte Alte mich auf einmal fragte, ob der Vorsitzende Mao schon zum Himmel aufgestiegen und ein Unsterblicher geworden sei. Ich sagte, der Vorsitzende Mao hat nicht an das Dao geglaubt. Sie sagte, wie? Nicht an das Dao glauben? Er sei ein Dämon gewesen, dem kein Backenbart wächst. Ich war wie vor den Kopf geschlagen. »In den Bergen ist ein Tag wie hundert Jahre in der Welt« – das ist zwar nicht ganz falsch, aber es war wirklich unmöglich, mit ihnen zu reden.

---

* Frühlings- und Herbstannalen, chin. Chunqiu 春秋: einer der fünf chinesischen Klassiker, Konfuzius zugeschrieben, offizielle Annalen des Staates Lu (Heimatstaat von Lu, heute Provinz Shandong) zwischen 722 und 481 vor unserer Zeitrechnung – ein Zeitraum, der oft nach den Annalen als »Chunqiu-Zeit« bezeichnet wird.

LIAO YIWU: Du weißt nicht, was du willst.

DIAO BU'ER: Deshalb musste ich aus den Bergen weg, ich war erst dreißig, mein Weg war noch lang.

LIAO YIWU: Und so hast du dich vom Daoismus verabschiedet? Ich habe in der Altstadt von Dali einmal zwei Schüler des alten Dao-Meisters gesehen, einer hat auf das Studium der Magie, der andere auf Wirt umgelernt.

DIAO BU'ER: Das heißt nicht umlernen, das Herz des Dao ist in jedem Beruf. In der Nähe des Friedhofs auf dem Cang-Berg bin ich zufällig einem anderen Schüler meines Meisters begegnet, er hatte sich in eine Hütte zurückgezogen, stammte vom Wudang-Berg, hatte Hunderte von kanonischen Büchern studiert und großen inneren Gewinn aus Konfuzianismus, Daoismus und Buddhismus gezogen und auch im Schattenboxen den Gipfel der Vollkommenheit erreicht. Wir bedauerten, uns nicht schon früher begegnet zu sein, wir haben drei Tage und drei Nächte nur geredet, die Lust, uns gemeinsam aufzumachen und »auf den Wolken zu reisen«, wie wir sagen, wurde dadurch ganz groß. Um das Reisegeld zusammenzubekommen, haben wir uns den ganzen Tag in der Yangren- und der Volksstraße in der Altstadt von Dali herumgetrieben, uns an Langnasen auf Kneipentour gehängt und Schüler akquiriert für das »Orthodoxe Schattenboxen vom Wudang-Berg«.

LIAO YIWU: Das war internationaler Trend.

DIAO BU'ER: Deshalb hat es auch nur eine Woche gedauert, und wir hatten ein paar Dutzend zusammen, alles Langnasen. Unser Unterrichtsraum war ein Wiesenhang, wir teilten die Zeit ein, eine Stunde zwanzig Kuai. Das war ein Leben, wie im Lied: Klar die Wolken, der Himmel weit, der wilde Kranich und die Wolken frei.

Wenn wir so weit geübt hatten, kletterten wir weiter den Hang hinauf, zu seiner Hütte, haben Tee getrunken, etwas zu essen gemacht, und natürlich, wenn die Langnasen mitwollten, mussten sie noch mal was abdrücken.

Nach ein paar Monaten hatten wir ein paar Zehntausend zusammen. Ich war insgeheim ziemlich aufgeregt und dachte, die Zeit ist reif, etwas mehr von der Welt zu sehen, doch da machte mein Kollege einen »Fehler«.

LIAO YIWU: Hat er einen Ausländer falsch angepackt und ihm ein Bein gebrochen?

DIAO BU'ER: Ja, mit dem Schwanz, und er hat den Bauch von einer Ausländerin dick gemacht.

LIAO YIWU: Was soll denn das für ein Fehler sein!

DIAO BU'ER: Ein ziemlich hochgradiger. Er hat ihr Schattenboxen beigebracht – bis ins Bett; und dann ist er ein paarmal auf den Wolken und dem Nebel geritten, und natürlich hat er dabei auch ausgesät. Na, macht nichts, wo ein Chinese hinsät, da wächst was, egal in welchem Winkel der Welt.

LIAO YIWU: War das Mädchen hübsch?

DIAO BU'ER: Die sind doch alle blond und haben blaugrüne Augen, da kann man schön und hässlich gar nicht auseinanderhalten, Ausländern geht das mit den chinesischen Mädchen ja nicht anders. Der Knackpunkt war, wo hatte ein Daoist, rein und durch Nichthandeln handelnd und in Nebel und Wolken gehüllt, auf einmal eine derart affenhafte Virilität her? Er hat es doch keiner Schwarzen vom Äquator und auch keiner Eskimofrau im ewigen Eis besorgt, ausgerechnet mit einer Schwedin treibt er es. Gibt es in Schweden daoistische Tempel?
Nein.
Gibt es dort Daoisten?
Auch nicht.
Vielleicht gibt es eine schwedische Ausgabe des *Daodejing*, aber diese kleinen Sprachen können ja nur ein paar Leute lesen.

LIAO YIWU: Was du sagst, verstehe ich auch nur halb.

DIAO BU'ER: Dann hast du Wasser im Kopf. Damals hatte ich auch Wasser im Kopf. Er hatte längst vor, sich zu verkaufen und auszuwandern, aber ich tappte völlig im Dunkeln. Auch wenn Schweden ein bisschen kalt ist, so hat es doch die beste Sozialversicherung der Welt, die Kinder werden alle vom Staat unterhalten, also hat er »in den Westen geheiratet« und auf »westlicher Daoist« gemacht, und dann jeder Schuss ein Treffer, alles für eine bessere Zukunft – und drei Jahre später waren drei »kleine westliche Mischlingsdaoisten« da. Heute hat er fünf Mäuler zu Hause, alle tragen das schwarze Daoistenornat, alle binden sich den Daoistendutt und reisen jetzt wirklich auf den Wolken, leicht und frei!

LIAO YIWU: Du bist wohl neidisch.

DIAO BU'ER: Ein bisschen.

LIAO YIWU: Besser, der Neid brennt, als jemand anderen nachgeäfft. Es gibt immer mehr Chinesen, die ins Ausland heiraten.

DIAO BU'ER: Ich habe meinen Glauben, auch wenn ich ihn oft wechsle, so ist es mir doch jedes Mal ernst.

LIAO YIWU: Zwischen Glauben und der Gründung einer Familie liegt kein Widerspruch.

DIAO BU'ER: Aber mit dem Glauben eine Frau abschleppen und dann auswandern, das ist ein bisschen mies.

LIAO YIWU: Na, das ist in China doch gerade große Mode, und es wird weiter in Mode bleiben. Wenn du nicht zugreifst, dann sind deine besten Jahre fürs Heiraten vorbei, dann hast du gar keine Gelegenheit mehr, mies zu sein.

DIAO BU'ER: Du hast eine sehr schlechte Meinung von den Leuten.

LIAO YIWU: Mein Freund Wang Lixiong sagt eine Auswanderungswelle voraus, das ist die neue »gelbe Gefahr«, das wird bald so kommen, auf diesem Stückchen Erde wird alles, was Beine hat, rennen. Und wenn du nicht rennst, wirst du früher oder später vor der Stampede davonlaufen. Du willst nicht mies sein, du hängst an dem Ort, an dem die Gebeine deiner Vorfahren ruhen, du versuchst alles, um hierzubleiben? Dann bleibt dir am Ende nichts anderes übrig, als zu verhungern und zu verdursten. Denn jeder Fluss, jeder Zoll des chinesischen Territoriums, jedes einzelne Getreidekorn wird verseucht sein. Trümmer kann man wieder aufbauen, aber nicht die Natur und die Menschen, die von der Kommunistischen Partei so nachhaltig verseucht worden sind.

DIAO BU'ER: So eine Panikmache hätte dich zu Maos Zeiten den Kopf gekostet. Im Grunde geht die Auswanderungsbewegung ja in beide Richtungen, in Yunnan, vor allem in Dali, Lijiang bis rauf nach Shangrila wohnt auch eine ganze Menge Ausländer. Das ist wohl auf den Einfluss der Missionare vor hundert Jahren zurückzuführen.

LIAO YIWU: Die haben aber wohl nicht die chinesische Staatsangehörigkeit?!

DIAO BU'ER: Keine Ahnung. Insgesamt gibt es in der Altstadt von Dali alle möglichen Ausländer, die einen haben sich dort in den letzten zehn Jahren keinen Zentimeter wegbewegt, andere haben Geschäfte aufgemacht oder sind drogenabhängig, manche kriegen überhaupt den Arsch nicht hoch und verballern ihre Sozialhilfe.

Als ich den Daoismus aufgegeben habe, bin ich in der Nähe des Erhai-Tores mit einem kleinen Kreis der Bahai-Sekte in Kontakt gekommen. Wie ich hörte, dass es sich dabei um eine relativ lässige neue Lehre handelt, der in Teheran geborene Baha'ullah* ein später Anhänger unter anderen von Buddha, Jesus und Mohammed war, alle möglichen Sekten und Lehren miteinander versöhnte und der Welt die große Harmonie bringen wollte, aber vor gut hundert Jahren selbst verfolgt worden ist, da hat mich das sofort emotional gepackt. Anschließend habe ich an einer ihrer Haus-Schulungen teilgenommen. Und dann habe ich eine enge Verbindung zu einer Glaubensgenossin aus Deutschland aufgebaut.

LIAO YIWU: Wart ihr im Bett miteinander?

DIAO BU'ER: Du bist ganz schön direkt, oder!?

---

* Baha'ulla: Religionsstifter (1817 – 1892). Die fünf bis acht Millionen Anhänger der Bahai-Sekte leben vor allem in Indien, Afrika, Süd- und Nordamerika, die Lehre zielt auf die mystische Einheit der drei großen Religionen Christen-Judentum, Buddhismus und Islam, die Ethik ist handlungsorientiert mit der Vision einer brüderlichen Verbindung der Menschheit.

LIAO YIWU: Das ist doch eine einfache Schlussfolgerung, wo du doch diesen starken Stimulus von deinem daoistischen Mitbruder bekommen hast.

DIAO BU'ER: Du bist einfach ein finsterer Bursche. Ja, ich wollte mit ihr ins Bett, aber ich habe es nicht geschafft.

LIAO YIWU: Warum nicht?

DIAO BU'ER: Sie hatte einen Missionarskomplex. Oder sie wandelte in der Asche der westlichen Missionare von vor hundert Jahren und betrachtete China als den letzten Ehrenort Gottes, sie war hierhergekommen ganz Selbstlosigkeit und Hingabe.

LIAO YIWU: Großartig.

DIAO BU'ER: Wir bildeten eine verschworene Gemeinschaft. Ich hatte ihr gerade einen ehrlichen Heiratsantrag gemacht – da meinte sie, gut, dann gehen wir zusammen in die alten Wälder in den Bergen, wir streuen die Saat der Frohen Botschaft aus, und am Ende werden wir dort gemeinsam unsere letzte Ruhe finden.
Wie, sagte ich, nicht nach Deutschland zurück?
Ja, sagte sie, nicht nach Deutschland zurück.
Ich fiel auf der Stelle in eine Gletscherspalte. Mich schauderte innerlich, ihr ganzer Sex-Appeal war verschwunden, ich fühlte mich seifig.

LIAO YIWU: Und dann?

DIAO BU'ER: Nichts dann. Ich habe mich viel zu sehr geschämt, um ihr unter die Augen zu treten.

LIAO YIWU: Erhaben und gemein, vor dem Bett stellt es sich ein.

DIAO BU'ER: Ja, ein Scheiß stellt sich ein. Wir sind einfach in einem grundverschiedenen Umfeld großgeworden.

LIAO YIWU: Dann red halt nicht dauernd vom Glauben!

DIAO BU'ER: Ich kann auch mitspielen, jederzeit, aber über die Pässe der Seele komme ich nicht weg; ich glaube noch immer an die Existenz eines höheren Wesens, ob man das nun Gott nennt oder Buddha, ist mir gleich.

LIAO YIWU: Das ist dir gleich? Deshalb glaubst du so in der Gegend herum!

DIAO BU'ER: Ich bin ein paarmal den Hühnerkrallenberg rauf und wieder runter, ich bin unter dem Huashou-Tor in mich gegangen. Denn im In- und Ausland wird das Ende der Welt für 2012 vorausgesagt, die Menschheit muss einmal untergehen; dann bricht die Zeit des Maitreya-Buddha an. Die wenigen glücklichen Überlebenden werden zu Kindern werden, sie werden Felle haben wie die Tiere und in der Wildnis leben.

LIAO YIWU: Ich habe auch am Huashou-Tor gewohnt. Pian Shan, Ma Zui, Lao Xiong und andere Künstler aus Guizhou sind dort ins Kloster gegangen.

DIAO BU'ER: Das hatte ich auch vor. Mein Gesicht war tränenüberströmt. Ich habe lange auf den Knien gelegen und habe Sifa, den Meister des Fangguang-Tempels, um die Tonsur angefleht.

Der Meister sagte, bleib erst einmal eine Weile als Laienbruder hier, wenn es sein soll, dann wirst du bleiben, wenn nicht, dann nicht. Das Resultat war schlimm, man musste vor fünf in der Früh aufstehen und entweder den ganzen Tag den Handlanger spielen oder den ganzen Tag Sutren lesen.

LIAO YIWU: Bist du wieder abgehauen?

DIAO BU'ER: Wenn es sich hätte vermeiden lassen, wäre ich nicht abgehauen. Als ich über den Laienbruder hinaus war, war ich erst ein kleiner Novize, anschließend kamen vier Jahre hartes Studium, dann wurde man Mönch und bekam die Erlaubnis, den Berg zu verlassen und sich ein wenig die Beine zu vertreten. War das nicht zum Verrücktwerden? Ein Glück, dass der Hühnerkrallenberg so eine aufgeschlossene Gegend ist, Mahayana und Hinayana gehen hier ganz ungezwungen miteinander um, die Mönche der Han-Gebiete und die

Lamas aus Tibet waren oft nicht auseinanderzuhalten und hielten im gleichen Tempel ihre Zeremonien ab. Alle waren eine große Familie, und ich bin dann im Gefolge von zwei lebenden Buddhas vom Hühnerkrallenberg zum Xili-Fluss rüber und habe im lamaistischen Zhiyun-Tempel gewohnt.

LIAO YIWU: Du warst doch kein ordentlicher Mönch, wie hast du dort wohnen können?

DIAO BU'ER: Die Tibeter nehmen das nicht so genau, ich hatte auf jeden Fall eine Glatze, trug eine Kutte und habe mich da eingenistet. Der tibetische Buddhismus verbietet auch kein Fleisch oder Fisch, nicht wenige lebende Buddhas heben auch gerne einen. Die ganze Stadt jagt wie verrückt nach der »Himmelstänzerin«, aber bei ihnen heißt sie Dakini*. Wenn beide Seiten sich mögen, dann lernt man einfach vom sechsten Dalai Lama**, einem ehemaligen lebenden Buddha, der noch heute für seine Liebeslieder bekannt ist, tritt in den Laienstand zurück und gründet eine Familie.

LIAO YIWU: Das ist die Endphase des buddhistischen Weges, diese Art des Glaubens passt zu dir***.

DIAO BU'ER: Aber sie haben die Wiedergeburten des Dalai und des Karma-Kagyü, auch wenn beide nach Indien geflohen sind, die brauchen nur zu husten und sämtliche Tibeter gehorchen. Am 14. März 2008 haben die sonst so lockeren Tibeter sich auf einmal mit der Kommunistischen Partei angelegt.

---

  * Dakini oder »Himmelstänzerin« (Sanskrit): tantrische Figur aus Altindien und -iran, die die Seelen der Verstorbenen in den Himmel geleitet. Im Buddhismus Wesen der Inspiration und Ermutigung, die den Weg des Schülers kritisch begleitet.
 ** Tshangyang Gyatsho (1682–1706), der Dichter unter den Herrschern Tibets, wegen seiner Sinnenfreude und Lebenslust zu Lebzeiten unter den Führern des Lamaismus umstritten.
*** Der Ausdruck bezieht sich auf die drei historischen Phasen oder Zeitalter, die es nach der buddhistischen Lehre gibt: Das erste Zeitalter des Richtigen Dharma (正法) (1000/500 Jahre), das mittlere Zeitalter der Dharma-Ähnlichkeit (像法) (1000/500 Jahre) und das Zeitalter des Niedergangs des Dharmas (末法) (10 000 Jahre).

Ich soll zur Clique des Dalai einen klaren Trennungsstrich ziehen? Auf keinen Fall!
Ich soll in den Tempeln die Rote Fahne mit den fünf gelben Sternen aufhängen?
Auf keinen Fall!
Also kam es zu Demonstrationen, es wurde geschossen, es floss Blut, Hunderte von Lamas und Nonnen starben einen grausamen Tod. Ich als Han-Chinese steckte den ganzen Tag mit den tibetischen Lamas zusammen, die inneren Widersprüche des Volkes wurden schlagartig zu einem Konflikt zwischen uns und dem Feind. Ich packte die Gelegenheit beim Schopf, ich war ja von der Polizei nicht als chinesischer Verräter oder Spitzel verhaftet worden, und machte mich in Nacht und Nebel davon.

LIAO YIWU: Du bist ein Chamäleon.

DIAO BU'ER: Mach mich nur fertig, du hast ja recht. Ich werde das alles beichten, Jehova beichten.

LIAO YIWU: Ich kann mich erinnern, dass du dich schon vor ein paar Jahren hast taufen lassen, danach hast du aber ein paar ziemliche Haken geschlagen.

DIAO BU'ER: Ich bin zum christlichen Glauben zurückgekehrt. Aus dem Internet weiß ich, dass sich viele herausragende Intellektuelle haben taufen lassen und zum Herrn bekehrt haben, ihnen wurden die Sünden vergeben. Yuan Zhiming, Zhang Boli, Yu Jie, Wang Yi – und kürzlich auch noch Chai Ling, die Führerin der Studentenunruhen von '89.

LIAO YIWU: Und du hängst dein Fähnchen wieder in den Wind?

DIAO BU'ER: Ich bin derselbe Jahrgang wie Yu Jie und Wang Yi. Sie sind unbeirrbar, so wie ich auch.

LIAO YIWU: Du hast schon an so viele »Götzen« geglaubt, du wirst dich noch einmal taufen lassen müssen, wenn du mit deiner unrühmlichen Vergangenheit wirklich brechen willst.

DIAO BU'ER: Ich habe tatsächlich daran gedacht, aber im Christentum gibt es keinen Präzedenzfall dafür, dass sich jemand hätte zweimal taufen lassen.

LIAO YIWU: Dann lass dich in einer anderen Gegend taufen, das wird keiner erfahren.

DIAO BU'ER: Gott weiß alles. Komm, lass mich in Ruhe, ich werde mich nicht von dir vom rechten Weg abbringen lassen, du Teufel in Menschengestalt!

HEI NIU, DIE ILLEGALE PROSTITUIERTE

Man sieht sofort, dass die einundzwanzigjährige Hei Niu einen halben Kopf größer ist als ich, ein Pferdegesicht hat und die Schultern eines Ochsen, niemand, der für den Strich geeignet wäre.

Aber sie ist eine Prostituierte im wahrsten Sinne des Wortes, außerdem hat sie beste Verbindungen und verdient nicht schlecht. »Ich bin ein Mausgeist, ich schlüpfe überall durch, das kann ich gut«, sagt sie lachend, und ihr Gesicht strahlt in der Sonne, »das hat damit zu tun, dass meine Familie seit Generationen im Bergbau gearbeitet hat.«

Ich bin erst einmal etwas verwirrt, und dann frage ich sie aufs Geratewohl, ob sie die jüngst so häufigen Grubenunglücke wahrgenommen hat. Sie schüttelt den Kopf.

Und die Dürre im Südwesten?

Erneutes Kopfschütteln.

Das war Ende März 2010 – ich bin wie ein müdes Tier im Käfig, habe mich gerade von den Anordnungen der Polizei freigemacht und bin aus dem unter einer Dunstglocke versinkenden Chengdu in das hohe und weite Lijiang gekommen, hier bin ich ein paarmal auf und ab, habe mich ein paarmal volllaufen lassen, habe ein paarmal über die Stränge geschlagen, dann haben mich ein paar Freunde, alles Herumtreiber wie ich, dazu gebracht, mir dieses Fräulein Hei Niu aus dem Nordosten mal vorzuknöpfen: »Die musst du gesehen haben!«

Förmliche Begrüßung, Preisverhandlung, Zahlen und dann in die hinterste Gasse, ein Gasthaus am Wasser, ein Zimmer. Die Abendsonne scheint durch das Fenstergitter, groß und rot und violett, was sehr obszön wirkt. Doch ich ziehe mich im letzten Augenblick zurück, denn auch wenn ich die Tarnungen der Kultur abgestreift habe, so bringe ich dieses direkte »Zur-Sache-Kommen« nicht über mich.

—ᴍᴍ—

LIAO YIWU: Wir sind noch keine fünf Minuten hier und schon die Hosen runter, das ist mir zu pornographisch und zu hauruck.

HEI NIU: Ich bin aus dem Nordosten. Die Leute im Nordosten kommen schnell zur Sache.

LIAO YIWU: Und ich komme aus Sichuan. Die Leute in Sichuan sind nicht so schnell.

HEI NIU: Hast du Hemmungen? Haha, schau dich nur an, dir bricht ja der kalte Angstschweiß aus!

LIAO YIWU: Du bist mir vielleicht eine Nummer!

HEI NIU: Zu viel der Ehre.

LIAO YIWU: Ehrlich gesagt, mit einer Nummer wie dir, das macht mir keinen Spaß.

HEI NIU: Bin ich dir etwa nicht hübsch genug?

LIAO YIWU: Dein Gesicht und deine Beine sind zu lang, sieht ein bisschen skurril aus. Dabei fällt mir auf einmal eine Metapher des tschechischen Autors Kundera ein – sie hob am Bettrand beide Beine in die Luft wie die Soldaten im Schützengraben ihre Mausergewehre.

HEI NIU: Meine Beine mögen ein bisschen zu lang sein, dafür habe ich große Brüste. Und was ist mit dir? Alt und hutzelig, wie das Monster aus dem All bei Harry Potter. Wenn wir zusammenlegen, dann wird ein Stück daraus, auf was stehst du denn?

LIAO YIWU: Lass bleiben.

HEI NIU: Abreiben? Gut, wenn es nur das ist, das können wir auch machen, welcher Körperteil soll es denn sein, das kriegen wir schon hin.

LIAO YIWU: Ich sagte, lass bleiben.

HEI NIU: Ach so, lass bleiben? Nein, nein, der Mensch muss doch eine Arbeitsmoral haben. Wir zählen, bis hundert kannst du es dir noch einmal überlegen.

LIAO YIWU: Ich werde es mir bestimmt nicht überlegen.

HEI NIU: Dreihundert für den Schuss und kein Fen retouribus, so sind die Regeln.

LIAO YIWU: Schlimm genug.

HEI NIU: Wir sind hier in Lijiang, die Hauptstadt der amourösen Abenteuer, nach Lijiang sehnt sich das ganze chinesische Volk, alles ist hier teurer als anderswo, und die Beziehungen flippiger.

LIAO YIWU: Aber die Preise für Hühnchenfleisch sind hier niedrig; in der Qixing-Straße gibt es ein paar Dutzend sogenannter Friseursalons, da kostet ein Schuss gerade mal hundert.

HEI NIU: Hundert? Hm, vielleicht bei einem Stand der Schwestern von den Naxi hinter dem Markt.

LIAO YIWU: Das hat mir ein wandernder Dichter namens Zhao Dahu selbst erzählt.

HEI NIU: Du kennst Zhao Dahu?

LIAO YIWU: Wir sind seit gut zehn Jahren befreundet, ihn habe ich auch mal interviewt.

HEI NIU: Sehr interessant, ich bin mit ihm auch gut befreundet. Der Chef von der Bar 38 ist ein guter Bekannter von ihm, dort hat er sich durchgefressen und -gesoffen, und wenn er voll war, hat er rumkrakeelt. Ich war auf Freier aus, sein Gesicht hat mich abgestoßen, aber seine Stimme hat mir gefallen. Später ist er dann durchgedreht, hat im Suff die Kuh fliegen lassen und sich die Schickse vom Wirt gegriffen, da haben sie ihn übel zugerichtet, er wäre fast draufgegangen.

LIAO YIWU: Davor haben sie ihm in einer Bar in Lhasa zwei Rippen gebrochen.

HEI NIU: Er hat sich hier in Lijiang zwei, drei Monate durchgeschlagen, ist als Sänger aufgetreten, hat Gedichte vorgetragen, und wenn er ein bisschen was hatte, ist er bei mir aufgekreuzt. Der war voll witzig und voll locker, wollte mich unbedingt auf einen Schaufensterbummel schleppen, ob ich wollte oder nicht, der hat mir alle möglichen Klunker um den Hals gehängt, obwohl, war alles nur Modeschmuck. Wenn er beim Sex richtig in Fahrt war, konnte er auf einmal auf die Bremse treten, sich splitterfasernackt auf den Kopf stellen und so Zeug zum Besten geben wie »Wir-sind, wir-sind-die-Berg-ar-bei-ter-kinder«!

LIAO YIWU: Er kommt aus Pingxiang in Hunan, er stammt wirklich von Bergarbeitern ab.

HEI NIU: Ich komme aus Fuxin in Liaoning, auch eine Bergarbeiterfamilie. Nach dem, was die aus der Generation meines Großvaters so erzählen, war da früher im Umkreis von fünfhundert Quadratkilometern alles richtig fetter Boden, die schwarzglänzenden Kohlebrocken türmten sich nur so; das waren richtige Halden, richtige Flüsse, vor dem Haus, hinter dem Haus, man brauchte nicht mal zu graben, man ist regelrecht drüber gestolpert, überall gute Sachen, die man in Geld verwandeln konnte. Wenn es heiß war und die Sonne ein bisschen zu sehr runterbrannte, haben sich die offenliegenden Flöze selbst entzündet, das gab grünliche Flammen, die tanzten und schlingerten, das muss von weitem ausgesehen haben, als schwinge einer die Pferdepeitsche. Deshalb heißt die Kohle ja auch schwarzes Gold. Von den drei Ostprovinzen über Hubei, Shanxi und Innere Mongolei zieht sich das durch den Boden bis rauf auf die russische Seite, nach Sibirien, gut fünfhundert Kilometer, nichts als schwarzes Gold, Öl und Erdgas. Das ist das Konto, das der alte Himmelsvater für uns angelegt hat, ein Guthaben, das sich über Hunderte von Millionen Jahren durch die Veränderungen im Boden angesammelt hat, wenn das alles in der Region geblieben und langsam gehoben und genutzt worden wäre, die Tage des Reichtums wären wohl nie zu Ende gegangen. Aber dann sind die Japaner gekommen, haben uns mit dem Gewehr im Anschlag zum Eisenbahnbau gezwungen, die Kohle wurde zügeweise weggeschafft, Tag und Nacht, ohne Pause; dann kam die

Guomindang und am Ende die Kommunistische Partei. Blaue Fahnen, weiße Fahnen, rote Fahnen, die Herrscher kamen und gingen, unsereins kam nicht zur Ruhe, über Generationen nicht, und als an der Erdoberfläche nichts mehr zu finden war, wurde gegraben, als in geringer Tiefe nichts mehr zu holen war, wurde tiefer gegraben, als auch dort nichts mehr war, ging es bis in die hintersten Ecken, erst hob man die Erde drei Ellen, dann dreiunddreißig Ellen, schließlich hundertdreiunddreißig Ellen aus …

LIAO YIWU: Und dann?

HEI NIU: Nichts mehr. Alles hohl und alles leer. Die Straßen sind ständig eingebrochen, es gab Stollen- und Wassereinbrüche und Schlagwetterexplosionen – es sind zwar nicht so viele Leute umgekommen wie bei dem großen Erdbeben bei euch in Sichuan, aber es waren genug, um einem Angst zu machen. Deshalb haben dann auch alle, die ein bisschen flexibel im Kopf waren, die Beine in die Hand genommen und sind weg, in alle Herren Länder.

LIAO YIWU: Wann bist du weggegangen?

HEI NIU: Vor gut drei Jahren.

LIAO YIWU: Machen die zu Hause sich keine Sorgen?

HEI NIU: Wir telefonieren ab und zu.

LIAO YIWU: Zhao Dahu und du, ihr seid echte proletarische Vagabunden. Ich habe ein paar Zeilen von ihm im Kopf, pass auf:
Himmel, nimm dein Kind zurück!
Boddhisattva, nimm Zhao Dahu zurück!
Gestern Nacht im Traum lag Mutter wieder
    weinend vor mir auf den Knien.
Sie ist mir mit dem Messer nach, im Schlaf wollt'
sie mich fesseln, in die Klapse bringen.
Dort stand ein Drahtbett, drauf eine Schicht Matsch,
eine alte Gitarre mit einer zerrissenen Saite.
Und ich verdammter Kerl fand
    auf der Straße einen Tausender.

HEI NIU: Ich habe keinen Streit mit meinen Leuten. Ich bin ihre Tochter. In diesen Zeiten sind es die Töchter, die Gold wert sind, nicht die Söhne. Zhao Dahu, ein Sohn, und dann auch noch ein Dichter, das ist eine Nummer, den will geschenkt keiner haben.

LIAO YIWU: Falsch. Nach jahrtausendealter Tradition sind in China nur die männlichen Nachkommen etwas wert, sie ernähren die Familie, sie setzen den Stammbaum fort.

HEI NIU: Falsch. Heutzutage hat sich das geändert. Mir sind noch zwei ältere Brüder geblieben und mein Herr Papa, drei kräftige Mannsbilder, alle arbeitslos. Die Gruben sind erschöpft, in den drei Provinzen im Osten hat ein Großteil keine Arbeit, alleine in meiner Gegend sind das hunderttausend Bergleute, die haben seit Generationen im Bergbau gearbeitet, und auf einmal haben sie nichts mehr zu tun, die kann man nicht von einem Tag auf den anderen ummodeln, also hocken sie zu Hause herum, saufen und ziehen über ihre Alte her. Von wegen

»Schachtgesichter, die Möse einer Puffmarie,
Sohlenschlamm, des Teufels Kotbatterie,
*nichts ist so schwarz wie Zhu Rongji.«**

LIAO YIWU: Wieso Zhu Rongji?

HEI NIU: Als er die Bühne betrat, hat er die Staatsbetriebe umgemodelt und uns damit die Reisschale zerschlagen. Ach, ein paar billige Knittelverse und die Alte vollmaulen, mehr bekommen die Scheißkerle nicht hin. Wenn es hart auf hart kommt, müssen wir Frauen ran.

LIAO YIWU: Und was machen?

HEI NIU: Animiermädchen. Die Animiermädchen in den Nachtklubs, den Diskos, den Frisörläden, den Pediküre- und Massagesalons, den Saunabädern und den Hotels und wo nicht alles in der Stadt und in der Umgebung, die kommen unisono aus Bergarbeiterfamilien, und da sind nicht nur junge Mädchen dabei, auch die Tanten, selbst die

---

* Zhu Rongji (*1928), chin. Politiker, von 1998 bis 2003 Staatsratsvorsitzender der Volksrepublik China.

reiferen Mütter, sie müssen nur glauben, dass sie ein bisschen nach was aussehen, schon sind sie hier. Einige räumen zu Hause auch die Zimmer aus, machen einen Spielsalon auf oder einen Puff, die wollen keine Ausreden mehr, die wollen sich nicht mehr verstellen, direkt, nach der Nummer, Geld her und ab dafür.

LIAO YIWU: Und die Polizei?

HEI NIU: Die tut so, als tue sie was, fertig. Verdammte Scheiße, wenn alle gezwungen sind, sich zu verkaufen, was willst du denn da machen? Aufpassen, dass sie einem nicht in irgendeiner dunklen Ecke ein Loch in den Bauch machen.

LIAO YIWU: In den Zeitungen heißt es immer, das sind »Geburtswehen einer sich umbildenden Gesellschaft«.

HEI NIU: Früher haben die Mannsleute im Nordosten an den Traditionen festgehalten. Es war absolut tabu, dass ein Mädchen sich in der Öffentlichkeit sehen ließ, es durfte nicht mal zu Hause zu sehr ein Auge auf die Jungs draußen werfen, da wurde regelmäßig zum Messer oder Stock gegriffen und die Lösung des Ganzen konnte einem ans Leben gehen. Und heute? Na spitze, da steigen sie selbst auf das Fahrrad mit Beiwagen und bringen ihre Frauen über sechzehn und unter dreißig, vierzig keuchend und schnaufend auf den Sexmarkt, stapfen draußen bei beinharter Kälte genauso gut wie im Frühling herum, trampeln mit den Füßen, halten Maulaffen feil und warten, dass die Frauen mit den Scheinen rüberkommen.

Ich selbst bin mit siebzehn von der Schule weg und habe die ersten Schritte ins Leben versucht. Nichts zu machen, die jungen Dinger und auch älteren Frauen aus anderen Familien haben zusammengehockt wie Süßkartoffeln im Lehmofen, da lässt sich die eigene Haut besser verkaufen; aber bei mir war der älteste Bruder in der Grube geblieben, der zweit- und drittälteste waren noch ledig, also blieb nichts anderes übrig, ich musste »für den Vater in den Krieg«, wie die Hua Mulan* im Märchen.

---

* Hua Mulan, frühe Figur chinesischer Volkserzählungen, soll im 5. Jahrhundert unserer Zeitrechnung als Mann verkleidet für ihren Vater in den Krieg gezogen sein.

Ich zog mir ein paar modische Klamotten an; meine beiden Brüder haben mich in einen Nachtklub gebracht, an der Rezeption ein bisschen mit dem Manager rumgemauschelt, dann waren sie weg. Damals war ich schon einsfünfundsiebzig groß und hatte mich als Model gemeldet, aber ich habe noch nie viel Selbstvertrauen gehabt und unbewusst die Achseln hochgezogen und einen Buckel gemacht, deshalb haben sie mich nicht genommen. In meiner ersten Nacht habe ich tausend rangeschafft, eigentlich waren achthundert schon gut, aber der Freier war schon älter, außerdem von außerhalb, als der mein langes Gesicht und das halb rotgetränkte Bettlaken um meinen Unterleib gesehen hat, das hielt er nicht aus, er hat mir am Ende noch zweihundert Trinkgeld draufgegeben. Als er raus ist, hat er sich nochmal umgedreht und gefragt, wie alt ich bin – zwanzig, habe ich gesagt. Er meinte, seine Tochter sei auch zwanzig. So ein Scheißkerl.

LIAO YIWU: Und das hat deinen Leuten zu Hause nichts ausgemacht?

HEI NIU: Die wollten ihren Anteil, ich bekam sechshundert. Ich kam da raus und hab mir den Bauch gehalten, aber meinem zweitältesten Bruder haben die Hände gezittert, als er das Geld in Empfang nahm, der Drittälteste hat gerufen, was haben wir für ein Glück, dass unsere Hei Niu so groß ist, die ist wie ein Bäumchen rüttel dich, da muss man nur schütteln. Ich war so außer mir, dass ich zu weinen anfing: Dir helf ich schütteln! Wie oft willst du denn schütteln kommen?

Als wir nach Hause kamen, haben die drei Mannsbilder sich volllaufen lassen, die waren richtig in Hochstimmung. Vater jammerte was von: Wir drei hier haben uns mit Gelegenheitsjobs durchgeschlagen, wir haben gejapst wie die Esel, so fertig waren wir, und haben doch in einer Woche nicht so viel heimgebracht wie Hei Niu in einer halben Stunde, das Mädel ist Gold wert.

LIAO YIWU: Was für ein Satz!

HEI NIU: So wird bei uns halt geredet.

LIAO YIWU: Aber das konnte doch nicht lange gutgehen.

HEI NIU: Alle Familien haben ihre Haut zu Markte getragen, die Konkurrenz ist immer schlimmer geworden, und mit den Preisen war es wie mit den Grubenunglücken, die fielen ins Bodenlose. Um sich nicht von den Kapitalisten ausbeuten zu lassen, haben wir uns oft zusammengetan und die Freier außerhalb des Kohlereviers gesucht, den Preis ausgehandelt und sie mit nach Hause genommen. Als das länger so ging, waren die Nachtklubbesitzer nicht gerade begeistert, haben Geheimgesellschaften angeheuert, irgendwelche Schlägerbanden, die nannten sich »Die Äxte« und hatten ihr Imponiergehabe aus irgendwelchen Filmen. Das Ende vom Lied war: Die Kerle konnten es nicht mit uns aus dem Revier aufnehmen, wir waren an die zehntausend und haben die paar hundert Heinis fertiggemacht, die sind gelaufen wie die Hasen, und am Ende haben wir auch noch aus ihrer Bude Kleinholz gemacht. Sie haben die 110* angerufen, die wollten die Rädelsführer verhaften, aber ein pensionierter Gewerkschaftsvorsitzender ist für uns eingetreten, da gab es kein Vertun, der warf eine lange Liste mit den Namen der Arbeitslosen auf den Tisch, und die Sache war erledigt. Da haben die vielleicht dumm aus der Wäsche geguckt!

Bei meinem Job machen sich die Kerle alle aus dem Staub, jetzt passt eine alte Frau auf meine Tür auf. Wenn es jemand aus der Gegend war, den ich kannte, dann waren fünfzig, hundert abgemacht, fix, bei einem Fremden wurde das je nach Gusto geändert, dann war es einmal, zweimal so viel. So habe ich mich ein knappes Jahr durchgeschlagen, dann lief der Konkurrenzkampf heiß, in der Nachbarschaft haben die sich um die Freier geprügelt, da waren sogar Messer und Schusswaffen im Spiel, die Leute haben sich nachts nicht mehr ins Revier getraut.

LIAO YIWU: Dann waren nicht nur die Kohlevorkommen, sondern auch die Freiervorkommen versiegt.

HEI NIU: Da war nichts mehr zu machen, also hab ich wohl oder übel meiner Familie den Rücken gekehrt und ab nach Süden. In Beijing habe ich kein Bein auf die Erde gekriegt, das Gebiet ist zu groß, der Konsum zu hoch, und es gibt zu viele Leute. Also weiter in den Süden. Ich hatte von einer ganzen Reihe von Leuten gehört, wie es hier bei euch in Chengdu aussieht, also nichts wie hin, nach ein paar Tagen fand ich es ganz ok dort, der Strom zog in die Metropolen, essen, trinken, spielen, die Freier und was rauchen, das alles lief wie am

* 110 ist auch in China die Rufnummer der Polizei.

Schnürchen. Dann fand ich im Gebiet vom Südtor in Chengdu einen Job in einem Nachtklub, als die mich sahen, war die Freude groß. War schon komisch. Ich habe erst später begriffen: Im Norden war jemand wie ich, groß gewachsen und mit langem Gesicht, keine Seltenheit, aber hier in Chengdu, wo die Mädels alles so niedliche, adrette Dinger sind, fiel ich offenbar mehr als auf. Da war ein gutmütiger Aufpasser, der sah, dass ich deswegen beunruhigt war, und meinte, da ich es ja sicher nicht darauf angelegt hätte, hier die Witzfigur zu sein, könne er mich in der Vorstadt irgendwo vorstellen, da könnte ich mein Glück machen.

LIAO YIWU: In Chengdu wirst du Schwierigkeiten haben, einen Mann zu finden, der es mit dir aufnehmen kann.

HEI NIU: Stimmt. Die in der Vorstadt waren im Durchschnitt noch kleiner als die in der Stadt. Ich bin nach Shuangliu, und habe in dem Haufen von den Mädchen da gestanden wie ein Kranich unter Hühnern. Also habe ich ihnen wohl oder übel was vom Pferd erzählt, ich hätte »meinen Job als Model in der Hauptstadt an den Nagel gehängt« … Erst als der Boss so richtig neugierig geworden ist, hat er zugesagt, dass er es mit mir eine Woche probieren will.

LIAO YIWU: Musstest du denn unbedingt in deinen »alten Beruf« zurück?

HEI NIU: Mit allem anderen kommt zu langsam Geld rein. An der Tür stehen, Füße massieren, Rücken massieren, bedienen, da kommen im Monat gerade mal tausend Kuai zusammen, in der Probezeit sogar nur die Hälfte, da wird man nur mit Mühe und Not satt.

LIAO YIWU: So wie du gebaut bist, hättest du auch keine Mühe, Säcke zu schleppen.

HEI NIU: Ich bin kein Mann. Außerdem, so mitten in der Menge, das halte ich nicht aus, andererseits, zu Hause haben ja noch meine Leute auf mich aufgepasst, aber allein auf der freien Wildbahn, das ist sehr schwierig. Oft haben die anderen schon ein paar Gänge hinter sich und ich habe noch nicht einen ergattert. Einmal hat so eine Gruppe von Gästen Mädchen bestellt für ein Bad im Holzzuber, die sollten sich langsam mit ihnen einweichen* lassen. Das Wasser in den Zubern war gelblich grün und hatte einen seltsamen Geruch, angeblich sollen die da gut zwanzig Tinkturen aus der chinesischen Medizin reingerührt haben, zur Stärkung des Yang, also der Potenz, und zur Verlängerung des Lebens.

LIAO YIWU: Sicher ein altes »Familienrezept« des Chefs.

HEI NIU: Woher weißt du das?

LIAO YIWU: Das ist heute Mode, in der Oberschicht, in der Unterschicht, überall machen sie Reklame für »Familienrezepte zur Verlängerung des Lebens«.

HEI NIU: Das sind alles Leute, die leben in den Tag hinein. In Chengdu gibt es besonders viele dunkle Tage, und die Männer sind besonders dunkel, die haben es gerne billig. Bevor ihnen einer abgeht, fummeln und grapschen und knabbern sie an einem herum und ziehen das eine halbe Ewigkeit hin; nachher dann schmecken sie dem Ganzen mit geschlossenen Augen noch mal nach, bummeln rum, tuscheln rum, einseifen, einseifen, als wollten sie bis zum Jüngsten Tag nicht fertig werden. Aber da ist nichts zu machen, da muss man die Zähne zusammenbeißen und mit ihnen rummachen, während man sie innerlich bis ins achtzehnte Glied verflucht. Die Kerle in Chengdu haben ein ganz schön dickes Fell, buchstäblich! Die können schon Runzeln schlagen, aber sie wollen sich weiter einseifen lassen, da können die Eingeweide schon fast rauskommen, sie wollen sich einseifen lassen, und dann wollen sie noch den Rücken massiert bekommen und die Füße, dann sollst du sie lecken ... Gott, das ist das Allerletzte! Da sind doch die Männer im Nordosten was anderes, die besteigen einen, wusch, und wenn sie fertig sind, geben sie einem das Geld. Wenn einen die Kunden in diesem Geschäft nicht quälen, dann ist das schon ein Zeichen von Hochachtung.

---

* In den *Soaplands* genannten Etablissements werden die männlichen Kunden von den Frauen gewaschen, dann legt er sich hin, die Frau seift sich ein und gleitet mit ihrem Körper auf dem des Mannes entlang, ein besonderer Service. Wenn der Kunde es wünscht, kommt es auch zu mehr. Die Ausdrücke »einweichen« und »einseifen« beziehen sich auf diese Form der Dienstleistung.

LIAO YIWU: Der Konsument ist Gott.

HEI NIU: Dann bin ich diesen Göttern ihre Alte. Und dann auch noch pingelig und mich beschimpfen, ich sei ein Elefant im Porzellanladen, wenn ich ins Wasser käme, würde alles überlaufen, und ich würde sie unter Wasser treten. Ich sage dann immer: »Wenn es Ihnen nicht gefällt, dann kommen Sie heraus, hier draußen ist Platz genug«, aber dann werden sie fuchtig. Von wegen, sie hätten genug bezahlt für den Holzzuber, wären aber nicht in den Genuss des Holzzubers gekommen. Gut, gut dann, mit Rücksicht auf das Geld, setze ich mich also auf den Zuberrand, nehme diesen dürren Affen in den Arm und mache mit ihm, was ich will: Na, du mit deinem alten Zahnstocher, kannst du das alte Mädchen mal kratzen, es juckt, wie wäre es?

LIAO YIWU: Wenn du so drauf warst, konnte das vermutlich nicht lange gutgehen.

HEI NIU: Deshalb bin ich dann dort auch weg und nach Lijiang. Die Nachtklubs, die Fußbäder, die Badehäuser, die Frisörläden und all das andere, da kann ich nicht arbeiten, ich habe mir ein Zimmer gemietet und mache alles alleine. Ich schminke mich ein bisschen auffälliger und hänge mich mit Gold, Silber, Kupfer und Eisen voll. Wenn ich die Straße raufkomme, dann klinge ich wie eine ganze Karawane, so ein Geklingel ist das, mich hört man zehn Meter gegen den Wind, ich bin jetzt Künstlerin; ich schnappe mir ein Buch, setzte mich an einen Weiher, rauche, schaue vor mich hin, geistesabwesend und versunken, aber mit dem Kopf bin ich in anderer Leute Hosenladen unterwegs, eine andere Art von Spießertum. In Lijiang gibt es für alles einen Abnehmer, und es ist keine Seltenheit, dass hier etwas passiert. Aber eins ist wie überall in China, jedes Geschäft hat seine Regeln, man darf nicht in das Revier von jemand anderem geraten.

LIAO YIWU: Richtig, vor allem bei deinem Gewerbe. Früher sind Bosse aus dem Vergnügungsviertel von Chengdu in den Vororten abgestochen worden, die Polizei hat als Motiv für die Tat herausgefunden, sie hätten »im Glauben, mit ihrem Geld alles erreichen zu können, versucht, den Mädchenmarkt in diesem Gebiet zu stören«.

HEI NIU: In Chengdu bin ich zu kurz gekommen, wenn man da als

Animiermädchen arbeiten will, ganz gleich ob »mit Fleisch« oder »vegetarisch«, wird man ausgebeutet. Die Gebühr, die man für einen Tisch abdrücken muss, wird nie auch nur einen Fen niedriger, das ist wie bei den Steuern für den Staat. Deshalb, als ich hier ankam, war ich gescheiter, ich ließ mir in der Qixing-Straße die Haare machen, sondierte heimlich das Gelände, die Banden aus dem Nordosten, die Sichuan-Bande und die Ortsansässigen, wo wer ist, und erst als ich das klar hatte, habe ich entschieden, ob ich da hingehe oder nicht. Ganz am Anfang habe ich es als Freudenmädchen versucht, ich bin in der Gegend der Sifang-Straße in der Altstadt vom Kirschblütenhaus über das Klein-Paris und das Ein-Meter-Sonnenschein* in jeder Bar ein- und ausgegangen, da braucht man Stunden in dem Gedränge. Die Gäste brummen wie im Bienenstock, dazwischen ein Wassergraben, dort stehen sie in hellen Scharen, und hier stehen sie in hellen Scharen und schreien mit ihrem Naxi-Reiseführer »Yasuo, Yasuo, Yayasuo«, das bedeutet »Klasse, Klasse, Sonderklasse«. Manchmal habe ich mich in die Menge gemischt und mitgeschrien und Kunden angelockt, um als Schwalbe was von dem Segen des Tourismus abzubekommen, Männer sind so.

LIAO YIWU: Ist das leichtverdientes Geld?

HEI NIU: Die kommen aus dem ganzen Land, um hier die »weichen Zeiten« zu genießen; wenn man sich ein bisschen anstrengt, dann hat man das Geld für das Leben zusammen. Wenn man nicht als Freudenmädchen auftreten mag, dann macht man in den Bars auf kleines Bürgertöchterlein, ein bisschen schöne Augen gemacht, und womöglich trifft ein paar verhungerte alte Geier der Schlag.

LIAO YIWU: Du und schöne Augen machen? Hehe.

HEI NIU: Mein Sternzeichen und das von Männern wie du einer bist, das beißt sich, und auch deine Aura und meine stoßen sich ab.

---

* Der Name geht auf verschiedene alte Legenden aus Yunnan zurück. Eine davon besagt, dass nur zur Zeit der Herbsttagundnachtgleiche auf dem Yulong-Schneeberg (Jadedrachen-Schneeberg) auf einen Meter Sonnenschein fällt, und wer sich in diesem Sonnenschein umarmt, wird eine große Liebe erleben. Auch der Name einer 30-teiligen TV-Soap von 2003.

LIAO YIWU: Vielleicht.

HEI NIU: Ein Glück, dass die Ästhetik hier reichlich pluralistisch ist. Abends um acht, neun bin ich in der Sifang-Straße, nach zehn mache ich rüber zur Straße des Ersten Mai, dort geht es um ein paar Ecken ins Nummer 38. Das ist eine schwarze Bar im ersten Stock, sieht aus wie eine Räuberhöhle, nach elf ist es krachvoll, aber im Hof und vor dem Hof hört man keinen Mucks. Atai, der Chef, weiß ziemlich gut, was die Leute in Wallung bringt, man muss mit ihnen singen, saufen und dreckige Witze erzählen, und wenn seine Alte mal nicht da ist, geht er vielleicht auch mit einem ins Bett, anything goes. In der Bar gibt es auch keine regelrechten Sitze, jeder macht, was er will, und wenn einer stockbesoffen über den Boden rollt, auch kein Problem. Ich habe dort schon eine Menge Kunden aufgetan, einmal habe ich so einen hübschen Burschen sogar huckepack abgeschleppt. Am nächsten Mittag, als wir wieder nüchtern wurden, habe ich gleich die Hand ausgestreckt, von wegen dem Geld. Der hübsche Junge hat sich die Stirn massiert und vor sich hingenuschelt, er wisse eigentlich gar nicht, warum er hier geschlafen habe.

LIAO YIWU: Einen Freier huckepack mit nach Hause genommen? Alle Achtung! Hast du Zhao Dahu auch so kennengelernt?

HEI NIU: Der ist zu schäbig. Trotzdem, alles ganz in Ordnung, ich komme hier ganz gut zurecht.

LIAO YIWU: Aha.

HEI NIU: Ich habe auch mal einen Lama angemacht.

LIAO YIWU: Was?

HEI NIU: Das stimmt gar nicht, eigentlich hat der Lama mich angemacht.

LIAO YIWU: Ein Lama? Das ist auch so eine Szene aus Lijiang. Letztes Jahr im Sommer bin ich innerhalb eines halben Tages in den Altstadtkneipen sechs, sieben lebenden Buddhas begegnet. Dem Shaga aus dem Longtan-Tempel, dem Tudun vom Lugu-See und dann ein paar anderen aus weiter entfernten Gegenden. Der lebende Buddha vom Zhiyun-Tempel in Zhongba ist ein sehr beredter Mann, und er sieht noch besser aus, er ist Ausschussmitglied der nationalen Konsultativkonferenz und soll auch ein Jünger des nach Indien geflüchteten Karma-Kagyü sein.

HEI NIU: Er ist auf die Welt gekommen, um uns alle hinüberzuführen. Der Lama, der mich angemacht hat, war ebenfalls ein lebender Buddha, er hatte mich in der Niya-Galerie, einem Café mit Galerie, kaum gesehen, als er mich schon zu einem Pu'er-Tee einlud. Auch wenn ich der letzte Dreck bin, als er mich ein paar Minuten fixiert hat, brannte mein Gesicht. Er hat steif und fest behauptet, ich sei Tibeterin, ich sagte, das stimmt nicht, da meinte er, dann sei ich eben in einem früheren Leben Tibeterin gewesen, ich hätte Lamu geheißen und bei der Lashenhai-Pferderennbahn gewohnt.

Ich habe es wohl oder übel zugegeben. Man ist nirgends Herr seiner selbst, außerdem, bei meinen einsachtundsiebzig, wenn ich nicht aus Dongbei war, dann bestimmt aus Tibet. Bei den Han-Chinesen, vor allem im Süden, sind hochgewachsene Frauen eine Seltenheit.

LIAO YIWU: Hehe, man kann wirklich sagen, dass ihr beiden ausgezeichnet zueinander gepasst habt.

HEI NIU: Warum?

LIAO YIWU: Er hat sich von dem weltlichen Leben zurückgezogen, du bist –

HEI NIU: Deshalb hat er immer wieder an mir herumgemacht, ich soll mich aus der Welt zurückziehen, ich soll seine Dakini, seine »Himmelstänzerin« sein, seine im Tempel lebende Frau. Er sagte, er hat über dreißig Jahre Entsagung geübt, sich vor kurzem für drei Jahre in eine Felshöhle eingeschlossen und mich in seiner Phantasie schon unzählige Male gesehen, mit mir die Sutren gelesen und das Abhiṣeka gemacht, so ein Ritus von denen. Ich war ganz eingeschüchtert und fragte, ob die anderen Lamas nicht neidisch werden würden, wenn ich mit ihm im Tempel wohne. Er sagte, ihm unterstehen ein paar Tempel, wir könnten jederzeit umziehen oder auch außerhalb wohnen, wir müssten uns nicht an die Riten der gemeinen Welt halten.

LIAO YIWU: Nicht gerade vertrauenerweckend.

HEI NIU: Das finde ich auch. Dieser dahergelaufene Teufel von einem Lama war ein geiler Bock, aber zahlen wollte er nichts, der hat mich eingeseift, und hatte nicht mal Angst, dass eine Dakini von meinem Kaliber seinen Zauber brechen könnte.

LIAO YIWU: Er hat weniger Entsagung geübt als du.

HEI NIU: Ich bin jetzt einundzwanzig, wenn ich mich noch zwei Jahre herumtreibe, dann müssen aber auch die himmlischen Früchte her. Am genialsten wäre ein bisschen mehr in der Sonne liegen, ein bisschen mehr Tibetisch lernen und Englisch, und dann ein pechschwarzes tibetisches Mädchen namens Lamu werden, einen Ausländer heiraten, mit ihm in den Westen gehen, ein paar Jahre im Ausland studieren, zwei Mischlingskinder aufziehen und dann nach Hause, die daheim würden Sätze machen.

LIAO YIWU: Wieder zurück in den Nordosten?

HEI NIU: Ein Scherz.

LIAO YIWU: Kein Heimweh?

HEI NIU: Nie. Auch wenn ich zur Zeit noch jeden Monat Geld nach Hause schicke, aber ich will nichts mehr von denen wissen, so wenig, wie die wissen wollen, was ich tue. Leben oder Tod, gut oder böse, was man schlucken muss, das schluckt man. Für dieses Leben bin ich mit diesem schwarzen Flecken Erde da oben fertig, ich habe dort nicht die geringsten Wurzeln mehr, nada. Ich bin ein neuer Mensch, ein komplett neuer Mensch, eine zukünftige Außerirdische.

LIAO YIWU: Eine Außerirdische? Das ist Blödsinn, oder?

HEI NIU: Bei Anfällen von Sinnlosigkeit chatte ich im Internet. Bei Reiseflauten, wenn, wie bei uns typisch, der Regen schlagartig in Winter umschlägt, oder wenn ich eine Woche oder einen halben Monat keinen Kunden an Land ziehe, was ich dann mache? Dann chatte ich wie wild herum, dann suche ich nach einer Möglichkeit, mich zu verheiraten.

LIAO YIWU: Eine Internet-Hochzeit?

HEI NIU: Ja. Ich bin schon sieben-, achtmal verheiratet gewesen, ich bin schon richtig süchtig danach. Man mietet für ein bisschen Geld bei einer Hochzeitsfirma einen Raum, die bereiten alles vor. Man kann zwei Internetfreunde gleichzeitig heiraten, westlich und chinesisch, Limousine und Sänfte, eine gemauerte Kirche, Klavier und Suona, alles durcheinander. Auch seine Herkunft kann man nach Belieben ändern, Fräulein, Zofe, Witwe, Jungfrau, Lady Di, die Königin Mutter des Westens, man muss das alles nur arrangieren, anything goes.

LIAO YIWU: Und dann?

HEI NIU: Kollabiert man. Brütet vor sich hin. Rekapituliert. Pennt. Sammelt Energie. Zieht Kunden an Land. Und passt auf, dass man so einen flüchtigen Freier nicht mit dem Traumprinzen auf dem weißen Pferd verwechselt.

DAI FENGHUANG,
DIE DONGDONG-TÄNZERIN

In einer kleinen Zeitung habe ich Ende des 20. Jahrhunderts schon einmal einen Untersuchungsbericht über diese Dong-dong-Tanzbars gelesen und vor Überraschung auf den Tisch geschlagen. Ich habe gerade überlegt, ob ich mir das mal in ein paar Tagen persönlich ansehen sollte, als ganz unerwartet die weitere Meldung kam, die Bars seien im Rahmen der Anti-Pornographie-Kampagne der Polizei dichtgemacht worden, was die Leute sehr bedauerten.

Später sind diese Untergrund-Luderläden, die bei den Massen eine breite Basis hatten, allerdings wie Phönix aus der Asche doch wieder aufgetaucht. Auch wenn die Machthaber alles Mögliche gegen die Korruption und den Sittenverfall versuchten und sogar den während der verschiedenen Bewegungen für Neue Kultur* so oft niedergekämpften »Weg von Konfuzius und Menzius« wieder ausgruben, um die Massen im festen Glauben an den kommunistischen Puritanismus zu erziehen, ist nach einem Diktum von Deng Xiaoping Entwicklung ein hartes Prinzip. Aber das Prinzip des Lebens ist noch viel härter, unanständiger und noch dazu viel direkter und hilfloser.

Deshalb hatte ich keine ruhige Minute mehr, nachdem ich am Abend des 14. Juni 2009 die entsprechenden Informationen bekommen hatte, und bin in den Ruinen der alten Staatsbetriebe in der Gegend der Mengshuiwan-Straße herumgegeistert. Das Taxi fuhr zwischen den Hochhäusern herum, bis es schließlich in eine hintere Gasse einbog, anschließend aus dem Kreis ausbrach und zu den beiden altersfleckigen Wohnheimgebäuden der Fabrik kam.

Es war fast neun, unter den trüben Lampen standen, undeutlich zu erkennen, Leute, die von überallher in einer Ecke

---

* Die erste dieser Bewegungen wird oft im gleichen Atemzug genannt mit der zielgleichen 4.-Mai-Bewegung von 1919. Wichtigste Vertreter u. a. Hu Shi, Chen Duxiu und Lu Xun, Inhalte: Antitraditionalismus, Antikonfuzianismus, Abschaffung der klassischen Schriftsprache.

weiter hinten zusammenkamen. Dort war zu Maos Zeiten ein Luftschutzbunker gewesen, heute war das der Eingang zu einer Dongdong-, einer »Bunker«-bar, einem Tanzschuppen. Ich musste nicht nach dem Weg fragen, nur mit dem Strom schwimmen und war am Ziel.

Die Ordner trugen rote Armbinden, wenn man sie betrachtete, wirkten sie wie der große Feind, aber in Wahrheit waren sie einfach nur Zierrat, wie die Ohren eines Tauben. Ich zog zehn Kuai aus der Tasche und kaufte eine Eintrittskarte. Sitze gab es keine, auch keinen Service, es war todlangweilig und ich hörte eine Weile der miesen Anlage zu. Die Tanzfläche füllte sich nach und nach, später verschwamm die Grenze zwischen Tanzfläche und Zuschauern, und die Köpfe der Leute wogten hin und her, vor mir, hinter mir, rechts und links, alles war ein einziges zuckendes, menschenförmiges Insekt. Es ging nicht vorwärts und nicht zurück, man musste sich anpassen, sonst war man ein Verräter oder ein Idiot. Pünktlich wischte ein wohlgerundeter Arm an mir vorbei, packte geistesgegenwärtig zu und sprang auf.

Um die Wahrheit zu sagen, in den ersten paar Minuten konnte ich ihr Gesicht nicht genau ausmachen; vom Gefühl her war meine Schöne schon reichlich in den besten Jahren, aber ich hätte nicht gedacht, dass sie Jahrgang 66 war und damit im gleichen Jahr das Licht der Welt erblickt hatte wie die Kulturrevolution. Darauf wäre ich nie gekommen.

—〰—

LIAO YIWU: Die Coverversion von Deng Lijuns »Shanghai bei Nacht« ist wirklich nicht schlecht. Darf ich um den Tanz bitten?

DAI FENGHUANG: Wer tanzen will, tanzt, das affige Getue kannst du dir sparen!

LIAO YIWU: Danke.

DAI FENGHUANG: Ich habe gesagt, das Getue ist nicht nötig. Gib deine Hand her, hier ist meine Hüfte, hier der Arm, fass mich ein bisschen enger. In dem Bunker hier drängen sich mindesten fünf-, sechshundert Rindsteufel und Schlangengeister, wenn du mich da nicht eng fasst, dann passiert das Gleiche wie in dem Lied: Sie hat mich angelacht – und war vorüber.

LIAO YIWU: Ja, ja. Ein grünirisierendes Irrlicht. Alle Gesichter sind ein Gesicht.

DAI FENGHUANG: Die Musik ist zu laut, man versteht gar nichts.

LIAO YIWU: Ich habe gesagt, alles sehr interessant.

DAI FENGHUANG: Dann zahl erst einmal zehn Kuai. Das ist der Standardpreis für ein Tanzmädchen.

LIAO YIWU: Gut, gut.

DAI FENGHUANG: Wieso sind deine Hände so verschwitzt, heute ist es doch nicht so heiß? Kommst du schon auf Touren?

LIAO YIWU: Nicht so schnell.

DAI FENGHUANG: Dann lass uns noch zwei Runden drehen. Wange an Wange, da kann man sich besser austauschen und sich anfassen, wie man will. Wie ist es, brauchst du noch was anderes?

LIAO YIWU: Das geht mir zu schnell.

DAI FENGHUANG: Wenn du nichts auf die Schnelle suchen würdest, wärst du dann hier?

LIAO YIWU: Ich, ich …

DAI FENGHUANG: Einmal Flugzeug, also mit der Hand, macht dreißig, einmal im Stehen fünfzig, das sind die Preise für einmal Absamen.

LIAO YIWU: Hier sind hundert, nehmen Sie.

DAI FENGHUANG: Was soll denn das?

LIAO YIWU: Mir ist schon ganz schwindlig im Kopf. Wir gehen raus und schnappen ein bisschen frische Luft.

DAI FENGHUANG: Ach so, verstehe, verstehe. So schräge Vögel wie dich habe ich schon gehabt, ohne Vorheizen kriegen die keinen hoch.

LIAO YIWU: Ja, ja.

DAI FENGHUANG: Aber ich gehe nicht weit.

LIAO YIWU: In der Nähe ist ein Guangdong-Imbiss, der hat nachts auf.

DAI FENGHUANG: Zu teuer – und zu hell, die reine Stromverschwendung. Wir essen besser an der Straße irgendwo ein Fondue. Aber nicht länger als eine Stunde. Der Existenzdruck, verstehst du? Es ist, wie es ist.

LIAO YIWU: Wir ziehen schon einen Rattenschwanz hinter uns her! Ist das Polizei in Zivil?

DAI FENGHUANG: Wo?

LIAO YIWU: Hinter dem Elektromast, der das Rad schiebt. Wenn wir gehen, geht er auch, wenn wir stehenbleiben, bleibt er auch stehen.

DAI FENGHUANG: Ach, das ist mein Mann.

LIAO YIWU: Dein Mann?! Weiß er, dass du das machst?

DAI FENGHUANG: Vor zwanzig Jahren, als wir frisch verliebt waren, hat er mich auch jeden Abend zur Arbeit gebracht und wieder abgeholt, sehr romantisch.

LIAO YIWU: Soll er uns Gesellschaft leisten?

DAI FENGHUANG: Kunde und Ehemann zusammen? Was soll denn das werden? Entspann dich mal, er kommt nicht rüber, nur wenn mir etwas passiert.

LIAO YIWU: Wie es aussieht, liebt er Sie sehr.

DAI FENGHUANG: Das ist nicht schlecht. Du bist auch nicht schlecht.

LIAO YIWU: Aber –

DAI FENGHUANG: Eine normale Familie, wer will denn das? Das heißt doch: arm sein. Mein Junge macht dieses Jahr die Aufnahmeprüfung für die Universität, das braucht Geld. Aber Geld, Geld ist so eine Sache, das fällt nicht vom Himmel und wächst nicht unter der Erde, das muss man schon selber ranschaffen.

LIAO YIWU: Es gibt viele Wege, Geld zu verdienen.

DAI FENGHUANG: Dann zeig mir mal einen, wenn es dir nichts ausmacht!

LIAO YIWU: Na, also …

DAI FENGHUANG: Zum Stehlen fehlt uns die Courage, für Betrug fehlt uns die Intelligenz, für ein Geschäft fehlt uns das Geld, das ist eine realistische Beschreibung unserer Arbeiterklasse; wer eine Arbeit sucht, ist tendenziell entweder alt oder ungebildet.

LIAO YIWU: Arbeiterklasse? Angestellte und Arbeiter bei einem Staatsbetrieb?

DAI FENGHUANG: Ich bin in der Fabrik für Schleifscheiben, mein Mann in einer Reparaturwerkstatt für Dieselfahrzeuge.

LIAO YIWU: Eine Reparaturwerkstatt für Dieselfahrzeuge? Ich weiß, ich weiß, die ist schräg gegenüber vom Schwimmbad beim Mengzhuiwan, die hat in den Achtzigern richtig floriert.

DAI FENGHUANG: Das war eine andere Zeit. In der Mao-Ära hat die Arbeiterklasse alles bestimmt, weshalb mein Mann auch zu den Gebildeten Jugendlichen* gezählt wurde. Er ist wegen einer Stelle zurück in die Stadt und hat überall was rüberreichen müssen. Schließlich ist er in die Fabrik als Automechaniker, wie haben die anderen ihn beneidet. Dann war die Kulturrevolution vorbei und die Reformen haben angefangen, Deng Xiaoping war am Ruder, es musste viel angepackt werden, und auch wir haben einiges hinter uns. Produktionsgarde, Innovationsexperte, Rotes-Banner-Träger vom 8. März, Modellarbeiter und so weiter und so fort, wir hatten die Wände voll mit Wimpeln, eine Truhe voll mit Auszeichnungen, zu jeder Gelegenheit haben wir Trommeln und Gongs geschlagen ...

LIAO YIWU: Damals gab es einen Roman mit dem Titel *Werksleiter Qiao besetzt seinen Posten*, in dem radikale Reformen beschrieben werden, der wurde jeden Tag im Zentralradio übertragen, jeder junge Arbeiter hatte ein Exemplar.

DAI FENGHUANG: Das war beim nächsten Windstoß schon vorbei. Genau wie unsere Jugend. In den neunziger Jahren war Zhu Rongji Ministerpräsident, der hat die Staatsbetriebe umgebaut und hat schmerzhafte Einschnitte vorgenommen, um die Schulden zu verringern, das war die sogenannte »zweite Reform«. Zunächst wurde ein Teil der Leute arbeitslos, dann haben sie zwei, drei Monate keinen Lohn bezahlt und am Ende die Fabrik lahmgelegt. Hinten im Osten der Stadt die paar Dutzend staatlichen Unternehmen, die seit der Gründung der VR dort waren, im Nu alles weg. Die Fabrik meines Mannes hat ihr Gelände schon früh und komplett an Immobilienmakler verkauft, die haben dort einen Wohnblock mit über zwanzig Stockwerken hochgezogen.

LIAO YIWU: Die Gelände der alten Staatsbetriebe in Chengdu sind samt und sonders für Immobilien erschlossen worden. Die beste Location war in der Gegend um die Chunxi-Straße, die gehörte dem früheren Warenhaus von Chengdu, der Bodenpreis ging hoch bis auf zehn

---

* Bezeichnung für Jugendliche mit einer in der Regel einfachen bis höheren Schulausbildung, die zwischen den 50er und 70er Jahren freiwillig oder zwangsweise aufs Land gingen, um dort als Bauern zu arbeiten.

Millionen pro Mu, aber die einfachen Arbeiter und Angestellten haben im Durchschnitt keine zwanzigtausend als einmalige Abfindung bekommen.

DAI FENGHUANG: Die korrupten Beamten und die Profitmacher stecken alle unter einer Decke, die beuten alles aus und machen ein Mordsgeld. Als federführende Vertreter der Verkäufer hat das Führungspersonal der Staatsbetriebe sich dicke Geldgürtel um den Bauch geschnallt, nicht wenige von denen haben ihr Geld investiert, sind ausgewandert und verbringen ihren Lebensabend im Ausland. Die arme Arbeiterklasse hat schon bessere Tage gesehen! Die hat einen Großteil ihres Lebens geschuftet und wird mit zwanzig-, dreißigtausend an die Luft gesetzt.

LIAO YIWU: Damit bewahrheitet sich ein Satz aus dem *Kapital* von Karl Marx: Aus jeder Pore des Grundkapitals laufen Blut und Tränen.

DAI FENGHUANG: Ich bin nun schon über zehn Jahre »freigestellt«, wie das so schön heißt, wenn wir unsere Abfindungen zusammengelegt hätten, es wären nicht mal siebzigtausend zusammengekommen, das war der sogenannte Wiederbeschäftigungsfond. Wir haben alles gemacht, Fahrräder repariert, einen Gemüsestand, einen Imbiss, einen Klamottenladen, mehr können wir nicht, wir haben von früh bis spät geschuftet. So haben wir uns durchgeschlagen bis vorletztes Jahr, die sogenannten Familienaktiva waren auf hundertfünfzig-, hundertsechzigtausend angewachsen – das schafft unter hundert »freigestellten« Arbeitern und Angestellten keiner –, aber dann hat meine Mutter Lungenkrebs bekommen!

LIAO YIWU: Mein Gott, das ist ein Fass ohne Boden!

DAI FENGHUANG: Wir haben fast ein Jahr durchgehalten, ein paarmal das Krankenhaus gewechselt, wir drei Geschwister, dazu mein Mann und sein Bruder, wir haben uns verausgabt bis zum Letzten.

LIAO YIWU: Wie viel habt ihr aufgewendet?

DAI FENGHUANG: Über vierhunderttausend. Unsere Familie ist seit zwei Generationen reinrassige Arbeiterklasse, wie haben die uns immer beneidet! Aber wenn heute auch nur einer schwer krank wird, geht die ganze Truppe unter. Allein die Chemotherapie hat jeden Tag ein paar Hundert gekostet; am Ende hat sie nicht einmal mehr etwas runterbekommen und musste komplett über Infusionen ernährt werden, eine Flasche Nährlösung über dreihundert; das Dolantin gegen die Schmerzen, eine Spritze allein zig Kuai, und das war noch ein Vorzugspreis, haben sie zumindest behauptet …

LIAO YIWU: Das hat überhaupt keine Wirkung, die Krankenhäuser heute, das sind nichts als kostspielige Schlachthöfe.

DAI FENGHUANG: Aber wenn man mal in der Falle sitzt, kommt man nicht mehr raus. Die Oberärzte und das Direktorat rechnen ständig herum und machen Vorschläge, die Familie soll dieses oder jenes besonders wirksame Medikament anschaffen. Meine Mutter bekam den ganzen Tag Infusionen, ihr ganzer Körper war voller Einstiche von den Spritzen, die Adern an den Armen waren zu, da kam man nicht mehr rein, also bekam sie die Spritzen in die Leistengegend; als das nicht ging, in den Fußrücken. Einmal waren auch die Fußrücken geschwollen, da hat es die Schwester mit Gewalt versucht und die Spritze verbogen. Im Handumdrehen fing das Blut an, in die Infusion zurückzulaufen, ein großer Teil des Gummischlauchs hat sich rot verfärbt. Mir ist vor Wut ganz anders geworden, ich habe die Nadel rausgerissen und sie angeblafft. Der Direktor hat das Spektakel gehört und kam angelaufen, schaute sich die Bescherung an, nahm die Nährlösung von dem Gestell und murmelte der Krankenschwester zu: Die ist zu dick, nehmen Sie und verdünnen Sie das, weitermachen.

LIAO YIWU: Fürchterlich.

DAI FENGHUANG: Als es mit meiner Mutter zu Ende ging, bekam sie eine Atemmaske und alle halbe Stunde eine Spritze Dolantin. Ich habe das Krankenhaus vorsichtig aufgefordert, keine Medikamente mehr zu geben, keine weiteren lebensverlängernden Maßnahmen mehr zu ergreifen und der Natur ihren Lauf lassen. Aber dieser Saukopp von einem Direktor hat, als meine Mutter einmal so halb bei sich war, coram publico herumgebrüllt: So wie es nun ist, möchten Sie da noch ein bisschen weiterleben? Mama war starr vor Schreck, sie hatte Tränen in den Augen, hat gejapst und kein Wort herausgebracht, aber trotzdem natürlich ununterbrochen genickt. Keine Ameise will sterben, geschweige denn ein Mensch. Aber wir waren doch wirklich nicht mehr imstande, ihr zu helfen. Wir drei Geschwister und die beiden Brüder meines Mannes haben da auf dem Flur der Krebsstation im zehnten Stock des Krankenhauses herumdebattiert, was man dagegen machen kann, natürlich erfolglos, also haben wir den Kopf in die Hände gelegt und einfach geheult. Wir hatten kein Geld mehr, es war alles umsonst gewesen.

Mein zweitältester Bruder sagte: Wir können nur noch die Wohnung verkaufen.

Mein ältester Bruder sagte: Und wenn ihr die Wohnung verkauft, wo willst du dann wohnen? Man kann doch nicht zulassen, dass die Toten die Lebenden ruinieren.

Der Zweitälteste meinte: Mama ist noch nicht tot. Vielleicht ist sie in einem halben Monat noch am Leben.

Der Älteste darauf: Dann gehe ich vor die Hunde.

Und er wollte wirklich das Fenster aufmachen und runterspringen. Wir hatten alle Hände voll damit zu tun, ihn davon abzuhalten.

Wir hätten nicht gedacht, dass er noch am selben Abend wirklich aus dem Fenster springen würde. Morgens um drei, das ganze Gebäude war relativ ruhig, nur ein, zwei Leute hörte man stöhnen, sie unterdrückten ihre Schmerzen, die diensthabende Schwester war abgetaucht und tat so, als ob sie nichts mitbekommt. Die Zimmernachbarin meiner Mutter, eine Frau mittleren Alters, war am Abend erst weggebracht worden. Unser Ältester hob Mama aus dem Bett und brachte sie auf die Toilette, sie hatte schon monatelang das Bett nicht mehr verlassen, sie war mager wie ein Stück Trockenfleisch. Es war ein Leichtes für ihn, Mama aus dem Toilettenfenster zu werfen und dann ist er selbst hinterhergesprungen. Flapp, flapp. Es war ein Albtraum, sie waren völlig zerschmettert.

LIAO YIWU: Und doch war es eine Befreiung.

DAI FENGHUANG: Es war mitten in der Nacht und totenstill, draußen vor der Mauer des Krankenhauses war der Lärm der Stadt, aber hier regte sich nichts, bis es hell wurde, erst da haben die Torwächter das Ganze entdeckt. Schlagartig war das *die* Meldung, noch am selben Tag stand es in allen Zeitungen.

Wer war schuld? Mein großer Bruder?

Um mal was Pietätloses zu sagen: Wir mussten ihm dankbar sein. Uns, die wir nicht den Mut hatten zu sterben, uns hat er zurückgelassen, mit unserem erbärmlichen bisschen Leben, er hat getan, was zu tun war.

2006, ich war vierzig und ein gefallenes Mädchen, wie man so sagt, aber wenn ich mich zurechtmachte und schminkte, so lala. Zuerst bin ich mit anderen »freigestellten« Schwestern in eine Firma für Haushaltsführung als Putze, für ein paar Stunden gab es gerade mal zwanzig Kuai. Da ging nichts, ich resignierte und nahm einen anderen Weg.

Der erste war ein pensionierter Kader, der hatte im Koreakrieg Korea gegen die Amerikaner unterstützt, war sechsundsiebzig und wohnte am Shuinian-Fluss. Ich habe ein paarmal bei ihm zu Hause geputzt, sein Sohn hat mich auf den Balkon gerufen, und wir haben uns sehr gut unterhalten. Er hat auch nicht direkt von körperlichen Diensten angefangen, er hoffte nur, dass ich mal an einem anderen Tag vorbeikomme und dem Alten Gesellschaft leiste und ihm etwas Wärme schenke. Ich sagte, eine so hochgestellte Familie wie Sie und es fehlt an Wärme? Er sagte, die Wärme einer Frau kann ein Sohn nicht geben.

LIAO YIWU: Das war also ein Witwer, der schon vor Jahren seine Frau verloren hatte?

DAI FENGHUANG: Um das zentrale Wohnzimmer reihten sich sechs, sieben Räume, es war wie ein Labyrinth, wenn da einer eingebrochen wäre, den hätte man gar nicht gefunden. Normalerweise wohnte der alte Revolutionär hier alleine, seine Söhne und Enkel kamen nur ab und zu hier zusammen.

LIAO YIWU: Was haben Sie gemacht?

DAI FENGHUANG: Gewaschen, gespült, gewischt, noch mehr Zeit dumm rumgesessen und dem alten Revolutionär Gesellschaft geleistet, der genauso dumm rumgesessen hat. Wenn er Zeitung gelesen hat, habe ich Zeitung gelesen, wenn er sich die Landschaft angeschaut hat, habe ich mir die Landschaft angeschaut, wenn er den Mund gespitzt hat, habe ich gefragt, was er da macht. Dann bin ich zu ihm hin, habe ihn hier gedrückt und dort massiert. Wenn es nötig war, habe ich ihm einen gerubbelt. In diesem Alter macht einen sogar das Miteinander-Ins-Bett-Gehen ganz konfus, man will es machen, aber es geht nicht, das ist ein Arbeitsaufwand wie beim Bergsteigen. Der alte Revolutionär war wirklich zu bedauern! Seine alte Gefährtin war zu früh gestorben.

LIAO YIWU: Sie haben noch Mitleid für andere. Wer hat denn Mitleid mit Ihnen?

DAI FENGHUANG: Er hat für die Partei, für sein Land, für sein Volk so viel geleistet, damit kann ich einfache Frau mich nicht vergleichen.

LIAO YIWU: Hatte er keine Freunde?

DAI FENGHUANG: Das habe ich mich auch gefragt. Andere alte Genossen machen Schattenboxen, Kalligraphie, geben ihrem Affen Zucker, spielen Schach – wie in dem Gedicht von Ye Jianying*:
Alte Männer preisen gern den Abend,
Wenn rot die Berge leuchten.
Sehr großherzig. Aber er, schwer zu durchschauen. Nach dem, was sein Sohn sagt, war der alte Revolutionär seinerzeit Leiter des Personalbüros und ein sehr eleganter und energischer Mann …

LIAO YIWU: Waren das vielleicht erste Anzeichen für eine Altersdemenz?

DAI FENGHUANG: Ich habe erst später erfahren, dass der alte Revolutionär einen Fehler gemacht hat.

LIAO YIWU: Korruption und Amtsmissbrauch und zur Strafe Degradierung?

DAI FENGHUANG: Wie ich ist er frühzeitig »freigesetzt« worden, er hatte den besten Augenblick verpasst, um sich ein gutes Plätzchen zu sichern. Einmal war ich unterwegs, um einzukaufen, da habe ich eine

---

* Ye Jianying (1897–1986), Revolutionär der KPCh, Politiker, Militär, führende Persönlichkeit bei der Gründung der VR China, später in verschiedenen Ämtern auf Staats- und Provinzebene tätig.

Nachbarin von ihm getroffen, eine Beamtengattin mit Brille. Normalerweise trug sie die Nase sehr hoch und hat sich nicht gern mit so
niederem Volk wie mir abgegeben, doch an diesem Tag ist sie von
selbst auf mich zugekommen, hat mir ein Eis in die Hand gedrückt,
sehr wissend getan und gefragt: »Sie sind doch die persönliche Haushälterin von dem Herrn Amtsleiter, nicht wahr? Und eine ehrliche
Haut, oder?«

Mein Gesicht ist auf einmal ganz heiß geworden, ich habe auch
sehr wissend getan und gefragt: Haushälterin ist Haushälterin, was
heißt da schon persönlich?

Sie hat sich beeilt zu erklären, das heiße nichts weiter, sie meine
nur, ich müsse ziemlich mutig sein.

Ich sagte, ich arbeite und verdiene mein Geld, mit Mut hat das
nichts zu tun. Der alte Revolutionär frisst mich ja nicht.

Da fing sie auf einmal an zu lachen: Das ist ein alter Schwerenöter,
das hat in der Zeitung gestanden, wussten Sie das nicht? Sei vorsichtig, sonst vernascht er dich!

LIAO YIWU: Ich verstehe nur Bahnhof.

DAI FENGHUANG: Ja, das hatte ich auch nicht erwartet.

LIAO YIWU: Was denn?

DAI FENGHUANG: Der alte Revolutionär war im Puff, die Miliz der
Vereinigten Landesverteidigung hat ihn dort aufgegriffen.

LIAO YIWU: Wow! Wie avantgardistisch!

DAI FENGHUANG: Vielleicht war es auch nur die Leere. Vielleicht auch
der Altersunterschied zu seinen Kindern. Kurz, an dem besagten
Abend hat er die Langeweile nicht mehr ausgehalten, ist durch die
Gegend gebummelt und weiter gelaufen, als er wollte. In einem Teeladen in einer vollkommen versifften Gasse hat er sich ein bisschen
ausgeruht und dann langsam wieder auf den Rückweg gemacht. Weiß
der Himmel, welcher Teufel ihn geritten hat, da in eine Seitengasse
einzubiegen. Er murmelte noch, »da war ich ja noch nie«, als die Roll-
läden rechts und links hochschnarrten und zehn bis zwanzig heimliche
Frisörläden auftauchten, erstklassige Goldfischaquarien, wo soge-

nannte Frisösen, die am Tag untertauchen und erst in der Nacht wieder zum Vorschein kommen, mit den Hüften schlingern. Anschließend muss ihn endgültig der Teufel geritten haben, er kann nicht ganz bei Sinnen gewesen sein, als er sich da hat hineinziehen lassen, rote Lampen und grüner Schnaps, er konnte gar nicht richtig gucken.

LIAO YIWU: So unschuldig soll er gewesen sein?

DAI FENGHUANG: Ich habe die Zeitung gelesen, das war ziemlich widerwärtig, was die da geschrieben haben. Warum sollte jemand, der so viele Jahre von der Kommunistischen Partei erzogen und schon fast heiliggesprochen worden ist, freiwillig und so ohne Rücksicht auf seinen guten Ruf in so ein Nuttennest gehen? Das wäre doch hirnverbrannt. Bestimmt haben die jungen Dinger ihn reingezerrt, ihn gekidnappt. Pfui, die reine Geldgier, Wahnsinn.

LIAO YIWU: In der Ginkgobaumallee, der berühmten Nuttengasse, haben sich die Frisörfräuleins und die freien Bordsteinschwalben immer wieder um ihre Kunden und dann auch noch um die Beute geprügelt.

DAI FENGHUANG: Deshalb kann sich der alte Mann davon auch nicht mehr reinwaschen, und wenn er in den Funan-Fluss springt. Die Festsetzung von Freiern und Spielern, das ist ein fetter Auftrag, da sind die Miliz von der Vereinigten Landesverteidigung und die Polizei alle vierzehn Tage hinterher, dass ihnen einer ins Netz geht, ein lukratives Geschäft. Der alte Revolutionär aber hat fürchterlich Pech gehabt, den haben sie mit nacktem Unterkörper auf frischer Tat ertappt, zum Revier geschafft, ihm fünftausend aufgebrummt, und weil er nicht genug in der Tasche hatte, seine Familie benachrichtigt, damit die ihn auslösen. Und die gemeinen Kerle haben es natürlich gleich der Presse gesteckt. Die Zeitungen haben das dann ausgeschlachtet, der Alte hatte das große Los gezogen, in der Stadt, im ganzen Land wurde er zum ältesten Mann in der Geschichte, der gegen das Prostitutions- und Freierverbot verstoßen hat.

LIAO YIWU: Wow, sehr beeindruckend!

DAI FENGHUANG: Schadenfreude, wenn einer so weit unten ist? Sie sind ein ziemlich herzloser Kerl.

LIAO YIWU: Entschuldigung, Entschuldigung!

DAI FENGHUANG: Ich bin ihm weitere zwei Jahre zur Hand gegangen, hab ihm täglich drei Mahlzeiten gemacht und dafür im Monat zweitausend bekommen. Der alte Revolutionär hatte durchaus Selbstachtung, es kam nie soweit, dass ich ihn etwa ermahnen musste:»Wo man gefallen ist, muss man auch wieder aufstehen«, oder so was in der Art.

LIAO YIWU: Und dann?

DAI FENGHUANG: Er bekam nur selten Besuch. Seine alten Kollegen aus dem Amt haben den Kontakt zu ihm abgebrochen, auch die Verwandtschaft und die Nachbarn haben sich von ihm abgewandt, blieb nur ich, die weder Freundin noch Verwandte war, ich habe Tag für Tag nach ihm gesehen. Manchmal hat er alle Truhen und Schränke auf den Kopf gestellt und mir die alten Fotos aus der Zeit des Koreakrieges gezeigt, er hat drei Tapferkeitsmedaillen bekommen, echt heftig. Er seufzte und sagte: Ein ganzes Leben für die Revolution wiegt einen einzigen Fehler nicht auf. Ach, wenn uns nicht zwei Generationen getrennt hätten und ich nicht Mann und Kind gehabt hätte, ich hätte ihn geheiratet und ich hätte es nicht bereut. Hehehe, dummes Zeug.

Im letzten Frühjahr war der alte Revolutionär das lange Herumgrübeln leid, geht vor die Tür und bekommt einen Schlaganfall, direkt an der Treppe. Hirnblutung, man konnte ihm nicht mehr helfen. Die Beerdigung dann war eine ganz einsame und traurige Angelegenheit, die alte Kaderstelle und das Personalbüro haben jemanden mit einem Kranz geschickt, das Nachbarschaftskomitee hat nicht einmal das gemacht. Seine Kinder haben ein Trauerzelt gemietet und als Seelenhalle hingestellt, das hätte zweihundert Leute aufnehmen können, mit zwanzig Tischen zum Mah-Jongg-Spielen, aber sie haben gerade mal zwei, drei Tische vollbekommen, obwohl sie Krethi und Plethi eingeladen haben. Als Trauerbezeugung und Kondolenz hat man sich hastig verneigt und ist dann erhobenen Hauptes und mit wehenden Rockschößen davon, im Grunde ging das allen am Arsch vorbei. Diese falschen Fuffziger! Diese Arschkriecher! Wie habe ich bei mir geflucht, als ob die nicht in der Gegend herumvögeln würden! Der Tote hier war viel anständiger als diese ganzen verlogenen Drecksäcke!

LIAO YIWU: Was Sie anfangen, bringen Sie auch zu Ende!

DAI FENGHUANG: Ich muss leben und ich muss Geld verdienen. Nach dem großen Erdbeben standen noch viel mehr Leute auf der Straße, nicht mal die mit Uniabschluss hatten was zu beißen, was sollten wir in den unteren Etagen da erst machen?

LIAO YIWU: Weiß Ihr Mann von der besonderen Beziehung, die Sie zu dem alten Revolutionär hatten?

DAI FENGHUANG: Das Einzige, was der weiß, ist, wie man seinen Kummer ersäuft und auf sein Ende wartet.

LIAO YIWU: Ist da noch Liebe zwischen Ihnen?

DAI FENGHUANG: Doch, wir sind im Guten wie im Schlechten, auf Gedeih und Verderb aneinandergebunden, nennt man das nicht Liebe? Aber Liebe füllt einem nicht den Magen. Unser Sohn macht bald die Aufnahmeprüfung für die Universität, dafür muss man alles riskieren.

LIAO YIWU: Als Mann …

DAI FENGHUANG: Was als Mann? Er hat seit fast einem Jahr keine Arbeit, ich muss Vater und Sohn ernähren. Eine andere wäre längst abgehauen. Aber ich halte stur an ihnen fest, ich will beweisen, dass es noch so etwas wie Gewissen gibt, dass es noch Verantwortungsgefühl gibt. Eheleute, die sich nicht unterkriegen lassen, reden oft nicht mehr groß miteinander, um nicht zu heulen oder zu streiten, das ganze Getue bringt einen nicht weiter. Einmal habe ich in dem Bunkerschuppen um zwei, drei Uhr morgens Schluss gemacht, und da war sein Fahrrad nicht da. Ich war wie aufgescheucht, habe mit ein paar von den anderen Mädels alles abgesucht, und da lag er dann, mit zwei anderen Kerlen, stockbesoffen in der Gegend herum. Also habe ich mir wohl oder übel das Fahrrad geschnappt, habe ihn mitgenommen und bin dann auch noch, es war fast schon vor der Haustür, auf die Schnauze gefallen, ich war so außer mir, ich habe, wie ich da am Straßenrand saß, das Heulen angefangen. Schließlich ist er wieder ein bisschen zu sich gekommen, hat sich selbst ein paar reingehauen, patsch, patsch, und gebrüllt »Looser, looser!«. Welcher Mann ist dazu schon bereit?

LIAO YIWU: Wie lange kommen Sie schon hierher?

DAI FENGHUANG: Ich war schon als Kind hier. Als ich zwei, drei Jahre alt war, haben meine Eltern hier den Luftschutzbunker mit ausgeschachtet, und ich habe auf dem Erdhaufen gehockt und zugeschaut. Damals, also 1969, war der Krieg zwischen China und der Sowjetunion um die Zhenbao-Insel gerade vorbei, alles war vollgepflastert mit Propagandaplakaten über Atombomben und Wasserstoffbomben; je tiefer man grub, umso sicherer schien man vor den Bomben zu sein. Präsident Zhou Enlai hat uns dazu aufgerufen, »tiefe Bunker zu bauen, große Vorräte anzulegen und nicht nach Hegemonie zu streben«.

LIAO YIWU: Aber Präsident Zhou hätte sicher nicht gedacht, dass dreißig, vierzig Jahre später die Luftschutzkeller zu unterirdischen Tanzbars mutieren würden.

DAI FENGHUANG: Chinesen buddeln gerne, schauen Sie sich nur die alten Filme an, *Der Tunnelkrieg* und *Der Minenkrieg*, die Bauern im Norden haben nur mit den Gruben, die sie gebuddelt haben, die japanischen Teufel geschlagen. Yan'an, das heilige Gebiet der chinesischen Revolution, da haben alle nur in Höhlen gewohnt. Und noch nach der Befreiung, ja, bis heute geht von diesem Gebuddele eine gewisse Faszination aus. Zu dem großen Weltkrieg ist es nicht gekommen, aber die städteweiten Sirenen haben ständig geheult. Ich erinnere mich, um die Zeit herum, als der stellvertretende Vorsitzende Lin Biao in die Sowjetunion desertiert und sein Flugzeug bei Öndörchaan in der Inneren Mongolei abgestürzt ist, da sind wir bei jeder Kleinigkeit mit den Erwachsenen in die Luftschutzkeller gestürzt, Massen von Menschen, dicht auf dicht, wie Ameisen auf Umzug. Bei den Evakuierungsübungen haben die Sirenen manchmal drei Minuten lang geheult, manchmal auch fünf Minuten, alle haben so getan, als sei das Ernst, da hing man so eng aufeinander, das war sogar für einen Furz zu eng, und hat sturheil auf die »Entwarnung« gewartet.

LIAO YIWU: Das ganze Volk spielte. Wenn man sämtliche Luftschutzbunker im Land aneinanderreihen würde, das gäbe sieben, acht Große Mauern.

DAI FENGHUANG: Deshalb war ich auch gar nicht überrascht, als die Leute zum ersten Mal auf die Dongdongbar zu sprechen kamen und erzählten, wie turbulent und laut es da drin zugeht, und wie duster es da ist. Wegen des großen Erdbebens und weil sie bei der »allgemeinen Bündelung der Kräfte für die Hilfeleistungen nach der Erdbebenkatastrophe« nicht ins Bild passten, wurden die Bunkerbars für ein halbes Jahr geschlossen, und als man sie dann wieder aufgemacht hat, hieß es, da wäre noch mehr die Hölle los als vorher. Dann hat sich eine Kollegin aus meiner ehemaligen Einheit hier mit mir verabredet und ich bin hin. Ach ja, hier kommen wirklich alle Teufel und Schlangengeister aus ihren Löchern.

LIAO YIWU: Blasen Sie zum Rückzug?

DAI FENGHUANG: Für eine Frau über vierzig gibt es nur die Flucht nach vorn, außerdem, hier haben wir als Kinder gespielt. Bei Alarm damals sind wir hierhin gerannt, hier haben wir Verstecken gespielt, hier haben wir Spione gefangen, hier haben wir den Guerillakampf geführt, da war die Hälfte der Kunden in der Bar noch nicht einmal auf der Welt.

LIAO YIWU: Aber in der Halbwelt zählt das nicht.

DAI FENGHUANG: Die Zeiten ändern sich, die Arbeiter, Bauern und Soldaten, die früher »alles führten«, gehören heute zu den »Schwachen der Gesellschaft«. Das muss man sich einfach eingestehen, sich bescheiden ist eine beständige Freude. So wie jetzt, wo ich die ganze Zeit mit dir dummes Zeug rede und dabei auch noch Geld verdiene, das nenne ich Schwein gehabt. Wenn ich jeden Monat mit der Klappe drei-, viertausend machen könnte, würde ich Fernsehmoderatorin werden.

LIAO YIWU: Unter den Dongdong-Tänzerinnen da unten sind Sie sicher die Oma?

DAI FENGHUANG: Was heißt hier Oma? In den ausländischen Filmen haben Frauen in meinem Alter den meisten Charme.

LIAO YIWU: Missverständnis, ein Missverständnis.

DAI FENGHUANG: Keine falsche Höflichkeit.

LIAO YIWU: Prost, prost.

DAI FENGHUANG: Ich trinke nur Limo, wenn ich Alkohol nur rieche, bekomme ich Ausschlag. Als Tanzmädchen ist es besser, einen klaren Kopf zu behalten. Andere Arbeiterinnen, die wie ich »freigestellt« sind, verdienen sich hier jeden Abend ein bisschen was, mal mehr, mal weniger. Auch wenn sie sonst nichts machen und nur mit den Leuten tanzen, pro Lied zehn Kuai, das sind nach zehn Tänzen auch schon hundert.

LIAO YIWU: Schafft man das denn, zehn Kunden, die einen zum Tanz auffordern?

DAI FENGHUANG: Wieder du mit deinem Getue. Auf der Tanzfläche, das ist wie in einem Jiaozi-Topf, wenn man einmal in dem Chaos drin ist, weiß sowieso keiner mehr, wo er selbst aufhört und der andere anfängt. Die Kerle tatschen nach Belieben an einem herum, wie die Frauen im Übrigen auch, aber nach einem alten ungeschriebenen internationalen Gesetz zahlen nur die Männer.

LIAO YIWU: Kein Spielraum, um sich jemanden auszusuchen?

DAI FENGHUANG: Doch, aber man muss schnell reagieren. Wenn die Musik anfängt und du sofort sagst, vergiss es, dann ist Schluss; wenn man wartet, bis man im Clinch hängt, und dann erst stopp sagt, muss man zahlen.

LIAO YIWU: Und wenn man das nicht macht?

DAI FENGHUANG: Wenn es gut abgeht, zahlt man Strafe, wenn es weniger gut abgeht, gibt es Prügel und man wird von den Ordnern rausgeschmissen.

LIAO YIWU: Wer wagt sich denn dann noch hierher?

DAI FENGHUANG: Die Bunkerbars laufen schon gut zehn Jahre, die haben allen Schwierigkeiten getrotzt, waren mal offen, mal zu, aber an Leuten gefehlt hat es nie.

LIAO YIWU: Draußen vor den Bars stehen jede Menge Fahrräder, sind die alle in der gleichen Situation wie Sie mit Ihrem Mann?

DAI FENGHUANG: Du meinst, dass das alles Räder von Männern sind, die ihre Frauen bringen und abholen? Unter den Mädels, die ich kenne, gibt es fünf, sechs Pärchen, wenn man sich trifft, grüßt man sich, bei denen zu Hause ist so weit alles in Ordnung, sonst könnten sie das hier nicht machen. Im Allgemeinen ist es wie früher bei der Arbeit, man kommt mit dem Fahrrad oder nach dem Essen zu Fuß. Die Männer wissen genau Bescheid, aber sie stellen keine Fragen.

LIAO YIWU: Ist das denn ein Leben?

DAI FENGHUANG: Das ist eine Art zu leben. Vielleicht hat uns unsere Zeit in den Luftschutzbunkern schon dafür prädestiniert, dass wir später einmal da drin unser Geld verdienen. Ein Glück, dass der Vorsitzende Mao so barmherzig war und früh gestorben ist, so ist uns noch ein letzter Rest von Jugend geblieben, daran halten wir eisern fest, schmieren uns ein bisschen mehr Schminke ins Gesicht und dann ab in den Bunker, da kann man ein wenig »die Uhr zurückdrehen«. Die Kerle, die kurzsichtig sind und nach einem Abenteuer suchen, können uns in dem Licht da drin immer noch für dreißig halten und mit ein bisschen Glück auch noch für acht- oder neunundzwanzig. Und mit den Kerlen ist es genauso, die sind erkennbare fünfzig, sechzig oder gehen gar schon auf die siebzig, da drin aber kommen sie sich vor wie dreißig oder vierzig, aber auf keinen Fall älter als fünfzig. Hast du schon mal einen sechzig Jahre alten Herrn gesehen mit rotgefärbten Haaren? Ich schon, er hat sich für achtundzwanzig ausgegeben, ich habe auf naives Girlie gemacht und habe ihn gelobt, von wegen so jung und schon so erfahren. Am Ende war er vollkommen von der Rolle, hat gar nichts mehr gemacht und mir für nichts und wieder nichts hundert Kuai gegeben. Das war Beschiss, eine Mogelpackung, aber der helle Tag ist schon brutal genug, muss es die Nacht da auch noch sein? Im Grunde sind zwei, drei Generationen von der Kommunistischen Partei um ihre Jugend betrogen worden, wenn man sich auch noch den letzten Rest der Jugend nehmen lässt, dann sind wir alle perdu.

LIAO YIWU: Dann ist das hier also die letzte Nostalgiefront der Arbeiterklasse, sehr traurig. Wie ist es, sollen wir Ihren Mann nicht zu einem Glas herüberholen?

DAI FENGHUANG: Der genießt gerade die kühle Luft der Sommernacht und schaut sich die Sterne an, das ist gut so.

LIAO YIWU: In der Stadt gibt es nur Straßenlaternen, wo sollen da Sterne herkommen?

DAI FENGHUANG: Ist dir das Ganze peinlich? Dann gib mir fünfzig extra. Ich bedanke mich in seinem Namen.

ZHOU BANDAO, DER SICHUAN-KOCH

Ich hatte schon Sichuan-Köche erlebt, aber einen Koch mit so einem eigenen Kopf wie Zhou Bandao war mir noch nicht untergekommen.

Am 22. Juli 2009 hat das ganze Land eine Sonnenfinsternis beobachtet; zwei Tage vor dieser Sonnenfinsternis lud mich meine kleine Schwester nach zwei Uhr nachts in der Nähe des Volksparks zu einem »Gespensterimbiss« ein, wie früher die kleinen, illegalen Buden, die nur in der Nacht öffneten, genannt wurden; sie wollte in das berühmte »Schweinefüße mit Sichuan-Pfeffer bei Muttern«. Dieser normale »Fliegenladen«, so heißen in Chengdu liebevoll diese kleinen, billigen Stände, war, wie es hieß, über zwanzig Jahre alt, zigmal umgezogen und immer noch der alte Saustall; aber er zog die Nachtschwärmer in Massen an, vor allem durch die Unterstützung der Taxifahrer. Es war ein wirklich ungewöhnlicher Trubel; den Boulevard entlang zog sich aus dem Inneren des Ladens bis auf die Straße eine Reihe von Klapptischen und drängte sich dann am Straßenrand; auch nicht wenige, die einfach die Nacht durchmachten, eilten herbei; wer keinen Tisch und keine Bank ergatterte, stellte seine Schweinefüße und die Dipschale auf den Boden und aß in der Hocke, ein Bissen Schweinefüße mit Sichuan-Pfeffer, ein Schluck Schnaps – wobei niemand vergaß, lobend mit der Zunge zu schnalzen: Die Knochen sind sehr knusprig! Sehr lecker!

Meine kleine Schwester hob beim Essen und Trinken zufällig die Augen, entdeckte gegenüber ein bekanntes Gesicht und grüßte: He, Zhou, mein Alter, lange nicht gesehn! Du hast doch selbst einen Laden, wieso treibst dich hier draußen rum?

Ich hob ebenfalls die Augen und lachte. So waren die Leute in Chengdu, die Worte flogen ein paarmal hin und her, man versteht sich, und schon kommt alles an einem Ort zusammen. Durch die Vorstellung entpuppte sich der extrem kurzsichtige magere Affe sogar als Koch, der, obwohl er sich erst nach einem halben Leben für den Beruf entschieden hatte, in der Sichuan-Küche durchaus jemand war.

»Meinen Laden habe ich längst zugemacht. *Es ging nicht vorwärts und nicht rückwärts, also habe ich aufgegeben, ich konnte mit den großen Läden rundrum nicht mithalten.*«
Sie könnten doch so einen Laden für Schweinefüße aufmachen, wie den hier, sagte ich.
»Ganz am Anfang hat hier ein Schweinefuß einen Kuai gekostet, heute kostet er das Zehnfache. Die haben hier auch jede Menge Schwierigkeiten gehabt, durch deren Hände sind ein paar Millionen Schweinefüße gegangen, mindestens, dass sie es bis heute geschafft haben. Das mit dem Geldverdienen hört nie auf, ich kann nicht mehr, esse ich halt eingelegtes Gemüse zu meinem Schnaps. Bei den paar hundert Millionen Chinesen fällt es niemandem auf, wenn ich alter Tagedieb fehle. Oder was meinen Sie?«

—ɷ—

LIAO YIWU: Meine kleine Schwester hier, die bei uns das größte Leckermaul ist, hat erzählt, dass Ihre Kochkunst etwas ganz Außergewöhnliches ist, alter Freund.

ZHOU BANDAO: Ich habe schon jahrelang keine Küche mehr von innen gesehen.

LIAO YIWU: Warum das denn nicht?

ZHOU BANDAO: Kein Warum, die Knochen sind müde.

LIAO YIWU: Wenn man Sie so anschaut, geht es Ihnen doch recht gut, oder?

ZHOU BANDAO: Ich habe ein halbes Leben lang am Frittieröl gestanden, da macht es nichts, wenn ich den Rest meiner Tage in der Gleichgültigkeit verbringe.

LIAO YIWU: Klingt ein bisschen tiefsinnig.

ZHOU BANDAO: Ich habe ein halbes Jahrhundert lang die Zunge raus-
gestreckt und abgeschmeckt, alles taub, es gibt nichts, was ich noch
nicht geschmeckt habe.

LIAO YIWU: Das wird ja immer schlimmer mit dem Tiefsinn, Sie quellen ja geradezu über vor Bitterkeit.

ZHOU BANDAO: An Ihnen ist ein Komiker verlorengegangen!

LIAO YIWU: Alles, um ein bisschen Stimmung zu machen. Wie im
Traum der Roten Kammer: Wenn in den großen Haushalten das Essen auf den Tisch kam, gab es immer zuerst eine Suppe, als Appetit-
anreger. Der Legende nach hießen diese Sichuan-Suppen »Der grüne
Drache überquert den Fluss«, weil quer auf der Oberfläche einer
riesigen Schale mit Suppe aus altem Essig zwei fette Lauchstangen
lagen, und wenn man kostete, hat es einem fürchterlich die Monika
verzogen, und dann schlugen die Flammen des Hungers hoch …

ZHOU BANDAO: Essig kann den Magen öffnen und entgiften, aber von
einer »Der grüne Drache überquert den Fluss«-Suppe habe ich nie
gehört.

LIAO YIWU: Hehe, die Anekdote stammt, wie es heißt, aus dem Haus
des Top-Feinschmeckers von Sichuan, dem sechsundneunzigjährigen
Gourmet Che Fu. Er sitzt schon seit über zehn Jahren im Rollstuhl,
majestätisch wie eine Wiederkehr des dicken Maitreya-Buddhas mit
seinem gewaltigen Bauch und seinem riesigen Kopf. Der alte Herr
war in der Republikzeit ein bekannter Journalist, patriotisch, heimat-
liebend und von einem himmelstürmenden Ehrgeiz, kannte die Hälfte der Berühmtheiten des Landes und die Hälfe der berühmten
Köche von Sichuan persönlich und ist am Ende jetzt ein lebender
Heiliger geworden. Doch heute hat das Fossil sämtliche Helden und
Feiglinge, Freunde und Feinde seiner Zeit überlebt; fehlt nicht viel
und er überlebt auch noch die Guomindang und die Kommunistische
Partei, und es ist ihm nichts geblieben als: essen.

ZHOU BANDAO: Ach ja, ich habe unser aller Vorkocher schon sechs
Jahre nicht mehr gesehen! Vor ein paar Tagen noch habe ich ein Buch
von ihm gekauft.

LIAO YIWU: Ich erinnere mich vage an seinen Leitspruch für Gourmets: *Das Denken gewendet, gestürzt der Geist, nur fressen macht den Körper feist.*

ZHOU BANDAO: Ich glaube, dieses Gedicht kann sich mit dem Titelgedicht des *Traums der Roten Kammer* messen: *Ein Blatt voll eitel Worte, die Tränen bitter, die Welt verlacht mich als verrückt, wer weiß dem allem nachzuschmecken?*

LIAO YIWU: Dieser Geschmack ist in den Gerichten der Sichuan-Küche drin: sauer und süß, bitter und scharf, fade und salzig.

ZHOU BANDAO: Das ist scharfer »Mapo«-Tofu, Tofu-Eintopf nach Art der »blatternarbigen Alten«.

LIAO YIWU: Ihre Spezialität.

ZHOU BANDAO: Dieser Tofu ist ein ziemliches Wunder, Sojabohnen der Güteklasse A mahlen, durchseihen und das Ganze dann mit bittersaurem Gallenwasser (Gips) verdicken. Der Tofu selbst fühlt sich im Mund ausgesprochen fade an, aber man kann mit ihm Dutzende, ja Hunderte der besten Fleischgerichte machen. Der absolute Höhepunkt der chinesischen Philosophie ist Laozi, doch Laozi selbst schätzt in seinem *Daodejing* am höchsten das Wasser, welche Form man auch dem Wasser geben mag, das Wasser nimmt diese Form an, doch wenn es zum Himmel steigt, kann es alles verschlingen. Ganz wie der Tofu, wenn er ein bisschen älter ist, dann wird er zum sogenannten Trockentofu, wenn er etwas weicher ist, ist es Tofu-Pudding – für einen Koch heißt das, Tofu nimmt jede Form an, die du ihm geben willst, aber es kann auch passieren, wenn du nicht auf den Tofu achtgibst, dass du in seiner Hand zerschlagen wirst.

LIAO YIWU: Das schmeckt alles sehr unterschiedlich. Aber es braucht schließlich nur jemanden aus Sichuan, wer kann hier nicht ein paar Tofugerichte machen? Ich zum Beispiel kann rotgeschmorten Tofu, Tofu mit Dip, Tofusuppe mit Senfkohl. Und Mapo-Tofu, auch wenn ich mich an den irgendwie nicht heranwage, aber die Rezepte aus den Büchern kann ich rückwärts:

– vierhundert Gramm Tofu
– fünfundsiebzig Gramm Rindfleisch
– fünfzehn Gramm Porree
– zehn Gramm scharfe Bohnenpaste aus dem Kreis Pi
– fünf Gramm Chili
– zwei Gramm Sichuan-Pfeffer
– zehn Gramm Sojasoße
– vier Gramm bestes Salz
– ein Gramm Glutamat
– fünf Gramm gesalzene schwarze Bohnen
– fünfzehn Gramm Stärke
– hundertzwanzig Milliliter Fleischbrühe
– hundert Gramm Pflanzenöl

Die Zubereitung geht dann in folgenden Schritten vor sich: den Tofu in zwei Zentimeter breite Würfel schneiden, in kochendes Wasser geben, etwa zwei Gramm Salz dazu, fünf Minuten ziehen lassen und dann abgießen, das Fleisch fein hacken, Lauchsetzlinge in Stücke schneiden, scharfe Bohnenpaste aus dem Kreis Pi fein hacken, die schwarzen Bohnen musen und bereitstellen. In die Schmorpfanne auf mittlerer Flamme Pflanzenöl geben, zu sechzig Prozent erhitzen, das Fleisch zugeben, bis es kross wird und duftet, die gehackte Bohnenpaste dazu, das schwarze Bohnenmus, gleichmäßig braten und dazu noch rot leuchtendes Chiliöl; Fleischbrühe unterrühren und aufkochen, Tofu zugeben und etwa fünf Minuten braten, nach Geschmack nachsalzen, Sojasoße dazu und Glutamat; zweimal in feuchtem Stärkepulver wenden, die Porreesprossen dazu, bissfest braten, Pfanne herunterheben, anrichten und mit Sichuan-Pfeffer bestreuen.

ZHOU BANDAO: Klingt ein bisschen wie in einer chinesischen Apotheke.

LIAO YIWU: Ganz richtig.

ZHOU BANDAO: Fühlt sich im Mund dann wohl auch an wie chinesische Medizin?

LIAO YIWU: Ganz richtig. Ich habe immer nachgelesen, während ich das gemacht habe, ich hatte alle Hände voll zu tun, hier musste sautiert werden, dort leicht umgerührt. Vor allem dieses so viel Gramm von diesem, so viel Gramm von jenem, das ist lächerlich. Und als ich dann die Pfanne runternahm, war das Ganze eine seltsam schmeckende Pampe.

ZHOU BANDAO: Laut Untersuchungen hat der Mapo-Tofu 1862 seinen Anfang genommen, in der Qing-Dynastie, zur Zeit des Tongzhi-Kaisers; seine erste Adresse war die Waifu-Brücke vor dem Nordtor von Chengdu, der Laden hieß ursprünglich »Chen Xingshengs Restaurant«. Der war viel schlechter als die Hühnerfederläden* an der Straße, die heute im Dienst der Wanderarbeiter stehen, er hatte nicht mal passende Tische und Bänke, und der Ofen stand unter einem Strohdach mit tausend Löchern.

LIAO YIWU: Da gab es sicher kein »Zertifikat vom Gesundheitsamt«.

ZHOU BANDAO: Die wichtigen Spezialitäten in der Sichuan-Küche stammen alle vom Bodensatz der Gesellschaft, im Volksmund heißt es: »Dreck macht Speck, wenn's stinkt, dann gehn die Pickel weg.« Die Erfinderin des Mapo-Tofu, die Frau dieses Chen Xingsheng, war so ungekämmt wie ungewaschen, ein Kreuz wie eine Tigerin und Hüften wie eine Bärin, zudem das Gesicht voller Pockennarben, der Sun Erliang, die in den *Räubern vom Liangshan-Moor* die Baozi mit Menschenfleischfüllung verkauft, wie aus dem Gesicht geschnitten. Und die Kunden waren samt und sonders Lakaien und Hausierer. Damals drängten sich über hundert Ölpressereien um die Wanfu-Brücke. Ölhändler schoben ihre knarrenden Ölkörbe auf Schubkarren in die Stadt, alle mussten über die Wanfu-Brücke und haben hier eine Rast eingelegt und nebenbei der überall für ihre Hässlichkeit berühmten pockennarbigen (ma-) Alten (po) von Chen, daher der Name des Gerichts – Mapo-Tofu –, die Ehre gegeben. Nach dem Schnaps und dem Essen machten sie sich über die hässliche Alte lustig, so hatten sie ein bisschen Spaß in ihrem harten Leben.

LIAO YIWU: Vor der Erfindung des Stroms war die Ölpresse an der Supo-Brücke die Quelle für die Lampen in zehntausend Haushalten in der Präfektur Chengdu.

---

* Kleine, einfachste Gasthäuser, in denen man sich aus Mangel an Decken mit Hühnerfedern wärmte, daher der Name.

ZHOU BANDAO: Aber die »Abgesandten des Lichts« haben sich das
Kreuz krumm geschuftet. Einmal, an einem heißen Tag, hat ein Lastenträger vor Hunger die Schwindsucht bekommen, ist mit nacktem
Oberkörper losgezogen und hat aus so einem Ölbottich eine Kelle
frisches Rapsöl geschöpft, das müssen an die dreiviertel Liter gewesen
sein, damit ist er in den Laden von Chen und hat herumgebrüllt. Die
pockennarbige Alte hat ihn mit lächelndem Gesicht begrüßt, aber der
Kuli hat angeordnet: Ich bin arm, aber ich habe einen gewaltigen
Magen, gib mir also etwas, das genauso gewaltig schmeckt!

Die Alte fragte: Soll man da alles schmecken?

Antwort: Ganz nach Gefühl, aber richtig ölig muss es sein, scharf,
dass einem die Luft weg bleibt, und satt muss man werden. Die Sonne
brennt, ich werde das Gift mit Gift bekämpfen, der Schweiß soll nur
so fließen!

Die Alte rief: Gut!, ging sofort nach nebenan, hackte einen Batzen
Rindfleisch klein, warf es auf das Hackbrett, griff sich zwei Messer,
jedes eine Elle und zwei Fingerbreit lang, und zackzackzack hackte
eine Weile wie wild herum. Lieber Himmel, die Erde bebte in ihren
Grundfesten, und die Fleischfetzen flogen durch die Luft, auf einmal
hatte sie zwanzig nackte Oberkörper um sich, die zusahen und riefen:
Schaut euch das an, die Alte reitet der Teufel!

LIAO YIWU: Ein bisschen übertrieben, oder?

ZHOU BANDAO: Wenn einen Koch die Gefühle übermannen, dann ist
das, wie wenn einem Dichter die Inspiration kommt. Töpfe, Schalen,
Kellen, Schüsseln sind dann alle in der gleichen Schwingung. Deshalb, die Alte war von einem Dämon besessen, da beißt die Maus
keinen Faden ab. Aber zu sehen war nur, wie sie mit dem zersausten
Haar irgendwas vor sich hin murmelte, das Messer hinwarf, sich umdrehte, mit dem Kopf nach unten in den halben Meter tiefen Topf
hängte und unter Wasserschwällen den Topf dreimal auswusch. Es
entstand ein richtiger Tumult, die zottelige und verdreckte Alte war
auf einmal etwas ganz Besonderes! Und die Sonne ging im Westen
auf.

Dann machte sie Feuer, goss Öl hinein, dann spreizte sie ihre Pratzen und schabte den Rest Öl aus der Ölkelle, ohne auch nur einen
Tropfen zu verschütten. Das hat sie langsam erhitzt, und der Duft des
frischen Rapsöls machte schätzungsweise noch in einer Meile Ent-

fernung die Leute besoffen. Erst jetzt kam dazu, was alles sautiert werden sollte, die scharfe Bohnenpaste aus dem Kreis Pi, der Pfeffer aus Hanyuan, und weil sie es noch nicht für scharf genug hielt, hat sie noch eine große Handvoll Chili dazugetan. Als der Geruch von Öl und Gewürzen kreisend in die Höhe stieg, gab sie das gegarte Fleisch bei; als es heiß genug war, kam Tofu dazu und Stärke. Als sie den Topf vom Ofen nahm, kam noch eine Handvoll Knoblauchsprösslinge dazu. Zu allerletzt hat es gescheppert, die Mapo hat mit der Kochkelle auf die Ofenplatte geschlagen und krakeelt: »Essen fassen!« Daraufhin kamen drei große Steingutschüsseln mit dem absoluten Höhepunkt der Sichuan-Küche auf den schmierigen Tisch.

Der Lastenträger, der sich als »arm, aber mit gewaltigem Magen« bezeichnet hatte, zog das Ganze zu sich, schnupperte daran und ein dünner Schweiß brach ihm aus; er griff sich ein Paar Stäbchen, kostete und machte für eine halbe Ewigkeit den Mund nicht mehr zu, die Meute der anderen Lastenträger starrte ihn an: Was is? Isses giftig? Oder ist ihm das Kinn runtergefallen? Aber schaut euch den Kerl an, Mann oh Mann, jetzt gibt er doch einen Ton von sich: Chen Mapo-Tofu! Unglaubliches Zeug!

Anschließend warf er sich in die Schlacht, machte sich über den Tofu her und hat erst nach drei großen Schalen mit braunem Reis den Kopf gehoben. Er war klitschnass, nein, nein, er sah aus, wie aus dem Bach gezogen. Und dann haben die anderen nahezu zwei Dutzend Lastenträger ebenfalls ein paar Stäbchen voll probiert und einer nach dem anderen geschrien: »Mach uns auch so was!« Chen Mapo wischte sich den Schweiß ab: Ihr wollt wohl, dass ich mich zu Tode schufte?

Da rappelten die Kupfermünzen nur so auf den Tisch. Und dann wurden aus einem zehn, aus zehn wurden hundert, jeder hat es jedem erzählt, der Ruhm des Tofu von Chen Mapo verbreitete sich in Windeseile und erreichte schließlich auch die Präfektur von Chengdu. Am Schluss waren Straße und Gasse bei Kind und Kegel bekannt. Was ein richtiger Chengduer ist, das ist ein Schleckermaul, kurzzeitig kamen mehr Leute zum Essen an die Wanfu-Brücke, als im Tempel der zehntausend Buddhas in der Nähe Räucherstäbchen brannten, und den hat der Qianlong-Kaiser gestiftet.

LIAO YIWU: Waren die so kahl und strahlend wie der Buddha?

ZHOU BANDAO: Zumindest gaben sie die Flamme weiter. Ich als ehemaliger Sichuan-Koch bin im weitesten Sinn jemand, der das Erbe von Chen Mapo weitergegeben hat.

LIAO YIWU: Wenn man Ihrer detailreichen Erzählung so zuhört, läuft einem regelrecht das Wasser im Mund zusammen. Aber an dem prächtig-feudalen Hauptladen für Mapo-Tofu heute in der West-Yulongstraße mit seinen zwei, drei Stockwerken habe ich noch nicht viel Geschmack gefunden.

ZHOU BANDAO: Der Tofu der alten Chen Mapo hat seit über hundert Jahren allen Widrigkeiten getrotzt, in der Stadt und außerhalb der Stadt, von den untersten bis in die obersten Schichten war er das goldene Aushängeschild für die beste Sichuan-Küche. Keine leichte Übung.

LIAO YIWU: Aber seine Seele ist und bleibt doch in diesen kleinen Läden hier an der Straße. Oder was meinen Sie?

ZHOU BANDAO: Ich stamme aus dem Gebiet hinten bei der Wanfu-Brücke, ich bin mit Mapo-Tofu groß geworden. Vor dem Ausbruch der Kulturrevolution haben wir einmal mit ein paar Leuten in der West-Yulongstraße Mapo-Tofu gegessen, alles voller Flachbauten, wo man auf dem Dach geschlafen hat, und im Laden an die zehn Tische. Nebenan hat einer geröstete Brötchen Shandonger Art verkauft. Mit Wucht sind die Leute da rein und raus, wir haben an der Tür schon das Geld herausgeschafft und uns eine Nummer gezogen, aber drin war kein Platz mehr frei. Da haben wir uns einfach mit dem Strom treiben lassen, mit unseren Marken am Tresen den Tofu bekommen und ihn von Hand zu Hand über die Köpfe der Leute weg nach draußen gereicht. Damals war die Nachfrage nach den Zutaten riesig, sie verkauften nur Mapo-Tofu und Tofu in Schweinefett, und es wurde in irdenen Schalen serviert. Den so schwer ergatterten Tofu stellten wir am Rand der verkehrsreichen Straße ab; mit einer Schale Reis dazu standen wir im Kreis und aßen hastig wie Kurzstreckenläufer, es roch fürchterlich.

LIAO YIWU: Langsam! Man muss das doch auch genießen!

ZHOU BANDAO: Die hatten nur mittags auf, und das auch nur zwei Stunden; wenn man langsamer machte, gab es nichts mehr. Anschließend kam die Kulturrevolution, alle alten Gasthäuser wurden als feudalistisch-kapitalistischer Schnickschnack auseinandergenommen. Das Schild bei dem Laden von Chen Mapo haben noch wir Rotgardisten runtergenommen und verfeuert. Anschließend kamen wir in die Berge oder aufs Land, ich war mit der Mittelschule noch nicht fertig und bin zum Jianmen-Pass gekommen, ein paar hundert Kilometer weg, um »von den armen und unteren Mittelbauern noch einmal erzogen zu werden«. Gebildete Jugendliche, wie man unsereins damals nannte, was konnten die da in den Schluchten des Gebirges machen, außer Hühner stehlen und den Hund streicheln, damit beschreibt man dort die Schürzenjäger.

LIAO YIWU: Nach meinem Eindruck können alle ehemaligen gebildeten Jugendlichen kochen.

ZHOU BANDAO: Stimmt, alles, was ich beim Kochen kann, habe ich so gelernt. Der Tofu aus diesem Gebiet ist relativ bekannt. Zur Erntezeit für die Sojasprossen wird der Tofu in allen Familien mit Steinmühlen gemahlen. Bis zum heutigen Tag ist »Jianmen-Tofu« der Markenname einer Kette.

LIAO YIWU: Haben Sie auch gelernt, wie man Tofu macht?

ZHOU BANDAO: Es gab kein Fleisch. Die Leute in den Städten hatten ihre Marken, da gab es pro Kopf und Monat ein halbes Pfund, die Bauern haben oft einen halben Monat weder Fleisch noch Fisch zu Gesicht bekommen. Tofu ist alkalisch, je mehr man davon isst, umso müder wird man, deshalb sind die Leute am Jianmen-Pass außergewöhnlich mager, und sie gehen an den Hängen gemächlich ihrer Feldarbeit nach, von weitem sieht das aus wie wogender Bambus. Das Durchschnittsgewicht von den paar hundert Leuten in unserem Produktionsteam lag schätzungsweise bei nicht einmal fünfzig Kilo.

LIAO YIWU: Leicht wie die Himmlischen.

ZHOU BANDAO: Aber ich war ein hungriger Unsterblicher, ich habe mir den Kopf zerbrochen, um etwas Essbares zu organisieren. Einmal habe ich in der Nähe des Abtritts überraschend eine Ratte gefangen, gut und gerne ein halbes Pfund schwer. Mir war es vollkommen schnurz, ob das eine Dungratte war oder nicht, ich habe ihr auf der Stelle das Fell abgezogen, sie in Stücke gehackt, hab mir eine Jutetasche geschnappt und bin schnurstraks zur Ölpresse unseres Produktionsteams. Dort waren sie gerade dabei, die Rapssaat zu ernten, in dem Raum hatten ein paar Leute um die Presse herum zu tun. Ich war nicht richtig da, redete irgendwas daher, und habe über zwei Stunden dort verbummelt. Am Ende bekam ich die Erlaubnis, den trockenen Jutesack, den ich mitgebracht hatte, gegen einen öligen Jutesack aus der Presse zu tauschen. Anschließend bin ich nach Hause, habe die Tür zugemacht, grimassenschneidend den Jutesack ausgewrungen, mir taten die Arme schon weh, aber ich habe doch drei Liang Öl da herausbekommen, die ich in den Topf tropfen ließ und mit denen ich den Topf immer wieder einrieb!

Wie die alte Chen Mapo zog ich feierlich das Rattenfleisch-Mapo-Tofu aus dem Ofen mit einem exzellenten Geschmack nach scharfem Fondue. Erst habe ich es runtergeschlungen, aber dann habe ich langsam gemacht und bedächtig gekaut, am Ende war ich nicht mehr als eine Katze und habe die Schale saubergeleckt. Als ich mich hinlegte, was sage ich, als ich fast zusammenbrach, war ich tränenüberströmt.

LIAO YIWU: Waren Sie so bewegt?

ZHOU BANDAO: Keine Ahnung. Damals habe ich gedacht, das nimmt mir keiner mehr, und wenn ich morgen sterbe, dann nicht mit Bedauern.

LIAO YIWU: Verstehe, verstehe. Die alte Chen Mapo hätte bei ihrer Seele nicht gedacht, dass jemand einmal aus Rattenfleisch ihr Tofu machen würde.

ZHOU BANDAO: Nachdem mir dieses Licht aufgegangen war, war ich wie besessen. Eine ganze Zeit lang hatte ich die Hände um eine scharfe Sichel gekrallt und starrte auf das Hinterteil eines Ochsen, meine Augen sprühten Funken.

LIAO YIWU: Was haben Sie getan?

ZHOU BANDAO: Ich wollte dem Ochsen bei lebendigem Leib den Schwanz abschneiden, für eine Suppe oder geschmort.

LIAO YIWU: Das ist ja Wahnsinn.

ZHOU BANDAO: Ja, das war ein bisschen verrückt. Glücklicherweise ist im Produktionsteam ein altes Rind verreckt, da bin ich wie aus einem Traum erwacht.

LIAO YIWU: Das Fleisch wurde verteilt.

ZHOU BANDAO: Für jeden ein paar Liang Fleisch, das reichte gerade für die Zahnlücke. Aber der Produktionsteamleiter hat mich zur allgemeinen Verkaufsstelle geschickt, um die Haut des Tiers zu verkaufen, aber ich habe mir auf halbem Weg ein verstecktes Dickicht gesucht und Ohren, Kopfhaut, Hufe und Schwanz abgetrennt. Fast hätte ich die Haut so nicht mehr verkaufen können. Als ich nach Hause kam und die Tür hinter mir zugemacht hatte, habe ich eine ganze Nacht lang wie ein Irrer gekocht, selbst die Gelatine des Tiers habe ich geschmort.

LIAO YIWU: Kann man das Zeug denn essen?

ZHOU BANDAO: Das gibt ein ganzes Waschbecken voll. Man muss sorgfältig das Fell abschaben, alles sauber in Streifen schneiden und sich plagen, bis die Sonne sich wieder nach Westen neigt. Dazu muss man Gewürze mörsern (es sollte ein altes Salz mit fünf Geschmacksnuancen sein; wenn man es nicht zur Hand hat, muss es halt ohne gehen), Chili mit extra reifem Öl, Sichuan-Pfeffer, Ingwer, Porree, Knoblauch, Soja-Essig, Staudensellerie, eine große Menge Sesam-Erdnuss-Schaum, zehn Minuten rühren, wenn es perfekt ist, dann essen. Es war ein Traum, ein Flug, das war Kommunismus! Ach herrje, ich habe über zehn Tage lang diese sogenannten »Lungenhäppchen für Ehepaare von der Kaiserstadt in Chengdu« gekaut, was für ein Luxus, was für eine Verkommenheit, was für ein Kapitalismus.

LIAO YIWU: Diese Häppchen sind ein Markenzeichen der Sichuan-Küche!

ZHOU BANDAO: Es ist ein mohammedanisches Gericht. Laut Untersuchungen war seine Entstehungsgeschichte meiner Geschichte von der Verwüstung der Rinderhaut nicht ganz unähnlich: Es war ebenfalls nach dem Schlachttag bei den Mohammedanern, als die abgezogene Haut von Schwärmen von Bettlern zum zweiten Mal zerlegt wurde und aus dem Abfall Schätze wurden. Um nun daraus die Lungenhäppchen für Ehepaare zu machen, musste man gut sein mit dem Messer, das war der Knackpunkt, ein Topfkoch konnte die Kopfhaut des Rinds in handtellergroße Stücke schaben, jedes Stück dünn wie Papier; wenn man sie mit Stäbchen hochhob, konnte man durchsehen; wenn man sie auf die Platte zurücklegte, dann haben sie sich wie unsere Dächer geschürzt. Deshalb hatten diese Häppchen zunächst auch den Spitznamen »Aus beiden Richtungen schauen« oder »Topftopf-Fleisch«.

LIAO YIWU: »Topftopf-Fleisch«?

ZHOU BANDAO: Das muss so Ende der Qing-Zeit gewesen sein, da bekamen die kleinen Straßenhändler bei der Kaiserstadt in der Präfektur Chengdu von den Bettlern die Inspiration, einen Tontopf-Bambuskorb, der aussah wie ein Röstdämpfer, mit in rotem Chiliöl eingelegter Rinderkopfhaut vollzupacken und an der Straße zu verkaufen. Womit sie nicht gerechnet hatten, war, dass das Ganze im Handumdrehen so populär und zu dem Snack werden würde, den die Leute in den damaligen Zeiten des Umbruchs und der Angst gerade gesucht hatten.

LIAO YIWU: Wie viel hat eine Portion gekostet?

ZHOU BANDAO: Das muss wohl pro Stück bezahlt worden sein, man hat sie mit kleinen Bambusspießchen aufgespießt oder eingeklemmt.

LIAO YIWU: Das waren aber doch keine Stücke von der Lunge, warum heißt das dann »feipian«, »Lungenhäppchen«?

ZHOU BANDAO: Wahrscheinlich hieß das immer »feipian«, aber gemeint war »fei« für »Abfall«, also »Abfallstückchen«, aber »Lunge« spricht sich auch »fei«, und das haben die Straßenhändler dann gerufen und gerufen, und über kurz oder lang wurden aus den »Abfallstückchen« »Lungenstückchen«.

LIAO YIWU: Ja, richtig, das waren die Sachen, die die Mohammedaner ursprünglich nicht mochten.

ZHOU BANDAO: Vielleicht hat das auch ein Gelehrter gemacht, man musste nur ein Schriftzeichen ändern und sich vormachen, man kaue nicht an irgendwelchen »Abfallstückchen« herum.

LIAO YIWU: Und wer hat das dann in »Lungenstückchen für Ehepaare« geändert?

ZHOU BANDAO: Das ist eine Ableitung von »Aus zwei Richtungen schauen«. Der Hirtenjunge und das Webermädchen sind ein Liebespaar aus der grauen Vorzeit, sie waren durch die Milchstraße getrennt, schauten sich von ferne an, aber sie konnten nur einmal im Jahr, am siebten Tag des siebten Monats nach dem Mondkalender über die Elsterbrücke gehen und sich treffen. Die Elastizität der »Lungenstückchen« ist groß; wenn man sie nicht willentlich zusammenzwingt, springen sie immer auseinander, das ist nicht ganz unähnlich der Situation des Hirtenjungen und des Webermädchens.

LIAO YIWU: Hehe, die Leute in Sichuan können »dem Essen wirklich Sinn geben«!

ZHOU BANDAO: Der ehemalige Sitz der Kaiserstadt der Präfektur Chengdu war am Tianfuplatz im heutigen Stadtzentrum. In der Ming- und der Qing-Dynastie hieß der Ort »Tributhof«, dort hat man sich auch für die kaiserlichen Examen eingeschrieben. Weil das mit den Tortürmen und den Toren von außen ein bisschen aussah wie der Platz des Himmlischen Friedens in Beijing, ist es von den Leuten als »Kaiserstadt« bezeichnet worden. In der Republikzeit ist das zu einem Loch für arme Leute verkommen, zu einem berühmt-berüchtigten Platz, an dem sich das niedere Volk versammelt hat, dort haben sich Leute jeder Couleur eingefunden und jede Art von Handel betrieben. Trotzdem, bis heute gehalten haben sich die kleinen Imbissbuden, Lai-Klebereisbällchen, Drache mit verschränkten Armen, eine Art Jiaozi in der Brühe, frittierte kandierte Früchte, die drei großen Kanonen, große Klebreisknödel mit Sesam, Sojabohnen in Tunke, Rindfleisch aus dem kleinen Dämpfer, klare Nudeln in Chilisoße, Dandan-Nudeln, das sind Sichuan-Nudeln in Pfeffersoße ... alles, was man sich wünscht, das kann man eigentlich gar nicht alles aufzählen. Nach der Befreiung hat die Regierung diese Miniaturausgabe des alten China verboten, sämtliche traditionellen Imbissbuden, einschließlich der »Lungenstückchen« der Kaiserstadt, waren beim revolutionären Aufbau fast ausgestorben. Als sie zurückkamen, wurden die Lungenstückchen für Ehepaare mit anderen Rindfleischinnereien vermischt, sie wanderten von der Straße in die Restaurants und wurden zu einer weiteren *Kommandopersönlichkeit* aus Sichuan.

LIAO YIWU: Die Kaiserstadt Chengdus ist während der Revolution zerstört und abgerissen worden, an der alten Stelle haben sie dann »Die Ausstellungshalle Lang lebe der Sieg der Mao-Zedong-Ideen« gebaut, die Statue des alten Mao steht noch, die Leute sagen, das ist immer noch die höchste Mao-Statue des Landes.

ZHOU BANDAO: Ich bin fünf Jahre, nachdem sie die Statue da hingestellt haben, wegen einer Stelle in die Stadt zurückgekommen, ich war Werkskoch. In den achtziger Jahren hat es mir in den Fingern gejuckt, hinter den Tempel der großen Barmherzigkeit einen Fliegenladen aufzumachen. Mit meinen Spezialitäten, dem Mapo-Tofu, den Lungenstückchen für Ehepaare und dem zweimal gebratenen Schweinefleisch mit Knoblauchsprösslingen habe ich mir schnell einen Namen gemacht.

LIAO YIWU: In den Achtzigern habe ich bei der Gedichtzeitschrift *Xingxing* gearbeitet. Nach meinem Eindruck bestand die ganze Stadt nur aus Flachbauten, es gab zu viele Hinterstraßen und Hintergassen, die Bäume standen zu dicht, und im Sommer waren die Zikaden zu laut. Ein Gebäude, das höher war als vier Stockwerke, galt im alten Chengdu schon als Wolkenkratzer. Deshalb hatten die Restaurants damals ziemlich enge Türen, aber da wurde gebrutzelt, mariniert, gedämpft, geschmort und sautiert, Fleisch und Fisch oder halb Fleisch und Fisch; auch wenn ein Spatz klein ist, so hat er doch alle Innereien.

ZHOU BANDAO: Ganz richtig. Das war das goldene Zeitalter der Sichuan-Küche. Die einfachen Leute konnten sehr zufriedenstellend essen, ohne viel Geld auszugeben. Und für mich war das auch zufriedenstellend, obwohl ich ein fauler Hund war. Mein Fliegenladen war immer blitzsauber, auch wenn vor dem Haus ein großer Baum stand und es drinnen verhältnismäßig dunkel war und an Regentagen oft das Wasser bei mir reinlief. Sieben, acht Tische, unter den Tischen standen jeweils drei Ellen hohe, dickbauchige Schnapskannen. Das Geschirr war alles aus gebranntem Ton mit glasierter Oberfläche, die Bauern vom Wannianplatz in der Vorstadt benutzen das alle.

LIAO YIWU: Ihr Restaurant war ja richtig vornehm.

ZHOU BANDAO: Irgendwann einmal war einer von eurem Literatur- und Kunstverein bei mir, so ein pappiger alter Kerl, der hat zweimal gebratenes Schweinefleisch bestellt, eine Rettichsuppe und Reis, mitten beim Essen hat er auf einmal aufgehört und immer wieder die Teller und die Schalen betrachtet. Dann hat er geflüstert: Herr Wirt, Geschmack haben Sie keinen, das muss ich schon sagen, ihr zweimal gebratenes Schweinefleisch ist so gut, aber Sie servieren es auf solchen Tellern, die werden dem nicht gerecht, da vergeht einem ja der Appetit. Ich habe ihn sofort lächelnd gefragt, was ich denn machen soll seiner Meinung nach. Der alte Herr sagte: Ich schlage vor, Sie lesen die Bücher von Li Jieren*, *Die Woge* und *Das Kräuseln auf dem toten Wasser*, da drin wird über Essen und Trinken geschrieben, ausgesprochen kunstvoll, auch darüber, was man beim Trinken benutzen und worauf man Gerichte servieren soll. Sie sind ein richtiger Sichuan-Koch, wie können Sie nicht auch entsprechendes Geschirr haben?
    Auf einmal ging mir ein Licht auf, »richtiger Sichuan-Koch«, das hieß, mein Essen passte zu der Gegend. Also bin ich eigens zum Wannianplatz gelaufen und habe dort das entsprechende Geschirr aus der Gegend gekauft.

LIAO YIWU: Passend zur Gegend und elegant. Meisterhaft.

ZHOU BANDAO: Wissen Sie, wen ich als Gast hatte? Ai Wu, der in den dreißiger Jahren so bekannte Schriftsteller!** Sein Buch *Erinnerungen an eine Reise in den Süden* habe ich mindestens ein Dutzend Mal gelesen, es ist mit Recht ein Leuchtturm in der unendlichen Reise des Lebens.

---

* Li Jieren (1891–1962), chinesischen Romanautor und Übersetzer aus dem Französischen.
** Ai Wu (1904–1992), chinesischer Schriftsteller.

LIAO YIWU: Es ist auch mein Leuchtturm. Leider ist er in den neunziger Jahren gestorben, er war fast neunzig.

ZHOU BANDAO: Unversehens hatte ich eine literarische Berühmtheit vor mir, die zu treffen ich nicht einmal im Traum gehofft hätte, der Mann hat ganze Generationen beeinflusst, aber er hat sich in seine Ecke zurückgezogen und ist unsichtbar geblieben, wie die Sichuan-Gerichte auch. Damals hatte ich im Laden viele kleine Tellerchen und Gläschen, auf die habe ich gesalzenes Rindfleisch gelegt und gesalzene Erdnüsse, gesalzenen Tofu, krispe Seidenspinnerpuppen, knusprige Sojabohnen, knusprige breite Bohnen, alle möglichen Mixpickels, dazu gab's ein Gläschen und ein Schwätzchen, so über die Zeiten, ich hatte das Ideal, meine Gäste unterhalten zu müssen, alles so ein Gefühl, von Endzeit, hohe Ambitionen, aber nichts gelungen.

LIAO YIWU: Und wie ging es weiter?

ZHOU BANDAO: Anschließend spielte ich mit meiner Wei-Trommel in ihre Sichuan-Oper ein und hatte zwei Sätze in ganz hohem Ton zu brüllen. Im Teehaus am Tempel der großen Barmherzigkeit gab es ein paar pensionierte eingefleischte Halbprofis, wenn sie ihren Tee getrunken und den Darm gespült hatten, kamen sie in meinen Laden was essen und einen trinken. Sie waren voll bei der Sache und haben dabei unentwegt Gongs, Trommeln und Kastagnetten vorgezaubert, klackklackklack-klackklack, das hat sich die halbe Nacht hingezogen. Draußen standen die Nachbarn herum und feixten sich eins, stimmten ein und kritisierten. So was wie »Am Himmel schieben dunkle Wolken die weißen fort, wie hienieden tut die Alte mit dem Mann« oder »Seltsam, wie ist meine Alte stark, sie fragt mich nie, wenn etwas ist, sie schlachtet nebenan das Huhn und schmort die Flügel, und wir beiden hier singen ›Hügel des schlafenden Drachen‹«* …

LIAO YIWU: Sichuan-Gerichte und Sichuan-Oper vermischt. Das ist die Utopie der Städter.

---

* Ort im Westen der Stadt Nanyang in der Provinz Henan. Der Überlieferung nach soll hier zum Ende der Han-Dynastie der legendäre Staatsmann Zhuge Liang (181–241) in Klausur gelebt haben.

ZHOU BANDAO: Leider ist das meiste nach 1990 abgerissen worden und musste Neubauten weichen; die alten Straßen und Gassen, viel Geschichte und viele Leute sind vom Erdboden verschwunden, spurlos, wie die Wildgänse. Die Gebäude wurden immer höher, die Restaurants immer größer, die Sichuan-Gerichte immer besser und immer mysteriöser. Die Köche im Fernsehen blasen das alles auf, die machten dickere Backen als Wissenschaftler. Einmal habe ich einen alten Freund auf ein »richtiges Sichuan-Essen« eingeladen; die Empfangsdame hat uns über einen roten Teppich geführt und in eine prächtige Halle mit Goldtapete gesetzt. Ich habe gar nicht richtig nachgedacht und Mapo-Tofu bestellt, Mapo-Tofu, Lungenstückchen für Ehepaare und zweimal gebratenes Schweinefleisch. Man soll es nicht glauben, aber das hatten die nicht! Ich bin an die Decke gegangen.

LIAO YIWU: Aber das sind doch drei der berühmtesten Sichuan-Gerichte!

ZHOU BANDAO: Der Manager von der Halle hat gesagt, sie verkaufen kein so minderwertiges Zeug, die Qualität der Sichuan-Küche sei längst gestiegen, als nächsten Schritt werde er ins Ausland gehen und in Amerika, Japan und Europa Restaurants eröffnen.

LIAO YIWU: Himmel!

ZHOU BANDAO: Wir haben sieben, acht Restaurants abgeklappert, nirgends haben wir original Sichuan-Küche bekommen, wir waren hundemüde.

LIAO YIWU: Wenn Sie Lust auf zweimal gebratenes Schweinefleisch haben, dann mache ich Ihnen das besser, da müssen Sie nicht so einen Aufwand treiben. Bis ich groß war, hat meine Mutter mir mindestens tausendmal zweimal gebratenes Schweinefleisch gemacht und dazu Rettichsuppe, das war herrlich!

ZHOU BANDAO: Sie geben mir Ratschläge?

LIAO YIWU: Würde mir nicht im Traum einfallen!

ZHOU BANDAO: Außerdem, diese Futtermittelschweine, die schmecken nicht, womit wollen Sie da zweimal gebratenes Schweinefleisch machen?

LIAO YIWU: Sie haben schon recht.

ZHOU BANDAO: Sichuan-Gerichte sind wie korrupte Beamte, »sie gehen mit der Zeit« und verkommen. Von wegen »Residenz-Gerichte«, »Privatwohnung-Gerichte«, »Qualitäts-Gerichte«, »Palast-Gerichte«, »Gerichte nach Geheimrezepten unserer Vorfahren«, alles »Gerichte für öffentliche Gelder«, »Seilschaft-Gerichte«, »Korruptions-Gerichte«. Die Scheiß Ess- und Trinkkultur ist eine Kultur der Korruption.

LIAO YIWU: Die Sichuan-Küche ist mit den Wurzeln ausgerissen worden. Chengdu singt dazu das Lied »Die List der leeren Stadt«. In Chengdu gibt es keine Sichuan-Küche mehr.

ZHOU BANDAO: Echt?

LIAO YIWU: Ich schimpfe Ihnen nach dem Mund.

ZHOU BANDAO: Hehe, Sie sind ein ganz schöner Hitzkopf, was? Ihnen ist wohl die heiße Mapo-Tofu-Brühe zu Kopf gestiegen?!

JIANG FUQING,
DER RESTAURANTBESITZER

Den Restaurantbesitzer Jiang Fuqing habe ich zur Zeit des großen Erdbebens entdeckt. Es war ein Abend im Hochsommer, wie ich mich erinnere, ich kam vom Katastrophengebiet zurück und passierte den Kreis Jiang'an, der das Stadtgebiet von Wenjiang umschließt, und hatte auf einmal einen fürchterlichen Hunger. Ich habe wie ein Hund die Nase witternd in den Wind gehalten und bin in diesen Fliegenladen, der von außen nicht sonderlich ins Auge fiel.

Wegen eines großen Fensters war es in dem Laden relativ hell, und aus der Küche kam dieser typische Geruch nach Schärfe, der zu dem Stil von Gerichten der Salzbanden aus der Präfektur Zigong im Selbstverwaltungsbezirk im Süden von Sichuan gehört. Das gute Dutzend Tische war nicht einmal zur Hälfte besetzt. Ich ließ mich mit großem Trarara nieder, der Ober begrüßte mich mit einem Lächeln, während die Hauptperson dieses Kapitels sich respektvoll hinter seinem Rücken hielt, das fette Gesicht strahlend wie ein Blumenkohl. Hehe, alles hat Magersucht, witzelte er und reichte mir eine Zigarette, daran sind nur die Erdbebengeister schuld.

Der Wirt war über vierzig, hatte aber schon früh eine Glatze bekommen und vom vielen Verbeugen und Nicken einen Buckel. Der Hauptpunkt aber war, dass das Essen, das er machte, Leuten wie mir schmeckte. Außerdem war es billig. Und noch dazu war er eine ehrliche Haut, beim Zahlen musste er mir einen Rabatt geben und mir zublinzeln, sagte aber nichts.

Deshalb haben wir ihm so etwa alle zwei Wochen einen Besuch abgestattet und eine kleine Konsumwelle ausgelöst. Vor allem an dunklen, faden Tagen, haben wir zu mehreren bei ihm richtige Gelage gefeiert und uns das Maul geleckt, alle waren von innen und außen rot und dick wie Chilischoten.

Dem Anschein nach hatte sich sein Geschäft entwickelt; war es vorher flau gewesen, florierte es jetzt, aber dann stieg seit Anfang 2010 die Inflation sprunghaft. Jiang Fuqing, den es drei Jahre lang durchgeschüttelt hatte, konnte dem am Ende nichts mehr entgegensetzen. Am 28. Mai, dem Abend, bevor *er zumachen musste, kam ich zufällig bei ihm vorbei, zum »letzten Abendmahl« und zu einem »letzten Gespräch«. In meinem Bauch drehte es sich. Ich bedauerte schmerzlich, dass ich so eine Unterschicht-Zunge habe, ich konnte der Verführung durch Abfalllebensmitteln und dem Wohlgeschmack von Abfall nicht widerstehen. Mein Gott, was sollte ich machen? Was sollten wir machen, wir unheilbaren Chinesen mit unserem unheilbaren Essen?*

—⟋⟍⟍—

LIAO YIWU: Sie haben so ein gutes Restaurant, warum reden Sie von Dichtmachen?

JIANG FUQING: Die Wirtschaftskrise, die Preise für die Rohstoffe gehen durch die Decke, das kann ich nicht mehr stemmen. Ein Pfund Senfkohl, das früher ein paar Mao gekostet hat, kostet heute ein paarmal so viel; die Kartoffelpreise jagen die Fleischpreise, Knoblauch kostet schon mehr als Fleisch; das Blut- und Schweißgemüse, das Sie so mögen, ist in einem halben Monat von einem Kuai auf vier Kuai hoch. Wer kann bei diesem galoppierenden Tempo der Wirtschaft mithalten?

LIAO YIWU: Wenn es einer kann, dann Sie, auf den Schweinen werden weiter Schweineborsten wachsen.

JIANG FUQING: Wenn keine Gäste kommen, wo soll ich dann die Borsten ziehen?

LIAO YIWU: Sie sind sehr offenherzig!

JIANG FUQING: Zum tränenreichen Abschied mache ich Ihnen als altem Stammkunden heute ein richtiges zweimal gebratenes Schweinefleisch mit Salzgemüse aus Zigong.

LIAO YIWU: Und dazu Senfkohl und eine Suppe. »Das letzte Abendmahl«, das schmeckt bonfortionös.

JIANG FUQING: Muss es auch.

LIAO YIWU: He, dieses zweimal gebratene Schweinefleisch ist wirklich köstlich! Funkelnd gelb und nicht wie früher rabenschwarz. Lassen Sie mich noch ein Stück probieren … nicht schlecht, wirklich nicht schlecht … ein weicher, nachhaltiger Geschmack. Ach, ach, da muss ich mich aber anstrengen, um das zu schaffen, da spannt einem ganz schön der Ranzen.

JIANG FUQING: Ein Schnäpschen dazu?

LIAO YIWU: Wenn Sie mir Gesellschaft leisten, dann trinke ich etwas.

JIANG FUQING: Gut, ein Rausch vertreibt tausend Sorgen.

LIAO YIWU: Scheiß Sorgen, kommen Sie, stoßen Sie an, ich wünsche meinem alten Wirt, dass er bald einen noch viel größeren Laden aufmacht.

JIANG FUQING: Ich nehme für Sie nur das Fleisch von Schweinen aus meiner Heimatregion, und Sie streuen noch Salz in meine Wunde!

LIAO YIWU: Blöde Bemerkung, zur Buße noch ein Glas. Aber was wir da im Augenblick kauen, das ist doch etwas anderes als sonst?!

JIANG FUQING: Das ist etwas ganz anderes. Da ich ab morgen sowieso den Laden zumache, werde ich Ihnen nach dem Schnaps mal ein bisschen reinen Wein einschenken: Von den zig Restaurants auf beiden Seiten des Flusses, Feuertopf, Suppentopf, Mittagstisch, Gepökeltes, Gegrilltes und so weiter und so fort, Huhn, Fisch, Ente, von denen taugt keines was.

LIAO YIWU: Ach ja? Da reden Sie wohl von dem »aus Abfall gewonnenen Öl«, oder?

JIANG FUQING: Wenn man ein Restaurant betreibt, dann ist der Verbrauch an Speiseöl besonders hoch, deshalb ist der erste Schritt zur Senkung der Kosten eine Senkung der Ölkosten. In den achtziger und neunziger Jahren gab es bei weitem nicht so viele Restaurants, die

Wirte damals hatten Hilfsarbeiter als Kunden, hin und wieder haben sie sich auf das Fahrrad gesetzt und das Abfallöl zu den Schweinefarmen gebracht; später haben die Restaurants zugenommen, es gab mehr von dem Abfallöl, die Schweine konnten das nicht mehr schaffen, außerdem, wenn das Abfallöl ein paar Nächte gestanden hat, hat es gegärt und so gestunken, dass sogar die Schweine, die ja eine Vorliebe für stinkendes Zeug haben, sich davor fürchteten – woraufhin dann die Erfinder auf den Plan traten.

Ganz früher hieß das »aus Abfall gewonnene Öl« einfach »Abfallöl«, für das Recycling bereitstehende ölige Suppenreste wurden samt und sonders in große, mannshohe Eisenbottiche getan, die hat man dann zum Kochen gebracht, der Abfall sinkt zum Boden, Fett und Öl schwimmen auf der Oberfläche; dann hat man nochmals mit einer Kelle die Ölschicht obendrauf abgeschöpft, in einen anderen Behälter getan und Chemikalien wie Alaun und Paraffin untergerührt, das wurde dann zum zweiten Mal aufgekocht, jeder störende Geruch beseitigt, die Schwebstoffe aufgelöst, das Wasser entzogen, und wenn das Ganze eine fleischrote, leuchtende Farbe bekam, war der Vorgang abgeschlossen.

LIAO YIWU: Aber das ist doch eine Dreckbrühe, verdammt.

JIANG FUQING: Kein Dreck, das Zeug wird durch das Erhitzen keimfrei, jegliche Bakterien sind hinüber. Deshalb haben sie dann auch aus dem »Abfallöl« ein »Recyclingöl« gemacht, das klingt ein bisschen besser, und die Gäste haben das begrüßt. Das wurde in den kleinen Fliegenläden genauso benutzt wie oben in den noblen Fünf-Sterne-Restaurants, vor allem beim Feuertopf, wo an einem Tisch jedes Mal gleich ein paar Pfund Öl verbraucht werden, und bei dem scharfen Fondue und den Grillrestaurants, die haben ohne Rücksicht auf Verluste ihre Bestände damit aufgefüllt. Selbst Supermärkte, und nicht nur die kleinen, haben in wilder Panik zugegriffen, haben lediglich ein paar oberflächliche Veränderungen vorgenommen und auf die Verpackungen des unveränderten Zeugs »Harmonisches Öl« und »Salatöl« geschrieben, so war es doch noch immer billig und wurde von der Masse der Verbraucher freudig begrüßt.

LIAO YIWU: Mein Gott, ich habe auch dieses »Harmonieöl« gekauft, vierzig, fünfzig Yuan der Kanister. Es war ein bisschen dunkler als normales Rapsöl, und ein bisschen trüber; wenn man damit etwas briet, blieb es fad, und wenn man mehr davon aß, bekam man ein leichtes Jucken auf der Zunge.

JIANG FUQING: Da haben Sie aber ziemlich Pech gehabt, da haben Sie »gepanschtes Abfallöl« erwischt! Da haben sie vermutlich zu viel Alaun oder Paraffin oder weiß der Teufel was für ein Zeug hineingetan, sonst wäre es nicht zu diesem Jucken gekommen. Das Zeug kostete im Erstangebot so um die zwei Kuai das Pfund.

LIAO YIWU: Und das »nicht gepanschte Abfallöl?«

JIANG FUQING: Wohl mehr als zweifünfzig das Pfund.

LIAO YIWU: Da habe ich ja noch Glück gehabt, dass ich mich nicht vergiftet habe!

JIANG FUQING: Schwer zu sagen. Bevor Sie heute Abend ins Bett gehen, kneten Sie doch einmal den Speck unter ihrer Haut Zoll für Zoll durch und schauen Sie, ob Sie irgendwo eine Geschwulst haben.

LIAO YIWU: Und wenn?

JIANG FUQING: Dann suchen Sie sich schnell einen Flecken in den alten Wäldern tief in den Bergen, verstecken sich, schließen sich ein und warten auf das Ende.

LIAO YIWU: Hehe, mein Wirt kennt sich aus, er schlägt nicht vor, dass ich in ein Krankenhaus gehen soll. Enge Freunde von mir und auch mein Vater, insgesamt sieben, acht Leute haben Krebs bekommen, sie waren gesundheitlich und finanziell ruiniert.

JIANG FUQING: Trinken Sie noch einen, trinken Sie, und lassen Sie uns das Thema wechseln!

LIAO YIWU: Stoßen wir an, stoßen wir an! Wenn wir schon alle »Abfallöl« fressen, wissen Sie und ich wenigstens um unser Schweineschicksal!

JIANG FUQING: Vor gut zehn Jahren hat die Regierung tatsächlich angefangen, sich dem »Abfallöl« zu widmen, sie haben illegale Produktionsstätten ausgehoben, und die Medien haben immer wieder darüber berichtet. Aber nach jeder dieser Maßnahmen ist das Problem eine Stufe höher gerutscht. Warum? Die Gesundheits- und Quarantäneämter, die Industrie- und Handelsämter haben bei dieser Gelegenheit gemeinsam auch die Nahrungsmittelbranche unter die Lupe genommen und wie die kaiserlichen Bevollmächtigten und Minister bei jeder Gelegenheit »fristgerechte Neuausrichtung« angeordnet – und wenn du etwas früher den »verlangten Standard erreichen« wolltest, musstest du früher anfangen, ihnen Geld in den Rachen zu stopfen.

LIAO YIWU: Eine verkappte Erpressung.

JIANG FUQING: Früher mussten sie einem das Abfallöl abkaufen, jeden Monat mindestens ein paar hundert Kuai, »die alten Ankäufer« kamen pünktlich. Eine mächtige Truppe von einem guten Dutzend anstelliger Kerle, alle in Klamotten der Vereinigung für Umwelt und Hygiene, hatte im Nu mit dem Auto und mit Fahrrädern mit Beiwagen die öligen Essensrückstände der Restaurants von beiden Seiten des Flusses weggeschafft; wohingegen heute die Angestellten der Regierungsbehörden den gleichen Job machen wie die »alten Aufkäufer«, auch eine mächtige Truppe, aber wir bekommen für unser Abfallöl nicht nur kein Geld mehr, wir müssen auch noch ein paar hundert Kuai »Verwertungsgebühr« bezahlen.

LIAO YIWU: Was für eine »Verwertung«? Die entwickelten Länder im Westen haben eine Technik, mit der Essensabfälle zu Brennstoff umgewandelt werden können, aber die Kosten sind enorm, das kann sich China nicht leisten. He, aber es kann jetzt nicht sein, dass die Regierung den Handel mit dem Abfallöl an sich gerissen hat?

JIANG FUQING: Deshalb haben ja alle in der ersten Wut das Abfallöl in die Abwassergräben gekippt, damit davon möglichst wenig in die Taschen der Regierung fließt. Stellen Sie sich das einmal vor: Wenn die Millionen Restaurants landesweit das alle auf einmal machen würden und die Abwassergräben miteinander verbunden wären und man den Rohstoff »Abfallöl« nur dort herausholen könnte.

LIAO YIWU: Wie herausholen?

JIANG FUQING: An Brückenöffnungen, auf dem Boden von Kanälen, in Schachtanlagen, vor den Treppen, hinter den Häusern … alles gesprenkelt mit Abwasserablässen der Kanalisation … und die Abwässer und der Abfall von Dutzenden von Läden (einschließlich der toten Katzen und Ratten) in der Umgebung (einschließlich der öffentlichen und privaten Toiletten) kämen alle zu gleichen Zeit ans »Licht«.

LIAO YIWU: Wow, in diesen Ecken müssten sich die Passanten aber die Nase gut zuhalten.

JIANG FUQING: Der Vorsitzende Mao sagt, man darf erstens keine Angst vor Schwierigkeiten und zweitens keine Angst vor dem Tod haben. Das Reich meines »alten Aufkäufers« ist enorm, er lernt Tag für Tag von Lei Feng, Reibach am Volk, sozusagen. Abfallöl, Mist, Fußwaschwasser, tote Katzen, tote Ratten, Mücken und Fliegen, ganz egal, ob zu Recht oder zu Unrecht, das wird alles zurückgeschaufelt und mit der doppelten oder mehrfachen Menge an krebserregenden Chemikalien zu einem Öl verkocht, das pures Gold wert ist. Verdammte Scheiße, Müh und Fleiß bricht alles Eis, wie es heißt, das richtige »aus Abfall gewonnene Öl« ist viel heller als das »Abfallöl« und kann sich viel eher noch als echt ausgeben, ja, das ist fast klarer als das Wasser im Mittelmeer, der Absatz, das Geld sind auch wie das Wasser im Mittelmeer, schlägt alles in schweren Wellen gegen das Ufer. Wie ich höre, hat der »alte Aufkäufer« genug verdient, hat sich sogar einen Mercedes gekauft, wäscht sich heute die Hände in goldenen Waschbecken, macht in Immobilien und in Unternehmungen für das Allgemeinwohl. Für den Wiederaufbau nach dem großen Erdbeben vom 12. Mai hat er aus eigener Tasche ein paar Millionen gespendet, war in der Zeitung, war im Fernsehen, hat einen ziemlichen Wind gemacht und auch noch einen goldenen Orden von der Regierung bekommen.

LIAO YIWU: Nach ersten Untersuchungsstatistiken von Experten kehren zur Zeit jährlich mindestens drei Millionen Tonnen aus Abfällen gewonnene Öle auf unsere Tische zurück, das ist ein Sechstel des gesamten Speiseölverbrauchs. Und der Bruttogewinn, der damit gemacht wird, liegt bei mindestens zwei Milliarden Yuan.

JIANG FUQING: Das reicht nicht. Es gibt kein Restaurant, das nicht aus Abfällen gewonnenes Speiseöl benutzt.

LIAO YIWU: Ihr »alter Aufkäufer« ist wohl so etwas wie ein Drogenbaron in Südamerika, nein, der ist noch schlimmer als die Drogenbarone!

JIANG FUQING: Stimmt. Den müsste man zweimal zum Tode verurteilen.

LIAO YIWU: Und Sie selbst? Sie sind doch auch ein kleiner Handlanger dieser Leute und haben wer weiß wie viele Krebserkrankungen verursacht.

JIANG FUQING: Wenn ich das nicht gemacht hätte, wäre ich längst pleite, wie hätte ich denn sonst bis heute durchhalten sollen?

LIAO YIWU: Das ist sicher auch wieder richtig.

JIANG FUQING: In Zeiten des falschen Scheins, wenn etwas schmeckt, ist es giftig und krebserregend, es ist ja auch krebserregend, wenn man sich mal richtig streckt, denn wenn du zu tief Luft holst, dann kann es passieren, dass dir eine dunkle Wolke aus dem Chemiewerk ein paar Kilometer weiter direkt in den Mund schwebt. Kannst du dagegen was machen? Willst du einen Stein aufheben und ihn gegen den Himmel werfen?

LIAO YIWU: Man kann den Himmel dieser unruhigen Welt nicht zerschlagen, aber man darf auch nicht sein Fähnchen in den Wind hängen und anderen schaden.

JIANG FUQING: Der Markt ist wie ein Schlachtfeld, wenn man sein Fähnchen nicht in den Wind hängt, auch wenn es anderen schadet, dann ist aus die Maus, was soll man dann noch machen? So hatten wir zum Beispiel auch einmal eine Zeit, da wurde in der halben Stadt gemischter Rindfleisch-Feuertopf gemacht, die öligen Tische standen bis auf die Straße hinaus, da drin waren bestimmt auch komische Sachen; dann waren wieder Hühnerrestaurants groß in Mode, und der Wind blies den Rinder-Feuertöpfen ins Gesicht; und wieder später haben überall Fischrestaurants aufgemacht, alle anderen Läden waren wie tot, wie ausgestorben.

Was also tun?

Deng Xiaoping hat gesagt, Entwicklung ist ein hartes Prinzip. Also ist der Betrug an der breiten Masse von Leckermäulern ein hartes Prinzip, du kannst nur mit dem Strom schwimmen und sehen, wie du etwas »preislich attraktiv« machst. Der Knackpunkt ist, wo du etwas herbekommst. So zum Beispiel diese *Großmaulkoppen*, was meinen Sie, warum die so billig sind? Früher hat jemand von den »Ferien auf dem Bauernhof« in den Kreisen und Vorstädten »Karauschen mit Koreaminze« und »Silberkarpfen aus Qiuxi« eingeführt, die Mode flackerte hier, aber auch nur hier in Chengdu kurz auf, und dann war es vorbei, warum, na, weil die Kosten nicht dramatisch fielen. Karauschen, Schlammpeitzger, gelber Seewolf, der Buntkarpfen, der weiße Karpfen, Großmaulkoppen, Qianfisch, Tilapia, all das kam in die Stadt, all das schlug noch mit dem Schwanz, als es über den Fluss kam, der Absatz war jetzt nicht unbedingt eine Wucht, aber auch nicht schlecht, denn auch wenn man ihnen Futtermittel gab und Hormone und Medikamente, auch wenn die Lebenszeit der Fische von einem Jahr auf zwei, drei Monate zusammenschnurrte, so waren die Preisnachlässe einfach nicht groß genug. Den Geschmack kann man beeinflussen, bei Preisen geht das nicht, und tote Fische sind zwar billig, aber die traditionell mit gutem Essen großgewordenen Bewohner der Provinz Sichuan weigern sich, so etwas Totgeliefertes in den Mund zu stecken.

LIAO YIWU: Ganz schön schwierig.

JIANG FUQING: Und obwohl ich hauptsächlich chinesische Küche mache, war Ende letzten Jahres doch die Spezialität des Hauses Fisch, Fisch mit Sauerkohl, Kochfisch, Fisch im kalten Topf, alles in einem großen dunklen Topf, aber wenn das auf den Tisch kam, haben sie nur so geschaufelt, die Zungen waren taub von der Schärfe, aber sie stopften sich unentwegt die Backen voll und schrien: »Wirt, mehr Fisch!«

LIAO YIWU: Ich habe das auch mal probiert. Der Geschmack, den Sie da hinbekommen haben, stand außer Frage.

JIANG FUQING: Wie die Preise auch. Für einen Topf für drei bis vier Personen habe ich gerade einmal hundert Yuan bekommen.

LIAO YIWU: Ja, stimmt.

JIANG FUQING: Ich habe überall herumgefragt und ziemliche Wege auf mich genommen, bis ich diesen Fischteich da auf dem Land bei Pujiang ausfindig gemacht habe. Sofort habe ich einen kleinen Transporter gemietet, bin von der Autobahn auf die alte Landstraße und von dort wieder an einer Kreuzung abgebogen, dann noch mal gut zehn Kilometer über Stock und Stein und dann immer dem Geruch nach.

LIAO YIWU: Wieso dem Geruch?

JIANG FUQING: Das hat da derart gestunken, das geht auf keine Kuhhaut.

LIAO YIWU: Ich war im Erdbebengebiet, kann etwas mehr stinken als unter dem Schutt begrabene Leichen?

JIANG FUQING: Fisch. Nein, nein, ich sage nicht, dass die Großmaulkoppen selbst so stinken, aber die Fischzuchtteiche, das kann einen buchstäblich umhauen.

LIAO YIWU: Hat es Sie umgehauen?

JIANG FUQING: Nein. Aber ein paar Kilometer weiter kam es zu Grippesymptomen, Übelkeit und Brechreiz; in ein paar hundert Metern Entfernung stinkt es dermaßen, dass einem unaufhörlich die Augen tränen. Ich habe mir mit einem Taschentuch Mund und Nase zugebunden, so wie die Vorhut im vom Feind besetzten Gebiet, und bin, als ich dort war, ausgestiegen. Verdammte Scheiße, die Hurensöhne waren gerade dabei, die Fische mit Dung zu füttern!

LIAO YIWU: Gibt es auf der Welt denn einen Fisch, der Scheiße frisst?

JIANG FUQING: Die Großmaulkoppe ist so ein Fisch, die frisst Scheiße. Der Fischteich, immerhin über tausend Quadratmeter groß, war eigentlich längst nichts anderes mehr als ein Abtritt unter freiem Himmel, das Brackwasser war so nährstoffreich, das konnte man auf die Felder spritzen, aber rundherum standen fünf, sechs Kerle, die ihren Spaß daran hatten, unentwegt diese Gülle da reinzuspritzen. Und die Fische im Teich tummelten sich und hatten noch mehr ihren Spaß. Da war eine Verunreinigung, offensichtlich eine Damenbinde, die war noch nicht richtig ins Wasser gefallen, da war sie schon gefressen. Ich hab einen solchen Schreck bekommen und nur »Chef, Chef« gerufen. Und von hinter dem Strohhäuschen erschien auf mein Rufen hin ein barfüßiger alter Kerl, auf einer Tabakspfeife kauend, in der Hand ein totes Ferkel, das er wortlos hineinwarf. Das Ferkel drehte sich zweimal in der Luft, platschte ins Wasser, schlug ein paar stinkende Wellen, und machte aus den Fischschwärmen ein großes Blutbecken, das das Tier einkreiste und in maßloser Gier zerfetzte.

LIAO YIWU: Und so was nennt sich Fisch, was so an Gestank gewöhnt ist.

JIANG FUQING: Man nennt die auch »Wassergeier«! Wenn man da eine Leiche hineinwirft, die zerreißen sie auch.

LIAO YIWU: Und lebende Menschen?

JIANG FUQING: Schwer zu sagen, wenn sie richtig Hunger haben. Einer von den Züchtern hat beim Güllespritzen nicht richtig aufgepasst und ist mit dem Bein in den Teich gerutscht, mit dem Resultat, dass sich unzählige von diesen Fischen an seinen Zehen und seiner Wade festgebissen haben; er hat geblutet wie ein Schwein und musste zur Ersten Hilfe ins Krankenhaus.

LIAO YIWU: Wo kommt denn dieser Fisch her?

JIANG FUQING: Weiß ich nicht genau. Die Bauern in der Gegend haben schon alle möglichen Fische gezüchtet, aber das alles hat aus den verschiedensten Gründen nichts gebracht, einmal wegen der Wasserqualität, dann wegen der Technik, der Aufzucht der Jungen, der Futtermischung und und und. Nur die Großmaulkoppen, dieses Kroppzeug, das da aus dem Nichts aufgetaucht ist, das war echt super, die überleben schon, wenn sie Wasser nur sehen und wenn sie Licht sehen, dann wachsen sie wie verrückt, außer wirklichem Gift fressen die alles und verdauen es auch. Der Chef des Ganzen jammerte, er könne nichts machen, als jeden Tag Gülle da reinzuspritzen.

Ob er Fischfutter kaufe?

Da hätte er Angst, dass er sich ruiniert und diese verfressenen Teufel immer noch nicht satt hätte. Er mischt dem Futter alles mögliche andere Zeug bei, das man sonst Schweinen, Rindern und Hunden gibt, selbst abgenagte Knochen, und trotzdem dürfe er den Tag nicht vor dem Abend loben. Seine Leute gehen außerdem noch zu den Masthähnchenbetrieben, um dort die Hühnerscheiße zu sammeln, das werde mit Spreu gemischt, aber selbst wenn man das zentnerweise in den Weiher kippe, es sei im Nu alles verschwunden. Es ist nicht einfach, wir alle haben uns das Hirn zermartert, bis wir auf die Idee mit der Gülle gekommen sind, man darf die Fischmäuler nicht vernachlässigen, auch wenn es so anstrengend ist, dass man in den Füßen und Beinen Krämpfe bekommt, aber es ist wie bei den Menschen, sie brauchen täglich drei Mahlzeiten, sonst, wenn sie gereizt sind, fressen sie sich gegenseitig, die Großen fressen die Kleinen.

Ich fragte ihn, ob er selbst Fisch isst. Denn an den meisten Fischrestaurants in Chengdu hängen auffällige Spruchbänder mit Sprüchen wie »Fisch macht Frauen schön und Männer stark«, als sei Fisch ein verdammtes Potenzmittel.

Der Chef sagte, er züchte jetzt seit drei Jahren Fische, er habe nur drei Fische gegessen, und die habe er, als er gerade den Teich aushob, an der Straße gekauft.

Ich sagte, Sie sind aber ehrlich.

Da meinte er, Sie sind von so weit gekommen, ich kann doch nicht im Angesicht Gottes falschen Weihrauch verbrennen, es gibt viele Sachen auf der Welt, die werden verkauft, obwohl man sie nicht essen sollte.

LIAO YIWU: Gegen das eigene Gewissen.

JIANG FUQING: Wenn ein Straßenhändler, ein Direkthändler, hier seine Bestände auffüllt, zahlt er einen Kuai fünfzig für das Pfund, ein Händler zweiter Hand zahlt auf dem Großmarkt drei Kuai für das Pfund; wenn er es dann an der Haustür weiterverkauft, dann ist der Preis schon auf über fünf Kuai gestiegen, das macht zu anderen Fischen einen Unterschied von etwa zwei Kuai, das ist immer noch billig. Ich habe auf der Stelle achthundert Pfund gekauft, ein Pfund Fisch-Feuertopf kann ich für zwölf, dreizehn Kuai verkaufen, die Kunden haben mir die Bude eingerannt, die haben gefressen wie die Irren, verrückt.

LIAO YIWU: Und Sie haben einen schönen Reibach gemacht.

JIANG FUQING: Stimmt.

LIAO YIWU: Aus Abfällen gewonnenes Öl und Koppen, die Scheiße fressen, und ich habe Sie damals so oft mit meinem Besuch beehrt. Wenn ich daran denke, dreht es mir den Magen um.

JIANG FUQING: Und warum müssen Sie »daran denken«? Sie sind doch noch springlebendig. Sie kauen an dem zweimal gebratenen Schweinefleisch, dass Ihnen das Fett das Kinn runterläuft, und das Schnäpschen dazu, das scheint auch zu schmecken, was wollen Sie denn noch?

LIAO YIWU: Was soll ich darauf antworten?

JIANG FUQING: Morgen mache ich den Laden dicht. Den Koch und die Angestellten muss ich wegschicken, um die Tische und das Geschirr muss ich mich selbst kümmern. Und dann mache ich etwas anderes. Was? Und wo? Habe ich mir noch nicht überlegt. Muss man auch nicht, auch im Gebirge muss es Wege geben, wes Brot ich ess, des Lied ich sing, wir werden nicht verhungern. Und wenn man wirklich verhungert oder platzt, ob man so stirbt oder so, das ist egal. Seit der alte Pangu die Welt geschaffen hat und die Kommunistische Partei auf dem Land sitzt, war es für einfache Leute wie Sie und mich immer so. Den Laden hier hatte ich seit drei Jahren, mit dem ging es genauso; wenn die Leute Huhn verlangt haben, habe ich ihnen Huhn verkauft, wenn sie Fisch wollten, Fisch, und wenn sie wollen, dass ich ihnen Dreck verkaufe, verkaufe ich ihnen Dreck, und wenn ich ihnen Ärsche verkaufen soll, verkaufe ich ihnen Ärsche, Hauptsache verkauft und weg.

Wie war das mit Jiang Zemin? Und mit Hu Jintao? Was mit der Harmonie in der Gesellschaft? Und was mit dem großen Erdbeben in Sichuan? Die Toten, der Abriss, die, die von den Häusern gesprungen sind, die Kurse sind gestiegen und gefallen, die Olympischen Spiele, der Kampf gegen das organisierte Verbrechen in Chongqing, wir haben zu viele fundamentale Probleme, und das alles ist wichtiger als mein bisschen persönlicher Scheiß. Selbst die Gemüsehändlerin an der Straße ist wichtiger als ich, denn ihre Stimme ist höher, klarer und süßer, und auch sie will ihren Kunden attraktive Preise bieten, deshalb verkauft sie ihr Zeug auch so gut. Und das jeden Tag, wie ein Filmstar, ihr Licht überstrahlt alle anderen Gemüsehändler. Und das hat den anderen gestunken, und einem von ihnen besonders, das war der, der das am wenigsten raushatte mit der Marktschreierei, er hat so viel Verlust gemacht, der hätte alles gemacht, also hat er sich die Tränen abgewischt, sich ein Beil geschnappt und der Starverkäuferin die rechte Hand abgehackt. Die Star-Gemüseverkäuferin war sofort im Fernsehen, hob ihren handlosen Armstummel und schrie: »Wovon soll ich jetzt leben?!« Hehe, so ist sie noch zu einem richtigen Star geworden. Das war ziemlich erschütternd und mir eine Lehre, deshalb, wenn ich jetzt dicht mache, was soll's, im Stadtgebiet von Chengdu gibt es so viele Restaurants wie junge Mädchen, da macht alle paar Minuten eins auf und eins zu, die einen haben Glück, die anderen nicht, aber bei mir kommt keiner die Tür rein und hackt mir die Hand ab!

LIAO YIWU: Ach ja. Trinken wir! Prost!

CHI FU ISST SÄUGLINGSSUPPE

Chi Fu hat eine aufrichtige Nase und einen geradlinigen Mund, schlägt sich überall mit der Zunge durch und hat sogar eine Menge Anhänger. »Heutzutage«, *sagt er,* »wollen die Menschen essen und noch mal essen.« *Ich war ebenfalls hinter ihm her, und so hatten wir eine gemeinsame Sprache und ein gemeinsames Ziel. Am 2. Januar 1999 habe ich in einem heruntergekommenen, zugigen Teehaus am Westtor von Chengdu, umgeben von Mah-Jongg-Tischen, mit ihm freundlich gegessen und nach und nach den Mut verloren. Denn Chi Fu hatte wirklich viel gesehen und war ziemlich herumgekommen, er hatte einen ausgesprochen weiten Horizont. Ich könnte mich ein Leben lang bemühen und hätte doch die größten Schwierigkeiten, so weit zu kommen, dass man* »alles auf der Welt essen kann«.

Als ich dieses Kapitel bearbeitete, hatte ich wirklich den Gedanken, Chi Fu mit einer großen Nadel den Mund zuzunähen, dem Scheißkerl.

—⟊⟊—

LIAO YIWU: Womit haben Sie denn in letzter Zeit Ihren Gaumen erfreut, mein lieber Chi?

CHI FU: Es war alles ziemlich fade, oder um es mit den Worten des guten Kerls aus den *Räubern vom Liangshan-Moor* zu sagen: »Nichts Besonderes.«

LIAO YIWU: Das ist doch nicht möglich, oder? Wenn man Sie ansieht, weiß man sofort, dass Sie gut beieinander sind. Ihre Stimme ist klar wie eine Glocke, und die Haut auf Ihrem Kopf glänzt. Ach, selbst Ihr Schläfenhaar ist wieder schwarz geworden! Selbst wenn Sie noch keine fünfzig wären, wäre es nicht übertrieben, wenn ich sagen würde, Sie erleben einen »zweiten Frühling«. Sagen Sie mir die Wahrheit, was haben Sie für ein Zaubermittel zu sich genommen?

CHI FU: Haben Sie sich mit Physiognomik beschäftigt?

LIAO YIWU: Vor einiger Zeit habe ich den taiwanischen Film *Eat Drink Man Woman* gesehen und auch den alten Roman von Lu Wenfu *Der Feinschmecker* mit großem Vergnügen gelesen, he, ich denke, es ist besser, den Leuten beim Essen zuzusehen, als selbst den Mund in Aktion zu setzen, wenn man das lange genug macht, dann sammelt man eine Menge Erfahrung in Fressiognomik – warum lachen Sie?

CHI FU: Ich habe nicht gelacht, ich grinse. Filme, Romane – kann man das essen? Sehen, lesen, das ist einen Dreck wert, nur wenn man etwas mit der Zunge eingespeichelt hat, weiß man, ob es frisch ist.

LIAO YIWU: Sie sind überheblicher als früher.

CHI FU: Aber natürlich. Ich habe seither viel Menschenfleisch gegessen.

LIAO YIWU: Menschenfleisch? Wohl auch noch ermordet, was? Ich sage, lieber Herr Chi, was werden solche Worte in einem Menschenalter für eine Bedeutung haben? Ich habe Sie doch nicht beleidigt.

CHI FU: Ach woher denn! Ich sehe Ihnen an, dass Sie nicht verkehrt sind, also habe ich es Ihnen erzählt. Wenn Sie in letzter Zeit ein bisschen hitziger geworden sind und ein bisschen Nervenkitzel suchen, ich kann Sie dort einführen.

LIAO YIWU: Sie sehen nicht aus, als hätten Sie sie nicht alle.

CHI FU: Und doch habe ich eine Macke. Kommen Sie ein bisschen näher, hier sind zu viele Leute, da muss nur ein bisschen was durchsickern und es wird gleich zu einem Horrorfilm aufgebauscht.
Hier, nehmen Sie, meine Visitenkarte, wenn Sie Zeit haben, mal vorbeizuschauen, immer am Ufer des Fujiang entlang geradeaus; auf dem Weg gibt es jede Menge Läden, die »Silberkarpfen aus Qiuxi« verkaufen. Mancherorts steht eine lange Reihe Limousinen, dort können Sie nach Gefühl aussteigen. Abends gehen da die Leute zu zweit und zu dritt am Kanal spazieren, da laufen Sie einfach eine halbe Meile mit, da ist ein großer Bambuswald, da drin stehen kreuz und

quer ein paar höhere Gebäude, da gibt es alles, essen und trinken, Schach, Mah-Jongg, Karaoke, Eintritt pro Person zwölf Yuan am Tag.

LIAO YIWU: Um Chengdu herum gibt es überall solche »Rustikalen Freizeiten«, warum sollte man da so weit laufen?

CHI FU: Um Menschenfleisch zu essen. Wenn Sie den Wirt finden, den dicken Zhang, dann sagen Sie, Sie würden gerne Lammfleisch probieren, dann weiß er Bescheid. Eine Visitenkarte brauchen Sie nicht; wenn er Ihr abgerissenes Äußeres sieht, wird er bestimmt wissen, was Sie wollen. An diesem teuflischen Ort ist es tagsüber ganz friedlich und still, am Abend aber ist die Hölle los, keine Ahnung, aus welchen Löchern die Gäste alle dorthin gekrochen kommen, und alle wollen essen. Der dicke Zhang ist im Umkreis von hundert Meilen in der Zubereitung absolute Spitze, und außer seiner eigenwilligen Spezialität bringt er alles, was kreucht und fleucht, was schwimmt und was im Boden wächst, in den Topf. Ich frage mich manchmal, ob er seinem Zeug da Opium beimischt, sein Babykohl ist immer ein Genuss. Manchmal ist er komplett ausverkauft, da stöbern schon mal Gäste, die sich damit nicht abfinden wollen, in seiner Küche herum und wittern wie die Jagdhunde. Der dicke Zhang hat dann keine Wahl, er muss gegen eine Abwassertonne schlagen und rufen. »Hallo, es ist nichts mehr da als die Abfälle hier, und die sind für die Schweine, das Menschenfutter ist komplett alle!«

Ich mache dann oft einen Witz und sage: »Wenn ich genug Geld verdient habe, ziehe ich zu dem dicken Zhang, wenn er alt ist, esse ich jeden Tag vom heiligen Fleisch von diesem Tang-Mönch*, dann werde ich mindestens hundertzwanzig Jahre alt.«

LIAO YIWU: Wenn man derart gierig wird, dann liegt da bestimmt was im Argen. Im letzten Jahr ist in der *Sichuan-Zeitung* ein Enthüllungsartikel erschienen, Titel »Die Wahrheit über das Abfallöl«, die Menschen in Chengdu waren empört. Denn auf den Fotos sah man über mannshohe Bottiche übersät mit Fliegen, in den Bottichen stand die Brühe aus Essensabfällen und -resten, die die Händler in allen möglichen Restaurants von Chengdu »recycled« hatten, die wird dann

---

* Anderer Name für Xuanzang, den legendären Mönch aus der *Reise in den Westen*.

aufgekocht, dann wird die Ölschicht auf der Suppe aus dem Speichel von Zehntausenden von Menschen abgeschöpft und überall in den Fondueläden in den Hauptstraßen und Gassen wieder verkauft. Im Grunde hat die Sucht nach »attraktiven Preisen« dazu geführt, dass das Zeug, das zu essen und zu trinken gerade Mode ist, für eine ganze Generation aus wieder und wieder aufbereiteten Essensabfällen besteht, das würde nicht einmal als Schweinefutter durchgehen, aber die Leute kauen das mit dem größten Vergnügen!

Nach den anschließenden Meldungen über Abfallöl wurden die Nester eins nach dem anderen ausgehoben, und das Geschäft in den Fondueläden stagnierte für zwei Monate. Aber mit der Änderung des Wetters ist es schnell wieder besser geworden, und heute florieren diese Läden in ganz Chengdu. Verdammt, das Volk hat keine Angst vor dem Abfallöl, die Immunisierungs- und Entgiftungsfähigkeiten des Volkes sind angeboren, das Volk wird sich niemals vergiften. Ich wage zu behaupten, die Mittel, die sie in das Abfallöl kippen, um die Geschmacksnerven zu reizen, jagen die Leute so hoch, dass sie sich, wenn sie sie nicht schon vor sich haben, nach diesen Töpfen mit roter Suppe sehnen.

CHI FU: In den Feuertopf geben sie Mohnkapseln; die Industrie- und Handelsämter untersuchen das sommers wie winters, aber sie haben das Problem nie an der Wurzel zu packen gekriegt. Mohn ist der Rohstoff, aus dem Opium gewonnen wird, wenn man Mohnkapseln in einem Topf aufkocht, dann gibt das einen ungewöhnlichen Duft, wenn man das über einen längeren Zeitraum isst, wird man langsam süchtig, du musst wieder in den Laden zurück, dir bleibt keine Wahl.

LIAO YIWU: Die Orte, von denen Sie sprechen, sind sicher Krankheitsherde.

CHI FU: Jeder Ort, an dem viele Menschen sind, ist ein Krankheitsherd, wie heißt es so schön: »ein großes Fressfest«.

LIAO YIWU: Ist auch der Verkauf von Menschenfleisch so ein Fest? Werden diese Nester nicht ausgehoben?

CHI FU: Ab und zu hält da auch ein Polizeiwagen vor der Tür, aber nur, weil die auch da essen.

LIAO YIWU: Sie erfinden jetzt aber nicht eine neue Version der *Räuber vom Liangshan-Moor*, oder? Was kostet denn so ein Dämpfer voller Baozi mit Menschenfleischfüllung?

CHI FU: Was wollen Sie mit Ihrem Dämpfer voll? Das höchste der Gefühle ist ein einziges, handtellergroßes Baozi, die Blutfäden müssen auf das Sorgfältigste abgezogen werden, dann kommt es in das Gefrierfach und wird eingefroren, um durch die Kälte die Bakterien abzutöten. Allerdings ist es frischer, wenn das nicht gemacht wird, aber die Frauen heute haben alle möglichen Krankheiten, da ist es sicherer, das Ganze zu desinfizieren, außerdem unterdrückt das ein wenig den Blutgeruch. Dann kommt das Ganze auf eine gebrannte Tonschale, ein wenig Ingwer dazu und auf kleiner Flamme langsam kochen. Was noch nicht aus dem Bauch der Frau raus war, ist meistens in zwei bis vier Stunden gar, dann muss es noch schmoren, bis das Ganze sich in einen Topf mit schneeweißer Suppe verwandelt, dann noch etwas »Erdginseng«, fertig. Natürlich muss der »Ginseng«, was ja »menschenförmige Wurzel« heißt, aus Süßkartoffeln geschnitzt sein, die violetten Süßkartoffeln aus West-Sichuan sind groß und fett, außerdem wachsen ihnen dicke Zehen. Das ist ein guter Werkstoff zum Schnitzen, die Händler für falsche Medizin, wenn die »tausend Jahre alten Ginseng aus den Changbai-Bergen« anbieten, dann ist der aus Yamkartoffeln geschnitzt, es gibt männliche und weibliche Ginsengfiguren, und wenn sie zusammen sind, dann ist das makellos wie ein Feengewand. Ach, ich schweife ab. So eine Suppe ist ausgesprochen nahrhaft, wenn man dann noch Ginseng hinzugibt, wird man selber schon zu einer Art Medizin. Deshalb darf man nur unechten Ginseng aus der Yamwurzel zugeben, um die Suppe ein bisschen anzudicken. Wenn sie so auf den Tisch kommt, als Feuertopfbrühe, kann man darin alles kochen, Bauchstreifen, Hühnerklein, Silberglasnudeln und Lotuswurzeln.

Daneben gibt es noch eine andere, frischere Art der Zubereitung, und zwar schabt man das Fleisch von einem Maulwurf, wäscht es und schmort es mit dem Besagten. Der dicke Zhang hat ein gutes Dutzend Käfige voller weißer Mäuse, wie so ein verdammter Wissenschaftler, trotzdem, als ich einmal gesehen habe, was für ein vergammeltes Zeug er denen zu fressen gibt, ist es mir ganz anders geworden. Wichtig ist nun, einen waschechten Maulwurf zu bestellen, dazu muss der dicke Zhang die Bauern vor Ort mobilisieren, damit sie ihm einen aus dem Boden ziehen, an einem Tag kommt man immer auf ein gutes Dutzend große Exemplare. Man zieht ihnen das Fell ab, und wenn sie sich dann zu einem Knäuel krümmen, sieht man auf den ersten Blick, welcher genauso aussieht wie ein Embryo, manchmal ist das Menschenfleisch längst gar, aber das des Maulwurfs noch nicht, der ist dann so krallig wie formlose Hände oder Füße …

LIAO YIWU: Haben Sie denn keinerlei Hemmungen? Ist so ein toter Embryo denn nicht auch eine Leiche?

CHI FU: Als ich das zum ersten Mal gegessen habe, wusste ich es gar nicht, Freunde haben mich mitgenommen, ein Topf mit dicker Suppe kam auf den Tisch, blendend weiß. Als ich mit dem Löffel probierte, war das so erlesen, es ging mir durch und durch, ich hatte das Gefühl, mein ganzer Körper ist eine einzige Zunge, die sich leckend hinausstreckt und wieder zurückschrumpft. Meine Freunde haben mich unentwegt mit Fragen bombardiert: »Na, wie ist es?« Aber ich war vollkommen weggetreten. Und weggetreten wie ich war, haben die Kerle mich schnell einen Vertrag über eine Umweltschutzspende zum Schutz unseres Mutterflusses, des Yangzi, unterschreiben lassen. Ich war völlig leer im Kopf, als ich das unterschrieben habe, der kurze Genuss hat mich fünfzigtausend Renminbi gekostet.

Und nachdem ich ein zweites Mal davon gegessen hatte, war ich schon ein wenig süchtig. Ich kam beruflich im ganzen Land herum, ich habe alle Genüsse aus den Bergen und aus dem Meer gekostet, aber zu meiner Überraschung blieb das Menschenfleisch das Erlesenste, Zarteste und das von der besten Qualität.

Die primitiven Stämme in Afrika haben nie aufgehört, Menschenfleisch zu essen, Bokassa, der Kaiser von der Mitte Afrikas, hat seinen Gästen noch Menschenfleisch als falsches Bärenfleisch vorgesetzt. Die bekannteste Aufzeichnung über Kannibalismus bei uns ist die Geschichte, wie König Dixin von der Shang-Dynastie Ende des zweiten Jahrtausends vor unserer heutigen Zeitrechnung herausfinden wollte, ob König Zhou von Wen etwas gegen ihn im Schilde führt oder nicht, er hat ihn drei Jahre in ein Erdloch gesperrt, seinen ältesten Sohn Bo Yikao getötet, ihn sorgfältig zerstückelt und dem Vater als Fleisch-Reisbrei vorgesetzt. König Zhou von Wen wusste, dass dies das Fleisch seines eigenen Sohnes war, hat aber immer wieder gesagt: »Sehr lecker!«, alles verschlungen und sogar noch die Schüssel saubergeleckt. Ehrlich gesagt, als ich diese Kannibalengeschichte zum ersten Mal gelesen habe, hatte ich das Gefühl, dass mir das eigene Fleisch zitterte. Ähnliche Beschreibungen gibt es fast schon zu viele in den alten chinesischen Büchern. Dass Sun Erliang aus den *Räubern aus dem Liangshan-Moor* mit Menschenfleisch gefüllte Baozi verkauft, weiß jedes Kind, es hat nicht viel gefehlt und sie hätte selbst dem Helden Wu Song das Fell über die Ohren gezogen; und dann ist da noch die in allen Einzelheiten erzählte Geschichte, wie Li Kui den Shi Wengong aufbricht, Stück für Stück sein noch schlagendes Herz herausschneidet, isst und dazu Schnaps trinkt.

Um all die Geschichten über den Kannibalismus während der drei Katastrophenjahre* 1959 – 1961 zu erzählen, würden drei Tage und drei Nächte nicht ausreichen. Wenn ein Kind auf die Welt kam und man es nicht ernähren konnte, dann hat die Familie es gekocht und gegessen. Und wenn das in einem Dorf einmal angefangen hatte, hat es nicht mehr aufgehört, die armen und unteren Mittelbauern haben ihre Grundherren gefressen und die reichen Bauern, und weil das Fleisch der Alten zäh war, haben sie sich auch ihre Söhne und Töchter geschnappt. Die Leute damals waren wahnsinnig vor Hunger, da war für Feinschmeckerei keine Zeit. Liao Yiwu, da hatten sie Angst, dass jedes Tabu gebrochen wird, die Mönche haben ihre Tabus gebrochen, das Hungerdelirium ist viel stärker als Sie und ich, und wenn das Tabu, Menschenfleisch zu essen, einmal gebrochen ist, dann gibt es ganze Horden von Frauen, die speziell für die großen Restaurants ihre Jungen kriegen, absolut.

LIAO YIWU: Sie jedenfalls haben das Tabu bereits gebrochen, nicht wahr?

CHI FU: Aus dem Bauch oder noch im Bauch, das ist ein großer Unterschied.

---

* Offizielle Sprachregelung für diese nach unumstrittener Ansicht von Forschern der Führung der KP Chinas und damit auch Mao Zedong anzulastenden Hungersnot ist: Dreijährige Naturkatastrophen – obwohl es nachgewiesenermaßen in diesen Jahren zu keinen außergewöhnlichen Naturkatastrophen in China gekommen ist. Während der Hungersnot starben nach unabhängigen Schätzungen 34 – 36 Millionen Menschen.
Siehe hierzu: Yang Jisheng, *Grabstein – Mubei. Die große chinesische Hungerkatastrophe 1958 – 1962*, übers. v. H. P. Hoffmann, S. Fischer Verlag, Frankfurt a. M. 2012.

LIAO YIWU: Wie haben Sie denn erfahren, dass das damals eine Embryosuppe war?

CHI FU: Als ich als Gebildeter Jugendlicher, wie das damals hieß, aufs Land verschickt wurde, habe ich schon einmal eine Plazenta gegessen, Embryo schmeckt genau wie Plazenta. Aber der dicke Zhang versteht sein Handwerk, beim Dünsten der Suppe gibt es ein Geheimrezept, jeder störende Beigeschmack ist weg. Anfangs hat mir der Mut gefehlt, mir die Zubereitung in der Küche anzusehen, da habe ich nur mit verwirrtem Kopf meine Suppe geschlürft. Später dann, in der Nebensaison, wurde das Besagte knapp und immer teurer. Der Kurier war abends um zehn noch nicht zurück, alle warteten ratlos und gierig. Fünfzig Gramm, also ein Liang, sechzig Yuan, in den Mangelmonaten bekam man höchstens hundertfünfzig Gramm zusammen, also drei Liang, machte hundertachtzig Yuan. Da waren die zehn Yuan für eine Ratte nachgerade preiswert. So ein Feuertopf für drei, vier Personen hat locker schon mal vierhundert, fünfhundert verschlungen. Natürlich, wenn man Glück hatte, hat man womöglich schon auch mal ein großes Stück erwischt. Irgendwelche blöden Weiber, die erst nach dem sechsten Monat auf die Idee kommen abzutreiben, machen unter einem Mordsgeschrei ihre blutigen Beine breit und lassen die Ärzte aus dem Loch dort ihre Schande Stück für Stück herausschaben, Ohren, Nase, Mund, alles schon da, selbst die Finger- und Fußnägel gibt es. So eine Ware, mindestens ja doch ein, zwei Pfund, wenn es schlecht gemacht wird, und wenn die Abtreibung kurz vor der Geburt vorgenommen wird, auch schon einmal über drei, vier Pfund. Wenn so ein Stück für einen Topf zu groß ist, dann wird es auf zwei, drei Töpfe verteilt. Das Abwiegen mit anzuschauen fehlte mir wieder der Mut, aber andererseits musste ich das kontrollieren, denn wenn die Skala der Waage auch nur einen Millimeter ungenau ist, dann sind das gleich ein paar Zehner. Auch auf die Verteilung des Fleischs lege ich großen Wert; wenn es sich um ein besonders großes Stück handelt, will jeder das Hinterteil und die Oberschenkel, aber der Kopf ist das Größte an so einem Embryo, oft macht er die Hälfte des gesamten Körpers aus, manchmal auch nur ein Drittel. Der dicke Zhang muss wohl oder übel den Embryo rasieren und in Stücke schneiden. Und natürlich auf die Teile mit weniger und mit mehr Fleisch achten, da sind wir absolut alle gleich, und dann wird das auf die Töpfe verteilt.

LIAO YIWU: Und das nennen Sie Delikatesse? Mir wird schon schlecht, wenn ich es nur höre!

CHI FU: Hören und sehen, das sind zwei paar Schuhe. Wenn die Leute aus Guangxi Affenhirn essen, dann ist das so ziemlich das Grausamste, was es gibt. Wenn Sie so ein Affen-Restaurant betreten, dann führt man Sie vor den Affenkäfig und lässt Sie aussuchen. Denken sie nur, wie intelligent so ein Affe ist, der kapiert sofort, dass etwas Fürchterliches im Gange ist. Wenn Sie da so ein Dutzend menschenähnlicher Dinger vor sich haben, die mit ihren großen runden Augen blinkern und sich in ihrem großen Entsetzen hintereinander verstecken und den jeweils anderen nach vorne schieben und die intelligenteren von ihnen die Pratzen ausstrecken und einen anderen Affen direkt vor die Menschheit hinstellen ... so eine grausame Szene kann sich keiner ansehen, es sei denn so ein abgestumpfter Affenmetzger. Ich kann da nicht zuschauen, und wenn ich es tue, geht es mir wie Ihnen jetzt, es beschämt mich. So viele Jahre Kultur und Erziehung werden von einem einzigen Affen herausgefordert. Aber so ein Affenhirn ist wirklich deliziös, wenn er so zusammengebunden ist wie ein Zongzi-Reisklößchen und mit einem Stöpsel im Maul in einem Stehkäfig, der auf allen Seiten von schwarzem Tuch oder von einer Tischplatte umgeben ist und auf dem Tisch nichts mehr ist als die sauber rasierte Schädeldecke des Affen, dann spürt man sonst keine Bewegung mehr. Dann wird mit einem Messer die Hirnschale geöffnet, die zuckende Hirnblume freigelegt und dann Löffel für Löffel gegessen. Vielleicht haben die Affen unglaubliche Schmerzen und können nur blinzeln dazu, aber das Gefühl auf der Zunge überdeckt längst alles (wobei eine gewisse Anspannung den Reiz noch steigert!). Essen ist des Volkes Himmelreich.

LIAO YIWU: Das ist aber ein großer Sprung von dem Verzehr eines Affen zum Kannibalismus! Was haben Sie sich davor denn noch für abwegige Dinge einverleibt?

CHI FU: Ameisenbär, Elefantenrüssel, Bär, Muntjak, Langnasen-Wels, Riesensalamander. Ich kann mich an die vielen verschiedenen Gattungen schon gar nicht mehr genau erinnern. Kurz, man müsste mir die Zunge schon abschneiden, um dem ganzen Land Abbitte zu leisten, denn einige dieser Tiere sind ausgesprochen selten, wenn man eines von ihnen isst, dann fehlt eines. Außerdem haben ein paar von diesen Viechern nicht sonderlich geschmeckt, ich habe eigentlich nur einen Bissen von ihnen kosten müssen, unbedingt, weil sie so eine Kostbarkeit sind. Und was das Geschäft angeht, Beziehungen sind alles, außer den Nachtklubs heißt das, miteinander essen und trinken. Was man isst, das ist auch ein Statussymbol. Wenn man zum Beispiel einen Beamten vom Abteilungsleiter an aufwärts einlädt, dann kann man ihn nicht mit dem üblichen Huhn-Fisch-Ente abspeisen, oder?

LIAO YIWU: Außer Menschenfleisch schmeckt Ihnen wohl nichts mehr?

CHI FU: Die Sachen aus meiner Kindheit schmecken mir noch. Wenn ich da auf den Bäumen herumgeklettert bin und Spatzen gefangen habe, die habe ich dann in einen Batzen Lehm gepackt und gegart; wenn sie aus dem Ofen rauskamen, habe ich sie auf den Boden geworfen, das Gefieder hat sich fein säuberlich ablösen lassen – diesem Spatzenfleisch habe ich als Erwachsener noch oft nachgeschmeckt, und mir ist jedes Mal das Wasser im Mund zusammengelaufen. Ich habe mir das noch ein paarmal machen lassen, ganz legal, aber ich habe den Geschmack von früher nicht mehr herauskauen können. Vielleicht ist der Lehm heute anders, vielleicht ist da zu viel Industriedünger eingesickert oder Hormone oder dieser endlose Hausmüll. In den chinesischen Städten gibt es schon keinen Graben mehr, der nicht stinkt, das Grundwasser hat auch die Bodenschichten verschmutzt, so ein reiner, gelber Lehm wie vor noch ein paar Jahrzehnten findet sich gar nicht mehr so leicht.

Haben Sie schon einmal Bambussprossenkäfer gegessen? In einem Bambushain muss man an einem Tag ein gutes Dutzend von den Tieren fangen, auf Bambusspieße stecken und dann rösten, was für eine Delikatesse! Daran kann man sich nie satt essen. Als Gebildeter Jugendlicher damals habe ich alles gegessen, Katzen, Mäuse und wenn es auch nur ein großer Reisaal war. Ich habe das auch heute, so viele Jahre später, noch nicht vergessen. Das Böseste war, als ich einmal eine Katze gekocht habe, ein überall bekannter Klettermaxe, die hatte von Mäusen genug, die hat das von den Balken hängende Fleisch geklaut und soll sich sogar an Hühner herangemacht haben. Dieser Klettermaxe also war, obwohl er über zehn Pfund schwer sein sollte, schnell wie der Blitz. Wir bekamen Ärger miteinander, wegen eines Stückes Plazenta, ich war unterwegs zum Markt und hatte das Teil beim Krankenhaus der Volkskommune organisiert. Seinerzeit wollte so was keiner, also habe ich es mitgenommen und es mit einem Pfund fettem Fleisch geschmort. Ich hatte, es war abends, über zwei Stunden zu tun, die Plazenta war fast fertig, und ich habe schon nach dem Messer gegriffen. Aber es war noch zu heiß, ich konnte es nicht anfassen, also habe ich es auf die Platte gelegt, damit es abkühlt. Ich hatte vor, die Plazenta wie Schweinebauch in Streifen zu schneiden, und sie dann noch einmal zwei Stunden zu schmoren. Dann bin ich vor den Ofen und habe Scheiter nachgelegt. Es war noch keine Minute vergangen, da bekam mein Abendessen auf einmal Beine. Ich hörte nur ein lautes »Miau«, riss den Kopf hoch und versuchte dieses Vieh über den brodelnden Topf weg zu greifen, aber da war es schon passiert!

Mein Gesicht war schwarz geräuchert wie das von Richter Bao, die Klamotten waren zum großen Teil schon angekokelt, zum Glück habe ich nicht mit der Hand in den Topf gelangt, sonst hätte es gebrühten Schweinefuß gegeben. Oben hörte man etwas auf den Ziegeln, ich bin dem hinterher aus dem Zimmer, aber von dem Vieh und meiner Plazenta keine Spur. Ich war so in Rage, dass ich die halbe Nacht bis in den hintersten Winkel alles abgesucht habe, mir war ganz schwindelig, als ich zurückkam und mir aus einer Tonschale gluckernd die kalte, ölige Suppe reinschüttete. Ich schwor, ich wolle kein Mensch mehr heißen, wenn ich dieses Katzenvieh nicht abmurkse.

Ich habe in einem Graben ein paar kleine Fische gefangen und sie auf dem Boden des Topfes getrocknet. In den Töpfen haben die Bauern das Futter für die Schweine genauso gekocht wie das Essen für die Menschen, sie waren groß und tief. Ich fütterte nicht die Schweine, aber ich habe Tag und Nacht darauf gewartet, die Katze zu füttern. Die feuchten Fische trockneten langsam auf dem Boden des Topfes und wurden knusprig, der Duft nach Fisch verbreitete sich überall. Ich stellte den Holzdeckel des Topfes, der einen Meter im Durchmesser hatte, mit zwei Stäbchen hoch, verband die Bambusstäbchen mit einer Angelrute, die ich von weiter weg in der Hand behielt. Ganze drei Tage bin ich nicht vor die Tür, eisern entschlossen, den Fisch zu trocknen; dann legte ich ein Moskitonetz aus und hüllte mich in eine Decke. Nur meine Augen waren zu sehen, ich setzte die hohen intellektuellen Fähigkeiten eines Menschen ein, um dieses Katzenvieh hinters Licht zu führen.

Und das Vieh kam wirklich, ließ sich von seinem alten Weg über den Dachfirst herunterfallen, vor den Ofen, tänzelte geschickt mit den Pfoten um die Stäbchen herum und streckte sie in den Topf. Mein Herz schlug schneller, aber sie zog die Pfote wieder zurück und streckte den Kopf hinein. Das zog sich einige Minuten hin, husch, war sie von der Ofenplatte herunter, schlug einen Kreis und maunzte ein paarmal. Zum Glück hatte sie die Angelleine nicht entdeckt, sie also wieder rauf auf den Ofen. Und weil sie ja nun Guten Tag gesagt hatte, war das diebische Vieh so frei und schob sich Stück für Stück in den Topf hinein, mir brach der Schweiß aus, der Katzenkörper verschwand im Topf, nur noch der Schwanz wand sich um den Topfdeckel.

Ich biss die Zähne aufeinander und zog an der Leine, in mir war der ganze Klassenhass und der ganze Hass des einfachen Volkes. Es machte zweimal peng, der Topfdeckel fiel nach unten und das Vieh fing erbärmlich an zu schreien. Ich schoss hoch und warf mich mit meinem ganzen Gewicht auf den Deckel, gegen den das Katzenvieh wild mit dem Kopf schlug, und habe mich schließlich einfach draufgesetzt. Ich brach in ein lautes Gelächter aus, du Katzenvieh, du räuberisches, du hast meine Plazenta geklaut, jetzt werde ich deine Knochen in alle Winde zerstreuen!

Eine Stunde lang blieb ich auf dem Topf sitzen, das Vieh gebärdete sich immer noch wie wild, das konnte ich lebendig da nicht rauslassen; ich habe mit einer Hacke den Deckel weiter unten gehalten, mich umgedreht und Feuer gemacht. Der Herd bullerte fröhlich vor sich hin, und das Katzenvieh in dem heißen Topf tobte, als würde es donnern. Das Wehgeschrei war so schrecklich, dass ich mir ein bisschen in die Hose machte, aber ich nahm das nicht einmal wahr. So ging das Lebende-Katze-Braten zwei, drei Minuten, als der Deckel auf einmal aufgestoßen wurde, der Geruch von verbranntem Fleisch würgte mich derart, dass ich den Atem anhielt. Aber in diesem Augenblick tauchten in dem wallenden Qualm die Augen des diebischen Viehs auf, wie zwei schwarze Kohlen, brennend in bösem Hass. Mit einer Handbewegung griff ich die Kelle aus dem Wasserkübel, mit der Kelle nahm ich auch das entsprechende Wasser mit, Wasserdampf stieg auf, die Katze heulte, und es klang, als sei das Vieh so ein verdammtes Weibsstück. He, hiergeblieben, du Schlauberger! Ich drückte den Deckel nach unten, und schaufelte wie von Sinnen Wasser in den Topf, die ganze Küche stand unter Dampf, ich spürte, wie die

Katze weiter zappelte, aber sie konnte schon nichts mehr machen. Aber um sicher zu gehen, schürte ich das Feuer weiter an. Ich war ganz benommen im Kopf, wie lange hatte ich sie schon gekocht? Vergessen. Als ich mit beiden Händen den Deckel herunternahm, war ich seltsam gereizt und fing auch noch an zu singen:
Ostwind weht, Kriegstrommeln gehn,
wer fürchtet hier am Ende wen?!
Ich sang die beiden unnachgiebigsten Zeilen der Zeit damals, und dann hörte ich auf: In der schwarzen Brühe, die den Topf halb füllte, blühte die Katze wie eine Wassermine mit dem Gesicht nach oben. Die Brust war eingedrückt, aber der Bauch blähte sich gewaltig aus dem Schwarz heraus, ein faustgroßes, fleischfarbenes Etwas. Ich stach mit Stäbchen hinein, und der Bauch der Katze schrumpelte innerhalb von Sekunden zusammen, wie ein Fußball, aus dem man die Luft herauslässt. Der entweichenden Luft folgte ein schmutziger eisenroter Brei.

LIAO YIWU: Das war ja wirklich gelungen! Eine Großtat!

CHI FU: Machen Sie sich nicht über mich lustig, dem Geist einer Zeit kann sich keiner entziehen! Und wenn es um etwas zu fressen ging, kannten wir Gebildeten Jugendlichen keine Verwandten. So ein Drecksack aus der Nachbarbrigade hat unversehens einer Kuh bei lebendigem Leib den Schwanz abgehackt und mit nach Hause genommen, das arme Vieh ist vor Schmerzen wie irre durch die Hügel gerannt, alle Arbeitskräfte im Dorf, die etwas Mumm in den Knochen hatten, sind ausgerückt, um das Tier einzufangen, aber keiner hat gewagt, sich ihm zu nähern. Ich hatte ja gerade mal nur eine Katze gekocht, nicht wahr?

LIAO YIWU: Was hätten Sie gemacht, wenn der Besitzer der Katze auf einmal vor der Tür gestanden hätte?

CHI FU: Die Nacht war noch nicht vorbei, da hatte ich sie verputzt, er hätte ein Gespenst suchen müssen.

LIAO YIWU: Wenn etwas so gekocht wird, kann man das denn noch essen?

CHI FU: Das Fleisch war ja noch da. Natürlich, aus der fetten, gelben Katze war ein schwarz verkokeltes Etwas geworden, kein sonderlich feiner Anblick, aber wenn man die verkohlte Haut abzog, das Fleisch an den Beinen und am Hinterteil war vollkommen in Ordnung. Die Innereien und den Kopf legte ich beiseite, zögerte ein wenig, legte dann auch den Hals und das Rückgrat dazu. Wenn man das Monster, das ein Bruttogewicht von gut zehn Pfund hatte, ausnahm, blieben vier, fünf Pfund, dann noch der Gewichtsverlust durch das Garen, am Ende konnte man sich zwei, drei Pfund in den Mund schieben. Weißgeschnitten in große Stücke, in Salz gewendet und trockenem Chili und dann langsam gekaut – das Fleisch war ein bisschen grob und hatte einen leicht säuerlichen Geschmack, aber wenn man dazu zwei Schluck Yam-Schnaps schluckte, dann war es ganz in Ordnung. Ich schätze, die Säure im Katzenfleisch kam davon, dass sie vorher so herumgetobt hat; wenn ein Mensch lange läuft, dann werden seine Beine und sein Bauch auch ein wenig sauer.

LIAO YIWU: Na dann guten Appetit!

CHI FU: Vor ein paar Jahrzehnten hatte ich noch keine größeren Probleme mit dem Magen. Schauen Sie, jetzt plustere ich mich hier den halben Tag auf, und er fängt schon wieder an zu knurren. Ach, es ist alles nicht mehr, wie es war, schon gar nicht das Menschenfleisch, das schmeckt nicht einmal so gut wie früher das Katzenfleisch, weil, das habe ich mir damals erkämpfen müssen.

LIAO YIWU: Vielleicht haben Sie kein echtes Menschenfleisch gegessen?

CHI FU: Witzbold.

LIAO YIWU: Aber wo sollen denn diese ganzen Embryos herkommen?

CHI FU: Wie viele Frauen gibt es im Land? Doch wohl mindestens fünfhundert Millionen. Und wenn man jetzt rechnet, dass jede Frau im Leben einmal abtreibt, dieser Reichtum ist früher einfach ungenutzt weggeworfen worden; die Familienplanung heute wird immer schlimmer, die Zahlen dieses ungenutzt weggeworfenen Reichtums sind astronomisch. Eine Plazenta ist bares Geld, jeder Arzt nimmt das gerne mit, aber einen toten Fötus will kein Mensch haben. Die Frau des dicken Pang arbeitet beim Gesundheitsamt, die weiß, dass man in diesen Zeiten mit ihrer laschen Sexualmoral nur die Gebühren ein wenig zu senken braucht, und schon rennen einem die frühen Schwangerschaftsabbrüche die Türe ein. Gesundheitsämter in Stadt und Land und alle möglichen Arztpraxen (die Wanderärzte und Engelmacher gar nicht mitgerechnet) gibt es wie Sand am Meer. Man muss nur bestellen, zur richtigen Zeit ein Telefonat führen und jemanden schicken, der die Ware kauft. Je frischer, desto höher der Preis. Wirklich eine saublöde Frage!

LIAO YIWU: Sie haben recht mit Ihrer Belehrung, ich bin wirklich ein bisschen aus der Welt.

CHI FU: Ein Leben lang fressen Sie irgendeinen Dreck, tragen irgendwelche Lumpen, Sie leben in den Tag hinein, ohne Sinn und Verstand.

LIAO YIWU: Aber ich bin frei, verdammt.

CHI FU: Ich hätte nicht gesehen, dass Sie zum Himmel geflogen wären. He, Liao Yiwu, aber doch nicht jedes Mal Tee und wieder Tee, das spült einem ja die Gedärme weg.

LIAO YIWU: Eigentlich hatte ich Sie zu einem Glas einladen wollen, aber jetzt ist mir das ein bisschen vergangen.

CHI FU: Zwei Kreuzungen weiter ist ein billiges Restaurant, es heißt »Zum Rindfleisch«. Bei all dem Dämpfen, Sautieren, Braten und Schmoren ist das Gedämpfte etwas Besonderes, das ist so durch, dass es atmet, ein Stäbchen voll davon, ein Schluck weißen Schnaps hinterher, und das Zeug, heiß wie es ist, massiert einem beim Runterrutschen die Speiseröhre, es wird einem sehr wohlig zumute. Als Nächstes lasse ich den Koch das Rinderhirn, das Mark und den Tofu-Pudding zu einem einzigen Fladen zusammenbacken, ein paar Lauchstreifen dazu, wenn du das probierst, gehen dir die Augen über. Wenn ich, dieser Chi Fu hier, eine gute Seite habe, dann: Ich bin oben gewesen, und ich bin unten gewesen, ich habe Sachen probiert für ein paar Kuai und auch ein Bankett für über zehntausend nicht aus-

geschlagen. Bevor ich sterbe, muss ich noch in die Feinschmecker-
läden in Hongkong, Japan und im Westen. Deshalb muss ich Geld
verdienen, wegen meines Appetits, je mehr Renminbi, umso besser.
Bei der japanischen Küche bin ich noch nicht auf den Geschmack
gekommen, aber das Drum und Dran beim japanischen Essen ist
überwältigend. Ich habe mir sagen lassen, dass man sich in Tokio
ausgezeichnet darauf versteht, die rohen Fischstückchen so auf den
Körper einer nackten Schönen zu drapieren, dass man glatt einen
Ständer bekommt. Das ist wirklich Essen ohne Grenzen.

Wie wäre es? Gehen wir noch woanders hin? Gehen wir noch ins
»Zum Rindfleisch« und plaudern ein bisschen weiter?

LIAO YIWU: Ein andermal lade ich Sie ein, mein lieber Herr Chi.

CHI FU: So als ob wir uns um Land und Volk Sorgen machen würden:
»Die Freundschaft zwischen Edlen ist licht wie Wasser«* – sieht so
aus, als gehörten wir dazu.

---

* Satz aus dem Kapitel *Shanmu* des *Zhuangzi* (*Wahres Buch vom Südlichen
Blütenland*), Übers. v. H. P. Hoffmann.

LIU CHANGWU,
EIN UNVERHEIRATETER MALER

Der ledige Liu Changwu war im gleichen Alter wie die Volksrepublik China, von Kindesbeinen an hat er mit Tusche geübt
und sich hier in der Stadt einen Namen gemacht in der Szene
für traditionelle chinesische Malerei. Man erzählt, dass er mit
jedem seiner Striche ein paar tausend Silbertael verdienen
kann. Schade nur, dass meine Augen so tumb sind, ich schaue
mir die Augen aus dem Kopf, aber ich kann dem nichts abge-
winnen.

Aber als ich vor gut zehn Jahren durch den verrotteten
Odem wanderte, der sein Leben umgibt, hat mich das sehr
angerührt. Damals waren er und Chi Fu, der Spezialist für die
Lebensverlängerung durch den Verzehr von Embryosuppen,
unzertrennlich, die beiden standen sich, was Finanzkraft und
Neigungen angeht, in nichts nach, beide waren sie »Einge-
borene aus Chengdu«, mit einer Vorliebe für gutes Essen und
eine Abneigung gegen Arbeit jeder Art lagen sie auf der faulen
Haut, ließen Gott einen guten Mann sein und verließen sich
auf ihr Glück – solche Figuren findet man in anderen Ecken
Chinas kaum.

Aber nun hat Chi Fu das Zeitliche gesegnet und Liu
Changwu zurückgelassen, es ist, als schlüge von den beiden
Trommelstöcken im Tempel des Stadtgottes nur noch einer.
Unversehens tat er mir leid. Dann startete ich heimlich das
Aufnahmegerät, und nahm so alle möglichen vulgären Freu-
den, die das Ohr nicht hören wollte, in diese Gedächtnistüte
mit auf. Nicht zuletzt, damit auch spätere Leser auf den
Marktplätzen etwas zu erzählen haben.

Zeit: 18. Mai 2009, Nachmittag.

Ort: Teehaus »Drachenhalle« in der breiten Gasse der auf alt
getrimmten Tourismuskulissen an der Westseite von Chengdu.
Der Himmel ist düster, Durchreisende hasten vorbei, als sei
kein Ende abzusehen der sorglos verfälschten Geschichte.

—ᄴᄴ—

LIU CHANGWU: Wir haben aber schon lange nicht mehr zusammengehangen.

LIAO YIWU: Stimmt.

LIU CHANGWU: Das hat etwas Rührendes.

LIAO YIWU: Stimmt.

LIU CHANGWU: Es war noch der gute alte Chi Fu, der uns miteinander bekannt gemacht hat.

LIAO YIWU: Stimmt.

LIU CHANGWU: Aber er hat jetzt schon Bekanntschaft mit dem Fürsten der Hölle gemacht.

LIAO YIWU: Wirklich? Der Feinschmecker Chi Fu? Über den ich geschrieben habe? Der ist tot?

LIU CHANGWU: Leberkrebs, das schwere Erdbeben vom 12. Mai war noch keine paar Tage vorbei, da ging es mit ihm zu Ende. Ich bin noch zu seiner Beerdigung gerannt, in dem Bestattungsinstitut ging es drunter und drüber. Sein älterer Bruder hat insgesamt vier Tage angesetzt, da hat er schon angefangen zu riechen. Als er in den Verbrennungsofen kam, hat alles aufgeatmet.

LIAO YIWU: Mein Gott, dabei hat er mehr als jeder andere auf seine Gesundheit geachtet! Er war süchtig nach Embryosuppe und hat mindestens hunderttausend aus dem Fenster geworfen, ich hätte gedacht, der wird hundert Jahre alt!

LIU CHANGWU: Er hätte es auch verdient gehabt, kein Kaiser hat so viel gekostet und probiert wie er.

LIAO YIWU: Stimmt.

LIU CHANGWU: Ein Tod ohne Reue.

LIAO YIWU: Und Sie?

LIU CHANGWU: Single, also ein Leben ohne Reue.

LIAO YIWU: Changwu, Sie sind jetzt sechzig, nicht wahr?

LIU CHANGWU: Kümmern Sie sich um Ihren eigenen Scheiß.

LIAO YIWU: Da kann man sich noch eine Frau suchen. Zu junge vielleicht nicht mehr, aber die über vierzig gehen immer. Wenn Sie sich weiter so rumtreiben und was schiefläuft, wird es Ihnen noch übler ergehen als Chi Fu.

LIU CHANGWU: Danke herzlich, so heult die Katze um die Maus. Hehe, mir hat in den letzten Jahren nichts so wenig gefehlt wie eine Frau.

LIAO YIWU: Das ist deutlich. Man sollte aber nicht Viagra zu Mittag essen.

LIU CHANGWU: Mein Mittagessen ist mein Viagra. Ich bin zweimal geschieden, also nicht viel anders als Sie, und dachte nicht daran, noch einmal zu heiraten, auch nicht in ein Bordell zu gehen, und noch weniger dachte ich daran, über die Stränge zu schlagen und in die Fußstapfen von meinem alten Chi Fu zu treten. Was sollte ich also machen?

LIAO YIWU: Was sollten Sie also machen?

LIU CHANGWU: Na, ich habe mir eine Haushälterin gesucht.

LIAO YIWU: Clever. Vor ein paar Jahren habe ich einen Bericht gesehen. Darin hieß es, irgendein Universitätsprofessor habe nach seiner Emeritierung die Frau verloren, seine Lebensqualität habe sich dramatisch verschlechtert, am Ende sei er schwermütig und verbittert gewesen und es hätte nicht viel gefehlt und er hätte sich erhängt oder sei vom Dach gesprungen. Seine Söhne und Töchter waren auf das Höchste alarmiert, aber in ihrer Ratlosigkeit haben sie für ihren Professorenvater was mit einer kleinen Haushaltshilfe vom Dorf arrangiert, sie war gerade erst in die Stadt gekommen, sollte sich um den Haushalt kümmern und unauffällig darauf achten, dass der Herr des Hauses keine Dummheiten macht. Aber was soll ich sagen, wie es der Teufel will, hat sich die Haushaltshilfe, sie war neunzehn, in den achtundsechzig Jahre alten Professor verliebt, ihr war es schnurzpiepe, dass seine Kinder und die Leute dagegen waren, und hat ihn geheiratet.

LIU CHANGWU: Das ist nichts Besonderes.

LIAO YIWU: Stimmt. In den Folgeartikeln hieß es, die Ehe mit einem Altersunterschied von fünfzig Jahren sei recht harmonisch gewesen. Nach dem Haushalt habe sie mit dem Professor hart an ihrer Weiterbildung gearbeitet und nach einer geraumen Zeit war sie weiter als ein Durchschnittsstudent und ist direkt Magistrandin geworden; und der Professor ist von ihrer Jugendlichkeit angesteckt worden und hat sich aus dem Strudel von Einsamkeit und Alter befreit.

LIU CHANGWU: Im *Yijing* steht unter dem Zeichen »große Kraft« als Erklärung:»Alte Pappel treibt Blüten, alter Mann nimmt junge Frau«, alte Besen kehren gut, aber nicht auf Dauer, es wird sich schwer vermeiden lassen, dass sie ihm Hörner aufsetzt.

LIAO YIWU: Warum sind Sie so negativ?

LIU CHANGWU: Dann kommen noch die Streitereien ums Geld und alle anderen rätselhaften Zwistigkeiten. Rein vom Alter her hätten die Kinder des Professors die Eltern der jungen Haushälterin sein können, angenommen, ihre Stiefmutter bekommt noch mal Nachwuchs, dann wird das mit den Verwandtschaftsbeziehungen ein noch größeres Durcheinander. Ich habe gehört, dass dieser Professor, der so ganz eigenwillig von vorne angefangen hat, auch noch Spezialist für die Alttext-Schule* war, natürlich hat er da gewusst, dass Konfuzius dar-

---

* Zwei Schulen des Konfuzianismus, die sich auf verschiedene Textüberlieferungen berufen, die Neutext-Schule auf mündlich überlieferte Texte, die nach der Bücherverbrennung des Ersten Kaisers während der Früheren Han-Dynastie niedergeschrieben wurden; die Alttext-Schule beruft sich auf ältere Textfassungen, die zu Beginn der Han-Dynastie gefunden wurden. Der Legende nach soll eine Textfassung in der Mauer des ehemaligen Hauses von Konfuzius entdeckt worden sein.

auf Wert gelegt hat, dass »die Namen stimmen und die Worte passen«, weil sonst im Reich die »Riten ruiniert und die Musik zerstört wird«.

LIAO YIWU: Ich sehe, Sie sind wie der »Mann aus Qi, der Angst hat, dass ihm der Himmel auf den Kopf fällt«*.

LIU CHANGWU: Ich mache mir keine Sorgen um den Himmel, ich mache mir Sorgen um mich. Deshalb bin ich als Paradebeispiel für die traditionelle Moral geradezu prädestiniert dazu, ein Hagestolz zu bleiben. Trotzdem, heute kann man nicht mit damals vergleichen, die sexuellen Probleme der Ledigen müssen ja breite Aufmerksamkeit erregen, man darf sich selbst nicht so weit *verhemmen*, dass man am Ende verrückt wird.

LIAO YIWU: Ich kenne viele ledige Männer, die gehen ins Bordell. Die Marktpreise variieren zwischen hundert und zwei-, dreihundert, wenn man dann noch ein paar Bekannte zu einem Gläschen einlädt, dann wird es noch etwas teurer.

LIU CHANGWU: Die Welt ist im Chaos, und sie kränkelt an zu vielen Ecken, ein Besuch im Bordell ist wie eine Expedition. Deshalb habe ich mich in den letzten Jahren strikt an die Haushaltshilfen-Route gehalten.

LIAO YIWU: Haben Sie von dem alten Professor gelernt?

LIU CHANGWU: Ich bin mein eigener Professor, in den neunziger Jahren habe ich mir das selbst beigebracht. Damals hatte Deng Xiaoping gerade die berühmte Rede auf seiner Reise in den Süden gehalten, das tote Wasser der Planwirtschaft wurde von Grund auf umgewälzt und zum Leben erweckt. Ich habe mich scheiden lassen und bin nach Shenzhen, gerade rechtzeitig, um ganz vorne mit dabei zu sein. Ich habe Händler aus Hongkong getroffen, Bilder verkauft und den ersten Kübel Gold gewaschen. Wie ich mich erinnere, über das Bild »Königliche Konkubine im Rausch«, das ich schon ein gutes Jahrzehnt auf dem Boden meines Koffers herumgeschoben hatte, sind wir uns in

---

* Bezieht sich auf eine Geschichte aus dem Buch *Liezi*.

einem Schönheitssalon handelseinig geworden, viertausend Hong-
kong-Dollar, meine Herren, das war ein ganz schöner Haufen Geld,
das hat unserem chinesischen Volk alle Ehre gemacht!

LIAO YIWU: Wie ist es dazu gekommen, dass Sie in einem Schönheitssalon Bilder verkauft haben?

LIU CHANGWU: Die Leute haben sich halt dort getroffen, wären Sie an
meiner Stelle da nicht hingegangen? Die Fassade war ganz anständig,
aber drinnen war es der reine Siff. Der Hongkonger Händler hat im
Voraus zwei Mädchen bestellt, die warteten in unserem Nebenzimmer, ohne einen Faden am Leib. Eine solche Art des Umgangs mit
Gästen hatte ich bisher nur in alten Büchern gefunden, wenn von der
Wei- und Jin-Zeit und manischen Gelehrten die Rede war, aber in der
Wirklichkeit, hehe, ist das doch eine verdammt demütigende Angelegenheit.

LIAO YIWU: Warum?

LIU CHANGWU: Ich hatte auf einmal so eine Angst, dass mir der kalte
Schweiß auf der Stirn stand, ich atmete richtig schwer. Der Händler
aus Hongkong produziert Sportschuhe, er lachte, rief eines der Mädels, die sollte mir aus den Kleidern helfen: Herr Liu, bei der Kunst,
nicht wahr, da muss man schon die Hosen voreinander runterlassen!
Ich habe mich in Grund und Boden geschämt. Und ihn daran erinnert, dass sie in diesem Quartal bei der Kampagne zur Ausmerzung
der Pornographie die Netze besonders heftig zuziehen und jeder, den
sie schnappen, bekomme eine schwere Strafe. Zu meiner Überraschung war der Händler aus Hongkong ein alter Hase, er verstand etwas
von Politik, legte so nebenbei eine gerade erschienene DVD ein und
ließ sie laufen, es waren die *Frühlingsgeschichten**! Meine ideologi-
schen Bedenken ließen sofort nach. Es war wirklich eine Harmonie in
Fleisch, nach dem Baden und nachdem wir einen weggesteckt hatten,
haben wir noch ein paar Berühmtheiten nachgeäfft. Schulter an Schulter und Arm in Arm sind wir singend um den Fernseher herum:

---

* Lied von dem Texter Jiang Kairu (*1935) und dem Komponisten Wang Zuogui
(*1949).
Voller Text des Liedes, siehe: http://baike.baidu.com/view/855724.htm

'79, Frühling war's.
da war ein Greis,
der alte Deng, der zog ins Südchines'-
sche Meer 'nen Kreis ...

LIAO YIWU: Da habt ihr aus den *Frühlingsgeschichten* einfach *Geschichten vom Viagrafrühling* gemacht.

LIU CHANGWU: Genau, richtig. In diesen Jahren hat man das Lied in Shenzhen überall auf den Straßen gehört, es bedeutete, die Kampagnen gegen Pornographie waren vorbei, die heimlichen Nutten und Freier konnten herumstolzieren, und Immobilien, Fließbänder, weiterverarbeitende Industrie, Schmuggelware und Plagiate kamen gleich mit; wenn da mal die Demokratiebewegten nicht ihr Süppchen drin kochten und einen Umsturz machten, dann war eitel Sonnenschein im Reich. Einer wie ich, der traditionelle Bilder malt, hat dann auch die tausend Jahre alte Tarnung aufgegeben, keine Hose am Hintern und im Arm eine mandeläugige Sexbombe und dabei mit einem Profitmacher aus der Kolonie Hongkong einen Deal gemacht, es war wie es so schön heißt:
Hoch das Schwert und selbst in Stücke,
doch nicht erreicht, was ich erstrebt.

LIAO YIWU: Haben Sie so die ewigen Zeilen von Wang Jingwei verstanden?

LIU CHANGWU: Ich habe in einem dunklen Winkel eine Geld- und Goldschöne umarmt, das war das gleiche erhabene evolutionäre Gefühl, das er in den Gefängnissen der Qing-Dynastie hatte. Woher hätte ich wissen sollen, dass auf höchstes Glück höchste Trauer folgt, ich habe mir unvorsichtigerweise den Blumenkohl geholt ...

LIAO YIWU: Genitalwarzen?

LIU CHANGWU: Pusteln wie eine Armee von Ameisen, der ganze Unterleib war voll, es hat keine zwei Monate gedauert und mein Schwanz war Schrott. Verdammte Scheiße, die Hälfte von den viertausend für das Bild habe ich für die Behandlung ausgegeben.

LIAO YIWU: Und dann?

LIU CHANGWU: Ich nach Hause, aber nicht ohne Ingrimm, und das mit den Hühnern war ein für alle Mal vorbei.

LIAO YIWU: Und dann?

LIU CHANGWU: Dann habe ich mir die erste Haushaltshilfe gesucht.

LIAO YIWU: Wo?

LIU CHANGWU: An der Neun-Augen-Brücke.

LIAO YIWU: War das früher nicht der größte Arbeitsmarkt in Chengdu?

LIU CHANGWU: Ich weiß nicht, ob es einen speziellen Markt für Haushaltshilfen gibt. An dem Tag bin ich vom Wangjiang-Park hergekommen und habe so vor mich hin gebummelt; so ganz nebenbei ist das gute zwischenmenschliche Verhältnis ganz von selbst gekommen. Da war ein Gewimmel von Köpfen, ein Jagen und Ablehnen und ein lautes und leises Geschrei: Willst du sie oder nicht? Sie macht alles.

Oder ein wildes Gerangel: Was willst du denn? Eine Frau oder einen Mann? Mach doch den Mund auf!

Hehe, da war derart die Hölle los, da kam man direkt ins Grübeln.

LIAO YIWU: Das hat etwas von einem Gemüsemarkt.

LIU CHANGWU: Stimmt. Und weil man schon unterwegs ist, muss man von all dem auch was mitnehmen, Auberginen, Rettich, grünen Chili.

LIAO YIWU: Der Mensch ist kein Gemüse.

LIU CHANGWU: Am Anfang ist es so einfach: Man sucht jemanden, der das Haus in Ordnung hält. Bevor die Abrisse kamen, stand mein Haus in der Chanshun-Straße, ein alter Flachbau mit Hofmauer, das sauber zu halten, war ziemlich nervig; ich selbst habe mich um das Essen gekümmert, bin rein- und rausgerannt und war immer ganz verschwitzt. Deshalb habe ich auch wahllos irgendeine vom Land angeheuert, auf das Äußere habe ich gar nicht geachtet.

LIAO YIWU: Über die Marktkommission?

LIU CHANGWU: Damals war alles relativ durcheinander. Man schaute sich den »Personalausweis« an, wollte ein paar Informationen, und damit war der Handel perfekt. Wenn man das Geld nicht zum Fenster hinauswerfen wollte, ist man eben nicht zum Verwaltungskomitee wegen der Formalitäten gegangen; heute würde man das Schwarzarbeit nennen. Die Frau hieß Li, war über dreißig, wohnte irgendwo in einem Dorf namens Baizhen im Kreis Shifang … ach Gott, das war bei dem schweren Erdbeben vom 12. Mai eines der am schlimmsten heimgesuchten Gebiete! Da sind ein paar tausend umgekommen, ich habe keine Ahnung, ob sie davongekommen ist …

LIAO YIWU: Sie machen sich heute noch Sorgen um sie, da müssen sehr tiefe Gefühle sein.

LIU CHANGWU: Sie war in allem, was sie anfasste, sehr geschickt, sie konnte kochen, außerdem bekam sie nur vierhundert im Monat. Es war ein Leben wie im Schlaraffenland, ich genoss fast vierzehn Tage ein sorgenfreies Leben und gratulierte mir heimlich, so eine billige Kraft gefunden zu haben, da stand ihr Mann vor der Tür, mit einem zwölf Monate alten Baby im Arm, und mir wehte der kalte Herbstwind ins Gesicht. Aber es half nichts, die bedauernswerten Dörfler konnte ich schlecht vor die Tür setzen, das brachte ich nicht über mich, also musste ich immer wieder die Türen zuknallen, um meinen Gefühlen Luft zu machen, die Li und ihr Mann schauten sich bestürzt an, und wie von Furien gehetzt verdoppelten sie ihre Anstrengungen, um seine Majestät, also mich, zu besänftigen.

LIAO YIWU: Die Frau Li war hinter dem Rücken ihrer Familie weggegangen, um zu arbeiten?

LIU CHANGWU: Die beiden haben Hand in Hand gearbeitet, es kam heraus, dass sie die Geburtenplanung umgangen hatten. Sie hatten bereits drei Töchter und über zehntausend Strafe gezahlt, aber sie wollten auf Teufel komm raus noch einen »Stammhalter«. Die Li sagte, sie hätte keine Angst gehabt, dass sie ihr das Haus abreißen, die paar schäbigen Ziegel; aber sie hatte Angst, von den Kadern im Dorf gefasst zu werden, die hätten ihr wegen Verstoß gegen die Geburten-

regelung ein festes Diaphragma eingesetzt, das hätte sie nicht mehr
rausgekriegt.

Ich sagte, wollt ihr ewig Katz und Maus spielen?

Sie sagte, immer noch besser, in der Weltgeschichte herumzulau-
fen, als dort Bauer zu sein. Man sieht etwas von der Welt und verdient
auch noch Geld dabei. Sie hätte Glück gehabt, auf jemanden wie
mich, den Herrn Liu, zu treffen, einen Maler, das hebt das Niveau,
bevor man es sich versieht. Sie hätte mich gerne als Nennopa für die
Kleine und dass sie ein bisschen von dem Fluidum der Kunst angesteckt wird.

LIAO YIWU: So schnell wird man Opa?

LIU CHANGWU: Natürlich habe ich mich nicht auf so einen unlukrati-
ven Handel eingelassen. Aber Li war wie ein Esel bergab und hat sich
das Kind geschnappt. Ach, wenn sie ihre Arbeit nicht vernachlässigte,
war das schon auszuhalten. Für die Dörfler ist so ein Säugling nicht so
ein Schatz wie für die Leute in der Stadt, sie nehmen ihn hin und
wieder auf den Rücken oder in den Arm, oft fällt er dann auch auf den
Boden, wo er dann herumkrabbelt, es ist ungefähr so, als halte man
sich eine Schildkröte.

Wir haben zu Hause nicht schlecht gegessen, und es dauerte nicht
lange und wir waren fett. Und wenn ein Mann fett wird, dann lockert
er den Gürtel, wenn so eine Frau mit Anhänger zunimmt, schwellen
ihre Brüste an, das Baby kann nicht alles trinken und Lis Kleidung
war über den Brüsten oft durchnässt. Eines Mittags, ich war gerade
am Malen und sie hatte gerade die Kleine gestillt, wandte sie mir den
Rücken zu und hat eine kleine Schale mit Muttermilch vollgemolken –
und fragte mich mit hochrotem Gesicht, ob ich das trinken will? Ich
war etwas überrascht, da sagte sie, das Zeug ist sehr gut für das Gehirn, beim Malen brauche man doch viel Gehirn, sie wolle die Arbeit
von Herrn Liu unterstützen.

LIAO YIWU: In der alten Gesellschaft hat Muttermilch gutes Geld gekostet.

LIU CHANGWU: In der neuen Gesellschaft ist das nicht anders. Aber
meine Frau Li war so schlicht und einfach, deshalb habe ich ihr auf
der Stelle eine Prämie von hundert Kuai gegeben.

LIAO YIWU: Und Sie haben die Muttermilch getrunken?

LIU CHANGWU: Beim ersten Schluck wollte mir das zu sehr nach Körper schmecken, da habe ich mir die Nase zugehalten und das Zeug runtergeschüttet. Meine Frau Li war ganz links vor Freude und hat mir seither jeden Tag etwas abgegeben. Ach Gott, das war eine stärkere Droge als Opium! Das macht den ganzen Tag einen klaren Kopf und gute Laune, man schwenkt die Arme beim Spazierengehen, man schwebt regelrecht. Ich wusste nicht mehr, wie ich heiße, aus Changwu Liu wurde Zedong Mao: Ihr jungen Leute, ihr seid noch so frisch, noch mitten in der Blüte, als ob die Hoffnung auf euch ruhe.

LIAO YIWU: Beinhaltet Muttermilch Halluzinogene?

LIU CHANGWU: Jedenfalls habe ich ein halbes Jahr davon getrunken und war in ausgezeichneter Form, ich konnte ficken wie ein Steinesel. Aber auf einmal war meine Frau Li weg, kam ein paar Tage später zurück und hatte abgestillt. Meine Stimmung ging augenblicklich in den Keller. Erwachsene sind ja keine Säuglinge, die einfach losschreien, wenn sie Hunger haben und denen man ein bisschen Brei gibt, und die Sache ist vergessen. Die Blicke, die man nicht unter Kontrolle hat, dieses Schielen nach den Brüsten von jemand anderem, dabei geht es nicht um Sex, sondern um eine verzauberte Seele, die sich nach dem Geschmack dieser Milch sehnt.

LIAO YIWU: Und dann?

LIU CHANGWU: Ich habe eine einmalige Zahlung von zweitausend Yuan geleistet und meine Frau Li vor die Tür gesetzt.

LIAO YIWU: Das war aber nicht sehr entgegenkommend. Sie hatten eine Haushälterin angeheuert und keine Amme.

LIU CHANGWU: Ich hatte keine Ruhe mehr, also habe ich wohl oder übel einen anderen Herd aufgemacht.

LIAO YIWU: Wo wollten Sie eine Haushaltshilfe und Amme finden?

LIU CHANGWU: Auf dem Markt für Haushaltshilfen natürlich, dort würde mir sicher eine in die Arme laufen, in der Gelbe-Ziegel-Straße, auf dem Maultiermarkt, hinter dem Volkspark, man musste nur zu den Frauen vom Land hin, die dort in hellen Scharen herumstanden, und sich ein bisschen Mühe geben. Haushälterinnen gab es wie Sand am Meer, wenn man Geld hatte, hätte man eine ganze Truppe mit sich nehmen können. Aber Ammen waren schwer zu finden. Wenn man die Uhr um ein paar Jahrzehnte zurückdrehte, da gab es Ammen in Hülle und Fülle, wie Opium und Nutten, man hatte die freie Auswahl.

LIAO YIWU: Nicht so übertreiben.

LIU CHANGWU: Sie verstehen einen Scheiß, Sie haben nicht unter der Herrschaft der Guomindang gestanden.

LIAO YIWU: Sie haben auch nicht …

LIU CHANGWU: Ich bin 1949 geboren, die pränatale Erziehung habe ich noch unter der Republik China bekommen; wenig später habe ich das Licht der Welt erblickt und bin noch Augenzeuge geworden, wie der Krieg zwischen den Kommunisten und den Guomindang ausging, wenn ich damals den Schwanz der Dynastie Tschiang Kai-shek zu fassen bekommen hätte und abgehauen wäre, dann wäre ich heute ein Landsmann aus Taiwan.

LIAO YIWU: Quatschkopf.

LIU CHANGWU: Deshalb ist mir der Klassenstempel der alten Gesellschaft aufgedrückt worden, unschlüssig, nostalgisch, verdorben bis zur Fäulnis, kurz, ich habe alle Neigungen und Veranlagungen der Muttersöhnchen vom Shanghaier Strand*, wie sie Zhang Henshui und Zhang Ailing in ihren Romanen beschreiben. Während Sie, geboren unter der Roten Fahne des neuen China, schon im Mutterleib keine Verwandten mehr kannten, nur noch Revolution.

---

* Auch der Titel eines der einflussreichsten und erfolgreichsten chinesisch-sprachigen, in Hongkong produzierten Filmes von 1980, englischer Titel: *Shanghai Beach*.

LIAO YIWU: Gibt es eine Verbindung zwischen Ammen und der Revolution?

LIU CHANGWU: Und ob! Die Kommunisten waren kaum da, schon wurden die Ammen, das Opium, die Nutten, all die Raum und Zeit überwindenden »Narkotika«, die es zu allen Zeiten gegeben hat und die wie im Supermarkt überall zu haben waren, komplett reformiert, das Volk wurde neu geboren und hatte keinen Unterleib mehr. Und der Oberkörper, der gehörte der Partei, den Mao-Zedong-Ideen, das Volk war ein Abstraktum, ein Nichts.

LIAO YIWU: Das chinesische Volk, das sind über eine Milliarde Menschen.

LIU CHANGWU: Ein Volk, das nicht denken und vögeln kann, was und wie es will, ist das noch ein Volk? Den ganzen Tag hörte man die Worte Mao Zedongs, aber der Vorsitzende Mao hat dir nicht gesagt, wie viele junge Dinger aus gutem Hause er als alter Mann missbraucht hat; womöglich waren auch zahllose Ammen um ihn herum, die das Zeichen für »Loyalität«* tanzten und jederzeit bereit waren, der »roten Sonne« die Brust zu geben. Wieso sieht dann jemand wie ich wie ein Dieb aus, wenn er Muttermilch haben will?

LIAO YIWU: Stop, stop!

LIU CHANGWU: Deshalb waren die Tage unserer Väter besser, was die Freuden von Essen und Trinken angeht, darauf verstanden sie sich besser als wir. Damals gab es in der Präfektur von Chengdu alle naselang und an allen Ecken Arbeitsmärkte, rote Tempel genannte Aktienmärkte, Yuhe, Houzimen, der Maultiermarkt, der Wenzu-Tempel am Südtor, die Yuefu-Straße am Nordtor ... man konnte sie gar nicht alle zählen, man bekam alles, was man wollte. Ich habe mir sa-

---

* Diese Tänze wurden während der Kulturrevolutionen bei Kundgebungen auf Plätzen oder bei Demonstrationen zu bestimmten Melodien und Texten getanzt; dabei bedeutete das Hochstrecken beider Arme den Glauben an die Rote Sonne, ein schräger Schritt nach vorn die ewige Gefolgschaft für den Vorsitzenden Mao und das Ballen beider Fäuste den Willen, die Revolution zum Erfolg führen zu wollen.

gen lassen, dass irgendwelche von Ärzten gehaltenen westlichen Hunde durch die Straßen streunten und wenn sie Hunger bekamen, in die großen Restaurants liefen, sich mit den Vorderpfoten auf einen Tisch stellten und nach etwas zu fressen bellten. Bis irgendein Kellner sie mit einem gekochten Stück Rindfleisch fütterte und ihnen die Rechnung ans Halsband steckte, die dann tags drauf von seinem Herrchen beglichen wurde.

LIAO YIWU: Was den Genuss von Fleisch und Haut angeht, haben sich die letzten Jahre nicht schlecht entwickelt. Man darf nur öffentlich nichts gegen die Partei sagen und nicht zu sehr die Partei der Armen ergreifen, dann kann man machen, was man will.

LIU CHANGWU: Wir brauchen noch ein paar Jahre Entwicklung, bis das Fengshui von vor ein paar Jahrzehnten ganz wieder da ist, dann wird Muttermilch unbegrenzt geliefert, das wird dann republikanischer als zur Republikzeit.

LIAO YIWU: Hehe, Sie warten auf den großen Durchbruch.

LIU CHANGWU: Ich habe früh auf den Aufruf Deng Xiaopings reagiert, eine Katze ist gut, wenn sie Mäuse fängt, egal, ob sie schwarz ist oder weiß. Am Anfang habe ich aus Schüchternheit noch um den heißen Brei herumgeredet, von wegen ich suche eine Amme für mein Kind. Am Anfang hat keiner begriffen, was ich überhaupt wollte. Ich habe mir die Hacken abgelaufen, bis ich eine mit nach Hause brachte, die vor einem halben Jahr abgestillt hatte, aber behauptete, sie könne wieder was aus sich rauspressen. Daraufhin gab es drei Mahlzeiten am Tag, ich fütterte sie mit geschmorten Schweinefüßen mit gesalzenen Erdnüssen, dazu noch Krabbensuppe, nur aus der Angst heraus, sie nicht genug zu umsorgen, der ist alles wieder aufgestoßen, wie einer Kuh. Endlich, endlich, ihre Brustwarzen wurden feucht. Ich holte sofort eine Schale, aber sie drückte und drückte, es kam nur ein halbes Tröpfchen raus, so groß wie ein Pfefferkorn, das pappte dann da. Sie strich es mit dem Daumen ab und hielt es mir hin. Um die Wahrheit zu sagen, ich habe den lange ersehnten dichten Milchgeschmack nicht geschmeckt, nur den sauren Geschmack von Schweiß. Und ein bisschen scharf hat es geschmeckt. Sie war auch ganz angespannt, sie zog an ihren Brüsten wie an einem Katapult und wollte ein paar Schluck direkt raussaugen; sie bog den Hals nach unten – es fehlte ein Stück, sie kam nicht hin.

LIAO YIWU: Bis dahin haben Sie sich zurückgehalten, aber da sind Sie sicher sofort zu Hilfe geeilt.

LIU CHANGWU: Woher wissen Sie das?

LIAO YIWU: Weil ich sie nicht mehr alle hab.

LIU CHANGWU: Auf ihr Angebot hin erlebte ich einen zweiten Frühling, ich habe mit den Zähnen an ihren Warzen genuckelt, bis Blut kam. Aber wenn ein Säugling das macht, ist es das eine, wenn das ein Erwachsener macht, ist es etwas anderes. Wie ich so sauge, bekommt sie am ganzen Körper eine Gänsehaut und fängt unkontrolliert das Stöhnen an, auf jeden Fall hat sie sich irgendwelche Schreie verbissen. Ach, der Geschmack der Milch, und spontan habe ich auch ihre Schenkel gekostet.

LIAO YIWU: Wie alt war sie denn? War sie hübsch?

LIU CHANGWU: Siebenunddreißig, achtunddreißig, die Mutter dreier Kinder.

LIAO YIWU: Hm.

LIU CHANGWU: Was soll dieses verschissene Hm? Ich bereue das bis heute. Eine Frau aus einem verregneten Bauerndorf, dem Äußeren nach siebenunddreißig, achtunddreißig, sie sah älter aus als ich mit meinen paar fünfzig. Aber als es nun einmal zu der Affäre gekommen war, konnte ich auch nicht mehr einfach nur meine Milch bekommen.

LIAO YIWU: Ganz ohne Zweifel haben die Künstler aus der Zeit der Republik ein bisschen zu viel Sinnlichkeit.

LIU CHANGWU: Als ich sie wegschickte, hat sie noch eine Weile rumgeflennt. Mir blieb nichts anderes übrig, als noch was draufzulegen und noch was draufzulegen.

LIAO YIWU: Waren Sie nach dieser Quälerei immer noch süchtig nach Muttermilch?

LIU CHANGWU: Na, eigentlich ist das ja kein Rauschmittel, aber wenn man mal angefüttert ist, dann schüttelt man das nicht mehr ab. Wenn ich was hatte, habe ich es getrunken, wenn nicht, wollte ich es haben. In der buddhistischen Literatur wird immer wieder betont, dass der Mensch nichts festhalten kann – aber eine Haushälterin wollte ich immer noch.

LIAO YIWU: Bei einem Hagestolz wie Ihnen zählt nicht, was er will.

LIU CHANGWU: Ganz falsch. Wenn man in seinen Gedanken allein ist, dann nennt man das persönliche Unabhängigkeit, wenn man noch einen Heiligenschein drummacht, dann ist man ein »unabhängiger Intellektueller«. Doch wenn man im Leben allein ist … dann ist das eine Krankheit, nicht?!

LIAO YIWU: Wer bei Ihnen Haushälterin ist, muss mit Ihnen ins Bett?

LIU CHANGWU: Dem Namen nach stelle ich eine Haushälterin ein, wer wird denn gleich so vulgär werden! Je mehr Lektionen man gelernt hat, umso vorsichtiger muss man bei der Auslese sein. Es geht nicht nur um das Alter und die Größe der Brüste, sie muss auch ein manierliches Äußeres haben, aber ausschlaggebend ist ein gutes Gesicht, man muss sich wohlfühlen, wenn man sie Tag für Tag anschaut, ob man dann mit ihr ins Bett geht, ist zweitrangig.

LIAO YIWU: Sie verstehen sich auch auf Physiognomik?

LIU CHANGWU: Ich male Bilder in der chinesischen Tradition, da ist das menschliche Gesicht ein Studienschwerpunkt. Wenn man es auf die Auswahl einer Haushälterin reduziert, so sind breite Brauen und klare Augen nicht schlecht, wenn ihr Blut und Qi sich verbinden und wenn sie von Natur ein Lächeln im Gesicht hat.

LIAO YIWU: Die breitesten Brauen und die klarsten Augen hat der weibliche Bodhisattva Guanyin.

LIU CHANGWU: Stimmt, Guanyin gilt deshalb ja auch als die geistige Amme aller Sterblichen, deshalb rennt ja alles beim geringsten Anlass zu ihr, wirft sich ihr zu Füßen und betet. Einmal habe ich zwei Freunde in der Zitherstraße zum Feuertopf getroffen, da war eine Kellnerin, die war gewachsen wie Guanyin, als sie das Essen aufgetragen hatte, stand sie mit den Händen auf dem Rücken in einer Ecke unseres Séparées, das war ein sehr angenehmes Gefühl. Dann habe ich im Suff ohne Sinn und Verstand mit ihr ein Pläuschchen gehalten. Zuerst habe ich ein wenig das Gelände sondiert, und dann habe ich sie direkt gefragt, ob sie sich verändern und bei mir den Haushalt machen will, der Lohn wäre womöglich um ein Vielfaches höher. Da haben die Augen des Mädels auf einmal geleuchtet, und sie hat mir flüsternd ihr Leid geklagt, von wegen, wie sie in dem Feuertopfladen das Mädchen für alles spielen muss, jeden Tag mehr als zehn Stunden, dass sich vom *kaustischen Soda* beim Waschen der Enten- und Gänsedärme ihre Handflächen in einem halben Jahr schon zigmal gehäutet hätten und dass sie sich schließlich hochgedient hat zur Bedienung in einem der Séparées.

Ich schaute mir die Hände an, die sie mir entgegenstreckte, sie waren rau wie alte Baumrinde. Ich seufzte, gab ihr fünfzig Kuai Trinkgeld und sagte ihr, sie solle sich eine Handcreme kaufen. Als wir aufbrachen, ließ ich ihr meine Visitenkarte da: Wenn sie sich verändern wolle, solle sich mich anrufen.

LIAO YIWU: Wie zartfühlend!

LIU CHANGWU: Denken Sie nichts Unanständiges! Das Mädel war neunzehn, sie war gesetzt und sie war intelligent, ein paar Wochen später kam der Anruf, wir verabredeten uns im Teehaus am Kulturpark. Wir einigten uns über die Bedingungen, und dann hat es wieder ein paar Wochen gedauert, sie hat gekündigt und kam zu mir ins Haus.

LIAO YIWU: In der Sprache der Dongbei-Region war ihr Mut jetzt »fett« genug.

LIU CHANGWU: Das Leben hat sie gezwungen. Außerdem vermittelt ein Maler den Leuten nicht den Eindruck eines verkommenen Subjekts. Um die Wahrheit zu sagen, ich hätte dieses Mädel bis heute nicht angefasst, wenn sie sich mir nicht selbst an den Hals geworfen hätte. Ich hatte ein ganz reines Gewissen, und selbst wenn ich in dieser rätselhaften Zeit einmal Überdruck hatte, suchte ich das Heil außerhalb meiner Behausung, bin mit Freunden in so eine Bunkerbar in der Nähe der Schleifpapierfabrik und habe nach Möglichkeit kein leichtes Mädchen abgeschleppt.

LIAO YIWU: Was für eine Bunkerbar?

LIU CHANGWU: Überall im Land gibt es diese Luftschutzbunker, die sie in den Siebzigern ausgehoben haben, die waren gegen die Atombomben der Sowjets. Dann ist die Großwetterlage umgeschlagen, die imaginären Feinde des Kalten Krieges waren nicht mehr da, aber man konnte doch die Luftschutzbunker nicht ungenutzt lassen, also machte man unterirdische Märkte daraus oder unterirdische Nachtklubs, eben die Bunkerbars, eine der bequemsten und billigsten Methoden, die Wände wurden ein paarmal übertüncht, Türen eingezogen, zwei ramponierte Anlagen installiert, und schon hatte man die besten Amüsierhallen für die unteren Schichten Chinas. Eine Eintrittskarte kostete zehn Kuai, die Läden platzten aus den Nähten, die Gäste waren alle »von der Arbeit freigesetzt«, Wanderarbeiter, Frustrierte und Leute, die einfach in den Tag hineinlebten.

LIAO YIWU: Aber Sie gehören doch auf alle Fälle nicht zur Unterschicht, warum also das alles?

LIU CHANGWU: Wegen des Nervenkitzels. Das geisterhafte Licht, das langsam hin und her streicht; im Stockdunkel die großen grünen Frauengesichter mit geschlossenen Augen, man fasst an und umarmt wen und wie man will, jede eine in die Jahre gekommene Schönheit; Licht hätte die Illusion zerstört, der sogenannte Tanz ist nicht mehr als ein Eindringen und Zurückziehen. Und dazwischen tastet man, wahllos, nach Gefühl, man zieht zwanzig, dreißig, im Höchstfall vierzig, fünfzig aus der Tasche, dann kann man sich zum Rand treiben lassen und bei der wummernden Musik einen versenken.

LIAO YIWU: Vor allen Leuten?

LIU CHANGWU: Alle sind wie im Rausch, keiner achtet auf den anderen. Wenn man Pech hat, läuft man einem von den Ordnern mit den roten Armbinden in die Arme, die leuchten einen dann mit einer Taschenlampe an, klopfen dir auf die Schulter und ermahnen dich: Hallo, ein bisschen mehr Benimm, ein bisschen mehr Benimm! Einmal hat so ein neuer Ordner, der sich noch nicht auskannte, aus einer Fliege einen Elefanten gemacht und wollte unbedingt einen Er und eine Sie, die im Schritt ineinanderhingen, gewaltsam auseinanderbringen, mit dem Resultat, dass man ihn in der Dunkelheit mit einem Schlag ausgeknockt hat.

LIAO YIWU: Das hat etwas von den Filmen über die Gangsterbanden in der alten Gesellschaft.

LIU CHANGWU: Als ich mich noch in diesen Kreisen bewegt habe, habe ich von dort eine Haushälterin mitgebracht, Resultat: Sie war ein Junkie. Sie war kaum durch die Tür, da konnte sie es schier nicht erwarten und quengelte, sie will ins Bett, um den Haushalt hat sie sich gar nicht weiter gekümmert; danach quengelte sie um Geld; als sie das Geld hatte, stürzte sie davon, um irgendwo Drogen zu kaufen. Eben konnte es ihr noch gutgehn, im nächsten Augenblick zerriss sie ihre Kleider, umklammerte ihre Beine, wälzte sich auf dem Boden, es hat nicht viel gefehlt, und ich hätte vor Schreck einen Herzanfall bekommen.

LIAO YIWU: Und was war mit der Haushälterin, die dem weiblichen Bodhisattva Guanyin geähnelt hat?

LIU CHANGWU: Ich hatte sie über ein Jahr im Haus, inklusive Wohnen und Essen bekam sie im Monat zwölfhundert, wir waren nie im Bett miteinander. Geht das in Ordnung?

LIAO YIWU: Sie haben auch nicht daran gedacht?

LIU CHANGWU: Ich habe es jedes Mal mit aller Macht unterdrückt.

LIAO YIWU: Warum?

LIU CHANGWU: Das Mädel bezeichnete sich selbst als Jianyangerin, sie hatte die Mittelschule abgebrochen, weil sie arm waren, hatte sie keine Ausbildung und wurde Wanderarbeiterin. Ich finde, unsere Gesellschaft ist grausam genug, sie zerstört genug Menschen, ich bin Maler, und ich habe ein Gewissen, ich war nicht in der Lage, sie zu erziehen, da konnte ich sie nicht auch noch verderben.

LIAO YIWU: Ist das nicht eine andere Art von Liebe? In seinem Roman *Lolita* beschreibt Nabokov so einen schwierigen alten Witwer.

LIU CHANGWU: Stuss. Diesen Illusionen, die sind wie früher die aus dem Westen kommenden Durchscheinbilder, wäre ich beinahe auf den Leim gegangen. Eines Tages, ich war nachts nicht nach Hause gekommen, hat sie bei der Gelegenheit den Safe in meinem Zimmer aufgebrochen und fünfzigtausend in bar geklaut. Ein Glück, dass sie sonst nichts hat mitgehen lassen.

LIAO YIWU: Haben Sie das bei der Polizei gemeldet?

LIU CHANGWU: Ich habe gegrinst und es ertragen. Sie hat das von langer Hand geplant, sonst wäre sie vielleicht schon längst ausgeflogen. Ach Gott, die Welt ist aus den Fugen, solche »Fallen« nehmen zu, und man gibt sich selbst auch noch die Schuld, dass man auf so ein Bodhisattva-Gesicht hereingefallen ist, und bildet sich auch noch ein, das Einstellen einer Haushaltshilfe sei schon Buddhismus oder Taoismus.

LIAO YIWU: Das Meer der Bitternis ist endlos, aber wenn man sich umdreht, ist dort ein Ufer.

LIU CHANGWU: Diesmal war das ein gewaltiger Wendepunkt. Mitleid ist ein Verbrechen, man muss das Verhältnis zwischen sich und seiner Haushälterin ein für alle Mal klarstellen. Die Gesellschaft hat sich entwickelt, Haushaltsfirmen schießen wie Pilze aus dem Boden, man kann über das Netz suchen, vergleichen, Kontakte herstellen. Essen und sauber machen, dafür gibt es stundenweise Arbeitskräfte und mit dem Bett ist es genauso.

LIAO YIWU: Man geht so ins Bett, wie man sauber macht?

LIU CHANGWU: Körpereigene Säuberung, auch dafür gibt es Stundenkräfte. Vor-Ort-Service, Preis nach Art der Arbeiten und fertig.

LIAO YIWU: Dann doch wieder zurück zum alten Weg der leichten Mädchen.

LIU CHANGWU: Man hat überhaupt nicht das Gefühl, dass man zu Prostituierten geht. Die Frauen gehen normalerweise auch nicht auf den Strich, sondern arbeiten in einer Firma. Die meisten haben einen Mann oder Freund, sie machen das ausschließlich heimlich, um sich ein bisschen was dazuzuverdienen. Ich habe eine alte Geliebte, die steht auf Abruf immer bereit, wir sind fast drei Jahre zusammen, wir mögen einander sehr, und wenn wir miteinander schlafen, haben wir sehr viel Geduld miteinander. Am Anfang stellte sie sich vor als Universitätsabsolventin, lediger Weißkragen; erst als wir einander länger und besser kannten, erfuhr ich, dass sie die Mittelschule nicht fertiggemacht hat, Mann und Kind hat und alles. Aber das machte nichts, das war mit einem Lachen vergessen. Einmal am Kindertag habe ich für ihr vierjähriges Kind ein Schreibset gekauft, richtig was Gutes, sie war so gerührt, dass sie geheult hat, und als wir im Bett waren, wollte sie nachher auf keinen Fall Geld nehmen. Das ging nicht, das waren zwei Paar Schuhe.

LIAO YIWU: Wer den Ozean überquerte, kann einen Fluss nicht mehr ernst nehmen.* Sehr nobel.

---

* Zeile aus einem Gedicht von Yuan Zhen (779–831).

ZHANG XIAOWEN,
DIE GEMÜSEHÄNDLERIN

Mein halbes Leben gehe ich schon auf alle möglichen Gemü-
semärkte, gerne und oft, aber ich habe noch nie daran gedacht,
mich näher mit einem Gemüsehändler zu beschäftigen.

Seit letztem Jahr bin ich dann doch häufig bei dem Stand
gewesen, der der Hauptperson dieses Kapitels gehört, ab und
zu haben wir ein paar Worte gewechselt und sind so allmählich miteinander warmgeworden. Auf den ersten Blick war sie
in den Dreißigern, achtete auf ihr Äußeres und hielt sich ab-
seits, ihre rechte Hand war missgebildet, und sie war innerlich
angespannt, aber ich wagte nicht, so frei zu sein und sie zu fragen. Bis zum 3. Mai 2010, als aufgrund der allgemeinen Inflation auch die Gemüsepreise senkrecht durch die Decke gingen, ein Dauerthema, das an den Nerven der einfachen Leute
zerrte; das gemeinsame Schimpfen auf Gott und die Welt hat
auch unser Verhältnis schlagartig enger werden lassen, und
am Ende nahmen wir kein Blatt mehr vor den Mund.

Sie erzählte, früher habe es in den Vororten und Kreisen
von Chengdu überall Gemüsefelder gegeben, draußen und mit
Zäunen drumherum, in allen Jahreszeiten sei der Strom aller
möglichen Waren nicht abgerissen, das hätte man hier gar
nicht alles verbrauchen können und auch noch das Umland
beliefert, und die Preise für Gemüse seien stabil gewesen und
niedrig. Nach dem schweren Erdbeben vom 12. Mai seien die
Preise dann in die Höhe gegangen, und das hätte nicht mehr
aufgehört, bis heute, unter drei Kuai gebe es überhaupt nichts
mehr, die Preise für manches Gemüse und manche Getreide-
arten hätten schlagartig sogar die Fleischpreise überholt, das
habe es in den vielen tausend Jahren chinesischer Geschichte
noch nie gegeben. Warum dem so sei? Weil die Gemüsebauern von Chongqing fänden, dass sich der Gemüseanbau nicht
mehr lohne; wenn es schlecht laufe, zahle man sogar drauf,
man müsse wohl oder übel Rasen anpflanzen. Die Immobilien
brauchten Grün- und die Golfplätze große Rasenflächen, deshalb steige der Preis für Rasen ständig, der Quadratmeterpreis
sei schon bei sieben, acht Kuai.

Ich sagte, tatsächlich, aber Gemüse kann man essen, Rasen nicht.

Sie meinte, auch wenn man sich an Rasen nicht sattessen könne, man könne sich an ihm sattsehen. Ein Augenschmaus sei etwas Höheres als ein Gaumenschmaus. Die Leute aus Chengdu hätten lieber Rasen als Gemüse, auch das gelte als Fortschritt. Aber seit sich das geändert habe, gingen mit den Gemüsepreisen die Pferde durch, die Regierung könne machen, was sie wolle, sie bekomme das nicht in den Griff. Denn das Hauptkontingent der Ware komme aus Yunnan, Guangxi, der Insel Hainan und sogar aus dem Nordwesten; der Transport verschlinge Unsummen, dazu noch die Frischhaltung, die Insektizide, Verpackung und andere Extrakosten, die Gemüsepreise hätten plötzlich sogar den Rasenpreis gedrückt. Woraufhin die Gemüsebauern, die auf Rasen umgesattelt hätten, das natürlich bereut hätten, mit dem Rasen sei es wie mit den Menschen, wenn die Popularität den Höhepunkt erreicht habe, sei es schnell damit vorbei, und ein verbrauchtes Gesicht kaufe keiner mehr. Zu guter Letzt habe man beim Rasenwie beim Gemüseanbau draufgezahlt, und für Opium fehle ihnen der Mut. Die Zukunft sei ungewiss, alle jonglierten herum, spielten Mah-Jongg, warteten ab und ließen den reifen Boden, von dem jede Handbreit Gold wert sei, großflächig brach liegen.

Und dieses öde Brachland mache Gemüsekäufer wie -verkäufer gleichermaßen nervös. Wenn Gemüsekäufer nervös würden, ließen sie es an den Gemüsehändlern aus, die Gemüsehändler steckten in der Klemme zwischen Groß- und Einzelhandel, es zerreiße einem das Herz, aber man müsse weiter ein lächelndes Gesicht zeigen. Letztendlich wisse keiner, wie viele Beamte und Händler bei diesem Spiel das große Geld gemacht hätten und längst als Kapitalflüchtlinge am anderen, imperialistischen Ufer des Pazifik an Land gegangen seien und sich ins Fäustchen lachten.

Mir ging plötzlich ein Licht auf, und ich beglückwünschte sie von ganzem Herzen für ihr Verständnis der »besonderen chinesischen Boom-Ökonomie«. Anschließend suchte ich mir mit der Hand Gemüse aus und erfuhr zu meinem Entsetzen, was ihr Schreckliches passiert war.

Als ich einen Monat später das vorliegende Kapitel bear-
beitete, war ich immer noch gedrückter Stimmung. Die roten
Teufel waren noch nicht zerstört, wohin ging der Weg des
Himmels? Konfuzius beklagte, »wie die Zeit vergeht«, beklagte
den »Ruin der Riten und die Zerstörung der Musik«, aber wir,
die wir am Fluss der Zeit dahinvegetieren wie Vieh, haben
längst keine »Riten mehr zu ruinieren, keine Musik mehr zu
zerstören«.

—〰—

LIAO YIWU: Ich habe Sie die letzten Tage vermisst.

ZHANG XIAOWEN: Aha.

LIAO YIWU: Auf dem Gemüsemarkt hat das Aufsehen erregt.

ZHANG XIAOWEN: Hat es das?

LIAO YIWU: Alle haben darüber diskutiert. Was war?

ZHANG XIAOWEN: Was war was?

LIAO YIWU: Ich frage Sie, was los war.

ZHANG XIAOWEN: Nichts war los. Ich bin verhaftet worden.

LIAO YIWU: Weswegen?

ZHANG XIAOWEN: Ich war zwei Tage auf der Wache, Arrest, die Polizisten haben mir vorgeworfen, ich hätte einer Sterbenden nicht geholfen.

LIAO YIWU: Aber das ist nicht strafbar.

ZHANG XIAOWEN: Aber es stellte sich als Mordfall heraus.

LIAO YIWU: Aha.

ZHANG XIAOWEN: Diese Frau, das arme Luder, muss die auch ausgerechnet an so einen Triebtäter geraten, er hat sie vergewaltigt. Nein,
nein, nicht vergewaltigt, sie war zu weich, wie eine gekochte Nudel,
sie lag wie gelähmt da und hat ihn machen lassen.

LIAO YIWU: So.

ZHANG XIAOWEN: In der Pinkelgasse hinter dem Gemüsemarkt, um ein
paar Ecken, gut hundert Meter, wenn man da bis zum Ende durch-
geht, da stehen zwei alte Wohnheimgebäude. Dort habe ich im Souter-
rain zwei Zimmer, dort lagere ich provisorisch die Ware und dort
schlafe ich zeitweilig, die Miete ist dreihundert im Monat. An dem
besagten Tag hatte ich gerade Mittag gegessen und wollte mich ein
bisschen hinlegen, als es draußen wieder losging.

LIAO YIWU: Draußen?

ZHANG XIAOWEN: Vor meiner Wohnung stinkt es unglaublich, ein
Müllplatz, da wird von oben und unten alles draufgeschmissen, aber
es räumt nie einer auf. Normalerweise lauf ich da nur dran vorbei, nur
weg, aber ab und zu sehe ich da einen Verrückten, wenn die Sonne
scheint, sonnt er sich, wenn die Sonne nicht scheint, wühlt er im
Müll, hält Selbstgespräche und ärgert die Fliegen.
    Aber der Verrückte ist dazu auch noch ein Schwein, der hat doch
tatsächlich eine Frau dorthin gezerrt und es mit ihr getrieben. Ich
habe ein paarmal um Hilfe geschrien, aber keine Reaktion, also bin
ich selber hin. Das Schwein hat einen Schreck bekommen, kam splitterfasernackt hoch und hat mit Müll nach mir geworfen; ich habe
mich ein paarmal weggeduckt, bin aber nicht von der Stelle gewichen,
woraufhin er sich schimpfend vom Acker gemacht, die Frau hinter die
Abfalltonnen gezerrt und einfach weitergemacht hat.

LIAO YIWU: Verstehe ich nicht.

ZHANG XIAOWEN: Ich habe das auch nicht verstanden. Die Frau war
um die fünfzig, ein Mondgesicht und Hüften wie ein Wasserfass und
von oben bis unten mit Klunkern behangen.

LIAO YIWU: Vermutlich ein staatlicher Kader oder eine erfolgreiche Persönlichkeit des öffentlichen Lebens, die sich aus der Stadt hierhin in die Rente zurückgezogen, eine Wohnung gekauft hat und jetzt hier lebt wie Gott in Frankreich.

ZHANG XIAOWEN: Stimmt genau. Immer wenn es duster wird, machen eine ganze Reihe von so alten bis mittelalten Leuten im Wenjiang-Park ihre Fitnesstänze, wie im Kindergarten, mit Klatschen und allem. Wer hätte denn gedacht, dass der Verrückte sich an so einer vergreift, die Polizisten waren ziemlich außer sich.

LIAO YIWU: Und Sie?

ZHANG XIAOWEN: Die haben mich festgenommen, natürlich war ich da nicht gerade begeistert.

LIAO YIWU: Ein Verrückter, dass, das – ich bin immer noch wie vor den Kopf geschlagen.

ZHANG XIAOWEN: Am Anfang war ich das auch. Später ist die Polizei der Spur nachgegangen und hat den Besitzer von einem Fahrrad mit Beiwagen festgenommen. Eigentlich ein sehr schöner, sonniger Tag; die Leute in Chengdu, die so lange in diesem endlosen Landregen vor sich hingeschimmelt haben, sind alle aus ihren Nestern gekrochen, haben den Moder von sich geschüttelt, sich gestreckt, Tee getrunken, im Freien Mah-Jongg gespielt und einen Bummel gemacht. Genau wie die besagte Frau. Als sie müde war, hat sie ein Fahrrad mit Beiwagen gerufen. Wenjiang ist nicht besonders entwickelt, die Straßen sind voll von solchen Gefährten, einmal halb um die Stadt herum kostet gerade einmal ein paar Kuai. Aber dass man am helllichten Tag auf den Teufel persönlich trifft – das Gefährt war noch keine Viertelstunde unterwegs, als die Frau schon am ganzen Körper zitterte! Halt, halt, hat sie dauernd geschrien, und war schon halb von ihrem Sitz heruntergerutscht. Der Fahrer war durcheinander, hat auf der Stelle gebremst und die Frau gestützt, hallo, hallo, aber was machen Sie denn? Als er sah, dass sie gar nicht mehr mit dem Zittern aufhörte, ganz blaue Lippen hatte und die Lider verdrehte, bekam er es noch mehr mit der Angst zu tun.

LIAO YIWU: Er hätte sie ins Krankenhaus bringen sollen.

ZHANG XIAOWEN:　So ein Rad ist langsam, der Fahrer hat zunächst ein paar Taxis angehalten, aber als die gesehen haben, was los ist, haben sie sich geweigert, die Frau zu befördern. Die Mistkerle haben einfach kein Herz! Der Fahrer hat ihnen hinterhergeschimpft, aber das hat nichts gebracht, und die Frau auf der Straße liegen lassen, hat er sich auch nicht getraut, also musste er gute Miene machen und selbst weiterfahren. Er bog von der Hauptstraße ab, ist auf jeden Fall durch zwei Pinkelgassen durch und dann in meiner Ecke da hinten vorbeigekommen. Als er sah, dass da nirgends kein Mensch war, hat er sein Pech da einfach abgeladen und sich aus dem Staub gemacht.

LIAO YIWU:　Warum hat er sie nicht ins Krankenhaus gebracht?

ZHANG XIAOWEN:　Diese Leute verdienen sehr wenig, und wer arm ist, scheut die Verantwortung. Und wenn sie ihm einen Strick daraus gedreht hätten, was dann? Und wenn er Geld verloren hätte, weil er etwas Gutes getan hat, hätten ihn alle einen »Wasserkopf« genannt und ausgelacht.

LIAO YIWU:　Aber melden hätte er es auf jeden Fall können.

ZHANG XIAOWEN:　Melden? Und verhaftet werden und sich eine Untersuchung auf den Hals laden, eine Weile hätte er keine klare Antwort geben können, und dann auch noch Zeit verloren und kein Geld verdient.

LIAO YIWU:　Sie machen sich ja richtig Sorgen um ihn!

ZHANG XIAOWEN:　Und um mich. Dass er es ihr besorgt hat, ist mir schnurz. Vielleicht war das ja auch eine sehr lebenslustige Frau, wenn so einer so was passiert, die kommt ihrer Lebtage nicht über so eine Malaise weg. Um auf den Verrückten zurückzukommen, nach dem hat keiner gefragt, um den hat sich keiner gekümmert, der hat bei Wind und Wetter von seiner Müllwühlerei gelebt, der hatte überhaupt keine Ahnung, was eine Frau ist. Nein, der alte Himmelsvater konnte das nicht mehr mitansehen, hat ihn auf den rechten Weg geführt und dem Depp gratis eine geschickt. Auch wenn sie ein bisschen älter war und die Haut ein bisschen schlaff, die Ware war wirklich noch ihren Preis wert, Hauptsache: Geschlecht weiblich. Für den

Verrückten war das angenehm, aber auf das kurze Glück folgte ein langer Kater, der hohe Blutdruck hat durchgeschlagen, Ende.

LIAO YIWU:　Wann ist sie gestorben?

ZHANG XIAOWEN:　Weiß der Teufel. Noch auf dem Rad? Als sie von dem Rad runter ist? Hat es der Verrückte mit einer Lebenden oder mit einer Toten getrieben? War sie völlig regungslos oder hat sie sich noch gerührt? Da hat die Polizei vorläufig auch nicht durchgeblickt, deshalb haben sie ihren Ärger an mir ausgelassen, dauernd hieß es, ich hätte »jemandem in Lebensgefahr nicht geholfen, das seien erschwerende Umstände«, das sei, als hätte ich »selbst an einem Mord teilgenommen«.

LIAO YIWU:　Wenn man keinen Ärger haben will, zieht man ihn sich umso sicherer zu, das ist die Strafe Gottes.

ZHANG XIAOWEN:　Quatsch Strafe Gottes. In einer Gesellschaft wie unserer darf man einfach kein guter Mensch sein.

LIAO YIWU:　Wieso nicht?

ZHANG XIAOWEN:　Fragen Sie meine Hand!

LIAO YIWU:　Ihre Hand? Wieso? Ich wollte früher schon fragen, habe mich aber nicht getraut.

ZHANG XIAOWEN:　Die Hand hat mir ein Nachbar, Zhang Sanwa, abgehackt.

LIAO YIWU:　Hatten Sie Ärger miteinander?

ZHANG XIAOWEN:　Ja. Ich hatte Mitleid mit ihm, habe ihm geholfen und dann haben wir uns verfeindet.

LIAO YIWU:　So weit hätten Sie es nicht kommen lassen dürfen!

ZHANG XIAOWEN:　Wenjiang ist die Kornkammer von unserem paradiesischen Sichuan, früher war die Kreisstadt nichts als ein paar Straßen vorne und hinten, rechts und links und drumherum Reisfelder, ein Feld am andern, so weit das Auge reichte; in den letzten zehn Jahren hat sich das Land entwickelt, aus den Reisfeldern wurden Straßen und Häuser, auch so weit das Auge reicht. Die Bauern haben kein Land mehr, das sie bestellen könnten, und um zu überleben, versucht jeder jeden auszustechen. Da gibt es Ferien auf dem Bauernhof, da wird schwarz Taxi gefahren, da werden Gebäude hochgezogen, da gehen sie in die Stadt zur Arbeit oder zum Handeln und so weiter. Aber Zhang Sanwa hat überhaupt nichts drauf, der hat früher bei einem Unternehmen der Produktionsbrigade der Volkskommune aus dem großen Topf gegessen, da konnte man ihn noch zwingen, sein Leben zu fristen, aber als das Unternehmen zusammenbrach, musste er wohl oder übel nach Hause gehen, für jedes Mal, dass er satt wurde, hat er einmal gehungert. Die Leute erzählen, er hat jeden Tag über zwölf Stunden geschlafen, um seinen Verbrauch zu senken.

LIAO YIWU: Also ein richtiger Stinkstiefel.

ZHANG XIAOWEN: Ja, ja. Er war fast dreißig, keine Frau, nichts auf der Naht, beide Schwestern längst verheiratet, ihre Kinder gingen schon zur Schule.

LIAO YIWU: Wenn wir noch in den sechziger Jahren wären, dann hätte er bei der damaligen Bodenreform zu den »armen Bauern« gezählt und wäre ein Pfeiler der Kommunistischen Partei gewesen.

ZHANG XIAOWEN: Das Fengshui ist längst zurückgedreht. Heute begegnet man armen Leuten mit Verachtung, die Reichen haben die Hosen an; deshalb, als seinen Eltern schon nicht mehr zu helfen war, stand er mit ein paar Flaschen Schnaps, ein paar Pfund Fleisch und einem roten Geldcouvert mit ein paar hundert Kuai auf einmal vor meiner Tür und bat um Hilfe. Ach, selbst schuld, er hat mich in einem schwachen Moment erwischt, also habe ich es ihm versprochen.

LIAO YIWU: Sehr großzügig.

ZHANG XIAOWEN: Meine Familie und die Zhangs wohnen bei den warmen Quellen in Yufu draußen, wir sind seit Jahrzehnten Nachbarn, seit der Generation unserer Großväter, seit der Zeit von Mao

Zedong haben wir alle im Produktionsteam die Sichel geschwungen; doch Zhang Sanwa und ich waren wie zwei Maisstauden auf demselben Fleckchen Erde, wir haben uns gegenseitig beim Großwerden zugesehen, auch wenn wir nicht gerne miteinander spielten, so haben wir doch den gleichen Kindergarten, die gleiche Volksschule und die gleiche Unterstufe der Mittelschule besucht. Außerdem ist ja das Verkaufen von Gemüse keine Hochtechnologie; Vorräte auffüllen und verkaufen, da macht die Übung den Meister.

LIAO YIWU: Sie sind seine Wohltäterin gewesen.

ZHANG XIAOWEN: Das Leben ist wie Schach, wenn man einen falschen Zug macht, sind alle weiteren Züge auch falsch. Eigentlich war meine Familie relativ harmonisch, die Tochter ging auch auf die Schule, mein Mann ist schwarz Taxi gefahren, und auch wenn wir keine festen Einkünfte hatten, wenn wir beide zusammenlegten, dann konnten wir am Ende des Jahres ein paar Zehntausend zurücklegen. Vielleicht, wenn das Leben nicht auf und ab geht, wenn es keine Katastrophen und keine schweren Krankheiten gibt, vielleicht fängt man dann an, Streit zu suchen, und sich selbst in so eine Lage zu bringen.

LIAO YIWU: Kommen Sie mir nur nicht ins Grübeln.

ZHANG XIAOWEN: Zhang Sanwa hatte ein paar hundert Kuai Kapital *einstecken*, er ist jeden Tag mit mir los, die Vorräte auffüllen und verkaufen, er hat an mir geklebt wie eine Klette. Aber nach ein paar Monaten waren von seinem Kapital noch lächerliche hundert Kuai übrig. Als altem Nachbarn habe ich ihm noch mal zweihundert draufgelegt. Aber als wir nach zwei Monaten erneut abgerechnet haben, hatte er wieder nur noch ein paar Zehner in der Hand.

LIAO YIWU: Bei einem so einfachen Geschäft hat er noch Verlust gemacht?

ZHANG XIAOWEN: Einkauf und Verkauf, nur so macht man Profit. Ganz am Anfang hat er noch auf mich gehört, wenig Vorräte angeschafft und durch meine Marktschreierei auch schnell verkauft. Hehe, wenn das erste Geld kommt, wird man schnell gierig, also wollte er es alleine versuchen und hat auch bei der Beschaffung der Vorräte nicht mehr auf mich gehört. Einmal hat er mit viel Ächzen und Stöhnen Ware für fünfhundert Kuai herangeschafft, so Sachen wie Auberginen, Chili, Tomaten und Erbsen, ich habe vor Schreck einen richtigen Satz gemacht.

LIAO YIWU: Er hatte bestimmt einen Verkaufstrick.

ZHANG XIAOWEN: Einen Furz hatte der. Der stand da wie ein Stück Holz, selbst wenn er ein Lächeln aufgesetzt hat, sah er dämlich aus. Wenn es dunkel wurde, hatte er es eilig, da kam er auf einmal hinter seinem Stand vor, hat die vereinzelten Käufer festgehalten und vor seine Gemüseberge gezerrt. Die anderen Händler fingen schon an zu reden, von wegen »alte Hungerente« und »der hat das falsche Medikament genommen« oder »Geld oder Leben«, einige haben sich auch über mich lustig gemacht, von wegen »was hast du dir denn da für einen Lehrjungen gezogen«.

LIAO YIWU: Und dann?

ZHANG XIAOWEN: Ich habe wohl oder übel eingegriffen und ihm ernsthaft ins Gewissen geredet. Gemüse will man frisch essen, wenn es von gestern ist, da kannst du noch so viel Wasser draufspritzen, es sieht trotzdem nach nichts mehr aus. Noch einen Tag später habe ich ihm gesagt, er soll sich darum kümmern, da hat es ihm noch im Herzen wehgetan, und er wollte nicht aufgeben. Das Ende vom Lied war, er hat gewartet, bis alles faul war. Vor allem, wenn es Bindfäden regnet, steht man lange an seinem Stand, bekommt saure und geschwollene Muskeln, dazu macht man Miese, ich hatte das Gefühl, dass Zhang Sanwa ganz rote Augen hat, rot entzündet und Ringe vom Augenschmand, er musste ein paar Nächte kein Auge zugetan haben.

LIAO YIWU: Sie hätten ihn zur Vernunft bringen müssen!

ZHANG XIAOWEN: Natürlich. Ich habe ihm mit einer Engelsgeduld alles beigebracht, was man normalerweise für dieses Geschäft braucht, solche Sachen wie »es ist noch kein Meister vom Himmel gefallen«, »man muss Augen und Ohren offenhalten«, »man muss seine Augen überall haben«, »ob man etwas verkauft oder nicht, immer die Ware anpreisen, immer lächeln«, »nichts wird so heiß gegessen, wie es gekocht wird«, »nach außen andere empfehlen, in Wahrheit aber mit sich selbst hausieren gehen« und so weiter und so fort. Im ersten halben Monat habe ich ihm noch beim Verkauf geholfen, und erst wenn es so weit lief, habe ich meine Sachen verkauft.

LIAO YIWU: Das hat man selten.

ZHANG XIAOWEN: Da hackt der mir auf einmal die Hand ab! Das hat man erst recht »selten«!

LIAO YIWU: Hat er sie nicht mehr alle?

ZHANG XIAOWEN: Schätze, der hatte schon lange insgeheim was gegen mich, aber er hat keinen Mucks von sich gegeben. Vor über einem halben Jahr haben seine Eltern ein paar hundert Kuai investiert. Dieser Zhang Sanwa spielt nicht, er geht nicht in den Puff, aber er hat etwas Unheimliches an sich, er meint es gut, aber es kommt nichts Gutes dabei heraus. Ganz egal, ob er weniger Vorräte anschafft oder nicht, er macht immer Verlust. Er konnte schon von Glück sagen, wenn er pari rauskam, ohne Gewinn und ohne Verlust. Am Ende ist er aufs Ganze gegangen, aber ich war völlig ahnungslos.

Das war auch ein schöner sonniger Tag, es war noch nicht einmal vier Uhr nachmittags, und ich hatte meine komplette Ware los. Aber Zhang Sanwa zwei, drei Meter neben mir war steif wie ein Stück Holz und starrte Löcher in die Luft, das Gemüse auf seinem Stand war wie er, es ließ die Ohren hängen. Ich erinnere mich, dass ich ihn noch gefragt habe, ob ich ihm helfen soll. Er hat geantwortet, ich brauche dein geheucheltes Mitleid nicht. Ich seufzte, habe aufgeräumt und bin nach Hause gegangen. Ich hätte doch nicht gedacht, dass der mir wie ein Schatten folgen würde, stickum und um tausend Ecken rum.

Bis ich dann in meiner Mietwohnung war, bis ich mich umgedreht und die Tür hinter mir zugemacht habe, da erst habe ich gemerkt, wie er, die Hände auf dem Rücken, da vor mir steht. Ich habe vor Schreck geschrien, und da hat er mit dem Beil zugeschlagen. Ich habe sofort das Bewusstsein verloren, bin aber nach ein paar Minuten wieder zu mir gekommen von den Schmerzen, da war eine große Blutlache und meine rechte Hand war weg.

Ich habe sofort Alarm geschlagen. Als ich auf die Polizei gewartet

habe, habe ich mit dem Armstumpf in der Luft überall nach meiner
rechten Hand gesucht. Schließlich habe ich sie draußen in einem
Mülleimer gefunden. Und ein rostiges Zimmermannsbeil. Ich dachte, man würde die Hand wieder annähen können, aber das Beil war
zu stumpf gewesen, der Gewaltmensch hat die Hand nicht mit einem oder zwei Schlägen abbekommen und über zehn Mal drauflos
gehackt. Die Muskeln und die Blutgefäße in der Hand waren ge-
schrumpft, die Wundränder waren ausgefranst, nach ein paar Stunden hat sich alles entzündet.

LIAO YIWU: Der Mülleimer, in dem Sie ihre Hand gefunden haben, war
das auch da, wo später der Verrückte seine Tat begangen hat?

ZHANG XIAOWEN: Ganz richtig. Da ist kein gutes Fengshui, wie es
aussieht, sollte ich umziehen.

LIAO YIWU: Nein, nein. Das ist doch alles nur Zufall.

ZHANG XIAOWEN: Ich helfe und bekomme dafür die Hand abgehackt,
ist das auch Zufall?

LIAO YIWU: Die Zeiten sind so, aber nicht alle Menschen sind schlecht,
deshalb ist das auch Zufall.

ZHANG XIAOWEN: Und dass mein Mann, als er gesehen hat, dass ich
ein Krüppel bin, sich hat scheiden lassen, das ist auch Zufall, was?

LIAO YIWU: Bitte?

ZHANG XIAOWEN: Ich war einen Monat im Krankenhaus, mein Mann
hat sich nur die ersten drei Tagen sehen lassen, dann hat er sich her-
ausgeredet mit zu viel zu tun im Job und zu Hause und hat sich einen
fröhlichen Lenz gemacht. Als ich entlassen wurde, gab es außerdem
jeden Tag Streit. Am Ende haben wir uns scheiden lassen.

LIAO YIWU: Aber da waren doch zehn Jahre lang Gefühle gewesen.

ZHANG XIAOWEN: Aber bevor nicht ein Augenblick kommt, an dem
man Farbe bekennen muss, weiß man nicht, ob einer etwas taugt oder

nicht. So haben die Zhangs und unsere Familie sich für alte Nachbarn gehalten, wir sind einander ständig begegnet, waren normalerweise höflich zueinander, und wenn wir nicht gemeinsam auf den Markt gegangen wären, dann wäre es nie zu einem Konflikt gekommen, er hätte nicht einmal einen Finger gegen mich erhoben, geschweige denn ein Beil; und mein Mann und ich waren, solange ich gesund war, ein Herz und eine Seele, als der andere mich zum Krüppel gemacht hatte, hat er sich von mir abgewandt, ein ganz normaler Vorgang. Schauen Sie sich die wilden Hunde hier auf der Straße an, die jagen sich und die spielen miteinander, die beißen sich in den Schwanz und drehen sich auf den Bauch, wenn das nicht nett ist. Aber wenn so ein Hund nicht aufpasst, wenn er über die Straße läuft und ihm ein Auto ein Bein kaputtfährt und er langsam wird oder sich womöglich gar nicht mehr rühren kann, kümmern sich die anderen von Stund an nicht mehr um ihn. Da kann der noch so erbärmlich winseln, es hilft nichts, er muss sehen, wie er sich, lahm wie er ist, was zu fressen sucht.

LIAO YIWU: Es gibt auch freundliche Hunde, die verletzten Kollegen einen Knochen hinhalten.

ZHANG XIAOWEN: Wenn was übrig ist, ja.

LIAO YIWU: Das mit Ihrem Exmann zu vergleichen ist ein bisschen übertrieben.

ZHANG XIAOWEN: Er ist Schauspieler, er hat mir etwas vorgemacht, von wegen, wie es ihm hier wehtut und da wehtut, er hat sogar behauptet, er hat Depressionen, er hat zu viel geraucht und sich deshalb eingebildet, dass er Lungenkrebs hat. Immer wieder ist er in Tränen ausgebrochen, ich habe mich davon auch noch rühren lassen und ihn dazu gebracht, sich im Krankenhaus untersuchen zu lassen, mit dem Resultat, dass es wirklich Lungenkrebs war. Ich war wie vor den Kopf geschlagen, meine ganze Welt ist zusammengebrochen. He, und der hat weiter Komödie gespielt, hat mit voller Absicht Salz in meine Wunde gestreut, von wegen, ich sei ein Krüppel und er unheilbar krank, da sei es schon besser, sich sofort scheiden zu lassen, damit wir uns nicht gegenseitig runterziehen. Zum Glück hatte ich gerade einen großen Verlust erlitten, ich habe beim Himmelherrn Laozi kein Wort geglaubt und bin heimlich zum Krankenhaus gelaufen, um mir Klarheit zu verschaffen. Da hat der doch tatsächlich, um mich mit einer falschen Krankengeschichte für dumm zu verkaufen, für viel Geld entsprechende Röntgenaufnahmen gekauft.

LIAO YIWU: So ein Mistkerl!

ZHANG XIAOWEN: Durch und durch verdorben, aber durch und durch. Und mir wirft man vor, ich wäre der Frau da nicht zu Hilfe gekommen!

LIAO YIWU: Ach, ich verstehe.

ZHANG XIAOWEN: Wenn Sie es verstehen, dann kaufen Sie mir ein bisschen mehr Gemüse ab. Ich muss meine Tochter durchbringen, mit der Behinderung ist das nicht einfach.

LIAO YIWU: Na gut.

ROLEX, DER HASCHISCHFORSCHER

Am 8. April 2010, ich war in der Altstadt von Dali auf Sauf-
tour, habe ich, ohne es zu wollen, einen Junkie kennengelernt,
der sich selbst »Rolex« nannte. Er war ungefähr sechsund-
zwanzig, siebenundzwanzig Jahre alt, hatte eine Wespentaille,
lachte jeden an und verfügte über einen besonders großen
Schatz an Erfahrungen mit der Gesellschaft.

Des ungeachtet ließ er sich aus freien Stücken an meinem
Tisch nieder, und nach zehn Minuten waren wir »alte Freunde«. Der Wind pfiff über die Dächer, die Musik in der Kneipe
war sehr laut, die Straße des Volkes draußen war sehr kalt,
mein alter Freund Wu schoss wie ein Geisterschatten auf dem
Fahrrad vorbei, ich stand auf und rief ihm nach, aber zu spät.
Einem ungeschriebenen Gesetz folgend lud ich ein, Rolex
mischte einen speziellen Dali-Cocktail, ein Glück, dass ich
langsam trinke, so habe ich nicht gleich abgehoben, und es
gibt dieses Gespräch.

Dali ist im In- und Ausland bekannt als großer Umschlagplatz für Haschisch, auch wenn es diesmal in Yunnan eine
große Dürre gab und die Bäche aus dem Cang-Berg fast kein
Wasser mehr führten, der Pegel im Wasserreservoir von Erhai
um über zwei Meter gefallen war und ganze Äcker verdorrten,
darunter auch die wilden Hanfplantagen an den Hängen,
waren die Rolexe immer noch »optimistisch im Hinblick auf
die revolutionäre Lage des Haschisch«:

Weit in die Steppe steht das Gras,
es kommt, es geht übers Jahr,
kein Buschbrand löscht je es aus,
ein Frühlingswind und alles ist, wie es war.[*]

Er zitierte mit wiegendem Kopf diese vier Zeilen und bei der
Gelegenheit auch noch das im Internet so beliebte »Lied vom
Gras-Schlamm-Pferd«[**]:

---

[*] Aus dem Gedicht »Gras« von Bo Juyi (772–846).
[**] Bei diesem Namen handelt es sich um ein Wortspiel: das gleiche cao-ni-ma, nur
mit anderen Schriftzeichen geschrieben, heißt: fick-deine-Mutter.

Am (Cang-) Berg dort,
Am (Er-) See dort,
eine Herde Gras-Schlamm-Pferde,
eine Herde Gras-Schlamm-Pferde …

Ich lachte. Was sollte ich machen, das war die Generation der
80er und 90er, die der Parteistaat mit Fastfood großgezogen
hatte. Meine Generation sollte sich von der Bühne der Ge-
schichte zurückziehen.

—〰—

LIAO YIWU: Wie lange sind Sie schon hier?

ROLEX: Etwa vier Jahre.

LIAO YIWU: Wovon leben Sie?

ROLEX: Seltsame Frage. Wovon leben Sie? Heute Abend lebe ich von
Ihnen.

LIAO YIWU: Hehe, gut, ich lade Sie zu einem Glas ein.

ROLEX: Halt, warten Sie. Ich trinke kein Bier, das macht dick. Ich gehe
zur Theke, ich mixe uns beiden einen Cocktail. Sie zahlen.

LIAO YIWU: Sie werden mir doch wohl keine K.-o.-Tropfen da rein-
tun?

ROLEX: Wo denken Sie hin?!

LIAO YIWU: Alles schon dagewesen.

ROLEX: Vielleicht haben Sie das schon mal erlebt, aber nicht hier. Wie
ist es? Drehen Sie die Zunge, behalten Sie den Stoff ein paar Sekunden im Mund, wie ist es?

LIAO YIWU: Relativ sauer und scharf ... betäubt ein bisschen die Zunge ... ein bisschen herb ... nichts Besonderes.

ROLEX: Hehe, ganz Dali ist nichts Besonderes. Ein Haschisch-Nest. Als ich hier ankam, war in der Altstadt überhaupt nichts los, überall lungerten Köter herum, die blockierten vor allem die Wege von außerhalb, wenn Sie unbedacht etwas vor sich hinflüsterten, dann sind Ihnen mindestens vier, fünf hinterhergelaufen. Es ist schon so, jede Gegend zieht sich ihr Getier, deshalb sind die einheimischen Bai hier neugierig, gastfreundlich und leicht mitzureißen.

LIAO YIWU: Das kann man auch von Ihnen sagen, dass Sie leicht mitzureißen sind.

ROLEX: Stimmt. Aber so ein Hund kann wenigstens noch Haus und Hof bewachen, aber was soll man mit einem Menschen anfangen? Freie Kost und Logis?

LIAO YIWU: Wenn man jung ist, ist der Blick so klar, meine Bewunderung.

ROLEX: Nicht dafür, nicht dafür! Ex?

LIAO YIWU: Nur ein Schluck. Ihr Cocktail hier hat es in sich.

ROLEX: Da ist Whiskey drin mit Essig, Senf, Sichuanpfefferwasser und Haschischsud. Ich hatte gerade eine Eingebung, und dieses neue Rezept war geboren. Macht nichts, aber es kribbelt ein bisschen mehr, als wenn man sich einen Joint reinzieht.

LIAO YIWU: Was heißt da kribbeln?

ROLEX: Wenn man raucht, geht das durch Mund- und Nasenhöhle, hinein und hinaus, das Gefühl wird zu dem größeren Teil gefiltert; aber wenn man trinkt, geht das über den Magen, da geht kein einziges Tröpfchen verloren; am direktesten drauf bringt einen natürlich eine Spritze, der Blutkreislauf bringt das augenblicklich in den ganzen Körper, die Hirnanhangdrüse bekommt einen heftigen Reiz, du bist geschlagen, die Truppen lösen sich auf und du bekommst, was du willst.

LIAO YIWU: Sind Sie süchtig?

ROLEX: Natürlich bin ich süchtig. Trotzdem, ich hänge nur am Haschisch. Die Pflanzen, die auf diesem Boden wachsen, sind so ähnlich wie Tabak. In der Straße des Volkes in der Altstadt gibt es eine große Haschisch-Straße, keine zweitausend Meter, keine zwanzig Kneipen, aber alle haben Haschischprodukte von mindestens zwanzig verschiedenen Sorten. Ecstasy, Ketamine, Methylamphetamin, Hanfpilze, Pilze aus Südamerika, Kokain, Opium, Heroin, eine ganze Wundertüte voll. Ich habe einmal gehört, dass es weltweit ein paar tausend verschiedene halluzinogene Stoffe gibt.

LIAO YIWU: Aha. Dann sind wir aus der gleichen Stadt, aber nicht aus dem gleichen Holz.

ROLEX: Sie sind aus Chengdu, ich aus Qijiang bei Chongqing, das heißt, wir haben beide das Wasser des Yangzi getrunken. Meine Familie lebt seit Generationen vom Bergbau; als ich an der Reihe war, wollte ich das nicht weitermachen. Ich habe lieber meinen letzten Groschen in mein Studium investiert.

LIAO YIWU: Ich kenne Qijiang, dort hat es doch einen Zwischenfall gegeben, der im ganzen Land für Aufsehen gesorgt hat, als die Regenbogenbrücke eingestürzt ist. Acht Mann einer Polizeipatrouille sind über eine dreihundert Meter lange Brücke rüber und haben Gleichschritt geübt, eins-zwei-drei-vier, ein ohrenbetäubendes Gebrüll, und da ist die Brücke auf einmal in der Mitte durchgebrochen. Die bewaffneten Polizisten sind in den Abgrund gestürzt und wurden, weil sie ihr Leben für die Allgemeinheit eingesetzt haben, zu Märtyrern der Revolution erklärt.

ROLEX: Stimmt, damals habe ich auf den letzten Drücker die Aufnahmeprüfung für die Kunstakademie gemacht. Oben haben sie den Pfusch am Bau untersucht, unten allerdings suchten sie Beweise von Experten, in denen es hieß, wenn acht Mann im Gleichschritt marschieren, bam-bam-bam, das hätte schlagartig eine unglaubliche Resonanz gegeben, die die Lebensdauer der Brücke genauso schlagartig um zehn Jahre verringert habe. Anscheinend hat man den Bauträger verurteilt? Und die Kreisbeamten entlassen? Und dann hat man Gras über die Sache wachsen lassen. Anschließend sind die Häuser im Altstadtgebiet abgerissen worden, die Regierung und die Immobilienbosse sind Hand in Hand gegen die einfachen Leute vorgegangen. Meine Familie wollte nicht wegziehen, also haben sie eine »Fristmitteilung« an die Tür geklebt, Wasser und Strom abgestellt und mitten in der Nacht von irgendwelchen Ganoven die Scheiben einschlagen und die Mauern niederreißen lassen, die sind sogar aufs Dach, haben die Ziegel rausgerissen und ein paar von ihnen haben von oben auf die Leute runtergepisst. Verdammt, ohne entsprechenden gesellschaftlichen Hintergrund waren wir nicht die besten Hausbesetzer, also haben wir brav die Bedingungen geschluckt und sind in die Vorstadt gezogen. Meine Eltern wollten eine kleine Wohnung mit siebzig Quadratmetern, und haben dann, um Geld zu sparen, mich, der ich von Kindesbeinen an gern gemalt habe, problemlos in die Schule gehen lassen, ich konnte dem Leben ohne Tageslicht in der Grube sozusagen von der Schippe springen, eines Tages werde ich meine Ahnen ehren.

LIAO YIWU: Wie es aussieht, machen Sie ihnen keine besondere Ehre.

ROLEX: Mit der Fachrichtung und mit den Prüfungen hatte ich keinerlei Probleme. Probleme gab es vor allem mit den Geschenken, die man machen musste. Mein Vater hat ein paar Monate in Chongqing bei mir gewohnt, hat sich überall nach der Marktlage erkundigt, hat vor meiner Prüfung die Prüfungsbeamten für meine Fachrichtung aufgesucht, für jeden gab es ein rotes Geldcouvert mit vierzig-, fünfzigtausend Yuan, sonst hätte meine Prüfung noch so gut sein können, es wäre hoffnungslos gewesen.

LIAO YIWU: Die haben sich öffentlich bestechen lassen?

ROLEX: Ein ungeschriebenes Gesetz, wer nicht zu Kreuze kriecht, hat keine Chance. Und natürlich steigen die Chancen, einen Studienplatz zu bekommen, mit der Zahl der Geschenke, die man verteilt. Die Familien welcher Examenskandidaten sich das leisten konnten, war allen klar. Wenn der Markt vierzig-, fünfzigtausend war, dann hast du ihnen achtzig-, neunzig-, hunderttausend gegeben, dann warst du sicher durch, ganz egal, ob bei deiner Prüfung ein paar oder ein Dutzend Punkte fehlten; wenn es ein hoher Beamter war oder ein Superreicher, musste man zwei- bis dreihunderttausend abzweigen, die Prüfung selbst in der Prüfungshalle war eine Farce, selbst wenn einer nichts geschrieben hat, wurde das als gültig betrachtet, dann hat der Prüfer jemand an seiner statt schreiben lassen; und wenn du auf keinen Fall zur Prüfung erscheinen wolltest, war das auch egal.

Aber die Möglichkeiten meiner Familie waren begrenzt; mein Vater hat sich nach den Marktpreisen gerichtet und denen vierzigtausend zugesteckt. Und ich, ich habe mich schwer ins Zeug gelegt, ich war unter den acht Besten, aber mein Ergebnis ist trotzdem ausgesondert worden. Eigentlich gab es in dem Jahr damals gut doppelt so viele Examenskandidaten in der Kunstschule wie in den vergangenen Jahren, und damit sind auch die Preise hochgegangen, Minimum waren sechzigtausend gewesen. Wir waren außer uns, haben den Prüfungsbeamten der Fachrichtung Kunstgewerbe aufgesucht und unser Geld zurückverlangt. Dabei war der noch anständig, er seufzte und hat uns das Geld ohne weiteres zurückgegeben. Normalerweise bekommt man sein Geld nicht zurück, und es gibt auch niemand zu, dass er Geld genommen hat. Ein Kandidat hat das einmal nicht ertragen und ist durchgedreht, der ist jahrelang in der Nähe der Kunstakademie geblieben, hat den Abfall durchwühlt, Tag für Tag die Prüfungsbögen neben den Mülltonnen studiert und vor sich hin gemurmelt: »Gib ihnen Geld, gib ihnen Opfergeld!« Nicht wenige von den postmodernen Schönheiten haben einfach »Landmine« gespielt, sich hingelegt und einen blutigen Weg gebahnt.

LIAO YIWU: Das geht ja noch korrupter zu als im *Rulinwaishi*[*]!

ROLEX: Es ist einfach das Allerletzte. Deshalb, was sollte ich machen, der Klügere gibt nach, ich habe mich überall herumgetrieben und bin überall gegen Wände gelaufen. Mein Traum von der Kunst war zerstört, ich war wie irre versessen aufs Geld. Da habe ich einen Drogenhändler getroffen, der wollte mich auf Dope bringen, aber ich hab's nicht gemacht; also hat er mich dazu gebracht, nach Dali zu kommen, in den Stadtteil Xiaguan, eigentlich war das eine Milchmädchenrechnung: Ich sollte für ihn die Drogen ranschaffen und aufbewahren,

---

[*] Deutscher Titel: *Die Gelehrten* oder *Die inoffizielle Geschichte des Gelehrtenwalds*, eine Satire von Wu Jingzi (1701–1754) über das Leben der Beamten und das kaiserliche Examenssystem im alten China.

unterwegs hat mich ein Paar aus Israel, das eigens den weiten Weg gemacht hat, um hier die Bahai-Religion zu verbreiten, da rausgehauen und gerettet.

LIAO YIWU: Reichlich verwickelt.

ROLEX: Das Ehepaar aus Israel wohnte in der Gegend vom Osttor in der Altstadt, die Kommunistische Partei ist da empfindlich, deshalb kann ich nicht einfach ihren Namen sagen. Der Drogenhändler hat mich zusammengeschlagen und mich zwei Tage und zwei Nächte eingesperrt, er hat es so weit getrieben, dass ich auf Mordgedanken kam, also tat ich so, als würde ich ihm den Drogenkurier machen und bin in einem passenden Augenblick verduftet, und dann habe ich daran gedacht, selbst zu dealen. Als der Drogenhändler mitbekam, dass er mich nicht bändigen konnte, wollte er binnen drei Tagen zweitausend Yuan Fahrgeld und Verköstigung zurückhaben, alles auf einmal.

Um mir meine Freiheit zurückzukaufen, habe ich halt geklaut. Hehe, gnade mir Gott, ich bin zum ersten Mal über eine Mauer und in ein Fenster eingestiegen, ausgerechnet bei den Israelis, da haben mich zwei große Hunde gepackt, ich habe gezittert wie Espenlaub. Die Leute haben das nicht gemeldet. Noch befremdlicher war, dass sie mich ausgelöst und über Nacht bei sich aufgenommen haben. Ach, ich war ein herrenloser Köter und steckte in der Klemme, also bin ich vor den Psalmen zu Kreuze gekrochen.

LIAO YIWU: In Lijiang habe ich mal eine Anhängerin der Bahai-Religion getroffen, sie kam aus Beijing, war mit einem Mann aus dem Iran verheiratet, hatte drei Kinder und wusste nicht, warum sie alleine wieder in ihre Heimat zurückgekehrt war. Sie sind der zweite Anhänger der Bahai, den ich treffe.

ROLEX: Bin ich schon nicht mehr. Ich interessiere mich im Augenblick für tibetischen Buddhismus.

LIAO YIWU: So beliebig?

ROLEX: Ich war zu jung, meine Ansichten waren noch nicht gefestigt, ich war noch im Experimentierstadium, mit den Drogen so gut wie mit der Religion. Trotzdem habe ich den Israelis und Baha'ullah einen schlechten Dienst erwiesen.

LIAO YIWU: Baha'ullah?

ROLEX: Ein großer Papst, ein Adliger aus Teheran, neunzehntes Jahrhundert, ein später kleiner Bruder von Abraham, Allah, Buddha und Jesus, der letzte Prophet der Menschheit, er hat die Bahai-Religion geschaffen und vertritt die Versöhnung der Rassen und die globale Familie.

LIAO YIWU: Schön und gut, das entspricht der »Gleichberechtigung der Götter« in der Religion der Bahai.

ROLEX: An mehr erinnere ich mich nicht. Mein Gedächtnis ist hinüber, da gibt es oft einen Kurzschluss. Was gestern war, ist heute ganz verschwommen, was gerade passiert, verschwimmt schon, wenn es passiert. Ach, ich habe einen halben Monat im Haus der Israelis zugebracht, und wenn ich nicht gelernt habe, bin ich gern die Straße des Volkes hoch und runter gelaufen, habe mir den Cang-Berg angesehen und den Erhai-See und die Wolken, die zwischen Berg und See schweben. Wenn die Strahlen der Abendsonne den Himmel durchdringen, ist die ganze Altstadt in ein leuchtendes Rot getaucht, wie eine aufgebrochene Mandarine. Doch auf einmal war da ein Typ, der lag splitterfasernackt auf einem Dach und hat sich geräuschvoll einen runtergeholt. Mein Gott, was für ein Stilbruch! Ich bin auf der Stelle in das Juweliergeschäft auf der rechten Straßenseite gestürzt, rauf in den zweiten Stock, dann noch zweimal um die Ecke, dort war eine kleine Terrasse. Von dort konnte man über eine Stiege in die Wohnung. Ich bin um die Stiege rum, habe mir die Nase an der Scheibe plattgedrückt und reingeschaut, da war ein Fleischknäuel von sieben, acht Leuten, ganz plüschig, die da im Qualm hingen. Elektronisches Gedröhn ganz ohne Abwechslung, dididi, dadada, als ob da ein feindlicher Telegrafensender verborgen liegen würde. Ich war seltsam aufgeregt, ich schien auf eine Untergrundorganisation gestoßen zu sein und klopfte an. Ein Kopf, nein, ein übertriebener Lauchkopf wurde herausgestreckt, grauweiß, mit hängendem Bart. Ich griff seinen rechten Arm, fragte: Was machen Sie da?

Er wiederum fasste meinen linken Arm und gab zurück: Wir machen Geräusche.

Frage: Kann man davon leben?

Antwort: Ich esse nicht viel.

LIAO YIWU: Typischer Code.

ROLEX: Anschließend hat er drei Kuai aus der Tasche gezogen und mich nach unten geschickt, um ihm eine Schale mit Mixian-Nudeln zu bestellen. He, er hat wirklich nicht viel gegessen, er war von morgens bis abends high, der hat von einer Schale Mixian-Nudeln am Tag gelebt. Nach dem, was sie erzählten, verbrachte er in diesem Zustand, wo man zu faul ist, ein Augenlid zu heben, schon drei, vier Jahre. Kohlenstoffarm und verbrauchsreduziert, er entsprach vollständig den Einsparungsvorgaben der Vereinten Nationen für die Menschheit der Zukunft.

Auf dem Sonnendach stand ein Schaukelstuhl, ich setzte mich, kaute ein halbes Stück Schokolade und spürte, wie langsam die Nacht hereinbrach. Der Himmel füllte sich langsam mit Holzkohle, zwischen die sich die Mondsichel zwängte. Ich dachte an das Bergwerk bei uns zu Hause, an die Freunde, die es bei einer Gasexplosion zerrissen hatte, ich dachte an das lautlose Schluchzen meiner Eltern, ich dachte daran, was für ein schlechter Sohn ich war und wie ungerecht das Leben ist. Ach, das waren Augenblicke wie aus Flicken, sie konnten das Herz nicht treffen, leuchteten auf und waren vorbei. Meine Kopfhaut wurde taub, Ameisen krabbelten an meinen Knöcheln hoch, in Scharen krabbelten sie auf meiner Haut. So schnell kam ich drauf? In Wahrheit war schon fast eine Stunde vorbei. Ich ging hinein und legte mich hin. Ich schwebte wie auf Flügeln, dididi, dadada, das Telegrammticken verwandelte sich in Sonnenflecken, Flammen; wenn sie auf den Boden fielen, leuchtete der Himmel trüb.

LIAO YIWU: Die »Schokolade«, von der Sie sprechen, habe ich in einem unbedachten Augenblick auch einmal gegessen, im Sommer letztes Jahr, in einem Gästehaus, das vollgestopft war mit Künstlern. Mein Kopf ist auf einmal von innen aufgeplatzt, auch die Sprache ist von innen aufgeplatzt, ich bin aufgestanden und habe die Menge geteilt wie beim Schwimmen. Ich trat vor die Tür und lief durch die vom

Fluss glucksende Altstadt, der Tumult oder längst vergangene Begebenheiten, alles welkte, wie Blumen im Herbst. Ich ging durch ein
Altstadttor, überquerte die Straße, die Autoscheinwerfer in der Ferne
markierten einen Bogen. Auf der anderen Seite der Straße kletterte
ich einen Hang hinauf, und dann noch einen, in den Dörfern bellte
hier und da ein Hund, und ich erinnerte mich, wie ich als Kind im
Freilichtkino gewesen war, zwei Kriegsfilme aus Albanien »Eher sterben als kapitulieren« und »Die achte ist eine Bronzestatue«. Sofort
tauchte ich auf der Leinwand auf, hinter einem Baumstamm, und die
Stahlhelme der deutschen Teufel kamen in Wellen. Ich ging um den
Baum herum, suchte im Kreis herum, und mein Mund schoss peng
peng peng. In dieser Nacht bin ich auf dem freien Feld im Vorstadt-
gebiet bis morgens um vier herumgetorkelt, bis ich mich in einen Hof
tastete. Verdammt, mir brummte zwei, drei Tage der Schädel, ich war
eine Woche lang erkältet, das Leben ist eine düstere Angelegenheit.

ROLEX: Du bist zu alt, zu nutzlos und innerlich zu voll, es ist nicht
leicht, sich innerlich sauber zu beizen. High sein, fliegen, da muss
man sich öffnen, da darf man nicht mit dem Kopf durch die Wand.
Das Zeug ist ein Treibstoff, das ist ein Nachbrenner; wenn man da anfängt nachzudenken, dann tut es einen Schlag, und die Dinge, an die
man denkt, haben ein Loch. Wenn es eine Rakete ist, fliegen Sie zum
Himmel, wenn es ein Ölbohrer ist, dann versinken Sie in der Erde, bis
die Erdkruste leckt. Einmal habe ich in der Pension Lüshe am Osttor
einen mexikanischen Zauberer getroffen, dessen Unterleib steckte in
einem Röhrenrock, wie die Dai ihn tragen, seine Haut war sehr weiß,
sein Backenbart und seine Körperbehaarung sehr schwarz, er saß in
der Hocke und plagte sich mit einem Kompass herum, murmelte
Worte vor sich hin und trieb einem kranken Hund die bösen Geister
aus. Ich klopfte ihm auf den Rücken, redete englisch, chinesisch, ges-
tikulierte rum und hielt ein Schwätzchen mit ihm. Als ich die zwanzig
englischen Vokabeln, die ich bei den Israelis gelernt habe, an den
Mann gebracht hatte, fanden wir beide es schade, dass wir uns nicht
früher getroffen haben. Wir tranken einen Nachmittagstee, ich bot
ihm etwas Gebäck dazu an, zwei kleine mit Haschischöl geröstete
Brote, die er bereitwillig annahm. Anschließend sind wir auf den alten
Stadtturm gestiegen und haben uns Richtung Cang-Berg gesonnt.
　　Das Osttor liegt ebenfalls unterhalb des Erhai-Tors, das ist die Straße des Volkes; wenn man die zu Ende geht, aus der Stadt raus, auf der

anderen Seite ist das Dorf Shimen. Wenn man da durch ist und immer schnurgeradeaus geht, dann kommt man in die große Schlucht. Der Cang-Berg ist wie ein Wandschirm, er soll achtzehn Gipfel und achtzehn Schluchten haben, sieht extrem aus wie eine Frau mit ihren Brüsten und ihrer Vagina. Auf einmal hatte ich eine Erleuchtung: Es war kein Wunder, dass die Kneipen und Restaurants entlang der Straße des Volkes aufmachten und wieder zu, so gut wie keines hält länger aus als ein, zwei Jahre, ganz gleich, wie gut der Laden auch läuft, der Mösenwind des Cang-Bergs weht alles auseinander.

LIAO YIWU: Ist das so?

ROLEX: In einem Spalt einen Laden aufmachen.

LIAO YIWU: Aber die Vogelbar am oberen Ende der Straße, die läuft seit über zehn Jahren ziemlich gut.

ROLEX: Hehe, die Vogelbar heißt auch Pimmelbar, wenn man da noch oben schaut, dann steckt die Pimmelbar genau in der Klitoris. An so einem sensiblen Ort gehen die Geschäfte natürlich gut.

LIAO YIWU: Warum?

ROLEX: Die Leute müssen sich kratzen, wenn es juckt, und auch der Berg muss sich kratzen, wenn es juckt. Das Wasser aus der Schlucht läuft genau um die Mauern der Pimmelbar herum; in der Mitte und im unteren Teil der Straße ist kein Wasser mehr. Und da gibt es auch weniger Touristen.

LIAO YIWU: Hat der Zauberer aus Mexiko das begriffen?

ROLEX: Wir waren beide sehr verwirrt. Der Cang-Berg sieht aus wie ein paar alte Vetteln, die liegen auf gleicher Höhe mit dem Gesicht nach oben und ficken juchheissa mit der Sonne, aber ihre bedeutungslosen Schenkel liegen auf unseren Schultern. Wir gaben uns nicht geschlagen und zeigten auch unsere Glans. Es war nur lächerlich, nicht wie ein Zahnstocher, nicht wie eine Filzlaus, nicht einmal wie Läuseeier. Der Mexikaner zog seinen schwarzlackierten Krötenkopf heraus, blätterte im »Alten Maya-Kalender«, wiederholte immer wieder 2012,

1221, den letzten Tag in dem amerikanischen Blockbuster-Film *2012*, neun große Sternbilder bilden eine Gerade, die fünf Kontinente prallen zusammen, Wasser überflutet den Himalaya, die Karten auf der Erde werden neu gemischt. Es scheint, auch im »Buddhistischen Kalender« stehen solche Hinweise, die Reinkarnationen kommen zu einem Ende, Shakyamuni, jetzt geht ein buddhistisches Zeitalter zu Ende, 2013 kommt der Buddha der Zukunft, das ist die neue Epoche des dickbauchigen Maitreya-Buddha.

Der Mexikaner hat noch ernsthaft darauf hingewiesen, dass im »Alten Maya-Kalender« die Buchstaben »Dali« stehen, das bedeutet »Diamanten auf der Königskrone«, das entspricht den »Diamanten auf der unsinkbaren Arche Noah«, er durchschaute die Vorsehung, deshalb war er ständig auf Achse und ist von der Nordhalbkugel angereist, um hier ein Camp aufzubauen und in aller Schamlosigkeit das Jahr 2012 zu verbringen. Außerdem würde er auf alle Fälle hier bleiben, lebendig oder tot. Um zu zeigen, dass er Wort hielt, streifte er seine Armbanduhr ab, eine Rolex, und gab sie mir zur Aufbewahrung.

LIAO YIWU: Eine Rolex? Eine Markenuhr, die über hunderttausend kostet?

ROLEX: Deshalb habe ich sofort meinen Namen in »Rolex« geändert und ihm dafür meinen Geldbeutel gegeben.

LIAO YIWU: Ihr wart wirklich high bis zum Anschlag.

ROLEX: Aber er war im Nu wie vom Erdboden verschluckt. Ich fick dem seine mexikanische Mutter! Die Rolex war vom Flohmarkt, Preisvorschlag gerade mal fünfzehn Kuai. Ein Glück, dass in meinem Geldcouvert nur vierzig Kuai waren.

LIAO YIWU: Ein Verlustgeschäft.

ROLEX: Da ist das Haschischgebäck noch nicht drin.

LIAO YIWU: Wer hätte gedacht, dass ein Ausländer ein derartiger Müll ist.

ROLEX: Dieser Ausländermüll nimmt in der Altstadt von Dali immer mehr zu und, alle grinsen wegen des Haschischs, das hier überall auf dem Feld und in den Bergen wächst. Die chinesischen Frauen lernen Fremdsprachen, hängen mit den Westlern rum und haben nur eins im Kopf: weg hier. Aber die Ausländer hier sind wie ich, gut essen und nichts tun, nehme an, die hat man im Westen ausrangiert, oder sie haben keinen Job, also haben sie sich mit ihrer Stütze in die Dritte Welt aufgemacht, billige Kleidung und billiges Essen und verbringen ihre Tage ohne Gott und Gesetz. Hehe, wenn Ost und West einander treffen, wenn das Ungeziefer der beiden Gattungen aufeinandertrifft, da zahlt jeder für sich, im Bett nutzt man gemeinsam die Organe, außerhalb des Betts kümmert man sich um seine eigenen Angelegenheiten, wenn man auf diese Weise ein paar Runden überstanden hat, dann will sie heiraten und auswandern? No! Wer hat das chinesische Volk nur so gastfreundlich gemacht? Essen und Trinken sind billig, Haschisch kostet nichts, es sind die Männer, die nicht gehen.

LIAO YIWU: Kostet Haschisch wirklich nichts?

ROLEX: Na, nicht ganz. Das Haschisch in den Kneipen und Pensionen wird zu einem Großteil in den Bergen gepflückt, es gibt auch welches, das wird nebenbei auf den Höfen abgegriffen. Wasser und Boden in Dali bringen das Spielzeug einfach hervor. Die Regierung hat die Massen mobilisiert, ist von Haus zu Haus gelaufen, hat an allen Mauern und hinter den Häusern wie so oft alles mit Stumpf und Stiel ausgegraben, viel Geld und viel Mühe hat das gekostet und viel Schweiß – aber beim nächsten Regen und nach ein paar Tagen Sonnenschein sind die grünen Sprossen wieder da, und nach ein paar Wochen stehen die Pflanzen kniehoch. Es gibt männliche und weibliche Pflanzen, der männliche Hanf wuchert wie wild, man kann die jungen Blätter pflücken, an der Sonne trocknen oder trocken rösten, sie rollen und rauchen, sonst haben sie keinen Nutzen. Die weiblichen Pflanzen haben viel mehr Wirkung, man kann sie nicht nur rauchen, man kann sie auch zu einem Pulver zermahlen, den Saft aus ihnen herauspressen, die Samen sind ölhaltig, mit dem Öl kann man noch sehr viel wirksamere Sachen aus ihnen machen.

LIAO YIWU: Früher hat mich jemand gewarnt, in der Altstadt dürfe man nicht einfach wahllos etwas in Läden essen, die man nicht kennt,

Schokolade, Zwieback, kleine Kuchen, Gebäck und so weiter und so
fort, sonst hebt man im Handumdrehen ab.

ROLEX: Diese Imbisse sind zu mehr als der Hälfte in der Hand von
Ausländern, ich deale en gros, alle vierzehn Tage, versorge bei Gelegenheit auch mal Touristen, das reicht für ein Mensaessen. Manchmal gehe ich auch selbst in die Berge, zu einem alten Tempel da
oben, und pflücke den Hanf selbst. Da steht alles voll, auf einer
Fläche von ein paar Mu* steht alles voll. Vor allem mitten im Herbst
ist das ein Dschungel, wenn man da reingeht, kann man sich ver-
irren.

LIAO YIWU: Das ist wohl ein bisschen übertrieben, oder?

ROLEX: Noch übertriebener ist es, dass ich einmal sogar bewaffnete
Polizei beim Haschischpflücken ertappt habe. Zu Anfang hab ich
noch rumgejammert, in der Meinung, sie hätten den Befehl, den
wilden Drogenstützpunkt zu zerstören, aber als ich sie mir eine Weile
aus ein paar Metern Entfernung angeschaut hatte, bemerkte ich auf
einmal, dass sie das Gleiche taten wie ich, die pflückten die Hanf-
spitzen ab und rochen immer wieder daran. Also tat ich so, als käme
ich eben nur so vorbei und fragte leichthin: Na, Soldaten mögen
davon wohl auch mal eine Prise? Aber sie antworteten: Wir sind jung,
sollen wir nicht dürfen, was ihr dürft?
   Aber ihr habt militärische Disziplin.
   In Friedenszeiten, wenn man das heimlich eine Weile macht, das
schadet nicht der Disziplin. Die amerikanischen Soldaten machen
das längst öffentlich.

LIAO YIWU: Das ist ein Märchen aus 1001 Nacht! Ich nehme an, Sie
sind bei Ihren nächtlichen Wanderungen sicher auch Gespenstern
begegnet.

ROLEX: Denen bin ich in der Tat begegnet. Letztes Jahr bin ich einmal
von der Polizei festgenommen worden. Damals ist die »Geldscheinband« gerade im »Getreidespeicher« aufgetreten, sie haben gesungen:

* Flächenmaß, ein Mu ist $^1/_{15}$ Hektar.

Wenn du ein Tablett für Shrimpcocktails bist,
bin ich der Cocktail drauf, und du hast mich gemixt;
wenn du ein Kötel Scheiße bist,
bin ich der Kötel, der dir in der Rosette steckt;
wenn ich deine Mutter ficke, dann aber
dschingerassa bum!

LIAO YIWU: Aber das ist doch Gosse.

ROLEX: Das ist von vorne bis hinten Gosse. Damals war in Sichuan gerade das große Erdbeben, ein Rums und über zweihunderttausend im Eimer, wenn man auf Tour ist, geht es offensichtlich besonders chaotisch zu, in Yunnan gab es besonders viele herumvagabundierende Untergrundbands, die sind alle bis Dali vorgedrungen, haben sich erst einmal mit Hasch zugedröhnt und dann Kneipen gesucht, in denen sie auftreten konnten. Der Gassenhauer eben war noch Kultur, wenn sie nicht komplett durcheinanderspielten, dann war das noch »soziale Harmonie«. An diesem Tag hatte die »Geldscheinband« mit ihren rauen Stimmen erst vier Songs gespielt, als bewaffnete Polizei hereinstürmte und den Laden auseinandernahm, sie hatten einen Tipp bekommen und zogen auf einen Schlag aus den Rucksäcken von einem Er und einer Sie gut zehn Kilo Methylamphetamin. Ich wurde da mit hineingezogen, die Hälfte der Kneipengäste, die auf Dope waren, wurde verhaftet, Krethi und Plethi durcheinander, und auch ich konnte mich nicht aus dem Staub machen. Wie in Trance schwebte ich in die Polizeistation, dann in die Entzugsanstalt. Nach den Vorschriften dauert der Entzug drei Monate und kostet achttausendfünfhundert, die Kosten für die Verpflegung nicht gerechnet. Ich hatte kein Geld, bezog nur täglich Prügel, und sie haben mir die Rippen gebrochen. Eigentlich sollte ich in meine alte Heimat abgeschoben werden, aber die Verwaltung dort wollte keinen Ärger haben, und meinte, ich solle mich verpissen. Die Polizei drohte mir, wenn sie mich noch einmal in Dali sehen würden, dann würde ich eines sehr hässlichen Todes sterben.

LIAO YIWU: Sie leben aber noch.

ROLEX: Bis 2012 halte ich durch, dann werden wir sehen, ob ich überlebe oder nicht.

LIAO YIWU: Am besten sterben Sie sofort, dann tragen Sie keine Schäden für die Zukunft davon.

ROLEX: Abwarten und Tee trinken.

LIAO YIWU: Oder Sie kehren heim und gehen in die Grube und leisten einen Beitrag für Ihr Vaterland.

ROLEX: Abwarten und Tee trinken.

LIAO YIWU: Also, also …

ROLEX: Was also?

LIAO YIWU: Wird es Ihnen hier auf der Welt nicht zu voll?

ROLEX: Nein, nicht zu voll und nicht zu eng, in der ganzen Kneipe sind erst zwei, drei Tische besetzt. Wir haben Nebensaison. Ach so, Sie fangen an abzuheben?! Jetzt haben wir so lange geplaudert und jetzt erst werden Sie high? Wie es aussieht, muss ich meinen Cocktail noch etwas verbessern.

ZHAO BOGU,
EINE NEUE ART VON VAGABUND

Zum ersten Mal getroffen habe ich Zhao Bogu an einem Herbstabend 2003, in der Sifang-Straße in der Altstadt von Lijiang. Dieser Rundtanz der Leute von den Naxi, dieser alte Hut, ging gerade auf das Ende zu, als zwei Kinder den Platz okkupierten und Straßenmusik machten. Ein Mädchen mit roten Haaren spielte Geige, mit reglosem Gesicht, doch ihr Körper wiegte sich wie eine Weide im Wind und schwankte beträchtlich; der Junge war blond, hielt den Geigenkasten in der Hand, ging damit rund und sagte immer wieder: »Vielen Dank für Ihre Aufmerksamkeit!« – an den Ohren, den Nasenflügeln, den Wangen, den Vorderzähnen hatte er Piercings aus Kupfernägeln. Ich hatte auch schon Straßenmusik gemacht, hielt aus Solidarität inne, hörte ihrem Spiel lange zu, und obwohl es mich nicht angesprochen hat, gab ich ihnen als Erster 20 Kuai. Anschließend erfuhr ich, dass das erst 16 Jahre alte Mädchen aus einer Musikerfamilie stammte, schon vorzeitig in eine Fortgeschrittenenklasse einer Musikhochschule in Beijing gekommen war, dann aber rebelliert hatte, weggelaufen und nun schon ein paar Monate »spurlos verschwunden« war.

Der Junge war Zhao Bogu, erst siebzehn, Sohn von Eisenbahnarbeitern aus Duyun in Guizhou, er selbst nannte sich »gestrandet im Überall, seit über zwei Jahren nicht zu Hause gewesen«. Zur Zeit hauste er vorübergehend in der Bude eines alten Vagabunden, für die Unterkunft war gesorgt, aber nicht für das Essen.

Zhao Bogu brachte die Menge zum Seufzen, während er selbst allein und einfältig dastand, sich plötzlich vor den Leuten produzierte, der alte Vagabund, ein Fan von Deng Lijun, »war von oben bis unten schwarz«, er litt schwer unter Archoptosis und badete sich in den Pausen der Darbietungen den Allerwertesten mit einer warmen Kaliumpermanganat-Lösung; wenn er nicht befriedigt war, bückte er sich, Kopf nach unten, reckte sein bloßes Hinterteil in den Himmel und ließ es von der Sonne trocknen. Feinere Passanten schüttelten den

Kopf: »So jung und schon so fertig!« Aber er lachte nur, das
Leben selbst ist fertig, oder? Ich bin keine Jungfrau mehr,
mein Loch hat schon ein alter Köter gepimpert.

Die Jahre vergingen, im Nu war es Ende Mai 2010, Zhao
Bogu war 24, längst ein alter Fuchs, mit allen Wassern gewa-
schen und von Hunden gehetzt, ein Glück nur, dass der Grund-
ton, den der Färbeprozess durch die Gesellschaft bei ihm hin-
terlassen hatte, noch nicht zu düster war.

In irgendeiner Kneipe am Südtor von Chengdu sind wir uns
wieder begegnet. Und als wir besoffen waren, kam unter viel
Angeberei und gegenseitigem Schultergeklopfe folgende Ge-
schichte zum Vorschein.

—〰—

ZHAO BOGU: Hast du gewusst, dass Mili einen umgebracht hat?

LIAO YIWU: Mili? Der mit dem Kopf voller glatter geflochtener Zöpfe?

ZHAO BOGU: Genau, genau.

LIAO YIWU: Der aus Ningxia? Der nur Jazz gesungen hat?

ZHAO BOGU: Genau, genau.

LIAO YIWU: Der ist in Kneipen aufgetreten, ich habe ihm auch mal
zugejubelt. Als wir einen gehoben haben, habe ich ihn noch gefragt:
Im Nordwesten gibt es so viele atemberaubende Volksballaden, warum kommen die bei dir nicht vor?

Er sagte, sie seien vor dem Hintergrund der achtziger Jahre großgeworden, das passe nicht zu irgendwelchen Balladen, das passe nur
zu ganz feuchten und soften Sachen, mit seiner Vorliebe für westlichen Jazz sei er ja schon ein Außenseiter.

Ich sagte, der Zhao Muyang, der bei dir wohnt, der singt Balladen
und Shaanxi-Oper, das bewegt die Leute drei Kilometer gegen den
Wind.

Er sagte, Zhao Muyang ist ein etablierter Wandermusiker, so ei-

nen gibt es einmal, ich schätze ihn, aber ich will ihn nicht nachmachen.

ZHAO BOGU: Zhao Muyang ist Jahrgang neunundsechzig, also viel älter
als Mili.

LIAO YIWU: Als ich jung war, gab es keine Computer, nicht einmal
Fernseher waren übermäßig verbreitet. Wenn ich zurückschaue, das
war noch eine richtige Ackerbaugesellschaft, deshalb war der Unterschied zwischen den Generationen bei einem Abstand von gut zehn
Jahren nicht besonders groß. Heute hingegen sind fünf Jahre, ja ein,
zwei Jahre schon eine Generation, wenn man da nur ein bisschen
nicht aufpasst, verliert man den Anschluss. Zhao Muyang war in den
Augen von Mili schon ein uralter Mann.

ZHAO BOGU: Und du?

LIAO YIWU: Ein Fossil oder Asche. Und wer noch älter ist als ich, die
sind schon Luft, die haben die Achtziger- und Neunziger-Generatio-
nen schon nicht mehr auf dem Schirm. Mili sagte, er identifiziere sich
nur mit zwei Zeilen aus den Liedern von Zhao Yangmu, die Realität ist
nun mal so, ich kann nur für mich sprechen, das muss man aushalten.

ZHAO BOGU: Das ist aus einem Ritterfilm: Wer das Unerträgliche
erträgt, hat nichts mehr zu ertragen.

LIAO YIWU: Und dann hat er einen umgebracht?

ZHAO BOGU: Yunnan – die Berge hoch und der Kaiser weit, da gibt es
soziale Außenseiter wie Sand am Meer, kein Mensch weiß, woher
sie kommen und wohin sie gehen. Wandermusiker gibt es zu Tausenden, aber ich habe keinen gesehen, der ein besseres Gemüt hatte
als Mili. Aber an diesem Tag in der Kneipe, er hat gesungen und gesungen, haben sie unten angefangen Radau zu machen. Im Grunde
ist so was nicht der Rede wert, und wenn dabei auch noch ein paar
gehoben werden, auch nicht, wenn man Geld verdienen will, muss
man die Gäste bei Laune halten. Aber die da unten haben es übertrieben, die haben den Gesang von Mili niedergebrüllt, eigentlich

waren es ein paar taiwanische Landsleute, die in der Altstadt eine Pension laufen haben. Normalerweise wissen Taiwaner sich zu benehmen, und sie sind auch gebildeter als die Leute vom Festland, aber wenn sie Alkohol auch nur riechen, dann zeigen sie die Raubtierfratze des Inselstaats. Sie haben die Bühne gestürmt und Mili das Mikrophon weggenommen, herumgeschrien und -gebrüllt, das sei alles Mist, und haben Mili gezwungen, alte taiwanische Lieder zu singen, Deng Lijun, Liu Wenzheng, Zhang Qingfang und solche Sachen aus Großmutters Zeiten; wie soll die jemand im Alter von Mili kennen? Die Taiwaner waren genervt und haben in ihrem Suff ihrem Ärger auf die Kommunistische Partei und vielleicht auch auf die Guomindang Luft gemacht. Mili war wie vor den Kopf geschlagen, und sie haben ihn wie einen toten Hund einfach auf die Straße geworfen.

Am nächsten Abend waren die taiwanischen Landsleute wieder nüchtern und hatten längst vergessen, wie sie sich am Abend zuvor aufgeführt hatten. Ein paar von ihnen haben sich wie immer beim Sonnenuntergang getroffen, um ein bisschen frische Luft zu schnappen, Tee zu trinken und Mah-Jongg zu spielen, ganz entspannt und easy. Außerdem soll hinter der Pension noch ein hübsches Mädchen in traditionellen Gewändern Guzheng gespielt haben, das berühmte alte Stück »Frühling–Fluss–Blumen–Mond–Nacht«, alle haben sehr intensiv zugehört, als Mili vor der Tür stand, von Kopf bis Fuß in Mullbinden gewickelt. Ohne etwas zu sagen, hat er hinter dem Rücken ein zwei Ellen langes Messer vorgezogen und zugestoßen, dem taiwanischen Chef der Pension mitten in die Brust. Das Blut spritzte nur so, Hund, Katz und Maus rannten davon, die Guzheng krachte auf den Boden, die hübsche Musikerin stieß spitze Schreie aus ... das Ganze war wie ein alter Film, Mili hat noch über zwanzig Mal zugestoßen, als wollte er ein Schwein auseinandernehmen, dong, dong, dong hallte es über die ganze Stadt.

LIAO YIWU: Genug des Nervenkitzels.

ZHAO BOGU: Vielleicht stand er schwer unter Alkohol oder war vollkommen high von Hasch oder beides, wenn Alkohol und Hasch sich mischen, dann hebt man wirklich ab. Schnell war das überall rum, er hatte einen Taiwaner abgeschlachtet, ihm auch noch das Herz herausgerissen, es mitgenommen und sich dann mit einer Truppe von

Haschbrüdern zu einem Saufspiel getroffen. Kurz, als die Polizei ihn verhaftet hat, war er am Gackern.

LIAO YIWU: Fertig?

ZHAO BOGU: Fertig.

LIAO YIWU: Und du bist da nicht mit hineingezogen worden?

ZHAO BOGU: Leider war ich gerade nicht da. Wenn ich da gewesen wäre, wäre ich auch am Ende.

LIAO YIWU: Irgendwer hat mir erzählt, dass Mili dein Meister war?

ZHAO BOGU: Sagen wir eher, wir haben bei dem gleichen Meister gelernt. Vor zwei, drei Jahren habe ich am Südtor einen fliegenden Stand gehabt, bin hausieren gegangen mit schlecht gefälschtem Kunsthandwerk. Irgendwann einmal an einem Abend, ich war ganz guter Dinge, habe ich mir eine Gitarre geschnappt, bisschen rumgezupft und dazu meine Waren angeboten – und siehe da, es lief nicht schlecht. Noch erstaunlicher war, dass auf einmal Mili vor mir stand, sich zwei, drei Strophen anhörte und mir etwas vorsäuselte von »voll magnetischer Stimme«. Ich war noch ganz schüchtern, aber er hat mich immer wieder ermutigt umzusatteln, er meinte, als Sänger muss man keine Prüfung machen, man braucht nur Gefühl, das ist alles. Ich nehme an, als Nutte braucht man auch keine Prüfung, jedes Mal, wenn sie so tut, als ob sie was empfindet, geht einem einer ab.

LIAO YIWU: Ach, der gute Mili.

ZHAO BOGU: Das wäre ein guter Titel für einen Song. Wenn die Nachricht kommt, dass sie ihn zur Exekution geführt haben, dann schreibe ich einen Song mit diesem Titel, schlage vor, der nostalgische Zhang Quan* singt ihn. Er ist der Leadsänger der Band »Wolfskind«, aus dem Nordwesten; als seinem Kumpel, dem kleinen Suo, der Krebs den

---

* Zhang Quan (*1968), chin. Sänger und Bandleader, beeinflusst von der westlichen Folkmusik.

Garaus gemacht hat, hat sich die Gruppe aufgelöst. Zhang Quan ist in Dali und Lijiang aufgetaucht, hat weiter die »Wolfskind-Staffel« gesungen:

Der Huanghe wird versiegen, weiß es längst,
Warum die Scheiß-Brücken reparieren, mal im Ernst?
Mein Mädchen wird mir untreu werden, weiß es längst,
Was soll ich über Liebe reden, mal im Ernst?

LIAO YIWU: Vor zwei Jahren bin ich Zhang Quan begegnet, er ist Vegetarier und hat Kinder.

ZHAO BOGU: Na, und dann gibt es ja noch eure Leute aus Sichuan, Huan Qing, Wang Lei, Wu Tun, der sich überall herumtreibt, Yang Yi, lauter bekannte Leute, alle Anfang vierzig. In den Szenebars prügeln sich die wilden Jungen um Tickets. Wir und sie, uns trennen über zehn Jahre Berufserfahrung, also Können.

LIAO YIWU: So bescheiden?

ZHAO BOGU: Mili hatte ein Lied, das hieß »Wer lange wandert, dem sinkt der Mut«.

LIAO YIWU: Auf dem Weg zur Unterwelt wächst der Mut wieder.

ZHAO BOGU: Nur zu wahr. Unser gemeinsamer Lehrer war Bai Zi, ein Meister aus Shandong, der ist auf dem Weg in die Unterwelt schon mal vorgegangen.

LIAO YIWU: Bai Zi? Der Name kommt mir bekannt vor.

ZHAO BOGU: Ihr habt mal zusammen einen gehoben.

LIAO YIWU: Ich habe in der Altstadt mit so vielen einen gehoben, je später es wird, umso besser unterhält man sich, und wenn man dann einschläft, ist alles weg.

ZHAO BOGU: Aber Bai Zi hat erzählt, sein Kapital sei sein Gedächtnis. 1989 war ich erst vier Jahre alt, und das auch noch in Duyun, Guizhou, deshalb habe ich von nichts eine Ahnung. Aber Bai Zi war

Elitesoldat, er war bei dem Blutbad auf dem Tiananmen dabei, und er hat auch geschossen. Ob er auch einen umgebracht hat, das hat er nicht gesagt, er meinte nur, es sei »verdammt aufregend« gewesen und dass Politik ein schmutziges Geschäft ist.

LIAO YIWU: Und dann?

ZHAO BOGU: Danach hat er die Armee verlassen, ist aufs Land, war Beamter und auch Geschäftsmann und hatte engen Kontakt zu den Leuten in Jianghu. Eines Tages schließlich hatte er den vollen Durchblick hier, hat die Konventionen aufgegeben und hat sich davongemacht. Nicht einmal seine Frau und seine Kinder wussten, wo er abgeblieben war.

LIAO YIWU: Ach, jetzt erinnere ich mich, das ist der, der sich in diesem Dorf am Fuß des Cang, Nanmencun, auf einem Bauernhof in einer Dachkammer häuslich niedergelassen hat, sein daoistischer Mönchsname war … war … war – Meister Ziqi. Und ihr wart tatsächlich seine Schüler?

ZHAO BOGU: In Jianghu gibt es solche Lehrer-Schüler-Verhältnisse massenhaft, ich war ein junger Kerl und wusste noch nicht, wie viele Meister ich verehren sollte. Alles in allem waren Mili und ich richtig erschrocken, als wir ihn das erste Mal sahen, er kam uns vor wie ein himmlisches Wesen. Er war ganz anders als Diao Bu'er, der ständig den Glauben wechselt und dann doch zum Christentum zurückkehrt. Bai Zi hatte zwei-, dreimal so oft den Glauben gewechselt wie Diao Bu'er, darunter die Bimo-Religion der Yi, die Rindergeister der Miao, die Bön-Religion der Tibeter, in all das ist er eingedrungen, hat es vor Ort untersucht, außerdem hat er die Dongba-Zeichen der Naxi beschrieben, die Felsbücher der Hani und so weiter. Danach hat er sich tiefe Kenntnisse vom Westen und von China verschafft, nein, als Bai Zi die Welten der Götter, der Menschen und der Dämonen kannte wie seine Westentasche, hat er abgehoben, er will, bevor 2012 die Welt untergeht, eine vollkommen neue Religion erfinden, die Religion der Großen Einheit, außerdem muss er ein Buch schreiben in einer von ihm selbst vollkommen neu erfundenen Sprache, der Sprache der Großen Einheit.

LIAO YIWU: Du als sein Schüler, beherrschst du diese Sprache der Großen Einheit?

ZHAO BOGU: Ich kann das »Lied der Großen Einheit«:
Am Anfang von Himmel und Erde
erwacht Pflanze und Baum
Götter und Mensch sind eins
Leer ist das Gedächtnis,
Doch irgendwer, irgendwer rief
Einheit, Große Einheit,
Es hallt wider überall
Einheit, Große Einheit.

LIAO YIWU: Aber das ist immer noch Chinesisch.

ZHAO BOGU: Bai Zi hat uns vorläufig auf Chinesisch Text und Melodie machen lassen, wenig später dann hat er selbst Wort für Wort mit Ausdrücken aus der Sprache der Großen Einheit ersetzt und ergänzt. Außerdem hat er gesagt, was wir singen würden, das sei nur die Einleitung der *Bibel der Großen Einheit,* wir sollten warten bis 2012, wenn die Menschheit ausgelöscht und auch die Kammern unseres Gedächtnisses mehr oder weniger zerstört seien, würden er und wir zusammen diesen Augenblick der Schwäche nutzen und in den gewaltigen Abgrund zwischen Geist und Materie die *Bibel der Großen Einheit* pflanzen.

LIAO YIWU: Und wieso klingt die Melodie nach Jazz?

ZHAO BOGU: Alles, was Mili uns hinterlassen hat, klingt nach Jazz. Aber Bai Zi hatte kein musikalisches Gehör, der hat das nicht gehört und ihn sehr gelobt. Einem Impuls folgend ist er raus, hat eine Gitarre und eine Sanxian gekauft, ist jeden Morgen früh aufgestanden, hat die Morgensonne begrüßt und Ton für Ton von Mili gelernt. Aber es gingen drei Monate ins Land und er konnte nur einzelne Saiten anschlagen, zwischen jedem Anschlag lagen zwei, drei Sekunden, bis ein unvermittelter einzelner Ton rauskam. Mili hat tatsächlich die Geduld verloren, sich Mut angetrunken und ihm dann geraten, es bleiben zu lassen, denn »ein Meister ist nicht aus solchem Stoff«. Bai Zis altes Gesicht verlor die Kontrolle, wandte sich weg, hoch erhobenen Hauptes, und machte weiter mit seinem Gezimbel. Und dann hat er noch gesagt, das sei für die Ohren von Göttern bestimmt, nicht für die Ohren von Menschen. Mili meinte, was Menschen sich nicht anhören können, halten Götter noch weniger aus.

LIAO YIWU: Stimmt wohl.

ZHAO BOGU: Aber Bai Zi hat geantwortet, du bist kein Gott, wie willst du wissen, was Götter aushalten. Als ich sah, dass die beiden auf stur schalteten, meinte ich vermittelnd, ein Meister sei wie ein Gott und ein verständiger Freund schwer zu finden. Bai Zi produzierte dazu einen kreischenden Ton auf der Gitarre und seufzte gemächlich, ihr macht Tag für Tag Straßenmusik und müsst euch lieb Kind machen, ihr habt schon das Gehör verloren.

LIAO YIWU: Bewundernswert, zweifelsohne ein Meister.

ZHAO BOGU: Mili und ich waren auf der Stelle wieder bei Fuß. Die Vagabunden der Nach-Achtziger-Generation stehen besonders auf solche Nummern, die auf geheimnisvoll machen; du weißt nie, was einer in seinem Flaschenkürbis für Medizin verkauft. Ein gutes halbes Jahr waren Mili und ich Bai Zis General Heng und General Ha, du weißt, die buddhistischen Tempelwächter, und außer unserer Straßenmusik haben wir ihn hinten und vorne versorgt und uns intensiv in seiner Kunst geübt.

LIAO YIWU: Was für einer Kunst?

ZHAO BOGU: Die acht Trigramme des *Yijing*, der Fengshui-Kompass, Astronomie, Geographie, Welttendenzen, Trends des Volkes, es war umfassend. In den Romanen von Jin Yong wird oft von einer »Schatzsuche« gesprochen, die Schätze, die in der Gemarkung von Dali, zwischen Cang-Berg und Erhai-See, vergraben sind, die stehen absolut nicht hinter denen um Xi'an herum zurück. Xi'an war ganz früher einmal die Hauptstadt, die hat zahllose Fürsten und Könige kommen und gehen sehen. Aber Dali ist auch so eine Stadt; auch Dali hat zahllose Fürsten und Könige kommen und gehen sehen. Aber die Kaiser- und Königsgräber in Xi'an sind mehr oder weniger alle ausgegraben, man erzählt sich, in den umliegenden Bauerndörfern würden sie mit Qin-Ziegeln und Han-Backsteinen die Schweine- und Schafpferche bauen; aber in Dali gab es zwei Staaten, Nanzhao und Dali, mit über achthundert Jahren Geschichte, mit über zehn Generationen von Kaisern, und von denen ist noch nicht ein einziges Grab entdeckt worden.

LIAO YIWU: Wollt ihr Grabräuber werden?

ZHAO BOGU: Wo sind denn die Gräber?

LIAO YIWU: Der Tempel, in dessen Nähe ihr wohnt, ist in der Tang-Dynastie gebaut worden, es heißt, im Obergeschoss der Steinpagode befänden sich nicht wenige sehr seltene Schätze.

ZHAO BOGU: Da sind wir schon zusammen hochgestiegen, das ist schon vor zwanzig, dreißig Jahren leergeräumt worden. Ansonsten haben wir von den achtzehn Gipfeln des Cang-Berges über die Hälfte erkundet und sind immer mit leeren Händen zurückgekommen. Einmal hat der Detektor am Südhang des Zhonghe-Gipfels ein großes Magnetfeld angezeigt, die Nadel hat richtige Sätze gemacht, wie unser Puls auch, wir dachten, der große historische Augenblick ist gekommen, und irgendwo unter unseren Füßen sind die Kaisergräber ganzer Dynastien! Wir haben mit unseren Kletterpickeln in einem Umkreis von zwanzig Metern jeden Stein umgedreht, und als wir aufhörten, sind uns tausenderlei Gedanken durch den Kopf geschwirrt, wir haben uns gesagt, wir machen es wie korrupte Beamte, wir tauschen den Schatz gegen Cash, kaufen am Erhai Häuser und Land, nehmen uns ein paar Frauen und ein paar Zofen, heuern ein paar Handlanger an und führen ein schön ausschweifendes und dekadentes Leben. Aber Bai Zi war absolut dagegen und erklärte das Ganze zum »Aufbaufonds Große Einheit«, der nur für den Druck der *Bibel der Großen Einheit* und die Verfolgung der Sprache der Großen Einheit verwandt werden dürfe. Wir haben ganz lange Zähne bekommen, so haben wir ihn dafür gehasst, wir dachten an Königsmord und Thronsturz, konnten aber nichts anderes machen, als es ertragen.

Und während wir uns auseinanderdividierten, wurde es dunkel, die Sonne war im Handumdrehen nicht mehr zu sehen, der Wind heulte, und Schneeflocken wirbelten herum. Uns hat es ganz schön durchgeschüttelt, wir haben schnell eine Markierung angebracht und gemacht, dass wir vom Berg herunterkommen. Aber Himmel nochmal, es war zu spät, man hat die Hand vor Augen nicht mehr gesehen, ach, ach, wenn wir jetzt in eine Schlucht stürzen würden, wir würden erfrieren und kein Mensch würde uns finden. Es blieb uns keine Wahl, wir mussten eine Höhle suchen, ein paar Kiefernzweige abbrechen und damit den Eingang versperren. Und da waren wir nun, drei Mann auf engstem Raum zusammengepfercht, und haben die halbe Nacht ausgeharrt, erst als ein heller Schein durch das finstere Arschloch unseres Höhleneingangs sickerte, haben wir den Deckel aus Eis und Schnee vor unserer Höhle nach außen gedrückt und sind dann zwei, drei Stunden auf Händen und Füßen gekugelt und gekrochen und schließlich zum Berghotel oberhalb des Zhonghe-Tempels gekommen. Wir haben die Tür aufgestoßen, eine Schale Reisbrei verdrückt, im Warmen ein Schläfchen gehalten, und als wir am Nachmittag wach wurden, hatten wir derartige Kopfschmerzen, dass wir dachten, uns platzt der Schädel. Aber darauf konnten wir nicht achten, wir haben es ausgehalten und sind wie die Wahnsinnigen den Berg runter. Mili und ich hatten eine Woche lang eine schlimme Erkältung. Bai Zi war schon älter, der hatte oben die Kotzerei und unten Dünnpfiff, einen halben Monat lang Fieber und ließ die Ohren hängen.

LIAO YIWU: Für ein großes Abenteuer und für den großen Reichtum ist das nicht umsonst.

ZHAO BOGU: Von wegen Reichtum! Wir sind schlicht und einfach betrogen worden.

LIAO YIWU: Von wem?

ZHAO BOGU: Von dem Detektor sind wir betrogen worden. Dieses Spielzeugding hat nicht nur auf dem Gipfel ausgeschlagen, sondern auch am Fuß des Berges, und in der Stadt hat es Knall auf Fall zigmal ausgeschlagen, als würde das Ding hohldrehn. Am Anfang haben wir uns noch gewundert, es konnte ja nicht sein, dass überall, wo wir waren, derart große Keramikfelder waren, sonst wären die Kaisergräber längst leergeräumt worden.

LIAO YIWU: Habt ihr das Teil auf der Straße gekauft?

ZHAO BOGU: Bai Zi schwor bei allem, was ihm heilig war, er habe das Gerät in einem regulären staatlichen Laden gekauft, und als Produktionsort war auch die Sonderwirtschaftszone Shenzhen angegeben. Wir fragten, warum er keine Importware gekauft hat, zum Beispiel aus Amerika oder Deutschland. Bai Zi behauptete, die wären verdammt nochmal zwei- bis dreimal so teuer gewesen. Wir waren am Boden zerstört; dieser Detektor aus heimischer Produktion war genauso unzuverlässig wie unsere Regierung, im entscheidenden Augenblick macht sie sich mit den einheimischen Produkten über das Leben des Volkes lustig.

LIAO YIWU: Die Vertrauenskrise folgte auf dem Fuß.

ZHAO BOGU: Ja. Ich komme aus der Provinz Guizhou, ich weiß, was Fort- und was Rückschritt ist, aber Mili ist aus dem Nordwesten, die sind stur, die verlangen Treue bis in den Tod.

LIAO YIWU: Und was passierte dann?

ZHAO BOGU: Ich bin zurück in die Stadt gezogen und den beiden eine Weile aus dem Weg gegangen. Einmal sind wir uns in der Bo'ai-Straße, die sehr eng ist, über den Weg gelaufen und konnten einander nicht mehr ausweichen, da habe ich sie halt gegrüßt, da haben die beiden doch tatsächlich gleichzeitig die Hand gehoben und gemeint, werter Herr, Sie müssen uns verwechseln. Ich habe gelacht und gemeint, aber Meister, seien Sie doch nicht so herzlos, ich lade Sie beide ein, zu Lamm mit Reisnudeln nach der Art von Liupanshui in Guizhou. Da haben die beiden wieder wie aus einem Mund verkündet, vielen Dank, werter Herr, aber wir essen kein Fleisch mehr, wir sind jetzt Vegetarier.

LIAO YIWU: Hehe, das ist ja die reinste Komödie!

ZHAO BOGU: Aber sie konnten nicht ablehnen, die haben eine Spitzenvorstellung abgeliefert, die Einladung angenommen und sechs Schalen gefressen, das waren ein Pfund und zwei Liang Nudeln vegetarisch. Am Ende haben sie sich auch noch den Bauch massiert und gestöhnt, pappsatt, das Abendessen können wir uns sparen.

LIAO YIWU: Wie bitter, wie bitter.

ZHAO BOGU: Ach, Bai Zi hat, wenn er einmal die Suppenschale abgesetzt hat, auf die Menschenrechtscharta 08 hingewiesen und gemeint, er habe schon vor einem Monat einen Tagtraum gehabt, in dem
Liu Xiaobo sich mit einer dickrandigen Brille auf der Nase unter eine
Herde frisch geschorenen Viehs gemischt habe. Drumherum war alles
voller Polizei, eine coole Szene, wie aus *Schindlers Liste,* aber dort
sind die Juden an den Gaskammern angestanden, während Liu Xiaobo
und Seinesgleichen in einen Backofen kamen, im Nu waren sie Brei
und ein mit krachendem Knallen verbranntes Kotelett. Von dem
Gestank sei er wach geworden, habe herumgegrübelt, bis es hell wurde
und dann beschlossen, kein Fleisch und keinen Fisch mehr zu essen.

LIAO YIWU: Bai Zi kannte Liu Xiaobo?

ZHAO BOGU: Er sagte, er habe ihn vor zwanzig Jahren im Fernsehen
gesehen.

LIAO YIWU: Was hat denn das damit zu tun, dass er kein Fleisch mehr
isst?

ZHAO BOGU: Was der Himmel bestimmt, das darf man doch nicht
ausplaudern.

LIAO YIWU: Ja, das bringt Ärger.

ZHAO BOGU: Weil Mili schon lange nicht mehr in einer Kneipe aufgetreten ist, glaubte jeder, er sei nach Lijiang gegangen. Aber auf
einmal hat er mich von sich aus aufgesucht, eigentlich waren gerade
die Indizienbeweise aufgenommen worden, und er war vom Revier in
der Altstadt freigekommen. Und eigentlich war er nach einer Nacht
ohne Schlaf gerade erst ein bisschen eingeschlummert, als ein grund-
loses Gebrüll ihn hochschrecken ließ. Er fuhr sich durch das Gesicht,
schlich heimlich aus der Wohnung vom ersten Stock auf das Flachdach darüber, hielt aber unwillkürlich neben der Tür inne. Es war Bai
Zi, der seinen »Gesang der Großen Einheit« zu singen versuchte.
Zwischen dem Cang-Berg und dem Erhai-See, wo die Sonne den
letzten Winkel ausleuchtet, war unser großer Weltenretter Bai Zi über

die Jahre schwärzer gebrannt und gemergelt worden als eine Mumie, damals trug er nichts am Leib als einen bunten Slip. Er trat auf der Stelle, keine Ahnung, wie oft er im Kreis ging, bevor er jäh stehenblieb und Richtung Cang-Berg beide Arme ausbreitete. Wieder fing er an zu singen, nein, er fing wieder an zu brüllen.

Mili sagte, er sei daran gewöhnt, Jazz und Rock zu hören, seine Achtziger-Jahre-Ohren seien relativ tolerant, aber eine solche Attacke hielten auch sie nicht aus. Wie eine abgestochene Sau, wenn man es schlampig macht und mit dem Blut nicht die Kehle stopft und das Vieh unkontrolliert rumspringt.

LIAO YIWU: So avantgardistisch?

ZHAO BOGU: Die originelle Hymne eines völlig unmusikalischen Menschen, wahrscheinlich würde selbst Gott einen Herzinfarkt bekommen. Richtig, du spielst ja selbst ganz gut Flöte, aber dein Gebrüll ist ungefähr so chaotisch wie das von Bai Zi, da müssten die Leute in den Kneipen ja die Flucht ergreifen.

LIAO YIWU: Das verstehst du nicht, das wird am Altersunterschied liegen.

ZHAO BOGU: Ich habe mich auch gewundert, Bai Zi hat den halben Tag rumgegrölt, aber Mili hat nicht einen Satz verstanden. Ich sagte, Mili, sagte ich, das »Lied der Großen Einheit«, das war ganz am Anfang doch unser Ding –

Am Anfang von Himmel und Erde
erwacht Pflanze und Baum
Götter und Mensch sind eins
Leer ist das Gedächtnis, leer,
Doch irgendwer, irgendwer rief
Einheit, Große Einheit,
Es hallt wider von überall
Einheit, Große Einheit –

Mili sagte, so etwa war der Sinn gewesen, aber Bai Zi hat es geändert, er hat mit seiner »Sprache der Großen Einheit«, die gerade erst das Licht der Welt erblickt hat, Zeichen für Zeichen und Satz für Satz das Chinesische ersetzt, dazu noch seine einzigartige Sangeskunst, das versteht nur noch ein Gott.

LIAO YIWU: Und dann?

ZHAO BOGU: Danach flossen viele Tränen. Bai Zi hat sich selbst so gerührt, dass es bald nicht mehr ging, er streckte seinen dürren Gänsehals, stellte sich auf die Zehenspitzen, hob die Arme immer höher, die Daumen erhoben sich sogar über die Strohhütte rechter Hand und berührten die vorbeieilenden Wolken. Selbst der kahlschwänzige Hund des Vermieters, der normalerweise keinen Ton von sich gab, schien vom Augenblick inspiriert, stürzte unversehens nach oben und fing wie wild an zu bellen. Diesmal war die Reihe an Bai Zi zu erschrecken, er unterbrach auf der Stelle sein Gesinge oder besser sein Gebrüll, bückte sich, griff sich den Hund und warf ihn unvermittelt Richtung Horizont.

LIAO YIWU: Nicht ungeschickt.

ZHAO BOGU: Als er den Hund in die Luft warf, hat er ihm ein bisschen zu viel Schwung mitgegeben, zudem kam auch noch just in dem Moment eine Windhose. Die Ebene von Dali heißt vornehm auch »Wind-Blume-Schnee-Mond«, das heißt: der Wind von Xiaguan, die Blumen von Shangguan, der Schnee vom Berg Cang, der Mond über dem Erhai.

LIAO YIWU: Richtig, im Winter und im Frühling heben die sengenden Sonnenwinde, die aus dem Bruch bei Xiaguan herüberwehen, oft Häuser hoch und Ziegel ab und richten großflächige Sturmschäden an.

ZHAO BOGU: An diesem einmaligen Schöpfungstag der Religion der Großen Einheit hat unser einzigartiger Meister Bai Zi sich flugs mit dem Wind in die Lüfte erhoben. Man erzählt, seine Hütte hätte sich ebenfalls in die Lüfte erhoben und den ganzen Himmel bedeckt.

LIAO YIWU: Mit dem Hund war der Weg in die Unterwelt wenigstens nicht so einsam.

ZHAO BOGU: Etwa ein Jahr später ist dann auch Mili dem Mann und dem Hund gefolgt.

LIAO YIWU: Ich wünsche dem Meister, samt Schüler und Hund, dass
sie in der immateriellen Welt weiter ihre Glaubensrichtung verfolgen
können und die Religion der Großen Einheit herrlich weiterent-
wickeln. Jetzt bist nur noch du übrig …

ZHAO BOGU: Ich bekomme eine Gänsehaut am ganzen Körper. Schluss
jetzt! Trink was. Und ich bitte dich, Liao Yiwu, hinterher nicht wieder
Leben und Tod ineinander zu kneten, in Ordnung?

WEI GENGXIAO,
EIN ANWALT FÜR MORDFÄLLE

Ich kenne den Anwalt Wei Gengxiao seit acht Jahren, aber wir sind immer auf Distanz geblieben. Bis zu diesem Nachmittag am 24. November 2011, als er, der längst den Beruf gewechselt hatte und Immobilienmakler geworden war, plötzlich vor meiner Tür stand und mir in dem Teegarten einer Bauernfamilie bei uns hinter dem Haus sein Herz ausschüttete. Er erzählte mir eine sehr dramatische Geschichte über einen Auftragsmord.

Durch diese Geschichte hindurch sehe ich den vierzig Jahre alten Wei vor mir, äußerlich aalglatt, aber innerlich voller ratloser Ressentiments gegenüber den gegenwärtigen Zeitläuften.

WEI GENGXIAO: Vor acht Jahren haben Sie schon Interviews mit chinesischen Underdogs gemacht, und Sie machen das immer noch. Kann man denn mit dieser Spielerei Geld verdienen?

LIAO YIWU: Mit einem bedeutenden Anwalt wie Ihnen kann ich natürlich nicht mithalten.

WEI GENGXIAO: Ich habe längst den Beruf gewechselt, ich bin jetzt stellvertretender Direktor einer Firma für Immobilien und Erschließung.

LIAO YIWU: Wie wäre es, wenn ich mit Ihnen ein Interview machen würde?

WEI GENGXIAO: Ziehen Sie bloß kein Aufnahmegerät aus der Tasche, nicht so! Da kriege ich die Krise.

LIAO YIWU: Wir können uns auch einfach so ein bisschen unterhalten.

WEI GENGXIAO: Gut, gut, heute bin ich ein bisschen entspannter als sonst. Sie wissen, dass es vor zwei Monaten hier irgendwo einen seltsamen Autodiebstahl gegeben hat?

LIAO YIWU: Nein, weiß ich nicht.

WEI GENGXIAO: Da war so ein Fassadenkletterer, der hatte schon acht Jahre Umerziehung durch Arbeit hinter sich. Als die Strafe abgebüßt war und er entlassen wurde, ist er mit Hilfe seiner Spießgesellen aus der Unterwelt von einem Tag auf den anderen Subunternehmer an irgendwelchen Baustellen geworden und auf dubiosen Wegen zu Geld gekommen. Um die Beziehungen zur Polizei auf Umwegen zu verbessern, hat dieser ehemalige Dieb dem dortigen Leiter der Kriminalpolizei eine Limousine geschenkt. Aber es dauerte nicht lange, da stand auch der stellvertretende Leiter der Kriminalpolizei vor seiner Tür, er hat sich beeilt, ihn mit einem Lächeln einzuladen, und als er ein paar Gläser Schnaps im Bauch hatte, hat der stellvertretende Leiter der Kriminalpolizei zu schimpfen angefangen: »Du verdammter, eingebildeter Schurke von einem Duckmäuser, du weißt, wie man meinem Chef Zucker hinten reinbläst! Das ist nicht fair!«

Dem Dieb war das unangenehm, also hat er sich wohl oder übel ein paarmal an die Brust geschlagen: »Ich mache das wieder gut, ich mache das wieder gut, ist doch nur eine Limousine! Innerhalb einer Woche schicke ich Sie Ihnen nach Hause.«

LIAO YIWU: Wie ist ein ehemaliger Häftling an so viel Geld gekommen, dass er damit so um sich werfen kann?

WEI GENGXIAO: Ein Pferd ohne Heu über Nacht wird nicht fett, ein Mensch ohne krumme Geschäfte nicht reich, aber der Reichtum war unserem Dieb zu Kopf gestiegen – er hat die Gelegenheit beim Schopfe gepackt, drei alten Zellengenossen Bescheid gesagt und im Schutz der Nacht vor einer etwa zweihundert Kilometer entfernten Bar ein Auto gestohlen. Sie wollten es sich gerade unter den Nagel reißen, als plötzlich die Besitzerin des Wagens vor ihnen stand. Ein Blick genügte, sie drückten den Kopf der Frau nach unten und banden sie auf dem Rücksitz fest. Dann sind sie mit dem Wagen davongerast, bis sie achtzig Kilometer weg waren, dann haben sie sie vergewaltigt, umgebracht, die Leiche in Stücke gerissen und die Einzelteile in Jutetaschen vergraben.

Die Kerle haben den Wagen gründlich gereinigt, sind damit zurückgefahren, als wenn nichts wäre, haben sich hingelegt und bis zum Nachmittag des nächsten Tages geschlafen, bis sie das Geschenk zu einem Automarkt an der Straße, den der stellvertretende Leiter der Kriminalpolizei bestimmt hatte, schickten. Kennzeichen und Papiere waren entsprechend gefälscht, der Stellvertretende strahlte über das ganze Gesicht, als er die ausgesprochen devoten Gauner sah.

Erst ein gutes halbes Jahr später wurde der Fall wieder aufgenommen – der stellvertretende Polizeichef war auf dem Weg in den Urlaub, wo er im Suff mit überhöhter Geschwindigkeit jemanden angefahren hat und von der Verkehrspolizei angehalten wurde. Als man das Ganze durch den Computer jagte, stellte man fest, dass die Nummernschilder gefälscht waren; als man weiterforschte, zog das immer größere Kreise – nicht nur die Limousine des stellvertretenden Polizeichefs, sondern auch die des Polizeichefs waren Diebesgut.

LIAO YIWU: Wenn Polizei und Gauner unter einer Decke stecken, dann wird es für die einfachen Leute schwer.

WEI GENGXIAO: Sie sind Literat, Sie wissen aus den Geschichtsbüchern, dass es in allen Zeiten und Dynastien zu diesem Zusammenspiel von Unterwelt und Beamtenschaft gekommen ist und dass das keine Spezialität unserer Zeit ist. Richter Bao war eisern und pflichtbewusst, er galt als Leiter des Anti-Gier-Amtes der Nördlichen Song-Dynastie, aber die ihm unterstellten Ritter und Kämpfer waren samt und sonders Gewohnheitsdiebe, die haben sogar die Unterwelt bestohlen.

LIAO YIWU: Das nannte sich nicht Diebstahl, das hieß »das Terrain sondieren«.

WEI GENGXIAO: Hehe, nicht schlecht, Sie wissen, wie man jemandem ein X für ein U vormacht.

LIAO YIWU: Zu viel der Ehre.

WEI GENGXIAO: Genug der Vorrede, kommen wir zum eigentlichen Thema – das sind keine Gerüchte, das ist ein Fall, den ich selbst vor vier Jahren vertreten habe. Mein Mandant damals war ein Bauernarbeiter, wie die Tagelöhner und Wanderarbeiter so schön genannt werden; er hatte keinerlei Mittel, und so bereitete auch ich mich darauf vor, das Ganze oberflächlich abzuhandeln, nach dem Ablauf des Geschehens zu fragen, dachte mir ein paar Szenarien aus, die nach dem Gesetz für Straferleichterung stehen konnten, um während der Verhandlung darauf hinzuweisen – aber ohne Erfolg, auf Mord steht der Tod, das ist himmlisches und irdisches Gesetz, ein Anwalt ist so sinnvoll wie die Ohren eines Tauben – reine Dekoration, kaum mehr wert als die Schöffen rechts und links vom Richter.

Mein Mandant hieß Yao Wengui, war siebenundzwanzig Jahre alt, braungebrannt, mit dichten Augenbrauen und großen Augen, eine sehr gut aussehende Erscheinung, ein bisschen wie die Schlagersternchen aus Taiwan oder Hongkong. Aber wie die vom Land so sind, wenn sie reden, bekommen sie einen roten Kopf, und besonders helle sind sie auch nicht.

Ich habe ihn erst eine Woche vor der Verhandlung im Untersuchungsgefängnis besucht. Es war bereits tiefer Herbst, außerdem regnete es, aber Yao Wengui trug nichts drüber und war in Ketten. Er fragte mich stotternd, ob es eine Möglichkeit gebe, dass er nicht zum Tode verurteilt würde? Was hätte ich so jemandem sagen sollen, jemandem, der keine Ahnung von den Gesetzen hat?

Das Treffen war nach einer Viertelstunde beendet. Auch wenn es nur zum Schein war, habe ich ihn doch gefragt, wie es bei ihm zu Hause so steht. Seine Eltern, seine Frau, seine Schwester und seine Kinder waren in den letzten fünf Jahren sukzessive vom Land in das Stadtgebiet von Chengdu gezogen. Ich fragte, ob es in seiner Heimat noch jemanden gebe?

Er antwortete, da sei noch seine Großmutter, sie sei über siebzig und passe auf ihr altes Haus und die paar Mu Land in der Schlucht auf.

Wieder zu Hause, blätterte ich in den Akten des Falls, bin dann der Adresse folgend, die Yao aufgeschrieben hatte, einmal zu dem Hof gefahren in einer Wohnanlage in Xiaojiahe, Yaos Vater war dort Pförtner. Seine Pförtnerloge hatte sieben, acht Quadratmeter, außer einem Tisch gab es nur noch ein Bett. Ich warf einen Blick unter das Bett, es war noch ein altes Drahtgestell. Ich schätze, so gegen elf Uhr in der

Nacht wurde das Haupttor geschlossen, dann auch die Tür der kleinen Pförtnerloge, der enge Raum war mit sechs Leuten vollgestopft. Yaos Vater war Anfang fünfzig, aber sein Haar war fast ganz weiß. Sein monatliches Einkommen wurde aus den Nebenkosten der Anwohner bezahlt, nicht mehr als hundertzwanzig Yuan. Ich weiß auch nicht wie, aber ich verplauderte mit ihm gut zwei Stunden und habe mehr Anteilnahme entwickelt, als ich das beabsichtigte.

LIAO YIWU: Sie sind kein Anwalt, dem es nur auf das Geld ankommt? Wieso hätten Sie sonst »Anteilnahme« entwickeln sollen?

WEI GENGXIAO: Ich finde solche Witze ziemlich ärgerlich, muss ich sagen!

LIAO YIWU: Entschuldigen Sie.

WEI GENGXIAO: Die Aktenlage war anfangs ganz alltäglich – der Chef einer Renovierungsfirma, nennen wir ihn einmal A, hält sich eine Geliebte; die beiden hängen wie die Kletten aneinander, sie sind unzertrennlich, und so ist es ganz normal, dass A daran denkt, sich von seiner Frau B, mit der er schon zwölf Jahre zusammenlebt, scheiden zu lassen. Eigentlich verläuft auch die Scheidung ganz normal, heutzutage gehört es ja schon zum guten Ton, dass ein Mann sich zwischen dreißig und vierzig scheiden lässt. Aber dann geht es um die Verteilung des Vermögens – A hat sich zehn Jahre krummgelegt, besitzt eine Wohnung von über hundertzwanzig Quadratmetern, einen VW-Jetta mit einem Wert von gut hunderttausend und dann noch gut hunderttausend auf der Bank. Wenn die männliche Seite ohne Angabe von Gründen die Scheidung einreicht, wird mehr als die Hälfte des Vermögens der Frau zugesprochen; außerdem haben sie eine siebenjährige Tochter – und dann ist da noch die Sache »mit der dritten Partei«, die überhaupt nicht sichtbar wird, sonst wäre A als dem schuldigen Teil aller Wahrscheinlichkeit nach nicht mehr das Hemd am Leib geblieben.

Um geschieden zu werden und gleichzeitig das gesamte Vermögen zu behalten, bleibt ihm nichts anderes übrig, als B loszuwerden. A hat eine höhere Erziehung genossen und wagt nicht, selbst Hand anzulegen. Also steckt er um ein paar Ecken herum mit einem Geheimbund in einem heruntergekommenen Teehaus unterhalb der Yongfeng-

Hochstraßenkreuzung die Köpfe zusammen. In dem postkommerziellen Zeitalter, in dem wir leben, hat in diesem lichtscheuen Gewerbe alles seinen Preis, jemandem das Vermögen wegnehmen, für jemanden die Kalamitäten aus dem Weg räumen, ja selbst einzelne Körperteile, alles hat seinen Preis: So kostet zum Beispiel das Abschneiden eines Ohrs zweitausend Yuan; ein Zeigefinger kostet viertausend; ein Ringfinger dreitausend; eine ganze Hand zwölf- bis fünfzehntausend. Ein Messerstich, in das Schulterblatt, je nachdem, wie tief er ist, zwischen acht- und vierzehnhundert. Kurz, alles hat einen Grund-, einen relativ hohen oder einen Höchstpreis, je nach dem feinen Unterschied, ob etwas halb, ganz oder überhaupt nicht lebensgefährlich ist.

Außer der Diskussion über den jeweiligen Körperteil hängt der Preis auch ab von der Herkunft des Betroffenen und seiner gesellschaftlichen Stellung. Das ist ein Fass ohne Boden, deshalb kann so ein Auftragsmord zwanzig-, dreißigtausend kosten, aber auch hochgehen auf einige hunderttausend bis zwei, drei Millionen. A war im Vergleich mit den meisten Beamten und Geschäftsleuten, die krumme Geschäfte machen, höchstens Mittelmaß, weshalb er nach einem entsprechenden Disput auch nur dreißigtausend zugesagt hat, und auch das nur widerwillig. Sein Verhandlungspartner zögerte drei Tage, wahrscheinlich hat er in dieser Zeit bereits Recherchen angestellt, den Familienbesitz von A abgeklärt und den Preis auf fünfzigtausend festgelegt.

Anschließend sind beide Seiten übereingekommen, dass A zunächst einmal zwanzigtausend als »Anzahlung auf die Bestellung« herausrückt und nach Erledigung der Angelegenheit binnen eines halben Monats schließlich die restlichen dreißigtausend zahlt.

LIAO YIWU: Über so etwas hatten sie die Stirn, eine schriftliche Vereinbarung zu treffen?

WEI GENGXIAO: Von außen betrachtet war das ein ganz normaler Vertrag über Dekorationsmaterialien. Sogar mit Firmenstempel, Privatstempel und Sachbearbeiter, und für die zwanzigtausend Anzahlung gab es sogar eine Quittung.

LIAO YIWU: Himmel! Aber wer war der Mörder? War das Ihr Wanderarbeiter? Ihr Mandant?

WEI GENGXIAO: Kurz, als A vertragsgemäß das Geld überreicht hat und damit der Vertrag in Kraft gesetzt ist, fühlt er sich erleichtert; außerdem hat er für eine Weile darauf verzichtet, seine Geliebte zu sehen, bleibt jeden Tag zu Hause bei seiner Frau und seinem Kind und spielt gewissenhaft den guten Ehemann.

LIAO YIWU: Und wie wurde das Ganze dann ins Werk gesetzt?!

WEI GENGXIAO: Ganz genau wie bei einer Projektübernahme – über Verhandlungspartner und Auftragsempfänger, auch das war ein Subunternehmer, der das noch nie gemacht hatte. Der nahm die »Anzahlung«, zog zuerst fünfzig Prozent als eigenen Anteil ab und hat den Rest dann weitergegeben. Vor ein paar Jahren, als die Branche langsam entstand, bekam die untere Ebene die andere Hälfte und hat das dann direkt erledigt; aber heute sind die Leute auf der schiefen wie auf der geraden Bahn sehr findig, sie wollen das Geld schlucken, aber kein Blut an den Händen haben – also zieht die untere Ebene noch einmal die Hälfte von ihrer Hälfte ab und reicht das Ganze noch einmal weiter. So werden aus zwanzigtausend zehntausend, aus zehnfünftausend, und in die Hand von meinem Mandanten kamen nur noch zweitausendfünfhundert, und davon zudem erst einmal nur die Hälfte als Anzahlung, die zweite Hälfte gab es nach Erledigung des Auftrags.

LIAO YIWU: Da ist ja ein Leben wirklich keinen Pfifferling mehr wert.

WEI GENGXIAO: Yao Wengui gehörte zu keiner Geheimgesellschaft, aber dass er diesen Schritt machen würde, war womöglich nur eine Frage der Zeit.

LIAO YIWU: Solche Geschichten von Auftragsmorden habe ich früher schon gehört.

WEI GENGXIAO: An dieser Stelle der Geschichte muss man zweierlei auseinanderhalten. Lass mich zuerst zu Ende erzählen, wie die Yaos in die Stadt kamen und dort Fuß gefasst haben. In den abgelegenen Ortschaften geht heutzutage außer den ganz Alten und den ganz Jungen fast alles in die Stadt.

LIAO YIWU: Das weiß ich. 2002 ist mein Vater gestorben; wir haben seine Asche in sein Heimatdorf zurückgebracht und festgestellt, dass auf dem Land immer größere Gebiete fast menschenleer sind, die Jungen und Kräftigen sind fast vollständig weg. Ein paar gute und mutige Leute sind nach Guangzhou, Beijing oder Urumtschi, um zu arbeiten, die wenigsten versuchen in Chengdu ihr Glück; die etwas Ehrlicheren sind in das etwas nähere Mianyang oder schlagen sich einfach in der Kreishauptstadt durch; wenn sie zu etwas Geld kommen, schicken sie es nach Hause, um alle möglichen Steuern zu bezahlen. Alles in allem besser, als zu Hause im Boden herumzuwühlen.

WEI GENGXIAO: Aber immer öfter gibt es die Situation, dass bei den Leuten vom Land, die der Arbeit wegen in die Stadt kommen, schrittweise die Bande zu Heimat und Scholle abreißen. So wie bei den Yaos, wo zuerst Yao Wengui und die jungen Kollegen und Mädchen zusammen in die Stadt gezogen sind und dort schnell an irgendeinem Bau den Kuli machten. Wenn sie sich dort Tag und Nacht ein paar Monate durchgeschlagen haben, dann sind die roten Lichter und die grünen Schnäpse der Stadt allemal verlockender als die Dunkelheit des Landlebens, also suchen alle nach einer Möglichkeit, weiter hierzubleiben. Yao Wengui ist nicht auf den Kopf gefallen, er hat irgendwo aufgeschnappt, dass sie in ein paar Wohnanlagen Pförtner brauchen, vor allem für die kleinen alten Anlagen aus den achtziger Jahren, da gibt es keine Hausverwaltung, die Anwohner wollen Sicherheit, aber nicht viel Geld ausgeben, für solche »guten Taten« sind nur Leute vom Land bereit.

Anschließend spähte Yao Wengui nach einer Chance, hat sofort nach Hause geschrieben und seinen sechsundvierzig Jahre alten Vater kommen lassen, damit er in einer Wohnanlage in Xiaodahe für ein Gehalt von hundertzwanzig im Monat den Pförtner macht. Auch wenn das ein wenig armselig war, so war die Pförtnerloge doch eine Bleibe, und Vater und Sohn brauchten nicht weiteres Geld für Miete auszugeben. Außerdem sind die Leute vom Land sehr umtriebig, übernehmen für die Anwohner häufiger kleine Aufträge, womit sie ihr Gehalt ein wenig aufbessern können.

Aufgrund der Cliquenmacht der Wanderarbeiter wurde Yao Wengui nacheinander von den Baustellen der Ziyang-Bande und dann von der Jianyang-Bande, die alle Welt hinters Licht führten, verdrängt, hat

nacheinander als Schuhputzer gearbeitet, Fahrräder repariert und
sich, obwohl er ständig von den Stadtverwaltungen hin und her ge-
scheucht wurde, immerhin zweihundert Yuan vom Mund abgespart.
Anschließend hat er ein Fahrrad mit Beiwagen gekauft, hat damit
im Xiaohe-Gebiet, das er schon kannte, sein Geld verdient und nach
einem Jahr, als der Job seines Vaters von Tag zu Tag sicherer wurde,
haben nach und nach Mutter Yao, Frau Yao und Kind Yao in der Stadt
Unterschlupf gefunden. Nach zwei, drei Jahren sind sie nicht einmal
mehr zu Neujahr in die alte Heimat zurückgekehrt.

Als nun die ganze Familie in der Pförtnerloge hauste, fingen die
Anwohner an zu reden, aber die Leute vom Land sind hart im Nehmen und haben oft kostenlos Arbeiten übernommen; außerdem war
die Gemeinschaft ja auch wirklich sicher, wenn so viele Leute die
Pforte bewachten.

LIAO YIWU: Und damit findet die Geschichte vom Wegzug einer Bauernfamilie in die Stadt ihr Ende.

WEI GENGXIAO: Aufs Ganze gesehen befindet sich die gesamte chinesische Bevölkerung in einer Umzugswelle, die Bauernfamilien verlassen den Boden, der ihnen schon seit Generationen gehört, damit
wird der zentrale Stein des Fundaments entfernt; aber in der Stadt ist
es nicht anders, die Bewohner der Kreisstadt sehnen sich nach der
Großstadt, und wenn sich ein Weg und die entsprechenden Bedingungen auftun, dann will keiner auf dem angestammten Stück Land
bleiben, jeder will sein Gehirn schärfen und in einen größeren Ar-
beitsbereich kommen, in dem es weniger Bindungen gibt. Deshalb
gelten die westlichen Länder in dieser Umzugsschleife, die in China
von der Unter- zur Oberschicht alles erfasst hat, als das ultimative Paradies – Beamte, Händler und Unterhaltungssternchen, die das Geld,
den Einfluss und die Wege haben, sind die ersten Zugvögel, die sich
in dieser Richtung davonmachen, dabei sind sie im Grunde immer
noch die gleichen chinesischen Bauern und unterscheiden sich nicht
im Geringsten von Yao Wengui.

LIAO YIWU: Hört, hört.

WEI GENGXIAO: He, ich komme vom Thema ab. Kurz, die Zeit ist wie
ein Pendel, im Nu war Vater Yao schon vier Jahre Pförtner und die

Anwohner hatten sich allmählich an ihn gewöhnt. In diesen vier Jahren hatten seine Mutter und seine Frau jede für sich als Schuhputzer gearbeitet, auch in Restaurants haben sie Handlangerdienste übernommen, und wenn sie Glück hatten, haben auch die Anwohner in der Wohnanlage sie als Haushaltshilfe in ihre Wohnungen geholt. Und Yao Wengui hat die ganze Zeit sein Fahrrad mit Beiwagen gefahren, da kam schneller Geld herein als bei einer festen Arbeit, aber das Kapital war auch schnell weg. Dadurch, dass er der Verkehrspolizei ins Netz ging, hat er in einem Jahr mindestens vier, fünf Fahrräder mit Beiwagen verloren. Yao Wengui sagte: »Das Grundkapital für ein solches Fahrrad mit Beiwagen liegt bei etwa hundertfünfzig, auf das Jahr gerechnet habe ich eine Kapitaleinbuße von über tausend Yuan, aber ich bekomme für eine Fahrt gerade einmal zwei, drei Yuan, und da schwitzt man Blut und Wasser, wie oft muss man da fahren, um über tausend Yuan zusammenzubekommen!«

LIAO YIWU: Hat er nie etwas anderes versucht?

WEI GENGXIAO: In der Unterschicht hat jeder Job seine Zunftclique, das sind keine Nachbarn wie auf dem Land oder Bekannte, da kommt man schwer rein. Aufgrund der günstigen Verkehrsverbindungen und des Anwachsens der Städte sind die Arbeiter, die aus den Vorortkreisen nach Chengdu kommen, bei weitem besser dran als die, von weiter her kommen, auf dem Bau, bei der Renovierung und anderen Arbeitsmärkten kann man sich auch leichter zusammentun. Einer oder zwei sind in der schwächeren Position, aber wenn sich die Leute aus der gleichen Gegend zusammentun, dann fühlen sie sich nicht mehr in der schwächeren Position – und alle haben ein gemeinsames Ziel: überleben und weiterkommen. So sind die ersten Banden und Geheimgesellschaften entstanden.

Kommen wir zu Yao Wengui zurück: Bei dem Katz-und-Maus-Spiel mit der Stadtverwaltung war sein letzter Ausweg, diese Reisschüssel aufzugeben – aber wo sollte das Geld dann herkommen? Dabei hielt er sich selbst für einen echten Kerl, der an das große Geld kommen konnte. Er sagte: »Eine Familie mit sechs Leuten kann nicht ewig in einer Pförtnerloge hausen, da kann man nicht einmal einfach mit seiner Frau intim werden. Und draußen einen Käfig von einem Zimmer mieten, kostet über zweihundert.«

Unter all diesen unlösbaren Schwierigkeiten ließ jemand aus der gleichen Gegend, den er seit zwei Jahren nicht mehr gesehen hatte, seine Beziehungen spielen – und da hatte er die Chance, an das große Geld zu kommen! Zweitausendfünfhundert Yuan wurden in seinem von der Gewohnheit geprägten Denken sofort umgerechnet in siebzehn Fahrräder mit Beiwagen: eine astronomische Summe! Außerdem ging es bei dem Auftrag nur um eine schwache Frau.

LIAO YIWU: Aber da ging es doch immerhin um Mord, hat er das so einfach angenommen?

WEI GENGXIAO: Ja, er hat es sich wirklich einfach gemacht. Yao Wengui mochte Filme aus Hongkong und Taiwan, auf der Baustelle stand eine große Baracke, in der man für einen Yuan zwei, drei von diesen miserablen Räuber- und Gendarmfilmen sehen konnte. Er hat oft mit eigenen Augen gesehen, wie es zwischen den Wanderarbeitern wegen Meinungsverschiedenheiten zu Prügeleien kam, Knüppel, Backsteine, Messer, Pistolen – alles kam zum Einsatz. Alle schlugen sich gegenseitig den Schädel ein, dabei war damit kein Fen verdient.

Sein Arbeitgeber hat Yao Wengui heimlich den Gegenstand seines Auftrags gezeigt und ihm die Anzahlung in die Hand gedrückt – binnen einer Woche sollte das erledigt sein.

Die Familie von A wohnte in der Wohnanlage »Kriegsflagge«, wenn man schnurgerade über den Boulevard ging, stieß man auf die, wie es hieß, achttausend Jahre alte Ruine von Jinsha. Ein paar große Immobilien- und Erschließungsfirmen hatten die zukünftigen kommerziellen Möglichkeiten des Ruinenparks im Visier und kreisten in Scharen um das Gelände. Die Arbeiten an dem Gebäude hatten noch nicht begonnen, in dem mannshohen Ödgras hatten die Leute, die hier oft spazieren gingen, längst ein paar Trampelpfade gezogen. Auch die Familie A hatte die Gewohnheit, hier spazieren zu gehen. Yao Wengui war auf diesen Wegen schon zweimal A und B in die Arme gelaufen, sie hatten ihre kleine Tochter an der Hand und sahen sehr nach heiler Familie aus.

Yao Wengui hatte einen Jutebeutel mit einem Hammer und einem Hackmesser schief über der Schulter, lief ihnen drei, vier Tage hinterher und trieb sich auch noch nachts vor der Umzäunung des Geländes herum, aber er fand nie eine passende Gelegenheit, um zuzuschlagen. Es war bereits Herbst geworden, aber der Kerl kümmerte sich nicht um Mückenstiche, suchte sich einen Winkel und legte sich in einem Grasgebüsch auf die Lauer. So wartete er, dass etwas geschehen würde, und vertat weitere zwei Tage, am nächsten Morgen würde die Frist schon abgelaufen sein, Yao Wengui hatte es eilig.

Ausgerechnet an diesem Tag machte die Familie A ihren Spaziergang später als sonst, so gegen 20.40 Uhr, es war bereits ganz dunkel, aber ein heller Mond tauchte alles in einen hellen Schimmer, die dreiköpfige Familie kam näher, und es war niemand vor ihnen und niemand hinter ihnen. Im Grunde war Yao Wengui vollkommen verzweifelt, mit drei Leuten konnte er nicht umgehen. Aber in diesem Augenblick klingelte das Handy von A, er telefonierte zwei Minuten und sagte dann zu B: »Bei uns steht Besuch vor der Tür, geh mit dem Kind schon mal voraus.«

B sagte: »Lass uns doch zusammen gehen!«

A bestand darauf, dass B vorgehen solle, er wolle ein bisschen allein sein und über das ein oder andere nachdenken.

B machte sich über ihn lustig: »Jetzt sind wir so viele Jahre verheiratet und erst jetzt bekomme ich mit, dass du ein Philosoph bist.« Damit ist sie, das Kind hinter sich herziehend, mit schnellen Schritten los.

Yao Wengui hockte im hohen Gras und sah mit aufgerissenen Augen zu, wie ihm die Beute durch die Lappen ging, aber er wagte sich nicht zu rühren. A bummelte weiter, hat sein Gerät herausgeholt und vor das Grasgebüsch, in dem Yao hockte, gepinkelt – erst als er sich erleichtert hatte, nahm er sein Handy wieder heraus und rief seine Geliebte an. Er ging auf und ab und beruhigte sie: »Es dauert nicht mehr lange und wir sind frei!«

Yao Wengui interessierte das nicht, und er wollte sich schon klammheimlich zurückziehen, als er auf einmal A sagen hörte: »Ich habe zehntausend Yuan für dich vorbereitet, die verbrauch erst mal, wenn wir das hier überstanden haben, dann gehört alles, was ich habe, dir.«

»Zehntausend Yuan«, diese beiden Worte gaben dem von Tigermückenbissen taub gewordenen Fleisch und Geist einen heftigen Stich. Im Mondlicht sah er, wie A aus seiner Anzugjacke einen Briefumschlag aus braunem Packpapier zog. Er sah Sterne, konnte sich ein tiefes Luftholen nicht verkneifen, während der in seinen Gefühlen befangene A weiter wiederholte: »Ich warte auf dich, und du wartest auf mich, für immer«, und drückte dem nicht vorhandenen Mund in seinem Schnurlostelefon schmatzende Küsse auf.

Yao Wengui stürzte wie ein Betrunkener aus seinem Versteck, A stand mit dem Rücken zu ihm. Als A sein Gespräch beendet hatte und sich umdrehte, hob Yao Wengui den Hammer in der rechten Hand und ein Schlag traf A an der Schläfe. Yao Wengui erklärte später: »Ich hätte nicht gedacht, dass ein Mensch so wenig robust sein kann.«

Yao Wengui zerrte den bewusstlosen A tief in das Ödgras hinein und schlug im herbstlich-romantischen Mondlicht ein paar Dutzend mal mit dem Hammer auf ihn ein. In die Schläfe hat er ihm eine Kerbe gehauen, aus der Hirnmasse und Blutplasma austraten. Anschließend fiel ihm der braune Packpapierumschlag in die Hände, und er setzte sich doch tatsächlich auf den noch warmen Leichnam, zog einen Geldschein nach dem anderen heraus und bekam Stielaugen – das war die größte Summe Geld, die er in diesem Leben gesehen hatte.

LIAO YIWU: Der A wollte doch, dass seine Frau abgeschlachtet wird, wieso hat er den Mann umgebracht?

WEI GENGXIAO: Und zudem den Mann, der einen Killer auf seine Frau angesetzt hat, ist das nicht unheimlich, sagen Sie selbst!?

LIAO YIWU: Da rennt der von Pontius zu Pilatus, nur um jemanden zu finden, der ihn dann selbst erledigt.

WEI GENGXIAO: Gott lässt den Menschen würfeln, aber was wusste Yao Wengui davon? Er hat dem Toten alles an Geld abgenommen, das der am Leib trug, und im Vorbeigehen Hammer und Messer in einen Wassergraben geworfen; er hat sich nach Xiaojiahe davongemacht und weiter sein Fahrrad mit Beiwagen gefahren. Da B noch in der selben Nacht Alarm schlug, wurde die Leiche von A sehr schnell gefunden, Yao Wenguis direkter Arbeitgeber hat sich sofort abgesetzt und aus dem Staub gemacht und ist nie wieder auf der Bildfläche erschienen.

Eine Woche später mietete Yao Wengui in der Nähe eine Wohnung für zweihundert Kuai im Monat. Nach so vielen Jahren, in denen er und seine Frau jetzt in der Stadt waren, konnten sie nun endlich ihrem Intimleben frönen, ohne direkt gestört zu werden – aber dann stand die Kriminalpolizei Fuß an Fuß vor der Tür, die Mordwerkzeuge, die er benutzt hatte, wurden aus dem Graben gezogen, alles wurde eiligst untersucht, und er legte ein vollständiges Geständnis ab.

LIAO YIWU: Und dann?

WEI GENGXIAO: Er war der Auffassung, er habe den Tod nicht verdient. Zu mir hat er einmal gesagt: »Herr Anwalt, Sie werden sicher dafür sorgen, dass mir Gerechtigkeit widerfährt! Schließlich habe ich keinen guten Menschen umgebracht, das war ein ganz übler Kerl.«

»Haben Sie denn mit Absicht keinen guten Menschen umgebracht?«, fragte ich zurück.

Da hat er keinen Ton mehr von sich gegeben.

LIAO YIWU: Ja, ein ehrlicher Mann mit den Empfindungen der einfachen Schichten.

WAN RENDI,
BUCHHÄNDLER DES ZWEITEN MARKTES*

Der fünfzig Jahre alte Wan Rendi ist ein alter Freund aus den achtziger Jahren, er hat viele Jahre den schönen Traum vom Leben als Dichter geträumt, hatte am Ende mit seinen hochfliegenden Plänen aber keinen Erfolg. Also passte er sich an die wirtschaftliche Situation an, wechselte den Beruf und wurde Buchhändler. Wider Erwarten brummte das Geschäft, es hörte gar nicht mehr auf, und er wurde Millionär.

Aber Wan Rendi war von Natur aus ein Pechvogel und fraß und soff und war hinter den Weibern her wie eh und je. All diese jungen Literaten, die sich in ehrenhaften Ruhestand begeben hatten, sind so, irgendein unerklärlicher und schwer zu fassender Komplex muss ihr Leben dirigieren.

Bei einem Abendessen am Nationalfeiertag vor zehn Jahren habe ich in dem ganzen Durcheinander schon einmal ein Interview mit Wan Rendi geführt; aber als ich wieder nüchtern war, hat der den Kopf geschüttelt, das gelte nicht, das gelte nicht. Zehn Jahre später, bei einem Abendessen am Nationalfeiertag 2009, Wan Rendi war zu Verstand gekommen und hatte keine Angst mehr, schief angesehen zu werden, nickte er zustimmend und meinte, jetzt ist es in Ordnung, es macht mir auch nichts mehr aus, wenn ich als neuer »Hanswurst von den Städten« in deinen Texten der Nachwelt überliefert werde.

—∿—

WAN RENDI: Ich weiß schon lange, dass du in Beijing bist, und habe bei Zhou Zhongling zu Hause angerufen, aber es war niemand da. Von der Tang-Dynastie bis zu den letzten Jahren der Republik China, bei dem ist nie jemand da. Ich habe vermutet, du hast dich versteckt und willst mit einem Geschäftsmann nichts zu tun haben.

---

* Als »Zweiter Kanal« oder »Markt« wird der nichtstaatliche, nicht über die staatlichen Xinhua-Buchläden laufende Buchmarkt bezeichnet.

LIAO YIWU: Warum bist du so sauer? Als du das letzte Mal angerufen hast, dann immer von einem Zechgelage aus, mit einem Haufen Leute, voll bis an den Stehkragen. Damals hat einer von den Gästen gesagt:»Wie geht es eigentlich dem Liao Yiwu? Ist der in die Wirtschaft gegangen? Oder emigriert? Oder ist er verrückt geworden? Ich habe schon jahrelang nichts mehr von ihm gehört.«
Daraufhin hast du getönt:»Warte, ich rufe ihn her!«
Das hat geklungen wie mein Aufseher. Und Beijing ist so groß; ich bin vom West- in den Ostteil der Stadt, ich war ein, zwei Stunden mit dem Taxi unterwegs und als ich ankam, wart ihr längst weg.

WAN RENDI: Wären wir verabredet gewesen, hätten wir auch auf dich gewartet.

LIAO YIWU: Unter den Tischen vielleicht, ich war doch nichts als ein Gesprächsgegenstand, es ging um Beziehungen.

WAN RENDI: Bist du immer so scharfsinnig? Mach mal halblang, wenn einer über den anderen redet, das ist nicht das Schlechteste. Die Kollegen aus den Achtzigern, mit denen ich Gedichte geschrieben habe, wie viele von denen haben wir denn noch öfter auf den Lippen? Trotzdem, nicht alles, was geredet wird, ist auch gut. Was überall so umläuft, da ist alles dabei, konfuses Zeug und schlichte Wahrheit.
1994 ging rum, du wärst verrückt geworden, du seist im Gefängnis hinter einem Aufseher hergewesen, hättest ihm Liebeslieder gesungen und wärst am Ende zusammengeschlagen worden; außerdem ging rund, du würdest, wo du gehst und stehst, unter dich machen und dir die Pisse in den Mund schaufeln; am scheußlichsten war das Gerücht, du würdest andere Gefangene quälen, dass sie auf die Knie gehen und dir einen blasen müssten, übler als bei den Faschisten. Die Kollegen haben das mit großer Bitterkeit gehört, sie waren außer sich. Wir haben uns am Stammtisch verabredet, haben gewartet, bis es Frühling und wärmer wurde, und ein Trupp von den alten Leuten drängte darauf, ein Flugzeug zu chartern, in der Gefängnisanlage notzulanden und nach dir zu sehen! Wir wollten Geldscheine in einen Granatwerfer installieren und damit den Kreisleiter angreifen, den Gefängnisdirektor und die Komiteevorsitzenden ... obwohl dieser großartige Plan platzte wie Blasen auf einer Pissepfütze, konnte doch nur ein einziger uns auf so einen Gedanken bringen und das warst du, Liao Yiwu.

LIAO YIWU: Waren wohl alle ganz froh, dass ich den Verstand verloren haben soll?

WAN RENDI: Psychologisch gesehen waren wir quitt. Zehntausende sind dem Ruf der Wirtschaft gefolgt, Haizi hat sich das Leben genommen, Liao Yiwu den Verstand verloren und nur der eine oder andere hat am Schreiben festgehalten.

LIAO YIWU: Mein Kopf ist noch ganz in Ordnung, danke der Nachfrage.

WAN RENDI: Bist du wütend auf mich, oder hast du keine gute Meinung von mir?

LIAO YIWU: Keine gute Meinung von dir? Hieße das nicht, ich käme mit mir selber nicht aus? Du hast Geld, ein Haus, ein Auto, aber das alles hast du mit deinen Fähigkeiten verdient, du hast weder jemanden bestohlen, noch beraubt, noch beschissen. Ich finde, das ist alles ganz sauber, zumindest sauberer als die überwältigende Mehrheit der Literaten nach dem 4. Juni 1989. Die alten Kollegen und ich haben nicht erwartet, dass du arm bleibst; in den achtziger Jahren hast du dich herumgetrieben, ohne Fen auf der Naht, aber für ein gutes Gedicht konntest du überall für eine Nacht unterkommen; in der Ferne kreisten große Fische und Braten, während du an einem Hühnerbein genagt und dich wieder auf die Walz gemacht hast. Und heute bis du ein alter, schlaffer Sack und hast nicht mehr das, was man braucht, um sich herumzutreiben. Deine Natur ist degeneriert, wenn du einen Augenblick nicht aufpasst, wird deine Schurkenfresse sichtbar, du kommst von dem »inoffiziellen Standpunkt« und dem »intellektuellen Schreiben« überhaupt nicht mehr los, wenn du kein Geld hättest, wärst du hoffnungslos verloren.

WAN RENDI: Ein gutes Pferd geht nie in seinen alten Stall zurück, ich bin jetzt ein bekannter Buchhändler und habe eine rosige Zukunft. Der inoffizielle Buchmarkt ist ein Schlachtfeld, wie viele sind hier in diesen gut zehn Jahren unter die Räder gekommen!? Aber ein paar von den alten Kollegen haben sich stabilisiert. Doch darauf kann man sich nicht ausruhen, man kann nie mit Sicherheit sagen, wann ein Titel nicht läuft und einem die Puste ausgeht. Wenn einem das Pech an den Hacken klebt, dann geht alles schief, egal, was man anfasst. Am

Ende wagt man nicht einmal mehr zur Versammlung des Buchgroß-
handels zu gehen, aus Angst, dass die Großhändler sich einen krallen
und Geld haben wollen. So Ende des vergangenen Jahrhunderts, wie
ich mich erinnere, der alte Song hat siebzehn, achtzehn Bücher gemacht, nicht eins davon ist er losgeworden, also ist er einmal wild in
den Puff gegangen, um danach aus dem zwanzigsten Stock zu springen. Jedenfalls haben der dicke Zhu und ich ihn daran gehindert.

Ich sagte: »Wie viel Geld hast du noch in der Tasche?«

Er sagte: »Keine zwanzigtausend mehr.«

Ich sagte: »Dann wird jetzt Mah-Jongg gespielt, wenn du alles verloren hast, kannst du immer noch aus dem Fenster springen.«

Er sagte: »Das geht nicht, das ist die Altersvorsorge von meiner
Schwiegermutter, ich habe schon die Hälfte davon verspielt, wenn
ich ihr nicht wenigstens das zurückgebe, was noch übrig ist, bin ich
schlimmer als ein wildes Tier.«

Ich sagte: »Meinst du etwa, du wärst etwas Besseres als ein wildes
Tier? Du hast ein paar Millionen Familienvermögen verballert, und
mir schuldest du noch fünfhunderttausend.«

Er sagte: »Das zahle ich im nächsten Leben zurück.«

Ich sagte: »Treib die Unverschämtheit jetzt nicht auch noch auf die
Spitze, ja?!«

Er schüttelte den Kopf.

Ich sagte: »Du bist ein verdammter Heuchler.«

Da sprang der alte Song auf die Füße und meinte: »Scheißkerl,
dann spielen wir halt.«

Das Ende vom Lied war, dass er die ganze Nacht gespielt und tausend Kuai gewonnen hat.

Ich sagte: »Ein gutes Omen, deine Pechsträhne ist vorbei.«

Der dicke Zhu meinte auch: »Mit dem Rücken zur Wand.« Da ist
dem alten Song sein Pissmuskel geschwollen, diesmal hat er überhaupt nichts gedacht, hat aufs Geratewohl ein Buch gemacht mit
dem Titel »Weltende – die großen Prophezeiungen«. Dieses Buch war
in den letzten zehn Jahren ein paarmal untergegangen und nie ein
Erfolg gewesen. Der alte Song hat selbst die Schere in die Hand
genommen, hat, ritschratschritschratsch, einen Abend lang wie ein
Verrückter herumgeschnippelt und wieder und wieder zusammen-
geklebt, kopiert und einen Blindband hergestellt – dem dicken Zhu
und mir ist der kalte Angstschweiß ausgebrochen, weil wir glaubten,
dass er bei der Chose draufgehen würde.

Der dicke Zhu formulierte es so: »Da wärst du besser drangewesen, wenn du direkt gesprungen wärst.«

Ich sagte: »Die Rente für die Schwiegermutter, die zahle ich ihr zurück.«

Dem alten Song mit seinem Arsch voller Schulden habe ich die Gebühr für die Bestellnummer bezahlt, ich marschierte mit seinen Immobilienurkunden zur Druckerei und drückte sie dem Chef dort in die Hand. Dreißigtausend Exemplare! Himmel! Er war wie behext. Wir dachten, er würde sich auf dem Buchmeeting vor aller Augen das Leben nehmen, aber zur allgemeinen Überraschung ist diese alte Scharteke echt gelaufen, das ging wie das Brezelbacken, Verkauf, Nachdruck, eine Lawine von Scheinen brach mit Naturgewalt über ihn herein. Der alte Song beglich sämtliche Schulden und hatte immer noch über vierhunderttausend übrig. Der Hurensohn, der hatte irgendeinen Zauber in das Buch getan, dass ihnen die Augen flirrten. Der Kerl, über Nacht wieder bei Kasse, hat uns, als er den dicken Zhu und mich sah, umarmt und abgeschlabbert und ständig was von »meinen Wohltätern« gefaselt. Dann haben wir uns mit einem guten Dutzend von den alten Halunken getroffen und an der Mühlenbrücke ein Mitternachtsmahl abgehalten. Abends um zehn hat das Fressen und Saufen angefangen, die Straße rauf und die Straße runter, wir waren in jedem Laden einmal. Meeresfrüchte, Sichuanküche, Feuertopf, kalte Häppchen, Mala-Suppe, Dimsum à la Kanton und zurück. Der alte Song meinte: »Heute Nacht gibt es nur Bier, ich will sehen, in wessen Wampe am meisten reingeht.«

LIAO YIWU: In der Gegend um die Mühlenbrücke sind, wenn es wenige sind, ein paar Dutzend Speiselokale, und ihr wart in allen?

WAN RENDI: In allen. In manchen haben wir nur bestellt, ein bisschen mit den Stäbchen rumgestochert und mit großen Schritten wieder raus.

LIAO YIWU: Keine Magenkrämpfe bekommen? Unternehmer vom Land in der Stadt, was?

WAN RENDI: Dann bekommt man halt Krämpfe, na und? Ach, gute Zeiten, war es nicht das, was wir alle in den achtziger Jahren haben wollten? Das bekannteste Motto in den *Räubern vom Liangshan-*

Moor lautet: »Große Waagen wiegen Gold und Silber, in großen Schalen nimmt man Schnaps und Fleisch.«

Heute ist das Ziel verwirklicht, um das die arbeitende Bevölkerung seit Tausenden von Jahren gekämpft hat. Durch die Gedichte, die ich als Junger geschrieben habe, ziehen sich zwei Wörter wie ein roter Faden: Schnaps und Sex. Und selbst gesalzene Ente, rotgebratener Fisch, zweimal gebratenes Schweinefleisch und Schweineohren sind nur Beilagen zum Schnaps; und weißer Schnaps, Rotwein, einheimischer Schnaps, ausländischer Schnaps, gepanschter Schnaps, von dem man Purzelbäume schlägt, das alles ist nur Beilage zum Sex, starker Schnaps und wilder Sex, wenn die Zunge stark ist, ist der Schwanz mutig. Heute gibt es das alles. Heute fressen und ficken wir wild durch die Gegend, ein einziges wildes Gedicht, das Fett an meinem Körper ist ein gutgelauntes Gedicht!

LIAO YIWU: Bist du fertig?

WAN RENDI: Mit den Mädchen schon, aber nicht mit den alten Kollegen. An jenem Abend wollten wir keinerlei Zutaten; die Kollegen waren schwer vollgefressen, die Businessklamotten kamen runter, und wir waren wieder durch und durch Bauern, dickbäuchige Bauern. Nostalgie halt. Liao Yiwu, erinnerst du dich? Neujahr 1989, der alte Le, der alte Mai und ich, wir sind mit zehn Flaschen Tuo-Pai-Schnaps unter dem Arm bei dir aufgekreuzt, der Sprit hat nur einen Kuai fünfzig die Flasche gekostet, mittlerweile habe ich auch schon Schnaps für fünfzehnhundert pro Flasche getrunken. Aber der war nicht halb so gut wie der Tuo Pai vor zehn Jahren, auf keinen Fall. Andernfalls stimmt etwas mit der Zunge nicht, die hatten da viel zu viel Wasser reingepanscht. Der alte Song meint, das war sowieso rausgeschmissenes Geld, wenn es weg ist, was soll's. Es war schon fast hell, als wir in das letzte Restaurant einliefen, ein Frühstücksrestaurant, als sie das Essen auf den Tisch stellten, wurde uns schlecht, wir haben alle neben den Tisch gekotzt, uns hing der Sabber ellenlang aus dem Maul, wir bekamen es nicht raus. Uns ist fast die Wampe geplatzt, so voll waren wir, der verrückte Ma hat vorgeschlagen, wir sollten einen Morgenlauf machen, aber wir waren erst eine Station weit gekommen und fertig wie ein Brot. Jeder hat sich ein Taxi genommen und ist nach Hause. Der alte Song hat sich eine Weile hingelegt, aber er spürte, dass das nicht ging, also ist er ins Krankenhaus und hat sich einen Einlauf machen lassen. Ich bin intelligenter, als ich nach Hause gekommen bin, habe ich drei Packungen Goldfadenwurzelstock geschluckt*, bin an einem Tag achtmal mit Dünnpfiff auf den Topf und wäre fast kollabiert. Ich schätze, jeder, der frisst und säuft wie ein Geisteskranker hat einen besonderen Kniff, wie er die Last wieder los wird.

LIAO YIWU: Deshalb hätte ich auch nicht den Mut, mit euch zu kommen.

WAN RENDI: Das lernt man alles, wenn man im Business Kunden zum Essen einlädt. Ich weiß, wenn man schreiben will, darf man nicht zu vollgefressen sein, sonst fehlt einem die Leidenschaft. Yi Sha** sagt: »Es ist richtig, wenn ein Dichter verhungert«, aber er selber hat einen richtigen Schweinskopf, sieht nicht aus wie einer, der gute Gedichte schreibt. Der Sowieso, der zu der blödesten Sorte von diesem Fettlingen gehört, behauptet, er ist ein großer Meister? Schon möglich, trotzdem, in seinen Gedichten kommt zu viel menschengemachtes Schweineschmalz vor. Ein anderer, der eher zu den Mageren gehört, das ist einer von der Magermethode von Tang Bohu, diesem Talent aus dem Süden während der Tang-Dynastie***. Wenn wir in den alten Zeiten wären, hätte er sich den ganzen Tag an den kleinen Gedichten über Fächer für Qiu Xiang**** geübt. Ich habe mit eigenen Augen ein Fächergedicht gelesen, das er für eine Dichterin aus Chengdu namens Zhai geschrieben hat:

---

  * Schwarzbraune Pille aus der chinesischen Medizin u. a. zur Hitzereduktion, gegen Verstopfung und Blähungen, Schmerzen durch die Behandlung von Windhitze im Oberkörper, Schwindelgefühl und Kopfdehnung, Zahnfleischschwellung und -schmerzen, sauren Mund und Zunge, Schwellungen des Rachens, Ohrenschmerzen, Tinitus, dunklen Urin …
 ** Yi Sha (*1966), chin. Dichter und Schriftsteller.
 *** Tang Bohu oder Tang Yin (1470–1523), Maler, einer der Vier Meister der Ming-Dynastie.
**** Das exzentrische Leben von Tang Yin hat ihn zu einer volkstümlich-populären Figur gemacht, dem nicht zuletzt auch entsprechende amouröse Abenteuer zugeschrieben werden. In einer solchen Geschichte verliebt er sich in ein junges Sklavenmädchen, verkauft sich selbst, um ihr nah zu sein, als Sklave in den Haushalt, in dem sie dient, von wo es ihm am Ende gelingt, sie mit Hilfe von Freunden zu befreien. Die Geschichte diente später als Grundlage für ein Theaterstück und eine Oper.

So viele Jahre
Ist dein Gewicht das gleiche geblieben
Wie der Inhalt deiner Gedanken.

LIAO YIWU: Du liest noch Gedichte?

WAN RENDI: Manchmal kommen sie mir unter die Augen, da kann ich nicht widerstehen und werfe einen Blick hinein. Die Leute haben alle so was Tugendhaftes, damals haben wir die Obskure Lyrik* als altmodisch abgelehnt, als etabliert; jetzt sind wir schon älter als die alten Obskuren Dichter damals und okkupieren immer noch eisern den Abtritt und machen uns nicht vom Acker.

LIAO YIWU: Du reitest deine Attacken wohl durch die Blume?

WAN RENDI: Ich lobe durch die Blume! Der Ton macht die Musik, ein Teil der chinesischen Geschichte ist ein altes Scheißhaus toter Tyrannen und hat die Geschichte der neuen Leute kaputtgemacht. Letztlich habe ich Geld für einen eigenen Gedichtband ausgegeben, mit einem großen Bild drin. Kein Mensch hat ihn gelobt, also habe ich eine Belohnung ausgesetzt, tausend Yuan für tausend Zeichen, ich wollte sehen, ob die Kritiker aufspringen. In den letzten Jahren geben die Dichter einem ohnehin das Gefühl, als würden sie mit runtergelassenen Hosen ihrem Affen Zucker geben, schamlos und ungefährlich. Vorletztes Jahr ist ein Dichter aus der Nach-Achtziger-Zeit aus brennender Armut heraus mit nacktem Hinterteil auf die Bühne gestürmt und hat gelesen, auf einen Schlag hatte er Schlagzeilen, die Medien haben das Ganze noch angeheizt und seine Hosen und sein Manuskript für ein paar Zehntausend versteigert.

LIAO YIWU: Du hast genug Geld verdient und doch denkst du daran, zur Lyrik zurückzukehren?

* Von der offiziellen Kritik geprägter Begriff für eine Generation von chinesischen Lyrikern, die seit Ende der 70er Jahre des vergangenen Jahrhunderts auf sich aufmerksam macht, indem sie die literarische Doktrin der KPCh aufbricht, allgemein gesagt, eine neue, von der Propaganda unverbrauchte Sprache sucht und dabei mit Mitteln des Modernismus zu einem neuen subjektiven und emotionalen Ausdruck findet. Wichtigste auch im Westen bekannte Vertreter u. a. Gu Cheng, Duo Duo, Bei Dao u. a.

WAN RENDI: Du sprichst mir aus tiefstem Herzen. Trotzdem, wenn man erst einmal im inoffiziellen Buchmarkt drin ist, dann kann man sich da drei, fünf Jahre nicht rausziehen, denn man hat immer noch nicht eingetriebene Außenstände. Es sei denn, du hast einen Titel, der besonders für Aufsehen sorgt, wo die Leute alle im Voraus bezahlen, während sie auf das Buch warten. Auch wenn du das nicht zu ernst nimmst, auf die alten Rechnungen verzichtest und in den vorzeitigen Ruhestand gehst, damit du ein bisschen Muße hast, wie es der Teufel will, stößt du auf einmal auf einen guten Titel, machst du den dann oder nicht? Anfang der Neunziger hat sich der Dichter Gu Cheng in Neuseeland das Leben genommen, das hat eine Weile für Aufsehen gesorgt und ist in den Massenmedien hochgekocht worden, alle haben sich um den Stoff gerissen. Damals wollte ich von einem alten Dichter innenpolitische Interna kaufen, ich habe von fünfzigtausend geredet, da ist er vor Schreck fast in Ohnmacht gefallen und hat immer wieder gestammelt »was, was«, seine Lippen haben richtig gezittert. Anschließend haben wir alles auf den Kopf gestellt, wir waren eine ganze Nacht beschäftigt. Liebesbriefe, Fotos, Tagebücher, Gedichte, Zeitungsausschnitte, sogar irgendwelche Zettel, der hat alles aufgehoben. Ich konnte das gar nicht alles lesen, habe immer wieder erklärt, dass es genug ist, aber er hat weiter herumgewühlt und sich vorsichtig und verantwortungsbewusst selbst verkauft. Schließlich hat er ein paar Sekunden gezögert und etwas herausgeholt, das errätst du nie! Damenunterwäsche! Er meinte: »Das ist ein Treuepfand von der Sowieso, wollen Sie davon eine Aufnahme machen?«

Verdammt, ich war wie vom Donner gerührt, der alte Mann da hatte im Koreakrieg gegen die Amerikaner gekämpft, wie konnte der für läppische fünfzigtausend die Intimitäten eines ganzen Lebens verhökern? Ich habe das Buch dann nachher nicht herausgebracht.

LIAO YIWU: Du hast wohltätige Augenblicke, was?

WAN RENDI: Ich habe Angst, dass ich mich an dem Unglück infiziere.

LIAO YIWU: Du bist nicht sonderlich gründlich. Die Welt hat sich tatsächlich vollkommen verändert, Intimitäten sind keinen Fen mehr wert. Du kannst irgendwo an der Straße eine Zeitung kaufen und fast alle sind voll von irgendwelchen Prozessen von Stars wegen Verletzung der Intimsphäre. Du Bastard, die Liebesaffäre mit einem Freund, Geschichten aus dem Rotlichtmilieu früher, die Geschichte der Erotik von unten, bis zur Scheidung der Eltern, seelischer und körperlicher Grausamkeit, Elektrakomplexe, alles wird vor Gericht gebracht, der Richter soll entscheiden, bei jeder Kleinigkeit wollen sie ein paar Hunderttausend Schadensersatz. He, hast du denn nicht selbst eine ganze Reihe solcher Bücher gemacht? Deine enge Beziehung zu der Schriftstellerin Xi Xi, sie hat mir erzählt, sie hat dir mindestens sieben, acht Bücher überlassen.

WAN RENDI: Sie hat zu allen Buchhändlern eine sehr enge Beziehung, aber die engste Beziehung hat sie wohl zu dem alten Jia. Es gab eine Zeit, da hat er alles verkauft, was sie an Manuskripten und Gefühlen hatte. Du kennst diesen anderen berühmten Buchhändler, den Halunken, der es vor allem mit hässlichen Frauen treibt, er muss nur hören, dass irgendwo ein besonders hässliches Exemplar aufgetaucht ist, schon rast er in einem Affenzahn dahin, um das vor Ort zu überprüfen, und dann geht er mit ihr ins Bett. Im vergangenen Jahr ist er eigens nach Changping, um Xi Xi aufzureißen, aber er stieß auf strikte Ablehnung, Xi Xi sagte, sie sei schon die Frau von dem alten Jia.

LIAO YIWU: So beständig? Wie es aussieht, sollte sie Liebesromane schreiben.

WAN RENDI: Bücher wie von Chiung Yao*, Xi Juan** und Huang-Ai Dongxi*** hat sie ein paar herausgebracht. Jüngst kam ein Band im Stil der *Intimsten Interviews* im Netz heraus, der Plot war ein bisschen wie bei Sissi. Eingeladen war eine Dichterin, Thema war die erste Liebe, der Text und die Geschichte sind elegant und schön. An einige Kapitelüberschriften erinnere ich mich noch: »Mit dreizehn verriet mein Körper mein Herz«, das war ein Bühnendialog ein bisschen wie

---

* Chiung Yao (*1938 in Sichuan), Pseudonym einer heute in Taiwan lebenden Romanautorin, deren romantische Werke seit Jahrzehnten immer wieder verfilmt werden.
** Xi Juan (Wu Zhenying, *1972), taiwanische Romanautorin.
*** Huang-Ai Dongxi, Romanautorin der jüngeren Generation aus Taiwan, eines der »vier großen weiblichen Talente«.

in der *Rückkehr der Perlenprinzessin**. Die modernistischen Dichterinnen haben da eine neue Richtung von verrücktem Feminismus à la Sylvia Plath** bis zur Rückkehr des reinen Gefühls.

LIAO YIWU: Nostalgie ist kein Monopol von Dichterinnen, die vierzig, das ist eine Schwelle, die fünfzig eine noch höhere, ganz gleich, ob Mann oder Frau, das fällt keinem leicht. Und dir? Ich habe gehört, dass Xi Xi dich in den letzten beiden Tagen im Visier hatte?

WAN RENDI: Normaler geschäftlicher Umgang. Außerdem, wenn sie nicht gut aussieht, dann ist das nicht ihr Fehler. Ich lache gerne, ich bin halt so. Xi Xi fragt dann immer, worüber ich denn lache, ich kann ihr dann ja nicht sagen, dass ich über ihre dicken Backen lache und dass sie keinen Hals hat, das wäre einfach zu viel Komödie. Xi Xi hatte außerdem zwei Mädchen bei sich, sehr hübsch, aber faul und verfressen. Ich hätte die drei am liebsten geheiratet, so als Nebenfrauen, nicht um rumzuvögeln, nur um auf dem Bett zu sitzen und Mah-Jongg zu spielen, wenn nichts zu tun ist.

Dann hätte ich Xi Xi bestimmt gefragt: »Wie kann es sein, dass eine Frau keinen Hals hat?«

LIAO YIWU: Je älter du wirst, umso langweiliger wirst du.

WAN RENDI: Wir sind im Grunde alle langweilig, einige können sich lediglich verstandesmäßig diesem Gefühl der Langeweile entgegenstemmen, damit es so aussieht, als hätten sie gute Aussichten. Ich bin immer down, ein großer Batzen Geld kann die Organe lähmen, aber nichts, was angeboren ist. Als der Halunke auf dunklen Wegen zu Geld gekommen war, hat er sich, wie erzählt wird, einen Pass machen lassen und wollte Geld in seine Auswanderung nach Kanada investieren und in einem Naherholungsgebiet, das er überhaupt nicht kannte, ein Gefühl von Sicherheit suchen. Als es mit ihm zu Ende ging, hat er schon angefangen, Angst vor einer Revolution zu haben und der »Neuverteilung des gesellschaftlichen Reichtums«, von der Marx spricht. Und

---

* *Princess Pearl*, in Singapur und auf den Philippinen auch bekannt als *My Fair Princess*, Fernsehserie in chinesischer Sprache, die auf einer Romanreihe der taiwanischen Autorin Chiung Yao beruht.
** Sylvia Plath (1932–1963), amerikanische Lyrikerin und Schriftstellerin.

unser großes Kind, der verrückte Ma, ist zum größten Viagra-Kunden von China geworden. Liao Yiwu, verrenn dich nicht, komm zu mir und schreib für mich, versuch eine Weile, glücklich zu sein.

LIAO YIWU: Ich bin sehr glücklich.

WAN RENDI: Ohne Geld, ohne Namen, von wegen sehr glücklich, ein Scheiß bist du. Du schleppst den ganzen Tag die kaputte Flöte mit dir um, ich sehe nicht, dass dabei was herausgekommen wäre.

LIAO YIWU: Geschieht mir recht.

WAN RENDI: Gut, vergiss es, ich rede zu viel. Gehen wir heute Abend einen trinken? Sind immer noch die alten Kollegen, es ist saure Gurkenzeit für Bücher, alle sind sich am Jucken und am Kratzen. Vor meiner Mietwohnung ist ein Hubei-Restaurant, da ist immer ein Haufen Leute drin, da isst man außergewöhnlich gut. Meine Wohngewohnheiten sind noch ungefähr so wie in den achtziger Jahren, in der Wohnung sieht es aus wie in einem Militärcamp, die Leute liegen rum, es muffelt ein bisschen, aber die Stimmung ist gut und das Geld stimmt auch. Wenn jemand eine Frau mitbringt, überlasse ich ihm sofort mein Bett.

LIAO YIWU: Du kommst wohl sehr selten nach Sichuan zurück, oder?

WAN RENDI: Ich habe mich immer noch nicht an ein häusliches Leben gewöhnt. Liao Yiwu, komm, heute Abend lassen wir die Puppen tanzen, Song Erwa kommt, wir machen irgendein Saufspiel, ich lasse mich von seiner arroganten Art nicht unterkriegen.

LIAO YIWU: Mang Ke hat vor drei Tagen angerufen, er hat gesagt, du und Song Erwa, ihr habt schon zusammen gesoffen.

WAN RENDI: Das reicht noch nicht.

LIAO YIWU: Ihr hättet alle die Hosen runtergelassen.

WAN RENDI: Song Erwa ist immer so moralisch, bei einem bestimmten Quantum lässt der immer die Hosen runter, die Kellnerin, die das Essen gebracht hat, hat sich zu Tode erschrocken, und er ist ihr nach und hat sich entschuldigt. Nachher hat der dicke Zhu ihm ein Hosenbein verbrannt, als er die Hose dann angezogen hat, hat er überall das fehlende Hosenbein gesucht. Ich habe über dreißig Jahre Erfahrung mit Alkohol, ich bin noch nie aus der Rolle gefallen.

LIAO YIWU: Mang Ke hat erzählt, ihr hättet um die Wette Geldscheine zerrissen.

WAN RENDI: Das ist alles auf Song Erwas Mist gewachsen. Er hat mich beschimpft, von wegen ich sei ein Grundbesitzer, nach dem Haus das Auto, nach dem Auto ein Hochhaus, nach dem Hochhaus würde ich mir überlegen, alles zu vermieten und die Zinsen zu verfressen. Jetzt stellt sich heraus, dass das Bauprojekt voller Mängel steckt, die Zinsen kann ich nicht verfressen, im Gegenteil, sie fressen mich auf, ist das nicht so, als würde man viel Geld hinlegen, um sich Kalamitäten einzuhandeln? Verdammt nochmal, egal, welche Schwachpunkte, es geht immer um Geld. Deshalb schimpfen wir auch alle auf das Geld wie auf eine Hure, wir haben die Ahnen des Geldes und der Huren bis in die achtundachtzigste Generation gefickt. Aber am Ende kommt man doch nicht davon los. Ich habe sie gewarnt: »Wenn du gute Literatur gemacht hast, sagen wir, du hast ein paar Scheine verdient, dann mach auf der Stelle, dass du Land gewinnst.«

Song Erwa hat sofort Feuer gefangen: »Wenn du dich absetzt, mache ich das auch.«

Mein Feuer war noch größer: »Dieser Enkel einer Schildkröte macht nicht, dass er Land gewinnt!«

Song Erwa sagte: »Zerreißen wir unser Geld!«

Ich sagte: »Legt alles, was ihr in den Taschen habt, auf den Tisch!«

Ich schwor, dass ich nicht besoffen bin, und habe einen Schein nach dem anderen zerrissen, erst in zwei Hälften, dann in vier Teile, dann in acht, bis nur noch Schnipsel übrig waren, dann habe ich mit einem anderen von vorne angefangen. Ich war voller Hass, aber ich wusste nicht einmal, worauf, diese Gesellschaft, wenn man mit einer Faust zuschlägt, ist sie leer, aber wenn man sie zurückzieht, hat man immer das Gefühl, dass einen ein unsichtbarer Druck zerquetscht, man taumelt durch die Gegend, überall wird man beobachtet, sie warten auf den Tag, an dem man sein Kapital verliert, an dem man abschmiert, an dem man aus dem Fenster springt und wer sich dir in den Weg stellt. Ich habe ziemlich lange mein Geld zerrissen, die Augen der anderen waren schon ganz grün davon, und jedes Ratschen habe ich mit einem Fluch begleitet: »Ist nur Geld, oder?!«

Ich habe mindestens ein paar Hundertmal geflucht: »Ist nur Geld, oder!?«

Song Erwa hat nicht so eine gute Kinderstube wie ich, der hat ununterbrochen irgendeinen Unsinn salbadert. Ein fest gebundener Packen Scheine war zu dick, er hat es unter schlimmen Grimassen versucht, aber nicht geschafft, also hat er ihn mit den Zähnen zerrissen. Der Hurensohn hat das Maul voller Stahlzähne, auf einmal hatte er eine Ecke von dem Bündel abgebissen, hat es kräftig durchgekaut und geschluckt, als wäre es Kuchen. Ich hatte keinen Schein mehr übrig und habe mit Belegen, Schecks und Buchverträgen weitergemacht, mit einem Mal dachte ich daran, Schluss zu machen. Schließlich habe ich mit einer Essschale auf mein Handy eingedroschen und der Manager von dem Laden hat mich festgehalten. Ich wollte ihm eine reinhauen, da hat mir der dicke Zhu eine Suppenterrine verkehrt herum auf den Kopf gesetzt. Song Erwa war ebenfalls längst mit dem Zerreißen der Geldscheine fertig und kroch unter dem Tisch herum, um die Fetzen auf dem Boden noch einmal zu zerreißen.

LIAO YIWU: Hat euch denn keiner davon abgehalten?

WAN RENDI: Alles wollte mitmachen. Als wir das Geld zerrissen hatten, haben wir es gemacht wie die Räuber vom Liangshanmoor. Vermutlich lächerlich, wenn wir den Mund aufmachten, alles geklaute literarische Phantasien, ach, eigentlich reicht eine gesalzene Ente, wozu brauche ich zehn zum Essen?

LIAO YIWU: Ein Entenfuß reicht schon. Und am besten ist es, wenn ein Schwarm Enten für immer am Himmel fliegt.

WAN RENDI: Das geht nicht. Heute willst du nur einen Entenfuß und morgen kannst du nicht einmal mehr einen Zehennagel von einer Ente bekommen, so ist es nämlich.

LIAO YIWU: Weshalb?

WAN RENDI: Es gibt viele Menschen, aber wenig Enten, da ist es sicherer, wenn man sie sich in den Bauch schafft.

ZHOU ERHUANG,
EIN NICHTSTUER AUS BEIJING

Ich habe mir sagen lassen, dass es solche »Berühmtheiten« wie Zhou Erhuang in jeder Großstadt gibt, dennoch sind sie in der Hauptstadt Beijing verbreiteter, kein Mensch weiß genau, was sie eigentlich konkret tun, aber sie haben alle irgendetwas mit Kunst und Kultur zu tun.

Wenn man in der Geschichte blättert, hat es anscheinend in jeder Dynastie solche sozialen Berühmtheiten gegeben, die Frauen hießen »Blumen der Gesellschaft«, aber die Männer konnte man nicht »Blumen« nennen.

Also hat man sich eine Weile mit dem Ausdruck »Nichtstuer« beholfen. Seinerzeit war Li Bo auf kaiserlichen Befehl in die Hauptstadt gekommen; in seiner erfolgreichsten Zeit ist er oft mit anderen Berühmtheiten wie He Zhizhang und Zhang Xu in der Weinstube vom blauen Turm ein und aus gegangen, frei von Konventionen nannten sie sich die »acht Originale von Chang'an«, aber ich kann an den Fingern abzählen, wie ich will, ich komme nicht auf acht. Offensichtlich gehörten die von den Geschichtsschreibern ausgelassenen, die ihnen nicht gut genug waren, zu den Zeitgenossen der Nichtstuer.

Diese Hinweise zeigen, dass es als Großtat in die Geschichte eingeht, wenn man ein Nichtstuer ist. Ich weiß nicht, ob Zhou Erhuang meiner Meinung gewesen wäre. Als ich ihn in der Nacht des 21. April 2005 zum zweiten Mal interviewte, war er bis zur Halskrause voll Schnaps und geflügelter Worte. Wer braucht keine netten Menschen? Es verstößt nicht gegen die Gesetze, wenn man nichts tut, außerdem macht es die Welt ein wenig wärmer.

—◊—

ZHOU ERHUANG: Was hat denn dich hierher getrieben, Liao Yiwu?

LIAO YIWU: Ich bin unter deiner Flagge hier eingesegelt. Ich hätte nicht erwartet, dass man bei Untergrundmusik auch noch Eintritt verlangt, dreißig Yuan für eine Karte!

ZHOU ERHUANG: Das hier ist kein gewöhnliches Konzert, das ist Chaodai, eine Spitzenrockgruppe. Hast du das Rohr da auf der Bühne gesehen? Das ist länger als ein Auto, das spielt ein Aborigine aus Australien, und der Dicke da aus Kanada, wir nennen ihn »Bethune«*, der ist verantwortlich für die Trompete; an der Violine, das ist eine Amerikanerin, die zweite Sekretärin des Botschafters; vor allem eine Vorstellung wert ist der Künstler am chinesischen Hackbrett, der beste in ganz Asien, lauter als ein Donnerschlag und leiser als dein Puls, er kann alles. Dann der Drummer, der Bassist, alle erste Sahne. Liao Yiwu, altes Landei, dass du heute kommen konntest, da wirst du was vom Glanz des Zhou Erguang abbekommen, schau dir das Publikum an, da sind zweimal so viele Ausländer wie Chinesen, die kommen fast alle aus den Botschaften, wenn in den Pausen ein bisschen Zeit ist, stelle ich sie dir der Reihe nach vor.

LIAO YIWU: Ich bin zu dir gekommen, die anderen muss ich nicht kennenlernen.

ZHOU ERHUANG: Ich habe jede Menge soziale Verpflichtungen. Ein einziges Kommen und Gehen von lachenden Gesichtern, ich muss nur mit dem Kopf nicken. Ich, Zhou Erguang, bin in Beijing auch so etwas wie eine Berühmtheit, ich muss ein Unternehmen der Unterhaltungsbranche aufmachen, eine Bar, ich muss Kunst machen, ich muss Bücher und Reklame schreiben, manchmal aber streife ich die Haut der Prominenz ab und dann gehe ich raus als Straßenbeau, zur Befriedigung der armen Schlucker.

LIAO YIWU: Zhou Erhuang, heute Abend musst du dich verdammt nochmal konzentrieren und mit mir vorliebnehmen, wir kennen uns seit über zehn Jahren, da soll ich nicht wissen, wer du eigentlich bist? Du machst irgendwie jede Mode mit.

---

* Henry Norman Bethune (1890 – 1939), in China bis heute verehrter kanadischer Arzt, der 1938 – 39 während des antijapanischen Widerstands auf Seiten der Kommunisten gearbeitet hat und dabei an einer Blutvergiftung starb.

ZHOU ERHUANG: Was soll das, Liao Yiwu? Ist es wegen der Tonband-aufnahme mit den Gedichten? Das geht nicht, das geht nicht, meine Firma kann das nicht rausbringen, ich promote Schlagerstars, damit verdiene ich mein Geld, die Probleme, die es dabei gibt, die bespre-chen wir zwei Hübschen mal bei einem Glas, in Ordnung?

LIAO YIWU: Deine wie vielen Ehefrauen waren alle Schlagerstars, aber keine von ihnen hat etwas getaugt. Stellst du nun Schlagerstars ein oder Ehefrauen?

ZHOU ERHUANG: Du bist immer noch das alte Schandmaul. Liao Yiwu, wir werden alle nicht jünger, unser Feuer muss verlöschen. Ach, heute Abend kann ich den Chaodai auf keinen Fall mehr zuhören, wie es aussieht, nimmst du keine Rücksicht darauf, wie das rüber-kommt, du willst unbedingt etwas mit nach Hause nehmen. Gehen wir und suchen wir uns ein Restaurant.

LIAO YIWU: Das ist doch ein Wort. Ich bin jedes Jahr in Beijing ge-wesen, ich habe jedes Jahr versucht, dich zu sehen. Nein, unterbrich mich erst mal nicht, du hast immer sehr wichtige Gründe, als ob in Beijing ohne dich der Verkehr zusammenbrechen und die Regierungs-geschäfte stocken würden.

ZHOU ERHUANG: Wenn ich mich nicht plage, kann ich dann als Pro-minenter weitermachen? Das ist Beijing, die VIPs sind wie Unkraut, wenn man es ausreißt, wächst es sofort nach, nur ich bin ein Immer-grünchen, ein Evergreen, mich kriegen sie nicht weg. Die Frauen brauchen mich, die vagabundierenden Sänger brauchen mich, die Wanderarbeiter brauchen mich, und selbst du, ein oppositioneller Schriftsteller, brauchst mich. Ich bin ein Symbol, ein Symbol für die Reform- und Öffnungspolitik von Deng Xiaoping, was auch immer auf uns einströmt, meine magere Brust nimmt alles auf. Ich bin ein gutes Dutzend Mal im Ausland gewesen, all die Poesie- und Rock-festivals stehen mir hier oben, unter Ausländern geht es auch nur um Fressen und Saufen und die Frage, wer sich für das interessiert, was du geschrieben hast oder komponiert.

Was heißt schon »unsterblich«? Der Ablauf des Lebens ist un-vergänglich, du hast jede Nacht eine andere Frau, bis es eines Tages auf einmal nicht mehr geht, das ist unvergänglich. Lügen sind unsterblich, weil nur Lügen einen glücklich machen. Noch ein paar Jahre und ich halte die Plackerei nicht mehr durch, dann höre ich auf, mache auf Gentleman und spiele den ganzen Tag mit den Hunden, natürlich braucht man auch Bücher und Schallplatten, am besten gleich ein paar Zimmer voll, und ich mittendrin, wie ein Blumenliebhaber, man muss sie nicht unbedingt pflücken, es ist schon genug, die Stimmung aufzusaugen. Ein Adliger hat Freunde aus allen Bevölkerungsschichten; aufgrund seiner früheren Aktivitäten verehren ihn alle und geben ihm ein Gesicht. In keiner Phase der Geschichte dürfen solche Leute fehlen – da kannst du noch so giftig sein, Liao Yiwu, wenn du einmal berühmt wirst, dann wirst du mir das auch abkaufen.

LIAO YIWU: Ich mag ehrliche Menschen, auch wenn sie Schurken sind, so sind sie doch durchschaubar. Zhou Erhuang, wie hat deine Karriere begonnen?

ZHOU ERHUANG: In Sanlidun, neben der Gegend mit den Botschaften, das war ein ständiges Kommen und Gehen von Ausländern, und die Bar lief besonders gut. Zuerst habe ich meinen Lebensunterhalt mit dem Machen von Büchern bestritten. Ich wollte jemanden finden, der ein Buch mit Kneipengeschichten schreibt, Protagonistin sollte eine Achtzehnjährige sein, die aus der Provinz nach Beijing kommt, in ihren Augen ist alles frisch und unverstellt, sie kommt hierher und lässt alles hier: ihre Jugend, ihre Keuschheit, ihre Schlichtheit und ihre wahren Gefühle. Zuerst trifft sie auf einen drittklassigen Sänger, dann auf einen drittklassigen Regisseur, einer von denen, die mit der trügerischen Aussicht, jemanden für eine weibliche Rolle zu suchen, überall Frauen in ihr Bett locken. Anschließend verändert sich die junge Frau, es wird für sie alltäglich, mit Männern ins Bett zu gehen. Natürlich ist das eine sehr abgeschmackte und abgedroschene Schnulze, die Schriftsteller im 19. Jahrhundert wie Balzac und Maupassant haben sehr viele solcher Geschichten geschrieben. Aber an diesem roten Faden kann man viele pornographische Episoden aus dem Malerdorf im Yuanming-Park und aus Sanlidun aufreihen.

LIAO YIWU: Ein unschuldiges Mädchen wird zu einer weiblichen Herumtreiberin, ist das deine eigene Geschichte?

ZHOU ERHUANG: Da sind auch Geschichten dabei, die ich als Junger geschrieben habe. So zum Beispiel habe ich einmal ganz allein in Sanlidun etwas getrunken, da habe ich in einer Ecke ein Mädchen sitzen sehen, mit so einem traurig-schönen Gesichtsausdruck, die hat sich ein Glas nach dem anderen eingeschenkt. Du weißt, damals war ich jung und dem weiblichen Geschlecht sehr zugetan, also bin ich zu ihr rüber und habe mit ihr geredet. Zuerst ging es um Musik, dann direkt über die persönliche Geschichte, als Leidensgenossen waren wir uns sympathisch; auf einmal griff alles ineinander, und ich schlug vor, sie nach Hause zu bringen. Sie wischte sich die Tränen ab und meinte, sie wisse gar nicht, wo ihr Zuhause sei. Ich war überrascht und erfreut zugleich und meinte, sie könnte bei mir zur Untermiete wohnen, führte sie in mein Gebäude und wollte sie gerade ein Bad nehmen lassen, als der Bieper in ihrer Tasche klingelte, ich Rindvieh habe ihr noch das Ding persönlich in die Hand gedrückt, sie nahm es, war schon wieder mehr als halbnüchtern, dann stand sie auf und meinte, sie wolle einen Augenblick nach unten. Ich wartete eine Viertelstunde, mir war nicht wohl bei der Sache, also bin ich ihr nach. Unten im Hof sah ich, wie ein Kleinbus hielt, so ein Drecksack verpasste meinem Mädchen gerade ein paar Ohrfeigen und das mit solcher Wucht, dass sie gegen den Wagen krachte. Aber verdammt, das ging doch nicht! Ohne nachzudenken, bin ich auf den Drecksack los und hab ihn mir gegriffen, aber er brüllte: »Was machst du denn, das ist meine Frau!?« Ich wollte gerade zurückbrüllen, als mir irgendetwas heftig gegen den Kopf schlug, da war noch ein Kerl gewesen, versteckt, der ist mit einem Ziegelstein auf mich los. Ich war einen Tag und eine Nacht ohne Bewusstsein, wenn mich nicht ein Nachbar, der gerade vorbeikam, in die Notaufnahme gebracht hätte, wäre ich längst erfroren gewesen.

Diese Lektion hat mein dämonisches Feuer zu einem Großteil verbrannt, von da an war mein Blick nicht mehr nur auf junge Frauen gerichtet, es war sinnlos, wenn man jemand war und etwas darstellte, dann würden die jungen Dinger ihrerseits ihren Blick auf einen werfen. Du weißt, mein Englisch ist ein bisschen behelfsmäßig, wenn man sich anderthalb Jahre in Sanlidun herumtreibt, kennt man auch die jungen Leute aus den verschiedenen Botschaften, ich habe die mit einer ganzen Menge von Lyrikzeitschriften aus dem Untergrund versorgt, sie mit ein paar Sängern aus dem Untergrund bekannt gemacht, solche Sachen habe ich viel gemacht, ich habe reichlich Erfahrungen gemacht, das hat mich gestählt, und mein Stand hat sich auch erhöht. Hast du daran gedacht, das Land zu verlassen? An Poesie-Festivals teilzunehmen oder Gastprofessor an irgendeiner Uni zu werden? Bring Material und Geld zusammen, die Einladungen, Pass und Visum sind kein Problem, das überlass alles mir.

LIAO YIWU: Spuck mal keine so großen Töne, wenn ich Geld hätte, wäre ich längst von selbst auf Reisen gegangen.

ZHOU ERHUANG: Das ist nicht dasselbe. Reisen? Nach Singapur, Malaysia, Thailand? Du bist doch kein Bauernunternehmer, was machst du denn, wenn du da bist? Wenn du aus dem Land bist, dir eine goldene Nase verdient hast, musst du dir noch einen Namen machen, bevor du heimkommst. Der Name, das ist ein unsichtbares Kapital, das kann man in jeder Situation gebrauchen. Ich zum Beispiel nehme als Repräsentant Chinas an vier Poesie-Festivals in Europa und Amerika teil, ich habe drei berühmte Universitäten besucht, Vorträge gehalten, mit bekannten Sinologen gesprochen, was also? Verschüchterte Chinesen gibt es wohl mehr als genug, oder?

LIAO YIWU: Ich bin schwer beeindruckt, aber was hast du denn geschrieben?

ZHOU ERHUANG: Was ich geschrieben habe? Das hätte auch ein Ausländer fragen können. Ich habe Gedichte geschrieben, Romane, Erinnerungen, aber in China können sie nicht herauskommen. Außerdem habe ich Werbung gemacht, die aber auch nicht erscheinen konnte, weil die Plakate ein bisschen antikommunistisch waren. Die chinesische Sprache ist sehr geheimnisvoll und eine ziemliche Barriere, Ausländer wollen da nicht so richtig einsteigen, solange sie dir, wenn du einmal aus dem Land bist, eine Bühne liefern, dann kannst du sagen, was du willst, selbst wenn du einen fahren lässt, kann das China repräsentieren. Liao Yiwu, bist du nicht dabei, ein gewaltiges Opus zu verfassen? Gib her, ich schaue es mir an und werde es im Ausland vorstellen.

LIAO YIWU: Mir ist nicht so richtig wohl bei dem Gedanken an dich.

ZHOU ERHUANG: Was heißt hier, dir ist nicht so richtig wohl bei dem Gedanken an mich, die »harten Lehrjahre« sind vorbei.

LIAO YIWU: Kannst du denn meine Werke nicht als deine ausgeben?

ZHOU ERHUANG: Hehe, ich setze lediglich den Namen drunter und wir zwei Hübschen sind vereint.

LIAO YIWU: Warum hat dir der Typ mit dem Ziegelstein eigentlich nicht den Schädel eingeschlagen!?

ZHOU ERHUANG: Nur ein Spaß. Liao Yiwu, du siehst das alles viel zu eng. Was chinesischsprachige Schriftsteller im Westen angeht, das ist so eine Sache, wenn da ein Buch übersetzt wird und in einer Auflage von ein paar Hundert gedruckt wird, wen beeinflusst das denn schon? Ich weiß, du hast auch kein Geld. Wie wäre es, wenn wir beide uns zusammentun und einen Plan machen, wie wir das Land verlassen und mit Kultur zu Geld kommen?

LIAO YIWU: Ich bin ganz Ohr.

ZHOU ERHUANG: Ich übernehme die Einladungen zum Poetry-Festival in Holland, nach Harvard und an die Uni Kopenhagen, auch für Paris und Oxford wird sich ein Weg finden lassen; dann sind da noch der internationale Schriftstellerverband, auch das Iowa Writers Center geht, und du, du ziehst ein paar Businessleute an Land, die Geschmack haben, die sollen mit uns ins Ausland kommen, natürlich mit Hin- und Rückflugticket, die Reisekosten müssen sie komplett übernehmen. Das ist die Gelegenheit für sie, international für sich Werbung zu machen, irgendwelche Businessaktivitäten können ja zeitgleich mit dem Kulturaustausch vorangetrieben werden, außerdem können sie auch als »Gastwissenschaftler« auftreten, mit dem Titel als »spezieller Kulturbotschafter«.

LIAO YIWU: So etwas kann man nicht an einem Abend erledigen, wenn ich zurück in Sichuan bin, schreibe ich dir. Gut, damit wäre das Thema fürs Erste erledigt. Kehren wir doch zurück nach Sanlidun – sind deine Kneipengeschichten jemals fertig geworden? Kann ich sie denn einmal lesen?

ZHOU ERHUANG: Ich habe schon eine ganze Reihe von Autoren aufgetrieben, aber die bringen es alle nicht, das kann man sich nicht
einfach alles aus den Fingern saugen. Später habe ich dann doch
jemanden gefunden, einen befreundeten Dichter, ich habe ihm Geld
gegeben, habe ihn einen Monat lang in Alkohol eingelegt und habe
ihm dazu noch einen Vorschuss bezahlt. Aber er hat nur zwanzigtausend Zeichen geschrieben, das sind keine dreißig Seiten, da habe
ich das Ganze abgeblasen. Nein, ich behaupte nicht, dass sein Stil
nichts taugte, er hat nur meine kreative Idee verunstaltet. Aus meiner
jungen Protagonistin hat er eine in einer Kneipe aufgewachsene Katze
gemacht, weil er fand, dass man mit dem Blick eines Tiers schärfer
und freier auf die Menschen schauen könne.

LIAO YIWU: Ich glaube das auch. Bulgakov hat in der damaligen Sowjetunion ein Buch geschrieben mit dem Titel »Hundeherz«.

ZHOU ERHUANG: Ich bestreite ja nicht, dass die Idee mit der Katze
künstlerischer war als meine, aber es ist nicht gesagt, dass man daraus
einen postmodernen Klassiker hätte machen können. Aber der Markt
nimmt so etwas nicht an, der Markt verlangt Sentimentalität; ein
Buch, in dem ein junges Mädchen die Hauptrolle spielt, damit kann
man das große Geld machen.

LIAO YIWU: Na, dann wäre es am besten, du schreibst es selbst.

ZHOU ERHUANG: Wenn man sich in den letzten Jahren dort aufgehalten hat, wo die Leute sich treffen, konnte man richtig zusehen, wie
sich die Eloquenz sprunghaft entwickelte, aber die Texte sind immer
affiger geworden, die können das nicht mehr besser, wenn die einen
Stift nur anfassen, wird ihnen schwindlig, darüber hinaus ist es ein
Kennzeichen der postmodernen Gesellschaft, dass das Hochkochen
wichtiger ist als das Werk selbst.

LIAO YIWU: Du könntest einfach mündlich erzählen und es einen
Sekretär aufschreiben lassen.

ZHOU ERHUANG: Du nimmst mich auf den Arm, wo gibt es denn solche Schriftsteller? Trotzdem, dieser »Jugendelan« hat langsam nachgelassen, nein, er ist später von anderen Reizen ersetzt worden.

LIAO YIWU: Du hast zu viele Affären, nenn mir nur eine, die etwas Besonderes hat.

ZHOU ERHUANG: Ich erzähle dir eine Geschichte, die dich interessieren wird! Eines Nachmittags, die Sonne schien, ich nahm in einem schwarzen T-Shirt mit dem Aufdruck »University of Oxford« an der Universität Beijing an einer Dichterlesung teil. Ich war kaum durch das große Tor, als mir eine Hand von hinten auf den Rücken schlug, ich drehte mich um, eine junge Blondine lächelte mich an: »Waren Sie in Oxford?«

Ich nickte und habe ihr das Blaue vom Himmel herunter erzählt, natürlich bin ich auch nicht mehr zu der Lesung gegangen. Das Fräuleinchen war aus Deutschland und hatte einen Vetter, der im vergangenen Jahr erst nach Oxford gegangen war. Ich war von ihr ganz fasziniert, als die Sonne schnell hinter den Bergen verschwand, haben wir verabredet, zusammen nach Sanlidun zu gehen.

Das hat sie höflich, aber entschieden abgelehnt, also habe ich mich schnell mit ihr für den nächsten Tag verabredet, sie schüttelte den Kopf und ich sagte, dann übermorgen. Schließlich habe ich mich mit Mühe und Not für die nächste Woche verabredet. Ich schmorte ganz schön, fast wäre ich auf die kranke Idee verfallen, eine aus dem Westen zu meiner Frau zu machen, aber dann war der Tag gekommen. Ich holte sie zu Hause ab, aber dann – das rätst du nie! Da stellte sich die Sprachbarriere zwischen uns! Sie war noch nicht lange in China, ihr Chinesisch war noch nicht so weit, und mit meinem Englisch konnte ich mich normalerweise durchschlagen, aber um jemanden den Hof zu machen, hat es nicht gereicht.

Lach nicht! Die normale Flirtsprache habe ich schon drauf, aber das war kein normaler Flirt, ich dachte … die … ach … ein One-Night-Stand … hach, verdammt, auf Chinesisch geht das ein bisschen in Andeutungen, manchmal nur so um den heißen Brei herum, aber sehr geistreich; auf Englisch keine Chance, da wird alles gleich schwarz und weiß, zu direkt und ohne Zwischentöne. Wenn ich meinen Impuls direkt zum Ausdruck gebracht hätte, wäre das nicht viel anders gewesen, als wenn ich zu einer Nutte gegangen wäre, das hätte mir sicher eine strikte Abfuhr eingebracht. So also wurde das ein Gespräch, als ob ein Hund an einem Knochen nagt, es ging drei Stunden, und noch immer war mir kein wesentlicher Durchbruch gelungen. Wir haben angefangen, uns mit Gesten zu verständigen, es war fürchterlich, ihre großen, himmelblauen Augen waren die ganze Zeit so voller Unschuld, und mir lief der Schweiß in Strömen den Rücken runter, sie sah, wie ich unruhig mal saß und mal lag und meinte in ihrem radebrechenden Chinesisch: »Mister Zhou, ist etwas Ihnen? Nervt Sie?«

Ich verstand allerdings was von »beenden«, und mir schossen die Tränen in die Augen. Sie fragte erschrocken: »Sind Sie krank?«

Ich fühlte mich wirklich krank und habe mich an ihrer Schulter ausgeweint und auf Englisch geschluchzt: »Yes! Yes! Ich bin krank, in diesem Müllland ist jeder Künstler krank! Ich bin so unglücklich!«

Als das Mädchen aus dem Westen das hörte, erstarrte sie, dann wurde ihr mitleidiges Herz wach, sie wischte mir die Tränen und tätschelte mir tröstend auf den Rücken: »Nicht weinen, Zhou, Sie werden gut.«

Meine Taktik, Selbstverstümmelung, um Mitleid zu erregen, funktionierte augenscheinlich, also wurde ich noch frecher: »Ich bin schon über vierzig, ich hatte in meinem Leben noch keinen guten Tag, niemand versteht mich! In meinem Land findet ein künstlerisches Genie, wie ich es bin, nicht einmal eine Frau! Du kannst die Chinesen nicht verstehen, die Romantik der Tang- und der Song-Gedichte ist dahin! Das hier, das ist ein Schweinestall! Was machen Sie als Deutsche überhaupt hier? Ich … ich habe mich in Sie verliebt, aber ich bin kein Deutscher.«

Damals hat sich das Mädchen von meiner Epilepsie rühren lassen. Sie hat mir den Kopf gestreichelt und gesagt: »Macht doch nichts!« Mein Körper drängte zu ihren Brüsten hin … und als nächstes haben wir weinend und heulend alles Mögliche gemacht. Ich will dir nicht verheimlichen, dass ich so sehr in das Spiel vertieft war, dass ich beinahe keinen hochbekommen hätte.

LIAO YIWU: Für einen One-Night-Stand hast du dein Vaterland, die Gedichte der Tang und Song und uns Künstler als Köder benutzt! Ich bewundere euch Berühmtheiten wirklich, wenn ihr dicke Eier habt, dann faselt ihr wirklich das Blaue vom Himmel herunter.

ZHOU ERHUANG: Das ist das Leben, man muss weitermachen und nicht ungerecht sein gegen sich selbst. Und was das Vaterland angeht, die Tradition, die Kunst, schon klar, alles großartig. Aber so großartigen und gesicherten Dingen bricht wegen der Blasphemie von jeman-

dem wie mir bestimmt kein Zacken aus der Krone. Der Vorsitzende
Mao sagt: »Das Alte wird vom Heute gebraucht, das Westliche von
China.« Du weißt, dass ich kein schlechter Kerl bin, wenn ich es wäre,
würde ich es dir nicht zeigen und würde dir nicht mein Herz aus-
schütten und all diese hässlichen Sachen auspacken. Ich bin nur
schwach und zügellos. Wer 1960 geboren ist, einen Augenblick vor
der Kulturrevolution, für den macht Rebellion Sinn. Wenn man die
Klassenprinzipien einmal überwunden hat, dann ist nichts anderes es
mehr wert, dass man daran glaubt.

LIAO YIWU: Hast du es denn einmal versucht, ich meine, dich zu
zügeln?

ZHOU ERHUANG: Zügeln? Ich mich? Ich bin einem Stein entsprungen,
meine Eltern konnten mich nicht zügeln; Ehefrauen wechsle ich alle
zwei, drei Jahre; die Polizei kann nichts machen, denn Nichtstun
verstößt gegen kein Gesetz. Ach, ich weiß schon, du denkst an die
Religion, nicht?

LIAO YIWU: Es ist nicht schlecht, wenn man an etwas glaubt, oder
nicht?

ZHOU ERHUANG: Ich war mal Katholik. Vor Jahren habe ich an einem
Platz in Xi'an mal drei Katholikinnen kennengelernt, sie hatten alle
recht ungute Erfahrungen in ihrem Leben gemacht, aber als sie in die
Kirche eingetreten sind und sich mit ganzem Herzen an den Herrn im
Himmel wandten, sind sie nach und nach ganz andere Menschen
geworden. Meine leitende Schutzpatronin hieß Fanyin; als wir einander in die Augen gesehen hatten, waren wir wie vom Donner gerührt,
als sie den Mund aufmachte, nannte sie mich »Kind Gottes«, ich
konnte nichts dafür, mir sind die Tränen gekommen, und ich sagte
schnell: »Das bin ich nicht, in meinem Körper steckt der Teufel.«
    Sie sagte: »Wir drei Schwestern werden uns heute Abend vor den
Heiligen Geist hinknien und für dich eine Nacht lang beten, der Herr
ist gnädig, er wird dir deine Sünden vergeben.«
    Du hörst es selbst, das nimmt einen doch mit, nicht einmal meine
alte Mutter hat für mich so bewegende Worte gefunden! Und dann
habe ich ihnen alles gebeichtet, so die schlimmen Sachen, an die ich
mich noch erinnern konnte, die habe ich nacheinander bekannt. Und

dann habe ich noch gesagt: »Ich bin schon einmal einen ganzen Tag vor einer katholischen Kirche in Beijing auf und ab gegangen, aber der Gläubige, der die Tür bewachte, wollte mir keinen Einlass gewähren, dass ich an der Messe teilnehmen konnte, er hat mich mit ganz grimmen Blicken angestarrt, denn mein Hals war voller Schuppenflechte, ich vermute, er hatte die Dämonen, die ich im Leib hatte, längst durchschaut.«

Darauf sagte Fanyin: »Das war eine düstere, von schlimmen Taten verhüllte Zeit, die Wege Satans sind vielfältig, er tritt in vielen Gestalten auf, gut möglich, dass der Pförtner an der Kirche, der dich nicht in die Messe gelassen hat, eine Inkarnation des Teufels war, du hast ihn durchschaut, aber du hast es nicht gewagt, den Kampf mit ihm aufzunehmen, denn was du gesehen hast, das waren deine eigenen Sünden. Jetzt hast du gebeichtet, also bete mit uns gemeinsam, im Gebet wirst du spüren, wie der Herr in seiner Gnade deine Sünden auf sich nimmt, wie er dich reinigt und dir die Gnade des Glaubens schenkt.«

LIAO YIWU: Diese Fanyin war keine einfache Seele.

ZHOU ERHUANG: Weiter hat sie gesagt: »Nicht du bist krank, sondern die Zeit, in der wir leben, seit Anfang des zwanzigsten Jahrhunderts sind die Menschen von einer Seuche der Seele befallen, der Versuchungen sind zu viele, und jede dieser Versuchungen ist eine weitere Inkarnation Satans, wohingegen es nur einen einzigen Gott gibt. Obwohl die Liebe meines Vater keine Grenze kennt, hat er doch bei seinen vielen Kämpfen mit dem Teufel den Rückzug angetreten, fast hätte er die Menschen aufgegeben, denn die Menschen in ihrer verkommenen Natur waren eins mit Satan. Dann kam Hitler, das Massaker von Nanking und Auschwitz. Die Menschen wurden aufgeschreckt von diesen apokalyptischen Szenen und haben die Hände zu Gott erhoben. Und Gott, weil er der Schöpfer ist, konnte nicht wegsehen, er musste etwas für die einfachen Menschen tun und den Teufel unterwerfen, die Entscheidungsschlacht findet 1999 statt, am Himmel wird ein großes, von einer ungeheuren Kraft erfülltes Sternbild erscheinen in Form eines Kreuzes.«

LIAO YIWU: In der Offenbarung klingt das ganz genauso, wenn einem so eine Schutzpatronin den Weg zeigt, sollte man umkehren auf sicheres Land.

ZHOU ERHUANG: Ich bin sorgfältig in mich gegangen, drei Monate lang, ich hatte allem abgeschworen, dem Alkohol, dem Sex, wenn ich nur daran dachte, dass diese drei heiligen Frauen für einen wildfremden Menschen wie mich eine ganze Nacht lang gebetet hatten, wurde mir ganz warm ums Herz, und ich, Zhou Erhuang, erkannte die Wege der Welt. Erst jetzt erschienen die Tage meines Nichtstuns als Wurzel des Wissens, und es war nicht zu sagen, ob ich würde Priester werden können und für die große Sache geeignet wäre.

Dann habe ich einen bahnbrechenden Brief geschrieben, in dem ich Fanyin und die anderen nach Beijing einlud, am besten, sie würden ein paar alte Kumpane von mir zu Glaubensbrüdern machen. Fanyin und die anderen erschienen prompt, wie verabredet, wohnten bei mir und taten keinen Schritt vor die Tür, sondern beteten den ganzen Tag. Eines Nachmittags bin ich dann raus und sie meinten, sie wollten auch ein paar Dinge erledigen, sie wären aber bald wieder zurück. Ich gab ihnen einen Schlüsselbund, habe mich selbst verspätet und bin erst um Mitternacht nach Hause gekommen. Ich klopfte, keine Reaktion, ich trat unruhig von einem Fuß auf den anderen und habe so gegen die Tür gedonnert, dass alle Nachbarn aus dem Bett fuhren, es half nichts. Und dann fing es verdammt nochmal auch noch an zu schneien, wo sollte ich hin, mitten in der Nacht? Ich kauerte mich eine Weile auf die Hacken und wäre fast zu einem Eiszapfen geworden, also musste ich mir wohl oder übel ein Taxi nehmen und bin nach Sanlidun und habe mir dort eine Kneipe gesucht, in der es heiß herging.

Ich war drei Monate nicht da gewesen, es war alles so vertraut. Nach Mitternacht wurde es auch hier stiller; ich trank, bis ich völlig im Tran war, was sollte ich machen, ich habe mir in der Nähe eine Nutte aufgegabelt, die so hässlich war, dass kein Mensch sie wollte, und bei ihr die Nacht verbracht.

Am nächsten Morgen bin ich dann nach Hause, hinter der Tür reagierte immer noch niemand. Ich wartete bis Mittag und dachte echt schon, die heiligen Frauen hätten einen Unfall gehabt. Ich habe ihr Verschwinden gemeldet und einen Schlosser gesucht, aber meine einbruchsichere Tür war ein bisschen zu einbruchsicher, drei Schlosser nacheinander haben sie nicht aufbekommen. Also habe ich mir in der Nachbarschaft ein Schweißgerät geliehen und ein Loch in die Tür geschweißt. Die Waschsachen der heiligen Drei waren noch da, also was war zu tun?

Angeschlagen wie ich war, habe ich noch eine Nacht hinter mich gebracht, schließlich kam ein Anruf von Fanyin, sie hätten sich verirrt und wären den ganzen Tag zigmal um das Desheng-Tor herumgelaufen. Die heiligen Frauen, die so von ganzem Herzen an ihrem himmlischen Vater hingen, konnten sich natürlich weder an meine Adresse erinnern noch an meine Handynummer. Sie sind noch in der gleichen Nacht zurück nach Xi'an, selbst meine Telefonnummer haben sie sich dort besorgt. Ach, die moderne Gesellschaft gebiert so viele Idioten! Unter ihrer Führung wäre ich, Zhou Erhuang, fast zu einem Idioten geworden, der nur noch vom Eingemachten zehrt.

LIAO YIWU: Am Glauben selbst ist nichts auszusetzen. Wenn du dich in Zukunft mit ein paar Nachschlüsseln versiehst, dann geht es.

ZHOU ERHUANG: Wie soll ich diese Qualen aushalten! Was am unerfreulichsten war, ein paar Monate später tauchten auf meiner Eichel zwei Blumenkohle auf, Feigwarzen! Die Dinger jucken nicht, tun nicht weh, aber sie sind ziemlich schwer zu behandeln. Ich habe ein paar tausend Yuan dafür ausgegeben, aber der Blumenkohl ist noch einmal zurückgekommen. Verdammt, der Herr im Himmel, wenn er so gnädig ist, und ich habe mich so inbrünstig an ihn gewandt, warum straft er mich dann so, verdammte Scheiße?

LIAO YIWU: Du hast deine Bewährungsprobe an diesem Abend nicht bestanden, du bist rückfällig geworden. Vielleicht war die Prostituierte eine Inkarnation des Teufels.

ZHOU ERHUANG: Dann ist mein Schwanz eine Inkarnation Satans. Wie es aussieht, ist Gott erst zufrieden, wenn ich ihn mir abzwicke.

DER ALTE ZENG,
DER PROFESSIONELLE GELDEINTREIBER

Neujahr 2008 war gerade vorbei, als auf meinem Handy immer wieder die Meldung erschien: »Schulden eintreiben, kostenlose Beratung.« Aus Angst vor einer Bauernfalle habe ich meine Neugier gezügelt, aber ohne Erfolg. Nach weiteren vierzehn Tagen kamen die Informationen über das »Eintreiben von Schulden« immer dichter, an einem Tag oft mehrere, dazu zu Dumpingpreisen Angebote für gestohlene Autos, Jaguar, Honda, zu neunzig Prozent neu, für etwa achtzigtausend, weitere Preisverhandlungen nicht ausgeschlossen.

Mir juckte die Hand, also habe ich die Nummer herausgesucht – etwa vier dieser Nachrichten kamen vom gleichen Handy – und habe die Zähne zusammengebissen und angerufen. Am anderen Ende war eine Frau, zuerst hat sie ein bisschen so getan als ob, aber dann hat sie gesagt, sie wohne weit außerhalb. Ich fragte, wie weit?

Sie sagte, im Osten, an der Neun-Augen-Brücke.

Ich sagte, es sei ziemlich eilig, ob ich mit einem Taxi vorbeikommen könne.

Sie sagte, gut, in Ordnung, über Geschäftliches und wie man einander näherkommt, darüber könne man dann reden.

Ich verstand überhaupt nichts und ergab mich in mein Schicksal. Zu meiner Überraschung klingelte mein Telefon gegen Abend, ich schimpfte, was das für ein Schwachsinniger sei.

Am anderen Ende kam zurück, von was für einem Schwachsinn ich sprechen würde. Ob ich das Geschäft machen wolle oder nicht? Diesmal war ein Mann am Apparat, ich sagte, reden wir persönlich miteinander.

Er sagte, warum sind Sie Hurensohn denn nicht zur Neun-Augen-Brücke gekommen? Besondere Kennzeichen?

Glatze, sagte ich. Und dass ich immer noch an der Neun-Augen-Brücke herumstehe.

Er sagte, da sei alles voller Glatzköpfe, das sei sehr in Mode.

Ich betonte, ich sei eine Glatze mit Brille.

Er sagte, tut mir leid, ich habe den ganzen Nachmittag auf Sie gewartet und bin jetzt schon wieder zu Hause, in Baiguolin.

Ich sagte, wo denn in Baiguolin?

An der Straßenmündung der Zhongxinlu, wenn man da reingeht, der fünfte Frisörladen.

Ich hätte beinah laut gelacht, denn meine Wohnung ist an der Straßenmündung Zhongxinlu. So ein Zufall, da wollte ich natürlich hin. Versteckte sich ein professioneller Schuldeneintreiber tatsächlich in einem Nuttennest? Dabei fielen mir die nicht nur im Netz so populären Worte aus dem Mund einer Vierzehnjährigen ein: viel Sex und viel Gewalt.

Vor der Mauer unserer Wohnanlage war der berühmte Strich der Weststadt, die jungen Frauen standen an der Straße wie die Nachteulen, sommers wie winters, bis zum Tagesanbruch, immer im Dienst des Volkes. Ich erkundigte mich, die Preise tendierten nach unten, einmal Handbetrieb 50, einen blasen 70, ein Abschuss 150.

Den ganzen lieben langen Tag waren die Türen der Frisörläden verhängt; aber wenn es dunkel wurde, zeigten die Glastüren ihr richtiges Gesicht: Da räkelten sich die jungen Dinger in den Schaufenstern mit halb entblößten Brüsten und warteten in dem orangeroten Licht darauf, ihre Haut zu Markte zu tragen.

Schade, dass ich keinen Dokumentarfilm drehte, ich sah auch nicht sehr normal aus und bin deshalb um neun in den genannten Frisörladen hinein und war als Freier leicht einzuschätzen: unterste Schublade, nicht wählerisch.

Der Pummel an der Tür hängte sich bei mir ein, während eine relativ gutaussehende Magere hinter ihr mich höflich anlächelte. Ich beeilte mich, ihnen zu erklären, ich wäre vorerst nicht interessiert. Die Mädchen brüllten vor Lachen und meinten, kein Mensch würde mich zu irgendetwas zwingen, ich solle mich setzen und ein bisschen mit ihnen plaudern.

Ich sagte, ich hätte erst einmal keine Zeit, ich suchte einen Mann mit Namen Zeng.

Der enge Raum, Brüste überall, ich gebe zu, dem kann ein Mann nicht widerstehen. Ein Glück, dass ich, als ich mich umwandte, vor dem Fenster ein Augenpaar traf – der Gesprächspartner, den ich suchte, hockte in einem versteckten Winkel ganz in der Nähe.

Offensichtlich war er komplett abgeschlafft, er sah aus, als hätte ihm jemand das Fleisch von den Knochen geschabt, so wenig war an ihm dran. Ohne ein Wort zu sagen, gingen wir hinters Haus, unter ein schlichtes Flachdach. Am Anfang war das Gespräch sehr mühselig. Wir haben die ganze Zeit nicht einmal einen Schluck Wasser getrunken. Ich schätze, er wird so um die vierzig gewesen sein, nicht so sehr viel von Sex, aber sehr viel Gewalt.

DER ALTE ZENG: Also heraus damit, wer schuldet dir Geld? Und wie viel? Wie hoch ist die Summe? Erstmal müssen wir klarstellen, dass der Renminbi wegen der hohen Inflation innerhalb von einem halben Jahr an die zwanzig, dreißig Prozent an Wert verloren hat; deshalb nehmen wir seit 2008 keine Fälle mehr unter dreißigtausend Yuan an; schätzungsweise werden nach den Olympischen Spielen erst Fälle über fünfzigtausend noch eine Überlegung wert sein. Was meinen Anteil angeht, so ziehen wir in der Regel dreißig Prozent ab, in besonderen Fällen vierzig Prozent bis die Hälfte oder auch mal sechzig Prozent – das hängt davon ab, wie schwer und wie gefährlich ein Fall ist.

LIAO YIWU: Sie kennen sich aus.

DER ALTE ZENG: Unsinn, ich lebe davon seit über zehn Jahren.

LIAO YIWU: So, aha.

DER ALTE ZENG: Zeit ist Geld, beschreiben Sie mir schnell Ihren Fall.

LIAO YIWU: Ich habe keinen Fall.

DER ALTE ZENG: Dann hast du mich reingelegt, du Hurensohn?

LIAO YIWU: Immer langsam mit den jungen Pferden, bevor Sie gleich zuschlagen, Freundchen! Ich habe niemanden reingelegt, ich war nur neugierig, schauen Sie sich die Nachricht auf meinem Handy an, stammt die von Ihnen? Ich habe sie die ganze Zeit auf dem Handy gelassen, ich konnte sie einfach nicht löschen – ich wollte mich an das Gesetz halten, an das »Verbraucherschutzgesetz der Volksrepublik China«, nach dem Gesetz ist das Eintreiben von Schulden Sache der Justiz, sie löst Streitigkeiten unter Geschäftsleuten. Dann war da bei der Nachricht ein Angebot für Stahlkugelgewehre, einläufige Jagdgewehre, Elektroknüppel, Betäubungsgewehre samt Betäubungsmittel, Preis Verhandlungssache.

DER ALTE ZENG: Reporter also, heimliche Recherche? Haben Sie sowas wie ein Tonband im Füller? Entschuldigung, aber ich werde Sie jetzt filzen.

LIAO YIWU: Nur zu, nur zu, ich ziehe meine Klamotten selbst aus. Wollen Sie den Hosenladen auch untersuchen?

DER ALTE ZENG: Sparen Sie sich die unanständigen Witze!

LIAO YIWU: Entschuldigung! Entschuldigung! Aber außer diesem Buch habe ich nichts dabei.

DER ALTE ZENG: Sie schreiben Bücher? Na, dann bin ich Wissenschaftler.

LIAO YIWU: Schon gut, ich wollte nicht renommieren.

DER ALTE ZENG: Dann langweilen Sie sich wohl zu Tode, während unsereiner sehen muss, wo er bleibt.

LIAO YIWU: Lassen Sie uns Freundschaft schließen.

DER ALTE ZENG: Dann müssen Sie ein bisschen bluten. In unserer, wie es so schön heißt, sozialen Harmonie muss man für alles zahlen. Wenn ein Animiermädchen sich zu dir an den Tisch setzt, dann verlangt sie, wenn du nichts von ihr willst, etwas fürs Plaudern.

LIAO YIWU: Stimmt genau. Also, ich gebe Ihnen einhundert Yuan.

DER ALTE ZENG: Wollen Sie mich unbedingt behandeln wie eins von den Mädchen? Bei der Möse deiner Mutter, weißt du denn nicht, wo in meinem Geschäft die Preise anfangen?

LIAO YIWU: Wir haben noch nicht übers Geschäft gesprochen.

DER ALTE ZENG: Solange etwas vorne auf zwei Beinen steht, geht es ums Geschäft. Es sei Ihnen nachgesehen, Sie sind Schriftsteller, ich lasse Sie gewähren, wie wäre es mit tausend Yuan? Und ich verplaudere nach Belieben mit Ihnen die Zeit.

LIAO YIWU: Tausend Yuan? Himmel! Für eine Unterrichtseinheit bekommt ein berühmter Professor gerade mal zweihundert.

DER ALTE ZENG: Ich filze noch mal Ihre Taschen, gerade mal vierhundert, wenn man sieht, wie Sie sich aufführen, dann sind Sie ein armer Intellektueller, ein Schulmeister.

LIAO YIWU: Lassen Sie mir wenigstens das Fahrgeld!

DER ALTE ZENG: Jetzt bettelt der auch noch ums Fahrgeld! Sie haben Nerven! Vor gut zehn Jahren, die Sichuan-Chongqing-Autobahn war gerade fertig, da war ein Generaldirektor von so einem Wirtschaftsverband, der hat, darauf bauend, dass die lokalen Behörden hinter ihm stehen, auf einmal herumgetönt, er werde »den Transportmarkt neu organisieren«, er wolle den Schwarzmarkt mit Stumpf und Stiel ausrotten …

LIAO YIWU: Dunkel erinnere ich mich, dass das in der Zeitung gestanden hat.

DER ALTE ZENG: Genau der, der hat vorgeschlagen, alle zehn Minuten einen Wagen im Wechsel fahren zu lassen.

LIAO YIWU: Richtig, richtig. Seinerzeit gab es an den Haltestellen für die Schnellbusse an der Wugui-Brücke in Chengdu überall schwarze Busse, die Kunden abgezogen haben, die Tickets nach Chongqing kosteten bei den regulären neunundneunzig Yuan, bei den Schwarzen nur siebzig. Wenn man Glück hatte, konnte man den Preis bis auf sechzig drücken. Ich bin oft nach Chongqing gefahren, ich bin ein entschiedener Unterstützer der schwarzen Unternehmen gewesen, man musste oft zehn, zwanzig Minuten laufen, bevor man in irgendeiner nicht festgelegten Straße einsteigen konnte, aber billiger zu sein war absolutes Prinzip.

DER ALTE ZENG: Ich war bei diesen Schwarzgeschäften dabei, wir haben die Interessen der Volksmassen vertreten. Ein Ticket für sechzig bis siebzig Yuan, damit war schon gut verdient, womit sollte man einen Preis von neunundneunzig rechtfertigen? Insgeheim waren wir für jeden Fahrer von Vorteil, wir haben uns zusammengetan, und es war ein Leichtes, die Haltestellen auf beiden Seiten der Straße zu unterbieten. Die Verwaltung hat oft versucht, dagegen etwas zu unternehmen, aber das waren alles Fehlschläge, bis ein Generaldirektor auftauchte, der für Sichuan und Chongqing ein paar Meetings einberief, auf die harte Tour die Schwarzgeschäfte ausmerzte und das als »langfristig im Interesse der großen Masse der Verbraucher« verkaufte.

LIAO YIWU: Und dann?

DER ALTE ZENG: Irgendwann hat der Herr Generaldirektor einen anonymen Anruf von den Schwarzen erhalten, in dem er darauf hingewiesen wurde, dass »alle etwas verdienen können, da müsse nichts mit Stumpf und Stiel ausgemerzt werden«, der Herr Generaldirektor hielt nichts von solchen Absprachen, warf sich in die Pose des aufopferungsvollen Revolutionärs, der »die sozialistische Wirtschaftsordnung aufrechterhalten will« – und hat das Ganze bei der Polizei angezeigt.

Ein paar Tage gingen ins Land, die Wogen haben sich geglättet, der Sturm hat nachgelassen. Der Herr Generaldirektor glaubte, die Schwarzen hätten einen Spaß gemacht. Also ließ er die Vorsichtsmaßnahmen schleifen, und setzte alles wieder auf Anfang. Die Sache selbst geschah, weil sie nicht aufpassten. Es war Abend, der Herr Generaldirektor ging mit fünf, sechs Bodyguards in der Gegend vom Yangyixian zum Feuertopf, sie saßen kaum richtig, als ein gutes Dutzend mutiger Männer ihnen folgte. In dem Gemenge ging der Herr Generaldirektor zu Boden und blieb da. Der Anführer der Truppe, ein

Mann mit Sonnenbrille und Melone und verkleidet wie Xu Wenqiang in der Fernsehserie *Der Bund*, gemeint ist der gleichnamige Stadtbezirk von Shanghai, zog ein langes, ellenlanges Schlachtermesser und hat es ihm siebenmal in die Hüfte gerammt. Die Bodyguards stierten vor sich hin, konnten sich aber nicht rühren, als seien sie verhext. Ähäm, so eine große beeindruckende Persönlichkeit! Sein Hosenboden war wie ein Feuertopf, das Blut blubberte und gluckerte nur so raus.

LIAO YIWU: In so einem geschäftigen Viertel einen Menschen umzubringen, dazu gehört aber der Mut eines Tigers.

DER ALTE ZENG: Die haben den nicht umgebracht, sie haben nur einen künstlichen Eunuchen aus ihm gemacht, die zweite Hälfte seines Lebens hat der sich zum Pinkeln hingehockt. Das Messer fiel scheppernd zu Boden, die Truppe ist in aller Gemütsruhe raus und in ihren Autos verduftet. Über zehn Minuten später kam eine Streife, hat zum Schein irgendwelche Aussagen aufgenommen und Protokolle angefertigt, aber kein Mensch war in der Lage, das wahre Aussehen der Gewalttäter zu beschreiben. Die Sache ist bis heute nicht aufgeklärt, auch wenn noch so viele Belohnungen ausgesetzt worden sind.

LIAO YIWU: Sie erzählen das so kühl! Waren Sie womöglich selbst einer von denen?

DER ALTE ZENG: Hehe, reden Sie keinen Unsinn. Auch wenn in Chengdu viele derartige Fälle vorkommen, arbeiten am Ende Polizei und Unterwelt doch zusammen, man fasst einen Sündenbock, man verurteilt einen Sündenbock, die Auftraggeber manipulieren hinter der Kulissen. Aber jedes Geschäft hat sein Gesetz, wenn der Rubel rollt, warum sollte man jemandem etwas tun?

LIAO YIWU: Waren Sie schon einmal der Sündenbock?

DER ALTE ZENG: Vor gut zehn Jahren, ja. Ein Trupp von Bossen, alles Multimillionäre, haben Fußballwetten abgesetzt, anscheinend ging es um die Weltmeisterschaft, wer die holt. Ein Angebot jagte das andere, ein paar Hunderttausend, ein paar Millionen, der Schneeballeffekt, bis am Ende auf den Champion dreißig Millionen gesetzt waren. Die einen setzten auf Argentinien, die anderen auf Deutschland. Ich erinnere mich dunkel, dass Deutschland durch einen Strafstoß gewonnen hat. Nach den Regeln mussten sich die vier Gewinner den Gewinn zu gleichen Teilen aufteilen. Aber ein Mann namens Liu hat sich auf seine großen Fäuste und seine vielen Bodyguards verlassen und dass ihm das Amt für Öffentliche Sicherheit den Rücken freihält und sich spontan die Hälfte geschnappt, so dass nur noch fünfzehn Millionen zur Verteilung kamen. Anwesend waren nur vertraute Gesichter, alle waren bestürzt, denn es war klar, dass ein anständiger Kerl sich das nicht würde bieten lassen; also stellten sich alle dumm, nahmen ihr Geld und machten sich mit einem freundlichen Gesicht davon.

Am nächsten Abend saß der gleiche Liu in einem Top-Teehaus auf der Terrasse, trank Tee und schaute sich die Sterne an, ganz entspannt. Eigentlich hatte er vor zu warten, bis es richtig Nacht war, um ein paar Kumpane zu treffen, dazu ein paar Mädchen zu bestellen und es dann mal so richtig krachen zu lassen. Aber da tauchte jemand auf und brachte ihm ein Geschenk. Als er das Päckchen aufmachte, war es ein Paar Totenschuhe aus Leinen – er war vor Schreck wie gelähmt, ihm wurde ein Revolverlauf gegen die Stirn gepresst und es krachte. Ich habe mir sagen lassen, dass sein Gehirn nur so durch die Gegend spritzte, auf den Tisch, auf den Boden.

Der Schütze sprang ganz locker aus dem ersten Stock, verschwand in dem VW-Santana, der unten auf ihn wartete, und weg war er.

Anschließend erschien die Kriminalpolizei, um den Fall zu untersuchen, ein paar Verdächtige von den anderen Wetteinsätzen wurden festgenommen. Die Verhöre dauerten die ganze Nacht, und es musste sofort Butter bei die Fische, also erschien ein Vertreter aus der Unterwelt bei mir zu Hause und bot mir vierhunderttausend, wenn ich den Sündenbock mache; außerdem gelobte er mir, sie würden auf meine Angehörigen aufpassen, nach jedem Jahr Knast bekäme meine Familie hunderttausend, so komme der Knast einem Sparvertrag gleich. Damals stand meine Karriere noch ganz am Anfang, gerade lief es beschissen, also sagte ich sofort zu. Anschließend sind wir Schulter an Schulter zur Polizei, wo ich mich gestellt habe: Den soundso hätte ich umgebracht, er sei ein Geldhai gewesen, und ich hätte meine Schulden nicht zurückzahlen können. Wenn ich ihm nicht den Rest gegeben hätte, hätte er es früher oder später mit mir getan.

Das brachte die ganze Polizeitruppe völlig aus dem Konzept. Ich wurde fürchterlich rangenommen, mit Hinknien, verkehrtherum Aufhängen, Bekämpfung mit wechselnden Schichten, Elektroknüppel, Fesselung von Hals und Händen über den Rücken, dazu psychologische Kriegführung, all das tischten sie mir auf. Aber, verdammt nochmal, ich habe meine Aussage nicht geändert! Ich habe über zwei Jahre im Untersuchungsgefängnis gebrummt, sie haben mir die großen Fußfesseln der Todeskandidaten verpasst, aber ich habe meine Aussage nicht geändert! Aber am Ende haben sie dann doch das Urteil geändert – nach Revision des Obersten Gerichtshofs hatte ich mir wirklich von diesem Liu zu überhöhten Zinsen Geld geliehen – keine Ahnung, wo auf einmal die ganzen neuen Zeugen herkamen, die behaupteten, ich sei an dem nämlichen Abend mit ihnen in der Sauna gewesen.

Ich war an dem Abend wirklich in der Sauna gewesen. Sogar der Chef von dem Badehaus konnte das bezeugen. Und so wurde ich nur wegen »Behinderung der Justiz« verurteilt. Ich war frei! Ich weiß bis heute nicht, wer hinter der Erledigung von diesem Liu stand, kurz, sie haben mich als Sündenbock benutzt, Zeit gewonnen, der Täter war verduftet, und für die Polizei blieb es ein ungelöster Fall.

Als wir mitten im Gespräch waren, wummerte es gegen die Tür. Zeng schoss alarmiert neben das Fenster, und lauschte angestrengt ein paar Minuten, bis die Tür aufging und ein verführerisches Mädchen hereinkam. Mit abenteuerlich großen Augen und Brüsten! Aber während sie mit ihren Augen Walnüssen Konkurrenz machte, verwandelten sich ihre Brüste in zwei gischtende, bedrohliche Wogen. Im Nu war mein ganzes Gesicht nass, und unterhalb der Lenden fing es an zu jucken. Der alte Zeng lachte: Kannst du dich nicht mehr beherrschen? Dann mach halt eine Runde.

Ich sage, ich hätte kein Geld.

Der alte Zeng meinte, hier könne man anschreiben lassen.

Und wie hoch sind die Zinsen?, patzte ich heraus.

Die sind natürlich Wucher, patzte er genauso zurück.

Anschreiben bringt kein Glück, brummte ich.

Das Mädchen meinte, dir steht das Glück ins Gesicht geschrieben, Freund, was soll dir passieren. Passend zu diesen Worten platzierte sie ihr Hinterteil auf meine Oberschenkel. Vor Schreck bin ich hochgeschnellt. Ich erinnere mich, dass es in einem Buch über den Bund in Shanghai während der alten Gesellschaft eine ähnliche Szene gegeben hat, wo sie so einen

Satz wie meinen als »Sprung des Unsterblichen« bezeichnet haben.

Ein Glück, dass meine Generation nicht gerade zu den zartbesaiteten gehört, im Nu hatte ich mir einen blutigen Weg aus der verfänglichen Situation geschlagen, habe die Türklinke heruntergedrückt, ein kühler, ernüchternder Wind kam herein.

Der alte Zeng nuschelte etwas von: Wenn dich so ein sexy Ding nicht umhaut ... du wirst mir doch kein Eunuch sein?

Natürlich nicht! Ich war entrüstet, mir fehlt lediglich und vor allem das Anheizen.

Sie meinte: Ich stamme aus Jianyang, das ist auf dem Land, ich habe schon ein paar Tage lang keinen Freier mehr gehabt. Mein Freund, wenn Sie noch ein bisschen humanistischen Geist in sich haben, dann schieben Sie eine Runde mit mir, machen Sie dem Projekt Hoffnung eine Spende.

Ich prustete vor Lachen und nutzte die Situation: Ich habe es heute mit den Nieren, ein andermal, in Ordnung? Ein andermal bringe ich die Artillerie mit und spende für das Projekt Hoffnung.

Chengdu ist so, wenn man nicht auf den Mund gefallen ist, kann man auch Szenen voller Sex und Gewalt in letzter Minute umbiegen und die Gesellschaft wieder harmonisch machen. Anschließend haben wir uns wieder hingesetzt und das Gespräch fortgesetzt.

LIAO YIWU: Dann ist damit aber Ihre Reputation in Unterweltskreisen mächtig gewachsen, oder?

DER ALTE ZENG: Ich werde nicht schlecht behandelt.

LIAO YIWU: Sie haben bereits ein Vermögen zusammen, warum treiben Sie noch für andere Geld ein?

DER ALTE ZENG: Die paar Hunderttausend waren nach drei, vier Jahren weg. Die Wirtschaft muss Umsatz machen, erst dann leuchtet sie. In unserer Gesellschaft geht es nur um eins: Was schuldest du mir, was schulde ich dir, die Rechnung des Höllenfürsten ist nicht ausgeglichen, deshalb habe ich 1999 den richtigen Zeitpunkt abgewartet und eine Firma für das Eintreiben von Schulden gegründet.

LIAO YIWU: Ist das eine eingetragene Firma?

DER ALTE ZENG: Die Industrie- und Handelsämter haben nichts dagegen, sie haben mir geantwortet, dafür gebe es kein Gesetz; also habe ich hintenherum um Hilfe gebeten, aber die haben nicht einmal gewagt, Geld anzunehmen. Ich habe immer wieder ein Lächeln aufgesetzt: Aber so wichtige Persönlichkeiten müssen sich doch auch anpassen, nicht wahr? Wenn die beiden Worte »Schulden eintreiben« zu sehr ins Auge springen, dann können wir das auch ändern in »Vermittlung bei ökonomischen Auseinandersetzungen«.

Als ich damit ankam, haben sie zu mir gesagt, ich solle zum Justizamt gehen und einen Antrag auf Gründung einer Anwaltskanzlei stellen. Verdammt nochmal, da läuft man von Pontius zu Pilatus und hat doch eine Schuldenkette am Bein. Also habe ich mit ein paar Leuten verhandelt und jetzt eine Firma für Schuldeneintreibung ohne Firmenschild, das läuft über den Briefkasten eines Judo-Clubs.

LIAO YIWU: Das ist genauso etwas wie ein illegaler Laden.

DER ALTE ZENG: Ein Scheiß, der Judoladen ist öffentlich und legal, außerdem laufen die Geschäfte sehr gut, wir sind die Entwicklungsabteilung des Judoladens. Wenn alles gut läuft, haben wir über zwanzig Angestellte, von denen hat jeder seine eigene Art, Schulden einzutreiben.

LIAO YIWU: Ich weiß, der Marktbedarf an Schuldeneintreibern ist sehr groß, denn heute kommt es allenthalben zu Streitereien über Schulden, die über normale juristische Kanäle nicht mehr zu lösen sind.

DER ALTE ZENG: Im Grunde schert sich kein Mensch darum. Wenn man beim Gericht eine Anzeige macht, dann fallen ein Haufen Kosten an für das Protokoll, für den Anwalt, die Fahrerei, die Durchführung, du gibst Geld aus und vergeudest auch noch Zeit. Die Maßnahmen der Schuldner, erstens in die Länge ziehen, zweitens verstecken, drittens abstreiten, viertens Vermögen überschreiben, wenn man da ans Gesetz glaubt, an die Gerechtigkeit, dann gehen ein paar Jahre ins Land, dann hast du den Prozess gewonnen, aber das Urteil lässt sich nicht umsetzen.

LIAO YIWU: Dann ist es einfacher, zu jemandem wie Ihnen zu gehen.

DER ALTE ZENG: Natürlich, in ein paar Minuten ist der Fall aufgenommen, dann werden die Anteile bestimmt, aber nichts Schriftliches, wir erstellen einen Zeitplan, und du kannst nach Hause gehen und auf Nachricht warten.

LIAO YIWU: So schlimm?

DER ALTE ZENG: Zum Beispiel Ende letztes Jahr, da ist ein Subunternehmer von einer Baustelle über Connections zu uns gekommen, laut seinen Angaben hat ihm der Immobilienmakler über hunderttausend Kuai Lohn geschuldet, er konnte das den Dutzenden von Wanderarbeitern, die unter ihm arbeiteten, nicht verständlich machen, er hätte vielleicht nicht einmal ein friedliches Frühlingsfest gehabt. Also haben wir direkt die Geliebte, die sich der Makler in einer Villa am Stadtrand hielt, gekidnappt, gleichzeitig ließen wir ihn das Geld an einen vorher bestimmten Ort bringen, um sie auszulösen, sonst würden wir ihr Gesicht mit Schwefelsäure ruinieren und seine Bettgeschichten im Netz öffentlich machen.

LIAO YIWU: Man sieht Ihnen gar nicht an, dass Sie auch das Internet benutzen.

DER ALTE ZENG: Es ist viel besser, jemanden zu Tode zu erschrecken als ihn totzuschlagen. Im Nu hat er nachgegeben, das Weichei, und weil wir ein Herz für Wanderarbeiter haben, haben wir nur zwanzigtausend abgezogen, man soll nicht übertreiben.

LIAO YIWU: Zwanzigtausend, das ist nicht wenig. Außerdem konnten Sie sicher sein, dass er nicht zur Polizei gehen würde, das haben Sie aber locker hingekriegt.

DER ALTE ZENG: Vor ein paar Jahren ist eine staatliche Autoreparaturwerkstätte von den Schuldnern in den Ruin getrieben worden, das waren alles große Fahrzeuge für Baustellen, die langfristig und in großer Stückzahl zu reparieren waren, und dann haben sie anschreiben lassen und anschreiben lassen. Und so gab es einen Schneeballeffekt, die Schulden wurden immer größer, mit dem Resultat, dass die Werkstatt kein Material mehr kaufen und den Arbeitern keinen Lohn mehr zahlen konnte. Das Gericht hatte keine Möglichkeit, das Problem zu lösen, da haben sie uns aufgesucht, und auch nur, um zwei von den Außenständen einzutreiben, etwa sechshunderttausend. Aber das war auch nur ein Tropfen auf den heißen Stein.

LIAO YIWU: Warum haben Sie nicht alles von allen zurückgefordert?

DER ALTE ZENG: Wir haben ein Kind entführt und einen alten Mann. Das Kind war acht, in der zweiten Klasse, bevor die Eltern es abholten, sind wir in die Schule und haben ihnen das abgenommen, unter dem Vorwand, die schwerkranke Oma wolle sofort ihr Enkelkind sehen. Und danach haben wir angerufen und uns vorgestellt als die Repräsentanten von ein paar hundert arbeitslos gewordenen Mitarbeitern der Reparaturwerkstatt, die mittlerweile zu allem fähig seien; wenn sie das Geld nicht herausrücken und Alarm schlagen würden, würden wir unsere Geisel umbringen und ihnen das Haus über dem Kopf anzünden. Ich hatte einen Satz aus einem revolutionären Gedicht auswendig gelernt: »Wenn du einen tötest, werden andere kommen.« Der hat sich vor Angst fast in die Hosen gemacht, als würden aus dem Nichts Tausende und Abertausende aus der Arbeiterklasse ihn verschlingen.

Der Alte, den wir gekidnappt haben, war im Nachbarschafts-Aktionszentrum für alte Menschen, wir schickten unsere Leute dahin, haben ihm eine kräftige Spritze in sein Hinterteil verpasst, gewartet, bis er mit einem Seufzer zu Boden geht, sind sofort zu ihm hin, schließlich haben wir von Lei Feng* gelernt, dass man Alten helfen soll, und haben ihn laut schreiend in die Notaufnahme des Krankenhauses gebracht. Bis dorthin waren es zig Kilometer, ein Weg, wir haben ihn in ein dunkles Zimmer gesperrt, den Sohn des Alten angerufen, der Text war in etwa der gleiche wie bei dem Kind. Hehe, es lief wie geschmiert, Geld für Ware.

---

* Lei Feng (1940 – 1962), Soldat der Volksbefreiungsarmee, von Mao Zedong 1963 posthum zu einem nationalen Vorbild für revolutionäre Gesinnung, Bescheidenheit und Hilfsbereitschaft vor allem für die Jugend in der Kampagne »Lernen vom Genossen Lei Feng« stilisiert. Im Rahmen der neueren Kampagne für eine, auch hier in den Interviews immer wieder angesprochene »harmonische Gesellschaft« oder »soziale Harmonie« reaktiviert.

Sie haben gefragt, warum wir nicht von allen alles verlangt haben? Die Werkstatt hatte noch ein gutes Dutzend solcher Fälle, hätten wir das in allen Fällen genauso durchziehen können? Hätte das nicht ein Massenkidnapping gegeben, das im In- und Ausland für Aufsehen gesorgt hätte? Und mittendrin wäre nicht zu garantieren gewesen, dass nicht ein Flüchtigkeitsfehler passiert, es wäre nicht zu garantieren gewesen, dass wir nicht auf jemanden treffen, mit dem sich nicht reden lässt, der Fall hätte Ausmaße angenommen, ein Sündenbock wäre nicht mehr fair einzusetzen gewesen.

LIAO YIWU: Sie kennen sich aus.

DER ALTE ZENG: Ja, ich habe auch schon Schiffe kentern sehen. Einmal haben wir anlässlich des achtzigsten Geburtstags eines Schuldners über zwanzig Leute antreten lassen, die ihm mit Pauken und Trompeten gratulierten. Sie haben sich unter die Festgäste gemischt, haben den braven Sohn, der mit über vierhunderttausend im Rückstand war, entdeckt, wie der gerade seinen alten Herrn, der über das ganze Gesicht strahlte, zu dem hölzernen Ehrenstuhl führte, sich vor ihm auf den Bauch warf und unterwürfig einen Kotau nach dem anderen gemacht hat. Wir haben sofort die Segel gestrichen, uns um ihn herumgestellt, und auf einen Wink mit den Augen haben alle gemeinsam ihre Mäntel ausgezogen und ihre einfarbigen ärmellosen Unterhemden sehen lassen, auf denen in großen Zeichen stand: Bezahl deine Schulden!

Bezahl deine Schulden! Bezahl deine Schulden!! Das war wie eine Studentendemonstration, wir haben die Parole zigmal gebrüllt. Das Geburtstagsbankett lief völlig aus dem Ruder, wir haben uns mit dem braven Sohn und den pflichtgetreuen Enkeln gebalgt, Blut spritzte durch die Gegend, und Töpfe, Schalen, Kellen und Schüsseln flogen an die Decke. Der Jubilar wäre vor Wut fast übergeschnappt. Und wir haben die Schulden nicht nur nicht eingetrieben, sondern sind auch noch verhaftet worden.

Ach ja, und dann haben alle mir die Schuld gegeben, ich hätte nicht alles unter Kontrolle gehabt, es hätte nicht viel gefehlt und sie hätten jemanden alles ausplaudern lassen.

LIAO YIWU: Das ist ja eine richtige Lachnummer.

DER ALTE ZENG: Eine Lachnummer, die ich mein Lebtag nicht vergessen werde, ist die Entführung einer alten Dame, die an Altersdemenz litt. Die Sache war relativ einfach: Ein Immobilienmakler, ein Millionär, kam auf einmal auf den Gedanken, sich einen Namen machen zu wollen, und hat für fünfhunderttausend irgendeinen Assistenzprofessor am Chinesisch-Institut der Universität als Ghostwriter angeheuert, um mit einer wissenschaftlichen Arbeit zu renommieren und seinen Vorfahren Ehre zu machen. Aber als die Arbeit vertragsgemäß fertiggestellt war, hat der Boss an allem rumgemäkelt und am Ende unverschämterweise sein Wort gebrochen. Wenn ein Magister die Soldaten sieht, was soll er da schon machen? Erst als wir Fahrensleute davon erfuhren, konnten wir auf den Tisch hauen, dem Gelehrten spontan einen Besuch abstatten und ihn von seinen Sorgen befreien.

LIAO YIWU: Wenn ein Assistenzprofessor sich als Ghostwriter für einen Immobilienhändler hergibt, dann hat er sich ohnehin schon weit unter Wert verkauft.

DER ALTE ZENG: Unter Wert verkauft? Verdammt nochmal, das alte Sprichwort stimmt, ihr Literaten verachtet einander wirklich.

LIAO YIWU: Gut gegeben und zu Recht! Ich entschuldige mich. Und wie ging es weiter?

DER ALTE ZENG: Der Gelehrte lag gerade jammernd und stöhnend im Bett, als er hörte, dass da jemand wäre, der ihm zu seinem Geld verhelfen könnte, da war das natürlich eine unerwartete Freude für ihn. Also setzte er einen schriftlichen Vertrag auf, fifty-fifty.

LIAO YIWU: Und er hat nicht wissen wollen, wer ihr seid und wo ihr herkommt?

DER ALTE ZENG: Er hat gefragt, da haben wir halt etwas erfunden. Intellektuelle sind leicht hinters Licht zu führen.

LIAO YIWU: Hat er nicht gefunden, dass das, was ihr da macht, illegal ist?

DER ALTE ZENG: Er hatte schon seit ein paar Tagen kein Auge mehr zugemacht, es fehlte nicht viel, und er wäre übergeschnappt.

LIAO YIWU: Und ihr habt den lieben Onkel Doktor gespielt, was?

DER ALTE ZENG: So kann man das sagen. Anschließend haben wir einen Plan erstellt, einen »Dienstausweis« gefälscht und uns im Handumdrehen in Angestellte und Arbeiter einer Sozialstation für alte Leute verwandelt. Wir haben Flugblätter von Haus zu Haus verteilt und ordentlich Lärm gemacht, am Schluss hatten wir ein gutes Verhältnis zu den verschiedenen Sicherheitsdiensten an den Häusern aufgebaut und sind mit unserem Kleinbus ostentativ in die noble Wohnanlage eingerollt. Als wir dann an der Tür unseres Zielobjektes angeklopft und erklärt haben, weswegen wir gekommen waren, hat der vierschrötige Boss uns einen Platz angeboten, Tee aufgegossen und sich schier einen abgebrochen. Noch unerwarteter kam, dass er nach ein paar Sätzen zustimmte, dass wir seine alte Mutter mit nach unten nehmen für einen kostenlosen medizinischen Check!

Der Rest war Routine. Im Auto haben wir Mutter und Sohn mit einem Tuch voll Betäubungsmittel ruhiggestellt. Dann haben wir eine Ecke gesucht, wo wir den Boss raussetzen konnten, und rasch gut hundert Kilometer zwischen uns und ihn gebracht, sind zu einem kleinen Bauernhof, den wir vorsorglich gemietet hatten, und haben die alte Dame hineingetragen.

Dann haben wir bei dem Boss angerufen und für den Gelehrten entrüstet das Geld verlangt, dabei allerdings nach Möglichkeit jedes grobe Wort vermieden, die Worte sehr sorgsam gewählt, irgendwas von »reich, aber ohne Anstand« und ob er kein Gewissen habe. Aber unser Gegenüber gab zurück: »Habt ihr Hurensöhne sie gekidnappt? Da habt ihr euch aber den Falschen ausgesucht!« Und knallt den Hörer hin.

Wir haben noch mal gewählt, aber es war immer besetzt. Wir gerieten ins Schwitzen, dann haben wir ihn auf dem Handy erreicht und ihm gesagt: »Du Hurensohn scherst dich einen Dreck um deine Mutter …«, da kichert es am anderen Ende, und es kommt der Satz: »Meine Mutter ist deine Mutter, du kannst ja vorübergehend die Sohnespflichten übernehmen«, und hängt auf.

LIAO YIWU: Haben Sie ihn nicht mehr erreicht?

DER ALTE ZENG: Wir haben es zigmal versucht, aber nein, wir haben ihn nicht erreicht. Erst später haben wir erfahren, dass er die Nummern von seinem Festanschluss und von seinem Handy geändert hatte.

LIAO YIWU: Und er wollte auch seine alte Mutter nicht zurückhaben?

DER ALTE ZENG: Nein.

LIAO YIWU: Und er hat keine Anzeige erstattet?

DER ALTE ZENG: Nein. Ich habe mir sagen lassen, dass er am Eingang seines Wohnkomplexes ein Papier geklebt hat: »Mutter vermisst.«

LIAO YIWU: Und so was will ein Mensch sein?!

DER ALTE ZENG: Ich bin nun schon Jahre in diesem Geschäft, aber auch für mich war das so, wie es so schön heißt: »Alter Revolutionär steht vor neuem Problem.« Da der Kontakt zum Sohn abgebrochen war, mussten wir umdenken und uns um seine alte Mutter kümmern. Zu Anfang dachten wir, die alte Dame ist ganz normal, und haben gesucht, wo sie einen Schaden hat. Sie war gerade wach geworden, ich gab einem meiner Helfer ein Zeichen, wippte mit dem nackten Oberkörper und schlug knallend mit einem Schlachtermesser. Wie hätte ich denn denken können, dass die demente Alte nicht nur keine Angst bekam, sie lachte auch noch und fragte, ob ich das Schwein für Neujahr schlachten will. Und dann hat sie mich noch aufgefordert, ein paar mehr zu schlachten, damit es nachher auch für alle reicht. Als ich das hörte, wurde mir ganz anders, aber noch wollte ich es nicht wahrhaben, also bin ich zu ihr hin und habe die alte Dame gefragt, wer ich denn sei.

Opa, sagte sie schlicht.

Das saß, ich setzte mich auf meine vier Buchstaben und habe mir klatschend rechts und links eine reingehauen. Die alte Dame hat sich das abgeschaut, sich auch selbst geohrfeigt und meinte: Opa, das tut aber weh, warum schlagen wir denn nicht das Schwein? Und wenn es tot ist, essen wir es auf. Und wir essen es selbst, den Tagelöhnern geben wir nichts.

LIAO YIWU: Wie alt war die alte Dame denn?

DER ALTE ZENG: Fast achtzig.

LIAO YIWU: War denn da eine Entführung noch erfolgversprechend?

DER ALTE ZENG: Der Boss war über fünfzig, er war einer von den Gebildeten Jugendlichen, die sie früher unter Mao aufs Land verschickt haben, er hat einiges durchgemacht, ich dachte erst, er müsste doch wenigstens ein Minimum an traditioneller Moral haben! Heißt es nicht in dem alten Sprichwort:»Von allen Übeln ist Fremdgehn das Schlimmste, von allem Guten die Sohnespflicht das Beste.«?

LIAO YIWU: Aber ein altes Sprichwort sagt auch:»Wer arm ist, wird verlacht, nicht, wer sich prostituiert.«

DER ALTE ZENG: Ich war mit der alten Dame von morgens bis abends zusammen, drei Tage lang, ich bin fast durchgedreht. Sie hatte für nichts mehr ein Gefühl, nicht für essen, nicht für trinken, nicht für ihre Notdurft, die saß auf dem Topf und hat dabei gegessen, wenn die Sonne rauskam, hat sie im Hof das Zeichen für Loyalität getanzt, wie man das früher in der Kulturrevolution gemacht hat:»Geliebter Vorsitzender Mao, die rote Sonne in unserem Herzen«, verdammt nochmal, was sollte das? Auf einmal war die Zeit um ein paar Jahrzehnte zurückgedreht, heute heißt es:»Geliebter Renminbi, du bist unsere rote Sonne.« Mein Assistent war erst dreißig, wie sollte der das aushalten? Der hat das Schlachtmesser geschnappt und wütend im Lehm herumgesäbelt; da ist die alte Dame vor Schreck aufgestanden und hat unter sich gemacht; und dann ist sie auch noch auf die Knie gefallen, hat die Hände vor die Brust gefaltet und Kotau gemacht, sie hat Guanyin um Gnade angefleht, sie soll ein paar mehr Schurken aus dem Verkehr ziehen. Und dann hat sie, wo immer sie das aufgeschnappt haben mag, auch noch ein Volkslied gesungen:

In den Fünfzigern heiratet' ich einen armen Bauern,
in den Sechzigern heiratet' ich Lei Feng,
in den Siebzigern heiratet' ich ein Zuteilungsschein,
in den Achtzigern heiratet' ich ein Examen,
in den Neunzigern heiratet' ich einen korrupten Beamten,
im neuen Jahrhundert häng' ich mich an einen mit Geld.

LIAO YIWU: Eine altersdemente Frau war in der Lage, so etwas zu zitieren?

DER ALTE ZENG: Als sie einmal angefangen hatte, hat sie es ein paar Hundertmal runtergeleiert, bis sie Schaum vor dem Mund hatte. Und dann hat die Alte in jedem Winkel irgendetwas versteckt, sie hatte immer besonders schnell wieder Hunger, und dann hat sie nach ihrem Großvater oder nach ihrem Vater geschrien, und dann hat sie gefragt, wo ihre Mutter hingegangen ist. Manchmal hat sie sich auch an ihren missratenen Sohn erinnert, konnte aber eine halbe Ewigkeit seinen Namen nicht aussprechen.

LIAO YIWU: Was für eine Katastrophe!

DER ALTE ZENG: Das können Sie laut sagen. Ich musste mich geschlagen geben, wir haben die Alte verdammt nochmal in die verschissene Wohnanlage von dem Drecksack geschafft und dann gesehen, dass wir Land gewinnen. Dieser Schlag hat mir eine Grippe eingebracht, an der ich über einen halben Monat herumlaboriert habe, einen halben Monat lang hat mir kein Essen geschmeckt, und eine Weile war ich die Lachnummer.

XIAOLING, DIE LESBIERIN

An einem Tag zu Beginn des Sommers 2009 besuchte uns ein besonderer Gast, den Xiao Jin begeistert bewirtete, sie hat Essen und Bett gerichtet, denn sie waren Freundinnen und hatten sich vor drei Jahren in Lijiang, Provinz Yunnan, kennengelernt.
Xiaoling war lesbisch, ich habe das erst sehr spät erfahren. Auch wenn ich in Lijiang, Chengdu und Beijing nicht gerade wenige Homosexuelle getroffen habe und eine Weile von der Bekanntschaft mit Xiao Jin, die eine Modezeitschrift herausbrachte, profitiert habe und sogar einmal bei einer Hochzeit von Homosexuellen dabei gewesen war – in den verdunkelten Karaoke-TV-Séparées sitzen die Schwulen, die sich »Genossen« nennen, in Pärchen zusammen, und diese »Frischvermählten« schmiegen sich aneinander, singen Liebeslieder, tragen Diamantringe und seufzen durch die Gegend –, in diesem Umfeld waren Xiao Jin und ich isoliert, wir waren die Außenseiter.
Die Zeiten haben sich wirklich geändert. Als ich vor gut zehn Jahren den Homosexuellen Ni Dongxue interviewt habe, mussten wir uns noch in einer Untergrundbar herumdrücken wie die Verbrecher. Und Ni Dongxue selbst wurde als Strolch behandelt, nur weil er seine sexuelle Orientierung nicht verhehlen konnte, und sie haben ihn in den Knast gesteckt; doch diese Xiaoling, die da in dem strahlenden Licht und Schatten vor mir saß, erzählte unermüdlich, mit einer gewissen zufriedenen Monotonie.
Die junge Frau ist nach 1980 geboren, sie selbst bezeichnet sich ein wenig großtuerisch als »Pflasterstein«, und ich hätte gern zurückgefragt, was dann der in den Sechzigern geborene Ni Dongxue sei, habe es mir aber verkniffen.

—◊◊◊—

LIAO YIWU: Sind Sie von Natur aus lesbisch?

XIAOLING: Von Natur aus bin ich bi.

LIAO YIWU: Hehe, sehr avantgardistisch.

XIAOLING: Ein Spaß. Als ich klein war, lebte ich in der Stadt Kaili, im Süden von Guizhou, die Berge waren hoch, die Gewässer entlegen, ich habe nicht einmal das Wort »Homosexualität« gekannt.

LIAO YIWU: Und die gestickte Kleidung der Tong und der Miao?

XIAOLING: Die kenne ich zur Genüge. Genauso wie die Wechselgesänge der Tong und der Miao, die sind ein paar tausend Jahre alt. Natürlich bin ich ein Kind der Achtziger, ich weiß nicht, was sie da singen, und es ist mir auch ziemlich egal. Damals ist meine Heimat zu einem Tourismusgebiet geworden, und meine Eltern wurden langsam alt. Ich bin nur noch selten dort, meine Eltern und ich haben einander nichts mehr zu sagen.

LIAO YIWU: Hehe.

XIAOLING: Mein familiärer Hintergrund ist nicht schlecht. Mein Papa war Subunternehmer am Bau, als er Geld in Händen hatte, hat ihm seine Frau, also meine Mutter, nicht mehr gefallen, und obwohl sie damals schon zwei über zehn Jahre alte Töchter hatten, haben sie sich doch scheiden lassen. Meine ältere Schwester und ich sind bei Mutter geblieben. In dem endlosen Kalten Krieg der vergangenen Generationen sind wir aufgewachsen und erzogen worden, wir haben nächtelang die Klassiker der Literatur gelesen und gehofft, wir könnten bald von zu Hause weg.

LIAO YIWU: Als Sie zum ersten Mal an Liebe dachten, wie alt waren Sie da?

XIAOLING: Weiß ich nicht mehr. Bei meiner ersten Liebe war ich sechzehn, mein Freund war vier Jahre älter als ich. Am Anfang waren wir fast jeden Tag zusammen, haben Händchen gehalten, sind durch die Straßen gebummelt und waren sehr aufeinander fixiert. Später dann bin ich nach Jiangxi auf die Uni, als ich zwanzig wurde, ist er zu meinem Geburtstag gekommen, und wie es so richtig gemütlich war, hat er mich gefragt, ob ich nicht seine richtige Freundin sein wolle? Ich war ein bisschen durcheinander, aber habe ja gesagt.

LIAO YIWU: Hatten Sie kein Herzklopfen?

XIAOLING: Mein Herz hat eher langsamer geschlagen. Ich dachte, wir sind jetzt schon so lange zusammen, das war ja schon ein richtiger Marathon, natürlich musste der auch einmal aufhören. Und so kam es zu einer Beziehung.

LIAO YIWU: Und was war das für ein Gefühl?

XIAOLING: In den großen Romanen aus dem Westen wird über das erste Mal einer Frau oft das Blaue vom Himmel heruntergeschrieben, aber ich hatte an diesem Abend überhaupt keine Gefühle. Ich habe bei mir mitgezählt, eins, zwei, drei, vier, mach hinne, mach hinne, mach dem schnell ein Ende. Anschließend habe ich das Bett in Ordnung gebracht, mich wieder hingelegt, wir waren beide nackt, da war nicht das geringste Geheimnis.

LIAO YIWU: Wenn das so war, dann war sicher bald Schluss, oder?

XIAOLING: Ich komme aus einer Kleinstadt, da wird auf Gefühle und Anstand sehr viel Wert gelegt, wenn zwei Leute so viele Jahre aneinander rummachen, dann ist das nicht einfach, auch wenn da keine Gefühle sind, man geniert sich, das so direkt zu sagen. Aber je mehr man jemanden nicht verletzen will, umso mehr verletzt man ihn. Deshalb muss ich sagen, dass Heterosexualität etwas ausgesprochen Anormales ist. Auch wenn sie es noch nie gemacht haben, können sie doch wie die Männer und Frauen in den schönen Romanen furchtbar lieben, weil sie in ihren Träumen ja alles gemacht haben; da sind sie sogar in den Uterus zurück und nie wieder herausgekommen. Und in den Popliedern ist es genauso, du bist in mir, ich bin in dir. Aber das Unglück ist, dass man das nicht erreicht, wenn man es nicht einmal gemacht hat und auch nicht mit einem Mal. Vor allem die jungen Männer meinen, wenn du ihnen die erste Nacht gegeben hast, dann ist das für immer. Sein normaler Sextrieb war für mich eine extreme Belastung, ich habe mir den Kopf zermartert, konnte es aber nicht verheimlichen, also habe ich eine Ausrede gesucht, habe ihn zwei Kondome überstreifen lassen. Er grummelte, ob das denn nötig sei. Da sagte ich, dann werd du doch schwanger. Das Komische war, egal wie kühl ich war, egal wie abweisend ich war, er war die ganze Zeit sehr erregt und stöhnte wie wild. Er hat mich hin und her geworfen, aber ich musste immer an etwas anderes denken, ich habe sogar eine Zeitung in die Hand genommen, erst die Gesellschaftsnachrichten, dann Politik und Wirtschaft, am Schluss die Heiratsannoncen. Als ich fertig war, war er aber noch nicht fertig, ich habe ihn sehr ungeduldig gedrängt, mach voran, mach voran.

LIAO YIWU: Und das konnte so weitergehen?

XIAOLING: Was bringt ihr Männer denn nicht fertig? Er hat nicht den Mut gehabt, mit mir zu streiten, er hat nur geschimpft wegen der doppelten Kondome. Er war weiterhin fest entschlossen, mich zu heiraten! Er besuchte meine Eltern, steckte ihnen Geldgeschenke zu, kaufte Ringe, was die Leute hier auf Erden seit jeher machen, den ganzen Zinnober haben wir auch gemacht. Es fehlte nur noch das Brautgemach. Damals war ich noch nicht erleuchtet, wenn ich mit dem Abstand von so vielen Jahren daran zurückdenke, bricht mir echt der kalte Schweiß aus.

LIAO YIWU: Sie hatten aber wohl nichts gegen ihn?

XIAOLING: Nein, ich hatte nichts gegen ihn. Deshalb habe ich behauptet, dass Heterosexualität reichlich bizarr ist. Er war ein guter Mensch, in jeder Hinsicht, er war aufgeschlossen wie ein Ozean. Wenn wir geheiratet und Kinder bekommen hätten, dann hätten wir von außen gesehen womöglich eine Musterfamilie abgegeben, die Leute hätten uns womöglich beneidet. Und zumindest war er in seinen Gefühlen aufrichtig, nicht wie mein Vater, der meine Mutter im Stich gelassen hat, kaum dass er ein bisschen Geld zwischen den Fingern hatte. Ach, ich habe ihm einiges abzubitten.

LIAO YIWU: Vielleicht mussten Sie durch so eine schwere Prüfung hindurchgehen, um eine mustergültige Gattin und liebevolle Mutter Baujahr achtziger Jahre zu werden.

XIAOLING: Aber der Himmel hat Augen und wacht über einen, ich habe meine erste Liebe getroffen, meine erste Freundin.

LIAO YIWU: Wieder eine erste Liebe?

XIAOLING: Die erste richtige Liebe. Wie haben uns beim Chatten kennengelernt. Das Leben an der Uni ist fade, bei den meisten Veranstaltungen blasen sich die Dozenten so auf, dass ihnen der Geifer um die
Ohren fliegt, aber in der wirklichen Gesellschaft ist das im Grunde
völlig nutzlos. Also machen alle blau, chatten ist viel mehr in, man
hetzt von einem Forum zum anderen und begrüßt alle möglichen
Leute, ob man sie nun kennt oder nicht, und man labert überall rein,
ob man nun was damit zu tun hat oder nicht. In der Realität, wenn du
da wahllos irgendwo einen aufgabelst und anplierst, dann meinen die
Leute, du hast sie nicht mehr alle; aber in der virtuellen Welt halten
sie dich für irre, wenn du es nicht machst, landauf, landab, national
und international, du tratschst, was das Zeug hält, egal, du gerätst
höchstens mal in ein »Handgemenge«, aber passieren kann dir ja
nichts. Mit ihr hatte ich sofort Streit, ich tendiere zur westlichen Demokratie, finde Wahlen nicht schlecht, aber sie war der Ansicht, dass
unsere Landsleute zu ungebildet sind und es ein Chaos gibt, wenn wir
den Westen nachmachen, da sei die typisch chinesische Art besser.
Hehe, wir haben uns ganz schön aufgepumpt, wir beiden, wir hatten
auch immer mehr, die dabei standen und die eine oder andere un-
terstützte, wodurch wir, so »coram publico«, noch weniger nachgeben
konnten.

LIAO YIWU: Die jungen Frauen aus Ihrer Generation sind relativ mate-
riell eingestellt, viele interessieren sich da eher für Mode.

XIAOLING: Ich interessiere mich für Mode und für Politik. In dieser
Phase habe ich mich noch danach gesehnt, mich in der Weltgeschichte herumzutreiben und sogenannte emotionale Bindungen abzustrei-
fen. Natürlich wusste ich nicht, dass sie ein Mädchen ist. Wir haben
lange debattiert, bis wir es müde wurden und uns alltäglichen Themen zuwandten.

Was machst du?
Wie ist das Wetter? Kalt?
Hast du Hunger?
Wie sehen die Straßen bei euch aus?
Die Zeit verging wie von selbst, wir fingen an, aneinander zu hän-
gen, wir haben uns nur gut gefühlt, wenn wir jeden Tag eine Zeitlang
gechattet haben. Und dann haben wir angefangen zu telefonieren und
Bilder auszutauschen.

LIAO YIWU: Wie sah sie aus?

XIAOLING: Kurze Haare, wie ein Junge, sehr androgyn, leicht heisere Stimme. Ich habe sie unbewusst mit meinem Freund verglichen und fand, dass sie viel mehr Ausstrahlung hat, man kann das gar nicht beschreiben. So hatten wir über ein Jahr Kontakt, und wie dann 2003 SARS ausbrach und sie überall Gespenster sahen, da war sie auf einmal spurlos verschwunden, tagelang war keine Nachricht von ihr im Netz. Ich saß wie auf Kohlen, habe nächtelang nicht geschlafen. Ich machte mir Sorgen um sie, ich wusste schon lange, dass sie eine angeborene Herzschwäche hat und fragte mich, ob sie krank geworden ist. Also beschloss ich, einen Krankenbesuch zu machen.

LIAO YIWU: Ein weiter Weg?

XIAOLING: Damals war ich in meiner Heimat, in Guizhou, wenn ich zu ihr wollte, musste ich durch halb China, mindestens.

LIAO YIWU: Zur Zeit von SARS waren überall Hygieneinspektionsstationen, bei dem geringsten Anlass wurden die dichtgemacht und Untersuchungen angestellt, wie haben Sie da eine Strecke von über zweitausend Kilometern geschafft?

XIAOLING: Ich habe auf nichts und niemanden Rücksicht genommen. Das war wohl, was man den »Ruf der Seele« nennt. Zuerst bin ich zwei Tage und zwei Nächte mit dem Zug nach Harbin, dann staubig und schmutzig, wie ich war, in den Bus, und nach fünf Stunden holpriger Fahrt war ich endlich in ihrer Stadt. Hehe, das volle Schneegestöber! Das war das erste Mal, dass ich Mädchen aus dem Süden so viel Schnee gesehen habe!

LIAO YIWU: Hat sie an der Haltestelle auf Sie gewartet?

XIAOLING: Nein, ich habe sie angerufen und gewartet, bis sie mich abholt. Ich war so aufgeregt! Das Herz schlug mir bis zum Hals, es war ein eisiger Tag, aber mein Gesicht glühte, ich habe mir immer wieder durchs Gesicht gefahren und die Hände gerieben und gerieben, ich hatte Angst, dass ich nach der langen Reise nicht gut aussehen würde. Es dauerte nicht lange, da ist sie tatsächlich aufgetaucht! Sehr groß, sehr hübsch! Sehr aufrecht und sehr gerade! Sie schaute sich nach allen Seiten um, aber ich habe mich nur zögernd sehen lassen, ich war so unerklärlicherweise bedrückt, und mir liefen Tränen über das Gesicht. Die Szene werde ich in alle Ewigkeit nicht vergessen.

Als wir uns so gegenüberstanden, war in uns die Hölle los, aber wir lächelten uns nur abschätzend an. Sie war einssechsundsiebzig, einen halben Kopf größer als ich, damals sah sie aus wie ein ungezwungener, metrosexueller junger Mann, und sie klopfte mir auf die Schulter. In den wenigen Minuten bis zu ihr haben wir uns gezankt, wir waren angefressen …

LIAO YIWU: Warum?

XIAOLING: Bagatellen zwischen Verliebten. Im ersten Impuls griff ich nach meinem Koffer, den ich gerade erst abgestellt hatte, und murmelte etwas von Hotel. Das schien sie zu erschrecken, sie schwieg eine Weile, bevor sie den Kopf reckte und sagte, he, erst mal gehe ich mit dir was essen. Woraufhin wir, eine vorne, eine hinten, runter sind, erst sie hinter mir, aber weil sie größere Schritte machte, war sie im Nu vor mir. Als wir über die Straße gingen, hat sie sich auch nicht nach mir umgedreht, nur die Hand nach hinten ausgestreckt und gewartet, bis ich sie von selbst ergreife. Da war nichts zu machen, aber als ich ihre Hand nahm, zitterte ich wie vom Blitz getroffen.

LIAO YIWU: Und dann?

XIAOLING: Haben wir uns geküsst und geschmust. Aber als es ans Schlafen ging, haben wir einander noch eine Gute Nacht gewünscht und die Nacht nicht gemeinsam verbracht. Mir ging alles Mögliche durch den Kopf, ich dachte, dieser junge Mann ist aber schon sehr vorsichtig, wahrscheinlich muss man erst das ganze Zeug über die Bühne bringen von Heiratsantrag bis Verlobung, bevor man zusammenlebt. Ich bereute es ernsthaft, dass ich die erste Nacht einem anderen geschenkt hatte, damals, als ich noch nicht wusste, was Liebe ist.

Es war alles so verwickelt und so süß. Zwei Tage später ist sie auf die Toilette und ich bin ihr nachgelaufen, ohne jede Scham, und ließ sie die Tür nicht zumachen. Sie sagte, das geht nicht, ich kann nicht pinkeln, wenn jemand zusieht.

Ich sagte, ich bin nicht jemand.

Da wurde sie puterrot.

Ich sagte, gut, gut, du musst dich nicht genieren.

Erstaunlicherweise machte sie das noch konfuser, ihr stand der kalte Schweiß auf der Stirn, sie sah aus, als sei sie beim Klauen erwischt worden. In mir machte etwas klick, was, wenn sie impotent war oder so was? Also tröstete ich sie und sagte, was ist denn so schlimm? Wir können das doch gemeinsam angehen. Ich drang weiter in sie, sie war doch sonst so straight, und jetzt stammelte sie eine halbe Ewigkeit herum: Ich, ich, ich, bis sie schließlich herausplatzte: Ich bin ein Mädchen!

Jetzt war ich dran mit Stottern: Du, du, du machst Witze?!

Sie stotterte noch mehr: Ich, ich, wie könnte ich über so was Witze machen?

Und dann fing sie an, von ihrem Leben zu erzählen, von dem Jungenherz in dem Mädchenkörper. Wie hatte sie die letzten drei Tage geschwankt, mit sich gehadert und gekämpft, aber obwohl sie so verliebt war, sie konnte sich nicht outen. Aber diese geschlechtliche Überraschung war für mich damals wie ein Erdbeben der Stärke acht, meine ganze Welt stürzte ein. Wir haben uns erst einmal den Rücken zugekehrt und eine Weile gar nichts gesagt, dann haben wir uns jäh zueinander umgedreht, uns geschlagen und an den Haaren gezerrt, bis wir einander in die Arme gesunken sind und Rotz und Wasser geheult haben. Was sollten wir machen? Und wie sollte es weitergehen? Uns war beiden mehr als klar, dass in der heutigen Gesellschaft so eine Liebe keine Aussichten hatte, aber ich konnte sie schon längst nicht mehr lassen.

LIAO YIWU: Haben Sie ihr Vorwürfe gemacht, dass sie Sie betrogen hat?

XIAOLING: Der Reis war längst gar. Die verzweifelte Freude bei der Vereinigung von Seele und Körper, dieser Verbindung des Phönixpärchens, das werden reine Heteros wie Sie niemals verstehen. Wir haben zusammengewohnt, uns war alles egal, wir haben uns um nichts geschert. Ein ganzes Jahr hatte ich extrem wenig Kontakt zur Außenwelt, ich war wie vom Erdboden verschluckt, in der Menge verdunstet. Vielleicht haben sich meine Eltern Sorgen um mich gemacht, aber um die Wahrheit zu sagen, sie waren nichts als die Rohrleitung, durch die ich auf diese Welt gekommen bin.

LIAO YIWU: Und ihre Eltern?

XIAOLING: Da sie in der gleichen Stadt lebten, war es unumgänglich, dass wir sie öfters sahen. Ihr Vater war Kaufmann, ihre Mutter Anwältin, mit komplexem gesellschaftlichem Netzwerk und viel Geld.

LIAO YIWU: Waren sie in der Lage, sie beide zu akzeptieren, wie sie waren?

XIAOLING: Sie standen völlig im Wald. Woher hätten sie denn ahnen sollen, dass ihr kleines Mädchen eine Lesbe war?

LIAO YIWU: Wirklich?

XIAOLING: Wirklich. Von Kindesbeinen an war sie »ein Lausbub« gewesen, wie sie sich kleidete, wie sie sich schminkte, wie sie sprach und sich benahm, das war alles maskulin. In vielen Familien in China werden die Mädchen wie Jungs erzogen, schon Mao Zedong hat geschrieben, »chinesische Frauen haben hohe Ideale, sie lieben kein Rouge, sie lieben die Waffe«. Aber nach dem Alter, wo man über Mauern steigt und auf Bäume klettert und weder Fisch noch Fleisch ist, wurde das wahre Wesen des Mädchens immer sichtbarer. Aber sie, in ihrem tiefsten Innern war sie ein Junge. Ihre Eltern verwöhnten sie, aber sie haben nie auf ihre sexuelle Orientierung geachtet. Ich war bei Familienunternehmungen dabei, manchmal hatte ich das Gefühl, in den Blicken ihrer Eltern war etwas Fremdes, aber ich habe nicht gewagt, dem nachzugehen.

LIAO YIWU: Womit haben Sie Ihre Zeit verbracht?

XIAOLING: Wir sind für uns geblieben, ganz genau wie die überwiegende Mehrheit der Liebes- und Ehepaare. Wir waren shoppen oder auf dem Markt, haben gekocht oder sind essen gegangen, haben Musik gehört oder Filme angeschaut, gechattet oder uns miteinander gestritten. Politische Themen waren das eine, die Ausrichtung des Lebens war das andere. Obwohl ich die Frau in unserer Beziehung war, war mein Denken doch wilder als das ihre, ich träumte davon, dass wir beiden wie zwei Unsterbliche abhauen, uns irgendwie durchschlagen und ein unabhängiges Arbeitsfeld erobern; aber sie, obwohl sie der

Mann im Haus war, sozusagen, hat von klein an wie die Made im Speck gelebt, sie fand, da ihre Eltern ja schon alles zufriedenstellend arrangiert hätten, warum sollte man sich da noch die Mühe machen und sich anstrengen?

Ich beschimpfte sie, aus ihr würde nie etwas werden, und sie meinte, sie habe gar nicht das Zeug dazu, um etwas aus sich zu machen. Ich kochte, und sie goss Öl ins Feuer. Aber immer wenn wir uns am heftigsten fetzten, wurden wir auf einmal friedlich, haben uns umarmt, geküsst oder den Frust am Hund ausgelassen.

LIAO YIWU: Sie hatten auch noch einen Hund? Ziemlich kleinbürgerlich!

XIAOLING: Ich sehne mich nach diesen Wintertagen im Norden, wenn es in der Wohnung warm ist und man nicht vor die Tür muss. Man stellt ein paar kleine Gerichte auf den Tisch, schlürft ein Gläschen oder zwei, wir haben uns auf dem heißen Kang aneinandergeschmiegt, manchmal haben wir vor der Schneelandschaft draußen Wechselgedichte gemacht wie die alten Dichter. Wer verloren hat, musste zur Strafe ein Glas trinken und den anderen küssen. Als Höhepunkt haben wir dann draußen im Schnee herumgetollt und Verstecken gespielt. Natürlich haben wir aneinander gehangen wie die Kletten, viel zu viel, und es war schwer, einander nicht zu streicheln, ich weiß nicht mehr warum, aber einmal hat sie mir eine gescheuert …

LIAO YIWU: Und dann?

XIAOLING: Wir haben lange zusammengelebt, ihre Eltern fanden das sicher nicht in Ordnung. Sie waren Erfolgsmenschen vom alten Schlag, hatten kein Verständnis für Homosexualität, nuschelten irgendwas von, die Kinder hätten psychische Probleme; oder es ist der schlechte Einfluss aus dem Westen, und sie halten das für chic. Und so haben sie ihre Tochter nach Beijing zu einem Psychiater gebracht. Vielleicht bekamen sie ein Geheimrezept oder ein Pulver, jedenfalls gingen sie anschließend in die Offensive, das hieß: blind date. Heute verdonnerten sie ihre Tochter dazu, bei einem Geschäftsessen mit dem Thronfolger eines Direktors dabei zu sein, morgen zwangen sie sie zu einem Familienbankett mit dem Spross von so einem Abteilungsleiter, übermorgen haben sie zigmal angerufen, wollten die kleinsten Kleinigkeiten wissen, wie bei einem Verhör. Kurz, sie haben uns derart bedrängt, wir waren ganz durch den Wind, selbst Liebe zu machen hatten wir Angst, wir hatten Angst, ihre Mutter würde auf einmal vor der Tür stehen.

Ach, dabei hatte sie diese Herzgeschichte und war außerdem so abhängig von ihrer Familie, ich habe mir den Mund fusselig geredet, ich habe mir die Augen aus dem Kopf geheult, sie war nicht bereit, mit mir durchzubrennen. Schließlich erschien ihre Mutter auf der Bildfläche und hat mir die Tür gezeigt.

LIAO YIWU: Kam das überraschend?

XIAOLING: Ich hatte längst so eine Ahnung. Wir waren erst Anfang zwanzig, wir wussten uns nicht zu helfen, es war nur eine Frage der Zeit. In der Nacht, in der wir uns für immer trennten, haben wir geheult und geheult, es ist uns unheimlich schwergefallen, voneinander zu lassen.

Ich sagte, ich gehe nach Beijing und schlage mich da durch, ich werde für uns zwei ein neues Zuhause organisieren und eine Grundlage schaffen.

Sie sagte, Liebste, warte auf mich ein Jahr, ich werde lernen, auf eigenen Füßen zu stehen, dann werde ich bei dir Zuflucht suchen.

LIAO YIWU: Wie rührend.

XIAOLING: Machen Sie sich nicht lustig! Sie ist nicht gekommen, ich habe in Beijing ein ganzes Jahr ausgehalten und einiges durchgemacht, aber von ihr kein Sterbenswörtchen.

LIAO YIWU: Was haben Sie in Beijing gemacht?

XIAOLING: Kleine Redakteurin bei der *Architektur-Zeitung*, von dem Lohn konnte ich mich gerade so über Wasser halten. Ich wohnte in einem Elendsviertel, über dreihundert Miete, im Sommer ein Backofen, im Winter ohne Heizung, ich war erst Anfang zwanzig und vertat hier meine Jugend, morgen würde ich verblüht sein. Aber das Ende vom Lied war, dass mein Herz, das ein Jahr lang in der Luft gehangen hatte, mit lautem Knall in einen Abgrund stürzte.

Ich konnte nicht mehr bleiben. Gebrochen, wie ich war, bin ich weiter nach Süden, in die Sonderwirtschaftszone Shenzhen. Mein Englisch und meine Computerkenntnisse sind nicht schlecht, also habe ich den Anstellungstest für eine sehr bekannte Werbeagentur geschafft. Ich machte Öffentlichkeitsarbeit und Kundenakquise. Ich habe ein bisschen was verdient, aber ich war völlig am Ende, verlor jedes emotionale Vertrauen, und an Zukunft mochte ich gar nicht denken. Um sie zu vergessen, habe ich es noch einmal mit einem Mann versucht, aber ich hatte keinerlei Gefühle. In Shenzhen gibt es recht viele Homobars, von denen hat der »Regenbogen« den besten Ruf. Am Wochenende und im Urlaub bin ich auch dahin und habe nach und nach ein paar lesbische Freundinnen gefunden. Wie die Heteros auch hatten sie alles Mögliche erlebt, manches war fade, manches befremdlich, manches extrem. Zum Beispiel misslungene Selbstmordversuche aus Liebeskummer oder der Widerstand gegen die von den Eltern arrangierte Hochzeit oder die große, einzige Liebe, oder eine hatte Mann und Kinder, ging aber mit einer Frau fremd ...

Das hat mir wirklich die Augen geöffnet. Jeder Mensch hat bisexuelle Neigungen, es hängt ganz davon ab, in welches Umfeld du gerätst, dann tun die entsprechenden Türen sich auf. Bevor ein Eunuch kastriert wird, ist er wie du und denkt, er sei ein reiner Mann. Zu allen Zeiten und in allen Kulturen hatten hohe Beamte und Adlige ihre Favoriten, das war manchmal sogar richtig chic; bei den alten Griechen und Römern war Homosexualität viel angesagter als Heterosexualität, der Freund von Sokrates war ihm keine geringe philosophische Inspiration.

LIAO YIWU: Das ist ein weites Feld. In einer ganzen Reihe von westlichen Ländern, Taiwan eingeschlossen, ist Homosexualität bereits legalisiert oder man ist dabei, sie zu legalisieren; im Augenblick findet die chinesische Gesellschaft ebenfalls Anschluss an die internationale Welt, und Homosexualität wird nicht mehr als »Krankheit« angesehen.

XIAOLING: Deshalb sind die konservativen heterosexuellen Beziehungen auch relativ langweilig, da geht es nur darum, rasch einen Stammhalter zu produzieren.

LIAO YIWU: Ich habe mir sagen lassen, dass einige Homosexuellen-Haushalte ebenfalls Nachwuchs haben.

XIAOLING: Hehe, ich habe das auch vor.

LIAO YIWU: Mit Ihrer gegenwärtigen Freundin?

XIAOLING: Ja. Wir haben uns auch im Netz kennengelernt und sind voll in den wildesten Liebesstrudel geraten. Ach, vorher habe ich mich im Schatten meiner ersten Liebe fast fünf Jahre herumgeplagt.

LIAO YIWU: Sie waren dieser Frau zweifelsohne verfallen.

XIAOLING: Kurze Sachen gab es. Ich war neun Monate in Lijiang, in Yunnan, sogenannte Begegnungen mit schönen Frauen hatte ich auch. 2007 bin ich dann wieder zurück nach Beijing, habe weiter in der Werbebranche gearbeitet, dreimal den Job gewechselt, am Ende stand ich auf eigenen Füßen. Im Unterbewusstsein hoffte ich immer noch, dass sich das zerbrochene Porzellan zwischen mir und meiner ersten Liebe wieder kitten lässt. Erst seit ich ihr, so wie sie jetzt ist, über den Weg gelaufen bin, bin ich körperlich und seelisch völlig frei.

Es muss im Sommer 2009 gewesen sein, da hat es in dem berühmten Tianya-Club im Internet so ein spezielles Kennenlernforum für Homosexuelle gegeben, das hieß »Den Weg gemeinsam gehen«. Auf dem linken Ufer standen die männlichen »Genossen«, auf dem rechten die weiblichen. Ich habe da oft gepostet, sehr eindrucksvoll. Ein Post sah so aus: Wenn du ein normales Model suchst, dann musst du nicht weitersuchen, wenn nicht, such weiter; wenn du eine millionenschwere Alte suchst oder eine, die fünf Millionen im Lotto gewonnen hat, musst du nicht weitersuchen, wenn nicht, such weiter … auf diese Weise habe ich gut ein Dutzend Dinger geschrieben. Das ist unglaublich gut angekommen, in ein paar Tagen haben über tausend Leute mich angeklickt. Ich konnte die gar nicht alle einzeln beantworten und habe nur sporadisch Kontakt aufgenommen.

Auf diese Weise sind wir uns begegnet, haben zwei-, dreimal ganz ungezwungen miteinander gesprochen und uns nach einer Woche verabredet. Als wir uns das erste Mal trafen, war das ein bisschen distanziert, dann sind wir normale Freunde geworden, haben gelegentlich miteinander gegessen oder Karaoke gemacht und über Gott und die Welt geredet. Sie war aus Shanghai, 1977 geboren, erst Anfang 2009 nach Beijing gekommen und ein hohes Tier in der IT-Branche.

Auch sie war bisexuell, äußerlich sah sie aus wie eine ganz normale Frau. Wir sind uns einig, ohne viel zu reden. Zum Beispiel, wo wir hingehen, welche Bücher wir lesen, welche Musik wir hören, mit welchen Leuten wir uns abgeben, wir verstehen uns blind. Solche Gemeinsamkeiten sind einfach toll. Wegen unserer schlechten Erfahrungen haben wir zwei Monate Anlaufzeit gebraucht, bis wir eine Beziehung angefangen haben.

Jetzt wohnen wir zusammen. Sie hat ein relativ hohes Einkommen, deshalb wollte sie, dass ich aufhöre zu arbeiten, und »hauptberuflich« ihre Frau bin. Anfangs war ich ein bisschen aus dem Gleichgewicht, aber sie hat mich getröstet und meinte, es sei schon in Ordnung. Wenn ich eines Tages umfalle, dann kannst du ja für mich sorgen, ist das ok?

Ich hatte keine Wahl und habe auch mit Freuden akzeptiert. In der Homosexuellen-Gemeinde heißen die »Schwulen« T, die Lesben P, die bisexuellen H. Äußerlich ist sie sehr sanft, man könnte denken, sie sei eine T, bis auf einen gewissen »männlichen Chauvinismus«, wenn wir zum Beispiel im Supermarkt einkaufen, dann ist immer sie es, die alles schleppt. Und um die Finanzen kümmert auch sie sich. Während ich mich nur um Waschen, Kochen und Putzen kümmere, und wenn etwas Zeit bleibt, lese und surfe. Wir haben bereits darüber gesprochen, auf eine Wohnung zu sparen. Und wir sehnen uns sehr nach Nachwuchs, aber die Zeit dafür ist noch nicht reif.

LIAO YIWU: Könnten Sie beide denn tatsächlich Kinder bekommen?

XIAOLING: Über künstliche Befruchtung, wenn man ihre Eizellen mit einer extrahierten Samenzelle verbindet, einen Embryo bildet und dann in meinen Uterus einpflanzt … wie ich mich danach sehne, so eine »Schwangere« zu werden! Leider geht das heute noch nicht. Außer man kennt die entsprechenden Kanäle und hat entsprechend viel Geld, dann kann man von speziellen Samenbanken illegal Samen bekommen. Ich weiß auch nicht, wann in China ein Gesetz über homosexuelle Ehen und Kinder aus homosexuellen Verbindungen herauskommt. Ich schätze, da werden wir warten müssen, bis die ganze Nach-Achtziger-Generation alt und grau ist, hehe.

LIAO YIWU: Werden denn Kinder aus homosexuellen Haushalten auch homosexuell?

XIAOLING: Das ist ein Problem, das stellt sich erst in ein paar Jahren, das kümmert mich nicht, wir leben jetzt, wir lieben uns, und wir denken nicht weiter, als wir jetzt sehen können. Vielleicht, eines Tages, wird sie über Nacht reich, dann ziehen wir sofort in den Westen, und dann werde ich ein Kind bekommen und überglücklich sein, und Enkel werden durch das Haus toben – bei meiner Mutter habe ich auch mal so herumgealbert, als sie aus Beijing da war, um nach mir zu sehen; als sie gesehen hat, dass es uns nicht schlecht geht, hat sie es schweigend akzeptiert. Der Überlebenskampf ist so hart; wenn ich einen armen Schlucker geheiratet hätte, und in einem Elendsquartier hausen würde, was dann? Würde sie sich da nicht eher zu Tode grämen ...?

CHEN LAN, EINE ERDBEBENMUTTER

Am 31. Mai 2008 nachmittags fahre ich wegen meiner Artikelserie »Chronik des Erdbebens« mit Xiao Jin mit dem Bus zu dem vierzig Kilometer außerhalb des Stadtgebiets von Chengdu gelegenen Ort Juyuan, um ein Interview zu machen, werde aber vor den Trümmern einer Mittelschule Augenzeuge der schrecklichen Szenen, die sich bei der Ausgrabung der Leichen abspielen.

Die Mittelschule von Juyuan in der Provinz Sichuan erlangte durch das schwere Erdbeben der Stärke 8 vom 12. Mai eine traurige Berühmtheit. Sie war eigentlich recht weit vom Epizentrum in Nordsichuan und Yingxiu entfernt, dennoch waren die Zerstörungen am dreistöckigen Schulgebäude unerwartet groß, über siebenhundert Kinder lagen unter den Trümmern begraben, die offiziell bekanntgegebenen Zahlen lagen bei gut dreihundert. Noch seltsamer war, dass die anderen Gebäude im Ort fast überhaupt keine Zerstörungen aufwiesen, selbst die Gebäude, die in direkter Umgebung der Schule standen, schwankten zwar, blieben aber stehen, während die Schule dem Erdboden gleichgemacht wurde – all das alarmierte den Staatsratsvorsitzenden Wen Jiabao, er eilte noch am Abend des Geschehens zur Unglücksstelle, vergoss vor den Trümmern ein paar Tränen und schwor, er werde jeden Pfusch am Bau brutalstmöglich aufklären und der Öffentlichkeit Bericht erstatten.

Schnell waren zwanzig Tage ins Land gegangen, hier lebten die Menschen weiter in Panik, von »Aufklärung« kann keine Rede sein, wo doch die »Bergung« noch nicht abgeschlossen ist. Wie Pfeiler aus Eisen stehen bewaffnete Polizisten im Abstand von einem Meter um die Trümmer herum, in denen gearbeitet wird. Ich und die anderen zwängen uns durch die Menge der mehreren hundert Schaulustigen, die wie die Gezeiten heranwogt und zurückebbt, können aber keinen halben Schritt in die »Verbotszone« tun.

Grünköpfige Schnaken tanzen am Himmel und stechen jeden von uns, und wo man auch mit der flachen Hand hinschlägt, man trifft immer ein paar von ihnen. Aber schlimmer als die Fliegen ist der Leichengestank, er verwandelt den nach einem Regenschauer sich aufklärenden Himmel auf der Stelle in eine auf dem Kopf stehende Kloake. Ich bin halb erstickt, mir dreht sich der Kopf, während ich die Eltern von zwei umgekommenen Schülern befrage, ich kann nicht erwarten, dass endlich Feierabend ist, während Xiao Jin an der Fahrbahn links neben den Trümmern drei Frauen entdeckt. Eine klagt zum Himmel, die beiden anderen versuchen erfolglos, sie zu beruhigen, sie stützen sie von beiden Seiten, mehr können sie nicht tun. Xiao Jin zischt zweimal, wir sind zu weit weg, gehen wir hin!

Als wir bei der klagenden Frau sind, bleiben wir dort fünf, sechs Minuten stehen, haben aber keine Möglichkeit, sie zu unterbrechen und anzusprechen. Anschließend mache ich aus der Nähe ein Foto von ihrem Gesicht, dem wirren Haar, dem Mundschutz über ihrer unteren Gesichtshälfte, den wurzelartigen blauen Adern, den halb geschlossenen Augen, den bebenden Wimpern und schließlich den unentwegt zuckenden Mundwinkeln und den trockenen Eckzähnen. Diese vollkommen verzweifelte Mutter hat schon keine Kraft mehr zu weinen, aber sie weint immer noch, weint immer noch, mit dem ganzen Körper, mit jedem einzelnen Organ presst sie ihre Qual nach außen: Ach, mein Mädchen! Ach, mein Mädchen!, wiederholt sie dauernd, mal laut, mal leise, mal schwach, mal stark, sie ist vollkommen in ihre Albtraumwelt versunken. Umstehende erzählen, sie weine bereits zwei, drei Stunden so, sie habe schon ein paar tausendmal nach ihrem »Mädchen« gerufen.

Jetzt fasst mich doch ein Schaudern, ich muss an die Frühlings- und Herbstperiode in China vor fast dreitausend Jahren denken, an den loyalen Minister Shen Baoxu, der am Hof der Qin, um den Staat Chu wiederzugewinnen, sieben Tage und sieben Nächte weinte und »als erschöpft die Tränen, folgte Blut«, das war genauso wie hier.

Xiao Jin sagt: Wenn sie so weitermacht, dann wird sie uns sterben.

Sie streckt die Hand aus und ergreift ihren Arm und sagte immer wieder zu ihr: Schwester, Schwester.

Die Angesprochene hört sie nicht.

Xiao Jin tätschelt ihr Wangen und Rücken, da scheint die

Frau zu erschrecken, jäh hebt sie die Stimme, schlägt sich immer wieder auf die Schenkel und ruft: »Ach, mein Mädchen.«
Die Klage wird zu einem ohrenbetäubenden Kreischen und
bricht genauso jäh ab, eine halbe Sekunde Leere, dann gleitet
ihre Stimme hinab, wie eine Schlange von einem Baum, und
wird zu einem leisen Wimmern. Ich beuge mich vor, um dieses Gewimmer zu verstehen, dieses innige Gespräch von Mutter und Tochter über die Grenzen von Yin und Yang, über die
Grenzen von Leben und Tod hinweg, aber in diesem Augenblick sinkt sie, als sei sie aus Wachs, über einer Stuhllehne
zusammen.

Xiao Jin sucht überall verzweifelt nach Wasser. Sie, deren
Bewegungen normalerweise eher bedächtig sind, ist in diesem
Augenblick wie ein Tier auf der Flucht und huscht in die vielen
Zelte, die um uns herumstehen. Hier wohnt ein Teil der Lehrer
der Mittelschule von Juyuan, vielleicht auch noch vereinzelt
jemand vom Führungspersonal, denn die Schreibtische, Computer und Gebrauchsartikel sind alle fein säuberlich aufgeräumt.

Xiao Jin schwenkt einen Fünf-Yuan-Schein und fragt herum: »Hat jemand Wasser zu verkaufen?«, aber niemand ant-
wortet. Da fällt ihr auf, dass da ein paar mit ihr Versteck
spielen und zwischen den Zelten in Deckung gehen, ihr läuft
die Galle über, sie greift sich einen von ihnen und fragt: Sind
Sie ein Lehrer des Volkes? Da heult sich die Mutter einer ihrer
Schülerinnen fast zu Tode!

Was geht mich das an?, ist die unerwartete Antwort.

Xiao Jin sagt: Könnten Sie denn nicht mal rübergehen und
sich um sie kümmern? Sie könnten auch nur so tun, das ist
egal.

Die beiden haben sich aufeinander eingeschossen, ich eile
hinzu, um die beschämende Situation zu beenden. Xiao Jin
bekommt aus der Hand irgendeines weichherzigen jungen
Lehrers eine Flasche Mineralwasser, geht zurück und hält sie
der Klagenden an den Mund. Sie trinkt zwei kleine Schlucke
und schiebt sie dann weg. Xiao Jin nutzt den Moment und
fragt sie nach Namen und Telefonnummer.

Ich bin ein hinterhältiger Protokollant, mein Tonbandgerät
läuft die ganze Zeit mit, ganz automatisch, und als das Band

voll ist, drehe ich es um und nehme weiter auf. Ich habe 45 Minuten Weinen auf Band, Weinen und die Rufe nach ihrem »Mädchen«.

In den vierzehn Tagen danach habe ich mir das immer wieder angehört, immer wieder bin ich erschüttert. Ich kann nicht weiterschreiben. Verdammt, ich, der Meister im genauen Auskalibrieren von Texten, kann wirklich nicht weiterschreiben! Dabei ist das mein Beruf.

Ich habe eine Lesung vor mir, den Akt einer Komödie oder einen Satz aus einem Theaterstück. Ach, mein Mädchen, weint sie, in hundert verschiedenen Variationen, das Chinesische, das Englische und alles, was sie an Sinn transportieren können, kommt an seine Grenzen. Ach, mein Mädchen, weint sie, ihre Kehle reißt, reißt in eine Heiserkeit wie nicht von einer Frau. Das Weinen von Kindern, das Klagen alter Leute, das technisch-trockene Schluchzen professioneller Klagefrauen, die ich interviewt habe, das ratlose und tränenlose Weinen von Menschen, für die es weder im Diesseits, noch im Jenseits, weder in ihrem Land, noch in ihrer Familie einen Ausweg gab, all das kommt aus der Brust dieser einen Mutter, die ihr geliebtes Kind verloren hat.

Am 5. Juni 2008 kehren wir nach Juyuan zurück, über ein paar Umwege landen wir schließlich in einem Ort namens Puxing, zwei, drei Kilometer von dem Dorf entfernt, und treffen diese Frau, sie ist siebenunddreißig Jahre alt und heißt Chen Lan; endlich erfahren wir, dass ihre Tochter Chen Feng, sechzehn Jahre alt und Klasse 9 im dritten Jahr der Unterstufe der Mittelschule, am Nachmittag des 12. Mai 2008 bei dem Erdbeben ums Leben gekommen ist.

Noch immer bildet heftiges Aufstampfen und lautes Wehklagen die Einleitung unseres Gesprächs, gefolgt von stockenden Erinnerungen. Außer meinem Tonband läuft auch das Band von Howard W. French von der New York Times mit. Das zeigt, dass es bei Tränen keine Rassenunterschiede gibt, so wenig wie beim Brüllen von wilden Tieren, das muss man nirgendwo übersetzen.

CHEN LAN: Ach, mein Mädchen! Wenn sie früher aus der Schule kam, war sie kaum durch die Tür und hat schon nach ihrer Mutter gerufen und was für einen Hunger sie hat, aber deine Mama ist doch dabei, gleich bekommst du etwas zu essen, denn deine Mama hat ja nur dich, die Partei und die Regierung erlauben nicht mehr, das ist Geburtenplanung, deine Mama ist feige, sie hat Angst vor Versammlungen und vor der Strafe, ich habe nur dich, für mehr hat mir der Mut gefehlt. Ich habe gesehen, wie du langsam erwachsen geworden bist, schon einen Kopf größer als deine Mama, habe gesehen, dass aus dir etwas werden würde, hübsch und verständig und gut erzogen, da kommt das Erdbeben! Deine Mama ist nicht böse, nicht dem Himmel, nicht der Erde, nicht den Lehrern in der Schule, nur dem Pfusch am Bau, den hasst sie, der hat mein Mädchen kaputtgemacht. Oh weh, oh weh, wie soll deine Mama jetzt weiterleben? Wie soll das gehen?

LIAO YIWU: Wo waren Sie im Augenblick des Erdbebens?

CHEN LAN: Zu Hause. Es war heiß und schwül an dem Tag, als wolle es Regen geben, ich weiß noch, dass Leute draußen an der Tür vorbeigekommen sind, ob ich mit Mah-Jongg spiele. Dann fing die Erde an zu beben. Die Blätter an den Bäumen rauschten, und die Ziegel auf den Dächern klapperten. Ich bin aus dem Haus gelaufen und an der Hofmauer hingefallen, ich fühlte mich wie irgendein Gericht, das in einem unsichtbaren Topf hin und her geworfen wird; dann wurde es ruhig, aber ich war ganz benommen.

LIAO YIWU: Das Haus ist nicht eingestürzt?

CHEN LAN: In der Mauer hat man ein paar Risse gesehen, die haben wir ein bisschen ausgebessert, man kann da nach wie vor wohnen; die Häuser bei uns hier in Puxing sind im Grunde heil geblieben, selbst Häuser aus Lehmziegeln sind kaum eingestürzt, nur die Schule in Juyuan! Oh weh, ach, mein Mädchen, niemandem war etwas passiert, den Verwandten weiter weg, den Nachbarn, niemandem war etwas passiert, deine Mama war ganz durcheinander, dachte, dir ist auch nichts passiert …

LIAO YIWU: Wir sind über Juyuan gekommen, wir haben im Umkreis von zwei, drei Meilen kein eingestürztes Gebäude gesehen.

CHEN LAN: Nur die Mittelschule in Juyuan ist eingestürzt! Wie nach einer Atombombe, bum! Bum, bum! Der halbe Himmel war rot, und schwarz. Es dauerte eine ganze Weile, erst als dort jemand anfing zu schreien, ist das ganze Dorf wie aus einem Traum erwacht und nach Juyuan gerannt. Auf der schlammigen Straße, die sich windet wie ein Hühnerdarm, haben die Leute sich gegenseitig umgerannt, die Kinder aus unserem Dorf waren alle in Juyuan in der Schule.

Bis wir ankamen, war da schon alles voller Eltern. Der Staub war wie ein Nebel, man konnte kaum ein paar Meter weit sehen. Aus den Trümmern kamen Schreie, neben den Trümmern wurde gebrüllt. Mein Junge, Mama, Papa, mein Mädchen, laut, leise, man stakste in den Trümmern herum und klagte den ganzen Tag. Ich habe mir auch die Kehle aus dem Hals geschrien, bis ich einen Ton herausbrachte und »Chen Feng« rufen konnte, und da hatte ich auch schon den Mund voller Staub, ich musste mich bücken und habe buchstäblich Blut gehustet. Dann war ich ganz weg, wo ein Gesicht war, habe ich drei gesehen. Ich habe mich auf den Bauch geworfen, spürte, wie eine Hand an meinem Hosenbein zieht, habe geschrien »braves Kind« und mich losgerissen, aber das war nicht mein braves Kind, das war ein anderes Mädchen, das in den letzten Zügen lag. Ich buddelte hastig, sie war schon tot, ihr Kinn lag auf meinem Handrücken.

LIAO YIWU: Waren die Massen vollkommen auf sich selbst gestellt?

CHEN LAN: Vollkommen. Die Soldaten sind erst gekommen, als es schon dunkel wurde, wann Präsident Wen gekommen ist, dafür habe ich schon kein Gefühl mehr. Alle stiegen in den Trümmern herum, keiner wusste, wer wer ist, wer tot, wer lebendig, wenn man jemanden sah, wurde gegraben. Wenn jemand ausgegraben wurde, bin ich hin, um zu sehn, wer das ist. Ich bin nicht so edel wie andere Leute, ich habe nur an mich und mein Mädchen gedacht. Ganze vier Tage und vier Nächte habe ich dort ausgeharrt, habe nicht gegessen, nicht getrunken, ob die Sonne runterbrannte, ob es goss, ich habe es nicht gespürt, ich war wie verrückt, ich habe überall mein kleines Mädchen gesehen. Ich habe mir die Augen aus dem Kopf gestarrt, in den Trümmern, davor, dann bin ich zu der Ebene am Sportplatz. Die Leichen lagen in Zweier- und Dreierreihen, ganz dicht beieinander, ich habe jede einzelne ganz aufgedeckt und angesehen. Ich war so erschöpft, dass ich nicht mehr stehen konnte, vielleicht bin ich zusammengebrochen, vielleicht auch nicht. Ach, mein Mädchen, ach, mein Mädchen, deine Mama will nur noch schreien, nur noch schreien, schreien, bis die Unterwelt dich wieder hergibt, aber es ist alles umsonst, ich weiß nicht einmal, ob ich je wieder werde schlafen können.

LIAO YIWU: Haben Sie Ihre Tochter gefunden?

CHEN LAN: Damals ging alles drunter und drüber. Mein Mann und ich haben nur vier Augen. Nach vier Tagen hat die Regierung bekanntgegeben, dass unter den Trümmern niemand mehr ist und die Rettungsgrabungen eingestellt sind. Warum wollten sie die einstellen? Viele junge Leute waren noch nicht gefunden worden. Aber der Schulleiter und der Bürgermeister, der Parteisekretär haben alle garantiert, dass wirklich jeder Stein umgedreht worden ist, wer jetzt noch nicht gefunden sei, werde vorläufig als vermisst geführt, sei also womöglich noch am Leben, womöglich aber auch nicht. Ich habe die Soldaten angefleht, ich habe die Beamten angefleht, ich bin vor ihnen auf die Knie gefallen und habe Kotau gemacht, ich bin nur eine einfache Frau, eine Idiotin, die kaum zwei Schriftzeichen auseinanderhalten kann, das ist alles, was ich machen kann. Überall habe ich es herumerzählt, ein »väterlicher Beamter« hat mich beruhigt. Er hat mich ermahnt, wieso ich nicht weiter sehen würde als meine Nasenspitze, wie eine Schildkröte? Ob ich denn die ganzen Krankenhäuser schon abgesucht hätte? Oder die ganzen Krematorien? Vielleicht liegt ja ihre Tochter in irgendeinem Krankenhausbett und bekommt eine Infusion.

LIAO YIWU: Das macht Sinn.

CHEN LAN: Vier Tage und vier Nächte und wenn mir die Augen zugefallen waren? Wenn mir die Augen zugefallen waren und mir zwei, drei Stunden entgangen waren und irgendwer meine Tochter geborgen hatte, ohne es zu wissen, und sie mit einem Wagen weggebracht worden ist? Oder, wenn ich sie nicht erkannt habe? Wenn die Kinder aus der Erde kamen, war alles voller Blut und Lehm, die Beine gebrochen, die Arme gebrochen, die Schultern gebrochen, die Gesichter zerquetscht, das Kinn weggerissen, ein Körper war in vier Stücke zerrissen, das war das Schlimmste. Die Eltern haben eine Ewigkeit alles umgegraben, bis sie den Kopf, die Füße und den Rumpf gefunden haben, sie mussten alles zusammensuchen, aber es fehlten drei Finger. Es kam auch vor, dass zwei, drei Körper so zusammengepresst waren, dass man sie nicht mehr auseinanderbekam, die hingen fester ineinander als Fleischklöße. Aber mein armes Mädchen war nicht dabei, ich musste sie finden, egal, ob sie noch lebte oder doch tot war.

LIAO YIWU: Es gibt so viele Krankenhäuser und Krematorien, da sucht man eine Nadel im Heuhaufen.

CHEN LAN: Es gab auch Eltern, die haben ferngesehen, Zeitung gelesen, Suchanzeigen aufgegeben oder haben nach Fotos im Internet gesucht. Ich bin nicht gebildet, ich bin ungeduldig, dumm und bin von Haus zu Haus gelaufen. Von dem Krematorium in der Nähe von Juyuan zu allen Krematorien und Krankenhäusern im Umkreis von Dujiangyan, dann habe ich das Schritt für Schritt erweitert, Chengdu, den Kreis Pi, Wenjiang, Shuangliu, bis nach Chongzhou.

LIAO YIWU: War es notwendig, so weit zu laufen?

CHEN LAN: Ich wäre bis zum König der Unterwelt gelaufen, wenn nötig.

LIAO YIWU: Sie ganz allein?

CHEN LAN: Da war noch Gao Xingfu aus meinem Dorf. Oh, da ist er ja, der alte Gao. Seine Frau heißt Meng Shuangqiong, sie ist im gleichen Alter wie ich; ihre Tochter heißt Gao Juan, sie geht in die Klasse acht des dritten Jahrgangs der Unterstufe, sie ist genauso alt wie Chen Feng.

LIAO YIWU: Eine Mutter, ein Vater, die beide ihre Tochter verloren haben.

CHEN LAN: Deshalb haben wir uns zusammen auf den Weg gemacht. Zuerst sind wir ziellos in der Gegend herumgelaufen, aber dann waren wir mit dem Motorrad unterwegs, und dann haben wir uns einen Kleinbus geleistet, ganz zuletzt sind über zehn Eltern zusammengekommen, die alle ihre Kinder verloren haben, wir haben uns einen Schulbus beschafft und waren jeden Tag von früh bis spät unterwegs. Nicht nur in und um Dujiangyan, sondern auch in und um Chengdu haben wir alles abgesucht.

LIAO YIWU: Sind Sie direkt in die Krankenzimmer gegangen?

CHEN LAN: Krankenzimmer haben wir auch besucht, und die Flure, und dann noch die Zelte, jedes einzelne. Sämtliche Krankenhäuser haben Erdbebenopfer aufgenommen, die Namen klebten am Haupteingang draußen, alles dicht beschrieben, wir standen eine halbe Ewigkeit da und haben uns den Hals verrenkt, um das alles zu studieren, rauf und runter, nichts; aber wir haben es nicht geglaubt und sind zu dem Büro; und wieder weg, und wieder hin, am Ende wusste ich schon nicht mehr, wo ich überall gewesen bin. Und immer in Eile, an einem Tag an über zehn verschiedenen Orten, wenn das reicht. Einmal habe ich mich versehen und habe ein junges Mädchen, das gerade eine Infusion bekam, für meine Chen Feng gehalten, ich war ganz außer mir vor Freude, habe sie gepackt und gerufen »mein Mädchen«, bis sie wie am Spieß schrie: »ein Gespenst, ein Gespenst«, da bin ich wieder zu mir gekommen. Ich bin auf die Toilette und habe in den Spiegel gesehen, da ist mir erst aufgefallen, dass meine Haare ganz zerzaust waren, meine Füße voller Lehm, ich hatte schwarze Ränder unter den rot entzündeten Augen, mein Kinn war spitz wie ein Messer, ich sah schlimmer aus als ein Gespenst. Ich konnte es auch nicht mehr ändern, ich habe mir kaltes Wasser über Kopf und Gesicht geschüttet und bin weiter.

Und ein andermal hat jemand anderes auf einer Verletztenliste am Eingang des Provinzkrankenhauses von Sichuan die Eintragung entdeckt: »Chen Feng, neunte Klasse, dritter Jahrgang, Unterstufe, Mittelschule Juyuan« und hat mich eiligst gerufen. Ich war so aufgeregt, dass vor meinen Augen goldene Blumen aufstiegen, ich konnte gar nicht ruhig auf einer Stelle stehen, also bin ich in die Hocke und habe mich eine halbe Ewigkeit erst einmal beruhigt, bevor ich aufgestanden und ins Krankenhaus bin. Dabei habe ich ständig gerufen: Ach, mein armes Mädchen, wo ist es? Mama sucht dich so schmerzlich! Ach, ach, erst als ich ankam, erfuhr ich, dass diese Chen Feng groß und dick ist und einen Kopf größer als mein Mädchen. Da waren insgesamt zwei Chen Fengs in der Klasse gewesen …

LIAO YIWU: Der alte Herr im Himmel hat Sie ganz schön zum Narren gehalten.

CHEN LAN: Aber keiner hat das verstanden, die haben sich um mich rumgedrängt und einen Spektakel veranstaltet und gratuliert, dass Mutter und Tochter nach der Katastrophe wieder vereint sind – sie haben die große Chen Feng gedrängt, zu mir Mama zu sagen. Andere haben mit Tränen in den Augen auf uns eingeredet: Was guckt ihr denn so dumm, nehmt euch halt mal in den Arm. Ich habe mich umgedreht und bin weg, ich hatte Angst, wenn ich nicht schnell hier wegkomme, dass ich die Kontrolle verliere.

LIAO YIWU: Oh Gott!

CHEN LAN: Das größte Krematorium war in Wenjiang, größer als die beiden im Osten und Westen von Chengdu und sogar größer als das ganz alte am Mühlsteinberg. Wir sind einmal durch das ganze Gebäude gelaufen, das hat ein paar Stunden gedauert. Aber ohne Erfolg. Gewöhnlich wird hier alle zwanzig Minuten eine Leiche verbrannt, damals waren es drei in zehn Minuten, und sie mussten noch Überstunden machen. So ein Mensch ist weniger wert als ein Scheit Holz, die haben in einem Atemzug zwei, drei da reingeschoben und dann die Ofentür zugemacht.

LIAO YIWU: Und wie hat man dann die Asche der Leute auseinandergehalten?

CHEN LAN: Das waren alles Schüler, Kinder, ist da die Asche nicht bei allen gleich? Genauso wie bei denen, die man nicht hat aus den Trümmern retten können, da ist auch alles gleich. Von denen, die noch nicht verbrannt waren, die in den Eisenbehältern gekühlt wurden, haben wir alle, sobald sie keinen Namen hatten, umgedreht und uns angeschaut, aus Angst, dass wir sie nicht genau erkennen, haben wir ihnen mit Wasser das Gesicht abgewaschen und sie uns noch einmal angeschaut. Auf den Gestank hat keiner geachtet, auf die Verwesung auch nicht, wir wussten nur eins, wenn sie noch lebten, wollten wir sie sehen, und wenn sie tot waren, auch. Ach, ach, tagsüber war man beschäftigt, man hatte etwas zu tun, hatte Hoffnung; aber wenn man nachts nach Hause kam, bin ich fast verrückt geworden. Esstisch, Schalen, Teller, Bett, Bank, Türschwelle, ich konnte das alles nicht anschauen, das hatte alles mein armes Mädchen benutzt. Es war, als würde sie noch neben mir sitzen und Mama rufen, ganz klar und deutlich. Der Mann hat mir Vorhaltungen gemacht, wie das gehen soll ohne Essen, ohne Schlaf? Also habe ich geschlafen. Ich war vollkommen weggetreten, hatte das Gefühl, eine Ewigkeit geschlafen zu haben, doch als ich hochschreckte, waren erst ein paar Minuten vergangen. Das waren Minuten, die über Leben und Tod entschieden, ich bekam die ersten weißen Haare. Ach, mein armes Mädchen, mein armes Mädchen, ich habe alles versucht, ich habe dich eine, zwei, drei Wochen gesucht, ich habe dich nicht gefunden; ich wollte noch einmal ein, zwei, drei Wochen suchen, das Geld ist mir egal und wenn ich die Familie ruiniere.

LIAO YIWU: Wie viel Geld haben Sie alle denn für die Suche gebraucht?

CHEN LAN: Ein paar tausend. Am 30. Mai sind bei der Mittelschule Fliegen aufgetaucht, ich habe gesagt, aus den Trümmern kommen Fliegen, wie ein Teppich, ein paar Meter breit, fingernagelgroß und mit grünen Köpfen, dicht wie Nägel, wenn Leute vorbeigehen, fliegen sie nicht einmal weg. Irgendwer hat geschätzt, das müssten ein paar hundert Millionen sein oder so viele, wie es in China Einwohner gibt. Daraufhin haben wir sofort der Schule und der Gemeinde Bescheid gesagt. Aber sie haben uns nicht geglaubt und auf stur gestellt: Das ist nicht möglich! Das ist absolut nicht möglich! Ein paar Dutzend Eltern standen um den Parteisekretär und den Dorfvorsteher herum, es war ein großes Geschrei, fast wäre es zu einer Schlägerei gekommen, aber da bekamen sie es mit der Angst. Also haben sie dann doch mit weiter oben telefoniert, die entsprechenden Maschinen und bewaffnete Polizei in Gang gesetzt und am nächsten Tag angefangen zu graben.

LIAO YIWU: Den Geruch habe ich auch wahrgenommen.

CHEN LAN: Das waren so viele Tag, die Temperaturen waren so hoch, der Wind, der Regen, die Sonne, natürlich kam da Geruch hoch. Am Vormittag hatten sie schon einen Körper ausgegraben, er war bis zur Unkenntlichkeit verwest, keine Ahnung, wie Eltern diesen Körper identifiziert haben. Nachmittags um vier hat der Bagger die Schaufel in die Erde gesenkt, da war die Luft voller Fliegen, es war wie eine Explosion; die nächste Schaufel, und da sind Körper hochgekommen. Nicht einer, sondern zwei, die sich umklammert hielten. Sie waren vollkommen verwest, nur noch die Skelette waren übrig, aber sie hielten sich noch umklammert. Oh Mutter, wie sollte ich da etwas erkennen? Wie konnte ich sagen, das ist mein armes Mädchen, das ist Chen Feng? Ich war zwanzig Tage ständig unterwegs gewesen, ständig in größter Sorge und Angst, und jetzt, im entscheidenden Moment, stand ich da, händeringend, und schrie: Nein, nein!, wich zurück und hätte mich am liebsten im hintersten Winkel verkrochen. Aber man hat mich immer wieder gedrängt, man dürfe jetzt keine Minute, keine Sekunde zögern. Die Soldaten trugen großen Mundschutz, hielten es aber trotzdem nicht aus, von dem Gestank liefen ihnen die Tränen aus den Augen, und sie warteten, dass ich herüberkam. Mutter, es war wirklich mein armes Mädchen! Ihr Gesicht war nicht zu erkennen, ihr Körper war nicht zu erkennen, aber der gelbe Gürtel, den sie um die Hüfte hatte, den hatten wir erst ein paar Tage vor dem Erdbeben gekauft. Mutter, Mutter, und da bin ich zusammengebrochen.

LIAO YIWU: Haben Sie nichts unterschreiben müssen?

CHEN LAN: Weiß ich nicht mehr. Der alte Gao war auch da. Wo sind wir beide nicht überall sinn- und ziellos herumgelaufen! Und dann finden wir am Ende unsere Mädchen hier! Seine Tochter war noch schlimmer verwest, aber in der Tasche fand man einen Hornkamm, als er den sah, ist er in sich zusammengesackt, wenn niemand ihn aufgefangen hätte, es wäre sein Tod gewesen. Chen Feng und Gao Juan, gleicher Jahrgang, gleich hübsch, und jetzt auch im Tod vereint. Ihre Körper zeigten keine Verletzungen, wenn man sie rechtzeitig ausgegraben hätte, hätten sie nicht sterben müssen! Ach, mein armes Mädchen, du warst das Würmchen in Mamas Bauch, egal, was Mama dachte, du hast es erraten können, aber im entscheidenden Augenblick bist du Mama nicht im Traum erschienen, warum?

Du bist ein Geist, du musst den Leuten, die dich zerstört haben, nicht verzeihen! Und obwohl du jetzt so aussiehst, hatten sie noch Angst vor irgendwelchen Unannehmlichkeiten, sie wollten nicht weitergraben, und so etwas nennt sich Regierung des Volkes!? Wenn da irgendein Beamter umgekommen wäre, ob sie dann auch nichts un-

ternommen hätten, was meinst du? Die hätten die Erde bis auf drei
Ellen Tiefe umgegraben, die hätten sich durch den ganzen Globus
gebohrt, sie hätten nicht gewagt, nichts zu tun.

LIAO YIWU: Waren denn unter den Trümmern noch andere Kinder ver-
schüttet?

CHEN LAN: In zwei Tagen haben sie vier ausgegraben, dann haben sie
die Soldaten abgezogen. Von wem keine Leiche gefunden wurde, der
gilt immer noch als »vermisst«, und wen keiner gesucht hat, die gelten
nicht einmal als vermisst. Fast drei Wochen, und es sind immer noch
über zehn Kinder »vermisst«. Ach, mein armes Mädchen! Mein armes
Mädchen! Wenn ich das früher gewusst hätte, ich hätte dich besser
nie zur Welt gebracht …

ZHAO DAHU, DICHTER VOM
BODEN DER GESELLSCHAFT

Zhao Dahu stammte aus der gleichen Gegend wie der »große Führer«, der Vorsitzende Mao, aber er ist ziemlich auf den Hund gekommen, eine ekelerregende Erscheinung. Da er keine Möglichkeit hat, die Kleidung zu wechseln und sich zu waschen, hält sich an seinem Körper ein seltsamer Geruch.

Ich habe nichts gegen diesen Sohn eines Bergarbeiters, früher habe ich mich oft mit ihm herumgetrieben, als ich in den 90er Jahren das inoffizielle Magazin Der Intellektuelle herausgegeben habe, habe ich seine beste Arbeit, ein Gedicht mit dem Titel »Prügel«, aufgenommen; darin kommen so typische Zeilen vor wie:

Beijing, pah, hab drei Jahre dein Bett geteilt,
weiß nicht, wie du heißt, nicht, wer du bist,
nicht einmal dein Lusttor ging mir auf.

Zhao Dahu galt Ende des letzten Jahrhunderts als der Dichter, der am weitesten auf den Boden der Gesellschaft hinabgestiegen war, sein Stil ist abgefuckt, in den 80er Jahren hielt er engen Kontakt zu der Gedichtgruppe der Verrückten[*], die »für Bäuerinnen mit großen Füßen« schrieb. Leider lesen heutzutage die Volksmassen längst keine Gedichte mehr, man hat schon alle Hände voll zu tun, seinen Lebensunterhalt zu verdienen.

Anlässlich des Laternenfestes 2010 gab Zhao Dahu, der für Jahre spurlos von der Bildfläche verschwunden war, Chengdu die Ehre und ist in einer Reihe von Bars mit Gedichten und Liedern aufgetreten. Er war Anfang vierzig, immer noch ledig, »wenn es pressiert«, sagte er lachend zu mir, »gehe ich in den Puff, so wie ich im Müll krame, wenn ich Hunger habe«.

Schriftsteller und Dichter vom Boden der Gesellschaft freuen sich sehr, wenn sie einander sehen, es wird gesungen und getrunken bis in den Morgen, und dann gehen sie wieder ihrer Wege. Zhao Dahu erzählte, er hätte um ein Haar den Beruf

[*] 1984 gegründete Lyrikgruppe; wichtigste Mitglieder u. a. Wan Xia, Li Yawei, Ma Song und Hu Dong.

gewechselt und wäre Künstler geworden, zur Sechzigjahrfeier der Volksrepublik habe es auf dem Tiananmen eine Parade gegeben, aber er habe sich in irgendeinem Winkel versteckt und Fliegen gefangen. Auf einen Rutsch habe er sechzig Fliegen gefressen, um damit dem Vaterland den brummsummenden Segen der chinesischen Literatur vom Boden der Gesellschaft zu übermitteln.

Zhao Dahu hatte in Beijing ein paar harte Jahre gehabt, aber seine Gier nach Ruhm und Geld war um einiges größer als seine Sucht nach Sex, deshalb ist er von den Hochschulgruppen, von den freien Gruppen und von der offiziellen literarischen Welt immer wieder vor die Tür gesetzt worden, was ihn unweigerlich zu einem Zyniker machen musste. Aber man sagt den Leuten aus Hunan eine ruhelose Hartnäckigkeit nach, wenn sie ein Ziel nicht erreichen; weshalb sie auch in Politik, Militär und Kunst und Literatur im Lauf der Geschichte eine Vormachtstellung einnehmen, die alles andere in den Schatten stellt.

Konnte Zhao Dahu sich nicht aus dem Elend befreien, weil seine Hauptangriffsrichtung falsch war? Ach, ich muss das alte Tonband, das ich in Beijing aufgenommen habe, als wir uns gerade kennengelernt haben, einmal herauskramen und bearbeiten. Aber ich wünsche mir, dass dieser alte Gefährte, der einen noch viel holprigeren Weg beschreitet als ich, immer gut unterwegs ist.

LIAO YIWU: Herr Zhao, setzen Sie sich doch zu mir her und essen Sie etwas mit mir!

ZHAO DAHU: Ich habe schon gegessen, aber egal, ich kann noch mal was essen. Zur Zeit kann ich vierundzwanzig Stunden am Tag essen oder vierundzwanzig Stunden am Tag schlafen, schlimmer als ein Schwein, nicht? Ich habe nur noch Marken übrig, nein, in den letzten beiden Monaten habe ich überhaupt keine Essensmarken gekauft, kein Geld, wenn ich einen gutgelaunten Mensamenschen getroffen habe, der sein gutes Herz zeigen wollte, dann hat er mir so nebenbei einen Schlag Reis gegeben. Aber in der Zeit hat es in Beijing Bindfäden geregnet, das hat allen aufs Gemüt gedrückt, da haben sie ihr gutes Herz vergessen, schauen Sie sich mein Gebiss an, das Zahnfleisch blutet, und die Zähne sind ein bisschen locker …

LIAO YIWU: Dann setzen Sie sich und lassen Sie es sich schmecken. He, mein Freund Zhong Zhong hat Ihnen aber doch gestern erst Essensmarken für zwanzig Kuai gegeben, sind die schon weg?

ZHAO DAHU: Ach, die habe ich beiseite gelegt, wenn man in den Tag hineinlebt, dann richtig, es werden schlimmere Tage kommen.

LIAO YIWU: Ich bestelle Ihnen noch mal zwei Portionen Fleisch, und hier ist Bier.

ZHAO DAHU: Ach herrje, wenn das kein Kapitalistenleben ist, verdammte Scheiße! Aber das geht nicht, dass Sie mich hier derart bemuttern, ich will mich dafür erkenntlich zeigen.

LIAO YIWU: Wie das?

ZHAO DAHU: Ich werde zwei Lieder für Sie singen, Sie können einfach bestellen, trotzdem, am besten kann ich noch immer Cui Jians* »Der falsche Wandermönch« und »Rückkehr nach Lhasa«. Das sind zwei Wanderlieder:
»Ich geh von Nord nach Süd, ich geh von Weiß nach Schwarz«,
und am Ende kehrt er nach Lhasa zurück, auf das Dach der Welt, der Ort, wo man Gott am nächsten ist! Ich träume davon, dahin zu gehen. Ich singe, nein, ich zahle für Speis und Trank, wenn ich fertig bin, sind wir quitt. Lass mich die halbe Flasche eingießen, so, dann komme ich schneller in Fahrt.

LIAO YIWU: Nicht schlecht. Ihre Stimme, hat man das Gefühl, kommt nicht aus ihrem Mund, sondern von Ihren Fußsohlen**, alles voll

---

* Cui Jian (*1961), chinesischer Rockmusiker, besonders erfolgreich in den 80er und 90er Jahren des vergangenen Jahrhunderts.
** Eine ähnliche Vorstellung gibt es im daoistischen Denken, der zufolge die »Alten«, also die wahren, von der Kultur noch nicht verdorbenen Menschen

von dem Knirschen des Staubs in der Luft und dem Gestank von Schweißfüßen. Zhao Dahu, wie lange sind Sie jetzt schon als Vagabund unterwegs?

ZHAO DAHU: Von zu Hause weg bin ich vier, fünf Jahre, ich war nur noch einmal wieder da. Im Grund hätte ich auch nicht zurückgehen sollen, ich habe meiner Mutter schon aus Beijing ein Telegramm geschickt, da stand drin: »Zhao Dahu bei Verkehrsunfall ums Leben gekommen, eingeäschert 4. Juni, Babaoshan-Friedhof für Märtyrer der Revolution.« Als ich da auf einmal in der Haustür stand, hätte meine Eltern fast der Schlag getroffen. Anschließend haben die beiden Alten mit vereinten Kräften an mir herumgemault, anscheinend waren sie sauer, dass ich von den Toten auferstanden war. Und dann hatte ich keine Wahl, ich habe meiner Mutter die achttausend Yuan, die sie als Altersvorsorge gespart hatte, geklaut, habe es mit der Angst gekriegt und bin abgehauen.

Als ich über Changsha gekommen bin, haben gerade ein paar hunderttausend Leute im Sportstadion bei einer Sozialhilfelotterie mitgemacht, die grandiose Szenerie hat mich angemacht, ich also wie an Fäden gezogen da rein; unter dem verwunderten Geschrei der Menge habe ich die ganzen achttausend gesetzt und ein gutes Dutzend Kartons mit Losen gekauft, die habe ich aufeinander getürmt und langsam gezogen. Die Sonne ging hinter den Bergen unter, ich habe die Lose ins Hotel geschleppt und bis in den frühen Morgen Ziehung gespielt, der Sonderpreis von einer Million war nicht dabei, auch der dritte Preis von zehntausend nicht, aber ich habe einen Stahlkochtopf gewonnen, zwei bunte Steppdecken und acht Paar Socken. Eigentlich hatte ich vorgehabt, den Preis meinen Eltern zu verehren, damit dieses alte Bergmannspaar in seinem ehrlichen und eintönigen Leben auch einmal erlebt, wie es von ganz unten ganz nach oben geht, aber wider Erwarten ist der schöne Traum geplatzt, also habe ich mich mit dem Topf und den Decken auf dem Rücken wieder auf den Weg gemacht, die acht Paar Socken habe ich mir alle über die Füße gezogen, was aber so dick war, dass ich nicht mehr laufen konnte, und da habe ich sie, obwohl es mitten im Dezember

---

der Vorzeit, aus den Füßen heraus atmeten. So heißt es im *Zhuangzi*, Kap. 6/1: »Der wahre Mensch atmet aus der Ferse heraus, die vielen atmen mit der Kehle.«

und bitterkalt war, wieder Paar für Paar ausgezogen. Sehen Sie selbst, jetzt trage ich schon seit Jahren diese Nylonsocken, die ich damals bei der Lotterie gewonnen habe.

LIAO YIWU: Wie alt sind denn Ihre Eltern?

ZHAO DAHU: Sechzig, siebzig.

LIAO YIWU: Das heißt, sie sind schon im Ruhestand. Dass Sie ihnen die Altersvorsorge wegnehmen würden, haben sie sicher nicht verstehen können. Was sollen sie denn tun, wenn sie Probleme haben?

ZHAO DAHU: Probleme? Daran habe ich nicht gedacht. Ich weiß, das war eine nicht wiedergutzumachende Sünde, aber dieses Gefühl der Erbsünde meinen Eltern gegenüber ist eine der Quellen meiner Kreativität; der Impuls einer Sache, die man in der Realität nicht wiedergutmachen kann, das kann man nur mit Gedichten wiedergutmachen. Ich will kein Durchschnittsmensch werden, Genie ist eine Barrikade, die man unterbewusst für sich selbst aufbaut. Meine hässliche Visage ist so eine Barrikade. Als ich klein war, habe ich das ausprobiert: Wenn ich gebeichtet habe, wenn ich Tränen vergossen habe, hat das kein Mensch verstanden, kein Mensch hatte Mitleid; nur Hass und Zorn hat die Menschen aufgeschreckt, auch wenn es danach immer Schläge und Tritte setzte.

LIAO YIWU: Gegen sich selbst eine Barrikade errichten, das ist aber eine ausgezeichnete Metapher! Zhao Dahu, wie lange hängen Sie jetzt schon in Beijing herum?

ZHAO DAHU: Hab ich vergessen. Ich habe hier immer in der Literaturakademie gehaust. Hier gibt es jedes Jahr einen Kurs für Fortgeschrittene, ich habe gesehen, dass Sie viele von diesen Kursen besucht haben.

LIAO YIWU: In welchem Stockwerk ist denn Ihr Zimmer, was für eine Zimmernummer haben Sie?

ZHAO DAHU: Ich habe kein Zimmer. Der Unterrichtsraum im vierten Stock ist mein Wohnzimmer, da kann ich tagsüber, wenn Unterricht ist, nicht rein, aber abends, in der Zeit für das Selbststudium, schleiche ich mich rein, suche mir einen Platz und lese und schreibe, denn wenn man unter Zeitdruck steht, ist die Effizienz der Arbeit besonders hoch. Um kurz nach elf sind dann alle weg, dann schiebe ich sechs Stühle zu einem Bett zusammen und lege mich schlafen. Die Kursteilnehmer hier haben sich schon an mich gewöhnt, aber die Lehrer und der Leiter noch nicht so richtig, die versuchen mit allen erdenklichen Mitteln und Tricks, mich da nicht mehr reinzulassen. Kurz davor bin ich wie ein fortgeschrittener Student, der die japanischen Absperrungen überwunden hat, mit einem Gefühl, als sei ich auf Wallfahrt nach Yan'an*, nachts um eins über die Mauer geklettert und ins Klassenzimmer, wurde vom Direktor der Akademie entdeckt, und er wollte mich gerade zurechtweisen, aber, womit er nicht gerechnet hat, ich bin ihm zuvorgekommen: »Ich bin der Sohn armer Leute, mein Name ist Gao Yubao! Ich will studieren!«

Der Zufall wollte es, dass der Autor Gao Yubao, der das gleichnamige Buch geschrieben hat, aus der gleichen Gegend stammte wie der Direktor und dass sie auch noch befreundet waren. Er war ganz gerührt von meinen Worten, vielleicht wollte er auch nicht mitten in der Nacht den Zhou Bapi, den üblen Grundbesitzer aus dem gleichen Buch, abgeben, der die halbe Nacht mit seinem Kikeriki-Geschrei die Arbeiter am Schlafen hindert.

LIAO YIWU: Entsprechend haben Sie sich von dem Direktor der Akademie kostenlos unterbringen lassen.

ZHAO DAHU: Sie vergessen, zu welcher Zeit das war. Will denn die Warengesellschaft noch ein kostenloses Studium und kostenlose Unterkunft ermöglichen? Träumen Sie weiter! Der Direktor war ein, zwei Tage gerührt, und es war ein Glück, dass am dritten Tag in der *Kreativen Welt* ein langes Gedicht von mir erschienen ist und ich ein Vorabhonorar bekommen habe. Dazu noch die Spenden, und ich mietete mir für drei Monate ein Zimmer, allerdings außerhalb der Mauern der Literaturakademie. Der Vermieter war ein Gemüsebauer mit einem hässlichen Gesicht, der sich zudem noch einen großen Schä-

---

* Yan'an, Gebiet im Norden der Provinz Shaanxi, an der Grenze zur Inneren Mongolei, 1935 Ziel des Langen Marsches der chinesischen Kommunisten und bis nach der Gründung der VR China Basis der Führung der KPCh.

ferhund hielt, ich musste mich nicht nur mit dem Vermieter, sondern auch mit seinem Köter gutstellen, der reichte mir im Sitzen und Stehen über die Hüfte, am helllichten Tag war das noch nicht weiter schlimm, aber wenn ich spät nachts heimkam, dann stürzte er auf mich los, hat sich mit seinen Pranken auf meine Schultern gestellt und mir voller Zuneigung die Kehle geleckt. Einmal bin ich um ein Uhr in der Nacht heimgekommen, da hat der Bauer mit voller Absicht die kleine Hoftür nicht aufgemacht, also bin ich über die Mauer rüber, aber kaum bin ich auf der anderen Seite gelandet, war der Hund schon über mir! Ein Glück, dass er mich kannte, so hat er mir nur die Hose zerbissen und nicht die Kehle. Aber das war auch der volle Nerv, ich saß auf dem Bett unter der Lampe und flickte mir die Hose, sonst hätte ich mich am nächsten Tag gar nicht unter Menschen wagen können, aber wie sollte ich das machen, ohne Nähgarn? Also habe ich mit Stecknadeln das Loch zugemacht.

LIAO YIWU: Mir hat man erzählt, damals seien Sie nicht mehr dahin zurückgegangen?!

ZHAO DAHU: Das war in einer Vorstadt von Beijing, da war die Miete billig und die Verkehrsanbindungen waren gut, deshalb sind dort besonders viele Zimmer vermietet worden, natürlich war das nicht dasselbe wie Tongxian oder Songzhuang, dort wohnen nur Künstler, hier ist ein Kommen und Gehen von Bordsteinschwalben, unangemeldete natürlich, Menschenhändlern und Wanderarbeitern, zweimal in drei Tagen filzt das Amt für Öffentliche Ordnung diese Übergangswohnungen in seinem Kampf gegen Pornographie und illegale Publikationen. Ich hatte nur einen provisorischen Personalausweis, wo sollte ich eine Übergangswohnung hernehmen? Deshalb habe ich eine relativ flexible Wohntaktik gewählt, ich habe ein paar Tage außerhalb gewohnt, mich ein paar Tage in der Literaturakademie versteckt und die Schulverwaltung hat ein Auge zugedrückt.

LIAO YIWU: Sie sind aber gerissen.

ZHAO DAHU: Ich bin dazu gemacht worden. Manchmal ist mitten in der Nacht meine »befristete Aufenthaltsgenehmigung« gefilzt worden, ich hatte keine, da haben die Leute von der Vereinigten Landesverteidigung, ohne mit der Wimper zu zucken, mein Zeug auf die

Straße geschmissen, außer einer Decke und ein paar Klamotten hatte ich ohnehin nur ein paar Bücher und die Manuskripttasche (mit meinen letzten Sachen) und drei Zeitschriften, die mein Zeug gebracht haben. Ich konnte die Strafe nicht zahlen, da haben sie mich fürchterlich zusammengeschlagen. Ich habe an der Wand gehockt und geschrien: »Ich bin der Dichter Zhao Dahu! Wenn ihr mich schlagt, dann schlagt ihr Li Bai und Du Fu und den Vorsitzenden Mao – der Vorsitzende Mao hat auch Gedichte geschrieben!«

Als sie hörten, was ich da für ungewöhnliche Sachen sagte, haben sie es mit der Angst bekommen und gefragt: »Du bist Dichter? Kannst du das beweisen?«

Ich nahm eine Zeitschrift raus, habe die Seite mit meinen Sachen aufgeschlagen und sie lesen lassen. Die haben das Ganze allen Ernstes und eine halbe Ewigkeit studiert, haben den Namen mit dem auf meinem provisorischen Personalausweis abgeglichen und mir dann auf einmal eine schallende Ohrfeige verpasst: »Das ist doch nachgeäfft. Wenn du dich in deiner Pisse spiegelst, siehst du dann einen Li Bo? Sein Gespenst vielleicht.«

Ich habe widersprochen: »Fragt meinen Vermieter!«

Wie aufs Stichwort stand mein Vermieter auf der Matte, ich habe nicht schlecht gestaunt, hat mich mit Fausthieben und Tritten auf den Bauch gezwungen, seinen großen Schäferhund auch noch meine Manuskripttasche apportieren lassen und meinte: »Schnapp dir deine Oden-Hodentasche und mach, dass du Land gewinnst.«

LIAO YIWU: Das gehört sich aber nun wirklich nicht, Sie sollten vom Vermieter den Mietzins zurückverlangen.

ZHAO DAHU: Zwei Tage später wollte ich hinkend umziehen, aber der Vermieter reichte mir eine Zigarette und strahlte mich an: »Bruder, ich habe denen von der Vereinigten Landesverteidigung was vorgespielt, du kannst ganz beruhigt hier bei mir wohnen bleiben.«

LIAO YIWU: Zhao Dahu, ich meine, warum wollen Sie sich denn unbedingt in Beijing herumtreiben? Sie haben keine Arbeit, und wie ich das sehe, wollen Sie sich auch an keine Arbeit anpassen. Wenn Sie in einen kleineren Ort gehen, wird dort auch kein so scharfer Wind wehen. Sie sind Student, wenn Sie sich in den ländlichen Gebieten eine Frau suchen, umso besser, tagsüber können Sie Ihr Feld bestel-

len, abends Gedichte schreiben, und am Jahresende können Sie auch
noch ein Schwein schlachten und gehörig feiern.

ZHAO DAHU: Freunde von mir sind am Wu-Berg in Sichuan, am Fuß
des Gipfels der Göttin in der Nähe der Drei Yangzi-Schluchten,
deshalb nenne ich diese Orte auch den »Liebesbezirk«, ich war ein
paar Monate am Wu-Berg, habe ein paar Supergedichte geschrieben,
bin auch mit einer gegangen, aber dann hat es mich wieder gejuckt.
Als ich die Dampferpfeife gehört habe, habe ich es nicht mehr ausgehalten, verdammt, ich bin doch keine Göttin, warum sollte ich ein
paar Jahre an einem Ort bleiben? Auf was soll ich denn warten? In
meinen Augen kann man sowieso auf nichts warten außer auf das
Ende der Welt. Beijing ist natürlich ein hartes Pflaster, die Preise
sind um ein Vielfaches höher als am Wu-Berg, aber Beijing ist die
Hauptstadt Chinas, hier ist am meisten Kultur, hier kann man auf
jeden Fall was losmachen. Warum sonst würden sie aus allen Gegenden des Landes hierherkommen, um zu arbeiten, Politik zu machen und Kultur, mit all ihren Idealen und finsteren Plänen? Ich
habe schon so viel Zeug geschrieben, das versteht doch in den kleineren Städten kein Mensch, ich kann mir doch mein Zeug nicht selber
vorlesen. Ich habe das meiner Freundin alles ein paarmal mündlich
»veröffentlicht«, und sie hat mich jedes Mal »mündlich« dafür erschossen. Ich hatte keine Wahl, ich muss in Beijing mein Glück versuchen.

LIAO YIWU: Haben Sie denn etwas losgemacht?

ZHAO DAHU: In der Literaturakademie habe ich eine ganze Menge
Verehrer, sonst hätte ich es nicht bis heute geschafft. Hier nehmen
sie eine ganze Menge bekannter Redakteure und Autoren durch,
wenn sie zusammenkommen, kann ich immer etwas sagen und die
Aufmerksamkeit der Leute auf mich ziehen. Nachdem die *Kreative
Welt* im letzten halben Jahr dann ein Langgedicht von mir gebracht
hat, haben sie auch noch eine Diskussion unter bekannten Autoren
zu dem Thema »Das Phänomen Zhao Dahu« organisiert, darunter wa-
ren immerhin Professoren von der Beijing Uni und Forscher von der
Academia Sinica, Verlage und Zeitschriftenredakteure und öffentliche
Personen vom Fernsehen. Eine Mitschrift der Diskussion ist letzten
Monat erschienen, ich habe mich mit den großen Kritikern Tang

Xiaodu, Liu Ke und Wang Yichuan angefreundet, und auch Xi Chuan, der Dichter, ist ein Freund von mir.

LIAO YIWU: Haben Sie bei der Diskussion auch das Wort ergriffen? Ich habe Sie anscheinend noch nie öffentlich eine Rede halten sehen.

ZHAO DAHU: Sie haben mich nicht eingeladen, was ich sehr bedauert habe. Ich habe gehört, dass die Zeitschrift selbst Leute zum Essen eingeladen hat.

LIAO YIWU: Sie waren doch in Beijing, warum haben sie Sie nicht eingeladen?

ZHAO DAHU: Meine Gedichte in so einem vornehmen Rahmen, das geht, aber ich, hehe, dafür bin ich dann wohl nicht gut genug. In der Tat wäre ich gerne zu den berühmten Leuten hin und hätte mit ihnen geredet und über Gedichte und Kunst gefachsimpelt, aber sie haben ihre Adressen nicht dagelassen, die hatten Angst, dass ich ihnen auf die Pelle rücke und nicht wieder abschiebe.

LIAO YIWU: Haben Sie das denn gemacht?

ZHAO DAHU: Nur einmal, da habe ich mich zu dem alten Liu durchgefragt, ich habe erst drei Tage bei ihm gewohnt, da hat seine Tochter schon ein Gesicht gezogen. Ich habe zum einen gesoffen, zum anderen mit dem alten Liu Ihr Buch *Schwarzer Weg* besprochen, da drin kommen Sie auf viele amüsante Sachen über die Untergrunddichter der 80er Jahre zu sprechen. Ich habe mir sagen lassen, damals hätten sich überall ein paar namhafte Dichter herumgetrieben, und wenn es sie in eine ihnen fremde Gegend verschlagen hätte, hätte man nur den Parteigenossen vor Ort aufsuchen, seinen Diener machen, sich vorstellen und den Passierschein, den ein Parteigenosse an der vorigen Station ausgestellt hatte, abgeben und dabei rufen müssen: »Tut mir leid, Ihnen zur Last zu fallen!« – das hätte schon gereicht. Große Schalen Schnaps und für viele Tage, und der Hausherr hat einem beim Abschied auch noch das Reisegeld zugesteckt, man hat einen neuen Passierschein ausgestellt und machte sich auf den Weg zu dem nächsten Helden. Damals konnte man wirklich sagen: »Mit Gedichten kommt man überall hin, ohne einen Schritt.«

So habe ich gesoffen und den alten Zeiten nachgetrauert und alles um mich herum vergessen, als der alte Liu auf einmal Hummeln im Hintern hatte und ständig schrie: »Das hat Liao Yiwu, der Irre, behauptet!« Worauf er sofort handelte und mich, knülle, wie ich war, zur Literaturakademie zurückgebracht hat, mich in den Klassenraum bugsierte und sich nicht mehr weiter um mich kümmerte.

LIAO YIWU: Wie es aussieht, werden Sie Erfolg haben, aber Sie werden auch Ihr wahres Gesicht zeigen.

ZHAO DAHU: Beijing ist so groß und so ohne Menschen, aber ich habe wirklich lange alles Mögliche versucht und stehe jetzt wieder vor der Tür. Worauf kann ich denn noch hoffen? Auf einen Weltkrieg, auf eine Seuche, ein Erdbeben, einen Staatsstreich und dergleichen, sowieso, wenn ich die Wahl hätte, ein Angriff von Aliens ginge auch. Wenn diese Ordnung, die den Menschen fesselt, wenn diese Sklavenordnung aus Eisen und Blut, die die Kreativität des Menschen abwürgt, einmal zerstört ist, wenn die Hochhäuser und Wolkenkratzer plattgemacht, wenn die Geldscheine nur noch Makulatur sind und überall nur noch Gras wächst, dann kann nur noch so eine gemeine Kreatur wie ich hier leben, das Genie ist in der Umgebung dieser falschen Kultur die gemeinste Kakerlake, obwohl: In der geistigen Wüste ist Kakerlake frittiert durchaus auch ein gutes Essen. Schauen Sie doch selbst, so eine große Akademie für Literatur, so viele Autoren und so viel Geschmeiß, das den Geldbeutel zücken möchte, um Autor zu werden, aber wenn vor dem Tor der Literaturakademie ein Dichter Prügel bekommt, dann fasst sich keiner ein Herz und sagt ein paar Worte, so der Gerechtigkeit halber. Und dann sind da noch diese Chinesische Vereinigung für Literatur- und Kunstschaffende, der Chinesische Schriftstellerverband, diese Organe der Bürokratie und des Züchtens von Bürokratie, zig Stockwerke hohe Gebäude, aber kein Schutz und keine Unterstützung für einen Autor. Ich habe vor dem Tor des Schriftstellerverbandes Straßenmusik gemacht, ich habe am halben Tag fast dreißig Lieder gesungen, aber ich habe nur ein paar Kuai bekommen.

LIAO YIWU: Nicht nur ein paar Kuai, ich habe gehört, dass Sie sich auf der Straße in eine Schriftstellerin verliebt und für sie dann auch ein Gedicht geschrieben haben, Inspiration und Liebe sind mit Geld nicht aufzuwiegen.

ZHAO DAHU: Korrekt, ich war von ihr fasziniert, aber ich wusste nicht, wie ich meine innersten Gefühle vor ihr ausbreiten sollte, also bin ich ihr einfach hinterhergelaufen. Sie ist zurück in den Nordosten, also bin ich auch in den Zug und in den Nordosten. Ich wusste ja nicht, dass ihr Mann in ihrer Stadt der Chef des Amtes für Öffentliche Sicherheit war; also um es kurz zu machen, ich war wieder einmal am Ende. Als ich wieder in Beijing war, bin ich schwer krank geworden und habe mich selbst zur Ader gelassen, damit habe ich das Feuer in meiner Seele gelöscht. Aber meine Ohnmacht gegenüber den Leuten mit Einfluss, diese Wunde wird mir für immer bleiben – als Quelle der Inspiration. Ich denke, die anderen Dichter, Ouyang irgendwas und der Wang irgendwas und der Xiao irgendwas – wieso haben sie so eine Reputation, wieso sind die nicht nur reich, sondern auch berühmt? Und bringen Bücher raus und gehen ins Ausland und alles?

LIAO YIWU: Warum?

ZHAO DAHU: Weil ich mehr drauf habe als die. Genies haben zu allen Zeiten keine guten Beziehungen zu der Umgebung gehabt, in die sie gesetzt waren. Das Genie fabriziert nicht kopfmäßig, mit Vorbedacht und Vorsatz, irgendwelche Gedichte, das Genie schreibt Gedichte mit den Eingeweiden, mit seinem Blut, mit seinem Herzschlag. Wer das aktiv angeht, der schafft sich eine Behinderung seiner Aktivität. Ja, ich bin arm, ich bin müde, ich bin frustriert, aber das ganze chinesische Volk ist frustriert, all diese freigestellten Arbeiter, die Wanderarbeiter, die Rumtreiber, die Mädels in den sogenannten Frisörsalons, die Bettler, wer wäre nicht frustrierter als ich? Der einzige Unterschied zwischen denen und mir ist, dass ich Gedichte schreibe und sie nicht. Ich habe mich unter ihnen aufgehalten, ich habe unter Brücken geschlafen, ich habe gebettelt. Sie glauben das nicht? Ich kann ja meine Klamotten hochziehen, dann können Sie sich anschauen, wie viele Narben ich habe. Jede Narbe eine Erfahrung, das musste sein. Verstehen Sie? Ich bin nicht so wie die arbeitende Bevölkerung, ich bin auch nicht wie die anständigen Dichter. Die neunziger Jahre waren eine Zeit ständigen Imports kultureller Strömungen, aber kulturelle Dichter sind ein Reprint dieser kulturellen Strömungen, ich habe keine Lust, eine Reproduktion zu sein, ich habe keine Lust, über Kopien berühmt zu werden.

LIAO YIWU: Wenn man Skandale hat, kann man auch berühmt werden. Trotzdem, wie berühmt wollen Sie denn werden, bevor es genug ist? Wollen Sie eine öffentliche Person werden? Ehrengast auf allen möglichen Konferenzen? Gast auf allen Konsulaten in Beijing? Als Botschafter der chinesischen Lyrik oft ins Ausland? Oder ein von den literarischen Salons in den Himmel gehobener Meister? Wollen Sie wie all die anderen in die Studienprogramme des Zentralfernsehens hinein und Ihre Gedichte unter die Leute bringen? Dann sollten Sie den Beruf wechseln, sich das Gesicht waschen, eine Arbeit suchen, arbeiten und sich an der Universität Beijing weiterbilden, am Ende können Sie bei Professor Xie Mian* den Doktor machen.

ZHAO DAHU: Ich ... das scheint nicht zu gehen ... vor zu vielen Menschen fange ich das Stottern an. Meine Seele ist von hohem Adel, aber jede einzelne meiner Zellen ist der reinste Abschaum, ich habe oft den Impuls, vor den Leuten zu pissen.

LIAO YIWU: Was machen Sie dann hier? Beijing ist die Hauptstadt unseres Landes, die Welt der Anständigen, wenn Sie damit nicht klarkommen, werden Sie sich hier am Ende auch nicht mehr durchschlagen können. Ich kann Ihnen nur dringend raten, in Ihre alte Heimat zurückzukehren, aber natürlich, Sie wagen sich nicht mehr nach Hause. Dann zurück zum Wu-Berg nach Sichuan, üben Sie sich in Entsagung, mindestens zwei Jahre, lassen Sie die Finger vom Schreiben, lassen Sie die krummen Gedanken sein, vergessen Sie, dass Sie Dichter sind.

Zumindest, was mich angeht, waren die neunziger Jahre für Dichter das Allerletzte, ganz egal, ob man renommiert war oder nicht, denn unsere Herzen sind längst tot, an den blätternden Narben verrostet. Sie sollten mehr an gute Dinge denken, gesunde Dinge, die Leib und Seele gut tun, am besten, Sie suchen sich auf dem Land eine Frau, ein Bauernmädchen, beackern und bestellen Ihre Felder und bekommen für Ihren bitteren Schweiß reiche Ernte ... Im Lauf der Zeit werden Sie sich an das Ungewohnte gewöhnen. Und eines Tages wird Ihr hässliches Gesicht sich verändern, Sie werden gut aussehen,

---

* Xie Mian (*1932), u. a. Professor für Literatur an der Universität Beijing, bekannt geworden durch seine mutige Unterstützung der Obskuren Lyriker Anfang der 80er Jahre des vergangenen Jahrhunderts.

Selbstvertrauen haben, Renommee haben. Sie haben studiert, natürlich verstehen Sie, dass die Seele allmählich auch die äußere Erscheinung beeinflusst. Und wenn Sie dann eines Tages auf einmal doch wieder daran denken, Gedichte zu schreiben, dann hat sich Ihre Sprache und Ihre Umgebung vollkommen verändert, dann werden Sie ein Schwein schlachten, werden ein bisschen Pökelfleisch mit nach Beijing bringen, Sie werden der Reihe nach allen Berühmtheiten in der Kultur Tribut zollen, ein unbedeutendes Geschenk, aber auf die Tiefe der Absicht kommt es an, und wenn Sie dann durch die Tür gehen, vergessen Sie nicht zu sagen: »Dieses Fleisch kommt von einem Schwein, das ich, Zhao Dahu, selbst gezogen habe, das ist kein Futtermittelschwein.«

ZHAO DAHU: Wenn ich wirklich die Entsagung so weit treibe und ein Bauer in den Bergen werde, dann werde ich wohl keine Gedichte mehr zustande bringen!

LIAO YIWU: Das ist dann auch nicht schlimm, dann sind Sie einfach ein moderner Laozi, der auf einem Wasserbüffel reitend in den Bergen verschwindet.

ZHAO DAHU: Da war er schon über siebzig, vorher war Laozi in der Zhou-Zeit Chef der staatlichen Bibliothek, was auch heißt, dass er erst König war und dann Heiliger. Bisher habe ich nicht einmal einen Geschmack davon bekommen, was es heißt, ein bekannter Dichter zu sein, und da wollen Sie mich zum Bauern machen? Da würde ich unweigerlich ersticken.

LIAO YIWU: Sie werden sonst keine Sonne sehen, nur so.

ZHAO DAHU: Sie sind doch meine »Sonne«, ich weiß, dass Sie mit Ihrer Flöte und Ihrem Gefluche mit Recht als ein außergewöhnliches Talent gelten. Heute Abend haben ein paar anständige Dichter im Beijinger Kulturpalast Generalprobe, sie lesen aus ihren Gedichten, ihre Art zu lesen ist sehr aristokratisch, im Hintergrund spielen ein paar junge Dinger in bodenlangen Fummeln Klavier, begleitet von Violinen, und die Dichter im Abendanzug schlagen ein Heft mit dem Libretto auf und lesen ganz langsam. Erinnern Sie sich an das Gedicht von Yeats mit dem Titel »When you are old«? So etwa wirkt das, nur dass neben dem Kamin nicht seine frühere Geliebte schlummert, sondern ein Saal voll Publikum vor sich hin altert. Die Information ist absolut verlässlich, heute Abend nach der Probe wird er auf dem Fest der Arbeit eine Lesung veranstalten, wie ich höre, ist alles schon im Voraus bis auf den letzten Platz ausverkauft. Ich würde Sie gerne auf der Stelle zu meinem Mentor machen, wir warten noch ein bisschen, dann begleite ich Sie, Sie sind mit dem Regisseur und mit dem Produzenten befreundet, Sie verlangen einfach, dass Sie ins Programm kommen, und nachher stellen Sie mich vor, so ganz nebenbei, wenn ich mal auf der Bühne bin, ist alles recht, ob ich singe oder lese, ob ich Erfolg habe oder nicht.

LIAO YIWU: Die haben doch sicher das Programm vorher festgelegt.

ZHAO DAHU: Wenn Sie sich nicht einig werden, dann fragen Sie nach dem genauen Programmablauf, suchen sich eine Truppe Claqueure, ich werde als Schüler des großen Meisters direkt auf die Bühne gehen, wenn etwas schiefgeht, sehen wir weiter.

LIAO YIWU: Die werden uns verhaften.

ZHAO DAHU: Verhaften? Das wäre ein internationaler Zwischenfall, dann werden wir den Rest unseres Lebens fressen und saufen, ins Ausland gehen und westliche Mädels bürsten, ich kann mir Schlimmeres vorstellen.

LIAO YIWU: Ok, Zhao Dahu, Sie sind wirklich mit allen Wassern gewaschen. Sind Sie denn satt geworden? Dann lassen Sie uns mal spülen gehen.

ZHAO DAHU: Nach Ihnen, und ich, ich spüle nie ab, wenn meine Schale auf dem Tisch steht, will die keiner. He, Liao Yiwu, lassen Sie sich meinen Plan noch einmal gründlich durch den Kopf gehen!

HU NIU, ZUM ABSCHUSS FREIGEGEBEN

Hu Niu ist ein Performance-Künstler, der sich hier in Cheng-
du ein gewisses Ansehen erarbeitet hat, vor ein paar Jahren
war er gezwungen, sich die Tränen abzuwischen und Ge-
schäftsmann zu werden. Er hat ein Geschäft aufgemacht für
frischen Kokossaft, aber so dumm, wie er sich angestellt hat,
war er nicht dafür geschaffen.

»Wenn man nicht ein bisschen was verdient, dann hat man
jede Menge Generve.« Im Augenblick liegt er in einem Kran-
kenbett und lacht mich an. Doch in seinen Augen schimmern
Tränen.

Es ist der 5. Oktober 2004, ein malerischer Herbst. Ich
nehme einen Stift und schreibe die folgende Geschichte auf,
bei der es mich innerlich immer wieder schaudert.

—✺—

LIAO YIWU: Wieso liegen Sie hier im Krankenhaus?

HU NIU: Weiß ich nicht. Gestern Abend kurz nach elf bin ich in meine
Wohnung gekommen, ich wohne in Xiaojiahe, um die Klamotten zu
wechseln und zu waschen, da habe ich eine SMS bekommen, worin
es grob hieß, ich könne aufatmen, sie werde alles regeln. Mir wurde
ganz warm ums Herz, es hat nicht viel gefehlt und mir wären die
Tränen gekommen. In der Not zeigt sich, auf wen man sich verlassen
kann; auch wenn wir uns am Ende getrennt haben, immerhin haben
wir uns einmal sehr, sehr geliebt. Ich bin mit ganz wirren Gefühlen
aus der Tür gegangen, die beiden Stockwerke runter, und da bin ich
direkt von vorn umgehauen worden. In meinem Tran hatte ich das
Gefühl, da sind ganze Armeen unterwegs. Als ich zu mir kam, lag ich
hier, eine Rippe war gebrochen, das war eine Warnung, das nächste
Mal werde ich nicht mehr so billig davonkommen.

LIAO YIWU: Haben Sie Anzeige erstattet?

HU NIU: Das hätte, fürchte ich, keinen Sinn, die Polizei will Beweise sehen, aber die Unterwelt taucht lautlos auf und verschwindet spurlos, die würden wohl nicht darauf warten, bis sie jemand fasst, oder? Außerdem könnte man die nicht alle verhaften.

LIAO YIWU: Wissen Sie denn, wer »die« sind?

HU NIU: Ja, das weiß ich. Jeder, der zum Abschuss freigegeben ist, weiß innerlich ganz genau, wer ihn umbringen lassen will, aber die Polizei kann ja nicht den ganzen Tag um dich herumpatrouillieren, so viele Fälle bleiben Jahr für Jahr ungelöst, was zähle ich da schon? Trotzdem, sie werden mir nicht voreilig mein kleines Leben nehmen, sie wollen Geld, das ist Argument genug.

LIAO YIWU: Wegen einer Liebe, die schon vor über einem halben Jahr zu Ende ging? Himmel! Ist das denn nicht längst vorbei, oder haben Sie mit ihr noch heimlich Kontakt?

HU NIU: Nein, habe ich nicht, sie hat anschließend geheiratet. Und um dieses unvergessliche Gefühl zu trauern, habe ich im Sommer in einer Ausstellung für Performance-Kunst ein Werk untergebracht, das hieß »Tabu Rose«. In einer transparenten Glasvorrichtung lag ein Strauß schwarzlackierter Rosen, um das Ganze herum in einem großen Kreis Blütenblätter, über die die Besucher skrupellos drübergetrampelt sind, wie über Blutspuren. Die sogenannte Liebe verströmte in meiner vollkommen leeren Brust längst den Gestank von Industrie, was könnte ich sonst noch sagen?

LIAO YIWU: Damals habe ich ein paar Litschischalen unter die Blütenblätter geworfen, und Sie haben mich mit viel Gebrüll vertrieben.

HU NIU: Sie haben mein Werk kaputtgemacht, meine Liebe war kein Fen mehr wert, aber sie war auch kein Komposthaufen.

LIAO YIWU: War sie das alles wert? Ich nehme an, sie treibt jetzt mit ihrem Mann ihren Mutwillen.

HU NIU: Ich habe längst mit ihr telefoniert, aber sie hat von alledem keine Ahnung; ihr Mann sagt außerdem, das sei sexuelle Belästigung am Telefon, er hat mich ziemlich derb beschimpft. Ich habe aus allen sieben Öffnungen gequalmt, so wütend war ich, und bin ihm nichts schuldig geblieben: »Dass dieser Kerl über uns so gut Bescheid weiß, das ist sicher wieder ein Trick von dir! Wenn du Geld willst, dann sag es mir ins Gesicht!«

Als ihr Mann das hörte, hat er die Fassung verloren: »Schwanzgeld? Ich soll Schwanzgeld wollen?! So einfach werde ich dir das nicht machen, ich suche mir zwei Wanderarbeiter an der Brücke, ein paar tausend Kuai, und das Problem ist erledigt!«

LIAO YIWU: Und dann?

HU NIU: Ich bekam rasch hintereinander eine Reihe von anonymen Anrufen, irgendwas von »Rache für den Vater, Hass für den Raub der Frau« oder »Es geht auch ohne Geld, lass eine Hand da, wir nehmen sie mit, unser Auftraggeber wird sich freuen«, und dann: »Wenn du es nicht glaubst, schau mal aus dem Fenster, vor dem Tor steht ein Kleinbus, der wartet auf dich, oder sollen wir hochkommen und dich kidnappen?«

LIAO YIWU: Gibt es denn keine Gesetze mehr in diesem Land? Das hätten Sie mir früher sagen sollen, da hätte man doch etwas aushandeln können, wie man dem eine Falle stellt. Sie hätten so tun können, als wollten Sie zahlen, eine Zeit abmachen, einen Ort, einen Geheimcode und dann zur Polizei gehen. Ich für mein Teil hätte zuerst ein paar Freunde von den Nachrichten getroffen, und wir wären mit einer Kamera auf der Schulter zu dem Treffpunkt gekommen …

HU NIU: Sie haben wohl zu viele Krimis gesehen, Liao Yiwu, was? Im Augenblick der Geldübergabe schnappt die Falle zu, wo gibt's denn so was, so billig kommt man nicht davon. Schauen Sie, Arbeitslose gibt es wie Sand am Meer, die treiben sich in dieser Gesellschaft herum wie Schlammschmerlen im trüben Wasser. Früher war ich Performance-Künstler, ich war so unschuldig, ich habe mich für weltliche Dinge überhaupt nicht interessiert. Später dann hat mich das Leben dazu gezwungen, ich bin ein kleiner Unternehmer geworden und habe frisch gepressten Kokossaft verkauft. Da bin ich aber aus meinem Wolkenkuckucksheim heruntergepurzelt und habe mit beiden Beinen im Leben gestanden und habe Verkäuferinnen gesucht, zur

Umsatzsteigerung. Sie waren sehr jung, aber sie kannten alle Tricks, dazu hat sie auch das Leben gezwungen. Ach, außer der Regierung gibt es in dieser Gesellschaft noch eine andere, unsichtbare und spontane Kraft, eine große Menge von Tagedieben sind ihre Massenbasis, das ist etwas anderes als in den Büchern steht.

LIAO YIWU: Haben Sie denn nach den »Gesetzen« dieser Kraft bezahlt?

HU NIU: Ohne Rückendeckung, nach den Regeln, aber wenn sie einen aus welchem Grund auch immer mit Gewaltandrohung erpressen, können Leute wie du und ich nur mit Blut bezahlen. Aber diesmal war ihr Appetit zu groß. Mein Geschäft hat ständig Miese gemacht, mit Kokosmilch war kein Geld zu verdienen, weil nicht einmal die Bars gut liefen. Ich war schon so arm, dass ich nicht einmal mehr eine Unterhose übrig hatte.

LIAO YIWU: Die wollten bestimmt schon ein paar tausend, wenn sie nur den Mund aufgemacht haben?

HU NIU: Sie wollten vierzigtausend Renminbi.

LIAO YIWU: Die nehmen es wohl von den Lebendigen? Sie sind doch keine Bank.

HU NIU: Das habe ich auch geschrien, ich habe geschrien: »Ich bin doch keine Bank!« Aber sie meinten: »In diesen Jahren wird jeder ausgenommen, nur die Methoden sind verschieden. Du presst Kokosnüsse aus, da hast du pro Becher maximal Unkosten von einem Yuan, wenn du das dann in den Bars verkaufst, verlangst du fünfzehn bis zwanzig, und du willst behaupten, du nimmst die Leute nicht aus? Und wenn jetzt einer für die Kunden von dir Gerechtigkeit verlangt?«

LIAO YIWU: Und Sie haben gewartet, bis man Sie schlachtet? Gewartet … bis das da passiert ist?

HU NIU: Es war ausweglos, also habe ich einen Freund angerufen, einen Schriftsteller, ein einflussreicher Mann, der hat sofort für mich einen bekannten Anwalt gesucht, der Rückhalt in der Unterwelt hatte, und wir haben uns für den nächsten Nachmittag an der Yongfeng-

Hochstraßenüberführung auf ein Teegespräch verabredet, dabei wollten wir alles bereden.

LIAO YIWU: Ein Teegespräch? Das gibt es immer noch?

HU NIU: Teegespräche haben eine lange Geschichte, von Ming, Qing bis zur Republik. Früher sind dazu die Ältesten von irgendwelchen Banden oder Geheimgesellschaften oder die bessere Gentry erschienen, und dann hat man sich in einem Teehaus getroffen und über die strittigen Themen gesprochen, da wurde dann beim Tee Tacheles geredet und am Schluss Recht gesprochen. Nach der Befreiung ist diese Unterweltsitte beseitigt worden. Ich hätte auch nicht gedacht, dass sie aus der Asche wieder aufersteht, aber bei Erpressungen trifft man sich auch zu Teegesprächen!

LIAO YIWU: Was kann man denn da noch für ein Recht sprechen? Mit zwei Literaten an Ihrer Seite funktioniert das nicht.

HU NIU: Das war nur eine Verschleppungstaktik. Als wir ins Teehaus kamen, waren wir sofort von ein paar Leuten umringt, aus dem Teegespräch wurde schnell eine Kritikversammlung. Aber wenn man genau hinsah, konnte man erkennen, dass das eine Szene aus einem realen Drama war, jeder spielte eine gut einstudierte Rolle. Mir gegenüber saß der Vermittler und sah aus wie Zigarettenasche, neben ihm ein Revolverheld, der sich selbst als bewaffnete Polizei bezeichnete, hinter dem wiederum der Kontaktmann, der die ganze Zeit über nur am Handy hing, als könne er jederzeit ganze Armeen herbeizitieren, die mich zu Brei stampfen würden. Und dann war da noch ein Berufskiller für den Bereich Chengdu Stadt, ein dicker Kerl in einem westlichen Anzug voller Ölflecken, der an einer Bindehautentzündung litt. Der Gehilfe des Dicken hatte einen Aktenordner unter dem Arm, als wollte er das alles aufzeichnen.

Als mein Schriftstellerbekannter, der schon einiges erlebt hatte, den Zirkus sah, wusste er, dass da nicht viel Gutes zu erwarten war, also hat er sich tot gestellt. Und prompt ist der Vermittler hochgekommen und hat uns begrüßt, aus seiner bis auf die Knie hängenden Sackhose stieg ein übler Geruch: »Freund, man trifft sich doch im Leben immer zweimal, egal wo!«

Aber der Anwalt war gut und hat sofort geantwortet: »Ich bin keiner

von den Bösen, ich bin einer von den Guten. Ich heiße Zhang Gan-
ming, ich leite die Fangyuan-Anwaltskanzlei, das ist meine Karte, wo
ich gehe, wo ich bin, der Name bleibt der gleiche. Wenn die werten
Anwesenden willens sein sollten, mit mir Freundschaft zu schließen,
hinterlassen Sie einfach Ihren letzten Aufenthaltsort.«

Als die Bande den beeindruckenden Auftritt und die klare Ansage
von Anwalt Zhang mitbekam und dass er keine Angst hatte, haben sie
sich beeilt, die Hände zur Begrüßung zu falten: »Eigentlich haben wir
zwei der Herren gebeten, wie respektlos von uns, sehen wir nach dem
Tee!«

Beide Seiten haben sich dann höflich hineinkomplimentiert, der
Vermittler hielt die Vorrede mit einer Stimme wie ein Erpel im Stimm-
bruch: »Unterwelt, Oberwelt, gerader Weg, krumme Touren, worum
es geht, ist Gerechtigkeit. Solche Stinkkäfer, die die Gerechtigkeit
aufgeben, werden von den Menschen gefunden und bestraft. Du, Hu
Niu, bist so ein Stinkkäfer. Ermordung des Vaters, Raub der Frau,
jemanden bis aufs Hemd auszuziehen und jemanden berauben, das
galt und das gilt als die vier schlimmsten Verbrechen. Und du hast die
Frau von einem anderen gefickt!«

Ich habe auf der Stelle erklärt: »Das war nicht seine Frau, das war
seine Freundin. Beide Seiten haben das Recht auf einen Konkurrenzkampf, außerdem habe ich doch verloren!«

»Halt's Maul!«, unterbrach mich der Vermittler. Sieben, acht Hände
streckten sich unvermittelt über die Tische, direkt auf meine Nasenspitze zu, die fächergroße Pranke des Killers von Chengdu würde
demnächst auf meinen Scheitel runtersausen und mir den Kopf zwischen die Schulterblätter rammen.

»Wenn es meine Frau gewesen wäre, hm, es hätte mir nicht ähnlich
gesehen, wenn ich nicht eure ganze Familie in Blut gebadet hätte!«

Meine beiden Freunde haben schleunigst die Gauner abgeschirmt,
der Anwalt sagte: »Wir sind heute nicht mehr in der alten Gesellschaft, die Geschichte hat sich entwickelt, Rache wegen einer Frau,
das zählt überhaupt nichts mehr, ich weiß gar nicht, wie viele Prozesse
um Gütertrennung bei Scheidungen ich im Jahr führe! Der moderne
Mensch, das trifft sich, das verlässt sich, wenn ich in eine solche
Situation gerate, dann würde ich von mir aus einfach die Scheidung
einreichen.«

Da machte der Revolverheld aber Augen: »Die Ehe muss aufgelöst
werden und der Kerl erschossen! Wir sind eigens vom Le-Berg her-

gekommen, haben allen Ältesten im Geschäft von Chengdu unsere
Aufwartung gemacht, und zwar um die Angelegenheit zu erledigen.
Wenn es nach mir geht, entführen wir ihn und fertig.«

Dem Vermittler war anzusehen, dass er es hasste, wenn er nicht
vorankam: »Hu Niu, Hu Niu, normalerweise müssten kaltblütige Killer wie wir dich nur sehen, und schon hättest du ein paar Messer im
Bauch, damit dir ein bisschen die Augen aufgehen, aber jetzt immer
mit der Ruhe, es überrascht mich, dass ich doch Mitleid mit dir habe,
aber schließlich bist du ein studierter Mann!«

Ich sagte: »Ihr könnt mir die Haut von den Knochen ziehen, ich
habe keine vierzigtausend.«

Darauf der Vermittler: »Heute hast du zwei weitere Herren mitgebracht, das zeigt, dass du trotz allem ein ehrlicher Mann bist, wie viel
kannst du denn aufbringen?«

»Das höchste der Gefühle wäre eine Entschuldigung bei ihrem
Kerl und eine Einladung zum Essen für alle.«

Der Vermittler meinte: »Zum Essen einladen? Du machst Witze.
Wir alle hier haben den weiten Weg vom Le-Berg nach Chengdu gemacht, ein paar Tage auf dich gewartet, das sind Fahrtkosten, Auf-
wandsentschädigungen, Organisationskosten hier in Chengdu, und
das soll nicht mehr wert sein als ein Festessen? Was haben die Berge
und das Meer an Spezialitäten zu bieten, die so teuer sind?«

Ich wollte mich wehren, aber mein Anwalt hielt mich rasch zurück:
»Leute, mir zuliebe! Als ich alle förmlich begrüßte, habe ich dabei ein
paar richtige Gleichgesinnte und Freunde gefunden, Zhou Erhu vom
Le-Berg, der hat einen Mordfall verschleppt, der ist dann hierher
geflohen und hat erst einmal meine Wenigkeit aufgesucht. Heute ist
er zu Geld gekommen und hat ein paar Kampfsportschulen aufgemacht …«

Der Vermittler wollte sich nicht geschlagen geben: »Als Chef von
den Ältesten am Le-Berg kenne ich nur den Lei Gong, von irgendwelchen anderen davor haben wir nichts gehört und wollen wir auch
nichts hören. Wenn der Herr Anwalt solche Freunde hat, dann kann
er sie uns ja vorstellen, wenn wir uns verständigen können, trinken wir
was zusammen, wenn nicht, dann sprechen die Messer, was sich
nicht schlägt, sich auch nicht verträgt.«

Der Anwalt meinte: »Wir finden doch überall unser Auskommen,
warum sollten wir uns gegenseitig schaden wollen? Die Wasser in der
Unterwelt sind tief und die Feuer heiß, und viele Fäden gehen über

Kreuz. Andernfalls, wenn Hu Niu das Geld nicht aufbringen kann, dann nehmen Sie mich als Geisel. Meine Brüder kommen von der Polizeischule, die haben überall Kommilitonen, wenn ich von der Bildfläche verschwinden sollte, wäre das auch nicht mehr als eine neue Erfahrung, ihre Kollegen würden ein Netz über die ganze Stadt spannen, um mich zu finden.«

Der Killer aus der Stadt lachte ein paarmal kalt und zog eine Visitenkarte heraus: »Geister rufen ist einfach, aber sie wieder loswerden ..., aber wenn man Freunde hat, hat man vor nichts Angst, oder?«

Ich las rasch die Zeichen, die da standen und unvermittelt brach mir der kalte Schweiß aus: »Säuberung der Gesellschaft, wir treten ein für die Gerechtigkeit eines gewaltigen Kundenstamms, wir fordern Gerechtigkeit, schützen die traditionelle Moral, nach dem ›Verbraucherschutzgesetz der Volksrepublik China‹, wir setzen Blut und Leben an die Verteidigung der Rechte und Interessen unserer Kunden.«

Auf der Rückseite der Visitenkarte stand mit großen Schriftzeichen klar und deutlich eine Zeile des loyalen Ministers der Südlichen Song-Dynastie Wen Tianxiang*: »Wer ist nicht gestorben seit den alten Zeiten? Doch bleibe ein loyales Herz leuchtend in den Annalen der Zeit.«

Erst jetzt wurde sich der Anwalt bewusst, dass sein Gegenüber keine Scherze machte, der Vermittler ermahnte die Bande, die voller Tatendrang war, es bleiben zu lassen, und gab voller Inbrunst einen Knittelvers zum Besten:

»Macht nichts, wenn sie dich entlassen,
Ein Äxtlein häng dir an dein Gürtelband,
Geh in die Straßen, in die Gassen
Und sei, wenn man dich braucht, zur Hand.«

LIAO YIWU: Wie sind Sie alle denn da rausgekommen?

HU NIU: Der Vermittler hat mich zur Seite gerufen, ich habe so getan, als würde ich mit ihm feilschen, am Ende einigten wir uns auf eine

---

* Wen Tianxiang (1236–1283), General und Gelehrter, Opponent von Kublai Khan bei dessen Annexion von Song-China; als Song-Loyalist, der sich den Mongolen nicht unterworfen hat, Symbol für Patriotismus und Loyalität.

»Gesamtschuld« von zwanzigtausend Yuan, binnen einer Woche zu zahlen. »Du entkommst uns nicht«, meinte einer von ihnen drohend und packte mich am Kragen, »die Netze der Unterwelt sind enger als die des Amtes für Öffentliche Ordnung, in einer halben Stunde fischen wir dich aus einer Stadt mit ein paar Millionen Einwohnern raus!«

LIAO YIWU: Sie armes Schwein, war Ihr Leben nicht einmal zwanzig-tausend Yuan wert?

HU NIU: Das gleiche Gefühl hatte ich auch. Deshalb bin ich auch, weil wir mit dem Wagen des Anwalts unterwegs waren, in der Stadt sofort um fünf, sechs Ecken gebogen und habe mich dann bei einem Freund einquartiert. Ich hatte ein Zuhause, in das ich nicht zurückkonnte, die Wohnung war vermietet, mein Geschäft war längst in andere Hände übergegangen, das Einzige, was mir geblieben war, waren meine Bücher und das Bett.
    Mein Schriftstellerkollege hat für mich den Anwalt gebeten, eine andere Truppe von professionellen Gaunern herbeizuschaffen, die die Sache klären sollten, der Anwalt sagte: »Die leben auch von so was; wenn der kleine Hu ein bisschen was springen lässt, kann ich ihnen den Auftrag geben, den Lumpen ein paar Hände und Füße zu bre-chen, ist kein Problem, aber natürlich, je mehr Geld da ist, um so mehr Ruhe hat man.«

LIAO YIWU: An Ihrer Stelle hätte ich auch das letzte Hemd gegeben, um aus diesem Schlamassel herauszukommen!

HU NIU: Dazu muss man erst einmal ein Hemd haben! Kurz, die zwan-zigtausend, es war ganz egal, wem man die gegeben hat, offen oder versteckt, ich hatte keine Ahnung, wie viele Tigerrachen nur darauf warteten, mich zu zerfleischen. Das sechsunddreißigste Strategem lautet: Weglaufen ist die beste Methode*, also habe ich mich tags drauf aus dem Staub gemacht.

LIAO YIWU: So einfach sind Sie davongekommen?

---

* Sechsunddreißig Strategeme, dem chin. General Tan Daoji (*4. Jahrhundert – 436) zugeschriebene Sammlung von Strategemen, in China Schullektüre.

HU NIU: Die haben geglaubt, ich hätte noch meinen Laden dort, aber in Wahrheit war der längst am Ende. Diese verdammte Kokosmilch! Die Frau, von der wir hier reden, war einmal eine von den Verkäuferinnen, die ich eingestellt hatte. Als der Laden florierte, hatte ich acht Verkäuferinnen, die waren in einer ganzen Reihe von Bars unterwegs, die haben eine richtige Performance aus dem Kokossaftpressen gemacht. Warum habe ich mir keine andere ausgesucht, verdammt nochmal, aber nein, es musste ausgerechnet die sein! Ich denke ja immer noch, dass es echte Liebe war, ich hatte vorher über zwei Jahre keine Frau gehabt. Sie und ich, wir hatten eine romantische Zeit, das klingt immer noch nach.

LIAO YIWU: Sie geben einen lausigen Romantiker ab, da geht es Ihnen ans Leben, und Sie haben immer noch nichts dazugelernt. Ach, aber wenn Sie sich doch aus dem Staub gemacht hatten, wieso sind Sie trotzdem überwacht worden?

HU NIU: Sie hat mir mehrere SMS geschickt, auf die ersten beiden habe ich es noch geschafft, nicht zu antworten, und dann, ich weiß auch nicht, da bin ich weich geworden und habe zurückgeschrieben. Und am Handy hat sie dann das Heulen angefangen, von wegen, wenn sie vorher gewusst hätte, wen sie da heiratet, sie hätte mich nie und nimmer verlassen. Außerdem meinte sie, sie hätte lieber selbst Schaden gelitten, als dass man mich gezwungen hätte, meine Heimatstadt zu verlassen, sie werde dafür sorgen, dass die Wogen sich glätten.

LIAO YIWU: Wie konnten Sie nur so töricht sein?

HU NIU: Ich bin Künstler, ich eigne mich nicht für Geschäfte, das war schon immer mein Schwachpunkt, ich kann keine Frau weinen sehn. Wie ich sie so elend sah, da haben die Wogen in meinem Herzen höher geschlagen, ich bin in meinem Zimmer auf und ab getigert, händeringend, das Gesicht in den Händen, und wusste nicht, was das Beste wäre. In Chengdu regnet es viel, in der heißen Phase unserer Liebe ist sie, wenn sie sich ungerecht behandelt fühlte, raus in den Regen, und ich bin ihr nach, bis wir beide völlig durchnässt waren, und dann habe ich ein Kleidungsstück nach dem anderen ausgezogen, um sie vor dem Regen zu schützen, mitten im Winter habe ich dagestanden, nackt bis auf die Haut. Und wie die ganze Geschichte wieder hochkam, da bin ich ohne Rücksicht auf das alles nach Chengdu zurück, und kaum habe ich mich da sehen lassen, war ich auch schon gekidnappt. Der Wagen fuhr in die Außenbezirke, die hatten eine Sichel, mit der haben sie mir den rechten Arm festgehalten. Ein Glück, dass ich in der höchsten Not einen Einfall hatte und rief: »Ich werde mir das Geld leihen!« Da haben sie die Sichel wieder weggenommen. Die Bastarde haben mir zwei Tage Zeit gegeben, haben mich zurück nach Xiaojiahe gehen lassen, dort habe ich sie aus dem sechsten Stock für einen Augenblick aus der Ferne gesehen. Sie hat mir so übel mitgespielt, aber ich kann sie nicht hassen.

Kunst, Liebe, geh fort, geh fort! Dieses ganze Zeug, von dem ich geglaubt hatte, es könne die Seele läutern, hat mich nicht retten können. Und für eine Anzeige fehlen mir die Beweise. Ich weiß, ich bin nur ein kleines Licht, mein Leben ist keinen Pfifferling wert, aber es muss doch wenigstens ein bisschen mehr wert sein als dieses Gesindel. Ich konnte mich nicht dazu durchringen, einen Kampf auf Leben und Tod anzufangen.

LIAO YIWU: Sie bescheißt Sie immer noch.

HU NIU: Sie nicht. Aber ich hatte das unbestimmte Gefühl, dass sie kontrolliert wird, eine unsichtbare Hand, die sie am Schlafittchen hat und sie als Köder benutzt. Liao Yiwu, greifen Sie einem Bruder einmal unter die Arme!

LIAO YIWU: Ich wüsste auch nichts Besseres, als Alarm zu schlagen.

HU NIU: Aber bei wem denn? Wenn Sie mir nicht helfen, dann bleibt mir nichts anderes übrig, als ein großes Küchenmesser zu kaufen und es hier unter dem Kissen zu verstecken. Wenn ich aus dem Krankenhaus raus bin, dann packe ich es mir in den Schulranzen, und wenn ich dann an den Ort der Geldübergabe komme, dann ziehe ich es raus und steche zu. Heute stand in der Zeitung, dass ein Wanderarbeiter von einer Ortsgang so ausgepresst worden ist, dass er mit zwei Küchenmessern einen Steuermann am Kai zerhackt hat, selbst die Polizisten, die ihn verhaftet haben, haben ihm applaudiert: »Endlich ist dieses Unheil aus der Welt.«

LIAO YIWU: Wenn dem Wanderarbeiter jemand Geld gegeben hätte, wäre er im Handumdrehen auf Sie losgegangen.

HU NIU: Kann sein, soweit bin ich schon gesunken, dabei bin ich Künstler, aber was soll ich noch sagen. Im Grunde meines Herzens bin ich kein Rebell wie Chen Sheng oder Wu Guang*, aber ich kann auch nicht garantieren, dass sie mich nicht so weit bringen. Alter Himmelsvater, hast du nicht gesagt: »Gutes wird mit Gutem vergolten, Schlechtes wird mit Schlechtem vergolten«? Es ist einfach ungerecht!

LIAO YIWU: Nun heulen Sie mal nicht, ich werde Ihnen helfen, egal, was passiert. Heute Abend komme ich zurück, ein Freund von mir wird Sie schminken, dann machen wir, dass wir aus Chengdu verschwinden, und dann sehen wir weiter. Ach, was sind das für Zeiten, alles strebt nach unrechtem Gut, schauen Sie nur, auf der Straße treiben sich so viele Leute herum, die nichts zu tun haben, haben die denn ein besseres Leben als Sie? Sie sind noch keine dreißig, das ist das Alter, in dem man sich einen Platz in der Welt sucht; das jetzt ist nur eine Hürde, da muss man rüber, alles wird gut, kein Grund zu heulen.

---

* Chen Sheng und Wu Guang (beide gest. 208 v. unserer Zeitrechnung), Anführer der ersten Rebellion gegen den Ersten Kaiser von China.

MU DI, DER DROGENABHÄNGIGE

6. Dezember 2003, ich bin zum ersten Mal in der Altstadt von Lijiang, Provinz Yunnan, gewesen. Über vierzig Tage habe ich mich mit den Vagabunden aus der Gegend und von außerhalb herumgetrieben und habe ganz unerwartet auch zwei, drei Interviews gemacht, die es wert waren.

Im Augenblick sitze ich unter einer zauberhaften Wintersonne, blättere im Yi Jing, male mir meine Reiseroute auf und bin erschüttert über die Unbeständigkeit des Lebens, als auf einmal ganz unerwartet ein Schatten lautlos über die Terrasse im ersten Stock fällt und sich hinter mir sammelt – das ist Mu Di, der die Hauptrolle in diesem Kapitel spielt; er wohnt dreihundert Meter weiter in einem anderen einfachen Landhaus, wie sie die Naxi bauen.

Bei den Naxi vererbt sich unter den Leuten mit dem Namen »Mu« eine höhere und führende Position, aber Mu Di sagt, dass nach der Gründung der Republik China 1911 der Mu-Clan einen Niedergang erlebt habe, sogar ihre traditionelle Führungsposition hätten sie an die Öffentliche Ordnung und an die Untersuchungsgefängnisse verloren. Was man so die adlige Abstammung nenne, davon sei nur noch eine gewisse Vorliebe für Hanf und eine gewisse Drogenverträglichkeit übrig geblieben.

Außerdem erzählt Mu Di, dass sein Vater und sein Großvater jeweils ihre Drogengeschichte hatten, später seien sie dann clean gewesen, und es seien auch keine Folgeschäden aufgetreten; er ist fünfunddreißig Jahre alt, seit über zehn Jahren drogenabhängig, hat über hundertmal damit aufgehört und war deswegen zweimal in einem Umerziehungs- und Arbeitslager.

Als ich sehe, dass er vollkommen aufrichtig ist, werfe ich für ihn die Schafgarben und befrage das Buch der Wandlungen, es kommt das Zeichen für »sammeln«, das bringt im Großen und Ganzen Glück*.

---

* Die Befragung des Buches der Wandlungen funktioniert über das Werfen von Schafgarbe-Stengeln. Je nachdem, wie sie liegen, kann das entsprechende Hexagramm mit den dazugehörigen Erläuterungen herausgesucht werden.

In seinem Gesicht erschien ein gesundes, bronzefarbenes Lächeln: »Ich bin gerade dem Tod von der Schippe gesprungen, natürlich habe ich Glück.«

—⟍⟍—

MU DI: Danke für den freundschaftlichen Rat, Liao Yiwu. Um ehrlich zu sein, habe ich dir schon ein paar Tage zugeschaut, von unten, wie du jeden Tag aufstehst, dir eine Tasse Tee aufbrühst, dich dann auf die Terrasse setzt und liest, man sieht, dass du deinen Spaß hast und die Ruhe weg. Jetzt erst habe ich die Courage aufgebracht, raufzukommen und mit dir zu sprechen. Weißt du, wer ich bin?

LIAO YIWU: Du bist der Neffe von der Schwägerin meines Vermieters.

MU DI: Ich bin seit über zehn Jahren drogenabhängig, ich habe ein paar Hundertmal damit aufgehört, bin im Mai erst entlassen worden, ich war in Huaping.

LIAO YIWU: Wo denn da?

MU DI: Umerziehung durch Arbeit, Lager Huaping, Provinz Yunnan, an der Grenze nach Sichuan; zwei Berge weiter und man ist in Panzhihua. Das ist auch eine Goldroute für den Drogenhandel, von Xiaguan, dem größten Umschlagplatz des Landes für Heroin, über Dali, Lijiang, Yongsheng, durch das Gebiet von Huaping bis nach Panzhihua in Sichuan, insgesamt über vierhundert Kilometer von hier, mit dem Auto braucht man einen Tag. Anschließend in den Zug nach Chengdu, und dann wohin man will.

LIAO YIWU: Du siehst so aus, als wärst du bester Stimmung, ganz und gar nicht wie ein Junkie.

MU DI: Eigentlich verläuft mein Leben ganz ruhig. Nach der Volksschule, der Mittelschule und der Berufsschule in Lijiang bin ich zur Handelskammer. In diesen Jahren damals war das eine Einheit, um die mich alle beneidet haben, da kam man ohne Beziehungen gar nicht rein. Als ich klein war, habe ich mich mit Typhus angesteckt, es sah aus, als sei ich nicht mehr zu retten, aber ein alter Arzt der chinesischen Medizin kam von selbst zu uns ins Haus, hat drei Geheimmittelchen zusammengebraut, und als ich die genommen hatte, war alles in Ordnung. Außerdem war auch sonst alles in Ordnung, bis zwanzig war ich nicht mehr krank, nicht einmal erkältet.

LIAO YIWU: Du hast nicht gerade wenig Glück.

MU DI: Wenn man jung ist und auch noch Geld in der Tasche hat, dazu noch gut aussieht, dann ist man leicht verführbar. Die Leute schmeicheln dir und gehen mit dir aus. Tanzbars, Bushaltestellen, Mah-Jongg, die ganze Nacht durch, am nächsten Tag wie immer zur Arbeit und du fühlst keine Müdigkeit. Als ich ihnen zum ersten Mal ins Netz ging, das muss so einundneunzig, zweiundneunzig gewesen sein, ich erinnere mich nicht genau. Ich verstand überhaupt nichts von Rauschgift, wollte auch ganz brav alles gestehen, sonst wäre ich da auch nicht rausgekommen. Denn damals lief gerade eine Kampagne, und sie haben hart durchgegriffen. Das Amt für Öffentliche Ordnung und die Vereinigte Landesverteidigung haben ihre Netze ausgelegt und Säuberungen durchgeführt, die brauchten nur einen Junkie zu fassen zu kriegen in einer Tanzbar oder irgendeinem verlassenen Winkel, dann haben sie ihn vor Gericht geschleppt und zweimal zusammengeschlagen – aus so etwas konnte leicht eine lange Kette werden.

LIAO YIWU: Das zählt auch?

MU DI: Natürlich, wenn man in Bedrängnis ist, dann belastet man jeden, mit dem man normalerweise immer zusammen war, mit allem Möglichen, ob er süchtig ist, ob er etwas angestellt hat, man »gesteht« alles, und das »freiwillig«. Die Leute bei der Öffentlichen Sicherheit haben einen speziellen Jargon, wenn sie einen Fall untersuchen, dann sagen sie »aus dem Bambusrohr purzeln Bohnen, klickediklack-klickediklack«, und ob es mit welchen der herausgepurzelten Bohnen Probleme gibt, mit anderen nicht, das ist denen egal, erst einmal festnehmen, dann sehen wir weiter.

Viele sind so klickediklack-klickediklack eingefahren. Wenn einen das Revier nicht wegschließen konnte, ist man direkt mit einem stickigen Kesselwagen in die Entziehungsanstalt gekommen. Ich zeige es dir, wenn man hier über die flachen Dächer wegschaut, was dort gegenüber auf dem Berg so glänzt, das ist der Dongshan-Tempel. Ein Lama-Tempel, die Umfriedung ist weiß, wenn die Sonne da runterbrennt, dann ist man ganz geblendet. Vom Dongshan-Tempel schräg runter, bei dem Gebirgspass am Rand der Stadt, da sind ein paar Häuser ... Siehst du? Das ist die Entziehungsanstalt des Kreises Lijiang. Heute ist das schon größer dimensioniert, und die Einrichtungen sind verbessert, aber damals, da gab es nur zwei Reihen von Betonkabuffs, alles einstöckig. In einen Raum mit gut zwanzig Quadratmetern waren über hundert Leute gepfercht, das war so eng, dass es qualmte.

LIAO YIWU: Ob jemand süchtig ist, muss durch eine Untersuchung festgestellt werden.

MU DI: Vor '96 gab es dafür keine Untersuchungsmethode, da brauchte dich nur jemand zu belasten, da musstest du dich nur mit irgendwelchen Leuten, die nichts zu tun haben, herumgetrieben haben, dann bist du das nicht mehr losgeworden.

Du bist nicht süchtig?

Dann hast du immer noch genug andere, nicht besonders glorreiche Sachen gemacht, du hast gespielt, geklaut, gehurt, geschmuggelt.

Das hast du auch nicht gemacht?

Dann warst du aber immer in irgendwelchen Tanzbars? Dann bist du bei der »Sichuan-Bande« oder bei der »Hunan-Bande« ein und aus gegangen? Es kann nicht sein, dass du einfach nur unschuldig bist. Es war ein Glück, dass mein Vater ein alter Kader ist und in der Anfangszeit der Befreiung in Lijiang Mitglied der Partei im Untergrund. Die Familie hat jemanden gebeten, für mich zu bürgen, damit ich rauskomme.

LIAO YIWU: Wenn er nicht für Sie gebürgt hätte, was hätte das für Konsequenzen gehabt?

MU DI: Da ging es nicht um Recht oder Unrecht, man wurde ausnahmslos in den »Zwangsentzug« gesteckt, und danach schnurstraks ins Umerziehungslager, ein bis drei Jahre.

LIAO YIWU: Da hat man nicht viel Federlesens gemacht.

MU DI: Stimmt, und für das Umerziehungslager macht man auch nicht den Umweg über die Gesetze, das Untersuchungsgefängnis und die Entziehungsanstalt können einen direkt dorthin schicken. Die Formulare liegen bei ihnen in der Schublade, ein großer Stapel, und wenn du ihnen nicht gefällst, dann ziehen sie eins davon aus der Schublade. Das Amtssiegel und der private Stempel des Chefs der Öffentlichen Sicherheit sind schon drauf, das dauert ein paar Sekunden, huschhusch ist das ausgefüllt, und dein ganzes Leben ist beerdigt. Deshalb haben die in einem halben Monat mit einem Aufwasch an die tausend Leute, die unter Arrest standen, so abfertigen können.

Ich habe vor den Leuten den Kopf nicht hochbekommen, weil ich erst Anfang zwanzig war und schon fertig, es war kaum zu verhindern, dass andere hinter ihrem Rücken mit dem Finger auf mich zeigten. Lijiang ist eigentlich eine Kleinstadt, es gibt wenig Touristen, nicht besonders zivilisiert. Wenn ich zur Arbeit ging, war ich deprimiert, wenn ich nach Hause kam, haben meine Eltern mich nicht aus den Augen gelassen, als wäre ich ein Dieb – wenn das für lange Zeit immer so geht, dann verändert das den optimistischsten Menschen.

Ich nahm heimlich wieder Kontakt auf zu allen möglichen Leuten, wenn ich bei ihnen war, fühlte ich mich ein bisschen freier, zumindest haben die Leute sich untereinander nicht diskriminiert. Das erste Mal Rauschgift genommen habe ich '92, die anderen haben mich darauf hingewiesen, dass in der Zigarette die Droge (die Rede ist von Heroin, Anm. d. Autors) ist, ich habe einen Zug gemacht und die Luft angehalten, alles andere wäre Vergeudung gewesen. Dann habe ich noch zwei Züge gemacht, ohne die Luft anzuhalten, der Rauch kam mir aus Mund und Nase, die Leute standen ganz dicht um mich rum und versuchten, von dem Restrauch etwas schlucken zu können. Ich habe die halbe Kippe geraucht, dann konnte ich nicht mehr, ich lag am Rand vom Bett und habe gekotzt, es war ungefähr so, wie wenn man besoffen ist. Trotzdem, es ist schwer auszuhalten; wenn man besoffen ist, kommt man eine halbe Ewigkeit nicht mehr zu sich; aber das Kotzen mit der Droge war vergleichsweise angenehm, man wird ganz weich, das Skelett löst sich komplett auf.

Ich habe von Natur aus eine gute Verträglichkeit für Drogen, zeitweilig bin ich erst nach einem halben Jahr Konsum süchtig geworden, am Anfang war meine wirtschaftliche Situation in Ordnung, wenn der Stoff alle war und ich das Gefühl hatte, es geht nicht mehr, ein Anruf und spätestens eine Viertelstunde später hat jemand den Stoff vorbeigebracht. Allmählich wurde es dann wirtschaftlich enger, ich konnte mir nur noch kleine Briefchen leisten. Der richtige Großhandel war viel billiger, aber für einmal ein paar tausend zu zahlen, das hat man, je nötiger man es brauchte, um so weniger zusammengebracht. Die Altstadt von Lijiang ist nicht nur Durchgangsstation nach Sichuan und Tibet und nach Shangrila, es ist auch ein Umschlagort für Opium und Heroin. Früher soll in der Umgebung des Löwenbergs überall wilder Hanf gewachsen sein, die Schlafmohnblüten müssen zauberhaft gewesen sein, die Naxi haben sie gepflückt und als Arznei verwendet, in jedem Haushalt gab es eine große Jutetasche voll mit Haschischsamen, die hat man geröstet und geknackt wie Kürbiskerne und als Gewürz benutzt. Später hat die Regierung den wilden Hanf wegmachen lassen, aber es gibt hier sicher mehr Drogenkonsumenten und für den Drogenanbau geeignete Stellen als anderswo.

Bevor der Tourismus sich entwickelte, hatte Lijiang kaum zwanzigtausend Einwohner, die Drogenkonsumenten gingen in die Tausende, ich allein kannte ein paar Hundert. Wenn man damals das Tor zu einem Hof aufstieß, sah man die Leute an der Mauer, die waren auf Entzug und zitterten sich dort einen ab. Wenn man auch nur einen Augenblick nicht aufpasste, dann konnte so einer jählings aufspringen und laut jammernd deine Taschen filzen.

Die Naxi sind von Natur aus schlichte Menschen, sie halten es mit der traditionellen Ethik und Moral, von wegen »drei Jahre Trauer ist Kindespflicht«, und »ein Heiliger treibt keinen Handel«, deshalb kommt alles, was gut ist im Geldverdienen, von außerhalb. Mit dem Drogenmarkt ist es genauso, der wird von der »Sichuan-« und der »Hunan-Bande« kontrolliert. Die schaffen die Drogen von Xiaguan oder Geliping ran und geben sie mit mehrfachem Gewinn weiter. Der Drogenhandel verteilt sich auf mehrere Großhandelsebenen, und weil das Risiko so groß ist, sind sie nur eingleisig miteinander verlinkt, und nur selten wird die Ebene gewechselt. Normale Leute kommen nur unter der vierten bis fünften Ebene an den Stoff, ich habe ihn auf Ebene drei bekommen.

Wenn sie mal wieder hart durchgriffen und in der ganzen Stadt die »Lichter ausgingen«, war das schwer auszuhalten. Die »Lichter gehen aus« hieß, die Platte war geputzt, es war nirgends auch nur ein Körnchen Stoff aufzutreiben. Grund waren Drogentote; zwischen den einzelnen Banden gab es bewaffnete Auseinandersetzung um die Gebiete, kurz, die Öffentliche Sicherheit hat die Sache untersucht, und über Nacht haben sich ein paar Großhandelsebenen in Luft aufgelöst.

Die Drogenhändler haben sich alle aus dem Staub gemacht, aber was sollten die Konsumenten machen? Die mussten den Entzug aushalten, und sie mussten sich verstecken, das war eine unerträgliche Zeit.

Einmal, als die Lichter wieder ausgingen, war ich ganz unruhig, weil mir der Stoff ausgegangen war, also habe ich mir ein Moped geliehen und bin von Lijiang über Nacht vierhundert Kilometer gebrettert, um in Geliping etwas zu besorgen. Damals waren die Straßen noch in einem fürchterlichen Zustand, nichts mit schnell fahren, kein Asphalt, sondern Pflaster und voller Schlaglöcher, wir beide haben mit unserem Leben gespielt, das Moped machte Sätze und ging in die Knie, die Reifen schleiften, dass die Funken flogen. Ich klammerte mich wie ein räudiger Hund an den Rücken des Fahrers. Ich habe keine Angst vor dem Tod, ich fiel meinen Leuten zu Hause längst zur Last, wenn ich mich zu Tode stürzen würde, hätten sie ein großes Problem weniger. Aber man soll es nicht glauben, nach vier Stunden waren wir da. Ich versorgte mich mit Stoff, habe eine Flasche Mineralwasser gekauft, das Pulver aufgelöst und mir einen Schuss gesetzt, meine Lebensgeister kamen gleich zurück. Ich war überhaupt nicht benebelt und das Leben hatte sichtbar wieder einen Sinn.

LIAO YIWU: Vierhundert Kilometer in vier Stunden und das auf einer Pflasterstraße? Ganz schön waghalsig.

MU DI: Deshalb haben die kleinen Kerle von den Naxi einen entsprechenden Ruf.

LIAO YIWU: Wenn man eine Nadel gesetzt hat, soll man nicht gleich gehen können, zumindest soll man sich eine Weile hingelegen müssen.

MU DI: Das hängt von der Person ab; der eine muss sich hinlegen, eine halbe Stunde, eine Stunde, und bekommt auch Halluzinationen. Ich brauche mich nicht hinzulegen, wenn ich etwas eingeworfen habe, dann bekomme ich sofort einen Energiestoß, ich kann gehen, wie ich will, und machen, was ich will. Vor allem den Kopf zur Sonne heben, tief durchatmen, eine Wohltat.

LIAO YIWU: Haben Sie denn auch schon einmal Halluzinationen gehabt?

MU DI: Sehr wenig. Wenn ich etwas genommen habe, arbeite ich gerne, ich trage gerne Sachen durch die Gegend, putze das Klo und helfe anderen bei körperlicher Arbeit, wie ein leibhaftiger Lei Feng. Nur einmal, da habe ich wohl ein bisschen zu viel erwischt, da bin ich eine Weile nicht aus dem Bett gekommen, mein Herz schlug wie Steinschlag, langsam und tief, ich konnte spüren, wie sich meine Adern zusammenzogen. Anschließend wurde ich ungewöhnlich groß, meine Hände, meine Füße, alles war überdimensional groß, ich war größer als ein Kamel, nein, größer als ein Berg. Wenn ich die Beine krumm gemacht habe, bumm, gab es einen Donnerschlag. Und die Fenster, das Zimmer, andere Menschen waren überdimensional klein, gerade mal so groß wie ein Fingernagel von mir.

LIAO YIWU: Sie hätten sich sonst was tun können.

MU DI: Am 3. Februar 1996 nachmittags war in Lijiang das schwere Erdbeben, über hundert Leute sind ums Leben gekommen, mehr als die Hälfte der Häuser in der Altstadt sind eingestürzt. Ich war damals gerade mit Mitschülern aus der Mittelschule zusammen, wir haben Mah-Jongg gespielt und waren bester Stimmung. Auf einmal geht mir der Puls hoch, die Lippen werden blau, und ein kalter Schweiß kriecht mir das Rückgrat hoch, am Ende war der ganze Kopf schweißgebadet. Mir war klar, dass gleich der Entzug einsetzen würde, also habe ich mich unter einem Vorwand verabschiedet und an der Rückseite an einem stillen Ort versteckt, den Ärmel hochgekrempelt und mir einen Schuss gesetzt, sofort habe ich mich wieder erholt. Ich bin zu meiner Einheit, da war auch nichts zu tun, also bin ich raus, habe mir kalte Schweineohren in Soße gekauft und, wie die anderen auch, gegessen und ferngeschaut.

Auf einmal habe ich das Gefühl, der Fernseher und die Wand dahinter fangen an zu schwanken, meine erste Reaktion war, dass ich wieder auf Entzug war, aber es war doch erst vor einer halben Stunde …

LIAO YIWU: Wie lange hält denn so ein Schuss vor?

MU DI: Am Anfang waren mir am Tag zwei genug, mit der Zeit wurde die Sucht stärker und der Abstand immer kürzer, in der schlimmsten Zeit hielt ein Schuss keine ein, zwei Stunden mehr vor. Am Tag des schweren Erdbebens hatte ich mir mittags um eins erst einen Schuss gesetzt und hielt es um vier schon nicht mehr aus. Der Fernseher schwankte und bebte, zischte einmal und gab von selbst den Geist auf. Die Kollegin neben mir hat sich mir in die Arme geworfen, ich habe sie nicht festgehalten und bin mit ihr zusammen auf dem Boden rumgerollt und gekrochen; wir wurden unter das Fenster geschleudert, und der Teller mit den Schweineohren ist ohne mein Zutun einfach durchs Fenster auf die Straße geflogen, noch am nächsten Tag lag er mitten auf der Straße.

Später habe ich mir sagen lassen, dass der Ort, wo wir Mah-Jongg gespielt haben, ebenfalls nur noch ein Haufen Trümmer war. Mein Entzug hatte sich genau zur richtigen Zeit gemeldet, denn wenn der mich nicht rausgetrieben hätte, hätte sich die Mah-Jongg-Gesellschaft nicht aufgelöst, und mitten im Vergnügen wäre mit einem lauten Krachen die Welt über uns zusammengebrochen ... und wir wären als Geister durch die Gegend geirrt.

LIAO YIWU: Dann waren Sie am Ende noch so eine Art von Weltretter?

MU DI: Sie machen sich über mich lustig.

LIAO YIWU: Ich will Ihnen nicht verheimlichen, dass ich auch erst durch die Erdbebenberichterstattung zum ersten Mal etwas von Lijiang gehört habe.

MU DI: Als das Erdbeben einmal angefangen hatte, geriet alles in Panik, und Lijiang wurde zur Geisterstadt. Die Auswärtigen sind nach und nach weg, selbst die Drogenhändler waren wie vom Erdboden verschluckt. Am nächsten Tag lief ich durch die Straßen, ich brauchte einen Schuss und war entsprechend drauf, aber ich fand nicht einen einzigen Laden, der offen gehabt hätte, es gab nichts zu kaufen, kein Mineralwasser, kein destilliertes Wasser. Ich war gezwungen, etwas zu tun, was ich nicht wollte, mir Wasser aus einem Brunnen zu holen, um meinen Stoff aufzulösen, die Nadel aufzuziehen und mir einen Schuss zu setzen. Das Resultat war, dass die Sucht ein bisschen nachließ, aber der ganze Arm war schon geschwollen und wurde langsam so dick wie mein Unterschenkel, ich konnte nicht einmal mehr den Ärmel runterkrempeln. Ich bin zum Arzt, der hat mir den Ärmel mit einer Schere aufgeschnitten, mich untersucht und eine Vaskulitis diagnostiziert. Er hat sofort eine »Mitteilung über kritischen Krankheitszustand« gemacht und eine Rettungsaktion in Gang gesetzt. Mein Leben ist wirklich groß, ich war einen Tag und eine Nacht weggetreten, dann war die kritische Phase vorbei und es gab nicht einmal Komplikationen.

Das Quellwasser hatte zwar sehr klar ausgesehen, war aber nicht sauber gewesen. Durch das Erdbeben war viel Schwefel aus dem Erdinneren nach oben gedrückt worden, selbst einen Zuchtbullen hätte es umgehauen, wenn er von der stinkenden Brühe auch nur ein Maul voll getrunken hätte, aber ich, in meinem Zustand, hatte überhaupt keine Geruchsnerven mehr, sogar ... ach, so ein Menschenleben ist doch das Allerletzte.

LIAO YIWU: Drogenabhängigkeit ist wirklich ein bodenloser Abgrund.

MU DI: Die physiologische Abhängigkeit kann man überwinden, in anderthalb Wochen, zehn Tagen, man sperrt einen in ein Zimmer und lässt ihn unnachgiebig in seinem eigenen Saft schmoren, dann ist es vorbei. Nur die psychische Leere danach, das ist, als sei man von einem Augenblick auf den anderen von der Mutterbrust entwöhnt worden, da hat man überhaupt keine Peilung mehr, man hat den ganzen Tag zu nichts Lust, man kommt nicht aus dem Bett, selbst nicht zum Essen; in dieser Zeit kann man nicht sagen, dass man noch an der Droge hängt, aber wenn man einen anderen sieht oder auch nur riecht, der etwas nimmt, dann fangen die Augen sofort an zu strahlen.

Bisher war ich zweimal im Umerziehungslager, aber wie oft ich in der Entziehungsanstalt war, daran kann ich mich nicht mehr erinnern. Sehr oft bin ich freiwillig dahin, ich habe gehofft, davon loszukommen und den Teufelskreis der Rückfälligkeit mit einem Schnitt zu durchtrennen; ich habe gehofft, mit Hilfe der Regierung wieder zu einem menschlichen Wesen zu werden. Aber ich habe beim Entzug immer wieder Bekannte aus der Szene getroffen, die draußen meine Drogenkumpane gewesen waren. Drin gab es nichts, also haben wir nächtelang unsere Erfahrungen ausgetauscht und uns sozusagen oral befriedigt. Von wegen Entzugsanstalt, ein Scheiß, stellen Sie sich nur vor, man würde einen Haufen Pufflouis ein paar Monate, ein paar Jahre zusammensperren, die wären kaum draußen und die wären schärfer als vorher, oder?

Der Leiter der Entziehungsanstalt hat ein paarmal gewechselt, die waren alle korrupt. Wenn du rein wolltest, hast du ihm ein paar gute Zigarren verehrt, ein bisschen Geld in die Hand gedrückt, und die Sache war geritzt. Wenn du raus wolltest, ging das auch mit Zigarren und mit ein bisschen mehr Geld, und schon hat er unterschrieben: Urinprobe negativ, über den Berg. In dieser Gesellschaft geht mit Geld und Einfluss alles, das gilt auch für den Drogenentzug.

LIAO YIWU: Wie viel kostet Sie denn so ein einzelner Entzug eigentlich?

MU DI: Wenn man sich selbst in ein Zimmer schließt, dann kostet das überhaupt nichts. Wenn man in den Entzug geht, bringt man das Geld für die Verpflegung mit, Unterbringung und Medikamente gehen nach den finanziellen Möglichkeiten des Einzelnen. In Lijiang gibt es zwei Entzugsanstalten, die alte unterhalb des Tempels am Ostberg, die Bedingungen dort lassen ziemlich zu wünschen übrig; die zweite neben dem Untersuchungsgefängnis ist die Entzugsanstalt der regionalen Öffentlichen Sicherheit, die Einrichtungen sind gut und es gibt eine Spezialklinik. Es gibt sehr viele verschiedene Arten von Entzugsmedikamenten, das in Xiaguan produzierte 626 ist relativ verbreitet; aber das im Augenblick fortschrittlichste kommt aus England, das Zeug heißt Methadon. In etwa einer Woche kann man sich von seiner Sucht befreien. Aber die Folgeschäden sind nicht zu übersehen, man wird von der Ersatzdroge abhängig. Die Abhängigkeit ist nicht so schlimm wie die von Opium, eher so wie die von Dolantin, das ist ein synthetisches Opiat.

Für die ganzen Entziehungen habe ich Hunderttausende ausgegeben, ich habe zu Hause alle pleite gemacht, aber es hat nichts gebracht; das erste Umerziehungslager, zwei Jahre, hat nichts gebracht. Ich bin an mir selber verzweifelt. Ich habe dreimal versucht, mir das Leben zu nehmen, ich dachte, wenn ich tot bin, dann bin ich die Sucht ein für alle Mal los. Die Sonne verschwand gerade hinter den Bergen, ich also ab in die Wälder am Löwenberg, mir ein stilles abgelegenes Fleckchen gesucht und dort hingelegt. Vom Handrücken bis auf den Arm war alles voller Einstiche, wenn ich da reinstach, kam schon kein Blut mehr, vermutlich, weil die Adern schon alle verkümmert waren. Auch in der Leistenbeuge war alles zerstochen, selbst am Unterleib hatte ich tausend Einstiche. Ich war wirklich am Ende, ich war meinen Eltern nicht einen Tag lang ein guter Sohn gewesen, ich bin auch nicht weit gekommen, sondern von der Droge gleich eingefangen worden.

In einem halben Monat habe ich mir dreimal eine Überdosis gespritzt, das erste Mal ein, beim zweiten Mal anderthalb, beim dritten
Mal wieder anderthalb Gramm, das ist das Fünf- bis Zehnfache der
normalen Dosis. Das hätte einen Elefanten umgehauen, geschweige
denn einen Menschen! Ich habe mir die Spritze in die Leistenbeuge
gejagt und war gleich weg, ich bin nicht einmal mehr dazu gekommen,
sie rauszuziehen. Ich dachte, damit seien alle Rechnungen beglichen,
aber dann bin ich doch in der zweiten Hälfte der Nacht wieder zu mir
gekommen und habe mit den Zähnen geklappert, so habe ich gefro-
ren. Ich habe die Nadel rausgezogen und im hohen Bogen weggeworfen, dann bin ich von dem Berg runter, mehr gerutscht und gefallen
als gegangen. Ich bin durch das Dickicht gewankt wie ein Gespenst,
ich erinnere mich noch an den Mond in der Nacht, er war ganz rot
und groß wie eine Fußwanne.

Fast wäre ich den ganzen Abhang runtergerollt, und als ich in meinem Zimmer in den Spiegel sah, war mein ganzes Gesicht und mein
ganzer Körper voller blutiger Schrammen. Ich hatte den stieren Blick,
vor dessen Ingrimm ich selber Angst bekommen habe. Eine Weile war
ich wie gelähmt, dann habe ich mich aufgerappelt, an der Wand hoch
und bin immer wieder hingeschlagen. Das ging ein paar Stunden so,
die Lautsprecher mit den offiziellen Durchsagen auf dem Berg legten
los, es waren die »CCTV News« des Zentralfernsehens, also war es
halb sieben. Im Sommer ist es um halb sieben schon taghell, ich hörte
den Aufzug gehen, Mama kam hoch. Mein Hirn war dumpf, ich spürte keinerlei Schmerz.

LIAO YIWU: Das ist ja furchtbar.

MU DI: Beschämend.

LIAO YIWU: Ich habe über Junkies geschrieben und habe eine Menge
Propagandaberichte darüber gelesen, das schien aber alles ganz anders als das, was Sie erzählen.

MU DI: Tatsächlich?

LIAO YIWU: Die Sucht zerstört das Leben eines Menschen, aber Sie
sind besonders zäh.

MU DI: Wir gelten als Abschaum, wir sind weniger als Hunde und Schweine. Solange in meiner Familie noch Geld war, habe ich es immer wieder getan, aber die meisten in meiner Umgebung waren arm, wenn die gefasst wurden und in den Entzug kamen, fehlte ihnen das Geld für Medikamente, denen blieb nur der kalte Entzug, eingesperrt in einem Zimmer, das ist sehr hart.

LIAO YIWU: Was heißt das? Haben Sie selbst niemals so einen kalten Zwangsentzug durchgemacht?

MU DI: Ich bin aus der Stadt, bin vernünftig ernährt, meine körperliche Verfassung ist gut, ich halte einiges aus; aber die Mehrheit der Drogenabhängigen sind Bauern, die sind völlig ausgemergelt, wenn die einen kalten Entzug machen, sind sie fertig. Im Grenzgebiet zwischen dem Bezirk Dehong in Yunnan, Mianmar und dem Goldenen Dreieck ist alles teuer, nur Drogen sind billig, viele Einheimische haben ihr letztes Hemd verkauft, die haben sogar ihre Häuser abgerissen, alles nur für die Sucht. Zu allerletzt, wenn der Familienbesitz für die Droge draufgegangen ist, irren die Leute wie die Hunde durch die Gegend, wenn sie müde sind, legen sie sich einfach irgendwo hin, unter offenem Himmel, unter einen Dachvorsprung, Bäume oder neben einen Abtritt, wer einmal auf die schiefe Bahn gerät, mit dem geht es immer weiter abwärts. Von weitem glaubt man, das ist ein Klumpen fauliges Fleisch, weil sich das Geschmeiß drauf festsetzt.

Die Leute aus dem Bezirk Dehong konnte man in der Entzugsanstalt mit einem Blick aus den anderen erkennen, so dunkel wie sie waren, so mager! Ich habe sie gefragt, wo sie, wo sie doch alle so aussehen, noch das Geld für Drogen herhätten.

Sie meinten, Drogen seien billiger als Reis und Gemüse, so billig, dass man später gar kein Geld mehr brauche, man müsse nur für irgendwen so und so viel Erde umgraben oder so und so viele Stunden, dann könne man das gegen Drogen eintauschen.

Ach, die laufen auf der Welt herum wie verhungerte Gespenster, leben wie Schatten, aber solange sie auf Droge sind, sterben sie vielleicht noch nicht. Aber wenn die Behörden sie kriegen und in den Zwangsentzug stecken, dann ist Schluss. Alle zwei, drei Tage geht einer drauf. Vor allem im Winter rafft es jeden Monat ein paar Dutzend hin, diese Leute haben einfach keine Kraft, sich zu quälen und gegen die Wand zu schlagen, die machen nur lange Hälse und schlucken ihre eigene Spucke runter, dabei juckelt ihr Adamsapfel hoch und runter wie ein Hühnerei, dann heben sie den Kopf und haben ausgehustet. Dann ruft man Hilfe, der Körper wird in das zerrissene Leintuch von ihrem Bett gewickelt, und der verseuchte Köter wird weggeschafft.

LIAO YIWU: Kommen denn keine Angehörigen, um den Toten zu identifizieren?

MU DI: Junkies haben keine Angehörigen, keine Freunde, kein Vaterland, sie sind durch und durch das, was man offiziell die »Drei-Ohne-Klientel« nennt, ohne Arbeitsfähigkeit, ohne Einkommen, ohne Lebensunterhalt, plus internationalistische tote Hunde.

LIAO YIWU: Sie haben Ihren Humor nicht verloren.

MU DI: Wenn man sich selbst in den Dreck tritt, dann halten die anderen es nicht mehr für angesagt, selbst noch einmal zuzutreten. Wenn man zu Hause keine Beziehungen hat, dann schicken sie einen nach dem Entzug direkt in ein Umerziehungslager, dort geht es zwei, drei Jahre wild zu, sie wollen sehen, ob sie einen von Grund auf umkrempeln können.

Das erste Mal war ich in einem Umerziehungslager in der Gegend von Lijiang, meine Familie hatte Beziehungen, die haben das abdecken können, ich hatte es nicht schwer; beim zweiten Mal habe ich drei Jahre bekommen und bin nach Huaping ein paar hundert Kilometer weggeschickt worden, erst da habe ich einen wirklichen Vorgeschmack von der Hölle bekommen. Das war in einer Schlucht, das Gelände war riesig, ich kann auch nicht genau sagen, wie viele Leute dort waren. In der Produktionsbrigade, in der ich war, waren wir über dreihundert, davon kamen achtzig Prozent aus dem Entzug; und die uns unterstellten Produktionsteams hatten durch die Bank mit Drogendelikten zu tun.

Unsere Hauptbeschäftigung war Bergbau. Die paar Berge dort bestanden aus Kalk, wenn man direkt in der Sonne von einem Hang zum nächsten schaute, dann war, so weit das Auge reichte, alles weiß, das hat so geblendet, dass man die Augen gar nicht richtig aufmachen konnte.

Es war noch dunkel, wenn sie uns aus den Betten gepfiffen haben, nach dem Frühstück sind wir dann zusammen raus. Wenn wir auf halber Höhe von unserem Berg waren, hat die Sonne gerade mal ihre Krempe sehen lassen, die Luft war noch angenehm kühl. Die Gefangenen sind auf verschiedenen Wegen in die Gruben hinunter. Diese Gruben waren in langen Jahren mühevoller Arbeit ausgehoben worden, sie waren so groß wie der Mond, nein, wie ein halbes Fußballfeld und über zehn Meter tief. Wir haben Berg um Berg so »den Bauch aufgerissen«, und die Wärme, die aus dem Bauch aufstieg, war mindestens vier bis fünf Grad wärmer als die Außentemperatur. Huaping ist bekannt für seine hohen Temperaturen, im Winter geht es noch, aber sobald es Sommer wird, haben wir oft bei gut vierzig Grad gebuddelt. Mit nacktem Oberkörper, der Staub wirbelte um uns herum, einen Meter weiter konnte man schon niemanden mehr erkennen. Der Schweiß floss in Strömen und grub Schweißrinnen in den weißen Staub, nicht wenige sind bei der unentwegten Buddelei umgefallen, die wurden sofort aus der Grube gezogen, damit sie Luft bekamen, man hat ihnen einen Eimer Wasser ins Gesicht gespritzt, damit man sehen konnte, um wen es sich überhaupt handelt.

LIAO YIWU: Dass Menschen so ein Leben überhaupt aushalten!

MU DI: Das würde nicht einmal Vieh aushalten! Wenn Rindvieh, Pferde oder Maultiere den üblen Gestank nur gerochen hätten, hätten sie sofort Reißaus genommen. Vor allem die Sprengungen, da haben sie wirklich mit unserem Leben gespielt! Es erscholl ein Warnpfiff, die Gefangenen schossen auf die gegenüberliegende Seite, einer hob eine Schubkarre an, voll konzentriert, und machte sich bereit für einen Spurt. Dann wurden die Sekunden gezählt, eins, zwei, drei! Die kleine rote Fahne senkte sich, bumm! Ein großes Stück von dem Berg flog auseinander. Faustgroße, basketballgroße, tischplattengroße Brocken flogen durch die Luft und fielen aus zig Metern Höhe herunter wie Regen. Bevor man noch etwas sagen konnte, knallte es, und die Gefangenen warteten nicht länger und haben trotz des Rauches, der wie ein Sturm heranfegte, ihre Schubkarren klappernd und scheppernd den Berg hochgewuchtet, jeder wollte der Erste sein beim Aufsammeln der auf die Erde stürzenden heißen Brocken; wenn die Schubkarre voll war, ist man ein-, zweihundert Meter nach unten und hat sie direkt in die Kalköfen entleert, die wie auf einer Schnur gezogen am Fuß des Abhangs im wabernden Nebel lagen.

Dieser Anblick war grandios, der gut zehn Meter breite Abhang, über siebzig Gefangene, die wie die Verrückten in einer Linie Amok liefen, rauf und runter, rauf und runter. Wie in den Schwarz-Weiß-Filmen von Charlie Chaplin, wo eine Szene oft zwei- oder dreimal so schnell läuft, jeder hatte in seinem Hinterteil einen Aufziehmechanismus, und wenn man den aufdrehte und losließ, dann gerieten sie außer Kontrolle. Jeden Tag neunzig Schubkarren, ein-, zweihundert Meter hin und zurück, rechnen Sie sich das aus, da hätte auch Chaplin vor Erschöpfung Blut gespuckt. Aber hier herrschte Zwangsumerziehung, wer die Norm nicht schaffte, der war ein Musterbeispiel für Unerziehbarkeit, dem wurden die Hände auf den Rücken gefesselt, der wurde in eine kleine Zelle gesperrt, den haben sie verprügelt und ihm zusätzlich Unterricht verpasst, der hatte keine Hoffnung mehr.

LIAO YIWU: Bei so einem Vorgehen kam es doch sicher zu Zwischenfällen.

MU DI: Oft genug. Wenn zum Beispiel bei Sprengungen die Felsbrocken, die Himmel und Erde bedeckten, noch nicht zur Ruhe gekommen waren, waren die, die am schnellsten auf den Beinen waren, schon dort und wurden erschlagen. Manchmal haben sich die Leute samt Schubkarre ein paarmal überschlagen, und die Schubkarre hat sie unter sich begraben und sich ihnen hart in die Hüfte geschnitten. Wenn wir sie da rauszogen, waren sie noch am Leben, aber aus den Nasenlöchern, Mund und Augen tropfte Blut, und unter der Hüfte bildete sich eine Lache. Wir haben so einen sofort weggeschafft, aber nach ein paar Minuten war game over.

In unseren einzelnen Brigaden wurde im Jahr ein Drittel von Felsbrocken erschlagen, die Alten gingen, es wurden Junge nachgeschoben, so dass im Knast nie eine Stelle unbesetzt blieb. Ich hatte eine Eingebung – als ich sah, dass wir hier schlimmer lebten als die Hunde, schrieb ich einen Brief nach Hause, sie sollten ihre Beziehungen und ihr Geld spielen lassen; schließlich konnte ich nach unzähligen Leiden mein Leben als Teil des Lehrpersonals fristen.

LIAO YIWU: Wenn so viele Gefangene ums Leben gekommen sind, gab es da keine Belehrung?

MU DI: Wie ich gehört habe, gibt es in den Umerziehungslagern und den Arbeitslagern eine gesetzlich festgelegte Anzahl von unnatürlichen Todesfällen, vier oder fünf Prozent, oder? Ich weiß nicht genau. Aber die Erziehung in Huaping kannte nur Geld, nicht den Menschen, Erschlagen, Ersticken, tödliche Unfälle in den Brennöfen, das waren alles »Todesfälle aufgrund von Drogenmissbrauch«, wer hat dir auch gesagt, dass du die Sucht so tief in dich aufnehmen sollst.

LIAO YIWU: In den Entzugsanstalten gibt es doch Messgutachten, oder nicht?!

MU DI: Das gab immer einen endlosen Disput. Außerdem brauchen die oberen Ebenen nur eine »legale Erklärung«. Die verfluchten Bullen verdienen sich eine goldene Nase, ein kleiner Produktionsteamleiter hat im Monat über fünftausend Kuai, am Jahresende bekommt er einen Bonus von zwanzig-, dreißigtausend, den Reibach, den sie so nebenher machen, gar nicht gerechnet. Der Gewinn aus Menschenfleisch und Kalk ist enorm.

Im Mai diesen Jahres habe ich oben und unten ein bisschen was rüberwachsen lassen, da haben sie mich ein paar Monate im Voraus entlassen, das hat mir das Leben gerettet.

LIAO YIWU: Über den Daumen sind Sie dann schon über ein halbes Jahr wieder normal.

MU DI: Das Umerziehungslager in Huaping ist ein guter Ort für Drogenentzug. Da darf ich nicht noch einmal hin, was meinen Sie?

HU XIAOSONG, BESITZER EINES FAHRRADS MIT BEIWAGEN

Ein Fahrrad mit Beiwagen heißt in Chengdu »Ohrroller«, das kommt aus der Zeit der Kulturrevolution. Damals gab es noch keine Taxis, und die Busse waren klapprig und langsam, also war man gewohnt, mit dem Rad zur Arbeit zu fahren. Wahrscheinlich, um es den Frauen, Kindern und Alten zu Hause leichter zu machen auszugehen, haben findige Leute mit Materialien aus den Fabriken hinten an der rechten Seite von Fahrrädern einen Sitz angeschweißt und so aus dem Zweirad ein Zweirad mit Beiwagen gemacht.

Ein Fahrrad mit Beiwagen spart Geld und spart Zeit, und diese Gefährte waren bei den unteren Bevölkerungsschichten schnell beliebt; in den 80er Jahren wurden sie äußerlich unentwegt verbessert und waren eine Zeitlang in den Familien das Transportmittel für Gäste wie für Waren. Infolge der Massenzuwanderung aus den ländlichen Gebieten in die Städte haben die Fahrräder mit Beiwagen die großen Boulevards wie die kleinen Gassen belebt und wurden nach und nach für die Städter zu einem Teil ihres Lebens.

Fahrräder mit Beiwagen sind kompakt, flexibel, auf kurze Strecken geeignet für den Personentransport, mit ihnen kommen alte Menschen vor die Tür, und weil Fahrräder nicht sicher sind und Taxis nicht billig, deshalb wurde immer nach einem »Ohrroller« gerufen. Mein Vater zum Beispiel, der bereits achtzig Jahre alt ist, geht noch immer beharrlich zur Arbeit zu seiner zwei Meilen entfernten Zahnarztpraxis. Dabei benutzt der alte Herr als Verkehrsmittel ein Fahrrad mit Beiwagen. Er sagt dazu, die Hauptstreitmacht dieser Gefährte bestehe aus Bauern und freigesetzten Arbeitern und Angestellten, das »Arbeiter- und Bauernbündnis« sei derart heruntergekommen, dass sie am Morgen nicht wüssten, was am Abend ist, es sei gut möglich, dass der große Vorsitzende Mao im Jenseits kein Auge zubekomme.

Am Abend des 9. August 2002, es herrschte schon seit Wochen eine brüllende Hitze, habe ich über Vermittlung von Dritten den achtundzwanzig Jahre alten Hu Xiaosong in der Nähe des *Luomashi* interviewt. Auch wenn es das erste Mal war, dass er mit so einem Vehikel unterwegs war, ist er doch in die Zeitungen gekommen, weil er »einen Polizisten gebissen hatte«.

Wie es aussieht, ist der Klassenkampf so akut, kompliziert und heftig wie eh und je.

—◈—

LIAO YIWU: Ich habe Ihre »Urteilsbegründung« gelesen – als ob wir wieder in der Kulturrevolution wären, solche Formulierungen wie »der Hund in der Not springt über jede Mauer« und »aufbrausendes Wesen und aggressive Überheblichkeit«, die Wandzeitungen damals waren in dem gleichen Stil abgefasst, sieht so aus, als sei der Richter einmal Rotgardist gewesen.

HU XIAOSONG: Der hat mir von Anfang an nicht gefallen, wo Sie mich darauf stoßen, ist mir das auch klar, wieso darf das Gesetz einen eigentlich beschimpfen!?

LIAO YIWU: Trotzdem, haben Sie wirklich einen Polizisten gebissen?

HU XIAOSONG: In meiner Not – ich habe mich in einen Oberarm vor mir verbissen, da hatten sie mir schon das Gesicht bis zur Unkenntlichkeit zerschlagen, ich habe die Augen gar nicht mehr aufbekommen, nur noch einen Spalt weit, vor dem ein paar Schatten hin und her schwankten. Ich habe mich in einen Arm verbissen, dann bin ich zusammengebrochen und ohnmächtig geworden, ich habe dafür drei Jahre bekommen, Himmel, ich habe nichts geraubt oder gestohlen, ich war nicht im Puff und ich habe nicht gespielt, ich habe meiner Lebtage noch niemandem ein verärgertes Gesicht gezeigt, aber jetzt war ich Gefangener in einem Umerziehungslager!

LIAO YIWU: Für einen Biss! Drei Jahre! Das war es nicht wert.

HU XIAOSONG: Ich war wirklich in Not, wenn ich ein Messer zur Hand gehabt hätte, dann hätte ich den Scheißkerl abgestochen, wenn mich einer nicht leben lässt, dann soll er auch nicht leben können. Niu Sanwei aus unserem Dorf hat normalerweise ein paar Kleinigkeiten in dem Lotosteich-Großhandel in Chengdu erstanden und sie dann in Wukuaishi verkauft, mit dem Resultat, dass die von der Stadtverwaltung ihren Stand zusammengetreten haben. Niu Sanwei war immer sehr gefügig, keine Ahnung, warum sie auf einmal durchgedreht ist – sie hat in einem Restaurant ein großes Küchenmesser mitgehen lassen, ist auf die Straße raus und auf die Leute los. Ein Arzt aus einer Praxis nebenan wollte sie daran hindern, sein Hals hat etwas abbekommen, das Blut spritzte ein paar Ellen weit, und als ein paar von seinen Patienten das Blut sahen, waren sie so erschrocken, dass sie sich überall verkrochen haben. Niu Sanwei ist auch in die Häuser, hat einen unter dem Bett vorgezogen und dutzende Male auf seinen Rücken eingehackt, der ist auf einmal weggetreten, hatte ein pisspottgroßes Loch. Niemand wagte sich in das Zimmer, das Überfallkommando umstellte das Haus in mehreren Reihen, die haben eine ganze Stunde vertrödelt, bis Niu Sanwei sich selbst gestochen hat, erst da haben sie gewagt, die Tür einzutreten und das Haus zu stürmen. Die Asche von Niu Sanwei haben sie nicht aufgehoben, haben einen Brief in das Dorf geschickt, aber von dort ist auch niemand gekommen, vielleicht hatten schon alle, die noch laufen konnten, dem Dorf den Rücken gekehrt. Die Alten schnorren und die Jungen jobben, mit einem Wort, sie halten ein bisschen mehr Hunger aus als die, die diese paar Landstriche bewachen.

LIAO YIWU: Warum ist sie denn wahllos mit dem Messer auf die Leute losgegangen?

HU XIAOSONG: Sie hat keinen von der Stadtverwaltung zu fassen gekriegt, natürlich ist sie da wahllos auf alle los. Das war ein böses Omen, am Tag nach dem Vorfall mit Niu Sanwei hatte ich dieses üble Pech. In aller Früh habe ich aus den Händen eines Zwischenhändlers ein neues Fahrrad mit Beiwagen bekommen, hat mich dreihundert Yuan gekostet. Normalerweise sind Fahrräder mit Beiwagen alt, mit einem neuen Anstrich, die sind kaum mehr als hundert wert. Ich aber hatte mir überlegt, dass ich den Beruf wechsle und suchte nach einem guten Omen, also habe ich erbarmungslos geblutet.

LIAO YIWU: Warum sagen Sie das?

HU XIAOSONG: Die dreirädrigen Fahrräder mit Beiwagen, die jetzt im Stadtbild unterwegs sind, werden zu mehr als achtzig Prozent alle naselang durch Maßnahmen der Verkehrspolizei und der Stadtverwaltung aus dem Verkehr gezogen, dann gesammelt zu irgendeinem Markt geschafft und für Niedrigstpreise von ein paar Handvoll Kuai an den entsprechenden Stellen verschleudert. Die Zweithändler kaufen die dann zu einem bestimmten Zeitpunkt an diesen Märkten auf und geben sie en gros an Dritthändler weiter, wobei der Preis bei jeder Übergabe steigt – am Ende haben die Gefährte einen großen Kreis durchlaufen …

LIAO YIWU: Und dann werden sie wieder an die Rikschafahrer verkauft. Verdammt, kein Wunder, dass jedes Mal, wenn an der Straße diese Gefährte untersucht und konfisziert werden, immer dermaßen die Hölle los ist. Manchmal gehen über zehn Motorräder auf einmal auf die los, die Stadtverwaltung kommt mit Blaulicht hinterher und den Abschluss bilden große Lkws, die nicht eher Ruhe geben, bis sie voll beladen sind, dabei ist das im Grunde nichts anderes als eine sichere Einkommensquelle für ein paar Abteilungen in der Verwaltung.

HU XIAOSONG: Deshalb wollte ich in diesen Kreislauf eindringen, ich hatte keine Lust, um diesen ein paarmal, ein paar Dutzendmal mit Profit weiterverkauften Schrott herumzugehen. Ich habe mir die Reifen genau angeschaut, die Kette und die Nabe, habe ein bisschen den Lack von der Stange gekratzt, der Stahl war neu. Die anderen haben mich ausgelacht, ich sei ein Dummkopf, von wegen wer dauernd nachts unterwegs ist, trifft unweigerlich auf Geister; wenn du Tag für Tag auf den Straßen unterwegs bist, dann beschwört man die Geister noch mehr herauf. Da kann man die Straßen noch so gut kennen, man kann noch so ein Hasenfuß sein, man wird in einem Jahr unweigerlich ein paar von den Rädern verlieren. Mein Nachbar, der alte Herr Zhang, ist siebzig, der war fast zehn Jahre Rikschafahrer, der hat es mir an den Fingern vorgerechnet, im Durchschnitt sind ihm pro Jahr vier Räder beschlagnahmt worden. Er erzählte: »Einmal hatte ich besonders viel Pech, da habe ich in einem Monat vier Räder verloren, bei normalem Pech waren es vier im Quartal, ich wohne hier, das ist schon ein Glück, da betrachte ich die Verluste halt als zusätzliche Steuer.«

LIAO YIWU: Dieser Zhang Daye ist ein Mann von Welt, Sie hätten auf das hören sollen, was er gesagt hat.

HU XIAOSONG: Aber ich bin jung und voll überschüssiger Kraft, ich war entschlossen, mit dieser Kraft an das große Geld zu kommen. Auf dem ersten Ring war das Risiko, gefasst zu werden, zu groß, also bin ich hinter dem zweiten Ring gefahren. Die Gegend dort ist offen, es gibt viele neuerschlossene Wohnanlagen, die Buslinien fuhren diese Wohnanlagen für eine Weile noch nicht an. In einigen Abschnitten wurden die Straßen erst gebaut, da war überall die Erde aufgerissen, da musste man vorsichtig sein, sonst fiel man in so eine Baugrube. Ich habe mir das angesehen, neben Fahrrädern waren die Rikschas mit Beiwagen in diesen Gegenden das wichtigste Verkehrsmittel und mehr als willkommen. An dem besagten Tag, es war Nachmittag, habe ich mir ein Pfund Nudeln reingetan und bin erst vor die Tür, als ich pappsatt war; ich bin durch die Straßen und Gassen gefahren, aber unterwegs war vollkommen tote Hose, erst als ich über die Kreuzung vom zweiten Ring rüber bin, ist ein ganzer Trupp von Rädern mit Beiwagen von Richtung der Xiyan-Linie an mir vorbeigeflogen, und es wurde gerufen: »Die Rinderbremsen! Die Rinderbremsen kommen!« Das war ein Codewort, wenn die Leute das hörten, hätten sie gerne längere Beine gehabt, um sie in die Hand zu nehmen. Bei einem mit einer Rikscha, der gerade machte, dass er Land gewinnt, hat die Vorbauklemmung, das ist das Teil, mit dem der Lenker an den Lenkervorbau montiert ist, knirschend den Geist aufgegeben, er ist gegen den Bordstein geknallt und hatte vorne einen Platten. Der Typ, so ein schmales Hemd von der Marke »hungriger Hund balgt sich um einen Haufen Scheiße« hat sich gerade noch auf den Bürgersteig gerollt, weiter hochgekommen ist er nicht mehr. Mein Gefährt war neu, im entscheidenden Moment zeigte es seine Überlegenheit, natürlich war ich schneller weg als all die anderen. Ich bin in einen alten Gemüsemarkt abgebogen und war aus der Gefahrenzone. Später haben sie mir erzählt, als die Verkehrspolizei die Räder konfisziert hat, haben sie zur allgemeinen Empörung einen alten Knacker in einen stinkigen Wassergraben geworfen, der Verkehr ist für eine paar Stunden zusammengebrochen.

Das neue Gebiet hinten bei Funan wird gerade erschlossen, die Gegend da bei der Kriegsflaggenstraße ist voll, den Gemüsemarkt haben sie aus dem Wohngebiet hierhin verlegt, ziemlich großes Areal;

aber das Apartment-Haus auf der anderen Seite war erst zur Hälfte fertig, das zog sich von dem Gebiet »klares Wasser, grünes Gras« rüber bis zum Modi-Fluss, länger als zwei alte Meilen, also einen Kilometer, alles voller Baubaracken. Das ist das Wohngebiet der Wanderarbeiter, in der Stadt wird das so genannt, in den Baracken wird nicht nur gewohnt, da haben auch noch Gaststuben aufgemacht, Videoläden und Teehäuser. Natürlich ist der Modi der größte Freilicht-Abtritt, wenn man abends da vorbeikommt, dann kommt einem vom Fluss her schon von weitem ein Wind entgegen, der stinkt übler als der übelste Misthaufen.

LIAO YIWU: Waren Sie einmal Wanderarbeiter?

HU XIAOSONG: Ich habe schon alles Mögliche gemacht, am längsten war ich auf dem Bau, drei Jahre, vom Ausschachten über Mauern bis zum Verputzen. Es kann gut sein, dass ich das Haus, in dem Sie wohnen, gebaut habe. Vom Lohn habe ich mir das neue Rad mit Beiwagen gekauft, egal wie, ich war mein eigener Herr und musste mich nicht mehr von den Kapitalisten ausbeuten lassen.

Vorletztes Jahr im Mai hat ein Subunternehmer aus unserem eigenen Dorf gut dreißig Arbeiter zusammengetrommelt, um bei so einer noblen Wohnanlage die Außenmauer hochzuziehen, vierzehn Stockwerke, wir haben Tag und Nacht da oben draufgehangen und glasierte Steine vermauert und verputzt, zwanzig Stunden jeden Tag; wir waren vor Pisse und Scheiße richtig geschwollen, aber wir haben es uns verkniffen. Eigentlich waren für den Monat fünfhundert Kuai abgemacht, wir haben insgesamt drei Monate gemacht, aber keinen Fen gesehen. Der Subunternehmer ist auch nicht mehr aufgetaucht, alle sahen, dass da etwas nicht stimmt, haben aufgehört zu arbeiten und den Kerl überall gesucht. Am Ende haben wir ihn uns auf einer anderen Baustelle gekrallt. Aber der Sauhund hat sich rausgeredet, er hätte kein Geld, weil die Baufirma, die ihm vertraglich verpflichtet war, sich von jetzt auf gleich in Luft ausgelöst hätte, selbst die Adresse von ihrem Büro wäre falsch gewesen. Wir waren die Dummen, wir hätten vor Ärger fast einen Herzkasper bekommen, also haben wir dreißig Mann uns unseren Subunternehmer geschnappt und sind mit ihm hoch in den vierzehnten Stock, auf das Dach von unserem Bau, wie kleine Jungs haben wir uns nebeneinander auf den Dachrand gesetzt, um da runterzuspringen. In dem tausend Ellen tiefen Abgrund unter unseren Füßen waren die Fahrradrikschas und Fußgänger kleiner als Sandkörner. Als unser Subunternehmer mit gesenktem Kopf einen Blick da hinunter riskiert hat, ist ihm der kalte Schweiß ausgebrochen, und er hat sich sehr beeilt, allen Bescheid zu geben: »Keine Mucken, ich rufe erst einmal die 110!«

Zhang Daniao neben ihm war auch so ein Schisshase und hat in dasselbe Horn geblasen: »Ruft noch mal bei der und der Zeitung an, ein paar Nachrichtenreporter sollen kommen, das wird Eindruck machen!«

Ich fragte: »Wenn wir wirklich kein Geld bekommen, springen wir dann oder nicht?«

Der Subunternehmer sagte: »Sicher, dann springen wir, aber nur, wenn unten die Feuerwehr ein Netz aufspannt, dann springe ich! Ich werde um die Interessen meiner Brüder vom Bau kämpfen!«

Ich sagte: »Vielleicht kommt es auf dich gar nicht an, wenn es soweit ist. Was machst du denn, wenn die Reporter hier raufkommen und Fragen stellen und Fotos machen?«

Wu Wazi, einer aus meinem Dorf, sagte: »Genau, wenn es kein Geld gibt, dann wird gesprungen, alle zusammen, sonst sind wir bis auf die Knochen blamiert.«

Zhang Daniao sagte: »Wenn wir alle nur noch Brei sind, was kümmert mich dann noch die Scheißblamage!«

Wir sind uns nicht einig geworden. Der Subunternehmer wollte mit dem Handy telefonieren und sich bei der Gelegenheit aus dem Staub machen, aber wir haben ihn festgehalten, alle waren entschlossen, wir sind Hand in Hand zum Rand hin und haben geschrien: »Geld oder Leben!« Wir hatten dann doch die Courage. Und genau in dem Moment waren unten die Polizeisirenen zu hören, dazu noch die vom Polizeirevier und die vom Nachbarschaftskomiteebüro. Als wir wieder runterschauten, war alles schwarz von Leuten, die Straße war abgesperrt und weiße Gesichter starrten nach oben.

Es dauerte nur ein paar Minuten, und die Polizei und die Rettungskräfte waren auf dem Dach, ein Haufen Reporter, mit Kameras auf dem Ast und im Anschlag. Ein zuständiger Beamter mit einem Schutzhelm auf dem Kopf hat uns über ein Megaphon zugerufen: »Genossen Arbeiter, kommt schnell herunter! Man kann über alles reden, eure Forderungen, was ihr auf dem Herzen habt, man kann über alles reden, nur um Himmels willen, treibt den Spaß nicht zu weit!«

Der Subunternehmer sagte: »Das ist kein Spaß! Wenn wir unseren Lohn nicht bekommen, dann springen wir!«

Das Megaphon brüllte weiter: »Wenn ihr nicht mehr am Leben seid, nutzt euch das Geld auch nichts mehr, nichts überhasten!«

Der Subunternehmer sagte: »Ohne Geld können wir nicht überleben! Schauen Sie her, wir stehen Hand in Hand, keiner von uns entscheidet für sich allein, wenn es kein Geld gibt, springen wir, alle zusammen!«

Das Megaphon zögerte eine Sekunde, dann fragte es: »Warum denn das? Sagen Sie mir doch erst einmal, ob sie der Partei und der Regierung vertrauen!«

Da haben auf einmal alle durcheinander geredet und tränenreich herumlamentiert. Die Rettungskräfte versuchten, das auszunutzen und kamen mit ausgebreiteten Armen und mit einem Lächeln im Gesicht auf uns zu, da rief Ma Heiwa: »Springt!« und schob seinen Hintern nach vorne, die Leute rechts und links kamen dadurch ins Straucheln und schrien Zeter und Mordio. Obwohl Sommer war und die Sonne sengend über uns stand, hat uns doch der Wind in dieser großen Höhe die Haare senkrecht gestellt. Das Megaphon gab den Rettungskräften sofort Befehl, sich zurückzuziehen.

Ich sagte: »Wenn wir keine Scheine sehen, dann sehen wir den Sarg!«

Das waren klassische Worte, alles jubelte. Leider hielten wir uns an den Händen, keiner konnte klatschen. Die Gemüter waren erhitzt, nur Zhang Daniao, der Schisshase, sagte seufzend: »Wo sollen denn jetzt Särge herkommen? Verdammt, du träumst doch!«

»Und du träum weiter von Wohlstand, verdammt«, schimpfte ich zurück. »Was passt dir denn nicht daran, hier runterzuspringen und zu verrecken? Ich habe nicht mal mehr Geld, um etwas zu essen zu kaufen, und die Leute haben für Hungerleider nichts übrig.«

»Aber wenn wir da runterspringen, dafür haben sie was übrig, was?!«, gab Zhang Daniao zurück.

Ma Heiwa meinte: »Zumindest nehmen sie großen Anteil.«

Die Emotionen des Subunternehmers gingen auch hoch: »Wir werden berühmt, das ist verdammte Scheiße hundertmal besser als sang- und klanglos unterzugehen, verdammte Scheiße!«

Wir standen den Rettungskräften geschlagene drei Stunden gegenüber, wir hatten Hunger, wir hatten Durst, und uns wurde langsam schwindlig im Kopf. Die Sonne neigte sich im Westen, wir hatten

keine Kraft mehr für eine Auseinandersetzung. Wenn einer zu diesem
Zeitpunkt den Anfang gemacht hätte und gesprungen wäre, wir wären
da alle einer nach dem andern runter. Wir waren von der Sonne schon
ganz weich in den Knien, wie Zucker, kurz vor dem Schmelzen. Am
Ende zeigte die Polizei, was sie draufhatte: Zum einen haben sie unten ein Netz aufgespannt und Matten ausgelegt, zum anderen haben
sie nach ein paar Anhaltspunkten, die ihnen unser Subunternehmer
vorher gegeben hat, die ganze Stadt nach der Baufirma, die sich in
Luft aufgelöst hatte, abgesucht und am Ende tatsächlich in einem
Restaurant einen Generalmanager aufgetrieben, voll bis zur Halskrause. Regierungsvertreter erschienen auf der Bildfläche, sein Vermögen werde gepfändet, wenn er nicht zahle. Als der hörte, dass die
Wanderarbeiter, die normalerweise doch immer gute Miene zum
bösen Spiel machten, auf einmal solch einen Aufstand trieben, musste er bluten.

Als es dunkel wurde, hat die Volkspolizei einen Haufen Banknoten
mit nach oben gebracht, als wir das sahen, haben wir, wie die Ma-
rionetten, unsere Hände losgelassen, uns umgedreht und uns vom
Dachrand weggemacht. Uns haben alle Knochen wehgetan, wir haben uns in einer Reihe aufgestellt und wie geschlagene Truppen von
den Rettungskräften festnehmen lassen, runter und zur nächsten
Wache gebracht. Die Menge unten schnatterte wie ein ganzer Fluss
voll Enten, die diskutierte und drängelte, um einen Blick auf uns zu
ergattern, die Reporter machten unentwegt Fotos, dazu die beleuch-
teten Reklamekästen und Starbilder rechts und links von der Straße,
auf einmal hatten wir das befriedigende Gefühl, wir wären auch wer.
Wir wurden nacheinander befragt, füllten Formulare aus, die Formalitäten dauerten die halbe Nacht, bis sie uns unser Geld ausgehändigt
haben. Eigentlich sollte jeder tausend bekommen, aber der Subunternehmer zog den Vertrag heraus, krakeelte was von, er verlöre seinen
Anteil, so dass am Ende jeder nur sechshundert bekommen hat. Der
Subunternehmer war ein richtig durchtriebener Hund, aber da stand
es schwarz auf weiß, da konnte er nichts machen. Wir haben an der
Straße ein Geistermahl, wie man das in Chengdu nennt, gehalten,
Nudeln, wenn man zu vielen ist, bekommt man leicht Rabatt, am
Ende haben wir für eine Schale Nudeln nur zwei Yuan bezahlt, die
kosten sonst drei Yuan fünfzig. Das war es auch wert, aber wir haben
nicht einmal gewagt, mehr zu essen. Ma Heiwa, der am freigiebigsten
war, hat auch nicht mehr als drei Schalen gegessen. Als wir in unsere

Behausung zurückkamen, hatten wir wieder Hunger, ich sagte: »Ist doch immer besser, selbst zu kochen, da kostet ein Pfund Nudeln nur einen guten Yuan, dazu Gemüse, ein bisschen Gewürz und der Topf quillt über.« Die anderen stimmten zu.

LIAO YIWU: Sie waren die Ersten, die ihre Außenstände damit eingetrieben haben, dass sie drohten, von einem Hochhaus zu springen, sie waren eine Art Vorreiter. Meines Wissens haben die Leute nach ihnen oben kampiert, tagelang, und es sind immer mehr geworden. Nach der *Chengduer Handelszeitung* sind in unserer Stadt in diesem Monat achtmal Leute von einem Dach geholt worden. Hier der Kommentar aus der Zeitung dazu, hören Sie kurz mal zu: »Ein Sprung vom Hochhaus, das ist nicht der reguläre Weg – heute, wo in Chengdu ein ganzer Wald von Hochhäusern steht, haben die Planer und Erbauer dieser Gebäude nicht ahnen können, dass diese Gebäude, in die sie ihr Herzblut gesteckt haben, für gewisse Leute einmal zu einem Werkzeug werden würden, ihre fragwürdigen Ziele durchzusetzen. Dergleichen Auftritte haben wir schon oft gesehen, entweder es geht um Lohn oder um Liebeskummer; bei der geringsten Unzufriedenheit steigt man auf ein Hochhaus und feilscht dann mit den Rettungskräften herum. Es ist nicht der normale Weg zur Lösung von Problemen, auf einem Hochhaus so eine Show aufzuführen, wer droht, von einem Hochhaus zu springen, erntet nichts weiter als die Verachtung der Menschen.«

HU XIAOSONG: Wir haben auch erst damit gedroht, als es nicht mehr ging. Was heißt hier Show, so ein vollgefressener Sack weiß nicht, was es heißt, Hunger zu haben.

LIAO YIWU: Sie sollten den Zeitungsverlag aufsuchen und von ihm Gehalt verlangen, schließlich leben die von Ihnen.

HU XIAOSONG: Sie machen Witze!

LIAO YIWU: Das wäre aber eine Schau.

HU XIAOSONG: So etwas können nur Frauen. Wenn Männer auch eine Schau machen, dann werden sie doch zu Strichern, oder? Hehe, Sie machen mir nichts vor, so ein Strichjunge ist teurer als die Mädels auf dem Strich, Luxusspielzeug für Leute mit Geld, ich kann mir so was nicht leisten.

LIAO YIWU: Wir kommen vom Thema ab, lassen Sie uns zu dem Problem mit den Rädern mit Beiwagen zurückkommen. Sie haben also das Geld für Ihr neues Rad durch diese Hochhausaktion bekommen?

HU XIAOSONG: Stimmt, das war ein Omen, deshalb war der erste Anlauf auch nicht gerade glücklich. Als ich von dem Gemüsemarkt Kriegsflagge wieder rauskam, rief da eine gutmütig aussehende alte Dame mit einer Tasche voll Gemüse nach einem Taxi, ich habe sie zwei Stationen weit gefahren, zwei Kuai dafür bekommen, das war der Samen meines Geschäfts. Die alte Dame war eine pensionierte Lehrerin, sie war seinerzeit aufs Land versetzt worden, seither hatte sie viel Mitgefühl mit der arbeitenden Bevölkerung, sie hat sich unterwegs mit mir unterhalten, sie machte sich Sorgen, dass so viele Bauern in die Stadt kommen und keiner mehr die Felder bestellt. Ich sagte, in den letzten Jahren sei immer von Umweltschutz die Rede und von Renaturierung von Ackerboden im Wald, es gebe schon gar nicht mehr so viel Ackerboden, außerdem gebe es zu viele Abgaben und Steuern, selbst wenn man Land hätte, könne man es doch nicht bestellen. Die alte Dame seufzte, ich half ihr von ihrem Sitz herunter, fragte, ob ich ihr helfen solle, das Gemüse reinzutragen. Ich wusste, dass sie das nicht wollen würde, aber so was kommt gut an.

Anschließend hatte ich noch drei weitere Kunden, ehe ich mich versah, war es fast halb neun, nach den Gepflogenheiten gehörte das Gebiet hinter dem zweiten Ring uns, auch wenn es dort weniger Kunden gab, aber es war ein sehr heißer Tag, da war es besser, in der offenen Gegend Kühlung zu suchen, als sich bei der Hitze zu Hause zu verkriechen. Wie ich so diesem Gedanken nachhänge, bin ich nicht so auf der Hut gewesen wie sonst, ich sah ein paar Leute aus meiner Gegend, die am Eingang der »Eisenreise« hielten und plauderten, ich fuhr um sie rum, ich trug eine schwere Last, ich hatte keine Zeit, in der Gegend herumzustehen und zu quatschen.

Was dann nach zehn passierte, ich hätte im Traum nicht gedacht, dass die Verkehrspolizei so spät noch ausrücken würde, außerdem so tief in das Huangzhong-Gebiet, diese Ecke war gut und gerne ein paar Haltestellen vom zweiten Ring weg, da hatten sie noch nicht einmal Straßenlaternen montiert. Sie kamen mit Motorrädern, von allen Seiten, und schlossen uns ein, die Rikschas sind schnatternd auseinander wie Enten den Fluss hinunter. Wo ich hin bin, da war ausgesprochen gefährliches Gelände, an beiden Enden der Goldsandstraße wurde ausgebessert, in der Mitte war ein großer Graben, weshalb die Motorräder es gar nicht eilig hatten, die kamen mir nur langsam rechts und links hinterher und haben mir mit ihren hellen Lampen den Weg verstellt, als wollten sie mal sehen, ob die lahme Ente Flügel bekommt und davonfliegt.

Ich habe neben dem Graben quietschend gebremst, aus den Felgen sprangen Funken, die Reifen waren bestimmt platt. Ich habe das Rad umgedreht und bin weg, wie die Motorräder sahen, dass ich so in Panik bin, haben sie den Weg freigemacht, und sind dann in aller Gemütsruhe weiter hinter mir her. Die haben mich ganzen Kerl gefesselt, ich habe geschrien vor Schmerzen, da bin ich auf einmal mit dem Kopf zuerst gegen so einen großen Lkw von der Verwaltung geknallt. Die Scheißkarre hatte schon ganz schöne Ernte eingefahren, auf der Ladefläche türmte sich nicht nur ein Berg, hinten heraus hingen noch gut zwei Dutzend Rikscharäder übereinander. Ich ging zu Boden, habe mich noch mal überschlagen und kam dann hoch und habe mich an die Karre geklammert. Ein paar Dutzend Polizisten standen um mich herum, sie hatten Stahlhelme auf und trugen leuchtende Westen mit ein paar dicken gelben Linien. Ein hochgeschossener Kerl kam zu mir und zog an meinen Händen, aber ich hätte auf keinen Fall losgelassen, also schrie er: »Lass los!«

Ich weiß nicht, woher ich den Mut dazu hatte, aber ich habe mich mit dem ganzen Körper über ihn geworfen. Er war ganz schön wütend, hat den Polizeiknüppel gezückt und mir auf den Handrücken geschlagen, die Schläge prasselten nieder wie Regen, meine Handrücken waren ganz blutig, aber ich spürte immer noch keinen Schmerz. Ein paar Hände packten von hinten meine Arme und versuchten, sie zu verdrehen. Wissen Sie, wenn so jemand aus einem Bauerndorf wie ich erst einmal seine unbändige Kraft spielen lässt, dann bringen den keine neun Ochsen von der Stelle.

Sie brüllten, ich brüllte auch, aber was ich gebrüllt habe, habe ich vergessen. Denn sie haben alle Gedanken aus mir rausgeprügelt. Ich habe mich mit allen Kräften an meine Rikscha geklammert, sogar als ich sie schon gar nicht mehr in den Armen hatte, habe ich mich weiter an die Beine des Polizisten geklammert. Ich wurde zig Meter weit mitgeschleift, ich konnte die Augen gar nicht aufmachen, aber ich hatte das Gefühl, ich bin von einem Meer von Menschen umgeben, die alle stritten: »Es reicht!«

»Er hat nichts gestohlen und nichts geraubt, warum muss man jemanden dann so zurichten!«

Der Wagen der Verwaltung hat sich mit ein bisschen Tatütata den Weg freimachen wollen, aber die Menge hat ihn nicht durchgelassen, eine Stimme hat weitergeschimpft: »Auf euer Blaulicht ist geschissen, wenn ihr uns heute keine Erklärung gebt, kommt ihr hier nicht weg!«

Als die Menge mir den Rücken stärkte, konnte ich nicht anders, ich bin in Tränen ausgebrochen. Ein Verkehrspolizist meinte: »Deine Karre ist längst konfisziert, was hat das für einen Sinn, dass du dich immer noch an mein Bein klammerst?«

Ich habe immer nur »mein Rad« geschrien, als ginge es um das Leben meiner Mutter. Ein gutherziger Mensch mahnte: »Gebt ihm sein Rad zurück, der lebt doch davon!«

Der Verkehrspolizist sagte: »Das ist eine Anordnung der Stadtverwaltung, wir müssen die Rikschas konfiszieren, die sind eine latente Gefahr für den Straßenverkehr.«

Der gutherzige Mensch widersprach: »Wenn ihr mit so viel Aufwand Verbrecher jagen würdet, die sind eine latente Gefahr für die Sicherheit.«

»Das sind zwei Paar Stiefel«, sagte der Verkehrspolizist.

Der Gutherzige meinte: »Nein, das sind keine zwei Paar Stiefel, wenn ihr so einen Blödsinn macht, dann wissen die Rikscha-Leute nachher nicht mehr ein noch aus, dann fangen sie an zu stehlen, zu rauben und geraten auf die schiefe Bahn, und schon ist aus der latenten Gefahr für den Straßenverkehr eine latente Gefahr für die öffentliche Sicherheit geworden.«

Dem Verkehrspolizisten gingen die Argumente aus, also verlegte er sich aufs Drohen: »Ich fordere euch alle auf, nach Hause zu gehen, geht auseinander und macht keinen Ärger, das ist Widerstand gegen die Staatsgewalt!«

Die Menge fing sofort an zu buhen und widersprach: »Dann fordern wir euch auf, mit dem Gesetz nicht gegen das Gesetz zu verstoßen und euch gegen den Himmel zu vergehen.«

Der Verkehrspolizist hat noch ein bisschen in sein Sprechfunkgerät gemöselt, dann hat er sich gebückt und an meinen Händen gezogen – da ist mir, ich weiß nicht wie, vor Ärger auf einmal ganz anders gewor-

den, ich habe seine Beine losgelassen, mir seinen Arm gepackt und
zugebissen.

Der Verkehrspolizist hat »aua« geschrien, meinen Mund festgehalten und mir mit der Faust gegen die Backe geschlagen. Ich bin unter
vielen Hosenläden hin und her gekrochen, um mich zu verstecken,
aber am Ende haben sie mich an den Hammelbeinen gezogen und in
einen Überfallwagen geworfen. Die Menge ist weiter hinter uns her,
aber am Ende hat sich auch die Anti-Aufstand-Truppe in Bewegung
gesetzt, wo ein zuständiger Beamter auf dem Beifahrersitz saß und
meinte: »Ein Rikscha-Fahrer, der es wagt, einen Verkehrspolizisten
zu beißen, das ist Widerstand gegen die Staatsgewalt, das ist Rebellion.«

Ich lag, beide Hände auf den Rücken gefesselt, hinten in der Karre
auf dem Bauch, mein Unterhemd war zerrissen und hing mir wie ein
Lappen um den Bauch. Unten herum war ich bloß, keine Ahnung,
wann ich meine Schuhe und meine kurze Hose verloren hatte. Als wir
dann in irgendeinem Revier waren, hat der zuständige Beamte mich
einen öligen Lumpen von Unterhose überziehen lassen, dann bin ich
die ganze Nacht verhört worden, mir wurden die Fingerabdrücke
abgenommen, tags drauf bin ich dann in das Untersuchungsgefängnis
in der Stadtmitte verlegt worden.

LIAO YIWU: So schnell?

HU XIAOSONG: Die Polizei sagte, der Charakter meiner Straftat habe
sich von einem Augenblick auf den anderen geändert. Vor dem Biss
seien das Widersprüche innerhalb des Volkes gewesen, aber als ich
zugebissen hätte, sei daraus ein Widerspruch zwischen dem Feind
und uns geworden.

LIAO YIWU: Und das alles wegen einer Fahrradrikscha mit Beiwagen.

HU XIAOSONG: Sie glauben, ich habe keine guten Aussichten? Vielleicht, ja. Wenn es kein neues Rad gewesen wäre; wenn ich es nicht
für das Geld gekauft hätte, für das ich fast vom Hochhaus gesprungen
wäre; wenn der Wunsch, die Verluste wieder reinzuholen, nicht so
brennend gewesen wäre; wenn ich jemand aus der Stadt wäre wie
Sie ... ach, es gibt kein Medikament gegen späte Reue.

LIAO YIWU: Das hat nichts damit zu tun, ob jemand aus der Stadt oder vom Land kommt.

HU XIAOSONG: Die Leute in der Stadt haben ein Einkommen, die kommen immer ein bisschen leichter an Geld.

LIAO YIWU: Nicht unbedingt, viele freigesetzte Arbeiter und Angestellte und Straßenbewohner bekommen im Monat gerade eimal zweihundert Yuan, und davon müssen sie noch eine Familie ernähren; die können sich nicht einmal eine Fahrradriksha für dreihundert Yuan leisten. Anfang Juni haben ein paar hundert alte Angestellte und Arbeiter bei General Motors am Eingang zur Wuhou-Filiale vom Volkskaufhaus eine Petition eingereicht und damit einen Vormittag lang die Straße im Geschäftsviertel lahmgelegt, sie hielten eine Reihe von Bildern von Verstorbenen hoch und verlangten weitere Verhandlungen. Ich bin da zufällig mit dem Rad vorbeigekommen und habe gesehen, wie die Anti-Aufstand-Truppe mit ihren Schilden gegenüber den alten Männern und Frauen Stellung bezog, aber nicht losschlugen. Ich kannte die Leute, die drumherum standen. Eine frühere Arbeiterin der Firma war schon seit ein paar Jahren »freigestellt«, die brachte ihre Familien mit zwei-, dreihundert Yuan im Monat durch, aber in letzter Zeit ging es der Firma nicht gut und sie war ein paar Monate lang den Lohn schuldig geblieben. Ein kleines Mädchen, das das Ganze noch nicht begriff, bettelte an seiner Mutter herum für zehn Yuan für das Kinderfest am ersten Juni, doch die antwortete: »Habe ich nicht.«
Da ging die Kleine mit dem Preis runter: »Na, dann gib mir fünf Yuan!«
Wieder die Antwort: »Habe ich nicht.«
Da ging die kleine mit Tränen in den Augen noch einmal mit dem Preis herunter: »Zwei Yuan, Mama, gib mir zwei Yuan für das Fest, die anderen gehen alle hin!«
Ihre Mutter gab keinen Ton von sich, sie hatte nur noch einen halben Yuan in der Tasche. Das Mädchen lief beleidigt weg, die Mutter schloss sich selbst in ihrem Zimmer ein, hat einen ganzen Nachmittag lang nachgedacht, dann hat sie einen Strick hergenommen und sich aufgehängt.

HU XIAOSONG: Das ist ja furchtbar!

LIAO YIWU: Was haben denn Sie gedacht?

HU XIAOSONG: So gesehen ist meine Zuversicht weiterzumachen größer geworden. Die Wanderarbeiter, die Drei-Ohne-Klientel, auch wenn das nicht gut klingt, so geht es denen doch noch allemal besser als den Leuten, die ohne Ausweg an irgendeinem Ort in ihrer Armut verrecken.

LIAO YIWU: Schlussendlich kann einer, der einmal im Knast gesessen hat, sich ziemlich leicht mit einer schwierigen Situation abfinden, nicht?!

YINGMENKOU,
EIN »FREIGESTELLTER ARBEITER«

Am Nachmittag des 6. April 2009 bin ich mit dem Rad an der Kreuzung der Hochstraßen am Yinmenkou vor dem Westtor von Chengdu vorbeigekommen und in dem lärmenden Menschengewimmel zu meinem Pech mit einem »freigestellten Arbeiter«, wie er sich selbst nannte, zusammengekracht. Es war ganz klar, dass das Ganze eine abgekartete Sache war, aber ich konnte nichts anderes tun, als es als Pech abzubuchen und die 200 Renminbi Entschädigung zu zahlen.

Innerlich kochend setzte ich die ganze Kraft ein, mit der ich früher bei Interviews für den guten Zweck eine Erniedrigung in Kauf nahm, behandelte ihn mit einem Lächeln, in dem sich ein Dolch verbarg, und wurde allmählich immer trauriger. Musste jemand nicht vollkommen am Ende sein, bevor er sich zu so einer Aktion herabließ? Das war also die Arbeiterklasse, die in der Vergangenheit für ein paar Jahrzehnte alles geführt hatte?

Am Ende sagte der dem Aussehen nach gut vierzig Jahre alte Mann, nennen wir ihn nach dem Ort, an dem wir uns trafen, »Yingmenkou«: »Nur die Reichen haben Kapital genug, um sich ständig aufzuregen und einen hohen Blutdruck zu bekommen, aber die Armen, Entschuldigung, die können nur dem Geld hinterherrennen.«

War das die neueste Fußnote, die man unter die Klassenkampftheorie des Herrn Marx setzen konnte?

—〰—

YINGMENKOU: Ach, ach, was für ein Tag, mir tut alles weh! Hast du keine Augen im Kopf, wenn du Rad fährst, verdammt?

LIAO YIWU: Meine verdammten Augen sind schneehell.

YINGMENKOU: Scheißhell. Du hast mich angefahren, und jetzt gehst du auf Distanz, schnell, hilf mir auf und bring mich ins Krankenhaus.

LIAO YIWU: Ich habe dich angefahren? Ich hatte dich mit dem Vorderrad noch nicht berührt, da bist du schon umgefallen.

YINGMENKOU: Bin ich wahnsinnig? Und lasse mich fallen und breche mir den Lenker? Hier, frag die Leute! Hör zu, hör zu, spitz deine Hundeohren und hör gut zu, das ist die Stimme des Volkes und die sagt: Entschädigung! Kosten für Arzt und Arznei! Natürlich sagt der Genosse, die Kosten für Arzt und Arznei, das reicht nicht, du hast eine schlechte Einstellung, du musst auch noch was für die Verpflegung zahlen und Schmerzensgeld. Alles gebrochen, hundert Tage arbeitsunfähig, für diese hundert Tage zahlst du erst einmal die Hälfte an Verpflegungskosten und entgangenen Lohn. Vor ein paar Tagen war das in der Zeitung, da war ein Schriftsteller, der hat einen mit dem Auto angefahren, das Bein war gebrochen, der hat ein paar Hunderttausend Entschädigung gezahlt, ich bin weniger wert, du zahlst einfach ein Prozent davon, was?! Das ist vielleicht rücksichtslos! Schlimmer als die Nachbarschaftswarte in der alten Gesellschaft! Fährt einen an und will einen auch noch bescheißen, mach dir mal klar, hier ist das Reich der Kommunistischen Partei, hier ist die arbeitende Bevölkerung Herr im Haus. Wenn du hier einfach die Leute umfährst, dann bekommst du es mit dem Gesetz zu tun. Verdammte Scheiße, was glaubst du denn, wer du bist, Mitarbeiter vom Chef des Zentralkomitees? Verkleideter Gesandter mit kaiserlichen Vollmachten? Du mit deiner Brille auf der Nase, machst wohl einen auf Intellektueller? Wenn man dir die Brille wegnimmt, dann sehe ich deine böse Visage, der geborene Sauschlächter ...

LIAO YIWU: Machst du den Anreißer für eine Apotheke oder ist das hier Straßentheater? Also gut, ich gebe auf, steig auf mein Rad, ich bringe dich zur Untersuchung ins Krankenhaus.

YINGMENKOU: Hier in der Nähe gibt es eine Praxis, das sind nur ein paar Schritte.

LIAO YIWU: Das ist wohl eine schwarze Praxis, die deine Familie aufgemacht hat? Und kaum bin ich drin, zieht ihr mir einen Bambusknüppel über?!

YINGMENKOU: Du liest zu viele Bücher, das verfinstert die Seele. Ich denke dabei nur an deine Interessen, ein richtiges Krankenhaus würde dich viel teurer kommen, außerdem müssten wir eine ganze Menge sinnlose Wege machen, da ist doch eine kleine Praxis viel bequemer und praktischer?! Außerdem ist das ja nun keine große Sache, so einen Bruch zu schienen. Machst du dir Sorgen, dass du das nicht von der Steuer absetzen kannst? Diese Praxis kann dir Quittungen ausstellen auf das Krankenhaus deiner Wahl.

LIAO YIWU: Red nicht so viel, nach einer Untersuchung in einem regulären Krankenhaus reden wir weiter.

YINGMENKOU: Ich habe noch ein paar Kumpels, die haben den gleichen Weg, die kommen mit.

LIAO YIWU: Seid ihr eine Bande?

YINGMENKOU: Wenn es sonst keine Möglichkeit gibt, was heißt hier schon Bande? Das sind meine Freunde, die begleiten mich, damit du uns nicht abhaust. Hallo, du schließt dein kaputtes Fahrrad hier ab und dann fahren wir mit dem Taxi.

LIAO YIWU: Ich werde nicht abhauen.

YINGMENKOU: Wer weiß. Hm, komm nicht auf dumme Gedanken, wenn du heute nicht blutest, kommst du nicht weg.

LIAO YIWU: Und da dem so ist, rufen wir am besten die Polizei, die wird das Problem lösen.

YINGMENKOU: Die Polizei, die kümmert sich um Autos, nicht um Fahrräder.

LIAO YIWU: Der für die Überführungen hier zuständige Verkehrspolizist ist mein kleiner Bruder, er heißt Liao Damao, ich werde ihn mal herrufen.

YINGMENKOU: Erst lässt du die Kosten für Krankenhaus und Arzneimittel hier!

LIAO YIWU: Erst die Untersuchung, ich bringe dich mit dem Rad hin. Wenn du mir nicht glaubst, kann ich dir meinen Presseausweis als Pfand geben. Im Krankenhaus machen wir eine Röntgenaufnahme, dann sehen wir auf einen Schlag klar, was alte Verletzungen sind, was neue.

YINGMENKOU: Bist du Reporter?

LIAO YIWU: Ich bin so etwas wie ein Schreiberling, das ist der Ausweis.

YINGMENKOU: Und wenn schon? Solange du nicht Gott Vater persönlich bist, dann muss du genauso Entschädigung zahlen, wenn du jemanden anfährst.

LIAO YIWU: Ich habe zwei-, dreihundert Yuan in der Tasche, die kann ich dir geben, komm mit, hier sind immer mehr Leute, bevor wir hier den Verkehr aufhalten, setzen wir uns unter der Überführung in ein Teehaus und reden ein bisschen.

YINGMENKOU: Mir tut die Hand weh, ich habe keine Zeit, ach, ach, heute ist ein trauriger Tag.

LIAO YIWU: Lass mich mal dein Handgelenk sehen!

YINGMENKOU: Was gibt es da zu sehen? Gib alles zu, und dann gibst du mir irgendeinen Schein.

LIAO YIWU: Kein Problem, schließen wir Freundschaft. Vor zwei, drei Jahren war ich wie du, ich habe mich überall herumgetrieben, aber Akrobatik und Arzneimittelhandel, das habe ich nicht gemacht, aber Selbstverstümmelung für Bares, das wäre drin gewesen. Trotzdem, überleg doch mal, die Leute, die mit dem Fahrrad zur Arbeit fahren, das sind doch alles Gehaltsempfänger, wie viel ist denn da zu holen? Rechne doch mal nach, da lässt sich beim besten Willen nicht viel rauspressen. Deshalb, wenn du dich schon selbst verstümmelst, dann lass dich von einem Auto anfahren, gib einen Arm oder ein Bein dran, dann verdienst du ein paar Hunderttausend ...

YINGMENKOU: Du fährst die Leute an und willst keine Entschädigung zahlen und jetzt spinnst du auch noch ein Netz, um mich zu fangen?!

LIAO YIWU: Ich zahle dir erst einmal zweihundert Yuan, was meinst du? Ich habe in dieser Blutwanne auch einmal nach Essen gefischt, ich weiß, dass sich niemand ohne äußeren Zwang auf so ein Vabanquespiel einlässt. Bruder, deine Hand da, die solltest du schleunigst behandeln lassen, sonst wird daraus langfristig ein »Stauchungsbruch«, und am Ende bist du ein Krüppel ... ach, wir sind beide von Gott und der Welt verlassen und auf den Hund gekommen, also komm, wir setzen uns ein bisschen zusammen und trinken eine Tasse Tee, in Ordnung?

YINGMENKOU: In Ordnung. Hier ist dein Ausweis. Du siehst nicht aus wie ein Reporter, ich weiß auch nicht, auf was du aus bist. Hast du dich wirklich von einem Auto anfahren lassen?

LIAO YIWU: Du hättest dir einen Ast gelacht.

YINGMENKOU: So siehst du gar nicht aus. Um die Wahrheit zu sagen, mir ist das mit den Autos auch schon in den Sinn gekommen. Ich stand mal ganz konzentriert vorn an der Biegung der Kreuzung und habe gewartet, dass ein Auto vorbeikommt. Aber ich habe nie den richtigen Augenblick erwischt, wenn die Autos nicht zu schnell waren, dann waren sie zu langsam. Die meisten, die vorbeikamen, waren mittelgroße Busse, wenn die an der Haltestelle hielten, hatte der an der Tür längst ein Bein raushängen und brüllte lauthals nach Kunden. Ich habe mich ohne mit der Wimper zu zucken in den Weg gestellt, aber der Bus schrubbte an mir vorbei und kam zum Stehen und der an der Tür sagte: »Nicht so schnell, Opa, warte, bis der Wagen in der Mitte der Straße ist.«

Mir ist vor Schreck richtig der Schweiß ausgebrochen. Auf dem zweiten Ring gibt es mehr kleinere Autos, außerdem jede Menge Lkws, die kommen aus dem tibetischen Gebiet, aber vor die Reifen eines Lkws wagte ich mich nicht zu werfen, also gab ich den Gedanken an die Busse auf und dachte über andere kleine Vehikel nach.

LIAO YIWU: Diese mittelgroßen Busse sind ganz versessen darauf, Kunden anzusprechen, dadurch kommt es immer wieder zu Unfällen.

YINGMENKOU: Ich habe selbst gesehen, sozusagen offenen Auges, wie so ein Bus einen Kollegen aus meiner Fabrik erwischt hat; es hat dumpf geknallt, bumm, als wäre ein Reifen geplatzt. Mein Kollege ist ein paar Meter durch die Luft geflogen, wie ein Fisch ist der durch die Luft geflogen. Damals waren zwei von diesen Bussen dabei, sich gegenseitig Fahrgäste abzuwerben, es war Sommer, der Staub flog nur so, es war schon nervig, in der sengenden Sonne auf einen Bus zu warten; der eine hatte mindestens fünfzig Sachen drauf, die Bremsen haben gequietscht, und da war es auch schon passiert: der halbe Kopf weg, die vordere Stoßstange voller Blut. Die Verkehrspolizei hat den Unfall aufgenommen, ich war Zeuge und habe mich natürlich nicht gedrückt. Und was, denkst du, war das Ende von der Geschichte? Das zog sich eine Woche hin; das war ihre Pflicht und Schuldigkeit, und dann ging es aus wie das Hornberger Schießen. Nach den entsprechenden Bestimmungen hätte der Verursacher über vierzigtausend Yuan Entschädigung zahlen müssen und dazu noch die Beerdigungskosten.

LIAO YIWU: Ein Menschenleben ist einfach nichts mehr wert, das ist nicht richtig.

YINGMENKOU: Mit den Worten der Regierung war nur das bisschen an Entschädigung zu zahlen, aber der Verursacher hat noch rumgemosert und die Schuld darauf geschoben, dass die Beziehung zwischen einem Bekannten, den er aufgesucht hatte, und der Verkehrspolizei nicht besonders gewesen sei, deshalb habe er jetzt den Verdienstausfall und den Ärger. Das war eine Szene, die mich ziemlich erschüttert hat, das hat mir in vielerlei Hinsicht die Augen geöffnet: Wenn einer arm ist, ist sein Leben keinen Pfifferling wert, wenn er sich aufhängen will, muss er sich einen hohen Baum suchen.

LIAO YIWU: Und die kleineren Vehikel, das war dein hoher Baum? Aber wenn du unvorsichtig gewesen und auf der Strecke geblieben wärst, du hättest nicht einmal ein paar Zehntausend für dein Leben bekommen.

YINGMENKOU: Ich wollte natürlich nicht auf der Strecke bleiben, ich wollte nur einmal mein Glück probieren, am idealsten wäre ein gebrochenes Bein oder ein gebrochener Arm gewesen, Schiene drauf, und es wäre in ein paar Monaten wieder gut gewesen; da wäre, abzüglich, was ich jeden Tag brauche, eine Menge von der Entschädigung übrig geblieben, mindestens ein paar tausend. Und wenn ich nur einen Kratzer abbekommen hätte, wäre niemandem ein Vorwurf zu machen, ein paar Zehner hätten da auch noch rausgeschaut. Damals verfinsterten sich die Blicke der Reichen. Wenn ein Unfall passierte, haben sie sich, wann immer möglich, aus dem Staub gemacht, wenn nicht, war es besser, einen zu überfahren als nur zu verletzen, das war billiger. Mir war ganz anders, ich hatte Angst, es zu offensichtlich zu machen und es würde mich einer durchschauen.

Einmal, es war tief in der Nacht, habe ich mitten auf der Straße geschlafen, kommt da doch ein kleiner Wagen vor mir zum Stehen, auf Armeslänge. Ein paar Leute sind ausgestiegen und haben mir, ohne ein weiteres Wort, eine ordentliche Tracht Prügel verpasst; anschließend haben sie mich an den Straßenrand geworfen. Meine Hand war gebrochen und ich hatte überall Blessuren. Als ich heimkam, hat meine Alte auch noch gedacht, ich hätte gesoffen, und gezetert und geheult: »Da schufte ich und schufte, um ein bisschen Geld ranzuschaffen, und du lässt dich irgendwo volllaufen!«

Ich sagte: »Ich habe nichts getrunken, ich bin zusammengeschlagen worden, ich muss, glaube ich, ins Krankenhaus.«

LIAO YIWU: Wo arbeitet deine Frau?

YINGMENKOU: In einer Schuhfabrik, Leinenschuhe, sie näht seit über zwanzig Jahren die Sohlen an die Schuhe, jetzt steht sie auch vor der Freisetzung. Leinenschuhe haben sich nicht gut verkauft, also haben sie umgestellt auf Sportschuhe und Schuhe aus Leder, die liefen auch nicht, also haben sie eine große Versammlung gemacht für die Angestellten und Arbeiter und die Schuhe auf den Lohn umgerechnet und den Leuten gegeben. In letzter Zeit klappern Außenhandelsvertreter für Lederschuhe, wie meine Alte sie macht, die Straßen ab. Ich war drei Tage im Krankenhaus, dann habe ich gemacht, dass ich da wegkam, eine weitere Behandlung konnte ich mir nicht leisten. Die Kosten für die verschiedenen Behandlungen summierten sich auf gut zweitausend Kuai, dafür hätte meine Frau ungefähr hundert Paar Schuhe verkaufen müssen.

LIAO YIWU: Und du hast wirklich keine etwas normalere Arbeit finden können?

YINGMENKOU: In der Fabrik war ich Dreher, an der Werkzeugmaschine habe ich die immer gleichen Bauteile gemacht, Mechanikteile, Achsen, über zwanzig Jahre, von was anderem verstehe ich nichts. Nachher ist die Fabrik dann von einem privaten Boss aufgekauft worden, eine in den fünfziger Jahren aufgebaute Fabrik, eine alte Einheit des Fortschritts, einfach verscherbelt für ein paar Millionen. Der private Boss hat uns übernommen und hatte dann eigentlich vor, die ganze Belegschaft zu entlassen, er brauchte nur das alte Gelände, das wollte er weiterverkaufen, daran hätte er zig Millionen verdient, aber da ist er auf den Widerstand von ein paar hundert Arbeitern und Angestellten gestoßen. Über die Hälfte der Arbeiter hat die Fabrik einfach besetzt und niemandem erlaubt, die Gebäude und die Maschinen anzurühren.

LIAO YIWU: Und eure ehemaligen Führungsleute?

YINGMENKOU: Der Direktor, der Manager, die Sekretäre, keiner hat sich sehen lassen. Die steckten sicher mit dem Privatboss unter einer Decke, die hatten selbst was davon, deshalb haben sie die Richtlinien der Politik lax ausgelegt, hatten es eilig, das staatseigene Vermögen abzuwickeln. Es war wie immer in der Geschichte, die einfachen Leute werden ausgenommen und die Beamten gemästet. Diese Hängepartie zwischen Leben und Tod zog sich zwei Jahre hin, die Belegschaft wurde um siebzig Prozent reduziert, die restlichen bekamen über Monate keinen Lohn. Ein paar »Briefkastenfabriken«* in der Nähe des Ostviertels haben in den folgenden Jahren schlapp-

---

* Im Rahmen der »Dritten Front«, einem massiven Industrieaufbau Anfang der 60er Jahre vor allem im Südwesten von China wurden auch Firmen in der Umgebung und in Chengdu selbst aufgebaut, deren Löhne weit über dem Durchschnitt lagen; aus Geheimhaltungsgründen sind diese Firmen nur als Briefkasten in Erscheinung getreten – waren also keine Scheinfirmen, wie westliche Briefkastenfirmen, sondern Schein-Scheinfirmen, wenn man so will.

gemacht, die Situation der Arbeiter und Angestellten dort war ähnlich wie bei uns, aber die hatten höhere Ränge. Die waren zahlenmäßig überlegen, die waren stinksauer und sind mit einer Petition auf die Straße gegangen. Wegen des Problems mit dem Lohnrückstand sind die Leute ein paarmal in einer Größenordnung von ein paar tausend auf die Straße gegangen, die Anti-Aufruhr-Einheit rückte an und hat die Leute auseinandergetrieben, Kunststück bei zwei gegen einen. Mit den Jungen kamen sie ganz gut zurecht, die wurden ein paar Tage weggesperrt und haben Ruhe gegeben. Aber die älteren Männer und Frauen, die hatten Tränen in den Augen und riefen: »Wir müssen essen!« Da sind selbst die Polizisten weichgeworden und standen da wie angewachsen mit ihren gezückten Schlagstöcken.

Wir in unserer kleinen Fabrik mit den paar hundert Leuten, wir haben nicht den Mut gehabt, Krach zu schlagen, wir waren arm, wir hatten nichts entgegenzusetzen, also blieb nichts als zu gehen. Als Dreher war ich ein Schiffbrüchiger in dieser Gesellschaft, was konnte ich schon machen, ich war über vierzig und gehörte zum alten Eisen. Ich hatte keinen Uniabschluss, ich konnte nichts Besonderes, ich schnappte mir meinen »Freisetzungsbescheid« und habe mich auf dem Arbeitsmarkt für qualifiziertes Personal registrieren lassen und traf ausschließlich auf ablehnende Gesichter. Ich habe als Lehrjunge in der Kugellagerfabrik angefangen, habe eifrig Fortschritte gemacht, war in der Jugendliga, in der Partei, war fortschrittlich, ich habe alles der Sache des Sozialismus gewidmet, und da hat auf einen Schlag der Wind gedreht, die Arbeiterklasse war nicht mehr Herr im Haus, im Gegenteil, man war Pöbel, man wurde hin und her geschubst. Wenn man keine besonderen Fähigkeiten hat, verlangen alle Einheiten mit Personal heute einen Fachhochschulabschluss, und man darf nicht älter sein als fünfunddreißig. Ich bin am Ende, das war's für dieses Leben, ich bin nicht einmal als Pförtner qualifiziert. Wenn wir noch in der alten Gesellschaft wären, könnte ich hier bleiben und auf die Befreiungsarmee warten, aber wer kommt mich heute befreien?

LIAO YIWU: Hast du keine Rente?

YINGMENKOU: Ich habe zwanzigtausend Kuai bekommen, als einmalige Zahlung, die wage ich nicht anzurühren.

LIAO YIWU: Warum nicht?

YINGMENKOU: In Zeiten wie diesen, wenn man da krank wird oder einen Unfall hat, wer kümmert sich dann um einen? Außerdem geht meine Tochter zur Schule …

LIAO YIWU: Wie alt ist denn deine Tochter?

YINGMENKOU: Sechzehn, sie geht in die Oberstufe, da muss man ein paar tausend im Semester abliefern.

LIAO YIWU: Bruder, du hast es wirklich nicht leicht.

YINGMENKOU: Meine Tochter ist ein ehrliches Mädchen, sie ist aus dem Holz, aus dem man Studierte macht, ich darf ihr keine Ungelegenheiten machen. Also werde ich Schrott sammeln gehen, mir ein Loch graben wie ein Schlammspringer und mein Kind auf die Universität schicken.

LIAO YIWU: Heutzutage kostet so etwas gut und gerne ein paar Zehntausender.

YINGMENKOU: Wir sind wieder in den Zeiten wie vor der Befreiung, deshalb tue ich das hier an der Straße, ich habe keine andere Wahl.

LIAO YIWU: Wie lange machst du das schon?

YINGMENKOU: Drei Monate. Seit ich mir beim letzten Mal mit dem Auto die Hand gebrochen habe, trage ich die Hand in einer Schlinge.

LIAO YIWU: Wie viel hast du denn mit dieser Selbstverstümmelung schon verdient?

YINGMENKOU: Ein paar tausend Kuai.

LIAO YIWU: Ein paar tausend?! Wie lange musst du das denn machen, bis du die Studiengebühren für deine Tochter heraus hast?

YINGMENKOU: Keine Ahnung, ich hoffe, ich kann eines Tages einen großen Kunden in einen Unfall verwickeln.

LIAO YIWU: Das wird nicht klappen.

YINGMENKOU: Diese Welt ist ein einziges Chaos, was geht da nicht? Als ich mich das letzte Mal vor den Bus gestellt und mir die Hand gebrochen habe und aus dem Krankenhaus abgehauen bin, stand ich kaum vor meiner Haustür, schrubbt so ein Bruder Leichtfuß an mir vorbei und seine Vorbauklammer verfängt sich in meinem Verband. Diesmal, mein Gott, hat es so weh getan, dass ich einen Salto geschlagen habe, ich habe einen Reifen gepackt und laut Entschädigung verlangt. Die Nachbarn kamen gelaufen und haben natürlich zu mir gehalten. Und jetzt rat mal, was passiert ist! Es dauerte keine zwanzig Minuten, da hat dieser nichtsnutzige junge Kerl kapituliert und zweihundert Kuai aus der Tasche gezogen für Krankenhaus und Arznei. Das war leicht verdientes Geld, ich war so aufgekratzt, dass ich eine große Eingebung hatte: Ich habe mich auf der Stelle von Frau und Tochter fortgemacht und in einer stillen Ecke den Verband und die Schienen abgemacht. Das war schwer auszuhalten, jedes Mal, wenn die Wunde schmerzte, ist mir der Schweiß ausgebrochen, meine Unterwäsche war pitschnass, ich war wie aus dem Wasser gezogen. Von den Schmerzmitteln war ich ganz abgestumpft, es sah so aus, als sei das einzige Schmerzmittel, das wirkte, die Einstellung – sich in die Menge begeben und nach einem großen Fisch Ausschau halten. Ich brauchte nur ein Auto, das mich berührte, und kaum wäre ich mit dem Hinterteil auf den Boden gekommen, wäre ich mit verzweifelter Giftigkeit hoch. Geld ist weit wichtiger als jeder Schmerz, auch wenn ich mir alle Knochen im Leib gebrochen hätte, meine erste Reaktion wäre gewesen: »Geld her!« und keine Anzeige, nicht das Krankenhaus oder als Retourkutsche ein Messer reingejagt. Den Knochenbruch hat mir das Geld zugefügt, ich führe ein Leben, wie es kein Schwein und kein Hund führen möchte, alles, weil ich kein Geld habe, und wenn ich es mir richtig überlege, dann wird die Komödie, je öfter ich sie den Leuten vorspiele, immer wahrer.

Das Gefühl stimmte, die Handverletzung hätte ich auch nicht vorspielen können, ab ins Krankenhaus, eine oberflächliche Untersuchung, und ich hatte ein paar hundert Yuan übrig von dem Geld für Behandlung, Verköstigung und Verdienstausfall. Schmerzensgeld ist ja oft nur ein Bluff, darin hat man kein Vertrauen, aber wenn sie bluten müssen, dann ist das natürlich gut, wenn nicht – man soll nichts erzwingen. Wenn man um die Entschädigung feilscht, muss man hart sein in der Sache, aber nachgiebig im Ton, und wenn es dann auf das Ende zugeht, kann ich oft ganz großzügig sagen: »Auf Schmerzensgeld lassen Sie uns mal verzichten, das nächste Mal fahren Sie aber ein bisschen vorsichtiger mit Ihrem Rad.«

LIAO YIWU: Wer kauft dir das denn ab?

YINGMENKOU: Man muss das Ganze nur in die Länge ziehen, wenn man untersucht wird, nicht sofort eine Aufnahme machen lassen, in achtzig bis neunzig Prozent der Fälle klappt das Geschäft. Wenn man zwei, drei Tage keine Einnahmen hat, dann hat man das Gefühl, eine Katzenkralle zieht einem durch das Herz, und wenn die Knochen richtig weh tun, dann helfen auch keine Schmerzmittel. Ach, ich sage dir, die Schmerzen in meiner Hand kommen jetzt oft mitten in der Nacht, in Schüben; vorgestern habe ich mich in einem Krankenhaus für Orthopädie untersuchen lassen, der Spezialist sagte, der gebrochene Teil habe sich schon verformt, um das zu richten, müsste ich operiert werden, um die Wucherungen zu beseitigen. Die ganze Behandlung würde ein paar Monate dauern und mindestens zehntausend kosten, ich kann mir das nicht leisten, ich habe die Flinte ins Korn geworfen, was soll ich machen? Im besten Fall noch ein halbes Jahr, dann ist der Arm hier hinüber, dann habe ich meine Arbeitskraft verloren, dann kann ich die Leute nicht einmal mehr plagen. Das war's für dieses Leben, wenn ich mich weiter auf dieser Welt herumdrücke, dann ohne Essen und Trinken, ich werde von Luft und Liebe leben müssen. Es dauert nicht mehr lange und ich bin ein Krüppel. Zur Zeit werde ich von so einem Quälgeist bewacht, bei Wind und Wetter; Tag und Nacht sind wir in doppeltem Tempo unterwegs, wir wollen das Geschäft hier zu Ende bringen.

Leider gibt es in dieser Stadt immer mehr Leute, die dieses Spielchen kennen, das Geschäft wird immer schwieriger, und es gibt keine Garantie. Vor ein paar Tagen hat sich ein Frischling vom Land mit einem Ziegelstein die Hand zertrümmert, um an Geld zu kommen. Aber das erste Mal, dass er sich am Wukuaishi in ein Fahrrad geworfen hat, ist er aufgeflogen. Anschließend ist er von Passanten so verprügelt worden, dass er nur noch gekrochen ist, gut möglich, dass seine inneren Verletzungen überhaupt nicht mehr heilen.

LIAO YIWU: Bist du auch schon einmal verprügelt worden?

YINGMENKOU: Sie haben mich auf ein Polizeirevier geschafft und mich ein paar Stunden eingesperrt, das war alles. Ich bin ja wirklich verletzt, und diese Verletzung sieht anders aus als von einem Knüppel oder einem Backstein; außerdem bin ich ein freigestellter qualifizierter Arbeiter dieser Stadt und habe mit den Schlägertrupps, die uns hier das Brot wegnehmen, noch viel weniger zu tun, also was soll die Polizei machen?!

LIAO YIWU: Leicht gesagt! Wenn dich die eigenen Leute da abholen müssen, dann schämt man sich doch in Grund und Boden.

YINGMENKOU: Meine Frau und ich ziehen an einem Strang, solange wir es vor unserer Tochter verheimlichen können, ist alles in Ordnung.

LIAO YIWU: Was hält deine Frau von dir?

YINGMENKOU: Was haben sie denn sonst schon zu bieten, ich meine Frauen, außer der Heuchelei? Da ist nichts zu machen. Diese Art von Geschäft kann man allein gar nicht machen, man braucht Hilfe, dann hat das Ganze erst einen Moment von Größe, aber am Ende musst du mit vielen anderen teilen, verdammte Scheiße.

LIAO YIWU: Hast du es nicht mal mit etwas anderem versucht? Du und deine Nepperbande, das reicht vollkommen für eine Verurteilung.

YINGMENKOU: In Zeiten wie diesen verhungern die Ängstlichen, und die Mutigen überfressen sich. Einer aus meiner Bande war im Umerziehungslager, er sagt, als ich da reingekommen bin, habe ich keinen Finger krummgemacht, habe aber auch noch nicht meinen Lebensabend genossen und bin außerhalb des Lagers zum Arzt gegangen. Heute habe ich vor gar nichts mehr Angst, außer, dass meiner Tochter etwas fehlt, sie ist so ängstlich und gibt viel auf ihren Ruf. Ich fürchte, sie wird später einmal in dieser Gesellschaft von Menschenfressern nicht klarkommen. Eigentlich bin ich nach meiner »Freisetzung« nach Shibantan und habe mir ein Rad mit Beiwagen gekauft und wollte mit meiner Körperkraft mein Geld verdienen. An dem Abend damals war ich sehr guter Dinge, habe meine Frau mit dem neuen Teil nach Hause chauffiert; da kommt doch von schräg ein Verkehrspolizist auf dem Motorrad auf uns zu und behauptete, er müsse das Rad konfiszieren, er ließ nichts gelten. Dass ich meinen »Freisetzungsnachweis« aus der Tasche zog, half nichts; dass ich schrie: »Wir sind ein Ehepaar!« half nicht, das führte nur zu brüllendem Gelächter. Meine Frau hat geheult und gezetert und krallte sich an ihrem Sitz fest, da rief der Verkehrspolizist ein paar Bürger zu Hilfe, die haben das Rad hochgehoben und sie rausgekippt.

Verdammte Scheiße, aber gut, das waren ein bisschen mehr als hundert Kuai.

LIAO YIWU: Warum können denn diese Verkehrspolizisten nie einfach an so einem Gefährt vorbeifahren? Ich verstehe das nicht, die konfiszieren jeden Tag und außerdem immer gleich ein paar Lkws voll, das türmt sich richtig, aber die Vehikel verschwinden nicht, im Gegenteil, sie sind in der ganzen Stadt unterwegs. Gestern Abend war an der Einmündung zum zweiten Ring alles voller Leute, die haben die Straße blockiert, der Verkehr kam für ein paar Stunden völlig zum Stillstand, die 110, die 119* und eine ganze Brigade Verkehrspolizei sind angerückt, aber sie haben den Auflauf nicht auflösen können. Es gab eine lange Autoschlange, am Ende haben die Menge und die Polizei Ziehharmonika geführt, wenn du vorgehst, gehe ich zurück, wenn du zurückgehst, rücke ich vor. Ich bin mit meiner Frau gerade mit dem Rad vorbeigekommen, und da haben wir gehört, dass der Besitzer von so einem Vehikel von einem Verkehrspolizisten zusammengeschlagen worden war. Eigentlich ist das so an der Tagesordnung wie Hausmannskost, aber dieser Rikschafahrer war besonders stur, dem konnte er den Gehorsam nicht einprügeln und hat sich auch noch in eine Debatte mit ihm verstrickt, weil der gerade an irgendeinem Amt Verwaltungsgebühren entrichtet hatte. Vielleicht war der Verkehrspolizist auch einfach nicht gut drauf, jedenfalls ärgerte er sich schwarz, dass ihm so ein dahergelaufener Kerl einfach Widerworte gab, also hat er sich ihn geschnappt und ohne viel Federlesens in den stinkenden Wassergraben geworfen, den sie dort »Fluss« nen-

---

* 119 ist die Rufnummer der Feuerwehr.

nen« – er hatte nicht damit gerechnet, dass der dabei draufgehen würde, und sich natürlich aus dem Staub gemacht.

Wenig später haben sie den Mann da rausgefischt, es sind immer mehr Leute zusammengelaufen, und die Rufe nach einer »Bestrafung des Übeltäters« wurden immer lauter, aber der war wie vom Erdboden verschluckt. Die allgemeine Empörung konnte sich nirgends Luft machen, also haben sie den Verkehr gestoppt. »Es ist wirklich kriminell«, sagte jemand, »sie konfiszieren die Räder, sie verkaufen die Räder und sie spielen sich als Herren über Leben und Tod auf.«

YINGMENKOU: Ein Glück, dass ich mich auf etwas anderes verlegt habe, sonst hätte meine Tochter noch so etwas mitbekommen, ich hätte ihr gar nicht mehr ins Gesicht sehen können. Auf der Straße sind die Verkehrspolizisten der King, und wer könnte mit Gott Vater debattieren? Ich bin doch nicht lebensmüde.

LIAO YIWU: Und diese Selbstverstümmelungen, mit denen du dein Geld verdienst, das ist nicht lebensmüde?

YINGMENKOU: Wenn du weiter so herumstichelst, dann wird es doch noch teuer.

LIAO YIWU: Sie sind ja hinter dem Geld her wie der Teufel hinter der armen Seele!

YINGMENKOU: Und wenn schon! Dein Schrottfahrrad da ist nichts wert, lass es mir als Andenken.

LIAO YIWU: Wenn du willst, kannst du es haben, aber ich will keine Minute länger mit dir verbringen.

YINGMENKOU: Oh, wie stolz! Auf was denn eigentlich? Doch nicht etwa, weil du ein bisschen mehr Geld hast als ich? Du bist noch nicht so weit, dass du dich um das Essen sorgen musst, da kann man sich leicht aufregen. Wer arm ist, dessen Elend kennt kein Ende, wenn du dich schon aufregst, wenn du so etwas siehst, dann pass auf deinen Blutdruck auf!

Neben mir hat so ein alter Zausel gewohnt, das Rad war seine Lebensader, und als sie ihm das Teil weggenommen haben, ist er in den

Funan gesprungen. Und wie sie dann seine Leiche rausgefischt haben, war das Fernsehen da, hat Aufnahmen gemacht von seinem aufgedunsenen Leib, den klaffenden Vorderzähnen. Meine Tochter wollte sich das ansehen, ich habe sie daran gehindert, die hätte mir noch Albträume bekommen. Ich will keine so hässliche Leiche abgeben. Wenn es so weit ist, dann haue ich ab und gehe tippeln, je weiter weg, umso besser, dann kann meine Alte mich per Anzeige suchen lassen und mich für vermisst erklären.

Dieses Jahr an Neujahr habe ich in der Vorstadt im Zhaojue-Tempel ein paar Räucherstäbchen verbrannt. Dort waren Himmel und Menschen und ein paar Feuer, die bis zu den Wolken loderten; alle wollten das erste Räucherstäbchen im neuen Jahr verbrennen. Die meisten machen das, um die Bodhisattvas um Schutz und Wohlstand zu bitten, um eine Beförderung, um die Versetzung in eine höhere Schule, um Gesundheit, kurz, um alles, was fehlt. Ich verehre nur dem Gott des Geldes ein paar Räucherstäbchen, für meine Frau und meine Tochter, ansonsten bitte ich Buddha um einen sauberen und schnellen Abgang.

Im Tempel haben sie einen neuen, aufrechtstehenden Buddha hingestellt, an dem habe ich mich in der Menschenmenge vorbeigeschoben und gebetet. Da sehe ich doch tatsächlich einen alten Mönch, der auf den Buddha aufpasst, wie er auf einen feineren Herrn, so einen mit gepflegter Haut und zartem Fleisch, eindrischt; der hat sich hinter den Buddha geschlichen und ihm mit der Hand den goldglänzenden Hintern getätschelt, der alte Mönch hat ihm entrüstet einen Schlag vor die Brust gegeben. Der feine Herr wollte zurückschlagen, da kam schon eine weitere Faust des Mönchs geflogen, dagegen kam er nicht an und sagte: »Wer sich aus dem weltlichen Leben zurückgezogen hat, sollte mildtätig sein!«

»Ich halte Unheil vom Volk ab!«, gab der zurück und fuhr fort: »Man soll zu Buddha beten, nicht ihn betatschen!«

Obwohl der Mönch doch ziemlich heftig war, haben die meisten der Umstehenden ihm lauthals recht gegeben und gleichzeitig seine Unaufmerksamkeit ausgenutzt, um ihrerseits den Buddha zu berühren. Das Goldpulver an seinen Oberschenkeln und seinem Gesäß war schon ganz abgegriffen, aber ich habe auch zweimal hingefasst. Die Buddhas früher konnte man anfassen, wie man wollte, da ist nie etwas abgegangen, wie es aussieht, sind heutzutage auch die Buddhas von minderer Qualität.

Woran kann man sich auf dieser Welt denn halten, wenn nicht ans Geld? Ihr Studierten redet immer vom Glauben, aber einen richtigen Buddha zu machen, ist teuer, ein falscher Buddha spart Kosten. Nur reiche Leute können es sich leisten, sich immer so aufzuregen und einen hohen Blutdruck zu bekommen. Arme Leute, tut mir leid, wenn ich das so sage, aber arme Leute müssen hinter dem Geld her sein wie der Teufel hinter der armen Seele.

LI MINGKAI,
DER PERFORMANCE-KÜNSTLER

*17. Mai 2003, Nachmittag, 17:00 Uhr, ich lese im Internet
gerade einen Bericht mit dem Titel »Sun Zhigang zu Tode ge-
quält«, der bereits einige Wellen schlägt, als es unerwartet an
der Tür klingelt und in aller Gemütsruhe der kleine und magere
Li Mingkai eintritt, ein Performance-Künstler, den ich seit Jahren nicht gesehen habe.*

*»Dein Telefon ist immer besetzt, also bin ich direkt gekom-
men.« Er versammelt sich vor dem Computer und linst hinein:
»Immer noch die Sache mit Sun Zhigang? Natürlich, im Augenblick, wenn nicht SARS, dann Sun Zhigang.«*

*Ich mache den Computer aus und gieße Tee auf. Anschlie-
ßend erzählt Li Mingkai, der nicht unvorbereitet gekommen
ist, was er vor vier Jahren erlebt hat. Er stellt einen sehr tief-
sinnigen Vergleich an: »Die Polizei in Chengdu ist viel softer
und durchtriebener als die in Guangzhou, die wollen einen abzocken, die lassen sich nicht von Emotionen leiten, meistens
wenigstens, nicht wie die, die den Sun Zhigang so zugerichtet
haben. Wenn einer den letzten Schnaufer macht, dann ist mit
dem Leben halt auch das Geld weg, nicht wahr?«*

*Aber Li Mingkais Vater hat die Aufregung nicht ausgehal-
ten, wenn sein Sohn in Schwierigkeiten geraten ist. Der Kummer hat ihn langsam krank gemacht, und nach einem halben
Jahr ist er an einer unheilbaren Krankheit gestorben.*

*Es war schon immer so, wenn man ein Chinese sein will,
muss man Nerven wie Drahtseile haben, Knochen aus Eisen
und eine Seele, der kein Gift der Welt etwas anhaben kann,
erst dann kommt man gut über die Runden. Ich bin ein alter
Hase, ich habe gesessen und bin bei den Behörden der Öffentlichen Sicherheit ein- und ausgegangen, ich habe Li Mingkai
getröstet: »Noch ist nicht aller Tage Abend!«*

—ᨃ—

LI MINGKAI: Während SARS habe ich mich über zehn Tage zu Hause herumgedrückt, mir kam das vor wie zehn Jahre, ich hab das fast im Kopf nicht ausgehalten. Gestern habe ich dann versucht, ein paar von den Kumpels anzurufen und mich zum Tee mit ihnen zu verabreden, aber alle hatten was anderes zu tun. Den alten Wang, der beim *Chengduer Handelsblatt* arbeitet, den haben sie in dem Ferienzentrum im Distrikt Longquanyi in Quarantäne gesperrt, der studiert jeden Morgen und jeden Abend pünktlich »Die wichtigen Ideen des dreifachen Vertretens« von Jiang Zemin*, Einigkeit macht stark im Kampf gegen SARS. Im Augenblick sind zwei Nachrichteneinheiten von Chengdu hinüber, die eine geht zur Arbeit, die anderen sind vierzehn Tage in Quarantäne und studieren, damit wollten sie verhindern, dass die ganze Truppe ausfällt, die Zeitungen sind gelähmt.

Als sich keiner mit mir verabreden wollte, bin ich halt alleine durch die Straßen gebummelt. Bei der Mozi-Brücke bin ich an einem Internet-Café vorbeigekommen, das war komplett leer, an den Dutzenden von Computern saßen gerade mal zwei, drei eiserne Surfer, die keine Angst vor dem Tod hatten, ich also verstohlen um mich geschaut, rein und einen Platz gesucht. Ich habe meine Mailbox aufgemacht und bin über den neuesten, anonym zugestellten Proxy-Server in die Diskussionsforen, und dann bin ich nach Herzenslust durch all die ausländischen reaktionären Webseiten gesurft, he, da war echt einiges los.

LIAO YIWU: Der Irakkrieg, SARS, natürlich war da was los.

LI MINGKAI: Ich meinte die Sache mit Sun Zhigang. Er war Student an einer polytechnischen Universität und hatte gerade einen Job in Shenzhen als Designer in einer Kleiderfabrik bekommen. Noch in diesem März, am siebzehnten abends, sind er und ich wie viele andere Surfer in aller Welt, wie von einer inneren Unruhe getrieben und in Hoffnung auf einen Chat ohne Papiere aus dem Haus und ins Netz gegangen – mit dem Resultat, dass alle, die auf der Straße unterwegs

---

* Mit dem »Dreifachen Vertreten« ist gemeint, dass die Kommunistische Partei Chinas 1. die Erfordernisse der Entwicklung fortschrittlicher Produktivkräfte, 2. die Richtung des Vorwärtsschreitens einer fortschrittlichen Kultur Chinas und 3. die grundlegenden Interessen der überwältigenden Mehrheit des chinesischen Volkes in China vertreten soll.

waren, von den Ordnungskräften als »Drei-Ohne-Klientel« oder als Herumtreiber festgenommen worden sind. Gleich anschließend sind sie vom Polizeirevier zu einer Sammelstelle in Guangzhou gekommen und dort von einer Bande von Polizisten und Kriminellen mit vereinten Kräften und Prügeln totgeschlagen worden!

LIAO YIWU: Ich habe dazu einen Kommentar gelesen. Sun Zhigang ist in den drei Tagen mehr als oft geschlagen worden, bei der Obduktion war unter der Rückenhaut eine große Ansammlung von schwarzem Blut. Ein Glück, dass es das Internet gibt. Als die *Südhauptstadtpresse* am 25. April darüber berichtet hat, hat das sofort im ganzen Land eine Kettenreaktion ausgelöst, denn ähnliche Fälle grassieren im ganzen Land. Ich will dir nicht verheimlichen, dass ich, gerade aus dem Gefängnis nach Chengdu zurückgekommen, mitten in der Nacht von der Polizei aus dem Haus meiner Eltern weggebracht worden bin, weil ich mir keine »Befristete Aufenthaltsgenehmigung« besorgt hatte.

Ich habe eine Nacht im Baiguolin-Revier gesessen und bin erst am nächsten Vormittag freigekommen, nachdem ich mir diese Aufenthaltsgenehmigung besorgt hatte. Ich habe damals immer wieder betont, dass ich nicht »vorübergehend« bei meinen Eltern wohne, ich sei hier schließlich groß geworden und höchstens in anderen Gegenden nur »vorübergehend« zu Haus. Aber die Polizei hörte gar nicht hin und machte Dienst nach Vorschrift: »Menschen ohne feste Pflichten, ohne Ausweis, ›Vorübergehende Aufenthaltsgenehmigung‹ und geregelte Arbeit sind in Gewahrsam zu nehmen und abzuschieben.« »Menschen ohne feste Pflichten«, das ist ein Ausdruck, den Li Peng während der Studentenunruhen '89 erfunden hat, den benutzen sie heute noch.

LI MINGKAI: Aber Sun Zhigang hatte die drei notwendigen Papiere, er hatte sie nur nicht bei sich. Noch erschreckender ist, dass die Polizei es seiner Einheit und seinen Freunden nicht erlaubt hat, die Dokumente vorzulegen und Kaution für ihn zu stellen, und zwar, weil er »Widerworte« gegeben hatte! Sie haben ihn ihnen erst als Leiche vor die Füße geworfen.

LIAO YIWU: Du bist wie ein Fuchs, der um den toten Hasen trauert.

LI MINGKAI: Gut so, wenn Sun Zhigang nicht gewesen wäre, hätte ich überhaupt nicht den Mut, über das alles zu sprechen. Ich komme vom Land, wie er. 1993, mit Anfang zwanzig, habe ich die Aufnahmeprüfung am Chinesisch-Institut der Pädagogischen Hochschule des Südwestens in Chongqing gemacht, im zweiten Uni-Jahr kam ich in engeren Kontakt mit Studenten vom Institut der Schönen Künste, habe mich in die Konzeptkunst verliebt und habe an der Gründung der Kunstkommune des Volkes teilgenommen.

'97 habe ich meinen Abschluss gemacht, eigentlich wollten sie, dass ich als Lehrer an eine Mittelschule in meiner alten Heimat zurückgehe, aber ich habe das nicht gemacht, sondern mich wie Tausende und Abertausende von Hochschulabsolventen in diesem Jahr auf eigene Faust ins Getümmel gestürzt. Zuerst habe ich in einem Kulturunternehmen gejobbt, als Werbefachmann, Texter, Designer, ich habe alles gemacht; dann hatte ich ein kleines Startkapital von gut zwanzigtausend Kuai zusammen, habe mich mit zwei aus Hainan stammenden Kommilitonen zusammengetan und einen Laden für frisch gepressten Obstsaft aufgemacht – das heißt, wir haben tropische Früchte aus Hainan rangeschafft, sie durch den Entsafter gejagt und das Ganze nach einem festen Plan in Kneipen an den Mann gebracht. Nach einem halben Jahr fing das Geschäft langsam an zu laufen, ich habe mir in einem Wohnblock in Xiaojiahe drei Zimmer gemietet, die alles in einem waren: Büro, Lager, Schlaf-, Ess- und Empfangszimmer. Damals sind zwei Arten von Leuten bei mir ein und aus gegangen, das eine waren meine jungen Verkaufsassistentinnen, das andere waren Künstler, Männlein wie Weiblein Haare bis auf die Schultern, was bestimmt die Aufmerksamkeit der alten Dame vom Nachbarschaftskomitee erregt hat.

LIAO YIWU: Die Performance-Künstler aus Chengdu haben einen großen Einfluss im ganzen Land, nicht?!

LI MINGKAI: Wie die Lyriker auch, es ging heiß her. Die Medien brachten massenhaft Berichte, das Zentralfernsehen brachte einen Spezialbericht unter dem Titel »Der Sternenhimmel der Kunst«. Auch ein Amerikaner, der in China investierte, hat mit den Künstlern zusammengearbeitet und am Funan-Fluss den »Wasserschützer« gemacht. Ich war begeistert bei der Sache, habe neben meiner Arbeit eine ganze Menge eigene Sachen gemacht, und wenn ich später nicht in Schwierigkeiten gekommen wäre, wäre ich weiter auf der großen Bahn der Kunst Amok gelaufen, ohne Luft zu holen, bis mein Leben ein Ende gefunden hätte.

LIAO YIWU: Mit Performance-Kunst kann man kein Geld verdienen, wenn du auf beiden Gebieten zupacken kannst, im Materiellen wie im Geistigen, beides harte Brocken, das ist nicht leicht. Ich habe deine Umweltschutzaktion »Mit dem Messer gegen das Wasser« bewundert, ganze drei Tage lang hast du mit einem Küchenmesser unaufhörlich in das reißende Wasser am Stauwehr eingestochen.

LI MINGKAI: Hat man mir nicht angesehen, dass ich ein Unternehmen für Fruchtsaft manage?

LIAO YIWU: Hat man nicht.

LI MINGKAI: Die Onkels von der Polizei auch nicht, weshalb sie in Begleitung des Nachbarschaftskomitees und der Vereinten Landesverteidigung im Sommer 1999 mitten in der Nacht vor der Tür standen. Sie haben dermaßen dagegen gedonnert, ich dachte, es ist etwas explodiert, und bin aus meinen Träumen gerissen worden, habe vor Schreck die Hose falsch herum angezogen, habe geantwortet und gleichzeitig meine Hosenbeine in Ordnung gebracht, aber draußen hatten sie schon angefangen, mit einem elektrischen Stahlschneider das Schutzgitter an der Tür aufzuschneiden.

Ich war ganz leer im Kopf, auf einmal stürzte mir da ein gutes Dutzend von der Polizei und der Vereinten Landesverteidigung in die Wohnung, die sich wie ein Wasserkrug gurgelnd füllte. Aus irgendeinem gesellschaftlichen Instinkt heraus zog ich eine Schreibtischschublade auf und bot Zigaretten an, aber der von der Wohnungsregistrierung, den ich vom Gesicht her kannte, wehrte ab und fragte in scharfem Ton: »Die vorübergehende Aufenthaltsgenehmigung?«

Ich atmete auf, denn außer den »drei Genehmigungen« hatte ich auch noch alle möglichen anderen Dokumente vom Industrie- und Handelsamt über Steuern, Hygiene und Brandschutz beisammen. Ich habe für all den Kram über zehntausend ausgegeben und mir fast die Füße plattgelaufen, aber was ich suchte, war eine gewisse Absicherung. Ich öffnete den Aktenschrank und breitete sieben, acht Zertifizierungen und Dokumente auf dem Tisch aus, dazu noch mein

Abgangszeugnis von der Uni, meine Uni-Gutachten, eine Mitteilung von der Zentrale für Personalaustausch und und und. Der Polizist ging auf die andere Seite des Tisches und setzte sich hin, schaute das Ganze einmal durch, hob am Ende den Kopf und streckte die Hand aus: »Dieser Ramsch ist nutzlos, wir brauchen nur die ›Befristete Aufenthaltsgenehmigung‹.«

Habe ich halt noch mal in der Schublade herumgewühlt, mir lief der Schweiß runter wie Wasser. Am Ende habe ich sie in einem Heft gefunden, gleich zwei Stück, eine für vergangenes Jahr und eine für dieses Jahr. Nach deren Bestimmungen gilt eine »Befristete Aufenthaltsgenehmigung« ein Jahr, aber sie stellen sie halbjährig aus und kassieren jedes Mal ab. Ich habe ihnen die Dokumente wie einen Schatz mit beiden Händen überreicht, ich war sehr erleichtert. Der Polizist hat das Ganze noch einmal eingehend geprüft und dann verkündet: »Die sind alle abgelaufen.«

Ich fing das Debattieren an: »Sie sind nicht abgelaufen, ich habe sie mir erst in diesem Jahr ausstellen lassen.«

»Sie haben noch keine Verlängerung für das nächste Halbjahr beantragt!«, sagte der Polizist und betonte dabei jedes Wort.

»Das mache ich gleich morgen früh«, beeilte ich mich zu versichern.

»Schon zu spät!«

Wieder betonte er jedes Wort.

Dann nahm er coram publico die Innenblätter der »Befristeten Aufenthaltsgenehmigung« heraus und riss sie in Fetzen. Auf seinen Wink hin begann die Vereinte Landesverteidigung meine Zimmer zu filzen, das Obst haben sie auf den Boden getreten, die Saftpresse und die Silbertabletts meiner Verkaufshilfen haben sie ebenfalls zertrampelt. Ich war außer mir und habe mit meinen rudimentären juristischen Kenntnissen darauf hingewiesen, dass sie nicht den Besitz von Privatpersonen zerstören dürften.

Der Polizist meinte: »Wir suchen ganz legal nach Indizien.« Und damit wies er seine Leute an, meinen VCD-Player und eine Kiste mit CDs einzupacken.

Außerdem haben sie noch fünfzig Packungen Kondome irgendwo rausgezogen, woraufhin der Verdacht, ich würde mir Pornos anschauen und zu Nutten gehen, noch größer wurde.

LIAO YIWU: Du hast fünfzig Packungen Kondome gebraucht?

LI MINGKAI: Du klingst genauso wie die Polizisten. Eigentlich müsste jemand mit den »Drei-Ohne« direkt in ein Auffanglager geschickt werden, an diesem Abend haben sie in Chengdu ihre Netze ausgeworfen, um Leute von außerhalb zu überprüfen, in Xiaojiahe gibt es viele Mietwohnungen, deshalb war hier ein Schwerpunkt der Kontrollen, weshalb die Einwohner alle auf der Straße standen, überall Polizeiautos waren, deren Blaulichter unentwegt blitzten wie Lichtorgeln in einem Nachtclub. Später habe ich mir sagen lassen, in dem Gebiet von Xiaojiahe seien ein paar hundert Leute festgenommen worden, sie hätten gar nicht genug Kleinbusse gehabt und deshalb ein paar Busse eingesetzt. Es war schon fast hell, bis sie draußen in der Vorstadt beim Dubao-Tempel anlangten. Die Beamten waren voll bei der Sache, das waren alles Geiseln, wenn sie einen ohne »Befristete Aufenthaltsgenehmigung« aufgriffen, musste der sich freikaufen, das brachte fünfhundert Yuan, Minimum. Wenn er das nicht aufbrachte, dann musste man ihn drin weiter schlagen, hungern und den Kuli machen lassen, bis man ihn weichgekocht hatte, dann, aber wirklich erst dann konnte man über einen »Preisnachlass« sprechen. Ich hatte übles Pech, ich war gewöhnlich vom Nachbarschaftskomitee streng überwacht worden, jeder Schritt, den ich tat, wurde dem Revier berichtet, von wegen »junge Dinger und Freier gingen bei mir ein und aus, in diesem Puff bei mir würde am helllichten Tag Prostitution betrieben«, von wegen »Drogenumschlagplatz«, alles vollkommen aus der Luft gegriffen. In Wahrheit haben die Mädchen bei mir Obstsaft verkauft und die Künstler ihre Performance-Kunst gemacht und das vollkommen getrennt voneinander.

LIAO YIWU: Hatten damit auch diese vielen Kondompackungen zu tun?

LI MINGKAI: Du bist doch ein blöder Arsch. Ich bin Künstler, ich wollte daraus eine Installation machen. Ich wollte die fünfhundert Teile aufblasen und sie abends während der Rush-Hour auf der Überführung neben der Chunxi-Straße loslassen, ich wäre unten geblieben und hätte mir die Reaktion der Leute und der Autos angeschaut …

LIAO YIWU: Wolltest du ein Verkehrschaos provozieren?

LI MINGKAI: Das haben mich viele von den Kollegen auch gefragt. Wenn man die Leute ein bisschen durcheinanderbringt, dann ist das doch noch nichts. Angst hatte ich, dass die Fahrer, wenn ihnen auf einmal von oben diese Dinger entgegengeflogen kommen, sich ablenken lassen und es eine Massenkarambolage gibt, das hätte den künstlerischen Charakter des Ganzen verändert. Deshalb hätte ich die wunderbare Aktion »Gegenströmung menschliche Begierde« genannt, ich hatte sie nur wegen der praktischen Schwierigkeiten vorübergehend auf Eis legen müssen.

LIAO YIWU: Du hättest die Aktion irgendwo machen können, wo nicht so viele Leute sind.

LI MINGKAI: Aber Performance-Kunst ist interaktiv. Ohne die Reaktion einer Menge von Menschen wäre es besser, man würde sich zu Hause alleine eine kleben – ich habe das auch den Polizisten erklärt, ihre Antwort war: Dann kleben Sie sich halt hier vor allen Leuten eine, mal sehen, ob wir irgendeine Reaktion zeigen. Ich habe mich nicht gerührt, also haben sie einen kleinen Dieb rangeschafft und mir vor die Nase gestellt. Der war so mager wie dreckig, aber mit den Polizisten im Rücken hat er die Zähne gebleckt und mich angegrinst. Da war auf einmal die Hölle los, die Polizisten des Reviers und die Vereinte Landesverteidigung standen auf einmal um uns herum, ein Polizist sagte, der Künstler zuerst, mach schon. Scham und Wut mischten sich bei mir, ich bebte am ganzen Körper, aber ich wehrte mich nicht, als mir der kleine Dieb eine Ohrfeige verpasste, mir summte kurz der Schädel, dann explodierte er. Ich wedelte instinktiv mit dem rechten Arm, wollte ihm das Geschenk erwidern, aber die Umstehenden klatschten aufmunternd, und ich hörte nur, wie der Polizist vor Vergnügen schnaufend sagte: »Die arbeitende Bevölkerung macht den Anfang? Das ist aber keine gute Kinderstube!«

Auf einmal kam mir der Grundsatz von Jesus in den Sinn: »Wenn einer dir auf die linke Wange schlägt, dann halt ihm auch die rechte hin!«, und ich ließ resigniert den Arm sinken. Der kleine Dieb hat mir über zwanzig schallende Ohrfeigen verpasst und wurde von der Tatsache, dass ich keine Anstalten machte zurückzuschlagen, noch angestachelt. Er trat an mich heran, packte meine langen Haare, wickelte sie sich zweimal um die Hand, drückte mich auf den Boden und bearbeitete mich mit Fäusten und Tritten. Ich war ganz benommen, umklammerte eine Weile schützend meinen Kopf, eine Weile meine Hüften, es war wirklich nicht auszuhalten, ich rollte den Umstehen-

den vor die Füße, wurde von ihnen weggetreten, der kleine Dieb
schnaufte wie ein Ochse, so sehr verausgabte er sich, am Ende hat er
sich mir einfach auf den Rücken gesetzt und mir den Kopf ein ums
andere Mal auf den Boden geschlagen.

Die Umstehenden haben sich gähnend abgewandt und meinten:
»Ein totes Schwein schlagen ist langweilig, das macht keinen Spaß.«

Da kam der Revierleiter selbstgefällig herüber, fiel dem kleinen
Dieb in den Arm und salbaderte was von nach dem Gesetz regieren
und striktem Folterverbot. Ich blieb einen Tag und eine Nacht auf
dem Revier, sie konnten mir wegen der Kondome immer noch
nichts anhängen, also fiel der Satz: »Lassen wir ihn laufen, für diesmal!«

Erst später habe ich erfahren, dass das Revier Polizeikräfte mobilisiert hatte, um an Beweise zu kommen, dass ich einen Puff betreibe,
sie haben eigens alle meine Verkaufsfräuleins ausgefragt, aber ohne
Resultat, also haben sie mich als einen »Drei-Ohne« behandelt, mich
mit dem kleinen Dieb, der mich zusammengeschlagen hatte, an eine
Handschelle gekettet und zum Auffanglager geschickt.

LIAO YIWU: Die haben dich nicht auf freien Fuß gesetzt?

LI MINGKAI: Qiao Shi hat während seiner Amtszeit das Strafgesetz
geändert. Dass man jemanden zur Befragung festhält, ist abgeschafft,
die Polizei hat keine Handhabe mehr, einen Verdächtigen unbegrenzt
festzuhalten. Ein Glück, dass es das System der Abschiebung in Auffanglager noch gab; sind sie innerhalb von vierundzwanzig Stunden
nicht in der Lage, einen »Fall« aufzuklären, dann kann die Polizei dich
einer Behörde der Öffentlichen Sicherheit »entlassend übergeben«
und in ein Auffanglager schaffen, das von Behörden der Öffentlichen
Sicherheit und der Zivilverwaltung gemeinsam verwaltet wird. Hier
sammelt sich dann alles, jeder Couleur: Prostituierte, Freier, Spieler,
Leute, die sich an die Obrigkeit gewandt haben, Wanderarbeiter, frei-
gestellte Arbeiter, Bettler, Leute, die ohne Lizenz ein Geschäft betrei-
ben, Literaten vom Bodensatz der Gesellschaft. Kurz, ein umfang-
reiches Sortiment, alles, was so eine Gesellschaft zu bieten hat, ist
hier versammelt.

Kaum drin, habe ich denen klargemacht, wer ich bin, aber die haben nur gelacht: Ein Künstler? Maler, Dichter oder Sänger?

Ich sagte: Performance-Künstler.

Was das denn für eine Kunst sei, fragte man mich. Sie seien alle Künstler.

Die gut zwanzig Räume im zweiten Stock waren komplett überfüllt. Ich wurde in die Zelle Nummer zwei im Dachgeschoss gesteckt, man ging rein und stand vor einem großen Abtritt. Unter dem wiederholten Gebrüll des Wachpersonals habe ich mich dann mit dem Rücken zu dem Scheißkübel gesetzt und stieß mit dem Kinn in den Nacken von einem anderen, wenn ich das Gesicht wandte, stieß ich an die Nase von wieder jemand anderem. Nach ein paar Minuten war ich von übelriechenden Dämpfen gargekocht, mein Hemd klebte an meinem geschundenen Rücken, mein Atem ging zischend, so weh tat das. So quälten wir uns eine Weile, als jemand vom anderen Ende des Raumes zum Pissen herangerudert kam. Was sollte ich machen, ich stand auf, wartete, bis der Mann die Abtrittsöffnung anvisierte und pisste, versuchte mich wieder an meine alte Stelle zu setzen, aber der Platz war verschwunden.

Mir blieb keine Wahl, ich habe mich auf den Abtritt gehockt und wie ein erhabener Mönch auf die Kreatur herabgeschaut. Ich dachte an nichts anderes mehr als daran, mir meinen alten Platz zurückzuholen, wenn der Nächste mir zum Pinkeln die Ehre erwies, aber ich bin zu klein und zu schmächtig, ich habe nicht genug Hinterteil, ich habe immer wieder Niederlagen erlebt und ausreichend Fäuste zu schmecken bekommen. Ich hielt bis zum Abend durch, war schon ein gutes Dutzend Mal auf den Abtritt rauf und wieder runter, zum Glück ging dann irgendwann die Tür auf und es gab etwas zu essen, aber erst als die Gefangenen in Reih und Glied in den zweiten Stock runter sind, habe ich ein wenig Luft schnappen können.

Zum Abendessen gab es zwei halb rohe Mantous, wenn man sich die in den Mund steckte, klebten sie an den Zähnen, und man bekam sie gar nicht hinunter. Ein Suppenbottich stand in der Mitte des Hofes, ich habe überall nach Schälchen gesucht, nichts, also habe ich einen anderen Gefangenen, der an der Seite stand, gefragt, der zeigte auf ein Sichtfenster, ich ging hin, aber mir wurde gesagt, eine irdene Schale koste fünf Kuai. Ich suchte meine ganzen Taschen ab, ich hatte ein bisschen mehr als zehn Kuai, ich gab das ganze Geld für Schälchen aus, ging zur Hofmitte und schöpfte die Suppe heraus. Ich schloss die Augen und schüttete mir eisern drei Schalen hinein, der Gestank der verfaulten Kohlblätter beizte mir die Nasenhöhle – aber da mein Magen so einen Schweinefraß nicht gewohnt war, habe ich in der Nacht dreimal auf den Abtritt müssen, Dünnpfiff, und am nächsten Morgen hatte ich einen kaum erträglichen Hunger.

In der Zelle unter dem Dach hockte ich drei ganze Tage; zusammen mit ein paar Dutzend Leuten habe ich die Tortur überstanden, ohne Zähneputzen und ohne Waschen. Es gibt auf dieser Welt nichts, was so stinkt wie Menschenfleisch, das aufeinander gärt! Wenn das lange geht, dann halten das nicht einmal mehr die Läuse aus und sie kriechen ins Genick, an den Unterkiefer, die Arme und andere lichtere Stellen. Die zuständigen Beamten haben zweimal am Tag, morgens und abends, die Telefonnummern eingesammelt und die Angehörigen benachrichtigt, damit sie ihre Leute auslösen konnten. Ein Anruf in die Stadt kostete fünf Yuan, ein langes Gespräch das Fünffache der Grundgebühr, das wurde angeschrieben und konnte am Tag der Entlassung auf einen Schlag beglichen werden.

Wir haben uns regelrecht darum geschlagen, die Zettel mit der Telefonnummer zu überreichen, weswegen sich nach drei Tagen die Zelle langsam lichtete. Die Leute, die direkt in der Stadt wohnten, gingen relativ schnell, vor allem die Freier und Spieler, die waren kaum drin und haben nach Papa und Mama gerufen. Die meisten harrten nur eine Nacht aus, sie scheuten keinerlei Kosten und wollten von draußen auf Kaution freigekauft werden – an diesem schmutzigen Geschäft hatten die Polizeibeamten einen Heidenspaß, sie haben nach Kräften die Geldbußen nach oben getrieben, zehntausend bis dreißigtausend. Ich habe das Gefühl, die Beamten in Chengdu sind ein bisschen maßvoller und durchtriebener; wenn die einen abzocken wollen, die gehen nicht so hitzig an die Sache heran wie das im Fall von Sun Zhigang geschehen ist. Wenn einer draufgeht, verliert man mit dem Mann ja auch das Geld, nicht wahr? Vor zwei Jahren stand in der *Nanfang Wochenende* ein Bericht, dass die Wasserpolizei von Chongqing, um ihr Einkommen durch Zwangsprostitution von Mädchen aus gutem Hause aufzubessern, zwei versehentlich festgenommene Mädchen aus gutem Hause drei Tage festgehalten, belästigt, gefoltert, ihnen die Droge Dolantin gespritzt und sie abhängig gemacht hat.

LIAO YIWU: Wie hat man dich denn im Knast behandelt? Bist du geschlagen worden?

LI MINGKAI: Verglichen mit dem Revier bin ich da besser behandelt worden, zumindest bin ich nicht gefoltert worden. Sun Zhigang hat

Ingenieurwesen studiert, dessen Einstellung konnten sie nicht verdrehen, das war ein sturer Hund, das hat die Polizisten wütend gemacht. Ich habe so viele Jahre Performance-Kunst gemacht, ich habe einiges gesehen, ich hätte schlauer sein müssen. Trotzdem, als in den ganzen drei Tagen kein Mensch aufgetaucht ist, um mich freizukaufen, bin ich doch nervös geworden. Meine Freunde draußen waren alles Künstler und arm; als die hörten, sie müssten ein paar hundert oder gar tausend Yuan aufbringen, um mich auszulösen, haben sie gezögert. Da war nichts zu machen, ich habe die Zähne zusammengebissen, hatte aber noch ein zweites Eisen im Feuer: Ich hatte ihnen auch die Telefonnummer von meinen Leuten in Gansu gegeben – ein tödlicher Fehler, den ich den Rest meines Lebens bereuen werde!

Nach sieben Tagen waren fast alle weg, die irgendwie Beziehungen hatten, übrig waren die Wanderarbeiter. Die Beamten sagten, die Regierung habe kein Geld, um die Verbliebenen abzuschieben, wir müssten die Kosten für die Reise selbst aufbringen. Nach zwei Tagen wurden wir zu verschiedenen Zeiten und in verschiedenen Gruppen zum Fundamentieren geschafft, wir sollten entweder bei der Ausschachtung arbeiten und Stahlbeton gießen oder lernen, wie man aus enteneigroßen Kieselsteinen Backsteine macht. Nach drei bis sechs Monaten könnten wir dann umsonst in unsere jeweilige alte Heimat abgeschoben werden.

LIAO YIWU: War das legal?

LI MINGKAI: Keine Ahnung, die Legalität des Ganzen durfte man auf keinen Fall in Frage stellen, sonst ging es einem wie Sun Zhigang, wo lebst du denn? Um es kurz zu machen, ich habe es gar nicht so schlecht getroffen, denn als die Truppe aus dem Auffanglager zur Kuli-Arbeit verlegt wurde, haben sie mich zurückgelassen, um die Anhänger von Falun Gong zu betreuen. In Wirklichkeit waren diese alten Männer und Frauen alle sehr ehrliche Leute, die brauchten keine »Betreuung«. Die Zellen im Keller waren viel größer als die unter dem Dach, die Falun-Gong-Leute wurden im Verhältnis zwei zu eins von normalen Angeklagten bewacht. Sie durften kein Auge zumachen, sie durften den Mund nicht bewegen, sie durften sich nicht zur Meditation setzen. Wenn sie sahen, dass jemand Anstalten machte, die Beine übereinander zu legen, haben die Aufpasser rechts und links dem Falun-Gong-Anhänger die Oberschenkel auseinandergezogen.

Ich als Kulturschaffender hatte zusätzlich die Aufgabe, laut aus der *Renmin ribao* vorzulesen, vormittags zwei Stunden, nachmittags zwei Stunden, alles ein ausgemachter Stuss und von oben verordnet, das sollte gegen die Irrlehre helfen.

Mir rauchte regelrecht die Kehle, aber die Falun-Gong-Leute waren sehr stur, selbst wenn vier, fünf Mann im Wechsel unentwegt aus der Zeitung lasen, sie ließen sich nicht stören. Mitten in der Nacht, als die anderen schliefen, nutzten sie das und setzten sich in aller Heimlichkeit in den Lotussitz und legten die Arme überkreuz vor die Brust. Um diese Uhrzeit war ich hundemüde und ließ sie machen, aber wenn das von den Beamten entdeckt wurde, dann wurden wir zur Strafe mit Elektroknüppeln traktiert.

LIAO YIWU: Falun-Gong-Anhänger waren auch dort eingesperrt? Das kann ich mir gar nicht vorstellen.

LI MINGKAI: Die waren alle aus Beijing abgeschoben worden, zurück in ihre Heimat nach Sichuan. Es hieß, sie hätten auf dem Tiananmen eine Versammlung abgehalten und seien, als sie die große Lehre Falun dargestellt hätten, verhaftet worden. Unter ihnen waren auch Professoren, Redakteure, hochrangige Ingenieure und dergleichen. Sie warteten hier darauf, dass ihre Einheiten jemanden schickten, der sie auslöste und für sie bürgte. Manches hier war die reine Performance-Kunst. Wenn wir zum Beispiel bemerkten, dass die Lippen von so einem alten Zausel zitterten, dann sind wir sofort auf ihn los und haben ihm lauthals den Artikel »Der Häretiker Li Hongzhi« ins Ohr gebrüllt, bis der blass wurde, keinen klaren Gedanken mehr fassen konnte, den Mund hielt und die Augen aufmachte – das entsprach den Sound Grenades, die Amerika gegen die irakischen Truppen zum Einsatz brachte.

LIAO YIWU: Da bist du nach dem Ganzen auch noch süchtig geworden, was?

LI MINGKAI: Niemand hat mich ausgelöst. Wenn ich mich nicht darauf eingelassen hätte, wie hätte ich überleben sollen? In dem Auffanglager blieb ich elf Tage, am Ende habe ich meine Eltern verflucht, dass sie mich auf diese Welt gebracht haben, erst nach elf Tagen hat mich dann eines meiner Mädchen aus dem Geschäft da rausgeholt.

Sie hat sechshundert bezahlt, ich habe ihr tausend zurückgegeben. Wir waren uns schon drei Monate gut gewesen, als sie heulend erklärte, sie wolle mich heiraten, was ich nicht getan habe, aus Angst, meine Freiheit und meinen Spaß zu verlieren.

Die kleine Zhao ist nicht schlecht, sie war nicht nachtragend und hat sich sogar noch darum gekümmert, dass meine Eltern unterkamen und etwas zu essen hatten. Die Szenen, die sich beim Wiedersehen abspielten, will ich lieber gar nicht beschreiben, nach diesem gewaltigen Schreck wollten meine Eltern unbedingt, dass ich mit ihnen zurück nach Gansu komme, aber ich hatte die Idee, mich ein paar Jahre in Beijing herumzutreiben.

LIAO YIWU: Das war also das Ende der Geschichte?

LI MINGKAI: Etwa ein halbes Jahr später bekam mein Vater Magenkrebs und kam in ein Krankenhaus in Lanzhou. Ich habe alles verkauft, was ich hatte, bekam achtzigtausend zusammen und bin zurück, um mich ganz meiner Rolle als Sohn zu widmen. Ich habe über drei Monate an seinem Krankenbett ausgeharrt, das ist mit einem Wort schwer zu beschreiben.

LIAO YIWU: Ich kann verstehen, wie deine Stimmung gewesen sein muss!

LI MINGKAI: Mein Vater ist sechsundfünfzig Jahre alt geworden, in diesen sechsundfünfzig Jahren hatten Vater und Sohn ganze drei Monate einen wirklichen geistigen Austausch. Die Leute aus unserer Generation sind alle so, alles Egozentriker, wir scheren uns nicht darum, wie es im Herzen unserer Väter aussieht, aber wir nennen uns vollmundig »Künstler«.

Meine jüngere Schwester erzählte mir, seit das damals mit mir passiert sei, hätten alle zu Hause in großer Angst gelebt, die Eltern hätten keinen Appetit mehr gehabt und keinen Schlaf mehr gefunden. In einem armen Regierungsbezirk, wie Tianzhu einer ist, waren sie mehrere Jahrzehnte als Lehrer und Erzieher tätig; von ihren eigenen Kindern abgesehen haben sie ihr ganzes Leben der Gesellschaft gewidmet. Als ich die Aufnahmeprüfung zur Uni geschafft habe, waren sie außer sich vor Freude, meinten, diesmal könnten sie aus dem Elend raus, aber sie konnten ja nicht wissen …

In der Gegend da oben denkt man sehr konservativ, so etwas durfte man gar nicht erst bekannt werden lassen, der Kummer hat meinen Vater sicher krank gemacht. Denn früher war er immer bester Gesundheit, damit ich zur Schule gehen konnte, hat er sogar hinter dem Rücken meiner Mutter ein paarmal für Geld Blut gespendet. Da die Böden in meiner alten Heimat karg und die Menschen arm sind, ist es üblich, dass die Bauern der Gegend für Geld Blut spenden, aber dass das auch ein Gymnasiallehrer tat, das war nicht besonders ehrbar.

LIAO YIWU: Ich bilde mir ein, Berichte über solche Dörfer, in denen sie ihr Blut verkaufen, gelesen zu haben, wie es da hieß, ist das eine Tradition, die noch aus den sechziger Jahren herrührt.

LI MINGKAI: Stimmt, es gibt keine andere Möglichkeit, an Geld zu kommen, und das machen nicht nur die Bauern, sogar die Einwohner der Kreisstadt verkaufen ihr Blut. Wer achtzehn Jahr alt ist und noch nie für Geld Blut gespendet hat, der zieht sich auf dem Land den Spott der Leute zu. Vielleicht denken die Leute im Landesinneren, es sei schon ziemlich traurig, wenn man sein Blut verkaufen muss, um seine Familie zu ernähren oder seine Kinder auf die Schule schicken zu können – aber im Kreis Tianzhu ist das an der Tagesordnung, zwei-, dreimal in der Woche ist die Regel, man darf nur nicht so viel abzapfen, dass einer nicht mehr auf die Beine kommt.

LIAO YIWU: Wie viel bekommt man für einmal?

LI MINGKAI: Für vierhundert bis sechshundert Milliliter hundertfünfzig bis zweihundert Yuan. Bis auf die zehn Prozent, die die illegalen Blutaufkäufer bekommen als Aufwandsentschädigung, gehört einem das alles. Außerdem kam man damals beim Blutspenden auch noch zu einem kostenlosen Mittagessen und Lebensmitteln wie einem Packen Zucker oder Milchpulver. Deshalb halten die Bauern das für ein gutes Geschäft und zahlen ihre Wirtshausbesuche mit Blutgeld. Als ich klein war, hat mein Vater immer gesagt, wenn er mich motivieren wollte, mehr zu büffeln: »Ohne Zukunftsperspektive musst du dann später dein Blut verkaufen, um etwas zu essen zu haben.«

Kinder könnten ihren Eltern nur etwas zurückgeben, wenn sie sich »durch Leistung hervortun und Beamter werden«. Meine Aufnahmeprüfung auf die höhere Schule war die drittbeste im Kreis, aber ich bin kein Beamter geworden, sondern bin in diese nutzlose Performance-Kunst vernarrt. Zum Glück habe ich ein bisschen was verdient und konnte so mit gutem Gewissen am Sterbebett meines Vaters stehen.

LIAO YIWU: Du hättest die Behandlungskosten deines Vaters von der Steuer absetzen sollen!

LI MINGKAI: Man kann im Jahr höchstens fünftausend Yuan absetzen, ganz gleich, um welche Krankheit es sich handelt, bei Krebs reicht das gerade einmal für vierzehn Tage. Aber bei meinem Vater hat sich das drei Monate hingezogen, was man auch als eine schöne Frucht seines Lebens bezeichnen muss. Wenn sich das Ganze nämlich ein Jahr lang hingezogen hätte, dann würden wir nicht über achtzigtausend sprechen, dann hätten hundertachtzigtausend nicht gereicht. Das Krankenhaus war nur auf Profit aus, Vater hat die ganze Nacht gestöhnt, er hat alles bekommen, was man bekommen kann, Dolantin, Morphin, aber das hielt immer nur für eine kleine Weile. Später dann hat er herumgestikuliert, auf das Bett geschlagen und blind in die Luft gedeutet. Ich weiß, dass er nach Hause wollte, ihm tat das Geld im Herzen weh, aber ich habe zu ihm gesagt: »Wenn ich etwas habe, dann Geld.«

Er hat es nicht geglaubt und den Kopf geschüttelt und hat undeutlich gesagt: »Was man verbraucht hat, fehlt nachher.«

Du siehst, Liao Yiwu, ich habe meinen Vater umgebracht; wenn das mit mir nicht passiert wäre, wenn es ihn nicht so aufgeregt hätte, er wäre nie so schwer krank geworden. Auch wenn mein Vater aus einer bitterarmen Gegend kam, waren in seiner Familie keine Krebsgene, nie. Er hat nicht getrunken, nicht geraucht, er hatte überhaupt keine schlechten Angewohnheiten, die Leute aus seiner Zeit waren alle so, sie haben sich nie um sich selbst gekümmert, immer nur um andere.

Das Krankenhaus nahm es einmütig von den Lebenden, obwohl sie genau wussten, dass all die Medikamente überhaupt keinen Nutzen mehr haben, haben sie ihm eine Ampulle nach der anderen verabreicht. Als sein Handrücken so zerstochen war, dass da schon keine Nadel mehr hineinging, haben sie an den Füßen und am Hals weitergemacht; an den Füßen kamen die Injektionen auch wieder herausgelaufen, also haben sie direkt in die Arterie in der Oberschenkelbeuge injiziert. Mein Vater hat jedes Mal gezappelt, wollte die Ampulle rausziehen und die Sauerstoffmaske runterreißen ... ich habe ihn dann immer in den Arm genommen. Er hat mir nur ein Wort mit auf den Weg gegeben: »Durchhalten.«

Ich habe laut geantwortet: »Papa, ich werde durchhalten, ich werde nicht mehr in Schwierigkeiten geraten!« Dann sind mir die Tränen gekommen, ich habe keinen Ton mehr herausgebracht.

Und jetzt möchte ich auch nichts mehr sagen.

GAO MA, DER SÄUFER

Gao Ma ist 1958 geboren, im Jahr des Hundes, und war viele Jahre Redakteur einer bekannten Beijinger Zeitung. Er liebte den Alkohol wie sein Leben, im Trinken war er unschlagbar, ich habe keine Ahnung, wie er seinen Beruf ausgeübt hat.

Er ist bereits dreimal geschieden, während des Interviews saß seine vierte Frau neben ihm, sie sagte immer wieder im Scherz, sie werde meine Notizen checken, als sei sie ein Führungskader von Gao Ma und mir.

Gao Mao hat schnell die Geduld verloren, sich immer wieder gereckt und gestreckt, sein fettes Fleisch glattgezogen und sich fertig gemacht für sein Mittagsgelage.

Datum des Interviews war der 3. Oktober 2004, Ort ein Park in der Nähe von Hepingli.

—⟋⟍⟍—

LIAO YIWU: Du hast schon drei Verabredungen nicht eingehalten, auch heute habe ich dich nur schwer zu fassen bekommen. Willst du denn eigentlich überhaupt von mir interviewt werden?

GAO MA: Wir sind schon über zwanzig Jahre befreundet, was immer du willst, das machen wir. Trotzdem, worüber willst du mich interviewen? Ich habe schon seit Jahren keine Zeile mehr geschrieben.

LIAO YIWU: Erzähl mir keine Lügengeschichten, vor ein paar Tagen erst habe ich in einer Zeitschrift die Übersetzung eines griechischen Gedichts von dir gesehen: Giorgos Seferis*, »Santorin«:
Wenn du kannst
Kehr zurück in die dunkle See
Vergiss die Flöten, vergiss die nackten Füße
Die durch deine und andere Träume gehen

---

* Giorgos Seferis (1900–1971), griechischer Schriftsteller und Diplomat, Literatur-Nobelpreis 1963.

Das Rauschen des Lebens, des Untergangs
Wenn du kannst
Schreib auf deine letzte Muschel
Name, Tag und Ort
Und wirf sie zurück ins Meer …

GAO MA: Hast du immer noch so ein gutes Gedächtnis? Das ist sehr
gefährlich, alter Freund, sehr gefährlich. Wir leben in einer Zeit, die
kein Gedächtnis braucht, wenn einer bei einem Autounfall ums Leben kommt, rollen die Reifen, an denen sein Hirn klebt, weiter über
die Straßen. Die Kulturrevolution, das rote Fahnenmeer, die kollek-
tive Orgie ist umgeschlagen in kollektiven Schmerz. Schmerz? Der
Schmerz ist die Eintrittskarte zum Glück, Erinnerung die Eintrittskarte für das Vergessen. Genosse Lenin sagt: »Das Vergessen der Vergangenheit bedeutet Verrat.«
    Ich habe Verrat begangen, doch verdammt nochmal, warum? Na-
türlich ist da kein Warum, wer kann einen Säufer zur Rechenschaft
ziehen? Was habe ich gerade gesagt? Du siehst, mein Gehirn, ich
kann mich nicht mehr konzentrieren. Ich habe heute vormittag noch
nichts getrunken, da dreht sich der Kopf nicht so richtig, oder er dreht
hohl. Wenn ich meine Augenbrauen zusammenziehe, glaubst du, ich
hänge tiefen Gedanken nach, dabei schlafe ich nur mit offenen Augen.

LIAO YIWU: Du bist gerade wieder dabei, die letzten Nachrichten her-
auszugeben.

GAO MA: Arbeit ist eine Art Instinkt, das kann man auch mit geschlossenen Augen, ich bin achtzehn Jahre Redakteur, die Zeitung ist in der
Zeit zu einem Teil meines Körpers geworden. Hier der Besuch bei
Führungsleuten, ein Gespräch und dort der besonders spektakuläre
Autounfall, die Angehörigen, die ihr Recht verlangen, wobei in Wirk-
lichkeit die Toten keine Gerechtigkeit mehr brauchen, links frische
Blumen und Kinder, ein Fest, unten eine Anzeige für eine Enthaa-
rungscreme. Um halb zwölf in der Nacht ist Feierabend, zum Mittag-
essen gibt es Bier, man trinkt und macht seinen privaten Kram, die
Effizienz ist sehr hoch, das Hirn kommt auf Touren wie eine rostige
Maschine, am Anfang tut der Kopf noch ein bisschen weh und
knirscht, dann, wenn der Drink durch ist, geht man zum ersten Mal

pinkeln und Leib und Seele entspannen sich, danach wird einem immer wohler, alle halbe Stunde wird einmal gepinkelt und die Eingeweide scheinen sich zu strecken. Manche Leute behaupten, Säufer hätten kein Herz; richtig, je mehr ich trinke, umso weniger Herz habe ich, von der Hüfte aufwärts verschwindet alles. Der Mund ist ein Trichter und direkt mit den Harnwegen verbunden. Du behauptest, ich hätte Gedichte übersetzt? Wenn ich jetzt daran denke, dass ich Gedichte übersetzt habe, dann scheint das mit Ausscheidungen zu tun gehabt zu haben. Ich habe den Urin zurückgehalten und habe nicht gepinkelt, in diesem Augenblick fühlte ich mich instinktiv dem Ozean nah, in den Ozean zu urinieren wäre eine Wonne gewesen … und ich habe weiter getrunken, bis ich es nicht mehr ausgehalten habe und auf die Toilette gestürzt bin, diesmal ohne poetische Gefühle. Ich brauche an jedem Nachmittag über zehn Flaschen, da kannst du dir ausrechnen, was das im Monat kostet!

LIAO YIWU: Wohl entsprechend deinem Gehalt.

GAO MA: Du unterschätzt mich. Abends trinke ich doch weiter. Klaren, Ergoutou, anderthalb bis zwei Flaschen, aber schluckweise, in aller Ruhe, bis Mitternacht. Wenn Freunde mit mir trinken, ist das natürlich gut. In den Achtzigern hatten wir zu Hause viele Leute, die auf der Durchreise waren, da wurde musiziert und gesungen, dass es eine Freude war, bei Versammlungen haben wir uns alle einen angesoffen, sind uns wie Ringer in die Arme gefallen, haben mitten auf der Straße gelegen und uns zugeflüstert, wir würden niemals auseinandergehen. Irgendwer hat mich nach Hause geschleppt, und ich war ungeduldig mit ihm, ein Hund hat mir seine Schnauze in den Schritt gebohrt, ich bin gegen einen Baum geknallt und zurückgeschnellt. Die Sterne haben ein Fell, das ist eine Zeile des Dichters Ma Song: »Mein Fell ist besoffen!« Das Fell unter den Achseln oder zwischen den Beinen? Oder das kalte Fell, das der Mond herunterschüttelt? Verdammt, warum bin ich damals nicht von einem Auto überfahren worden? Das letzte Mal in den Neunzigern war ich in der Hepingli besoffen, mit einem vom Militär zusammen, es herrschte eine Schweinekälte, wir haben getrunken und getrunken und angefangen, uns auszuziehen. Du weißt, wie es zwischen Säufern so ist.

Ich maulte, er sitze so weit weg, dabei saß er doch direkt neben mir; nachher habe ich ihn gefragt, wo denn seine Nase geblieben sei?

Er griff mir ins Gesicht und sagte, da ist sie doch, ich sagte, stimmt gar nicht, die Nase da ist nicht deine Nase.

Er wurde wütend, hat mich geohrfeigt, ich bin zu Boden gegangen und habe gesehen, wie an der Fensterscheibe die Ohrfeige vorbeihuschte, also habe ich mich hochgestemmt und wollte auf die Scheibe los.

Der vom Militär sagte, wenn du Courage hast, dann ziehst du deinen Kittel aus und wir trainieren ein bisschen, also habe ich den Kittel ausgezogen.

Der vom Militär sagte, wenn du Courage hast, dann ziehst zu die Hose aus und wir trainieren ein bisschen, also habe ich die Hose ausgezogen. Nachher haben wir beide geflennt. Und noch später haben meine Freunde einer nach dem anderen dem Alkohol abgeschworen, eine Familie gegründet, Karriere gemacht und sind angesehene Männer geworden. All die Jahre sind nur so vorbeigeflogen, ich trinke immer noch, oft ganz alleine, sogar die Dämonen bleiben meiner Tür fern.

LIAO YIWU: Du hast aber auch geheiratet.

GAO MA: Dreimal habe ich geheiratet. Das erste Mal war ich so voll, dass ich die falsche Frau umarmt habe, da war ich verratzt. Das zweite Mal habe ich wieder die Falsche im Arm gehabt, meine zweite Frau sagte, von wegen, ich sei ein Säufer, ich sei ein Playboy, ob ich denn nicht einmal wisse, wessen Mund ich küsse? Ich sagte, das sei ein Glas gewesen, sie meinte, dann solle ich auch mit einem Glas ins Bett gehen, da war ich auch verratzt. Das dritte Mal hat meine Frau den falschen Mann im Arm gehabt, sie dachte, ich bin voll und bekomme nichts mit und ist mit so einem Kerl raus, ich lehnte auf der Fensterbank und habe gesehen, wie die Beiden händchenhaltend durch den Schnee spaziert sind, sehr romantisch das Ganze. Ich hinterher und mit dem Kopf gegen einen Elektromasten gelaufen. Ich bin k. o. gegangen und wäre beinahe erfroren. Aber als ich wach wurde, lag ich in einem Bett. Ich herrschte meine Frau, die neben dem Bett saß, an: »Bestimmt hat mich dein Verhältnis hier reingeschafft!«

Sie antwortete: »Was für ein Verhältnis? Ich habe dich hier reingezerrt.«

Das machte mich wahnsinnig: »Du verdammte Lügnerin! Ich habe es ganz genau gesehen!«

»Was willst du gesehen haben?«, gab sie zurück, »was kannst du Suffkopp denn schon sehen?«

Ich schwang die Fäuste: »Ich haben deinen Lover gesehen! Du bist dünn wie eine Bohnenstange, wie willst du mich großen Kerl hier hereingeschafft haben?«

»Wenn ich das gewusst hätte«, sagte sie, »hätte ich dich liegen lassen!«

Meine Fäuste wischten an ihrem Körper vorbei: »Das ist alles, was du von mir erbst, du Flittchen!« Und so nahm das Unglück seinen Lauf.

LIAO YIWU: So wie du drauf bist, aus welchem Grund heiratest du dann?

GAO MA: Wenn ich das schon länger wüsste, wäre es gut. Als ich jung war, mochte ich den Sex, ich konnte auch, wenn ich voll war; nachher dann hat es mich unterspült, ich habe Augen gemacht, aber ich konnte nicht, Alkohol macht impotent, wenn ich heute daran denke, dann war es ganz in Ordnung, dass sie fremd gegangen ist. Säufer haben keine Selbstachtung. Ausgerechnet mit jemandem wie mir debattiert sie, dreht sich um und geht ins Arbeitszimmer. Ich habe mir weiter die Kante gegeben, verdammte Scheiße, aber je mehr ich getrunken habe, umso kälter wurde mir, im Alkohol ist ein Geschmack nach Blut und totem Fleisch! Der Stoff wurde rot, der ganze Raum klirrte, wie Gläser klirren. Ich stand auf, machte zwei Schritte, hörte einen Hahn krähen und machte noch zwei Schritte. Ich hatte ein seltsames Gefühl, ich hatte seit fünf Jahren keinen Hahn mehr gehört; die Hähnchen auf der Zuchtfarm werden in drei Monaten hochgemästet, die können nicht krähen. Ein Hahn, der krähen kann, dreht die Zeit zurück. Ich schob die Tür zum Arbeitszimmer auf, und mir stieg ein Alkoholgeruch in die Nase, der noch schärfer war als der von Schnaps, ich erinnerte mich vage, dass meine Frau Ärztin war, in der Chirurgie. Ich nahm noch einen großen Schluck, ich verstand, aber die paar Schritte zu meiner Frau hin, die würde ich niemals schaffen, das Eisenbett war zu weit weg, wenn ich einen Schritt auf es zu machte, wich es einen Schritt zurück. Meine Frau war am Bettende, nein, am Schiffsbug, sie trug einen großen weißen Kittel, sie würde gehen, sie würde sich in der weißen Farbe auflösen, in einem großen Krankenhaus. Ich spürte, wie das Blut unter dem weißen Bettlaken lautlos rann.

LIAO YIWU: Ich habe gehört, dass deine Frau mit einem Messer über ihren Oberschenkel kratzte und das Blut zwei Stunden lang heruntertickte.

GAO MA: Tick, tick, wie eine Uhr. Ich war zu besoffen, ich war nicht einmal in der Lage, sie zu retten. Was heißt schon heiraten – das war eine Sünde! Ihre Beerdigung hat drei Tage gedauert, eine Flut von Leuten ist gekommen, Verwandte, Freunde, ehemalige Patienten, die sie geheilt hatte. Sie war eine gute Ärztin, davor hatte ich nicht die geringste Ahnung, wie viele Leute sie brauchten. Wenn ich nicht trank, wurde ich doch nicht weniger beschimpft. Aber ich fühlte mich krank und war in Panik, mein Bauch tat höllisch weh. Es ging nicht, ich hatte dieses Leben dem Alkohol verschrieben.

LIAO YIWU: Trotz des Todes deiner Frau hast du weitergetrunken?

GAO MA: Ich habe sie ja nicht zu Tode gesoffen, sie hat sich das Leben genommen. Natürlich wirst du jetzt sagen, dass ich auch über den Alkohol jemanden umbringen kann. Ach, die Wirklichkeit ist scheußlich. Glücklicherweise bleibt die Zeit nicht an irgendwelchen tragischen Momenten stehen. Ich habe nicht wieder geheiratet, ich bin einsam, betäubt, und das ist alles.

LIAO YIWU: Was heißt »und das ist alles«? Nach der »Internationalen«, dem Lied, du weißt schon, kann ein Proletarier seine Genossen finden, kannst du denn der Fahne nach nicht irgendwelche Saufkumpane finden?

GAO MA: Du hast noch nichts getrunken und du redest über Suff, meine Saufgenossen sind klassenspezifisch oder saisonal, wer kann denn jeden Tag mit mir trinken? Ist es schon Mittag? Trinken wir etwas, während wir uns weiter unterhalten, schau mal, mein Bauch, wie ein Fass, ob du es glaubst oder nicht, so einen wie dich saufe ich mit einem Furz unter den Tisch. Lass uns eine Brauerei aufmachen, Liao Yiwu, ich mache dir den Pförtner, ich mache Werbung, wenn ich einmal meinen letzten Schnaufer getan habe, ich bitte dich, meinen Kadaver zu zerhacken, in ein Fass zu stopfen und das Ganze zehn Jahre in der Erde gären zu lassen, das wird der beste Schnaps, den die Welt je gesehen hat.

LIAO YIWU: Hast du dir in diesem kurzen Augenblick drei Flaschen Bier in die Wampe gekippt?

GAO MA: Normalerweise sind es fünf, erst dann kann ich das erste Mal pinkeln gehen, hier, fühl mal, mein Bauch, der ist sehr real, da drin ist es, als wären da Sprungfedern, jetzt habe ich einen kleinen sitzen, bis ich geschifft habe, aber ich werde nicht besoffen, je mehr ich trinke, umso nüchterner werde ich.

LIAO YIWU: Je mehr ich trinke, umso schlechter fühle ich mich, ein Glück, dass das kein Klarer ist, sonst hätte ich schon längst gekotzt.

GAO MA: Beim Trinken gibt es zwei Engstellen, die erste ist der Magen, die zweite die Psyche, das beeinflusst sich gegenseitig. An sich kann ich was vertragen, das ist eine angeborene Überlegenheit, wenn ich gut drauf bin, dann lache ich mich ein paarmal weg, und ich vertrage noch mal so viel. Du hast zweieinhalb Flaschen getrunken und willst schon kotzen? Das ist aber suboptimal. Bestimmt hat es dich geschafft, mich hier in meiner gedrückten Stimmung zu sehen, aber was habe ich dir denn getan?!

LIAO YIWU: Ich trinke fast nie Alkohol, wir haben uns jahrelang nicht gesehen, nur deshalb »setze ich mein Leben ein, um den Edlen zu begleiten«.

GAO MA: Ich bin kein Edler, ich bin ein »Trinker aus Gaoyang«, wie man so schön sagt.

LIAO YIWU: So haben sie früher Li Yiji aus der Westlichen Han-Dynastie genannt, wie kommst du auf den? Ich bin doch nicht Liu Bang und du mein Gast! Bin ich etwa Liu Bang, der erste Kaiser der Han-Dynastie?

GAO MA: Mit einem Realisten wie dir kann kam keine idealischen Rauschpossen treiben, beim Trinken muss man aufeinander eingehen, sonst geht es nicht, du ein Glas, ich ein Glas, wir spielen Fingerraten und erzählen uns Katerwitze. Han Gaozu, also Liu Bang, der erste Han-Kaiser, war ein Suffkopp, nur deshalb hat er Li Yiji draußen auf und ab gehen und in den Straßen herumfluchen lassen und ihn nicht einen Kopf kürzer gemacht, sondern ihn eingeladen, so etwas hat es in der Geschichte oft gegeben. Und du, Liao Yiwu, hast in all den Jahren nur lauter unnützes Zeug gelernt, »Kultur« und »Entkolononialisierung«, was von »Heimatland« und »Midlife-Komplex«. Das hat alles mit Alkohol nicht viel zu tun; die chinesische Geschichte aber ist komplett von Sprit durchdrungen, deshalb hat das auch mit Geschichte nicht viel zu tun; und weil es mit Geschichte nichts zu tun hat, hat es noch viel weniger mit der Realität zu tun, denn jede Sekunde, die an uns vorbeirinnt, ist Geschichte, mal näher, mal weiter weg. Wir sagen nicht, wo es lang geht, das sagt der große Säufer da oben im Himmel. Wir sind nur die Untertanen von dem alten Herrn da oben.

LIAO YIWU: Und was hat deiner Meinung nach mit Realität zu tun?

GAO MA: Alkohol.

LIAO YIWU: Das kann nicht sein, das ist dein Lebensstil, das kannst du nicht auf mich übertragen. Ehrlich gesagt, 1989 war ich auf der Insel Hainan, im Süden, zum ersten Mal betrunken, ich bin sturzbetrunken durch die Straßen getorkelt; ich habe nicht mal mitbekommen, wie ein großer Lkw vor mir scharf gebremst hat. Es hat nicht viel gefehlt und mein Blut wäre in Haikou geflossen. Später haben mir Freunde erzählt, die Passanten haben naserümpfend einen Bogen um mich Häufchen Elend gemacht. Seither habe ich mir geschworen, mich nicht mehr mit Alkohol abzugeben.

GAO MA: Wie viel hattest du damals denn intus?

LIAO YIWU: So an die sieben, acht Unzen Schnaps.

GAO MA: Nach dem bisschen warst du schon ein Häufchen Elend? Das hatte bestimmt einen Grund, dass jemand wie du sich einfach so volllaufen lässt.

LIAO YIWU: Meine ältere Schwester war kurz vorher bei einem Autounfall ums Leben gekommen, danach bin ich nach Hainan, da waren viele Leute und ein großes Durcheinander, ich habe keine Arbeit gefunden, im Gegenteil, ich hatte eine Menge Ärger am Hals. Damals wimmelte es auf der Insel von Auswärtigen, die waren alle ganz außer Rand und Band.

GAO MA: Also habe ich ins Schwarze getroffen?! Chinesen sind normalerweise alle so, sie trinken, wenn ihnen etwas Erfreuliches widerfährt, und wenn es etwas Unerfreuliches ist, dann müssen sie noch mehr trinken. Anscheinend ist der Alkohol kein Rauschmittel, sondern ein Partner, bei dem man sich Luft macht, wie ein Mann bei einer Frau, wenn er sie braucht, fällt sie ihm ein, wenn er abgespritzt hat, ist es vorbei. Man macht sich selber zum Vieh.

Nein, lass mich ausreden, ich rede Unsinn. Was ist denn anziehender, Frauen oder Alkohol? Ich sage, beide sind gleich anziehend. Du musst die Liebe verstehen, ob die Liebe zum Alkohol oder die Liebe zur Frau für dich wichtiger ist. Natürlich sehen Frauen das anders, sie hassen Alkohol, sie messen ihre Kräfte mit ihm, im Kampf um den Mann. Sie sind der Auffassung, dass ein Mann, der kotzt, Scheiße redet und wie ein totes Schwein im Müll pennt, kein angenehmer Anblick ist; Frauen ist die äußere Erscheinung wichtig, und ein Säufer verliert sein Gesicht. Dass man ein verlorenes Gesicht auch wieder aufsammeln kann, das sehen sie nicht. Deshalb durchschauen sie einen Säufer nicht, sie sehen sein weiches Herz nicht, ein Dreck ist er, und von so was sollen sie sich sagen lassen: »Ich liebe dich«?

Der alte Yang bei euch da in Sichuan, der Kritiker, du kennst ihn doch, der hängt auch an der Flasche. Außerdem wird der immer gesprächiger, je mehr er trinkt, er wollte sich scheiden lassen, über zwanzig Jahre lang wollte er sich scheiden lassen, seine Tochter war schon über zwanzig, aber er hat es nicht geschafft. Das ist auch eine Art zu leben, an der Flasche hängen, weil man sich nicht trennen kann, das nennt man Sublimation. Sublimiert bis zu dem Punkt, an dem man nicht mehr von dieser Welt ist, man wird zu einer Art Platon. Platon war meines Wissens der erste impotente Mann der Weltgeschichte. Ein Messer, das man nicht wetzt, setzt Rost an, der gute Yang hatte bestimmt ein Problem, wenn es eng wurde, hat er getrunken, wenn er getrunken hatte, hat er die Leute angemacht, wenn er das leid war, hat er gepennt, das war sein tägliches Leben, den Rest der Zeit hat er in der Bibel gelesen und ehrtriefige Artikel über Moral geschrieben. Er ist ungefähr im gleichen Jahr auf die Flasche gezogen worden wie ich, mit dem Unterschied, dass der Suff ihm Luft verschaffte. Er ist das Gift, das ihm auf der Seele lag, losgeworden, sein

Körper ist gesund geworden und vital. Sylvia Plath, die Dichterin, die sich das Leben genommen hat, sagt: »Ich habe Männer verschlungen wie die Luft um mich herum.« Für den guten Yang war das Verschlingen von Alkohol wie das Verschlingen einer Frau, bei jedem Schluck hat er die Zähne zusammengebissen. Ich bin nicht derart aus dem Gleichgewicht, letzten Endes ist saufen einfach saufen, und so wird der Mensch am Ende so durchsichtig wie Gaoliang. Eine so durchsichtige und zärtliche Flüssigkeit haut wahre Bären von Männern um, und dann sieht man, was sie wirklich sind, Kriechtiere, ist es nicht das, was Laozi in seinem *Daodejing* meint?

LIAO YIWU: Das singt das Loblied der Neugeborenen, es nennt sie in einem Atemzug mit den Charakteristika des Wassers, das ist nur ein natürliches Merkmal, sonst nichts. Ein Säugling ohne Mutter geht nicht, und die Mutter steht für ein gesellschaftliches Attribut.

GAO MA: Das stimmt nicht, Mutterliebe ist auch eine natürliche Eigenschaft, wenn ein Baby schreit, dann gibt ihm die Mutter die Brust. Ein Säugling bringt jedermann dazu, ihn zu lieben, denn jeder, der auf ihn aufpasst, hat das Recht, für ihn zur Blaupause zu werden. Wenn ich voll bin, bin ich auch wie ein Säugling, jeder, der nüchterner ist als ich, hat das Recht, mich wegzutragen, damit ich kein Verkehrshindernis werde. Trotzdem, ich habe mehr Energie als ein Säugling, darüber bin ich mir vollkommen im Klaren, aber ich schere mich nicht um das, was ich tue. Einmal in einer Bar, ich hatte die halbe Nacht getrunken, habe ich so einem Animiermädchen fünfhundert Yuan gegeben, wollte gerade heimgehen, aber wie die Kleine mich mit stierem Blick loswanken sieht, hat sie Stein und Bein geschworen, ich hätte ihr nur dreihundert gegeben, sie war so zickig, dass ich ihr direkt ins Gesicht geschlagen habe, dann war Ruhe. Will die mir da ein X für ein U vormachen!

Ein anderes Mal bin ich mit blankem Hinterteil auf der Straße herumgelaufen, bin an einem kleinen Restaurant vorbeigekommen, habe mich hineingesetzt und nach was zu trinken geschrien, sämtliche weiblichen Gäste sind entsetzt geflohen. Die Kellner waren ebenfalls in Deckung gegangen und wagten nicht zu servieren. Also hat sich notgedrungen der Chef höchstpersönlich sehen lassen, hat mich aufgefordert, eine Hose anzuziehen, da fuhr ich mit der Hand an mir herunter, ich hatte wirklich keinen Faden am Leib. Ich sagte Papa zu ihm.

Der Chef sagte: »Du Narr, ich werde ad eins nicht die Polizei rufen, und ad zwei werde ich niemanden schlagen, denn ich bin dein alter Nachbar Wang Laosan. Ich bin schon seit fast zwei Jahren von der Arbeit freigestellt, es war nicht einfach, das Geld für ein Restaurant zusammenzubringen, und heute ist erst Eröffnung. Da du dich so um mich sorgst, mache ich auch kein Geschäft und werde mir mit dir in aller Ruhe einen hinter die Binde gießen, wie wäre das?«

Ich sagte, in Ordnung, ich zahle. Wir hatten noch keine zwei Krüge getrunken, da kam mein wirklicher Herr Papa mit einer Hose in der Hand herein, der alte Herr war über siebzig und zitterte vor Wut am ganzen Körper. Habe ich halt brav die Hose angezogen, und mein Vater hat mir die Ohren langgezogen, hei, ich war über vierzig, und mein Vater zieht mir noch die Ohren lang, das war ein Genuss!

LIAO YIWU: War dir das nicht peinlich?

GAO MA: Du überbewertest das gesellschaftliche Image, du bist doch kein Politiker. »Einmal besoffen und nie wieder einen Tropfen angerührt« – das klingt wie von einem hohen Tier. Die Zeiten sind nicht mehr die gleichen, das Klima hat sich verändert, jeder betont seine Eigenständigkeit, selbst die Knirpse in den Kindergärten halten sich für den Nabel der Welt; die sogenannte pluralistische Gesellschaft ist auch keine Gesellschaft für unsere Einzelkinder. Nach einem Wort, das zur Zeit in aller Munde ist, muss jeder für sich einen passenden Ort suchen, das heißt die passende gesellschaftliche Rolle. Meine Rolle ist die des Säufers.

LIAO YIWU: Du bist Redakteur einer Zeitung. Und du bist außerdem noch ein Übersetzer.

GAO MA: Das sind alles Absicherungen, Absicherungen eines Säufers. Absicherungen der Freiheit, Absicherungen, jederzeit die Hosen herunterlassen und in die Kindheit zurückkehren zu können. Meine angeborene Trinkfestigkeit hat mein Herr Papa mir antrainiert, als ich ein Jahr alt war, hat er mich gerne auf sein Knie gesetzt, selbst einen Schluck genommen und dann eine Stäbchenspitze eingetaucht und mir zum Ablecken gegeben, auf diese Weise bin ich langsam zu einem Kind geworden, das anders war als die anderen.

LIAO YIWU: Kannst du, so »anders als die anderen«, denn bei deiner Zeitung weitermachen?

GAO MA: Wir sind doch nicht mehr in Mao Zedongs Zeiten, wo man erst auf die Herkunft und dann auf die politische Haltung schaute. Meine beruflichen Leistungen sind anständig, es gibt keinerlei Ausfälle wegen des Alkohols. Außerdem, ich habe noch nie wegen Geld mit jemandem gestritten, jeder kann von mir aus mehr Gehalt, höhere Stipendien, Rabatte und Honorare bekommen, das ist mein größter Vorteil. Zudem, wenn die Chefs der Einheit einen ausgeben, dann entgehen sie allen möglichen Vorwürfen, wenn sie in meiner Begleitung sind. Um dir die Wahrheit zu sagen, meine Beziehung zu den Menschen ist so gut, selbst wenn ich mit nacktem Hinterteil über die Straße laufe, nehmen sie das als wohlgemeinten Witz. Die einzige Wunde, an die man nicht rühren darf, das sind meine gescheiterten Ehen – Alkohol und Frauen, das ist wie Feuer und Wasser. Ich bin dazwischen eingeklemmt und fungiere als Vermittler. Jetzt esse ich hin und wieder außer Haus, wenn du weißt, was ich meine, aber mit meinem Lümmel, das geht nicht mehr, wenn das mit dem Alkohol exzessiv wird, dann kommt er zwar hoch, aber er bleibt nicht oben.

LIAO YIWU: Du bist angeblich der größte Säufer unter der Sonne und brauchst keinen Gegner zu scheuen, was trinkst du denn eigentlich am liebsten, ich meine, welche Marke?

GAO MA: Ein Säufer kann alles trinken, alles, was halbwegs manierlich ist, da wird nicht sonderlich auf die Marke geachtet. Zu Hause habe ich alten, lange gelagerten Schnaps, eine ganze Reihe von Flaschen, Schlangen, Schweineschwarte, Jujubes, alles kann man mit Schnaps ansetzen. Bekannte Schnäpse wie Wuliangzhi, Maotai, Zhuyeqing, Fenjiu oder Alte Kellerei aus Luzhou gehen natürlich runter wie Öl, aber die haben auch ihren Preis, die kann man sich nicht jeden Tag leisten. Diese Sachen, und westliche Spirituosen, wo eine Flasche ein paar hundert Kuai kostet, die passen zu Schnapsseligen, denen sich der Becher von selber füllt, oder Schnapsheiligen, die den Schnaps als Medizin benutzen. Solche Leute trinken sozusagen auf offener Bühne, ich bin ein Säufer, ich bin zufrieden, wenn ich etwas zu trinken habe. Wenn du aber von mir unbedingt eine Marke hören willst, dann ist das ganz so, als sollte ein Freier unter den Nutten eine auswählen, als würde man seine Frau im Supermarkt einen Einkaufsbummel machen lassen, wo es, was das Herz begehrt, in Hülle und Fülle gibt. Trotzdem, bei natürlich gegorenem Alkohol hat man immer das Gefühl, etwas Reines zu bekommen, während die ganzen Blend-Sachen etwas heftig daherkommen. Natürlich empfindet das nicht jeder so. Vor über zehn Jahren haben ein paar Dichter, die sich ins Geschäftsleben gestürzt hatten, herumspektakelt, sie wollten einen ganzen Dampfer mit Alkohol beladen, von Chongqing aus den Yangzi runterfahren bis zur Mündung. Den Dampfer nannten sie »Schiff der Träume« und den alten romantischen Dichter Sun Jingxuan* machten sie zum Kapitän. Sun hatte gute Beziehungen zu allen großen Schnapsfabriken in Sichuan, man erzählte sich, er könne Geld an Land ziehen und Sponsorengelder für ein einmonatiges großes Fressen, Saufen und Tamtam besorgen. Natürlich, wenn es Essen und Trinken im Überfluss gibt, mussten die Massen von Schnapsseligen, die an Bord des »Schiffes der Träume« gingen, die zehn großen chinesischen Schnapsmarken einer erneuten Evaluation unterziehen und damit eine neue Runde in der Werbeoffensive einläuten und für die zehn großen Marken mit ihren alten Schrifttypen Werbung machen.

LIAO YIWU: Dieser Plan der Literaturmenschen ist niemals in die Tat umgesetzt worden.

GAO MA: Das »Schiff der Träume« war nur ein Traum, aber trotzdem, das war ein Traum, wie er nicht mehr nach meinem Geschmack hätte sein können.

LIAO YIWU: Nebenbei gefragt, isst du denn auch noch etwas, oder trinkst du nur noch?

GAO MA: Ich habe schon lange vergessen, wie Reis aussieht.

---

* Sun Jingxuan (1930 – 2003), chin. Dichter und Herausgeber von Zeitschriften.

ZHOU ZHONGLING, DER SPIELER

Zhou Zhongling, 1958 in Chongqing geboren, früher Avant-garde-Romancier, heute Chef eines Restaurants, und dem Ehepaar Liu Xiaobo, dem Friedensnobelpreisträger, ein Freund in der Not.
Zhou Zhongling ist Spieler mit Leib und Seele, hat von Politik nicht den blassesten Schimmer, trotzdem wurde der Entwurf der Charta 08 in einem Nebenzimmer seines Restaurants durchdiskutiert. In dieser Nacht hat er am Spieltisch eine erbitterte Schlacht geschlagen; das epochemachende Dokument, das hier aus der Taufe gehoben wurde, hat er überhaupt nicht wahrgenommen. Als man ihm später davon erzählte, hat er mit seinem Hippie-Lächeln vorgeschlagen: »Das nächste Mal solltet ihr eine ›Spieler-Charta‹ entwerfen!«
Dieses Interview wurde am Neujahrstag des neuen Jahrtausends geführt, das ist nun auch schon wieder zehn Jahre her, und als ich am Neujahrstag 2010 die Aufnahme neu bearbeitete, war Zhou Zhongling dabei, sich von einer schweren Krankheit zu erholen, lehnte schwach an seinem Bettende und spielte, wie immer, Mah-Jongg.

LIAO YIWU: Was hast du eigentlich in der Millennium-Nacht gemacht?

ZHOU ZHONGLING: Geschlafen.

LIAO YIWU: Keine Neujahrsfeier, kein Raus- oder Reinfeiern? Kein Feuerwerk, keine Blicke in die Nacht, kein Jubel um Mitternacht oder wenigsten die Nacht durch ferngesehen?

ZHOU ZHONGLING: Muss ich den Schwachsinn denn mitmachen? Eigentlich wollte ich ein paar Runden Mah-Jongg spielen, aber dann habe ich an die Ermahnung von Yue Jianyi gedacht und es mir verkniffen. Ach, schlafen, schlafen; außer spielen hat diese Gesellschaft nichts zu bieten, wo ich mich wohl fühle, als den Schlaf. 1998, 1999 hatte ich kein Glück, mit Überschreiten dieser Schwelle habe ich die alte Welt neben mein Kopfkissen gelegt, dann habe ich im Traum ein paar Schritte getan, und als ich die Augen öffnete, war ich in einer schönen neuen Welt. Der gute Yue sagt, ich müsse nur mit dem Spielen aufhören, dann werde sich mein Glück sofort wenden, dann hätte ich Geld wie Heu, ich würde immer reicher werden, das würde auch mit siebzig nicht aufhören.

LIAO YIWU: Hängst du denn so abergläubisch an dem guten alten Yue?

ZHOU ZHONGLING: Der alte Yue ist ein großer Meister, er hat das Dao erreicht, wie könnte ich nicht an ihn glauben?

LIAO YIWU: Nun ja, mit Leib und Seele Spieler sein oder einfach mal ein paar Runden zum Spaß spielen, das sind zwei Paar Schuhe.

ZHOU ZHONGLING: Leider hat es damit angefangen, mit ein paar Runden zum Spaß, wie bei dem Verrückten Ma, der konnte eigentlich nicht einmal die verschiedenen Steine auseinanderhalten, der ist von einer Truppe von Ehefrauen, denen der vierte Mann fehlte, als Lückenbüßer genommen worden, aber als er einmal damit angefangen hatte, ist er nicht mehr davon losgekommen. Wenn er nicht isst oder schläft, verbringt er seine Zeit beim Mah-Jongg. Dabei mault er noch seine Mitspieler an: »Warum habt ihr mir nicht früher gesagt, dass das hier so einen Spaß macht?«

Einmal hat er bei zwei Dong-Steinen die Zahlen verdreht, alle haben es zugelassen und ihn nicht darauf aufmerksam gemacht, aber er hat zu sich selbst gesagt: »Wieso kann ich die ganze Zeit die Steine nicht gewinnen?«

Du siehst, das Handwerk hat so einen üblen Odor, da wird erst der Tisch verlassen, wenn alles bis zum Ende durchgekämpft ist. Ich spiele seit 1989, das ist eine lange Zeit, du weißt, vorher war ich neben meinem Job ein besonders keuscher und anständiger Büchermensch, ich habe auch eine Reihe avantgardistischer Romane geschrieben. Ich habe sogar Werk-Seminare veranstaltet, habe Bücher verlegt, und just, als ich so richtig nach Literatur süchtig war, kam das Mah-Jongg daher, das war göttliche Fügung. In einer Nacht hat meine Spielsucht meine Sucht nach der Literatur überdeckt, mein geistiges Erscheinungsbild hat sich von Grund auf geändert, ich hatte das Gefühl, überall auf der Welt Freunde zu haben. Mein Körpergewicht lag nur noch bei gut siebzig Pfund, ich habe am Tag kaum zweihundert Gramm Reis gegessen, aber sobald ich am Spieltisch saß, haben meine Augen gestrahlt, ich hatte keine Probleme, drei Tage und drei Nächte durchzuhalten. Gewinnen und Verlieren hingegen war zweitrangig, was ich brauchte, war dieses Gefühl, an meine Grenzen zu gehen, als hätten sich meine Knochenrückstände samt und sonders in klappernde Mah-Jongg-Steine verwandelt. Am Anfang habe ich viel verloren und wenig gewonnen, genau wie der Verrückte Ma; manchmal haben die anderen drei Mitspieler mir einen Wink gegeben, starrten mich an, wie ich eine Falle stellte; es kam auch vor, dass meine Mitspieler einer nach dem anderen wechselten, und nur ich allein hielt die Stellung. He, ungeachtet der Tatsache, dass ich aufpasste wie ein Luchs und meine Augen so tief sind wie die des russischen Dichters Lermontov, ich habe überhaupt nichts gesehen. Wenn nur einer mit mir gespielt hat, ganz egal, ob alt oder jung, Männlein oder Weiblein, anständig oder vulgär, nobel oder Abschaum.

Einmal haben wir bei dem alten Huang zwei Tage lang durchgespielt. Es war der Morgen des dritten Tages und alle dösten vor sich hin, nur ich saß da, aufrecht wie ein Lineal, Brust raus, Bauch rein. Der alte Huang entschuldigte sich, er könne nicht mehr, ich sagte, wenn du nicht mehr kannst, hau dich eine Weile hin, überlass deinen Platz einem anderen, und wir machen weiter.

Der alte Huang meinte: »Meine Alte, mein Schwiegervater, meine Schwiegermutter, mein Onkel mütterlicherseits, meine kleine Tante väterlicherseits, der Kommilitone von meiner Tante haben sich schon vier-, fünfmal abgewechselt, nur mein fünfzehn Jahre alter Bub hat noch nicht mit dir gespielt.«

»Wenn das so ist, dann sag deinem Jungen, er soll einspringen, er soll sich keine Sorgen machen über Verlieren oder Gewinnen«, beeilte ich mich zu sagen.

Der alte Huang sagte: »Er geht noch zur Schule.«

»Wenn man als Kind schon Spaß am Spielen hat, dann kann man es weit bringen.«, sagte ich.

Der alte Huang schätzte mich. Weil ich Schriftsteller war, hat er halt seinen Jungen aus dem Bett geholt, ihn rangeschleppt und in aller Einfalt an den Spieltisch gesetzt. Doch er spielte nur widerwillig eine Runde, er hatte kein Interesse an dem Ganzen, während mich wie bei einem Rausch das Gefühl überkam, der Schlaf würde vom Steißbein aufwärts die Stirn hochsteigen. Ich ging schwankend aus der Tür, und es hat nicht viel gefehlt und ich wäre mitten auf der Straße eingeschlafen. Zu Hause einmal eingeschlafen, he, schlief ich einen Tag und eine Nacht durch. Dongnan hat mich ein paar Mal gedrängt, aufzustehen und etwas zu essen, aber ich habe das überhaupt nicht mitbekommen. Sie ist zu Tode erschrocken und dachte, ich hätte in meinem Tran Schlaftabletten geschluckt. Sie hat einen Arzt gerufen, der hat mir die Augenlider aufgezogen und mich untersucht und festgestellt, dass bei dem Beklagten alles normal war.

Als ich ausgeschlafen hatte, habe ich was gegessen und dann aus dem Fenster gestarrt. Da ist mir auf einmal eingefallen, dass ich ja noch Schriftsteller bin und es einfach eine Sünde war, mein Zeit so zu vertun. Also habe ich meinen armen Geist aufgerafft, Papier und Schreiber geholt und wollte mal etwas Vernünftiges tun. Aber zu meiner Überraschung wurde mir schon nach ein paar Zeilen der Kopf so schwer, dass nichts mehr ging. Ich habe unentwegt starken Tee getrunken, aber weiter den ganzen Tag nur gegähnt, am Ende habe ich dann den Stift hingelegt und bin eingeschlafen. Viele von meinen Romanen haben auf diese Weise nur einen Anfang und verlieren sich auch dort wieder.

So verlief mein Leben ein paar Jahre lang, immer im Kreis. Ein ausgelassenes Leben; wenn du es nicht glaubst, dann lasse ich dich ein paar Steine anfassen, diese glatten und kühlen kleinen Rechtecke sind wie die Haut einer Frau, ausgesprochen sinnlich. Für Mah-Jongg braucht man ein Händchen, weißt du, was das heißt, ein »Händchen haben«? Das ist etwas, das geht weit über Geschick hinaus, das geht sogar über die Spielregeln hinaus, am Anfang weißt du überhaupt nicht, was das ist, aber nach einer Weile, egal, ob du gewinnst oder verlierst, wird dir plötzlich klar, was mit der »Hand Gottes« gemeint ist. Vor ein paar Jahren habe ich ein Buch gelesen mit dem Titel »Gott hat mich würfeln gelehrt«.

LIAO YIWU: Wie viel gewinnst oder verlierst du denn so in einem Jahr?

ZHOU ZHONGLING: Über fünfzigtausend; als ich mal viel Pech hatte, waren es über hunderttausend. Dongnan war völlig ratlos und hat mich ermutigt, doch nach Beijing an die Lu-Xun-Akademie zu gehen, zu studieren, mit Büchern mein Geld zu verdienen und aus der

Glückspielszene auszusteigen. Sie mochte nicht, dass meine Mitspieler so ungebildet waren und dachte, die würden mich mit runterziehen. Sie sagte, in Beijing herrsche ein kulturelles Klima, dort habe jeder einen Beruf, da würde ich niemanden finden, mit dem ich meine Zeit verplempern könnte. Sie konnte ja nicht wissen, dass Mah-Jongg der größte Trend im China des zwanzigsten Jahrhunderts werden würde, es war in einem Ausmaß verbreitet wie Ende der Qing-Dynastie das Opium, in Beamtenkreisen, in der Welt der Kultur, im Berufsleben, bei den einfachen Leuten, sogar bei den Animiermädchen und Müllsammlern, überall wurde gespielt.

Professoren und Wanderarbeiter sprächen keine gemeinsame Sprache? Wenn die Steine erst einmal aufgestellt sind, dann sind alle eine Familie. Vor allem in Chengdu stehen, neben den dichtgesäten kleinen Feuertöpfen, an allen Straßenecken tagaus, tagein Spieltische, die Polizei macht eine Razzia nach der andern, verliert aber auch die Zuversicht, denn das Problem ist nicht, dass »der Wind ein wildes Feuer, bevor es heruntergebrannt ist, immer wieder anfacht«, man muss dafür sorgen, dass das wilde Feuer erst gar nicht anfängt zu brennen. Der einzige Weg ist nicht, es zu ersticken, sondern es in sichere Bahnen zu leiten, einfach Mah-Jongg in das Sportprogramm aufzunehmen, wie Schach und Weiqi zum Beispiel.

He, du behauptest, China sei in einer Umstrukturierungsphase und der Druck auf die Massen gewaltig? Du behauptest, der Wettbewerb sei mörderisch und Arbeit kaum zu finden? Aber Mah-Jongg kennt keine Grenzen, manchmal hat man den Eindruck, die Leute in Chengdu gingen überhaupt keiner geregelten Arbeit nach. Ich habe von einem staatlichen Unternehmen läuten hören, das ein paar Monate lang keine Gehälter bezahlt hat, wo die freigesetzten Arbeiter und Angestellten, die im Untergeschoss der Firma wohnten, selbst sehen mussten, wo sie blieben und eine Wand eingerissen und einen Mah-Jongg-Laden aufgemacht haben, mit dem Resultat, dass alles von regem Leben erfüllt ist. Später dann sind dort auch die Führungsleute des Unternehmens aufgetaucht, die hohen Herrschaften und die kleinen Leute, alles hat gespielt.

LIAO YIWU: Deine Frau hat dich weggeschickt, damit du mit dem Spielen aufhörst, aber du spielst mit noch größerem Vergnügen weiter.

ZHOU ZHONGLING: Als ich in Beijing ankam, habe ich in der Lu-Xun-Akademie gewohnt und überhaupt nicht gespielt. Nach und nach hatte ich keine Lust mehr, neue Leute kennenzulernen, ich habe es nicht ausgehalten, keine Steine in der Hand zu halten. Jetzt habe ich alter Sack wieder die Schulbank gedrückt. Wenn ich am Eingang des Klassenzimmers stand, kam ich mir vor wie in einem Kapitel des *Rulin waishi, der Inoffiziellen Geschichte des Gelehrtenwalds*. Das Klingeln des Telefons kann ich nicht hören, ich kann mich dann nicht mehr konzentrieren. Da war das Reiben der Mah-Jongg-Steine etwas viel Solideres, Würfel sind gute Lehrer, wenn man sie wirft, weiß man das Wesentliche, dann beginnt der Unterricht. So im Tran habe ich meine Sucht ausreichend bekämpft, aber dann bekam ich Hämorrhoiden. Diese Hämorrhoiden heißen auch »Brett-Sitz-Furunkel«, die kommen vom langen Stillsitzen, die haben direkt etwas zu tun mit dem Verkneifen der Notdurft – wie man so sagt »zehn Männer, neun Hämorrhoiden«. Aber normalerweise bleibt es bei Hämorrhoiden bei einem höllisch beißenden Jucken der Rosette, es gibt ein bisschen Blut und fertig. Aber bei mir gab es nicht ein bisschen Blut, das war, als hätte ich meine Tage, tagelang, manchmal blutete es so heftig, dass ein Stück vom Enddarm mit austrat und in der Hose hin und her bammelte wie eine Schweineschwanz. He, das war wie es in *Hundert Jahre Einsamkeit* steht, verdammte Scheiße, als es in der Familie von Oberst Buendía zu atavistischen Phänomenen kommt. Ich habe innerhalb von einem Jahr so oft das Bett gehütet, ich hatte eine Bombe im After stecken, ich hatte das Gefühl, eines Tages würden die Hämorrhoiden mich zerreißen, bumm! Wenn irgendwer einmal den Abzug des Mastdarms ziehen würde, würde ich als mein eigener Motordrachen zum Himmel steigen, und im nächsten Moment würde es Fleischfetzen regnen.

LIAO YIWU: Ich habe mir sagen lassen, dass du einen Wunderarzt gefunden hast, der auf die Heilung von Rosetten spezialisiert ist?

ZHOU ZHONGLING: Den habe ich auch beim Spiel kennengelernt. Du weißt ja, was für ein leichtgläubiger Mensch ich bin, außerdem haben diese Hämorrhoiden gebrannt wie tausend Feuer, ich konnte das nicht mehr kontrollieren. Der Wunderdoktor war eigentlich ein Dichter, eines Tages hatte er auf einmal eine Erleuchtung, hat sich in die Medizin gestürzt und war nach nicht einmal einem halben

Jahr schon ein berühmter Mann. Viele pensionierte Generäle haben
sich von ihm die Rosette kurieren lassen. Es heißt, in seinem Wohnzimmer hänge ein Schriftzug über der Tür, den ihm der Hongkonger
Reederkönig Bao Yugang erst kürzlich geschickt habe, darauf stehe:
»Wiedergeburt des Hua Tuo.«* Das größte Unglück seines Lebens
ist für den Wunderdoktor, dass er Hu Yaobang nicht hat behandeln
dürfen, »eine Herzkrankheit, ausgelöst durch Verstopfung«, seufzte
er oft, »dabei bin ich auf die Behandlung von Verstopfung spezialisiert!«

Und er ist dafür wirklich ein Spezialist. Ich hatte sein Mittel kaum
geschluckt und tausend Meilen Dünnpfiff, manchmal habe ich gerade die Hose erst wieder hochgezogen, da ist die Brühe schon wieder
rausgeschossen. Ich habe über einen Monat damit herumlaboriert,
mich nicht auf die Straße getraut, nicht Auto fahren getraut, nicht
gewagt, Freunde zu besuchen, vor allem keine weiblichen Freunde,
lach nur, das macht mir nichts, einmal habe ich geniest, da ging es
auch untenherum ab. Eigentlich brachte ich nur noch gut siebzig
Pfund auf die Waage, aber da hatte ich jedes Mal das Gefühl, ich leide
fast an Atrophie. Wenn ich unterwegs war, musst ich mich an der
Wand abstützen, alle zwei Schritte musste ich verschnaufen und ich
war schweißgebadet.

LIAO YIWU: Was ist denn das für eine Behandlung, das ist doch die
reine Kontamination!

ZHOU ZHONGLING: Und ob das Gift war, hochdosiertes Glaubersalz,
damit hat er meine Hämorrhoiden und zugleich meine Spielsucht
behandelt. Meine Eingeweide und meine Gedanken habe ich mir
zurecht gepfiffen, wenn ich etwas absorbiert habe, habe ich es direkt
wieder ausgeschieden. Meine sämtlichen Freunde haben mich ermahnt, diese furchtbare Behandlung abzubrechen, aber das Ansehen,
das mein Wunderdoktor bei mir genoss, war nicht zu erschüttern.
Meinen vierzigsten Geburtstag habe ich ihn eigens eingeladen, mit
mir zu feiern, mit den Resultat, dass er sturzbetrunken auf der Straße
Kickboxen geübt hat und auf die Leute, die ihn heil nach Hause
bringen sollten, einschlug.

---

* Hua Tuo (gest. 208), berühmter chinesischer Arzt.

LIAO YIWU: So wenig hat er Rücksicht darauf genommen, wie du dann dastehst?

ZHOU ZHONGLING: Er war ein vollkommen anderer Mensch, ich habe sein wahres Gesicht gesehen, er war vom gleichen Kaliber wie Hu Wanlin*. Er hat hundert verschiedene Krankheiten mit der gleichen Medizin behandelt: Glaubersalz. Ich erinnere mich, dass man für die Herstellung von Sprengstoff auch Glaubersalz verwendet, es hat nicht viel gefehlt und ich wäre Opfer der Experimente dieses Irren geworden. Anschließend habe ich aufgehört, das Glaubersalz zu nehmen und die Hämorrhoiden sind wiedergekommen.

LIAO YIWU: Das nenne ich »die Rache der Rosette«, dann hat sich aber doch alles zum Besten gewendet.

ZHOU ZHONGLING: Ich war schon als Kind ziemlich anfällig, wenn es hier gezwackt hat, dann hat es dort gezwickt, deshalb bin ich relativ geduldig im Ertragen von Schmerzen. Aber wirklich das Gruseln gelehrt hat mich Yue Jianyi, in einer Sommernacht im Jahr 1998, ich spielte gerade Mah-Jongg, in Dujiangyan, es war ein Ferngespräch aus Beijing, seine Stimme war seltsam düster und kalt, am Telefon sagte er: »Spielst du noch, Zhou Zhongling? Wenn du so weitermachst, wird es ein blutiges Ende mit dir nehmen!«

Meinem Herzen gab das einen Stich, trotzdem habe ich eigensinnig gelacht: »Das kann man nicht spielen nennen, ich streichle ein bisschen die Steine.«

Der gute Yue meinte: »Du musst dem Mah-Jongg aus dem Weg gehen, du darfst nicht einmal zusehen!« Als ich auflegte, war meine Hand nass, aber ich habe gewohnheitsmäßig weitergespielt, die ganze Nacht durch, ich hatte auch ein ganz gutes Händchen und habe ein paar tausend gewonnen. Ich habe bis am Nachmittag des nächsten Tages geschlafen und bin zum Fluss, um einen Tee zu trinken. Unterwegs habe ich einen alten Physiognomen getroffen, der mich gleich mit folgendem Satz begrüßt hat: »Wenn ich dem werten Herrn in das noch wertere Gesicht schaue, dann dürfen Sie sich auf keinen Fall

---

* Hu Wanlin (*1949), Bettler, Sträfling, von vielen verehrter Wunderheiler und wieder Sträfling, im Jahr 2000 zu 15 Jahren Haft verurteilt wegen Amtsanmaßung mit Todesfolge.

auf die Spielerei einlassen! Sonst wird es ein blutiges Ende mit Ihnen nehmen!« Seither hatte ich einige außerkörperliche Erfahrungen. Vielleicht ist ja irgendwo im Verborgenen tatsächlich jemand dabei, mein Schicksal zu bestimmen.

LIAO YIWU: Der alte Yue hat mich auch einmal angerufen, wollte, dass ich unbedingt und mit allem Nachdruck auf dich einwirke, er war bei sich zu Hause und hatte keine ruhige Minute, weil er spürte, dass du dem Unheil nicht würdest entgehen können.

ZHOU ZHONGLING: Ich habe vor vielen Freunden Stein und Bein geschworen, dass ich mich in diesem Leben nie wieder mit der Spielerei abgeben würde, aber kaum hat mich jemand eingeladen, bin ich wie fremdgesteuert da hin, als hätte ich meine Seele verkauft, mein Kopf war vollkommen leer. Ich habe so oft beim Spielen gedacht: »Nach dieser Runde gehst du!« Der psychische Druck war zu groß, also habe ich mich in in der stickigen Atmosphäre selbst auf den Arm genommen: »Yue Jianyi sagt, wenn ich weiter spiele, wird es ein blutiges Ende mit mir nehmen!«

Meine drei Mitspieler reagierten halbherzig: »So schlimm? Das war ein Witz, oder?«

Ich legte ein »Huhn«* aus und sagte: »Neunzig Prozent von dem, was der alte Yue sagt, trifft auch ein!«

Mein Gegenspieler zu meiner Rechten sagte: »Wirklich? Ob er mir auch die Zukunft voraussagen würde?«

»Vergiss es«, sagte ich, »so wie du mich hier in Kalamitäten bringst.«

Mein Gegenüber sagte: »Ein richtiger Mistkäfer.«

»Ab morgen höre ich auf und wasche mir die Hände in einem goldenen Waschbecken«, sagte ich.

Und der zu meiner Linken: »Heute Abend jedenfalls spielst du wie ein Berserker, wir verdoppeln den Einsatz noch mal, wie wär's?«

Ich zögerte noch, als der zu meiner Rechten meinte: »Das wird das Meister- und Abschiedsstück von Bruder Zhou, solange er keine ›Blume auf Gong‹** bekommt, zieht er sich nicht zurück.«

---

* Spezielles, gutes »Blatt« beim Mah-Jongg.
** Ebenso.

LIAO YIWU: Wenn man sich so herumquält, dann wäre es ein Wunder, wenn nichts passiert. Wenn man seine Knochen an so einem Ort schmoren lässt, voll konzentriert und alles voller Qualm und ständig der Tee, und das für Jahr und Tag, dann hält das der gesündeste Mensch nicht aus. Letztens standen zwei grausame Begebenheiten aus der Mah-Jongg-Szene in der Zeitung; in beiden Fällen hatten alte Leute zu lange miteinander gekämpft und einen Herzinfarkt bekommen.

ZHOU ZHONGLING: Ich habe Yue Jianyis Prophezeiung überall publik gemacht und mir noch oft weissagen lassen, aber wenn ich einen Tag ohne Spiel war, bin ich kribbelig geworden. Ich liebe den Trubel, ich bin immer auf der Suche nach etwas, womit ich mir den Kopf zudröhnen kann, damit er nicht so leer ist. Die Landschaft von Dujiangyan ist malerisch, das Klima ist angenehm, wie geschaffen, um sich aus der Welt zurückzuziehen. Wohin soll sich denn jemand über vierzig zurückziehen? Später ist dann mein Vater ums Leben kommen, das weißt du ja, bei einem Verkehrsunfall.

Er war erst Anfang sechzig und kerngesund. An diesem Abend sind er und Mutter vom Xinong-Campus nach Hause spaziert, sie haben die Straße überquert, die beiden alten Eheleute, sie waren schon auf der anderen Seite, als ein mittelgroßer Bus vorbeidrängte, meinen Vater erfasste und ein paar Meter durch die Luft schleuderte. Das war der vierte schwere Verkehrsunfall an dieser Stelle innerhalb eines Monats, alles mittlere Busse auf der Jagd nach Kunden, das macht der wahnsinnige Wettbewerb. Mein Vater, eine guter alter Kerl, der mit niemandem Streit hatte, musste auf diese Weise gehen, ich bin von Beijing hergeeilt, um mich um die Beerdigung zu kümmern, ich war fix und fertig. Ich hatte früher schon mit dem Tod zu tun gehabt, meine erste Braut ist am Vorabend der Hochzeit plötzlich krank geworden, bei ihr wurde ein Gehirntumor festgestellt, Spätstadium, ich habe das mit eigenen Augen mitangesehen, wie ein schönes, blühendes Leben ausgelöscht wurde. Ich weiß, dass der Einfluss der Toten auf ihre Angehörigen weit über die augenblickliche Trauer hinausgeht. Es ist vielmehr eine endlose Wüste, wenn die Blutsbande mit einem Schlag unterbrochen werden, treibt man nur so dahin, Körper und Wohnung sind kein Zuhause, dein wirkliches Zuhause hat der Tote mitgenommen. Meine Mutter hat jetzt zum christlichen Glauben gefunden; wenn sie zu ihrem Gott betet, dann ist das auch ein

Gespräch mit meinem Vater. Ich habe nicht die Fassung wie die Generation meiner Eltern, meine Spielsucht hat sicherlich etwas mit dem Tod zu tun, ich bin auf der Flucht, ich verwässere mir die Erinnerung mit einem Spiel.

LIAO YIWU: Ob der Tod deines Vaters auch mit dem »es wird ein blutiges Ende mit dir nehmen« gemeint gewesen sein kann? Glaubst du nicht auch, dass das ein Omen war?

ZHOU ZHONGLING: Zur Totenwache sind so viele Freunde gekommen, da konnte ich schon aus meinen sozialen Verpflichtungen heraus den Mah-Jongg-Tisch nicht verlassen. Das ist eine chinesische Sitte, man muss miteinander spielen bei solchen Anlässen. Später habe ich mich fast ganz gehen lassen, niemand hat mich aufhalten können.

LIAO YIWU: Hast du das Gefühl, dass die Prophezeiung von Yue Jianyi bereits eingetreten ist?

ZHOU ZHONGLING: Ich habe nicht genauer darüber nachgedacht, ich lebte nur noch nach dem Gesetz der Trägheit. Ach, in dem Zug zurück nach Beijing hat mir ein dicker Mönch geweissagt, er hat so in etwa das Gleiche gesagt wie Yue Jianyi. Schon sonderbar.

LIAO YIWU: Und dann?

ZHOU ZHONGLING: Dann ist wieder ein gutes halbes Jahr ins Land gegangen, als ich sah, dass nichts passierte, war ich ganz entspannt, ich dachte, der gute alte Yue hätte aus tiefer Freundschaft mit mir seinen mystischen Sprüchen einen Schrecken eingejagt, damit ich mit dem Spielen aufhöre. Bis eines Abends im Frühjahr '99 dem Buchhändler im Stock über mir ein vierter Mann zum Mah-Jongg gefehlt hat, der wollte unbedingt, dass ich mitmache. An dem Tag habe ich mich nicht ganz wohl gefühlt, aber bei so einer überschwänglichen Freundlichkeit kann man schwer nein sagen, da kann man nicht gut ablehnen. Im Raum waren vier Leute, alles Kettenraucher, eine nach der anderen, im Handumdrehen war alles vollgequalmt. Ich habe ein paar Runden gespielt und hatte das Gefühl, keine Luft zu bekommen und bin ein bisschen vor die Tür, als die Steine neu gemischt wurden, dann haben wir weitergespielt. Aber ich konnte mich nicht mehr konzentrieren, keine Ahnung, wo meine normale Unbesiegbarkeit beim Spiel auf einmal hingekommen war. Mein Gegenüber sagte: »Zhong-zhong, du siehst schlecht aus, ist was? Du hast doch bisher weder ver-loren noch gewonnen.«

Ich hatte unerträgliche Beklemmungen, stand auf, habe zwei Schluck Wasser runtergestürzt und mich verschluckt. Als ich hustete, sah ich auf einmal goldene Blumen und erkannte niemanden mehr. Ich sackte unter den Spieltisch weg.

Meine Mitspieler haben mich in heller Aufregung nach unten ge-bracht, wo ich mich eine halbe Stunde aufs Bett gelegt habe und fast keinen Puls mehr hatte, da haben sie mich schleunigst ins Kranken-haus gebracht. Erst nach ein paar Stunden haben sie mich mit ihren Rettungsmaßnahmen wieder zurückgeholt, in meiner Rippengegend klafften zwei, drei Einschnitte, der ganze Körper steckte voller Kanü-len. Mir waren die Lungenbläschen geplatzt, eine Stunde später und ich hätte Bekanntschaft mit dem Fürsten der Unterwelt gemacht.

LIAO YIWU: Das war knapp!

ZHOU ZHONGLING: War es immer noch. Ich habe eine geschlagene Woche mit dem Tod gerungen, nach der Krise habe ich mich erholt und machte schon wieder Pläne. Mein angeborener blinder Optimis-mus war nicht totzukriegen, es war einfach zu schön, am Leben zu sein, ein bisschen auf den Putz hauen zu können, ein bisschen Geld ausgeben zu können, also habe ich in Zhengzhou eine Buchpräsenta-tion veranstaltet, der Markt war reif für mein Buch über die »Anlage von Wertpapieren«.

LIAO YIWU: Gerade dem Tod von der Schippe gesprungen und schon wieder Trubel?

ZHOU ZHONGLING: Oh, am Tor zur Unterwelt war es zu einsam und zu still, ich wollte unter Menschen und direkt in mein Unglück rennen.

LIAO YIWU: Wäre es denn nicht möglich gewesen, dass dein jüngerer Bruder das für dich macht?

ZHOU ZHONGLING: Ich bin in unserer Familie der Einzige, der mit be-rühmten Leuten umgehen kann, im entscheidenden Augenblick muss ich die Pferde rausholen und für Ordnung sorgen, das war schon immer so, seit wir Kinder waren. Also habe ich ein Flugticket bestellt, am Tag meiner Abreise kam es noch zu einer Auseinandersetzung mit meinem Arzt, er wollte mich nicht gehen lassen, da habe ich ihm vorgemacht, ich ginge nach Hause, um mich zu erholen. Schließlich war ich kaum aus der Tür, als ich auch schon zum Flughafen gehetzt bin, erst kurz vorm Boarding habe ich gemerkt, dass ich meinen Personalausweis vergessen hatte.

LIAO YIWU: Als ob du nach Hause zu einer Beerdigung gerannt wärst!?

ZHOU ZHONGLING: So ungefähr. He, dass ich meinen Personalausweis vergessen hatte, war ein Glück, sonst hätte ich mein Leben dem Luftfahrtunternehmen unseres schönen Vaterlandes gewidmet. Stell dir das mal vor, wie soll man sich in ein Flugzeug setzen, wenn die Operationswunden noch nicht ausgeheilt sind? Würde die Lunge da nicht platzen? Mit Schmerzen im ganzen Körper bin ich in der folgenden Nacht mit dem Zug nach Zhengzhou gedonnert und bin, was ich eigentlich nicht vorhatte, am Tag drauf mit einem gemieteten Santana wieder zurückgeballert, den ganzen Weg hat sich Ao Ge, ein Schriftsteller aus Sichuan, du wirst ihn kennen, um mich gekümmert, sonst hätte ich mein Leben doch noch der Eisenbahngesellschaft unseres schönen Vaterlandes gewidmet.

LIAO YIWU: Was war passiert?

ZHOU ZHONGLING: An dem Tag, als ich in Zhengzhou ankomme, machte meine Lunge nicht mehr mit, die Schmerzen waren dramatisch, ich habe ein Krankenhaus gefunden, die waren dem technisch nicht gewachsen, denen hat der Mut gefehlt, eine Operation zu machen und noch einmal nachzusehen. Mein kleiner Bruder hat alles stehen und liegen lassen und mich zum Bahnhof gebracht, da ist mir auf einmal eingefallen, dass mein Arzt mich gewarnt hatte, ich »dürfe niemals wieder einem solchen Geholper ausgesetzt« werden, also habe ich mir sofort ein Taxi gesucht. Ich habe über tausend Yuan ausgegeben und am Abend war ich wieder in meinem alten Krankenhaus. Das war die Strafe des alten Himmels! Das Komische war, ich habe in meinem Krankenbett hintereinander drei Träume gehabt, in allen dreien habe ich Mah-Jongg gespielt und habe andauernd gewonnen,

Blume auf Gong, alle von einer Farbe, ich habe alles beherrscht. Ich habe sogar in Mah-Jongg-Bettwäsche geschlafen, he, das ganze hatte Ähnlichkeit mit Go, auch wenn das eine eckige Steine hat und das andere runde. Scheiße, die Menschheit hat sich da ein verrücktes Zeug einfallen lassen, dessen Zerstörungskraft viel größer ist als alle Atom- und Wasserstoffbomben zusammen. Das Schicksal ist unberechenbar, Yue Jianyi hatte mich überzeugt.

LIAO YIWU: Kein Spiel mehr?

ZHOU ZHONGLING: Die Sucht ist viel schwächer geworden, ich kann spielen, und ich kann es bleiben lassen. Das ist dann nichts Ernstes mehr und Mah-Jongg nur so zum Vergnügen – vergiss es.

LIAO YIWU: Da wärst du fast direkt unter einem Mah-Jongg-Tisch weg über die Schwelle des Todes geschlichen und warst immer noch nicht kuriert?

ZHOU ZHONGLING: Das war eine Wiedergeburt, das war eine Wiedergeburt.

LIAO YIWU: Du hast ja überhaupt keine Perspektive für die Zukunft.

ZHOU ZHONGLING: Die Perspektive eines Mannes liegt im Spiel, mir ist ein Licht aufgegangen. Glaubst du etwa, dass du kein Spieler bist?

LIAO YIWU: Ich rauche nicht, ich trinke nicht und ich spiele auch nicht.

ZHOU ZHONGLING: Du schreibst, du vergräbst dich für Jahre in harter Arbeit, du schreibst auch, wenn es keiner veröffentlicht, das ist der Einsatz. Deine Spielsucht ist größer als bei irgendwem, du hast dein ganzes Leben eingesetzt; wenn du gewinnst, dann gehst du mit Kind und Kegel in den Himmel ein, wenn du verlierst, dann bist du ein für allemal fertig und verbrannt. Auch Politiker sind Spieler, ihr Einsatz ist noch höher, da geht es nicht einmal um Geld oder das eigene Leben, sondern um alle Ewigkeit, um eine Utopie, die Generationen überhaupt nicht zu Gesicht bekommen werden. Die Kulturrevolution war eine solche Utopie, die Volkskommunen, die Volksküchen waren so eine Utopie, aber am Ende haben sie verloren, die Jugend und die

Ideale von ein paar Generationen sind da aufs Spiel gesetzt worden. Und dann schau dir die kleinen Würfel an, mit denen wir einfachen Leute spielen, die rollen nur auf einem kleinen Tisch, während die abstrakten Würfel auf die Tische der Geschichte geworfen werden, und die Eröffnungssteine sind alle blutig. Aber auch Bettler, Gelegenheitsarbeiter, Arbeitslose sind Spieler, oder sie sehnen sich danach. Mah-Jongg, Karten, Poker und Go haben nur ganz gewöhnliche Figuren und Bilder, aber der Mensch ist eine lebendige Spielfigur, er treibt sich überall herum, und der Mensch, der für seine Existenz das Letzte aus sich herausholt, spielt und ist gleichzeitig eine Schachfigur für andere.

LIAO YIWU: Kommst du mir jetzt auch noch mit einer philosophischen Theorie?

ZHOU ZHONGLING: Vor zehn Jahren haben sie mich einmal eingesperrt, im Knast habe ich dann den berühmten Spielerkönig Zhang aus Chongqing kennengelernt. Er war fast siebzig, hatte über sechzig Jahre gespielt, er hatte unter der Guomindang und der Kommunistischen Partei im Spielerknast gesessen, es aber nie aufgeben können. Der Diensthabende hat ihn nur flüchtig untersucht, und ihn dann seinen Kram zusammenpacken lassen.

LIAO YIWU: Hat der alte Kerl beschissen?

ZHOU ZHONGLING: Er hat alles gestanden, dann hat er dem Diensthabenden gesagt: Glücksspiel, das gibt maximal drei Jahre Umerziehungslager, für mich höchstens anderthalb Jahre. Ich bin alt, ich kann nicht arbeiten, ich kann auf einer Umerziehungsfarm nur auf das Tor aufpassen; so ein Job ist wie eine Altersversorgung, ich habe einen Fehler gemacht, ich würde mich schämen, mich von der Regierung aushalten zu lassen.

Der Diensthabende ließ ihn eine Entzugsanerkenntnis unterschreiben, da meinte er, was ich da geschrieben habe, ist Betrug, Betrug an der Regierung, eine schlechte Angewohnheit, die man über so viele Jahrzehnte hat, kann man, wie ich fürchte, nicht mehr ablegen.

Der Diensthabende sagte, entweder schreiben oder Umerziehungslager.

Im Lager kann ich es mir auch nicht abgewöhnen, sagte er.

Der Diensthabende sagte, um was willst du denn spielen, wenn du da drin eingesperrt bist? Er sagte, um alles, was ich sehe, wenn nicht um Geld, dann wird um Reis gespielt, um Fleisch, um Arbeitseinsätze. Ich fürchte, wenn die Babys da drin bei mir lernen, dann werden die auch spielsüchtig, wenn sie verlieren, dann gehen sie klauen, rauben, und dann habe ich noch mehr Schuld auf mich geladen.

Der Diensthabende schlug wütend auf den Tisch, der Spielerkönig aber rief laut: »Eine Hand, zweimal geschlagen, fünf Finger, macht acht Punkte! Du schießt einfach zwei Kanonen gegen mich ab, wenn ich ein komplettes Blatt habe, dann kann ich mich gut außerhalb des Lagers behandeln lassen.«

LIAO YIWU: Der ist ohne Zweifel dein großes Vorbild, oder?

ZHOU ZHONGLING: Das ist die schönste Geschichte über einen Spieler, die ich je gehört habe. Und ich? Ich werde nie so weit kommen wie er.

LIAO YIWU: So weit? So weit wie der? Du bist ein noch viel größerer Vabanquespieler als dieser Spielerkönig, aber deine Gesundheit ist bei weitem nicht so stabil, dieser Umstand hat dir das Leben gerettet. Kehr um, komm ans Ufer, auf der Welt gibt es noch so viele Dinge, die Spaß machen, warum willst du dich unbedingt in einem Baum aufhängen?

WANG YU,
EIN GU-QIN-MEISTER DES SICHUAN-STILS

Im Januar 1994 kam ich aus dem Gefängnis frei, kehrte in meinen Heimatort zurück, die Zeiten hatten sich verändert. Meine Frau und mein Kind waren weg, was mich sehr mitnahm. Die Dinge waren noch die gleichen, die Menschen nicht, mir sank der Mut und ich habe mir mit meiner Bambusflöte in den Bars an der Mozi-Brücke in Chengdu als Straßenmusiker mein Brot verdient. In dieser Zeit bin ich, wie der Zufall es wollte, viele Male dem Meister Wang Yu begegnet, woraus, wir waren schließlich Musikerkollegen, über den Altersunterschied hinweg ein Kontakt entstand.

Am 3. Oktober 1995 und am 31. Januar 1996 habe ich aus persönlichen Gründen heraus zweimal ein Interview mit ihm nicht zustande gebracht. Bei Meister Wang Yu zu Hause gab es kein Telefon, man konnte nur auf die altertümliche schriftliche Art mit ihm Kontakt aufnehmen. Am Vormittag des 3. Januar 1997 stand schließlich fest, dass wir einander am Nachmittag des gleichen Tages um drei Uhr treffen sollten.

Damals war Meister Wang Yu bereits 87 Jahre alt, er wohnte in einer einfachen Gasse neben der Kreuzung von Ziegenmarktstraße und Dongchenggen-Straße in Chengdu, die Leute auf der Straße kannten ihn alle.

—⚉—

LIAO YIWU: Als ich von Ihnen, Meister, das Stück »Zu Besuch bei Freunden in den Bergen« hörte, konnte ich kaum ruhig sitzen bleiben. Ich hatte mit dem Interview noch nicht angefangen, da hattet Ihr mich mit Eurem erhabenen Qin-Spiel bereits vollkommen durchschaut. Meister, als Nachgeborener schaue ich zu Euch auf voller Ehrfurcht.

WANG YU: Spielst du noch die Flöte?

LIAO YIWU: »Spielst du noch die Flöte« – was wollt Ihr damit sagen? Sicher tue ich das noch. Auch wenn Jahr um Jahr vergeht, so ist das Brotverdienen immer noch eine Last und schnürt mir die Luft ab, aber das Flötenspiel ist eine notwendige tägliche Übung. Wenn die Zeit drängt, wenn man ungeduldig ist, dann befeuchtet man das Mundstück, selbst wenn kein Ton herauskommt, funktioniert das. Auch ein Musikinstrument hat eine Spiritualität, wenn man es nicht liebt, wird es sich einem entfremden.

WANG YU: Ist dem so? Aber ich habe schon lange keine Qin mehr gespielt.

LIAO YIWU: Meister, wie könnt Ihr Euch so klein machen, Ihr könnt nicht Euch mit mir in einem Atemzug nennen! Selbst wenn Ihr ein Leben lang keine Qin mehr anfassen würdet, würde ihr heiliger und uralter Klang zwischen Himmel und Erde und in den Hallen widerklingen. So wie damals, als der heilige Konfuzius die Reiche bereiste, um die Riten der Zhou zu verbreiten, und drei Tage und drei Nächte, ohne Trank und Speise, an der Grenze von Chen und Cai von einer Schar von Wilden umstellt war. Der Weise war ohne Furcht, schlug die Qin vor diesen Männern und sang ein hohes Lied, das den Himmel rührte und die Erde bewegte. Ich denke oft, die Geschichte der alten Qin ist eine Geschichte der Wanderungen chinesischer Mandarine.

WANG YU: So könnte man das sagen. Die Qin ist das Musikinstrument, das am engsten mit der Politik Chinas verbunden ist, deshalb haben nicht wenige der alten Kaiser und Könige die Qin spielen können. Über die Jahrtausende hinweg haben wir keine Möglichkeit, Konfuzius zu hören, wie er die Qin spielt und singt, aber wir können seinen *Gesprächen** entnehmen, dass sein Qin-Spiel und sein Gesang voller Sittlichkeit und Erhabenheit gewesen sein muss, ehrfurchtgebietend und unüberwindlich, denn sagt er nicht: »Sich selbst bändigen und nach den Riten tun, das ist Menschlichkeit, sich jeden Tag selbst bändigen und nach den Riten tun, und die Welt kehrt zur Menschlichkeit zurück.«**

---

* Das *Lunyu*, die *Gespräche* des Konfuzius, *Lehrgespräche des Konfuzius*, einer der wichtigsten Klassiker der konfuzianischen Literatur.
** *Lunyu*, Kapitel 12 / 1. Übers. v. H. P. Hoffmann.

Im Reich Jin lehrte zur Zeit des Meisters Kong der Musikmeister
Shi Kuang*, er hat sich, um ungestört üben zu können und von seiner
Umgebung nicht abgelenkt zu werden, beide Augen ausgestochen. Es
heißt, die Qin des Meisters Shi Kuang habe direkt die Wechselfälle
der Reiche und das Wohl und Wehe der Menschen vorhergesagt, das
sei schon fast Magie gewesen. Vor allem göttlich war, dass er über sein
Spiel zum Himmel hinauf- und in die Erde hinabsteigen, Regen und
Wind bestimmen und die Geschichte von vorne beginnen lassen
konnte. Auch wenn gesagt wird, es gäbe viele Meinungen über den
Ursprung der alten Qin, so ist in meinem Herzen doch Meister Shi
Kuang ihr ältester Meister.

LIAO YIWU: Sind von Meister Shi Kuang Noten überliefert?

WANG YU: Nein. Meister Kong hatte ein Qin-Stück mit dem Titel »Ein
Lied für König Wen«, allerdings besteht auch da der Verdacht, dass es
eine fälschliche Zuschreibung ist oder eine spätere Übernahme des
alten Namens. Trotzdem denke ich, das macht nichts, denn viele alte
Bücher beschreiben, wie Meister Shi Kuang die Qin gespielt hat.
Anhand der Beschreibungen kann man es sich vorstellen, von dem
eleganten Tanz des Schneekranichs bis zum Himmel und Erde er-
schütternden Zorn des Gewitters, bis die Saiten am Ende rissen und
der Jadebecher in der Hand des großen Königs in tausend Stücke
zersprang. Diese plötzlichen Wendungen der Lage eines Reiches, der
Höhepunkt des gemeinsamen Zürnens und Mensch und Himmel,
das ist mit einem Musikinstrument sehr schwer darzustellen.

LIAO YIWU: Ihr meint, es gibt auf der Welt zwei Arten von Qin-Zithern,
eine, die man spielen kann, und eine, die man nur in der Vorstellung
hat?

WANG YU: Richtig, eine ist real, das gerade von dir gespielte »Zu Besuch
bei Freunden in den Bergen« hat einen Komponisten, eine Dynastie,
die Pentatonik ist deutlich zu hören, zheng-yu-gong-shang-jiao, es ist
voller Frieden und Geschmack, wer das hört, vergisst völlig das Heimgehen; doch es ist etwas anderes mit den übernatürlichen Dingen in

---

* Shi Kuang (»Musikmeister Kuang«), berühmter Musiker des chinesischen
Altertums, Zhou-Dynastie, 6. Jh. v. unserer Zeitrechnung,

den Büchern, wenn wir Späteren das lesen, dann klatschen wir vor Verblüffung in die Hände und nennen es absolut, und die alten Geschichten aus den Büchern fließen ein in die Melodie. Der Mensch hat die Angewohnheit nachzuahmen. Wenn die Heutigen die Alten nachahmen, dann ist das eine sehr feine und befriedigende Sache, und die so in Erzählungen verwandelten Melodien können auch weiter ihren Weg gehen.

LIAO YIWU: Ich denke doch, dass die Melodien in der Vorstellung besser sind, wie zum Beispiel bei einem Instrument wie der Zhu, dieser ganz frühen Zither, die meines Wissens zum ersten Mal in der *Reichsgeschichte der Ost-Zhou** erwähnt wird. Jing Ke, um sich für die Gunst seiner Wertschätzung bei Kronprinz Dan zu bedanken, geht mit dem Dolch von Madame Yu und einer Landkarte von Yan, dessen Prinz Dan ist, als scheinbarer Überläufer zu dem König von Qin, dem späteren Ersten Kaiser von China, um ihn zu ermorden: »An den Ufern des Yi, schlug Gao Jianli die Zhu, Jing Ke sang dazu, und beim Fünften Ton vergoss der Held viel Tränen.«** Das bedeutet, dass dieses traurig-ewige »Lied vom Yi« von Gao Jianli auf der Zhu begleitet wurde, später hat derselbe Gao dann den Letzten Willen von Jing Ke auf sich genommen, Blei in die Zhu gegossen, sich über zwei Jahre hinweg Schritt für Schritt dem Ersten Kaiser genähert und bei ihm eingeschmeichelt. Nachdem ihm endlich auf grausame Weise beide Augen ausgestochen werden, geht er mit der Zhu im Arm auf den Tyrannen los.

Ich habe mir, wenn ich diese Geschichte hörte, immer wieder die Form und den Klang einer Zhu vorzustellen versucht, es war bestimmt berückend. Erst im letzten Jahr habe ich in einer Zeitschrift für Archäologie gelesen, dass man in alten Mawangdui-Gräbern der Westlichen Han-Dynastie*** in Changsha Berichte über dieses verschollene Musikinstrument gefunden hat. Darin hieß es: »Die Zhu hatte

---

* Annalen der Ost-Zhou, umfassen den Zeitraum von 789 bis 221 vor unserer Zeitrechnung.

** Berühmtes Lied, das Jing Ke, der legendäre, aber erfolglose Attentäter auf den Ersten Kaiser von China gesungen haben soll, als er den Fluss Yi überschritt, sich von den Seinen verabschiedete und an den Hof des Kaisers begab.

*** Mawangdui, 1972 entdeckter, spektakulärer Fundort von Gräbern der Han-Dynastie in der alten Stadt Changsha.

einen schmalen langen Korpus, der Hals der Zhu bildete ein Dreieck, woraus man schließen kann, dass sie bereits damals mit fünf Saiten bespannt war, eine an der Spitze des Dreiecks, zwei an der linken und zwei an der rechten Schräge. Die Töne unterteilten sich in zheng-yu-gong-shang-jiao; wenn man ihre Saiten an der rechten Seite kräftig drückte, dann ergaben sich die Tonleiter yu-biangong-gong-jiao-bianz-heng.

WANG YU: Das sagst du ganz richtig, es ist tatsächlich so, jede Partitur und jedes Musikinstrument ist ein toter Körper, wenn man sie nicht spielt, dann verwesen sie jeden Tag ein Stück mehr; wenn man Note für Note nachahmt, wie die Studenten in den Musikakademien, so ist das ebenfalls sinnlos, denn dann wird man selbst zu einem toten Körper. Eine guter Qin-Spieler muss so, wie du gerade die Qin beschrieben hast, dem Instrument den Geist eines lebendigen Menschen einhauchen, damit der tote Körper anfängt, sich zu rühren, dass er beginnt, vor deinen Augen zu tanzen. Manch einer kommt seiner Lebtage nicht weiter als auf das Niveau eines Qin-Handwerkers, das reicht, um mit Unterricht sein Brot zu verdienen, aber darüber hinaus – darüber brauchen wir nicht zu reden.

Etwa fünf Jahre mag es her sein, dass ein paar Dutzend Qin-Fachleute aus dem In- und Ausland sich in Chengdu zusammengefunden haben, aus Taiwan, Amerika, Europa. Ich habe sie auf den Goldenen Gipfel des Emei-Berges begleitet, es war hoher Winter, ein kalter Wind heulte, Himmel und Erde verschmolzen in einem reinen Weiß. In der Nacht stieg ein klarer Mond in die Himmelskuppel, die Wolken wogten, als würden tausende und abertausende silberne Fische springen, all die Fachleute standen vor diesem Wunderland, aber sie wichen davor zurück. Spontan zeigte ich, was ich vermochte, ich wies meine Schüler an, sich auf die Opferklippe zu setzen, ich als ihr Meister setzte mich mit verschränkten Beinen nieder, spielte die Qin und sang dazu das Lied von Li Bo »Der Mond über den Tian-Bergen«; an den bewegten Stellen wogten und brausten die Wolken, der Herr des Himmels warf heftigen Schneefall herab, das war der raschelnde Applaus meiner Zuhörerschaft aus der natürlichen Welt! Ich spielte, ich sang und ich lauschte diesem tiefen und fernen Widerhall und hatte mit einem Mal selbst das Gefühl, ständig auf der Opferklippe zu sitzen. Ich war ein alter Stein und in fortdauerndem Gespräch mit der Landschaft. Da, jählings, öffnete ich die Augen und sah das Leuchten des Buddha, ein Leuchten wie brodelnder Quell, das an den Ufern des Wolkenmeers in Kreisen nach oben quoll. Innerhalb zweier Lichtringe sah ich Buddha, im Lotussitz, die Hände gefaltet, und vor ihm lag ebenfalls eine Qin, ich konnte der Versuchung fast nicht widerstehn, hinüberzuspringen und auf seinem Instrument zu spielen.

LIAO YIWU: Viele Menschen sind auf diese Weise an dem Opferfelsen ums Leben gekommen – und der Buddha, das wart Ihr selbst.

WANG YU: Ich weiß, aber ich weiß auch, dass dieser Klang, der Zither wie meines Gesangs, nicht aus mir selbst kam; es war die große Natur, die in einen ausgedienten Körper die Seele zurückbrachte, es waren die mit der großen Natur verschmolzenen Ahnen, die auf diese Weise als Seele in meinen toten Körper zurückkehrten. Mein Leib wurde leicht und dünn, schließlich ging er, wie eine leere Schale, im Schnee in die Verwandlung. Ich sang noch einmal das Lied von dem hellen Mond über den Tian-Bergen, und ich sang es noch einmal, und ich war mir vollkommen klar und bewusst, dass dies der strahlendste Augenblick meines Lebens war; ich hatte auf dieser Welt der ständigen Veränderung viele Jahrzehnte angesammelt, nur für diesen Augenblick, vor dem Auditorium der Ewigkeit. Der Mythos des Liedes »Hohe Berge, Bäche fließen«* wurde am Ende zerbrochen, aber was zählten da noch Yu Boya und Zhong Ziqi**?

LIAO YIWU: Hattet Ihr Euch das »Hohe Berge, Bäche fließen« zu Herzen genommen?

WANG YU: Eigentlich gibt es diese Musik gar nicht. Die Welt von Yu Boya kennen wir nur aus zwei preisenden Sätzen des Holzfällers Zhong Ziqi: »Diese Musik ist erhaben wie Gipfel, unermesslich wie Wasser.« Das ist Stille und Bewegung oder die harmonisch entgegengesetzte Einheit von Stille und Bewegung, darin ist die gesamte Philosophie des Ostens enthalten. Aber jenseits dieser klar ausgespro-

---

* Dieses Lied gehört zu einem der zehn klassischen alten Lieder Chinas.
** Yu Boya ist ein berühmter Meister aus der Frühlings- und Herbstperiode oder der Zeit der Kämpfenden Reiche. Er wird mit dem berühmten Lied »Hohe Berge, Bäche fließen« in Zusammenhang gebracht.

chenen Philosophie gibt es noch etwas Höheres, Wunderbareres, das man nicht klar aussprechen kann – so wie es im *Daodejing* heißt: »Das Dunkle des Dunklen ist die Tür des Wunderbaren«, das »Dunkle des Dunklen« einer Qin ist die Vereinigung mit den Zuhörern, und am Ende ist man alles selbst: Qin und Zuhörer. Aber man kann doch aus diesem »Selbst« heraus die Tür des Wunderbaren berühren. Die Menge ist groß, es sind ihrer viele, das ist, was unter dem Himmel ist. Auf diese Weise ist Zhong Ziqi ein weiterer Yu Boya. Als Ziqi starb, zerbrach Boya die Qin als Opfer für ihn und schwor, seiner Lebtage nie wieder zu spielen – der wahre Grund dafür war, dass er es auch nicht mehr würde tun können. »Hohe Berge, Bäche fließen« ist ein Lied über das Sterben des Herzens. Bis heute hat keiner der Könner diese Musik aufzuschreiben vermocht.

LIAO YIWU: Und was ist mit dem »Hohe Berge, Bäche fließen«, das heute in Umlauf ist?

WANG YU: Das ist dem verlorenen Stück nachempfunden, vermutlich ein Werk aus der Ming-Dynastie. Ich denke, dass es in den Dynastien der Han, Tang und Song auch ein ihrer Zeit gemäßes »Hohe Berge, Bäche fließen« gegeben haben wird. Wenn wir in unserer Zeit für diese Art von hoher Kunst bereit sind, dann können wir es auch haben. Deshalb finden sich in den Qin-Büchern gut fünf, sechs verschiedene Versionen des »Hohe Berge, Bäche fließen«; die einen trennen »hohe Berge« und »Bäche fließen« in zwei Melodien, andere belassen sie zusammen; noch lächerlicher sind allerdings Konzertstücke für alte Musik. Wie ich höre, machen so etwas die Professoren an den Konservatorien, die werden dann in Theatern aufgeführt und sind immer gut besucht. Hatte Yu Boya wirklich so viele Freunde, die sein Talent zu schätzen wussten? In dieser Gesellschaft muss man es nur richtig anfangen, dann kann man auch mit Zeugs, das weder Fisch noch Fleisch ist, Geld verdienen.

LIAO YIWU: Ihr habt auch nicht gerade wenige CDs herausgebracht. Vorgestern habe ich noch eine ganze Menge davon auf dem Markt für Raubkopien gesehen.

WANG YU: Willst du damit sagen, dass ich das auch gemacht habe? Natürlich, ich bin ein Mensch, ich muss essen, ich muss mich kleiden.

Vor ein paar Jahren hatte ich das Gefühl, voller Geisteskraft zu sein, ich war noch flink und behende mit Händen und Füßen, also bin ich überall hin und mit anderen Qin-Freunden auch ins Fernsehen. Aber das sagt überhaupt nichts. Ich kann halt nichts anderes als Qin spielen, ich kann mit meiner Musik mich und meine Familie ernähren, bequemer geht es gar nicht. Und ich will dir auch nicht verheimlichen, dass ich auch Schüler angenommen habe, doch an irgendeinem Abend habe ich auf einmal im Fernsehen ein Guzheng-Festival gesehen, wie es noch keins gegeben hat; gut hundert Kinder mit roten Halstüchern vor dem Sonnenaufgang auf dem Taishan, die mit wackelnden Köpfen gemeinsam spielten, da haben die Leute große Augen gemacht. Aber ich war so erschrocken, dass ich gar keinen Laut mehr von mir geben konnte. Aus der heiligen Musik war ein Klamauk geworden! Außerdem haben sie ihre Posse auch noch im Namen unserer großen Tradition aufgeführt. Ich habe mich so geschämt, dass ich sämtliche Schüler aus dem Haus gejagt habe, und auch ich selbst war nicht in der besten Stimmung. Ach, was ist ein Künstler noch in diesen Zeiten?

LIAO YIWU: Ich kann Euch verstehen, Meister.

WANG YU: Als ich beim letzten Mal auf dem Goldgipfel beim Qin-Spiel Buddha gesehen habe, war das der Höhepunkt meines Lebens; seither hatte ich keinen guten Augenblick der Welt- und Selbstvergessenheit mehr. Wenn es um Arbeit geht, dann ist das auch die Sache von anderen, denn der Klang der Qin und der der Natur sind damals beide aufgezeichnet worden, sie haben eine CD produziert, die wird auch weltweit verkauft. Insgesamt drei Stunden, normalerweise wäre ich steifgefroren gewesen, aber ich hatte das Gefühl, dass mir die glühenden Körpersäfte vom Elexierfeld* ununterbrochen zufließen, meine Finger waren ungewöhnlich beweglich, und zu guter Letzt war ich ganz zugeschneit, meine Augenbrauen waren Eiszapfen, doch als ich nach dem letzten Ton einen langen Seufzer tat, fiel der Schnee zu Boden ... meine Schüler kamen herbei und haben mir einen Baumwollmantel um die Schultern gelegt und mich reingebracht zum Auf-

---

* Dantian oder Elexierfeld, nach dem chinesischen Qigong der Ort, an dem der Körper Energie sammelt, etwa in der Gegend des Sonnengeflechts unterhalb des Nabels.

wärmen, und die Leute haben mir zweiundachtzig Jahre altem Gott der Langlebigkeit zugetrunken.

LIAO YIWU: Ich erinnere mich, dass Ihr einmal krank gewesen seid?!

WANG YU: Stimmt, ich bin einmal krank gewesen. Als ich wieder gesund war, waren meine Glieder steif, und ich habe nur noch selten die Qin gespielt. Aber das Verbrennen von Räucherstäbchen habe ich beibehalten, das Reinhalten der Hände, und ich hänge weiter schweigend meinen Gedanken nach. Das ist eine Frage der Haltung, gegenüber der Qin, man muss sie nicht unbedingt spielen. Hör doch, draußen ist so ein Lärm, die ganze Nacht rammen sie Pfähle ein, sie müssen noch so ein riesiges Hochhaus bauen, das wird noch gewaltiger als das vor dem linken Fenster. In knapp zwei Jahren ist die abgeschiedene, stille kleine Gasse vor meinem Haus vom Erdboden verschwunden, die ganzen großen Bäume, die die kleine Gasse einhüllten, waren in der ersten Zeit der Befreiung gepflanzt worden, es hat nicht einmal einen ganzen Tag gedauert, und sie waren alle gefällt und weggeschafft. Die Umgebung, die ich so lange beim Qin-Spiel gewohnt war, ist längst weg, wie du gesagt hast, ein Musikinstrument hat auch eine Spiritualität.

LIAO YIWU: Darf ich so frei sein und Euch fragen, ob Ihr heute meinetwegen auf der Qin gespielt habt?

WANG YU: Es ist in der Tat so, wenn ich schweigend meinen Gedanken nachhänge, dass ich dann innerlich auf der Qin spiele. Wenn Gäste kommen, dann bewege ich die Hände nach dem Klang meines Herzens und spinne eine Meditation weiter.

LIAO YIWU: Das hat nichts mit Zuhörern zu tun?

WANG YU: Was ist schon Publikum? Früher, in der Umgebung meiner Behausung, war alles von einem durchgehenden Blätterdach beschattet. Wenn man da mitten in der Nacht das Fenster aufmachte und seinem Karma folgend spielte, konnte die ganze Gasse zuhören. Wenn du damals in der Gasse vorbeikamst, konntest du das Gefühl haben, du bist in irgendeiner Gasse der Han-, der Tang- oder der Song-Dynastie. Aber heute wage ich gar nicht mehr, das Fenster aufzumachen; sieh selbst, vor jedes Fenster haben sie eine Mauer gebaut. Hier an diesen drei Wänden hängen sechs verschiedene Zithern, eine Qin ist aus der späten Tang-Dynastie, eine aus der Song- und alle anderen entstammen der Nach-Ming-Zeit. Ich gehe hier zu Hause mit ihnen um, in der dunklen Maserung der Qin aus der Tang-Dynastie höre ich das undeutliche Galoppieren der Pferde, und ich kann mir die Seidenstraße mit ihren vielen Wasserläufen vorstellen, wie die Menschen draußen vor der alten Kaiserstadt Chang'an mit wehenden Ärmeln den Frühling begrüßen; und die vergilbte Qin aus der Song-Dynastie verheimlicht wie eine ernsthafte Buchrolle ihr unentwegtes Umherirren. Musikinstrumente aus so weit entfernten Zeiten, wer mag sie alles gehört haben?

LIAO YIWU: Könntet Ihr mir etwas über die Herkunft des Sichuan-Stils im Qin-Spiel erzählen?

WANG YU: Darüber gibt es viele verschiedene Ansichten, wenn ich nicht aufpasse, was ich sage, dann löse ich noch einen Streit innerhalb der Gruppe aus, außerdem hat dazu mein verstorbener Lehrer alles gesagt. Mit der alten Qin ist es wie mit der literarischen und der politischen Szene auch, da gibt es zwei Richtungen: die draußen und die am Hof, da gibt es die akademische und die volkstümliche Variante; wenn man in die Akademien geht, dann ist das, als sei man am Hof, man unterweist seine Studenten, streicht nach dem Rang, den man als Professor bekleidet, sein Salär ein und ist eine nationale Autorität; doch die draußen, das sind die im Volk, da werden die Fähigkeiten in selbstorganisierten Qin-Vereinen gemessen, da hält jeder sich für den Besten, da ist jeder mit sich selbst zufrieden, und am Ende lebt ein jeder so vor sich hin, wie ich es tue.

LIAO YIWU: Ich habe noch nie irgendwelche modernen Bücher über Geschichte gelesen, weil da zu viel verändert wird; am Ende weiß niemand mehr, ob die Geschichte nach Lust und Laune funktioniert oder ob es ernsthafte Maßstäbe gibt. Nehmen wir einmal *Die Geschichte der modernen chinesischen Literatur* von Tang Tao, da entfallen auf den großen Schriftsteller Shen Congwen nur ein paar Zeilen als einem Vertreter der Verräter-Literatur. Autorinnen wie Zhang Ailing kommen gar nicht vor. Während Li Ji und He Jing ganze Kapitel füllen, es scheint, nur wer einen festen revolutionären Standpunkt hat, ist ein guter Schriftsteller. Seid deshalb nicht betrübt, Meister, wenn Ihr an die vielen guten Qin-Stücke denkt, die seit alters geschrieben wurden, wie viele stammen denn da aus der Hand von Professoren?

WANG YU: Ich danke dir, dass du mir Mut machen willst, aber ich bin schon siebenundachtzig, morsches Holz kann man nicht schnitzen. Lassen wir es dabei, wir sind Freunde geworden trotz des großen Altersunterschiedes, ich schenke dir eine CD, das erste Stück »Weite Hügel«, das ist ganz passabel.

LIAO YIWU: Dieses »Weite Hügel«, ist das auch eine fälschliche Zuschreibung oder spätere Übernahme?

WANG YU: Ja. Denn bevor Xi Kang* von seinem Henker enthauptet wurde, hat er ein Stück auf der Qin gespielt, anschließend hat er wutentbrannt die Qin zerschlagen und klagte: »›Weite Hügel‹ sind hiermit zu Ende!«, reckte den Hals und wurde hingerichtet. Der Komponist selbst hatte gesagt, dass es zu Ende ist, die späteren Musikstücke, die diesen Titel tragen, missbrauchen natürlich nur seinen Namen. Dennoch, mit diesem Stück verhält es sich anders als mit »Hohe Berge, Bäche fließen«, es scheint Mark und Geist von Xi Kang und den sieben Heiligen aus dem Bambushain der Wei- und Jin-Dynastien tief eingesogen zu haben, so traurig ist es und so voller Leidenschaft. Ein anderer Name für dieses Stück lautet »Lied von der Ermordung des Han-Königs durch Nie Zheng«. Nie Zheng wirst du kennen, den berühmten Attentäter der Frühlings- und Herbst-Zeit?! Um seinen Vater zu rächen, lebte er jahrelang namenlos, bis er am Ende mit seinem Anschlag Erfolg hatte und mit dem grausamen Han-König zusammen unterging. Als er sich tötete, hat er sich aus Angst, seine Verwandten und Komplizen könnten einer Sippenhaft unterzogen werden, das Gesicht zerstört, so dass niemand mehr erkennen konnte, wer er war. Doch seine Schwester trat stolz erhobenen Hauptes heraus, als der Leichnam ihres jüngeren Bruders auf der Straße in der Sonne lag, in härenen Trauergewändern bahrte sie seine sterblichen Überreste auf,

---

* Xi Kang oder Ji Kang (223–262), Philosoph, Dichter und Musiker zur Zeit der Drei Reiche, Verfasser von Texten zur Qin, zur Musik, zur Lebensverlängerung etc.

was für ihren hohen Sinn für Sitte und Anstand spricht – »Weite Hügel« beschreibt diese Geschichte, und das durch den Mund des zu Unrecht hingerichteten Literaten Xi Kang, der selbst so gerne ein Attentäter gewesen wäre.

LIAO YIWU: Meister, Ihr seid auch ein Attentäter, Ihr ermordet in diesem Stückchen Musik die moderne Gesellschaft. Die über Generationen weitergegebenen Blutsbande der Chinesen werden zerrissen und wieder vereint, erneut zerrissen und erneut vereint. Ich finde nach den wiederholten kulturellen Katastrophen, in denen Leichen ausgegraben und gepeitscht wurden, fließen dem Volk gute Dinge zu, von »Hohe Berge, Bäche fließen« über »Su Wu hütet Schafe« bis zu »Weite Hügel«, das alles sind Kondensationen des Geistes unseres Volkes, weshalb es auch im *Traum der roten Kammer* heißt: »Trostlose Nebel überall im Huawald.«

Doch was auch immer die Tyrannen der Geschichte taten, es waren immer nur Säuberungen, Säuberungen des Volkes von seinen scheinbaren Irrlehren, um es zu ihrer Staatsräson zu bringen. Und wenn sie das erreicht hatten, wagten die einfachen Leute nicht mehr, den Mund aufzumachen, die guten Dinge der einfachen Menschen wurden verbrannt, verschwanden hinter geschlossenen Türen und gerieten mit Absicht »in Vergessenheit«. Schon seit geraumer Zeit haben sich die Menschen an das Vergessen gewöhnt, haben sich daran gewöhnt, in der Sprache ihrer Herrscher zu sprechen und zu musizieren. Noch einmal so lange, und dieses Volk wird keine Geschichte mehr haben, keine Musik und keine Kultur.

LIAO YIWU: Meister, gebt auf Euch acht, bewahrt die guten Dinge, die in Eurem Herzen verwurzelt sind, bewahrt sie heiler. Ich wünsche Euch ein langes Leben.

WANG SHUFEN, DIE ALTE AMME

Im September 2008, das große Erdbeben in Sichuan war noch
nicht zur Ruhe gekommen, als das Thema »Nierensteine bei
Säuglingen ausgelöst durch Sanlu-Milchpulver« erneut auf
die Tagesordnung kam und Zehntausende von Haushalten
und das Internet erschütterte – wenn man nur über Milch
sprach, wurden die Leute blass. Das Kind eines Freundes war
gerade »zur unrechten Zeit« auf die Welt gekommen, es fehlte
der Mutter an Milch und das eigentlich erfreuliche Ereignis
wurde zu einer Tragödie. Da sämtliche Milcherzeugnisse in
Bausch und Bogen von den Menschen in Frage gestellt wurden, stand nun mein Freund vor der Tür und wollte von mir,
der ich mich auf dem Bodensatz der Gesellschaft herumtrieb,
wissen, ob man irgendwie eine Stillmutter engagieren könnte?
Hm, hm, brummte ich, wagte das Ansinnen nicht abzuschla-
gen, und auf einmal plapperte ich wie ein Wasserfall und
erzählte ihm, in der Innenstadt gebe es auf den Märkten für
Haushaltshilfen immer auch versteckte Ammen.

Mein Freund freute sich sehr, so viel hatte er nicht erwartet.
Doch ich zog die Augenbrauen zusammen und machte ein phi-
losophisches Gesicht. Dann beschlossen wir, getrennt vorzuge-
hen. Mein Freund rannte natürlich eifrig umher, während ich,
offensichtlich zu faul, um zu helfen, in zehn Tagen nur zweimal
zwischen Ximen-Bahnhof und dem Gebiet an der Tongmen-
Brücke hin und her bin. Beim letzten Mal, es war der Nachmittag des 28. Oktober, patrouillierte ich gerade durch die Gold-
fischgasse, wo ich mich als Junge oft herumgetrieben hatte,
und traf zu meiner Überraschung auf eine betagte Amme.

Ich nutzte die Gelegenheit, pflanzte mein Hinterteil irgend-
wohin, und wir kamen vom Hundertsten ins Tausendste. Aus
der Tiefe der Geschichte durchzog das Problem der Muttermilch unser gesamtes Gespräch wie ein roter Faden, doch die
Babys, die in der Wirklichkeit verhungernd nach der Brust
schrien, konnte das nicht satt machen.

—ɯɯ—

WANG SHUFEN: Glatzkopf! He, Glatzkopf!

LIAO YIWU: Meint Ihr mich?

WANG SHUFEN: Genau.

LIAO YIWU: Was gibt es?

WANG SHUFEN: Ich sehe dich jetzt schon seit Stunden hier die Straße hoch und runter laufen.

LIAO YIWU: Ich suche den Markt für Haushaltshilfen.

WANG SHUFEN: Gab es früher mal, den hat das Einwohnerkomitee gemacht, jetzt ist er umgezogen. Die treffen sich jetzt alle in der Huangwa-Straße.

LIAO YIWU: Ihr seid aber freundlich, Großmutter. Wie alt werden wir denn dieses Jahr?

WANG SHUFEN: Bin Anfang der Republikzeit geboren, werde jetzt sechsundachtzig, höre und sehe noch ausgezeichnet, ich kann sogar noch einen Faden einfädeln.

LIAO YIWU: Ach wirklich, das ist ja großartig!

WANG SHUFEN: Setz dich doch! Was für eine Haushaltshilfe brauchst du denn, eine alte? Oder eine knackige?

LIAO YIWU: Eine, die stillen kann.

WANG SHUFEN: Du träumst wohl! In der neuen Gesellschaft sind wir alle gleichberechtigt, der Vorsitzende Mao hat gesagt, Ammen gehören abgeschafft.

LIAO YIWU: Deng Xiaoping hat gesagt, im Stillen könne man sie wieder einführen. Ich habe einen Bekannten, der hat im letzten Jahr hier in dieser Straße noch eine gefunden.

WANG SHUFEN: Kann nicht sein.

LIAO YIWU: Ihr seid nicht auf dem Laufenden, Großmutter. Heutzutage braucht man nur Geld zu haben; ein bisschen Muttermilch trinken, das zählt da nicht viel, ich habe schon Leute gesehen, die essen
Menschenfleisch, natürlich nicht das von Erwachsenen, sondern das
von kleinen Menschen, die noch im Mutterleib sind, es heißt, wenn
man so etwas isst, dann wird man wieder jung.

WANG SHUFEN: Beim barmherzigen Buddha! Da hat der Junge ein gutes, gutmütiges Gesicht wie der alte Tang Seng selbst, der die heiligen
Sutren aus Indien geholt hat, du wirst doch wohl keine Muttermilch
trinken und Menschenfleisch essen!

LIAO YIWU: Man sollte mir aufs Maul hauen! In Wirklichkeit tue ich
hier und jetzt nur einem Freund einen Gefallen, besser, seinem Baby,
es ist drei Monate alt, die Mutter hat keine Milch, da bleibt nichts
als Milchpulver. Ausgerechnet, wo gerade erst das Erdbeben war und
die ganze Aufregung wegen der Nierensteine bei den Säuglingen. Das
Sanlu-Milchpulver wird mit chinesischem und ausländischem Geld
finanziert, beste Qualität, kostet aber auch ein- bis zweimal so viel
wie normales Milchpulver, aber im Nu war es heraus, alle möglichen
Grenzwerte überschritten, wenn die Kleinen das trinken, bekommen
sie Nierensteine.

WANG SHUFEN: Vor ein paar Jahren hatte ich Gallensteine, die haben
sie mir rausgeschnitten, groß wie ein Taubenei.

LIAO YIWU: Ihr haltet aber etwas aus, Großmutter, Ihr habt viel gesehen, in der alten und in der neuen Gesellschaft, und aus so was wird
dann ein Taubenei, aber die Kleinen, die sind erst aus dem Ei geschlüpft, die haben die Augen noch nicht richtig auf. Seitdem sind all
diese Milchprodukte, die sich verkauft haben wie Hölle, von Sanlu,
Yili, Mongol-Kuh, an den Pranger gekommen, sie tragen die Haupt-
schuld an den Nierensteinen der Kleinen, in Zehntausenden Fällen,
so weit sind die gesunken. Sogar der starke Milchgeschmack von dem
Zeug soll, wie es heißt, mit irgendeinem chemischen Aromastoff zu-
sammengepanscht worden sein. Wer traut sich denn da noch, diese
Milch zu trinken? Ein Glück, dass das Baby von meinem Freund vor-

läufig noch keine Nierensteine hat, es ist schon ein paar Mal im Krankenhaus untersucht worden, da haben sie auf alle Fälle mal tief Luft geholt.

WANG SHUFEN: Dann muss man es stillen.

LIAO YIWU: Die Mutter des Kleinen hat keine Milch.

WANG SHUFEN: Dann Schweinefüße mit Erdnüssen schmoren, wenn man viel davon isst, drückt es die Milch raus.

LIAO YIWU: Sie hat schon Schlimmeres als das gegessen, aber es ist nichts gekommen. Jetzt kann sie dem Kleinen nur ein bisschen Lotoswurzelmehl geben, und das Reismehl, das sie Dickerchenmehl nennen, und irgendwelche Breis.

WANG SHUFEN: Eine Frau, die keine Milch hat, was ist denn das für eine Frau?

LIAO YIWU: Das ist Schnee von gestern.

WANG SHUFEN: Wenn wir die Zeit ein paar Jahre zurückdrehen könnten, würde ich mit dir mitkommen. Ich habe eine ganze Menge Babys gestillt.

LIAO YIWU: Großmutter, Ihr seid so mager, man sieht wirklich nicht mehr, dass Ihr einmal eine Vorreiterin der Ammen wart!

WANG SHUFEN: Früher waren meine Brüste groß, mit fünfzehn, sechzehn sind sie gesund und munter durch die Gegend gehüpft, mit siebzehn wurde ich verheiratet, mit achtzehn hatte ich ein Kind, meine Brüste sind so geschwollen, ich konnte nicht einmal mehr mein Kleid zuknöpfen. Später, ich weiß nicht warum, hat das Kleine Fieber und Durchfall bekommen, das war nicht zu stoppen, und dann ist es gestorben. Aber wir waren Bauern, was sollten wir schon groß machen? Also haben mich ein paar Leute aus dem Dorf gebeten, von meiner alten Heimat am Rande der Kreisstadt Sanzhi nach Chengdu zu kommen.

LIAO YIWU: Mit dem Bus?

WANG SHUFEN: Ich bin gelaufen, drei, vier Tage. Ein Glück, dass Sun Yatsen etwas gegen die Feudalen gemacht hat und dass die Frauen ihre Füße nicht mehr binden müssen.

LIAO YIWU: Dann habt Ihr keine Lotosfüßchen?!

WANG SHUFEN: Meine große Schwester hat welche. Als ich acht, neun Jahre alt war, wäre ich an der Reihe gewesen, sie hatten mir das zwei Ellen lange Tuch gerade erst um die Füße gelegt, da habe ich Zeter und Mordio geschrien und mich auf dem Boden gewälzt. Pünktlich ist der Nachbarschaftswart draußen vorbeigekommen, der hat dem sofort Einhalt geboten: Von wegen, wir hätten jetzt eine Republik, ein neues Leben, Füße dürften nicht mehr gebunden werden und Zöpfe auch nicht.

LIAO YIWU: Und Ihr konntet auch das Dorf verlassen, um arbeiten zu gehen?

WANG SHUFEN: Es herrschte Dürre, es gab keine Ernte, die ganze Familie musste fliehen. Vor der Befreiung war der Menschenmarkt am Houzi-Tor, vorne grenzte das an den Damm der Kaiserstadt, hinten an den Maultiermarkt, und dazwischen quetschte sich der Yufluss. Alle aus meinem Dorf sind in die Stadt, die hatten sich den Schweiß noch nicht abgewischt, da gab es schon ein großes Hallo, wenn man die Leute aus dem Dorf erkannte.

LIAO YIWU: So schlimm war es?

WANG SHUFEN: Der Menschenmarkt am Houzi-Tor, mit dem hat, das muss so um die Xinhai-Jahre gewesen sein, einer aus meinem Dorf mit Namen Zheng zum ersten Mal angefangen. Er hatte eine Familie zu ernähren und hauste am Yufluss, der hat zum Himmel gestunken, und Rikscha-Kuli war er, sammelte Essensreste, fütterte die Schweine damit, hatte einen Zigarettenstand, ein richtiges Kulileben für sein bisschen Entenblutsuppe. Kurz, er rackerte von früh bis spät, der war hinter dem Geld her wie der Teufel hinter der armen Seele und am Ende ist er reich geworden. Und damit war er auch in seinem Heimatdorf eine Berühmtheit. Und so haben die Leute aus seinem Dorf zu mehreren bei ihm vorbeigeschaut und ihn angefleht, ihnen einen Ausweg zu zeigen. Und der Zheng machte nicht viele Worte, wohnen und essen inklusive, und er war bereit, sich für alle die Hacken abzulaufen, und so wurde er mit der Zeit zu einem professionellen Jobvermittler.

LIAO YIWU: Das war wohl die früheste private Agentur für Arbeit in China.

WANG SHUFEN: Die hat sich über zwanzig Jahre entwickelt, als dann der antijapanische Krieg kam, wurden die Straßen am Houzi-Tor, Kaiserdamm und am Yufluss miteinander verbunden und hießen dann »Menschenmarkt«. Haushaltshilfen, Ammen, Tagelöhner, Kulis, Köcher, Kellner, Zofen, Huren, Reisedoktors, Gangster … ein buntes Allerlei, man bekam alles, was man brauchte. Die Kunden sahen genau hin, haben auf der Straße die Preise ausgehandelt, und erst wenn man so ungefähr miteinander im Reinen war, wurde ein Bürge gesucht und so ein altmodischer Federfuchser, der setzte ein Papier auf, auf das wurde dann der Daumen gedrückt oder der Stempel.

LIAO YIWU: Hehe, da ward Ihr damals aber sehr begehrt, oder etwa nicht?

WANG SHUFEN: Als ich zum ersten Mal nach Chengdu kam, hatte ich von nichts eine Ahnung, diese Menschenhändler haben mich an der Nase herumgeführt.

LIAO YIWU: Menschenhändler? Haben die denn Frauen und Kinder verkauft?

WANG SHUFEN: Das nannte sich nicht verkaufen, war alles freiwillig und im gegenseitigen Einvernehmen. Am Vortag waren wir angekommen und haben uns erst einmal in einer Wohnbaracke des Händlers aus Sanzhi einquartiert, Kost und Logis wurde später verrechnet. Ich weiß es noch wie heute, es war Sommer, schwül und heiß, dazu die Schwaden von Moskitos, Fliegen und Furzwanzen, das hörte gar nicht auf zu brummen, die Leute haben die ganze Nacht mit dem Fächer gewedelt, alle waren hundemüde, aber schlafen konnte auch keiner.

Tags drauf, es war kaum hell, da sind wir mit Gebrüll geweckt worden, man hat sich durch das Gesicht gewischt, man war ganz durcheinander unter diesem Haufen von Menschen, und dann gab es Yaya-Reis …

LIAO YIWU: Yaya-Reis?

WANG SHUFEN: Das ist ein harter Reis, der eigens für Kulis geliefert wird. Da hat man die Stäbchen gar nicht hineinbekommen, also haben wir ein Gemüsemesser genommen und das Ganze in einzelne Yas, Scheibchen, zerschnitten, da musste man reichlich kauen, war gut gegen den Hunger. Ich habe eine Schale davon gegessen und war satt, ich stand auf und habe mir eine Bank neben die Treppe der Unterkunft gestellt und zugehört, wie die etwas älteren Frauen, die schon Erfahrung hatten als Ammen, ihr Garn spannen. Es war gerade mal halb sieben, aber alle Läden hatten offen. Leute kamen und gingen, Schubkarren kamen, Rikschas gingen. Männer, Frauen, alte, junge, mit freiem Oberkörper und in kurzen Hosen, ein einziges Geschiebe und Gerangel.

LIAO YIWU: Wart Ihr nicht nervös?

WANG SHUFEN: Das war in etwa wie auf den Arbeitsmärkten heute, ein großes Tohuwabohu und alle warten. So gegen acht haben sich dann die Kunden stickum sehen lassen. Ein schrumpliger Alter in einem Seidenhemd und mit einer runden Brille auf der Nase, mit zwei, drei anderen im Schlepptau, augenscheinlich so was wie ein Zahlmeister aus einem reichen Haus in der Nähe. Ich war furchtbar nervös und wollte mich eigentlich ordentlich als Ware präsentieren, so Kopf hoch und Brust raus; aber der Hals wurde mir weich, als würde er mir abbrechen. Und das Gesicht brannte mir wie Feuer. Ich war schüchterner als eine Braut. Die anderen, Erfahreneren, sahen mich an und lachten mich aus, von wegen, was ich mich so anstelle. Denn der verschrumpelte Alte war nur so über die Straße gewackelt, der hatte gar nicht vor, uns in Augenschein zu nehmen. Aber gute zehn Meter weiter gab es einen brummenden Auflauf von Fahrern, die waren wie Schmeißfliegen am Boden eines Abtritts, wenn sie Fleisch sehen. Aber der Alte hatte die Hände auf dem Rücken, schaute in die Wolken und sagte mit so einem richtig affigen Ton: He, he! Das lohnt sich!

Unser alter Herr und unser Junior brauchen zwei private Wagen für eine längere Zeit! Wer möchte?

Sofort standen die Kerle mit dem nackten Oberkörper in zwei Ringen mit je drei Schichten um ihn herum und schrien durcheinander: Ich! Ich!

Der verschrumpelte Alte hob den Fuß, stellte sich auf eine Bank und sagte von oben herab: Aber doch nicht so laut, man wird ja taub! Hehe, du da hinten, der auf der Türschwelle hockt, und dann noch du da an der Seite, mit der kurzen Jacke, schnell. Ihr anderen, Platz da!

Der Alte hatte prompt mit scharfem Blick die beiden kräftigsten und ehrlichsten herausgesucht. Er kommandierte sie zu sich, bückte sich wieder nach unten, ließ einen dürren Arm sehen und klopfte den beiden Brust und Rücken ab. Außerdem ließ er sie die Beine heben, mit den Armen rudern und den Kopf drehen, wie bei einer Viehschau.

Erst als er so weit zufrieden war, sagte er: Fahren wir eine Runde. Alle machten Platz und beschauten sich das Spektakel von beiden Seiten der Straße. Man sah nicht mehr als einen rechts und einen links, zwei Rikschas und zwei Rikschakulis, die mitten auf der Straße ruhig hielten. Der schrumplige Alte rief: Eins, zwei, drei, los!, und zwei Paar nackte Füße patschten auf den Weg, und die Rikschas fingen langsam an zu fliegen, sie zogen davon wie die Wolken, und wieder rief der Alte: Brrr! Brrr! Anhalten. Anhalten.

LIAO YIWU: Der reinste Zirkus.

WANG SHUFEN: Gegen Ende mussten sie noch eine Prüfung über sich ergehen lassen, ob sie sich in den Straßen auskennen, die Hauptstraßen, die Gassen, die Feuergassen, die Pinkelgassen, was für Abkürzungen es gab. Ob es sicher ist. Ob sie durch die Schutzzone irgendeiner Truppe führt. Und so weiter und so fort. Wie sie eine Schwierigkeit nach der anderen meisterten, vereinbarte der Menschenhändler natürlich das Geschäft.

LIAO YIWU: Ein ganzer Rattenschwanz von Aufgaben und Anforderungen.

WANG SHUFEN: Wir haben sehr aufmerksam hingeschaut, da hörte man auf einmal eine Hupe, ein Kunde mit noch mehr Stil kam an. Ein kleines schwarzes Automobil bremste an der Ecke. Eine mit Gold und Silber behängte Beamtengattin zwängte sich heraus, gefolgt von einem glattgescheitelten Sekretär und einer Zofe. Das also war die Nebenfrau von Zhao Yilong, dem Provinzsenator. Auf einen Schlag explodierten die Haufen, in denen die Ammen beieinandergestanden hatten, alles schob sich schnaufend nach vorne, knöpfte sich mit Händen und Füßen die Oberkleider auf und ließ die Familienprezíosen sehen. Ich war als Erste zur Stelle, wurde aber von den wild vordrängenden Ammen um mich rum erschreckt, war für einen Augenblick abgelenkt, und schon wurde ich nach hinten durchgereicht und kam nicht mehr vor die Tür.

Später habe ich mir sagen lassen, dass die Beamtengattin auch Zhao hieß, eine Mittelschülerin aus Chengdu, sie war noch in der Schule, als der Senator bei einem Inspektionsbesuch in der Schule ein Auge auf sie warf, mit zwanzig wurde sie dann die kleine Nebenfrau von dem halbalten Knacker. Sie hatten zwei Kinder, aber sie konnte keines von ihnen stillen. Der Grund war, dass das Stillen ihr Blut und ihr Qi erschöpft und ihre Figur ruiniert hätte.

LIAO YIWU: Stimmt ja, stimmt. Wie sagt man auf dem Land immer: Vor dem Stillen goldne Spitze, nachher nur noch Hundezitze.

WANG SHUFEN: Du bist ein bisschen ein Schwein.

LIAO YIWU: Entschuldigung, ist mir peinlich.

WANG SHUFEN: Die Frau Zhao trug Stöckelschuhe, schlingerte mit dem Hintern vor unsere Tür und tat so, als wären wir Luft für sie. Sie rief gemächlich »Li Sanwa«, einer von den Menschenhändlern kam, mit einer Zigarette hinter dem Ohr, von der Tür her herübergelaufen und antwortete dreimal »komme, komme, komme«. Ein seltener Gast, ein seltener Gast, Madame Zhao, nehmen Sie doch Platz, nehmen Sie ein Schälchen Frühstück!

Hm, hm. Keine Zeit für so was, zog Madame Zhao nörgelig die Augenbrauen hoch, wieso sind denn das noch alles die gleichen Mondgesichter?

Es gibt auch frische Ware, es gibt auch frische Ware, antwortete Li Sanwa hastig. Sofort drehte er den Kopf und brüllte: Macht Platz! Die Titten stehen hier jeden Tag herum, man kommt überhaupt nicht mehr durch!

Er hatte es kaum gesagt, als der Chef des Teeladens gegenüber flugs zurückgab: Anfänger! Das Geschäft mit den Titten wird jeden Tag größer.

Unter dem Gelächter der Gäste im Teehaus traten ein gutes Dutzend Ammen ausgesprochen unwillig zur Seite und ließen die Madame Zhao zu mir durch. Ich weiß nicht, wie und warum, aber damals habe ich mich richtig gewunden, aus Angst und Scham, es hat nicht viel gefehlt und ich hätte mich umgedreht und wäre davongelaufen. Doch Madame Zhao fasste mir mit einer Hand um die Hüfte, mit der anderen unters Kinn und hat mich ein paar Minuten richtig fixiert, dann befahl sie:»Aufknöpfen!«

Als sie mein dummes Gesicht sah, sagte sie es noch einmal: Aufknöpfen. Bis du schwer von Begriff?

Ich stand da wie eine Marionette, ich habe eine halbe Ewigkeit gebraucht, um den Knopf aufzukriegen, die anderen Ammen kicherten und streckten die Hand aus, um mir zu helfen. Im Nu waren meine Brüste bloß, sie wurden angehoben und beklopft, und die ganzen Affen von dem Teeladen standen da und gafften. Mein Schweiß und meine Tränen flossen nur so. Madame Zhao trocknete mir mit einem parfümierten Taschentuch das Gesicht und flüsterte:»Kleine Frau, du stehst so früh auf, wieso weißt du dich nicht in Ordnung zu halten? All dieser Augenschmand, nachher bekommen das meine Kinder auch.«

Li Sanwa spitzte die Ohren und sprang sofort zur Seite: Aber woher denn? Diese frische Ware, die gerade erst in die Stadt gekommen ist, die ist noch nicht richtig gezähmt, später werden die viel ruhiger.

Madame Zhao gab keine Antwort, sondern drückte mir den mit dem Taschentuch umwickelten Daumen fest hinten in die Läusekuhle: Hier sind Narben, kommen die von der Krätze? Nicht sonderlich appetitlich! Die wird doch nicht auch noch Läuse haben!?

Ich schüttelte den Kopf: Die Narben habe ich von einem Stein, den einer aus meinem Dorf nach mir geworfen hat.

Sie schüttelte ebenfalls den Kopf: Und wieso ist die Narbe hinten und nicht vorne? Du wirst doch nicht beim Stehlen erwischt worden sein? Und es hat dich beim Davonlaufen erwischt!?

LIAO YIWU: Das war aber eine wirklich mit allen Wassern gewaschene junge Frau.

WANG SHUFEN: Da war nichts zu machen. Auch wenn sie zufrieden gewesen wäre, sie hätte hoch und runter genörgelt, um einen von Anfang an ins Boxhorn zu jagen.

LIAO YIWU: Verstehe. Erst muss klar sein, ob jemand hässlich ist oder nicht, dann vom Äußeren zum Inneren und klären, ob er auch sauber ist.

WANG SHUFEN: Und ob! Wie es so schön heißt: Mit drei Jahren sieht man das Alter. Sage mir, wessen Milch du trinkst, und ich sage dir, was für ein Mensch du wirst.

LIAO YIWU: Aber dann musste sie auf den Punkt kommen.

WANG SHUFEN: Erst hat sie einen Schritt nach hinten gemacht und inspiziert, ob meine Brüste symmetrisch sind; dann hat sie wieder nach meinen Brüsten gegriffen, um zu fühlen, wie schwer sie sind, außenrum bis zu den Brustwarzen hat sie alles sorgfältig befühlt, ob es da irgendwelche Knoten gibt.

LIAO YIWU: Hehe. Ganz wie ein Arzt in der Gynäkologie. Wie habt Ihr denn damals reagiert?

WANG SHUFEN: Ich habe mich geniert. Ich wusste nicht, wo ich mit meinem Gesicht hinsollte. Aber diese Madame Zhao hat so oft die Ammen gewechselt, da war es längst gleichgültig. Sie ließ sich Zeit mit ihrer Wahl und ihren Fragen: Wie alt? Woher? Warum weg von dort? Mit der Familie weggegangen oder alleine hier? Das erste Kind oder das zweite, dritte? Und das eigene Baby? Gestorben? Woran? Schon lange her? Traurig? Und der Mann, ist er rabiat?

LIAO YIWU: Das ist eine Mammographie samt Überprüfung des Wohnsitzes.

WANG SHUFEN: Das heißt die Karten ausloten. Li Sanwa stand dabei und klatschte ein paar Mal in die Hände: Meinen Glückwunsch, Madame Zhao, da haben sie ein paar »verwaiste Brüste« gefunden!

LIAO YIWU: Der Kerl hat Euch auch noch beschimpft!

WANG SHUFEN: Auf dem Menschenmarkt wurden alle sogenannt. Junge Frauen, die ihr Baby verloren haben, waren schließlich selten, die ganze Milch ist übrig, Menge und Qualität, sozusagen ein Lastwagen ohne Anhänger, deren Preis ist auch bestimmt am höchsten. Und dann »die Alleinstehenden mit Anhang«, das hieß, sie hatten selbst ein Baby, aber waren arm und wollten die überschüssige Milch verkaufen, um was dazuzuverdienen; oder wenn eine eine Tochter hatte, die zählte nicht so viel, die Familie des Mannes wollte die nicht gerne stillen, also hat man sie einfach abgelegt, und sie ging raus und wartete auf einen Kunden: Man ist wert, was man verdient. Und der Preis war bei so einer natürlich sehr viel niedriger. Am weitesten unten waren die mit »Ableger«, das heißt, die ihr eigenes Baby bei sich hatten. Mit denen wollten die meisten Kunden nichts zu tun haben. Wenn sie sich doch mit so einer abgaben, dann machten sie von vornherein klar, dass sie egal wo und egal wann zuallererst das Kind der Kunden zu stillen hätte; wenn sie dann noch Milch übrig hätte, könne sie die in Gottes Namen ihrem eigenen Balg geben; wenn nicht, dann bekam der halt ein bisschen Reisbrei.

LIAO YIWU: So verschieden sind die Sitten, selbst bei den Ammen gibt es eine Hierarchie.

WANG SHUFEN: Noch unter den Ammen rangierten die Zofen und die Huren. Was sollte man denn auch machen, wenn man zu Hause nicht genug zu essen hatte? Also ging man weg, und da musste man seinen Grips zusammennehmen, sonst entführten einen die Menschenhändler bei Nacht und Nebel und steckten dich in einen Puff.

LIAO YIWU: Gut, gut. Kommen wir zu unserem eigentlichen Thema zurück.

WANG SHUFEN: Das Blatt gefiel ihr zu achtzig, neunzig Prozent und die Madame Zhao packte meine Brüste, presste sie zusammen, was so weh tat, dass ich autsch schrie und aus der Brustwarze augenblicklich ein gerader Strahl herausschoss; als sie wieder locker ließ, tröpfelte es. Als Li Sanwa das sah, fing er an zu schreien: Das reicht für Zwillinge!

LIAO YIWU: Wenn sich da so ein Mannsbild unter lauter Ammen herumtreibt, das ist schon ein bisschen skurril.

WANG SHUFEN: Davor hatte Li Sanwa keine Angst, er war wie der kleine Hanswurst in der Sichuan-Oper, ihm fehlten nur die beiden weißen Striche auf der Nase. Eigentlich waren über die Hälfte der Händler, die die Ammen präsentierten, selbst alte Frauen, mit süßer Zunge und bitterem Herzen, Schein und Sein, die hätten noch einen Engel aus dem Himmelspalast auf die Erde gelockt und auf den Strich geschickt. Da war das Ehepaar Li Sanwa noch richtig ehrlich, die kannten sich mit Geld aus, aber die kannten wir auch aus unserer Gegend.

LIAO YIWU: Dann war er auch ein tüchtiger Mann.

WANG SHUFEN: Die Madame Zhao war ihm über. Die zahlte keinen Fen zu viel, prüfte aber die Ware genauer als irgendwer.

LIAO YIWU: Muttermilch ist doch bei jeder Frau gleich, oder nicht?

WANG SHUFEN: Da gibt es gewaltige Unterschiede. Beim ersten Kind ist sie besonders dick, aber die Menge ist nicht stabil, wenn man sich ärgert oder man ist deprimiert, sogar wenn man seine Tage hat, kann das leicht zu einem Rückgang der Milchproduktion führen. Wenn die Brüste geschwollen sind, aber keine Milch kommt, dann sind die Kunden sauer und die Amme nicht minder, und je saurer sie sind, umso schlimmer wird es. Nach dem zweiten Kind ist die Milchmenge stabil, die Amme ist ein wenig älter und innerlich auch ein bisschen ausgeglichener. Nach dem dritten und vierten Kind wird die Milch dünner, und auch die Frauen werden schmieriger.

LIAO YIWU: Damals, das war Euer erstes Kind.

WANG SHUFEN: Bei mir war das ein bisschen was Besonderes. Madame Zhao hat vier-, fünfmal zugedrückt, und jedes Mal schoss die Milch jäh aus, sie hat selber zwei Tropfen abgekriegt, die hat gedreht und gezwirbelt, am Ende hat sie noch ihre Nase und ihre Zungenspitze eingesetzt. Schließlich hat sie sich aufgerichtet und zu Li Sanwa umgedreht: Gehen wir hinein und trinken eine Tasse Tee!

LIAO YIWU: Da gingen dann die Preisverhandlungen los.

WANG SHUFEN: Und sie hat mir weiter auf den Zahn gefühlt, die hat mich richtig auf Herz und Nieren geprüft. Dann ist auch ein Bürge aufgetaucht, das Verhältnis zwischen dem Bürgen und meinen Verwandten wurde ebenfalls kontrolliert, erst danach hellte sich die düstere Miene von Madame Zhao auf, nicht ohne mir vorher ziemlich deutlich zu machen, woran ich mit ihr war: Dass du mir nicht auf halbem Weg abhaust, dass du mir keinen Lärm um nichts machst, sonst blablabla.

Am Ende hat sie dann noch einen von diesen altmodischen Federfuchsern, die ich schon erwähnt habe, gebeten, ein Papier aufzusetzen, und mit dem abgesprochenen Preis waren die Verhandlungen beendet. Fürs Erste bekam ich ein kleines Treugeld. Und die Vermittlungsgebühr, der Federfuchser und die Kosten für meine Unterkunft und so weiter, wurde alles auf einen Rutsch beglichen.

LIAO YIWU: Ihr wart doch gerade erst angekommen, da können keine besonderen Kosten für die Unterkunft aufgelaufen sein.

WANG SHUFEN: Li Sanwa hat steif und fest behauptet, ich hätte ein, zwei Monate bei ihm umsonst gegessen und gewohnt.

LIAO YIWU: Habt Ihr denn nicht aufgemuckt?

WANG SHUFEN: Das konnte ich doch nicht. Wir waren doch vor der Hungersnot geflohen und hatten aus der Ferne bestimmt, bei ihm unterzukommen. Mein Mann war noch von ihm abhängig, was seine Arbeitssuche anging.

LIAO YIWU: Eure Madame Zhao scheint kein Mensch gewesen zu sein, mit dem leicht Kirschenessen war.

WANG SHUFEN: Deshalb hat sie auch nur kurz und kalt gelacht und das Geld für zehn Tage Kost und Logis auf den Tisch geworfen. Dann hat sie den Kopf mir zugewandt und befohlen: Pack deine Sachen! Sofort! Warte auf mich, bis ich draußen meine Runde gemacht habe, wenn ich zurück bin, dann gehen wir.

LIAO YIWU: Wie viel hat dieser Li Sanwa denn am Ende bekommen?

WANG SHUFEN: Daran kann ich mich nicht entsinnen. Auf jeden Fall mehr als ich.

LIAO YIWU: Und wie viel habt Ihr bekommen?

WANG SHUFEN: Jeden Monat ein paar alte Silberdollar, das wären heute acht-, neunhundert Kuai. Das Treugeld habe ich meinem Mann dagelassen und bin noch am selben Nachmittag hin zu der Residenz der Zhaos. Eine weitläufige Anlage mit Innenhöfen und Nebengebäuden, vier Generationen unter einem Dach. Der knapp fünfzig Jahre alte Senator Zhao hing dem neuen Denken an und hatte nur drei Frauen. Kinder hatte er vier, Mädchen und Jungen.

An Dienerschaft gab es außer mir noch einen Koch, ein Faktotum, einen Diener und eine Zofe. Und weil ich zum ersten Mal Amme war, habe ich das Baby von Madame Zhang noch mit Leib und Seele wie mein eigenes großgezogen. Zudem habe ich wenig Worte gemacht, war flink und geschickt, jeder mochte mich.

Ich war schon fast zwei Wochen dort, und Madame Zhang hatte Tag und Nacht am Mah-Jongg-Tisch vertan; ihr sechs Monate altes Baby hat sie nur hin und wieder in den Arm genommen und es geheimelt. Wenn sie gewonnen hat, hat sie selbst ein paar Häppchen gegessen und auch mir die ein oder andere Schale gegeben oder mir ein altes abgelegtes Kleid gegeben.

LIAO YIWU: Klingt nicht ganz schlecht.

WANG SHUFEN: Für Kost und Logis war gesorgt, und wenn ich noch Lohn bekam, fand ich das eigentlich in Ordnung. Aber der Senator war eine Maus mit einer Pistole an der Hüfte und wollte die Katze fangen.

LIAO YIWU: Wollte er mit Euch ins Bett?

WANG SHUFEN: Madame Zhao war schwer eifersüchtig, das hat er sich nicht getraut. Aber ich hatte Milch genug und wenn ich das Kind stillte, wollte er auch.

LIAO YIWU: Er wird doch nicht ein zweiter Liu Wencai gewesen sein, ein zweiter böser Grundbesitzer? Als ich klein war, habe ich eine revolutionäre Erziehung bekommen, Ihr wisst schon, gedenke der Leiden der Vergangenheit, wenn du die Süße der Gegenwart genießt, da habe ich die Geschichte von Liu Wencai gehört, der noch als erwachsener Mann nach Muttermilch verlangte, damals hätte ich am liebsten ein Gewehr genommen und ihn umgelegt.

WANG SHUFEN: In der alten Gesellschaft hat es das oft gegeben. Es gab eine ganze Reihe von Kriegsherren, die haben sich zu diesem Zweck eigens ein paar Ammen gehalten, um sie jeden Tag zu melken, es hieß, damit könne man sein Yin mehren, sein Yang stärken und sein Leben verlängern.

LIAO YIWU: Schwachsinn! Wie viele von den hundert Jahre alten Leuten haben je Muttermilch bekommen, ich meine als Erwachsene.

WANG SHUFEN: Ja, ja. Ich habe immer gefunden, Muttermilch riecht nach Vieh. Aber der Senator Zhao schlürfte sie mit Behagen und hat auch noch die Schüsseln ausgeleckt. Er musste nur ein paar Tage zu Hause verbringen, schon kam er an und drängte mich, das Kleine zu stillen. Manchmal war das Baby am Schlafen, aber er wollte trotzdem, dass ich es in den Arm nehme und stille, bis der Säugling im Tran die Brustwarze schnappte, dann hockte er sich daneben und hat fasziniert meine Brüste angestarrt. Das war mir so unangenehm! Vor allem, wenn Madame Zhao vorbeikam und ihn am Ohr von mir wegzog; dann ist er, wenn es hochkam, zwei Minuten im Vorder- oder Hinterhof herumgelaufen, schon kam er wieder geschlichen. Er schnaubte und sagte: Mein alter Herr war schon weit über siebzig und dem Opium zugetan, ziemlich oral; ich, als sein Sohn, habe auf die Lehre des Generals Tschiang Kai-shek vom neuen Leben reagiert und das Opium abgelehnt, habe auf Muttermilch umgestellt, das ist auch ziemlich oral, aber fortschrittlich oral.

LIAO YIWU: Kein Wunder, dass die Guomindang nach Taiwan abhauen musste, mit solchen Muttermilch-Fetischisten wie diesem Senator in ihren Reihen.

WANG SHUFEN: Ämter wurden gekauft und Ämter wurden verkauft. In den vierziger Jahren damals konnte man sogar den Posten eines Repräsentanten in der Nationalversammlung kaufen. Dieser Senator Zhao hat mehr von meiner Milch getrunken als sein kleines Söhnchen, mindestens drei Schälchen am Tag, da hat er vor mir gehockt und die Augen verdreht und geschnauft und gestöhnt, der hätte mich über den Haufen gerannt! Wenn Madame Zhao gerade nicht aufpasste wie ein Luchs, habe ich laut genießt und genießt, dass ich am ganzen Körper eine Gänsehaut bekam.

LIAO YIWU: Eine psychische Abwehrreaktion?

WANG SHUFEN: Ich hatte Angst, er würde sich nicht beherrschen können, sich auf mich stürzen und mir meine Milch rauben.

LIAO YIWU: Ich hätte nicht gedacht, dass man nach Muttermilch genauso süchtig sein kann wie nach Nikotin.

WANG SHUFEN: Deshalb habe ich mich davongestohlen, bin zum Menschenmarkt geschlichen und habe Li Sanwa aufgesucht. Er hatte auf jeden Fall sieben, acht Jahre harte Schule in der Präfektur Chengdu hinter sich, er war ein Mann von Welt und kannte sich aus.

LIAO YIWU: Zwei Mäuler stillen für einen Lohn, da seid Ihr nicht gut weggekommen. Aber Li Sanwa gehörte auch zum Bodensatze der Gesellschaft, war unterste Schublade, wie sollte er es wagen, von einem Mann mit Geld und Macht wie diesem Senator Rechenschaft zu verlangen?

WANG SHUFEN: Hehe, die Wege von Yang sind nicht die Wege von Yin, der Menschenweg führt nicht in die Wolfshöhle. Also hat mich Li Sanwa in die hinteren Gemächer geführt, seine Frau eine Suppe machen lassen, schwärzer als ein Topfboden, die musste ich zügig trinken. Ich sagte mir, wenn das mal kein Gift ist. Da flüsterte mir Li Sanwa ins Ohr: Du kleine Amme vom Land, da können deine Brüste noch so üppig und fett sein, es reicht nicht, wenn ein Kleiner und ein Alter gleichzeitig dran saugen. Den Kleinen kann man abstillen, aber den Alten nicht, niemals, es sei denn, dir geht irgendwann einmal die Milch aus, der lässt dich erst gehen, wenn du so leer bist, dass du nicht mehr gerade stehen kannst.

LIAO YIWU: Furchtbar.

WANG SHUFEN: Ich habe vor Schreck das Heulen angefangen, habe sofort das Zeug runtergegluckst und die leere Schale nach oben gehalten. Mir hat eine Weile der Bauch gebrannt, und gleich drauf ist mein Busen taub geworden und hat gejuckt, das war erst ein Kribbeln wie von Ameisen, dann als würden Hühner innendrin kratzen. Li Sanwa meinte: Was du da getrunken hast, das war die Spezialsuppe der Familie Li, davon geht die Milch zurück! Innerhalb von drei Tagen wird deine Milch langsam weniger werden, am Ende kommt kein Tropfen mehr.

LIAO YIWU: So eine heftige Wirkung hatte das? Was war denn das für ein Rezept?

WANG SHUFEN: Li Sanwa sagte, das wäre ein Geheimrezept, Familientradition. Ich habe erst später erfahren, dass die Menschenhändler das alle kannten. Wenn eine Amme bei ihrem Kunden zu Hause heimisch geworden war, wenn das Baby des Kunden die Milch brav angenommen hat, dann war man unabkömmlich und hat mehr Geld verlangt. Wenn der Kunde nicht parierte und mit dem Kontrakt drohte, dann hat man einen Rückzieher gemacht, für eine Weile, der Himmel ist groß, das Meer ist weit, man muss auf den richtigen Zeitpunkt warten, und dann hat man ihr diese Spezialsuppe gegeben, und die Milch ging zurück.

LIAO YIWU: Aber eine Amme, die keine Milch hat, hat die nicht den Job verloren?

WANG SHUFEN: Man muss nur die Tage richtig zählen, dann kann man mehr als die Hälfte des Lohns mitnehmen, mindestens, und wenn die Leute ein bisschen Mitleid haben, dann noch mehr. Und außerdem haben die Händler ihre Vermittlungsgebühr schon bekommen, die hätten es am liebsten, wenn die Ammen sofort entlassen werden.

LIAO YIWU: Warum?

WANG SHUFEN: Dann haben sie einen neuen Kunden gesucht.

LIAO YIWU: Wie kann er einen neuen Kunden suchen, wenn keine Milch mehr kommt? Wird man dann eine Dienerin?

WANG SHUFEN: Man stimuliert die Milch.

LIAO YIWU: Wenn sie weg war, wieder stimulieren? Ihr macht einen ja ganz konfus!

WANG SHUFEN: Wenn man jeden Tag geschmorte Schweinefüße mit Erdnüssen isst und dazu Reis mit Krabben und noch eine spezielle Suppe für die Stimulierung der Milch. Wenn die Milch wirklich komplett aufgehört hat, und man zehn Tage, zwei Wochen nichts rausbekommt, dann braucht man ein bisschen Tiermedizin.

LIAO YIWU: Tiermedizin? Für Menschen?

WANG SHUFEN: Die zehntausend Kreaturen haben alle den gleichen Urvater. Die Medizin, die man einer Sau gibt zur Stimulierung der Milch, ist sehr wirksam.

LIAO YIWU: Habt Ihr das probiert?

WANG SHUFEN: Nein. Als meine Milch wegblieb, haben die Zhaos sofort das Kochen angefangen. Das Kind hatte noch nichts, hat höchstens mal geweint, aber das konnte man mit Brei eine Weile beruhigen. Aber der Senator hat völlig den Verstand verloren, der kam an, hat mich in den Arm genommen und wollte auf Teufel komm raus an mir rumzuzzeln, Senator hin oder her, um zu sehen, ob ich wirklich keine Milch mehr habe. Ich habe geschrien wie am Spieß und bin im Hof im Kreis herumgerannt und habe mich schließlich im Opiumzimmer des alten Herrn versteckt, unter dem Bett.

Als ich mich ein bisschen beruhigt hatte, hat die Madame Zhao einen Staubwedel aus Hühnerfedern genommen, ich musste mich hinknien, und dann hat sie mich gehauen und gleichzeitig ausgefragt, ob der miserable Li Sanwa dahinterstecke? Ich habe auf stur geschaltet und nichts zugegeben. Die konnte mich mal, und wenn es meinen Lohn kostete, ich durfte die milchtreibende Suppe der Familie Zhao auf keine Fall trinken!

LIAO YIWU: Alle Achtung, Großmutter, wenn Ihr etwas wollt, dann wollt Ihr es aber auch.

WANG SHUFEN: Ach, am Ende bin ich weg! Zurück zum Menschenmarkt und habe den Ammen dort die ganze Chose erzählt, die waren
alle entsetzt. Danach sind alle der Madame Zhao aus dem Weg gegangen.

LIAO YIWU: Haben sie sich nicht an Euch gerächt?

WANG SHUFEN: Womit denn? Arme Leute waren nicht mehr wert als
eine Stück Vieh.

LIAO YIWU: Und dann?

WANG SHUFEN: Dann bin ich weiter Amme gewesen. Habe noch drei
eigene Kinder bekommen. Und dann weiter als Amme gearbeitet.

LIAO YIWU: Und als das vorbei war?

WANG SHUFEN: Kam die Befreiung. Ich habe mich emanzipiert und
war Herrin meiner selbst, habe noch drei Kinder bekommen, bin
schon mit dem Stillen zu Hause kaum noch nachgekommen.

ZUO CHANGZHONG, DER AUSBRECHER

Die »Kampagne des ernsten Schlages gegen Kriminalität« von 1983 war für viele chinesische Familien ein Albtraum, ein Albtraum, der, wie es heißt, von dem Fall zweier flüchtiger Mörder ausgelöst wurde. Die Brüder Wang stammten aus Changchun in der Nordost-Region, hatten in ihrer Militärzeit eine Spezialausbildung bekommen, konnten ausgezeichnet mit Waffen umgehen und waren exzellente Schützen; sie hatten aus Rache einen Menschen ermordet und waren dann, zur allgemeinen Überraschung, über Monate und gut zehn Provinzen hinweg auf der Flucht, überall hatten sie es mit Tausenden von Polizisten zu tun, widersetzten sich hartnäckig, durchbrachen mehrere Male den Kreis, der sich um sie geschlossen hatte, was zu vielen Opfern und Verwundeten auf Seiten der Polizei führte, und waren die ersten Verbrecher seit Gründung der Volksrepublik China, die vom Amt für Öffentliche Sicherheit steckbrieflich und mit einer hohen Belohnung gesucht wurden.

Angesichts der seit der Reform- und Öffnungspolitik täglich sich verschlechternden Sicherheitslage hat Peng Zhen als Vorsitzender des Nationalen Volkskongresses das Ganze selbst in die Hand genommen, und einen Gesamtplan zu einem »schweren, schnellen und ernsten Schlag gegen die Kriminalität« beschlossen. Außerdem wurden nationale Maßnahmen zur Beherrschung von Unruhen ergriffen, die sich bis ins 21. Jahrhundert fortsetzten.

Der vierundfünfzig Jahre alte Zuo Changzhong war ein Opfer dieses »Schlages«. Als ich am Abend des 1. April 2002 im »Shangfang-Gästehaus« mit ihm sprach, saß ihm der Schreck noch immer in den Gliedern.

»In der Zeit des ›ernsten Schlages‹ ist die Rechtsprechung sehr simpel gewesen«, sagte er. Ich fragte, »simpel« in welchem Sinn? Er antwortete: »Sicherheitsorgane, Staatsanwaltschaft und Justiz saßen alle an einem Tisch, die steckten alle unter einer Decke.«

—⟋∿⟍—

ZUO CHANGZHONG: Ich habe gehört, Sie haben auch im Knast gesessen?

LIAO YIWU: Vier Jahre, konterrevolutionäre Propaganda und Aufwiegelung.

ZUO CHANGZHONG: Dann kennen Sie sicher die Kampagne des »ernsten Schlages«?!

LIAO YIWU: In den Gefängnissen, in denen ich war, sind ungefähr die Hälfte der Inhaftierten während dieser Kampagne in den Bau gefahren. Alle zwischen Anfang zwanzig und Anfang dreißig, sie bildeten das Hauptkontingent in den Lagern zur Umerziehung durch Arbeit. Sie sagten, bei dieser sogenannten Kampagne sei es hart und schnell zugegangen, Sicherheitsorgane, Staatsanwaltschaft und Justiz hätten alle in einem Raum gesessen, manchmal sogar an einem Tisch hätten sie zu Gericht gesessen – wenn einer leugnen wollte und nicht, wie von den zuständigen Behörden verlangt, ein »rückhaltloses Geständnis« ablegte, dann wurde er gefesselt, aufgehängt; wem sie nur die Knochen zerschlugen, der war billig davongekommen.

Da war ein gewisser Zhong, ein Pädagoge aus Fuling, der wurde beschuldigt, eine Schülerin vergewaltigt zu haben. Als sie ihm durch Folter ein Geständnis abgepresst hatten, haben sie ihn in die Todeszelle geworfen und ein Jahr und vier Monate in Fesseln gehalten! Am Abend, bevor sie ihn zum Richtplatz führen würden, kam vom höchsten Gerichtshof die Mitteilung, dass es ein Wiederaufnahmeverfahren geben werde, es war »die Geschädigte«, die auf einen Widerruf des Geständnisses klagte und dem Amt für Öffentliche Sicherheit die Fälschung von Beweisen vorwarf, wodurch ein guter Mensch zu Unrecht verurteilt worden sei. Dieser Zhong wurde zum Tod auf Bewährung begnadigt und behielt seinen Kopf.

ZUO CHANGZHONG: Ach, ähnliche Fälle habe ich viele gesehen, man kann Ihrem Herrn Zhong höchstens vorwerfen, dass er zur falschen Zeit auf die Welt gekommen ist. Wie ich auch, ich bin auch zur falschen Zeit und am falschen Ort auf die Welt gekommen, nach heutigen Maßstäben wäre mein Verbrechen gar keins mehr, denn heute zählen Besuche bei Prostituierten gar nichts mehr, man zahlt eine Geldbuße und geht seiner Wege. Aber Anfang der achtziger

Jahre waren die Türen im Staat gerade erst einen Spalt weit aufgegangen …

LIAO YIWU: Wurden Sie auch wegen »Blumenpflückens«, wie das damals hieß, angeklagt?

ZUO CHANGZHONG: Nur, heimlich zu Hause eine Party veranstaltet zu haben, wo man Wange an Wange getanzt habe. Ich bin als Gebildeter Jugendlicher in jungen Jahren an die Grenze geschickt worden, zu den Produktions- und Aufbauverbänden nach Yunnan, anschließend bin ich mit dem großen Strom zurück in die Stadt, tagsüber sind wir in Scharen zu den zuständigen Behörden der Provinzhauptstadt, haben schweigend im Sitzen demonstriert und Wandzeitungen geschrieben, große Parolen, abends dann sind wir, wieder in Scharen, herumgezogen, haben uns getroffen und uns, die Brust voller Jugend und heißem Blut, endlos das Herz ausgeschüttet. In diesen Jahren hatten die Gebildeten Jugendlichen, die sie zur Grenze schickten, alle möglichen Talente und künstlerische Fähigkeiten, da wurde Gitarre gespielt und Mundharmonika, da wurden die alten Lieder von vor der Kulturrevolution gesungen und Lieder aus Taiwan und Hongkong, Lieder aus der Sowjetunion oder unsere eigenen Lieder, die wir auf die bekannten Melodien schrieben. Das war ein Resultat der jahrelangen halbmilitärischen Ausbildung. In dieser Umgebung, die einem Arbeitslager gleichkam, wenn man sich da nicht mit sich selber zu beschäftigen wusste, dann wurde man verrückt oder brachte sich um. Alles in allem sind wir sämtlichen Verführungen der Zeit erlegen: Rebellion, Landverschickung, Rückkehr in die Stadt, Reden halten auf der Straße, Straßenmusik; und dann waren da noch die von Hand kopierten Manuskripte. Die Trompetenhosen, wie wir die Schlaghosen nannten (nachher trugen wir dann auch Jeans), und die Raketenspitzenschuhe aus Leder sind auch zum ersten Mal von uns Gebildeten Jugendlichen mit zurück in die Stadt gebracht worden, und erst danach ist das unter den jungen Leuten in der Stadt, die nach dem letzten Schrei Ausschau hielten, Mode geworden.

1978 habe ich Trompetenhosen angezogen, die hatten einen Schlag von über einer Elle und ich habe damit den Boden gefegt. Für die alte Dame vom Nachbarschaftskomitee war das unerhört, und sie hat einen kleinen Bericht an die Polizeistation geschrieben. Die Polizei, die für die Registrierung von Anwohnern zuständig ist, kam mit einer großen Schere in der Tasche, um mit mir zu reden, die haben gedroht, mich »einzusperren, wenn ich mir die Hosenbeine nicht abschneide«. Ich habe mich keinen Deut darum geschert, ich war ganz und gar auf der neuen Welle. Wenn ich mir heute die Filme vom Anfang der Achtziger anschaue, tragen dort die Jugendlichen, die hinter der Zeit waren, oder die Agenten aus Taiwan und Hongkong immer geblümte Hemden und Trompetenhosen, du meine Scheiße, das waren echte Zombies.

Damals gab es mehr Straßenmusiker als ein Ochse Haare hat, oft sind sie in der Gegend Binjiangstraße und Volkspark aufgetreten, hier wie da wuchs der Oleander sehr dicht, da kam keine Straßenlaterne durch. Man sah nur jemanden im dunklen Schatten, Gitarre im Arm, Mundharmonika im Mund, der spielte und schrummelte, wie eine Musikmaschine, von »Schenk dir eine Rose« über »Ach, ach, Mama« von Teresa Teng und »Herbstklare Augen«, ein Lied aus den Dreißigern, das haben wir pausenlos runtergenudelt. Nach und nach standen immer mehr Leute um uns herum. Erst sind die etwas Mutigeren in den Kreis getreten und haben zu tanzen angefangen, dann waren es zwei Paare, dann drei, am Ende haben alle getanzt, bis wir Musiker nicht mehr konnten, schließlich haben wir nicht mehr selbst gespielt, sondern die alten Lieder auf Anrufbeantworter laufen lassen, seinerzeit waren die Antwortmaschinen Geräte mit den Ausmaßen von einem vierzehn Zoll Schwarzweißfernseher.

Das Aufkommen der Freiluft-Tanzpartys in Chengdu, wo jeder tanzen konnte, wie er wollte, ist sicher zum Teil auch mein Verdienst, das waren so in etwa die ersten öffentlichen Veranstaltungen. Unter dem Schutz des dichten Oleanders konnten Frauen und Männer, die sich nicht kannten, miteinander in Kontakt kommen, ohne zuerst den familiären Hintergrund und die Arbeitseinheit ihres Gegenüber zu untersuchen, um dann erst einmal zu überlegen, ob man eine Beziehung etablieren möchte. Hier fühlte ich mich wie ein Fisch im Wasser. Ich habe mit vielen jungen Leuten der neuen Welle Freundschaft geschlossen oder sie zum Tanzpartner gewonnen, wir haben uns in der Woche wenigstens dreimal getroffen und mehr, gelegentlich wurde nicht getanzt, dann haben sie mir beim Gitarrespielen zugehört – die glückliche Zeit mit Musik, Illusionen und romantischer Liebe hielt etwa ein Jahr, dann wurden diese Treffen auf Anordnung der Regierung verboten.

Ich erinnere mich, einmal, da haben über hundert Leute am

»Mahnmal für die Genossen von der Eisenbahn-Schutz-Bewegung während der Xinhai-Revolution«* im Volkspark in Chengdu getanzt wie verrückt, wie im Rausch, als man auf einmal jemanden schreien hörte: »Die Bullenschädel (gemeint sind Diensthabende der Volksmiliz, Anm. von Liao Yiwu) kommen, Pornorazzia!«

Alle waren so erschrocken, dass sie wusch auseinanderliefen und sich in den Wald retteten. Wie hätten wir auch ahnen können, dass sich die Bullenschädel mit ihren roten Armbinden an allen vier Ecken verstecken und ihnen so mehr als die Hälfte der illegalen Tänzer ins Netz gehen würden. Das Polizeirevier am Park war so voll, dass da kein Schluck Wasser mehr hineingepasst hätte; die Wachhabenden sind gar nicht mehr nachgekommen, also haben sie befohlen, dass wir uns in den Hof hocken und einer nach dem anderen reinkommen und auf das Verhör warten. Dort brüllte einer: »Arbeitsausweis raus!« Mit dem Resultat, dass diejenigen, die eine Einheit hatten, von den Bullenschädeln zum Empfang ihrer Bestrafung abgeführt und die ohne Einheit ihrem Straßenrevier übergeben wurden, wo man sie verhörte – auf diese Weise wurde meine Gitarre konfisziert, und meine Einheit, eine Reparaturfirma in der Straße, hat mich gefeuert. Meine Eltern waren ausgesprochen schlecht auf mich zu sprechen und haben mich rausgeworfen.

Aber ich in meinem jugendlichen Elan habe das Kind mit dem Bade ausgeschüttet und bin mit meinem Freund Wang Yi zusammengezogen, er war Schlosser in einer Fabrik für Ventile und wohnte in einem Wohnheim des Kollektivs. Die Menschen in den Achtzigern haben weniger Wert auf Geld als auf Gerechtigkeit gelegt, ich habe in Wangs Bude ein paar Monate abgehangen und die vier anderen ledigen jungen Kerle, die dort hausten, haben mich sehr für mein musikalisches Talent geschätzt. In diesen Jahren waren Männer wie ich, die mit dreiunddreißig noch nicht verheiratet waren, eine kostbare Rarität.

Ich hatte nichts zu tun, aber innerlich rumorte es ordentlich, die Freiluft-Partys wurden verboten, das war, als hätte man einem die Bühne zerstört, was also tun? Was schon – ich habe die Partys zu Hause organisiert. Ich kannte viele Menschen, also habe ich es über-

---

* Protestbewegung von 1911 gegen die Pläne der späten Qing-Regierung, den Bau der Eisenbahn der Regierung zu unterstellen und die Kontrolle ausländischen Banken zu überantworten.

nommen, den ledigen Jungs eine Tanzpartnerin zu besorgen, das Aussehen war zweitrangig, wenn damals ein Mädchen in der Lage war zu kommen, dann hieß das, dass sie eine ganz schöne Portion Courage hatte. Wang Yi hat von Zuhause einen Anrufbeantworter hergeschafft und ein paar Kassetten aus Hongkong und Taiwan, damit war die Hardware komplett – die Partys waren am Wochenende, da sind die ledigen Angestellten und Arbeiter aus dem Wohnheim so gut wie alle nach Hause oder weg, wir haben die Fenster und Türen mit Bettüchern und Watte abgedeckt, haben die Deckenlampen ausgemacht und nur ein paar in Handtücher gewickelte Tischlampen angelassen. Es war Frühling, die entsprechenden Gefühle erwachten, eng umschlungen tanzten auf ein paar Quadratmetern fünf junge Pärchen, an beiden Seiten standen die Etagenbetten, das war ein ganz schönes Gestolpere, abgesehen davon, dass man keine so großen Bewegungen machen konnte, war es schon nicht gerade bequem, auch nur einen Arm zu heben. Das Licht war schummrig, die Lieder von Teresa Teng waren zudem wie ein Schleier. Das Ganze hatte etwas Gespenstisches, und wir waren die Gespenster, lautlos schob man sich vor und zurück, wagte nicht, die Füße zu heben, nicht mit den Schuhsohlen zu scharren, aus Angst, irgendwelche Denunzianten in den Stockwerken unter uns zu alarmieren.

Tatsächlich waren diese sogenannten Tanzpartys nur ein Vorwand, dass Männer und Frauen einander umarmen konnten – deshalb haben die alleinstehenden Kerle, wenn sie erst einmal von den verbotenen Früchten gegessen hatten, mit unglaublicher Aufregung dem nächsten Mal entgegengefiebert. Insgesamt gab es drei solche Partys, bei der vierten haben wir alle, das war schon Routine, Fenster und Türen abgedichtet, Musik angemacht und die Körper einander berühren lassen, als die Tür mit einem lauten Rums aufgestoßen wurde.

Das war im Sommer 1983, die »Kampagne des ernsten Schlages« erreichte gerade ihren Höhepunkt, nach drei Tagen und drei Nächten eines Ad-hoc-Verhörs wurden wir zu einer »besonders großen Gruppe von Strolchen und Vergewaltigern« erklärt. Schauen Sie hier, die Vorderglieder meiner Finger, alle verformt, die haben sie zwischen Stäbchen geklemmt; es gibt eine alte Sichuan-Oper, »Vernehmung der Ehefrau«, da haben sie die gleiche Strafe angewandt.

Wer hätte sich da wehren können? Und dann gab es noch Schläge und Fußtritte, sie haben einem Chili-Wasser eingeflößt, aber schlimmer noch war, wenn die Polizisten müde wurden, dann haben sie die anderen Gefangenen aus dem Untersuchungsgefängnis, die zur Umerziehung hier waren, auf uns losgelassen. Ich habe heute noch Narben an meinem Geschlecht, von den Kippen, die haben dir das Glied steif gerieben und dann die Kippen gegen die Eichel gedrückt. Da musste man alles zugeben, selbst wenn sie dir vorhielten, deine Oma hätte mit Tschiang Kai-shek rumgemacht, da hast du deinen Fingerabdruck druntergesetzt.

Wang Yi und ich, wir sind beide zum Tode verurteilt worden, wir hatten Hand- und Fußfesseln; ich habe mich nicht damit abgefunden, ich habe Tag für Tag gegen die Gitterstäbe geschlagen und »Justizirrtum« geschrien. Das Untersuchungsgefängnis hat mich, noch vor der Revision des Urteils, nach draußen geschleppt, ich musste einmal als Begleitung mit auf den Richtplatz, nur um mich zur Räson zu bringen. Dem Vernehmen nach sollte es vierundsechzig Leuten auf einmal an den Kragen gehen, als die durch die Straßen geführt wurden, war die ganze Stadt auf den Beinen, es war ein ganz außergewöhnlicher Trubel, auf gut zwanzig Lkws wurden die aneinandergefesselten Gefangenen transportiert und langsam durch das Stadtzentrum gefahren. Man hatte mir in den Mund und in den Hals Betäubungsmittel gespritzt, ich konnte keinen Ton von mir geben, ich war wie ein toter Fisch, zuerst in der prallen Sonne, und dann kam ein heftiger Platzregen auf uns runter.

Zurück im Untersuchungsgefängnis, behauptete mein Zellengenosse, ein Verbrecher, der alte Himmelsvater ertrage es nicht, wenn so viele Köpfe auf einmal rollten, deshalb weine er. Ich zitterte die ganze Nacht, aber ich wollte mich immer noch nicht mit meinem Schicksal abfinden, ich schrie weiter herum, ich wolle den Staatsanwalt der Anstalt sehen. Ach, der Himmel hatte mich nicht vergessen, fünf Angeklagte in diesem Fall schrien was von Justizirrtum, widerriefen ihre Geständnisse und haben im Gefängnis ein Mordsspektakel veranstaltet.

Mir haben sie über ein halbes Jahr die Hände auf den Rücken gefesselt, unter den Achseln haben sich eitrige Geschwüre gebildet, wohin das tropfte, dort vergammelte alles, aber sobald ich etwas zu schreiben in die Hand bekam, habe ich mit auf den Rücken gefesselten Händen, hinterrücks sozusagen, das Unrecht meiner Lage beschrieben – ein seltenes Kunststück, das ich auf diese Weise gelernt habe!

Ende 1983 wurde dann das Urteil gegen Wang Yi und mich revidiert (ich bekam lebenslänglich, er zwanzig Jahre). Als mir die Fesseln gelöst wurden, in dem Augenblick sind beide Arme verdreht geblieben und konnten nicht in die ursprüngliche Lage zurück. Ich habe langsam Leben in meine Fingerglieder gebracht, die Knochen knackten, ich durfte keine abrupten Bewegungen machen, das hat mir ein alter Insasse gesagt, wenn man abrupte Bewegungen machte, konnte das die Sehnen verderben, und die Knochen konnten brechen.

Nach zwanzig Minuten habe ich versucht, den Arm waagerecht auszustrecken, da sind mir auf einmal ein paar fette Maden aus der Achsel gefallen. Ich bin zum Wasserbehälter und war am Ende in der Lage, mich selbst zu waschen – in diesem Augenblick habe ich bei mir beschlossen, mich von der Anklage reinzuwaschen, koste es, was es wolle, und dafür zu kämpfen, körperlich frei und rein zu sein.

LIAO YIWU: Das war offensichtlich ein Justizirrtum, wie wären Sie sonst freigekommen, wenn Sie nicht unschuldig gewesen wären? Sonst wäre aus dem »ernsten Schlag« ein »wahlloser Rundumschlag« geworden!

ZUO CHANGZHONG: Es genügte, wenn man im Zusammenhang mit der Kampagne eingesackt wurde, dann konnte es gar nicht sein, dass man unschuldig war, das ist die Logik der Kommunistischen Partei. Zu schade, dass mein alter Herr kein hohes Tier war.

LIAO YIWU: Erzählen Sie weiter!

ZUO CHANGZHONG: Anschließend kam die lange Zeit im Umerziehungslager, beinahe hätte ich dort mein ganzes Leben verbracht. Wenn du an deinen Beschwerden festgehalten hast, wenn du dich nicht schuldig bekannt hast, dann haben sie nicht im Traum daran gedacht, Strafnachlass zu gewähren, da konntest du noch so zupacken, das war Gesetz im Gefängnis, deshalb gab es unter denen, die 1983 reinkamen, nur sehr wenige, die sich auf das Wagnis einließen, Beschwerde einzureichen, da konnte das Unrecht so groß sein wie ein Gebirge. Ich habe aufgegeben; wenn man im Knast ist, muss man sich wie ein Knastbruder verhalten, dann kommt man vielleicht durch.

Ich kann sehr gut Gitarre spielen, als die neuen Gefangenen in ein Sportlager kamen, wurde ich zu einem Kunstaktivisten und war in weniger als einem Jahr im ganzen Lager bekannt und habe oft bei Proben und Auftritten mitgemacht. Wang Yi war introvertiert, er war nicht sonderlich leutselig, deshalb kam er in die zweite Produktionsbrigade eine Wand weiter, er arbeitete in der Gießerei, eine besonders schwere körperliche Arbeit. Er musste raus, noch bevor es hell war, dann ging es in Kolonne zur Werkstatt, die Öfen anheizen, das geschmolzene Eisen wurde maschinell in Tiegel gegossen, der ganze Körper der Gefangenen war eingepackt, mit den solideren ausgestreckten Gießpfannen schöpften sie das flüssige Eisen aus den Bottichen und gossen es wie Bauern, die ihr Gemüse wässern, in die einzelnen Model auf den breiten Sandtellern. Da in der Werkstatt der Staub stand wie ein dichter Nebel und sich das ganze Jahr nicht verzog, litten neunzig Prozent der Gießer unter einer Steinstaublunge, der Schleim und das Blut, das sie spuckten, war schwarz und die Sterberate extrem hoch.

Am Ende habe ich mich in die Erziehungsgruppe, in der sich die Intellektuellen zusammenrotteten, eingeschlichen und damit der ganzen Umerziehung durch harte körperliche Arbeit aus dem Weg gehen können. Ich bin Wang Yi sehr oft über den Weg gelaufen, jedes Mal habe ich einen schwarzen Menschen gesehen, den sie aus einer Kohlengrube gezogen hatten; wenn er den schwarzen Mundschutz abnahm, haben einen die weißen Zähne ganz seltsam geblendet. Ein Schuft tat dem anderen leid, ich musste diesem armen Bruder in seiner Situation helfen, also habe ich dem Lehrpersonal von seinem Spezialgebiet erzählt – schreiben mit dem Pinsel, für die großen Parolen, die wir gerade pinselten, sehr nützlich.

Das ist eine lange Geschichte, ich kürze sie etwas ab, kurz, Wang Yi und ich, wir waren wieder zusammen. Er konnte es kaum erwarten, mir sein gewaltiges Geheimnis zu enthüllen: Flucht. Am Anfang dachte ich, da redet ein Irrer im Traum, er hatte die wichtigen Örtlichkeiten eingehend untersucht die Wachposten standen dicht, man kam nicht vorbei, wenn man nicht fliegen wollte. Wang Yi sagte, wenn es nicht durch die Luft geht, dann geht es durch die Erde, ich habe schon einen Plan der Kanalisation unter dem Gefängnis gezeichnet, dadurch kommt man mit Sicherheit nach draußen!

Ich sagte, du hast wohl zu viel ausländische Filme gesehen und willst jetzt den Grafen von Monte Christo geben, von einer einsamen Insel fliehen und zu viel Geld kommen.

Wang Yi sagte, Filme, so ein Scheiß, ein guter Rattenfänger taugt viel mehr, man muss nur klarkriegen, durch welchen Graben die kommen, durch welche Öffnung ihre Route geht, das ist schon dreiviertel der Miete.

Ich fragte, wohin willst du denn draußen ohne Geld?

Wang Yi sagte, er habe zweihundert Kuai, Bargeld, einmal draußen würden wir nach Xinjiang abhauen, dort gebe es mehr Flüchtlinge als ein Ochse Haare habe, und wenn es dort zu heiß werde, würden wir über die Grenze gehen, in die Sowjetunion, besser etwas riskieren als in der Falle sitzen.

Ich war aufgeregt, Freiheit ist etwas Verlockendes, und die Vorstellung, in der Sowjetunion Gitarre zu spielen – romantisch! Ich war ein musikalisches Naturtalent, ich kam überall durch. Durch Besuche meiner Eltern habe ich dann ebenfalls zweihundert Kuai gesammelt und versteckt. Auf diese Weise haben wir das Ganze in aller Ruhe über gut drei Monate hinweg vorbereitet, und dann stand ganz überraschend eine Gelegenheit vor der Tür: Die Tochter von so einem politischen Ausbilder quengelte, sie wolle von mir Gitarre lernen, der konnte sie nicht davon abbringen, also brachte er die Zwölfjährige zu unserer Klasse und wies mich an, ihr Unterricht zu geben – das war ein offener Verstoß gegen die Polizeidisziplin, immerhin war ich ein Schwerverbrecher. Um nicht aufzufallen, hat er einfach seine Position missbraucht und Wang Yi und mich in die Baubrigade gesteckt, in der die leichten Fälle arbeiteten, nahm uns so aus dem von schweren Truppenkontingenten bewachten inneren Kreis hinaus; als wir in den Wohnbezirk der Angehörigen kamen, ließ er uns dort und wies einen anderen Ausbilder an, uns zu ihm nach Hause zu bringen, um sein Kind zu unterrichten.

Pro Woche kamen wir zweimal raus, Wang Yi unterrichtete Kalligraphie, ich Gitarre, im Nu waren zwei Monate um. Die Eheleute waren darauf aus, ein Wunderkind heranzuziehen, wir sind diesem Herzenswunsch entgegengekommen und haben den kleinsten Fortschritt der Kleinen über den grünen Klee gelobt, und bei der häufigen Euphorie haben sie natürlich in ihrer Wachsamkeit nachgelassen und vergessen, was im feindlichen Lager jederzeit passieren kann.

Am 3. Januar 1986 nachmittags um halb sechs, vier Tage nachdem sie mir das Strafmaß von lebenslänglich auf zwanzig Jahre herabgesetzt hatten, haben Wang Yi und ich, als niemand da war, von dem Hausherrn Zivilkleidung mitgehen lassen und sind durch den kleinen Laden unten abgehauen. Die Türwache stand nur drei Meter weg und

wandte uns den Rücken zu. Als wir aus dem kleinen Laden rauskamen, standen wir an einer großen Straße – die Freiheit war uns einfach in den Schoß gefallen. Es war ein herbstlicher Tag, der Boden
war mit Laub bedeckt, wir taten, als ob nichts wäre und liefen gut
zwanzig Meter an der Straße entlang, bogen um eine Ecke und fingen
an zu rennen, was die Beine hergaben. Eine kleine Kreisstadt in den
achtziger Jahren, da gab es noch keine Busse und Taxis gleich gar
nicht; wir liefen eine Weile, und waren schon ganz außer Atem, als
wir auf den Gedanken kamen, uns von einer Rikscha zum Bahnhof
für die Überlandbusse bringen zu lassen.

Der letzte reguläre Bus fuhr um sieben, wir mussten also noch eine
Stunde warten. Aber von wegen, da stehen zu bleiben, hatten wir
nicht den Mut, wir haben die Beine in die Hand genommen und sind
weiter stadtauswärts gelaufen, wir kannten niemand und wussten
auch nicht, wo wir waren. Wir waren wie kopflose Fliegen, die überall
blind dagegenfliegen. Als wir aus der Stadt heraus waren, war es schon
dunkel, die Mondsichel sprang aus den Wolken, und weites offenes
Feld lag vor uns. Wir haben nichts zu beißen mitnehmen können, wir
sind einfach um unser Leben gelaufen!

Am Ende des offenen Felds waren Hügel; wir liefen weiter und
suchten einen Platz, an dem wir uns verstecken konnten, keine hundert Meter weiter waren Ziegelhäuser und Rauch, aber flüchtige Sträf-
linge sind nicht leichtsinnig! Auf dieser Erde ist nichts so gefährlich
wie Menschen; um ihnen aus dem Weg zu gehen, mussten wir weiter-
rennen, auch wenn wir todmüde waren.

Ich sagte, ich kann nicht mehr, ich breche gleich zusammen.

Wang Yi sagte, nur noch hundert Meter, fünfzig Meter … zwanzig
Meter … oh weh, er heulte eine Totenklage, Tränen und Schweiß
mischten sich, ach, Changzhong, sieht so aus, als wäre unser Leben
zu Ende!

Als wolle sie diese traurigen Worte bestätigen, tönte hinter ihm
eine Autohupe, dann hörte man Stimmen und Hundegebell – unsere
Verfolger waren da. Ich blieb stehen, hielt mich an einem Baum fest
und schaute zurück, am Fuß der Hügel zogen ein paar Dutzend Taschenlampen ein Fangnetz auf.

Schnell weiter!, brüllte Wang Yi, ich folgte ihm auf dem Fuß und
wir drangen tief in den dichten Wald ein.

Stehen bleiben! Ergebt euch, und es wird euch nichts passieren!,
hallte es uns hinterher, dann waren Schüsse zu hören, eine Kugel

streifte mir die Kopfhaut und holte raschelnd ein paar Blätter herunter. Deutsche Schäferhunde stürzten sich auf uns, ihre Krallen zerrissen uns hinten die Kleider, unsere Wirbelsäulen lagen bloß. Weiß der Himmel, warum ich rennen wollte! Wir hatten längst die Hosen voll und wollten weiter! Wang Yi war vor mir, fuchtelte mit den Armen, ließ das dichte Astwerk zurückschnellen, die beiden Schäferhunde, einer rechts, einer links, drehten um und zogen Leine.

Wang Yi machte einen Luftsprung und trat sogar einen der Köter über den Haufen. Der Kerl war wirklich unglaublich, das war schon nicht mehr menschlich, er wirkte eher wie ein Scheißaußerirdischer!

Auf einmal fiel es uns wie Schuppen von den Augen, vor uns glänzten Wellen, wir waren auf eine Staumauer gestoßen. Instinktiv bremste ich jäh, wurde aber im gleichen Augenblick von einem Hund umgeworfen und ergab mich ohne Gegenwehr. Während Wang Yi aus dieser Höhe ins Wasser sprang und eine beeindruckende Fontäne aufsteigen ließ.

Erster Zug, links! Zweiter Zug, dritter Zug, rechts! Auf ganzer Linie einkreisen!, befahl unser Ausbilder, nach ein paar Minuten war das Netz aufgespannt, auf ein paar hundert Quadratmetern um den Damm wimmelte es von Soldaten.

Die blendenden Taschenlampen strichen über den Damm, überkreuzten sich, am Ende hatten sie Wang Yi fest im Visier. Aber zu meiner Überraschung war er nicht nur gut in Form, sondern bewegte sich auch gut im Wasser. Freistil, Brustschwimmen, Seitenlage, Delphin, er wechselte alle Lagen durch, aber Dutzende von Lichtsäulen klebten an ihm wie Kleister, und wenn er tauchte, folgten sie seinem undeutlichen Umriss unter Wasser, bis er prustend wieder auftauchte.

Nicht schießen!, brüllte der Ausbilder, wollen doch mal sehen, wie lange der sture Scheißkerl durchhält!

Ich ergebe mich!, rief Wang Yi, er war die paar hundert Meter des Stausees schon ein paar Dutzendmal hin und her geschwommen und völlig erschöpft, also machte er der Qual ein Ende und kam ein paar Meter vom Damm entfernt mit hoch erhobenen Armen an Land.

Du bist doch auf der Flucht, warum fliehst du denn nicht?, lachte der Ausbilder.

Ich mache es nicht mehr, ich werde es nicht mehr wagen, seufzte Wang Yi verzweifelt.

Ihn hat der Mut verlassen, und damit Schwamm drüber?, sagte der Ausbilder und bückte sich forschend zu ihm runter, Scheißkerl, du musst weiterfliehen!

Die Regierung hat mir vergeben!

Du bist ein Gespenst, der Ausbilder nahm die Pistole aus dem Gürtel und steckte klackend die Patronen in die Pistole. Du bist so gut wie tot, du hast dich der Verhaftung widersetzt, im Wasser und als du rausgekommen bist; alles in allem bist du so gut wie tot.

In der Stille der Nacht hörte man, wie eine Pistole durchgeladen wurde, Wang Yi bekam einen furchtbaren Schreck und machte, dass er zurück in die Mitte des Stausees schwamm, da war nichts als die sich überkreuzenden Taschenlampenlichter, die ihm nach dem Leben trachteten und gnadenlos an ihm klebten. Der Mond hing hoch, das Auf und Ab der Berge und Hügel, selbst die Hunde hatten aufgehört zu bellen, seine Schwimmzüge waren so deutlich zu hören, dass man sie sicher noch eine Meile weit gehört hat.

Wirklich, es war zu still, ich wurde auf dem Abhang des Deichs gefesselt, ich war ganz leer im Kopf, aber meine Blicke gingen weiter Richtung Stausee. Es platschte, noch einmal, Wang Yi schwamm so langsam, und er wurde immer langsamer, wie ein Schlafwandler, ich verfolgte ihn von oben, meine Blicke waren wie die Strahlen der Taschenlampen, die Blicke von Dutzenden Bewaffneter waren wie Taschenlampen. Wenn Wang Yi bis zum schlammigen Grund hinabtauchte, sie würden ihm auch dort das Leben nehmen können. Er näherte sich wieder dem Rand des Damms, wieder rief er, dass er sich ergibt, aber er bekam zur Antwort, hau ab, wenn du hier raufkommst, bringe ich dich um. Das war bereits das zehnte Mal oder das dreizehnte Mal, der arme Kerl drehte um und schwamm zum anderen Ufer, er keuchte, er fing an, Wasser zu schlucken, hustete. Er brach in Tränen aus, schrie nach dem Ausbilder, er wolle nicht sterben. Aber über zwanzig Minuten verstrichen, als er am anderen Ufer ankam, erwartete er ihn wieder, er solle abhauen, sonst werde man ihn umbringen, weil er sich der Verhaftung widersetzt habe. Noch einmal kehrte er um, das war jetzt das fünfzehnte Mal oder das siebzehnte Mal, er konnte nicht mehr schwimmen, sondern ließ sich mit dem Gesicht nach oben auf dem Wasser treiben und ruhte sich aus.

Wenn du noch was drauf hast, fluchte der Ausbilder, dann lass ruhig sehen!

Wang Yi trieb auf dem Wasser, nur sein Gesicht war zu sehen, das ein paar Dutzend Taschenlampen, hundertmal stärker als das Mondlicht, kreuzigten. Er winkte noch zwei-, dreimal mit den Armen, kraftlos wie eine Peitsche. Er hatte im Grunde das Schwimmen schon aufgegeben, das Gesicht trieb noch ein paar Minuten auf dem Wasser, bevor es plötzlich versank.

Die Taschenlampen blieben auf die Stelle gerichtet, doch Wang Yi konnte die Luft nicht mehr anhalten und schoss aus dem Wasser, aber seine Bewegungen waren viel kleiner als zuvor. Er versank noch einmal, kam noch einmal hoch, drehte und wandte sich. Niemand gab einen Laut von sich, bis er für immer unterging, die Taschenlampen wichen nicht von der Stelle, an der jetzt ein paar gurgelnde Bläschen hochkamen.

Was folgte, war die aufwendige Bergungsarbeit, die Welt war von einem Augenblick auf den anderen hellwach. Menschen riefen, Hunde bellten, die bewaffneten Krieger von fast zwei Zügen waren mit Tauchen beschäftigt, auf der Straße am Fuß der Berge stand eine Alarmsirene und die Bauern aus der Gegend kamen zusammen, um sich das Spektakel anzuschauen.

Als der Leichnam nach einer guten halben Stunde an Land gebracht war, lag Wang Yi da, im Mondlicht, bleckte die Zähne, es war nicht anzuschauen, sein Bauch war aufgedunsen und zweimal so groß wie normal, sogar der Gürtel war ihm geplatzt. Der Ausbilder wies zwei bewaffnete Polizisten an, mich herzuschaffen, damit ich »etwas lerne«, ich war auf einmal wie gelähmt.

Als zerre man tote Hunde durch die Gegend, wurde ich über eine Handschelle mit Wang Yi zusammengebunden und in den Gefangenentransporter gesteckt, das nannte sich: in Leben und Tod einander folgen. Anschließend wurde ich in einen kleinen Raum in einem umfunktionierten ehemaligen Luftschutzkeller gebracht … Herr Liao Yiwu! Was soll das, Sie sind nicht bei der Sache!

LIAO YIWU: Ich bin schon beim Teich abgeschweift. Warum ist denn dieser Wang Yi nicht auf den Damm hoch? Auch wenn sie geschossen hätten, wäre das besser gewesen.

ZUO CHANGZHONG: Er war ganz durcheinander und in Panik, die Wasserdämonen hatten von ihm Besitz ergriffen.

LIAO YIWU: Egal wie, er hätte weiterleben müssen …

ZUO CHANGZHONG: Weinen Sie etwa, Herr Liao Yiwu? Ach, ich hätte nicht davon sprechen sollen, man kann weder das Unrecht wiedergutmachen noch kann man sich rächen, es gibt nicht einmal Zeugen. Aus, vorbei, die Toten haben es gut, ihnen bleibt die Hölle auf Erden erspart. Ich wurde einer Kampfkritik des gesamten Gefängnisses unterzogen, und als sie verkündet hatten, dass meine Strafe um vier Jahre verlängert würde, haben sie mich an Händen und Füßen gefesselt in einen kleinen Raum gesteckt. Es ging über zehn Meter in die Erde, dann noch dreimal um die Ecke, ein vergammelter Betonpfad, dann waren wir da, irgend so ein Zuständiger sagte, ich solle mich bücken und aufsperren, damit packte er die Gittertür und befahl mir hineinzugehen. Das war ein in den Fels gehauener Sarg, ich kroch von der Tür zu dem Felsbett, eine Strohmatratze, ein fischnetzartiges Bettzeug, als ich die Beine anzog, schlug die Gittertür krachend zu.

In dem schummrigen Licht, das von draußen hereinfiel, konnte ich neben dem Bett einen Abortkübel ausmachen und ein Essschälchen aus Plastik, das war mein ganzer Hausrat.

Das Licht ging aus, ich lag reglos da, ich war am ganzen Körper klamm. Ich tastete die Höhlendecke ab, sie triefte, ich setzte mich auf und habe mir den Kopf gestoßen – hier drin war ich ganze vier Jahre eingesperrt, hier habe ich gegessen, getrunken, meine Notdurft verrichtet, ohne Tageslicht, ohne Sonne, ich bin nie aus diesem zwei Meter langen und einen Meter breiten Loch herausgekommen. Ich konnte nicht stehen, ich konnte mich nicht einmal strecken, mein einziger Sportplatz war mein Felsenbett, für Liegestützen, Rumpf- und Kniebeugen, ein paar Dutzend bis hundert, ein paar Hundert bis tausend. Wenn man pro Mahlzeit nur zwei Unzen Reis bekommt, wenn sich einem alles dreht, wenn man Sterne sieht, dann wird diese Art der Gymnastik zu einer obligatorischen Übung. Besser an Erschöpfung sterben als zum Krüppel werden – später habe ich erfahren, dass ich um mich herum über zwanzig Nachbarn hatte, die sich der Umerziehung durch Arbeit widersetzt hatten, von denen war über die Hälfte nachher behindert, die waren schon halb tot, als sie sie aus ihren Löchern rauszogen.

Der Unterschied zwischen Tag und Nacht war daran zu erkennen, ob jemand kam oder nicht, ob es etwas zu essen gab oder nicht. Die Ratten kamen und gingen, wie sie wollten, man wurde richtig eifersüchtig. Der Politkommissar des Gefängnisses und der Ausbilder der Produktionsbrigade kamen einmal im Jahr zur Inspektion, sie trugen einen Mundschutz und Handschuhe, traten an den Delinquenten heran und fragten, was er so denke, ob er seine Taten bereue? Ein Trupp von Führungsleuten hielt, von bewaffneter Polizei beschützt, zwei Meter Abstand zur Gittertür, vermutlich haben die Augen des Delinquenten, der so lange in der Dunkelheit eingeschlossen war, so geleuchtet, dass sie es mit der Angst zu tun bekamen, jedenfalls haben sie sich auch noch über einen lustig gemacht und gefragt, wie das Leben hier denn so sei? Und ob ich mittlerweile Menschen beißen würde?

LIAO YIWU: Was haben Sie geantwortet?

ZUO CHANGZHONG: Wie alle anderen auch, mit Händen vor der Brust und Kotau, und die Regierung habe ich als meine lieben Eltern bezeichnet. Ich wäre auf keinen Fall abgehauen, wer hätte abhauen wollen, den hätte ich verraten, und ich hätte mit ihm gekämpft. Ich wolle für meine Leistung belohnt werden, zurückkehren in die Arme des Volkes, ich hatte Schaum vor dem Mund und kaute meine eigene Zunge.

LIAO YIWU: Haben Sie auch an Wang Yi gedacht?

ZUO CHANGZHONG: Ich hasste ihn, ersaufen und ersticken war noch nicht genug für ihn, man hätte ihn in tausend Stücke schneiden sollen. Der Ausbilder war ein großartiger Mann, er hatte den Scheißkerl ein paarmal aufgefordert, da rauszukommen, aber nein, er musste sich seiner Verhaftung widersetzen, er war durch und durch reaktionär.

LIAO YIWU: Sie haben sich um hundertachtzig Grad gedreht? War das echt?

ZUO CHANGZHONG: Gehen Sie rein, probieren Sie es aus, wenn man sich da nicht »läutert«, dann verfault man bei lebendigem Leibe.

LIAO YIWU: Im alten Rom gab es einen Mann, der wurde von den Herrschern wegen Glaubensfragen für Jahre in ein Kellerloch gesperrt, aber er nutzte die Zeit in der Dunkelheit zum stillen Nachdenken, und als er das Tageslicht wiedererblickte, war durch diese Entsagung aus ihm ein Philosoph geworden.

ZUO CHANGZHONG: Wollen Sie mich auf den Arm nehmen? Haben Sie überhaupt kein Herz? Ich habe da drin an überhaupt nichts gedacht, ich konnte meine Gedanken nicht konzentrieren, ich habe das Gefühl für die Fesseln verloren. Und als ich dann eines Tages plötzlich wieder auf der Erde stand, hätte mich das Sonnenlicht fast blind gemacht. Der Ausbilder hat mir nichts nachgetragen, er kam zu mir und hat mich ermuntert, mich gut zu führen, die Umerziehung anzunehmen, und damit einen Strafnachlass zu erreichen und früher nach Hause zu kommen. Ich weiß nicht, warum, ich habe auf einmal vor Rührung zu heulen angefangen. Als sie mir die Fesseln abgenommen haben, versuchte ich mich aufzurichten, die Bewegung war wohl ein bisschen zu abrupt, auf einmal, knack, beide Schienbeine sind gebrochen, Kalziummangel, ich war drei Monate im Krankenhaus, bevor ich auf Krücken das Krankenbett verlassen konnte.

LIAO YIWU: Haben Sie Folgeschäden davongetragen?

ZUO CHANGZHONG: Rheumatische Muskelatrophie, dazu ein krankes Herz, Gicht, Zucker, kurz, alle Organe sind vorzeitig gealtert, ich bin jetzt zweiundfünfzig und bin wie einer von siebzig. Immerhin, die Behandlung außerhalb des Lagers verlief ungewöhnlich reibungslos.

LIAO YIWU: Sie haben eine Eingabe gemacht, Sie versuchen, Ihren Fall wieder aufzurollen, haben Sie keine Angst, dass man Sie wieder ins Gefängnis steckt?

ZUO CHANGZHONG: Die sollen die Löwen nur rauslassen, ich warte. Ein Witz, bin ich heute so wie Wang Yi früher war?

WEI XI, HAUPTANGEKLAGTER
BEI DEN HUA-FÄLLEN

*Nachmittag und Abend des 22. August 2003, ein trüber Tag
ohne Regen, fernes Donnergrollen. Ich führe in einer Miets-
wohnung in der Tucheng-Weststraße in Beijing mit dem Dreh-
buchautor Wei Xi ein leidenschaftliches Gespräch, das sich
über zehn Stunden hinzieht und an dessen Ende wir beide
immer noch nicht genug haben.*

*Wei Xi erzählt, wie er während der »Kampagne des ernsten
Schlages« 1983 ein unwürdiges Dasein fristete: »Am meisten
bedauere ich, dass ich über den Fall und meine Inhaftierung
keinen Film gedreht habe. Im Sommer 1989 hatten wir den
Ort für die Außenaufnahmen bereits ausgesucht, auch das
Gefängnis nachgebaut, die Schauspieler, alle erste Garnitur,
hatten sich die Köpfe kahlrasieren lassen. Aber als wir hier
gerade anfangen wollten zu drehen, fielen dort die ersten
Schüsse; die Moral der Truppe geriet ins Wanken, im Film-
studio kam ein Drehverbot an, fünfhunderttausend Renminbi
den Bach hinunter, und man hatte es nicht mal platschen
hören.«*

—⟋⟍—

WEI XI: Anfang der achtziger Jahre haben die verrosteten Tore des
Staates erste Risse bekommen, es kamen die Trompetenhosen, Teresa
Teng, die alten Filme, die Tanzpartys und die Fernsehserie *Garrison's
Gorillas**, wir alle waren darauf gedanklich überhaupt nicht vorbereitet, also sind wir einfach unserem Gefühl gefolgt. Die alten Damen
von den Parteiorganisationen und den Nachbarschaftskomitees konnten die Verteidigungslinien nicht halten, die kapitalistische Klasse ist
echt der Hammer, es hat der Jahrzehnte gehemmten Lust des chinesischen Volkes eine Rosskur verpasst, wer hätte da, wenn er kein

* Eine TV-Serie von ABC, 1967/68.

Eunuch war, noch ruhig sein Mädchen auf dem Schoß haben können?

Unsere Unterweltpatin nannten wir »Rosinante«, eine Witwe Anfang dreißig, von durchschnittlichem Äußeren, aber sie war der zentrale Kopf in dieser Gesellschaft im Untergrund. Kaum dass es dunkel war, versammelten sich ihre Truppen geräuschlos bei ihr zu Hause, Tische und Stühle wurden beiseitegerückt, um Raum zu schaffen für eine gespensterhafte Tanzgesellschaft zu den weichen und verschwommenen Liedern von Teresa Teng. In Wahrheit brauchte man kein besonderes Geschick, es wurde einfach irgendein Tanz zum Vorwand genommen, dass Männer und Frauen einander umarmten und sich an der bewegungslosen Bewegung berauschten.

LIAO YIWU: Ist es da nicht zu Liebesaffären gekommen?

WEI XI: Vor Ort ist da niemals jemand aus der Rolle gefallen, wenn beim Tanzen Gefühle entstanden, dann hat man sich einzeln verabredet. Warum lachen Sie? Das ist nicht komisch, wirklich nicht. Denn im August 1983 fing die erste Schlacht im Rahmen der Kampagne des Ernsten Schlages an; im Allgemeinen wurden Leute, die getanzt hatten, angezeigt und der übelsten Dinge beschuldigt. Unsere arme Rosinante ist bei dem ganzen Durcheinander ermordet worden, viele haben den Braten gerochen und sind auf dem Land untergetaucht. Ich selbst habe die Situation vollkommen falsch eingeschätzt, ich dachte, ich hätte ja nichts weiter getan als getanzt, deswegen müsse man nicht weglaufen. Am 15. August um elf Uhr in der Nacht wurde für die ganze Stadt Xi'an der Ausnahmezustand verhängt, Polizeiwagen standen an jeder Straßenecke, das Netz für die Säuberung war ausgelegt. Und ich Arschloch, haha, hocke noch immer in meinem Wohnheim, als ich auf einmal draußen einen Jungen rufen hörte: »Onkel Wei, Onkel Wei, die japanischen Teufel kommen!«

Ich streckte den Kopf aus dem Fenster und fragte: »Wo?«

Der Kleine antwortete: »Die haben sich gerade nach dir erkundigt, ich habe ihnen den falschen Weg gezeigt, da sind sie weitergeballert.«

Ich habe mich mehrfach bedankt, aber der Kleine meinte nur, nichts zu danken, aber ich solle machen, dass ich wegkomme.

Ich zögerte noch, ob ich abhauen oder das Ganze von Angesicht zu Angesicht mit meiner Regierung klarstellen sollte, da klopfte das Amt für Öffentliche Sicherheit, das mittlerweile umgekehrt war, an meine Tür. Im Nu war mein Zimmer und ich selbst von oben bis unten gefilzt, aber da ich Arbeitsklamotten anhatte, sah ich so einfach und schlicht aus, dass die doch noch einmal Zweifel bekamen, ob ich auch der Richtige sei, weshalb sie mich immer wieder fragten: »Sie sind doch Wei Xi?«

Ich nickte immer wieder, wollte gerade den Mund aufmachen und alles erklären, als der alte Chef der Truppe abwinkte: »Wir reden auf dem Amt.«

Ich wurde in einen Kleinbus gestoßen, drinnen waren an die zwanzig, dreißig Figuren zusammengepfercht wie Hühner und Enten im Käfig auf dem Markt. »Runter! Runter!«, brüllte die Öffentliche Sicherheit und schlug und trat mich wie einen Fleischkeil in die Masse. Draußen huschten Taschenlampen vorbei und dann fuhren wir los. Unterwegs brüllte die Öffentliche Sicherheit, unsere Begleitmannschaft, unentwegt: »Ein bisschen mehr Benehmen! Ein bisschen zusammenrücken! Menschenfleisch gibt nach!«

Wie viele sie an diesem Abend verhaftet haben, ist bis heute ein Rätsel. Auf dem Weg habe ich zwei Beamten zugehört, einer meinte besorgt: »Auf einen Rutsch so viele Leute in Haft, was sollen wir mit denen machen?«

Der andere antwortete: »Meiner Ansicht nach sollten wir aus dem ganzen Trupp eine Division bilden und dann an die vorderste Front zum Laoshan, damit wären alle Probleme gelöst.«

LIAO YIWU: Der Beamte hatte ja nicht den geringsten Begriff davon, was ein Rechtssystem ist.

WEI XI: Der ernste Schlag war ein wahlloses Um-sich-Schlagen, wir waren kaum in der Abteilung drei der Öffentlichen Sicherheit angekommen, als eine große Eisentür sich krachend öffnete, man sah nur einen Dachvorsprung, den Fuß einer Wand, wo alles voller Leute hockte, und wir hatten auch keine Ahnung, die wievielte Gruppe wir hier waren. Ein alter Beamter saß träge an einem Schreibtisch, hatte seine Stinkfüße auf dem Stuhl hochgezogen, rieb sie sich energisch, blinzelte mit den Augen, bewerkstelligte die Aufnahmeformalitäten und hob den Kopf und überprüfte die Nummer. Als die Reihe an mir war, hob er die Hand, mit der er an seinen stinkigen Zehen gespielt

hatte, und fasste mir direkt an die Stirn: »Du bist Wei Xi? Du bist ja
ein bekannter Mann, was?!«

Ich zitterte vor Schreck und murmelte für mich: »Mist!«

Es dauerte dann doch eine Viertelstunde, bis die nächste Fuhre
kam, bei der Überprüfung der Nummern fasste der alte Beamte
noch einem weiteren armen Kerl mit seinen Stinkflossen an die Stirn:
»Und du bist Zhang Jing? Du Mistkerl bist ja ein bekannter Mann,
was?!«

Bevor um fünf Uhr in der Früh die Verhöre begannen, hat der alte
Sack dieses Spiel von dem »bekannten Mann« noch gut hundertmal
wiederholt, mindestens, und die Leute haben sich jedes Mal in die
Hose gemacht vor Angst. Als es langsam dämmrig wurde, wurde ich
in einen Raum gerufen, wo ich zu dem Fall befragt werden sollte.
Zuvor hatte ich meinen »Fall« schon ein dutzendmal durchgesiebt,
hatte mir alles ausführlich zurechtgelegt, ich nahm an, das Ganze werde nicht unter ein paar Stunden abgehen und staunte nicht schlecht,
als nach fünf Minuten alles vorbei war. Die Öffentliche Sicherheit
notierte sich gähnend meinen Namen, Geburtsdatum, Arbeitseinheit
und fragte am Ende: »Welches Vergehen?«

Ich hatte kaum »Private Party« heraus, als man mir das Wort
abschnitt: »Gut, gut, Fall Hua, der Nächste!«

Um sechs kam ich in eine Art Untersuchungsgewahrsam, um
sieben wurde ich noch einmal registriert, viel einfacher, man hatte das
Gefühl, ein Schwein zu sein, das für die Schlachtbank gewogen wird
und dem man dann ein Brandzeichen aufbrennt. Der Dialog lief in
etwa folgendermaßen ab: »Welches Vergehen?«

»Tanzen.«

»Wie tanzen? Fall Hua.«

Als er sah, wie verdutzt ich schaute, fügte er so im Vorbeigehen
hinzu: »›Fall Hua‹ heißt Erregung öffentlichen Ärgernisses.«

Erst da wusste ich, dass man mir Erregung öffentlichen Ärgernisses
vorwarf.

An diesem Morgen senkte sich ein dichter Nebel herab, man konnte niemanden mehr richtig erkennen, ich schlurfte ziemlich lange, bis
der Nebel sich ein wenig verzog und die Köpfe der auf dem Boden
Hockenden allmählich auftauchten. Die hockten so dicht aufeinander, man konnte gar kein Ende sehen, ich schätze, das müssen an die
zwei-, dreitausend gewesen sein, ein grandioser Anblick.

LIAO YIWU: Wo gibt es denn ein derart großes Untersuchungsgewahrsam? Im März 1990 bin ich in Chongqing auch für Verhöre in Gewahrsam genommen worden, und auch wenn da drin die Hölle los war, waren es doch nicht mehr als fünfhundert Leute.

WEI XI: Sie reden von normalen Zeiten, bei der Kampagne des Ernsten Schlages musste alles drastisch und schnell gehen, in einer Nacht wurden ein paar tausend Leute verhaftet, aber wo sollte man die einsperren? Selbst das Amt für Öffentliche Sicherheit machte sich Sorgen. In die normalen Zellen konnte man die nicht alle stopfen, also hat man irgendein Arbeitslager in Xi'an-Stadt freigemacht und es zu so einer Art Auffang- und Untersuchungsgewahrsam umfunktioniert, das war irgendwo in den Randbezirken, unser gemeinsamer Freund Kang Zhengguo hat vor langer Zeit hier drin gekämpft.

LIAO YIWU: Aber auch dort konnten sie keine paar tausend Menschen zusammenpferchen.

WEI XI: Haben Sie vergessen, dass Menschenfleisch nachgibt? Das war doch der allgemeine Grundsatz. Da haben selbst die alten Beamten von der Sicherheit dumm aus der Wäsche geschaut, so etwas hatten sie auch noch nicht gesehen, da ist eine Welle nach der anderen hineingerollt wie bei Hochwasser. Ich habe mir sagen lassen, dass es mehrfach »Dringlichkeitsberichte« gegeben hat, in denen es hieß, wenn man weiter die Leute hier so reinstopft, auf wessen Kappe es dann eigentlich geht, wenn jemand totgedrückt wird, und wenn es zu Masseninfektionen komme, sei die Lage nicht leicht zu bereinigen ... Aber von oben soll dann die Anweisung gekommen sein, strikt und ohne wenn und aber die eingeschlagene Linie zu verteidigen, von wegen, das Wieviel sei ein reines Organisationsproblem, das Ob eine Frage des Standpunkts. Wenn man die Hitze des Sommers ertragen habe, werde die Herbstkühle obsiegen.

Erst wurde man kahlgeschoren, dann ging es in die Zellen, die Prozedur kennen Sie ja. Ich hockte auf dem Boden, die Schlacht mit dem Haarschneider ging weiter, nach gut hundert Schädeln war das Ding stumpf wie ein Pfannenheber. Und mit diesem glutheißen Pfannenheber haben die Hurensöhne auf meinem Kopf herumgefuhrwerkt, ein bisschen nach links, ein bisschen nach rechts, und während sie ein paar Büschel stehen ließen, hatten sie mir an etlichen

Stellen die Kopfhaut zerfetzt. Das war der schrecklichste Frisör, dem ich in meinem Leben begegnet bin, ich habe die Augen aufgerissen wie ein Rhesusaffe, am Ende war ein »huasha«, ein »Blumenmuster«, ein Kopf voller Narben geboren – »huasha«, verstehen Sie das, das ist ein Wort aus der Geheimsprache der Knastbrüder in Xi'an?

LIAO YIWU: Im Knast muss man sich jeden Monat einmal den Schädel rasieren lassen, ich war sehr oft ein »huasha«.

WEI XI: Die Zellen waren Räume in etwa so groß wie ein Klassenzimmer, in die wurden zwei- bis dreihundert Leute gepackt. Als ob ein Stäubchen in einen laufenden Motor gefallen sei, hat das Brummen im Ohr von jetzt an nicht mehr aufgehört. Eine heiße, dröhnende Welle kam von vorne auf mich zu, ich wollte an der Tür noch ein-, zweimal frische Luft holen, aber es war schon zu spät, zahllose Hände und Stimmen schoben und röhrten: »Reinkommen! Reinkommen!«

Zwei lange Reihen von durchgehenden Kangs, dazwischen ein Korridor, ich wurde wie eine Marionette hineingewirbelt. Als ich aufschaute, sah ich nichts als Fleisch, menschliches Fleisch, etwa ein Drittel der Leute in den dampfenden Schweißschwaden hatte keinen einzigen Faden am Leib, die restlichen zwei Drittel steckten in kurzen Hosen, wenn ich nicht aufpasste, hatte ich einen oder mehrere Schwengel im Gesicht oder am Mund.

Das »Reinkommen!«-Geschrei ging noch ein paar Minuten weiter, bis ich schließlich an der Wand angekommen war. Der Uringestank trieb mir die Tränen in die Augen – eigentlich waren neun große Pisskübel an der Wand aufgereiht, alle zum Überlaufen voll, aber immer noch drängten sich die Kerle da hin und pissten. Zwei klapperdürre Kerle, noch richtige Kinder, schliefen kopfüber in der Pisse und rührten sich nicht einmal.

Wenn die Kübel voll waren, wurde direkt in das Klopapier geschissen, das Ganze dann zu einem Packen gewickelt und mit dem Ruf: »Achtung, Handgranate!« in die Pisskübel gedonnert. Wenn einer zu spät reagierte, ist der Kotböller auf ihm explodiert. Anfangs hatte ich das Gefühl, das ist zu arg und konnte mich gar nicht mehr beruhigen, aber dann habe ich mich schnell an alles gewöhnt. Die Kotböller haben in der Zelle oft zu richtigen Kriegen geführt, wie in der Chunqiu-Zeit; bei diesen Gelegenheiten haben alle ein bisschen Dampf abgelassen. Und solange dabei keiner ums Leben kam, ließ die Öffentliche Sicherheit sich nicht blicken.

LIAO YIWU: Meines Wissens waren die Verhaltensregeln in den Zellen ausgesprochen strikt, wie konnte es denn da zu so einem Scheiß kommen?

WEI XI: Die eigenen Gesetze, die, wie man so schön sagt, im Gefängnis herrschen, gelten dann, wenn es viele alte Insassen mit einzelnen Neuankömmlingen zu tun haben, aber die »Ernstschlag-Kampagne«, das war wie in der Zeit der Streitenden Reiche, da gab es keine Regeln. Denken Sie doch, innerhalb von ein paar Tagen hatte es so viele Leute hierhin verschlagen, wer hat da nicht dem anderen auf den Zahn gefühlt, nicht einmal die Öffentliche Sicherheit hatte eine Ahnung, wie sie das händeln sollte.

LIAO YIWU: Man kann nichts anderes als kämpfen.

WEI XI: Alleine mit den Fäusten war da nichts auszurichten, man hat vielleicht noch gar nicht richtig ausgeteilt und fällt schon in Scheiben auseinander.

LIAO YIWU: Das klingt, als hätten Sie sich langsam vom Jung- zum Altknacki hochgeschmort.

WEI XI: Ich habe auf dem Brett ganz innen geschlafen. Über zweihundert Mann und nur ein Fenster, da kommt keine Luft durch, auch ich habe mir die Kleider vom Leib gerissen. Es klingelte, je zwei Häftlinge bildeten eine Gruppe, umfasste die Hüfte des anderen, steckte das Bein in den Schritt des anderen, und auf »eins, zwei, drei« sind die beiden umgefallen und klebten aneinander, dass kein Blatt Papier mehr dazwischenpasste. Die ganze Zelle war eine einzige überdimensionale Sardinenbüchse, an beiden Seiten des Korridors war alles am Schwitzen wie Schweineschmalz in einem Feuertopf, und wenn es schmolz, stieg Dampf auf. Ich bin zu hoch gewachsen; als ich noch mit auf das Brett knallte, und das auch noch, ohne mich richtig auszukennen, hing mein Kopf auf einmal in der Luft. Um mich weiter zusammenzuziehen, war kein Platz, ich musste mit nach unten hängendem Kopf schlafen. Ich habe einen Tag und eine Nacht kein Auge zugetan, bis ich eindöste und sofort die Mitsubishi A6M-Kampfflugzeuge der japanischen Invasionstruppen in China vor mir sah, die in dichten Staffeln Sturzangriffe flogen. Ohne dass es mir bewusst geworden wäre, fing ich an zu zittern, eine Ohrfeige weckte mich, was ich gehört hatte, waren die brummenden Sturzflüge von hunderten von saubohnengroßen Mücken mit grünen Köpfen, die sich von den Pissübeln aus auf das Menschenfleisch stürzten. Die Ohrfeige aus meinem Traum hatte auf meiner rechten Gesichtshälfte fünf, sechs von diesen Viechern plattgemacht, fortgewischt und die Insektenleichen fielen vom Kang.

Ich weiß nicht, wie viele Ohrfeigen ich mir in dieser Nacht im Halbschlaf verpasst habe, um den Hals herum lagen lauter tote Fliegen, es sah aus, als hätte ich die Windpocken. Immer wieder war hier und da ein ähnliches Klatschen zu hören, um mich herum kämpften viele Arme einen ähnlich entschlossenen, aber kraftlosen Kampf … Am Ende wurde es mühselig hell, es waren nur noch ein paar Minuten bis zum Aufstehen – und da habe ich auf einmal geschlafen wie ein Toter.

LIAO YIWU: Und dann?

WEI XI: Dann machte ich mir Gedanken, natürlich, wie ich mit denen da oben kämpfen würde, kein Mensch will schließlich seine Tage mit dem Gesicht voller Schmeißfliegen zubringen. In der Zelle waren schätzungsweise ein Dutzend Leute, die zum Fall Hua, also zur Erregung öffentlichen Ärgernisses, gehörten, intelligente und gebildete Leute, nach einer Weile rotteten wir uns zusammen. Nachdem wir uns einander vorgestellt hatten, erkannte man sich entweder oder man »fand es schade, sich jetzt erst zu begegnen«, denn in den Jahren damals hatten fast ausschließlich junge Leute mit einem gewissen Hintergrund eine Affinität zum Stehblues. Wir klammerten uns sofort aneinander und wollten unser eigenes Reich bilden.

Gelegenheit macht Diebe, unser Onkel Wang, der alte Beamte der Öffentlichen Sicherheit, der für die Zellen zuständig war, kam nach dem Frühstück an und rief durch die Zellentür: »Wer eine Hochschulausbildung hat, die Hand heben!« In den Schwaden des Raums gingen fünf, sechs Hände in die Höhe, und auch wenn ich erst am Anfang der Mittelschule war, nahm ich meinen Mut zusammen, tat so, als gehörte ich dazu, und hob die Hand. Als Onkel Wang mit

Zählen fertig war, kam der Befehl: »Wer die Hand gehoben hat, raus-
treten!«

Dieser Onkel Wang hatte zwanzig Jahre lang das Brot der Öffentlichen Sicherheit gegessen, er war kein schlechter Kerl, deshalb
nannten die Häftlinge ihn auch »Onkel«, er rief die »Intellektuellen«
raus, um sie einer wichtigeren Verwendung zuzuführen, im Gefängnis
sollte es zivilisiert zugehen. Meine Aufgabe war es, Dampfbrötchen
auszuteilen.

LIAO YIWU: Eine beneidenswerte Sache, oder?

WEI XI: Weiß der Teufel. Die Ration im Gefängnis lag bei neun Unzen,
also vierhundertfünfzig Gramm pro Mann und Tag, nach dem, was
unterschlagen wurde, blieb jedem pro Mahlzeit ein Dampfbrötchen
aus schwarzem Mehl, dazu kam eine Kelle Gemüsesuppe. Die Neu-
ankömmlinge hatten noch ein bisschen Fett im Bauch, denen kamen
diese Brötchen vor wie Sägespäne, die ihnen den Mund zerstachen,
sobald sie darauf herumkauten; nach drei, vier Tagen flutschten die
Sägespäne, ohne im Hals stecken zu bleiben; und noch ein, zwei Tage
später brannte der Hunger so scharf, dass die Sägespäne schmolzen,
kaum dass man sie im Mund hatte, man schmatzte darauf herum und
genoss den unendlichen Nachgeschmack.

Ich war ein Neuankömmling, hatte noch ein bisschen Fett im Leib,
deshalb war das Austeilen der Brötchen ganz nach meinem Geschmack. Ich habe mit beiden Händen den geflochtenen Bambus-
korb hingehalten und die Brötchen von der Tür aus nach drinnen
gereicht, für jeden eins, eisern und pflichtbewusst. Doch wenn ich zu
dem alten Cai kam, seines Zeichens ein alter Krimineller, ist der Kerl
aufgestanden, hat alle zehn Finger gespreizt und sich ganze vier
Brötchen mit dem Mund geschnappt. Der alte Cai war allerdings
auch eine Nummer, er war kaum älter als zehn, als er anfing; und als
er die Türschwelle des Amtes für Öffentliche Sicherheit kaputttrat,
war er gut dreißig und hatte schon über zehn Jahre abgerissen, selbst
Verwaltungsnummern musste die Öffentliche Sicherheit ihm zwei
geben. Diesmal beschwor er ein Unglück herauf; unter der Leitung
des alten Cai gingen nur Meisterdiebe ihrem Beruf nach, im Handumdrehen hatten sie eine große Grube in meinen Brötchenkorb
geklaut, außerdem haben sie mir eine Tracht Prügel verpasst.

Ich schrie Alarm, Onkel Wang war sofort zur Stelle, rief den alten

Cai höflich an und ermahnte ihn mit guten Worten. Außerdem ord-
nete er an, dass die fehlenden Brötchen ersetzt werden müssten. Das
Ende vom Lied: Der alte Cai starrte mich böse an, die Knastbrüder in
der Zelle waren kurz vorm Explodieren und sagten zueinander: »Der
Stinksack hat den alten Cai beleidigt, der ist so gut wie tot.«

Insgeheim habe ich mich gewappnet, doch überraschenderweise
ist der alte Cai in der Kloake gekentert und von ein paar Frischlingen
zur Räson gebracht worden. Diese Frischlinge kamen abends in die
Zelle, haben sich auf dem Kang zusammengedrängt und die Füße
nicht nach unten strecken können, ein paar von den Frischlingen
schielten und schlichen herum wie dürre Affen, sie sahen, dass der
alte Cai und sieben, acht andere dick und fett ausgestreckt da lagen;
jeder von ihnen nahm drei, vier Leuten den Platz weg und haben sich
natürlich dort gesammelt. Doch sie waren kaum mit ihrem Hinterteil
an den Rand des Kang gekommen, als der alte Cai ihnen blitzartig
einen ordentlichen Tritt verpasste. Als derjenige zu Boden ging, hat er
sich den Hinterkopf angeschlagen, dass das Blut nur so rausspritzte,
der Kerl lief eine Weile herum wie besoffen.

Ein paar von den Frischlingen waren gerademal fünfzehn, sechzehn
Jahre alt und tückischer als junge Wölfe. Am Tag darauf habe ich Brei
verteilt, der alte Cai und seine Handlanger haben sich hinter gut ein
dutzend Köpfe gestellt und mir schon von weitem kalt entgegen-
gegrinst. Augenscheinlich waren sie zu allem bereit, ich schnappte
mir eine Eisenkelle, meine Handflächen waren schweißnass, da sah
ich, wie der kleine Frischling mit dem kaputten Kopf, der vorher
neben dem Scheißkübel gehangen hatte, vom Boden hochkam, die
mit Brei gefüllte Porzellanschüssel umdrehte und mit der Schüssel in
beiden Händen wie von der Tarantel gestochen auf den alten Cai
losging. In der Zelle brach das Chaos aus, der Gefängnistyrann, der
k. o. gegangen war, wurde hinausgetragen, und anschließend wurden
ein paar von den Frischlingen auf andere Zellen verlegt.

LIAO YIWU: Und dann ist der himmlische Friede ausgebrochen?

WEI XI: Unter dem nachsichtigen Onkel Wang haben die Hua-Fälle die
Gruppe der alten Wanderarbeiter unterminiert, sich auf dem ersten
Brett zum Schlafen eingerichtet, in der Nähe der Tür, haben sich lang
und breit ausgestreckt und es sich verdammt bequem gemacht! Unsere Hua-Fall-Liga hat jeden Knastbruder, der versucht hat, zu rebellie-

ren, liquidiert; je länger wir kämpften, umso kühner wurden wir. Menschenfleisch ist etwas Fürchterliches. Wenn es aufeinandergepackt wird, wird der bescheidenste und edelste Mensch zum Schläger. Vor allem wenn neue Gefangene ankamen, waren alle stinksauer, dass man sie nicht auf der Stelle wieder verschwinden lassen konnte. Wir hatten so einen Fettsack bereits klargemacht, ein Kerl, der in Zügen den Leuten die Taschen ausgeräumt hatte, drei gegen einen; zwei Minuten und er lag auf dem Bauch, und weil er gerade erst angekommen war, hatte er noch Fett im Leib und Kraft, während wir vor Hunger schon halb wahnsinnig waren. Wenn man ihm eine überzog, dann fühlte er sich weicher an als Baumwolle.

LIAO YIWU: Sie als Zellenboss hatten wohl eine Reihe von Sonderrechten?

WEI XI: Dem Hunger gegenüber herrschte Gleichberechtigung, selbst der Zellenboss bekam nicht mehr als die anderen, er bekam höchstens ein paar Löffel Gemüsesuppe mehr.

LIAO YIWU: In dem Knast, in dem ich gesessen habe, war das anders.

WEI XI: Nach den normalen Gesetzen der Zelle unter der Öffentlichen Ordnung ist der Zellenboss der Älteste und wird von den unter ihm Stehenden versorgt. Aber die Kampagne des Ernsten Schlages, das war ein Krieg wie der Krieg der Tyrannen zur Chunqiu-Zeit damals, da gab es kein Gesetz der Zelle, da war nicht einmal mehr von Recht die Rede.

So waren zum Beispiel die Untersuchungsgefängnisse überfüllt, es konnte kein Platz geschaffen werden, also wurde ein Großteil bereits verurteilter Krimineller mit uns zusammengerührt, und die Todeskandidaten waren Wandnachbarn.

Eigentlich waren Leute, die sich mit den Mao-Zedong-Ideen gewappnet haben, nicht gerade abergläubisch, aber einmal um Mitternacht wurde ich von einem Eulenruf geweckt, da standen mir die Haare zu Berge. Ich setzte mich auf, gut die Hälfte der anderen war ebenfalls aufgewacht, alle spitzten die Ohren und lauschten diesem langgezogenen Heulen. Wir diskutierten und fanden, dass morgen sicher jemand würde dran glauben müssen, das war schon immer so gewesen, auch in der alten Zeit, wenn eine Eule rief, dann musste jemand sterben. Vor dem großen Erdbeben von Tangshan haben nicht nur die Eulen, auch Fledermäuse, Ratten, Katzen und Hunde den Himmel angeheult, und wie traurig.

Ich legte mich wieder schlafen, mein Herz schlug wie eine Trommel. Ich döste einen Augenblick, es muss so drei Uhr in der Früh gewesen sein, ein trockener Winter, da fing es auf einmal heftig an zu schneien, aber man hörte nebenan die Ketten klirren. Die erfahreneren alten Insassen sagten sofort, jetzt werde mit der »Feststellung der Personalien« begonnen, alle fünf Minuten einer. Um sieben Uhr standen wir auf, das juristische Zwischenspiel bei den Wandnachbarn war gerade zu Ende. Doch ein alter Häftling seufzte tief und sagte erschrocken: »Verdammt, heute werden zweiundsechzig Köpfe rollen!«

Tatsächlich wurden im Rahmen der Kampagne in Xi'an-Stadt Hinrichtungen in drei Gruppen vorgenommen, die erste Gruppe bestand aus fünfundvierzig, die zweite aus zweiundsechzig Leuten, wie viel in der dritten waren, kann ich mich nicht erinnern, ich nehme an, es waren etwas weniger, weil der Abstand zwischen den Massenhinrichtungen zu kurz war, wie sollen die Volksmassen wieder »vor Begeisterung in die Hände klatschen«, wenn das Blut derart zum Himmel stinkt.

LIAO YIWU: Wie es so schön heißt: »Nimmt der Essig-Peng erst Maß, dann fallen die Köpfe wie Gras.«

WEI XI: Warum flüstern Sie denn, Sie Sichuan-Ratte?*

LIAO YIWU: Das ist ein Knittelvers, der war dreiundachtzig ziemlich beliebt, damals hatte Peng Zhen gerade als Vorsitzender des Nationalen Volkskongresses angefangen; als Leiter der politischen und juristischen Arbeit hat der miese Kerl aus Shanxi sein wahres Gesicht versteckt, der hat gern Essig getrunken.

WEI XI: Ein Essigfass, in dem mehrere zehntausend Menschen untergegangen sind. In unserer Zelle war ein Frischling, nichts als Knochen

---

* Häufiger Ausdruck für Leute aus Sichuan, Herkunft nicht eindeutig geklärt. Eine Erklärung lautet, dass der alte Ausdruck für »Sichuan« 蜀 *shu* sich genauso spricht wie der Ausdruck für »Ratte/Maus« 鼠 *shu.*

und Muskeln, kaum höher als die Personenwaagen damals, der war wegen brutaler Vergewaltigung zum Tode verurteilt worden! Der hat den ganzen Tag was von Justizirrtum herumgeheult; als ich die Faxen dick hatte, habe ich ihn gefragt, was denn los sei?

Er sagte, Scheiße, brutale Vergewaltigung, das war meine Freundin und ein paar Monate ging alles gut.

Ich sagte, dann hättest du es dabei belassen sollen, wenn die Frau nicht will, dann darf man sie nicht zwingen.

Er sagte, wenn mich eine nicht will, dann mache ich nichts. Ich habe nichts gemacht.

Ich sagte, nein? Wer soll denn das glauben?

Er sagte, eigentlich sind die Leute mit sechzehn, siebzehn scharf wie Feuer, aber bei ihr zu Hause war man nicht allein, und bei mir zu Hause war man nicht allein, wir hatten keinen Ort, wo wir es machen konnten. Bei dem schönen Wetter habe ich sie mit mir geschleift, wir sind mit dem Bus überall rumgefahren, wir waren fix und alle, aber wir haben keinen Platz gefunden. Der Mensch, das ist ein höheres Lebewesen, der darf doch nicht, wenn er es machen möchte, einfach den Hammer rausnehmen, wenn niemand zusieht, und los, wie Vieh. Bei ihr, die sind sie sehr streng, sie musste zu Hause sein, wenn es dunkel wurde.

LIAO YIWU: Wenn es so pressierte, hätten sie in ein Hotel gehen sollen.

WEI XI: Haben Sie vergessen, dass man sich in den achtziger Jahren in den Hotels ausweisen musste? Außerdem hatte jedes Zimmer ein Beobachtungsloch, das man von innen nicht verschließen konnte. Deshalb, fuhr der Frischling fort, sind wir tagelang durch die Gegend gerannt, bis wir schließlich am Stadtrand ein Weizenfeld gefunden haben, da rein und uns in die Arme gefallen war eins. Wir haben uns herumgewälzt wie beim Ringen, ich habe mit aller Kraft versucht, über den Kragen ihre Brust rauszuziehen, habe ein paarmal daran genuckelt, dann ist sie wieder zurückgeflutscht. Ich bin ihr auch auf die Hose gestiegen, habe ihr meinen Hammer reingesteckt; ich dachte bisher, es miteinander zu machen, wäre ein Kinderspiel, das Ende vom Lied war, dass sie es nicht brachte und ich auch nicht. Ich habe hierhin gestochert und dorthin, aber ich habe das Loch nicht gefunden, ich war schon ganz lendenlahm, und dann ist es mir gekommen. Ich kniete mich auf, mein Teil war voller Lehm, ich hatte in den

Boden gerammelt! Wir waren alle beide voller Erde und Ähren, wir haben eine halbe Ewigkeit die Klamotten ausgeschüttelt, aus ihrem Haar mussten wir die Ähren einzeln rauspokeln! Das war es nicht wert, die paar Sekunden Gemoppel, und mein Schwanz war geschwollen von dem Gestochere. Wir haben dann auf einen Bus zurück gewartet, sind zurückgehetzt, und da ist es schon dunkel geworden. Sie hat ziemlich geheult und mich einen Strolch genannt. Ich sagte, wir sind beide Strolche, ein Bock allein stößt nicht.

Als sie wieder daheim war, hat ihr Vater sie in die Mangel genommen, da hat sie alles zugegeben. Anschließend sind ihre Eltern zur Öffentlichen Sicherheit gelaufen, und ich zappelte im Netz. Vor der Gerichtsverhandlung bin ich zweimal verhört worden, als der Richter oben mit der Verlesung der Urteilsbegründung fertig war, habe ich was von »zum Tode« gehört, da habe ich herumgeschrien: »Was habe ich denn getan? Ich habe nichts mit ihr gemacht. Ich schwöre bei dem Vorsitzenden Mao, ich habe ihr nur zweimal an den Titten genuckelt. Wird man dafür zum Tode verurteilt?«

Aber der Richter legte die Urteilsbegründung auf den Tisch und belehrte mich mit gewichtigen und warmherzigen Worten: »Mein Junge, du kannst ein Leben lang an deiner eigenen Mutter herumnuckeln, so viel du willst, aber wenn du das bei einer Fremden machst, dann bist du tot!«

LIAO YIWU: Der Richter hat doch Theater gespielt, was ist dann passiert?

WEI XI: Der Frischling hat das Urteil nicht angenommen und Berufung eingelegt, das Strafmaß wurde auf Todesstrafe mit Bewährung herabgesetzt; er hat noch einmal Beschwerde eingelegt, da waren es noch fünfzehn Jahre; nach der vierten Beschwerde waren es noch zehn, am Ende hat der Kläger seine Aussage zurückgezogen, und er ist aus Mangel an Beweisen freigelassen worden.

LIAO YIWU: Alles nur Jux und Tollerei?

WEI XI: Der alte Cai, von dem wir eben gesprochen haben, das war der zweite Hauptangeklagte im Prozess gegen die Räuberbande eines gewissen Guo, da gab es ein Todesurteil und zwei Todesurteile auf Bewährung, die meisten bekamen eine Freiheitsstrafe. Ich habe mir erzählen lassen, dass im Gerichtssaal dieser Guo, noch als der Richter das Urteil verkündete, herumproletete: »Ich ficke deine Mutter! Ich habe ein paar Kleinigkeiten mitgehen lassen, und du verurteilst mich zum Tode!«

Der Richter schluckte die Wut, die in ihm aufstieg, herunter, hat sturheil sein Schriftstück zu Ende gelesen, tief durchgeatmet, den Akt hingeworfen, sich aufgerichtet, mit dem Finger auf den Hunde-knochen gezeigt und losgelegt: »Wie willst du denn meine Mutter ficken, wenn du tot bist?! Bist du tot!? Dann nehme ich mir deine vor!«

LIAO YIWU: Und so was nennt sich Richter? Das klingt eher wie zwei Bauern, die sich streiten.

WEI XI: Mit seinem Leben spielen ist das Höchste in der chinesischen Philosophie, deshalb waren die letzten Worte von Jin Shengtan, bevor sie ihm den Kopf abhackten: Wenn man Trockentofu und gesalzene Erdnüsse zusammen kaut, dann schmeckt das wie Schinken; Laozi sagt, das Leben ist wie Wasser. In der Zeit des Sozialismus angekom-men, über zweitausend Jahre später, bei der Unmenge von Menschen ist das Leben nichts mehr wert, das Wasser ist zu Pisse geworden.

LIAO YIWU: Eine Ansicht, die nach Kloake stinkt, reden Sie bitte weiter!

WEI XI: Na gut, ich werde ein Beispiel für meine »Wasser-Pisse-Theo-rie« liefern. In der Zelle im Untersuchungsgefängnis war die Tages-ration an Wasser pro Mann ein Krug abgekochtes Wasser, das wurde reingereicht, das stand dann da, man schöpfte langsam daraus und trank. Es herrschte eine unmenschliche Hitze, und obwohl jeder am liebsten den Bauch aufgemacht und vollgeschüttet hätte, der Knast macht einen hart; man muss den Rhythmus einhalten, nicht hetzen und nicht hitzig, jedes Mal nur zwei kleine Schlucke, die Kehle befeuchten, die Lippen lecken, das muss genügen.

LIAO YIWU: Wie oft am Tag haben sie denn gelüftet?

WEI XI: Einmal, wichtiger war das Leeren der Pisskübel in den Abort. Die Abtritte waren unter freiem Himmel, ungefähr fünfzehn, sechzehn Stück, in zwei Reihen. Da drin waren sicher Myriaden von Maden und Fliegen, man hat seinen Arsch da hingehauen, abgeprotzt und die Bagage bombardiert. Für das Lüften hatten wir nur zehn Minuten, bei über zweihundert Mann in einer Zelle, die mussten in zehn Minuten den ganzen Ballast loswerden … Sie können sich vorstellen, was da los war, ein Abtritt, drei, vier Mann in der Hocke, viel Lärm um Nichts, selbst die Fliegen kamen da nicht bei, denn an der Seite standen die anderen, hielten sich die Hosen hoch, zählten die Sekunden und drängelten.

LIAO YIWU: Was tat man, wenn man Verstopfung hatte?

WEI XI: Wenn es Zeit war, die Hosen hoch und ab dafür.

LIAO YIWU: Außer für die Notdurft, konnte man im Hof auch an eine Wasserleitung?

WEI XI: Die Wasserrohre waren schon lange zugemacht worden. Wenn zu viele Menschen auf einem Haufen sind, dann bricht leicht die Ruhr aus und noch schlimmere Infektionskrankheiten. Deshalb dürfen die Insassen kein frisches Wasser trinken, man hat uns alle gezwungen, uns an gute Hygiene zu gewöhnen.

LIAO YIWU: Sehr human.

WEI XI: Das war sehr human. Einmal ist im Knast ein Heizkessel kaputtgegangen, und wir hatten drei Tage lang kein Wasser. Bei der Hitze und kein Wasser, ist das nicht furchtbar? Als es vorbei war, haben sich alle gewundert, wie wir das ausgehalten haben. Wenn man nicht verdurstete, hätte man ersticken müssen, denn die Luft in der Zelle stand von Urin. Und nicht nur Urin, es war der Harnstoff, der da aufstieg, wenn man da nur mit dem Stäbchenkopf hineintippte, man hätte allein mit dem Duft ganze Felder düngen können. Ich stand ständig neben mir, wenn ich eindöste, träumte ich, ich saufe Urin, und je mehr ich davon trinke, umso mehr Durst habe ich, und je mehr Durst ich habe, umso mehr trinke ich davon, bis ich aufwachte, ich hatte das Gefühl, an der Kehle habe sich bereits Harnstein gebildet, salzig, bitter und herb, wenn man da einmal hustete, hat das unerträglich gestochen.

Wenn einem Menschen Feuchtigkeit fehlt, dann trocknet er sichtbar aus, schon nach einem Tag geht nur noch ein Dutzend Leute pinkeln, anschließend kommt überhaupt niemand mehr in die Nähe des Pisskübels. Am dritten Tag ist es mucksmäuschenstill in der Zelle, selbst den Bauch schlägt man sich voll wie in Trance; jeder stiert nur vor sich hin. Und in diesem Engpass habe ich eine Stimme gehört, die hat mich gerufen, erst als ich an der Gittertür war, sah ich, dass es Onkel Wang war: »Wasser fassen«, sagte er nur.

Als habe man an ein Munitionslager Lunte gelegt, sind in dem Augenblick, ich sah nur Sterne, mit einem tiefen Brummen in der Zelle über zweihundert Mann mit ihren Krügen in der Hand aufgestanden und nach vorn gestürzt. Onkel Wang schloss auf und ließ mich raus, dann sagte er: »Ihr wartet!«

Den Korridor entlang kam uns eine frische Brise entgegen, ich habe ein paarmal tief durchgeatmet, bis in die hintersten Lungenflügel, der ganze Mensch schien zu flattern. Ich war ganz trunken von dem Sauerstoff; als ich auf das Dach geschlüpft bin, hat mir der zu viele Sauerstoff mit einem gewaltigen Schmerz auf die Brust gedrückt. Ich erholte mich an der frischen Luft, dann zog ich den Ziehwagen mit ein paar leeren Benzinkanistern mit Onkel Wang vor das Gefängnis, um Wasser zu holen. Schließlich habe ich den Wasserhahn für das abgekochte Wasser gesehen, er war glühend heiß, man konnte nichts trinken. Jemand zeigte auf den Hahn für das nur warme abgekochte Wasser nebendran, ich habe den sofort aufgedreht und aus den Händen getrunken, wie wahnsinnig, wie um mein Leben. Ich habe tief, tief Luft geholt, meine Luftröhre sirrte pfeifend, und dann habe ich weiter um mein Leben getrunken … schließlich ist ein Schwall Wasser wieder hochgekommen und mir aus Mund und Nase geschossen, ich konnte das nicht unterdrücken.

Dann haben wir das Wasser ins Gefängnis geschafft. Als wir an den Zellen ankamen, sind die da drin vollkommen durchgedreht. Dutzende, nein, hunderte Krüge wurden gegen die Wand gehämmert, dang-dang-dang, gegen den Kang, auf den Boden, und in diesem ohrenbetäubenden Rhythmus haben dutzende, nein, hunderte Stimmen gebrüllt: »Wasser her! Wasser her! Wasser her!« Ach, das ist zwanzig Jahre her, aber diese Stimmen, diese Saurierstimmen hallen immer noch in mir nach, manchmal, nachts, wenn es sonst ganz still ist, stehen mir davon die Haare zu Berge.

LIAO YIWU: Sie sollten das in einem Drehbuch verarbeiten.

WEI XI: Wer will denn so etwas spielen? Und wer drehen? Wie diese Großeinstellungen in *Schindlers Liste*, wo die nackten Juden in langen Reihen vor den Gaskammern anstehen, wer würde von so etwas nicht träumen? Ähnliche Szenen hat es in China jede Menge gegeben, wie zum Beispiel bei den Schutzimpfungen, wo die Kranken auch in so langen Reihen angestanden haben und mit der immer gleichen Nadel in den Hintern gestochen wurden, und es alle fünf Sekunden hieß: »Der Nächste!«

Als ich an der Reihe war, war die Injektionsnadel schon ganz krumm, der Gefängnisarzt hat sie mit zusammengebissenen Zähnen geradegebogen, kurz drübergeschaut und dann weiterbenutzt; bei den Medikamenten lief es genauso, wir standen in langen Schlangen an, über hundert Mäuler bekamen die immer gleiche Goldfadenwurzel* gegen Durchfall. Neben dem Gefängnisarzt stand ein Gefangener aus der Umerziehung durch Arbeit, der hielt Wasser bereit, der wartete, bis die kleine Pille in das jeweilige Maul geworfen wurde, und hat dann entsprechend Wasser nachgegossen und dir befohlen, den Mund aufzumachen und das Ganze überprüfen zu lassen.

LIAO YIWU: Das ist ja absurd!

WEI XI: Das Absurdeste war, dass Onkel Wang mit einer Ratte Gassi ging. Unser verehrter und gelangweilter Onkel Wang, seit über zwanzig Jahren bei der Öffentlichen Sicherheit, war den lieben langen Tag mit einer Kanne voll schwarzem Tee auf Rundgang und inspizierte dies und inspizierte das. Eines Tages haben wir eine Ratte gefangen, lang wie mein Unterarm, und sie ihm verehrt.

LIAO YIWU: Konnte man die Dungratten im Knast essen?

WEI XI: Er hat sie nicht gegessen, er hat sie gehalten. Er hat ihr ein Halsband umgelegt und ist jeden Tag mit ihr raus spazierengegangen. Onkel Wang sagte: »Leute mit Geld, wenn sie nichts zu tun haben,

---

* Westlicher Name »Berberin«, ein Alkaloid, das u. a. in dem Namen »Berberitze« vorkommt.

halten sich einen Hund, wir von der Öffentlichen Sicherheit, wenn wir nichts zu tun haben, hüten einen Tiger.«

LIAO YIWU: Wenn man diese Geschichte hört, dann weiß man, dass Sie sich zu den Oberknackis hochgedient hatten.

WEI XI: Ich war fast ein Jahr drin, als ich zu zwei Jahren Arbeitslager verurteilt wurde. Ich hatte Glück, bei mir wurde im richtigen Augenblick Hepatitis B festgestellt. Das Lager wollte mich nicht, also musste ich wohl oder übel zurück in meine alte Einheit, ich stand unter der Bewachung durch die Volksmassen, mein Lohn wurde einbehalten und ich musste jeden Monat einmal bei der Partei einen Gesinnungstest ablegen.

1994 habe ich mich für dreißigtausend Yuan auskurieren lassen, es ist alles in Ordnung, ich habe keine Folgeschäden davongetragen.

LU RENBIAO, DER GATTINNENMÖRDER

Im März 1990 wurde ich wegen politischer Vergehen inhaftiert, im Juni in das Untersuchungsgefängnis von Chongqing verlegt. Der damals 28 Jahre alte, früh verstorbene Lu Renbiao hat mit mir über drei Monate Pritsche und Kissen geteilt.

Ich war gezwungen, mir die haarsträubende Geschichte von der Ermordung seiner Frau ein dutzend Mal anzuhören. Grund hierfür war, dass er nicht schlafen konnte und mich zu seinem letzten Auditorium machte. Ich habe immer wieder zu ihm gesagt, er soll aufhören, aber er hat nicht aufgehört.

Ich habe von der Geschichte jahrelang Albträume gehabt, so dass ich sie aufschreiben musste, um allmählich von ihr loszukommen.

Man hat mir erzählt, Lu Renbiao habe sich am Vorabend seiner Hinrichtung hintereinander drei Verfilmungen der romantischen Romane der taiwanischen Autorin Chiung Yao angesehen, er konnte gar nicht genug bekommen. Um Mitternacht machte der diensthabende Wächter seinen Rundgang und mahnte ihn, seinen Letzten Willen aufzuschreiben, aber er hörte überhaupt nicht hin. Ganz wie Lu Zhishen, der Held aus den Räubern vom Liang-schan-Moor, gesungen hat: »Nackt, so wie ich kam, und ohne Ketten gehe ich.«

LU RENBIAO: Egal, in knapp zwei Wochen ist meine Berufungsfrist sowieso abgelaufen, dann muss ich vom Richtplatz aus in das Paradies im Westhimmel gehen.

LIAO YIWU: Ja, ja.

LU RENBIAO: Aber jemand wie ich bekommt natürlich keinen guten Tod.

LIAO YIWU: Ja, ja.

LU RENBIAO: Ja, ja, du Fotzenlecker! Hörst du mir zu?

LIAO YIWU: Ich höre zu, außerdem überlege ich, wo so ein dürrer Hering wie du die Kraft hergehabt hat, so was zu machen.

LU RENBIAO: Ich habe keine Kraft, normal haben mir die Hände schon gezittert, wenn ich ein Huhn geschlachtet hab. Mein Vater ist früh gegangen, meine Mama hat mich großgezogen. Ich habe Frauen sehr verehrt, außerdem war ich klein und hatte Minderwertigkeitskomplexe. Ich habe eine ganze Menge Bücher gelesen, die Geschichte von Aschenputtel und dem Prinzen auf dem weißen Pferd habe ich heiß und innig geliebt. Vor meiner Hochzeit hab ich geglaubt, zwischen Mann und Frau muss das ein Leben lang so romantisch sein, alles voll Blumen und Mondlicht. Um die Bücher Wirklichkeit werden zu lassen, habe ich mit Mama von früh bis spät in unserem Gemischtwarenladen geschuftet und eine Stange Geld verdient. Ich hatte keinerlei Erwartungen an ein Mädchen, sie sollte nur nicht fies zu mir sein. Später hat mir dann jemand die Li Shuzhi vorgestellt, und wieder später ist sie meine Frau geworden.

LIAO YIWU: Sprich ein bisschen langsamer!

LU RENBIAO: Nachher rede ich langsamer, die Einleitung ist nicht besonders interessant, die mache ich so einfach wie möglich, hast du denn vor, mein Zeug aufzuschreiben?

LIAO YIWU: Zu Forschungszwecken.

LU RENBIAO: Aber ich bin doch nicht krank! Angenommen, ich wäre krank und das wäre durch ein entsprechendes forensisches Gutachten bestätigt, ich wäre für meine Tat gar nicht verantwortlich! Ich habe im Knast einen Holzarbeiter kennengelernt, der hat aus seiner Frau Brennholz gemacht, der hat noch das blutige Bündel »Feuerholz« auf dem Rücken über die Berge zur Gemeindeverwaltung geschleppt, wo er Anzeige erstattet hat. Später dann gab es Gutachten von Stadt, Bezirk und Kreis, der Kerl hatte eine akute Geisteskrankheit, den haben sie in die Klapse gesteckt.

LIAO YIWU: Weiter im Text, komm.

LU RENBIAO: Meine Frau war einen halben Kopf größer als ich und sehr gut beieinander. In der Hochzeitsnacht war sie sehr sexy, das Ganze war wie eine Schlacht, in drei Teilen, die hatte nichts von der Scheu einer jungen Braut. Verdammte Scheiße, wenn sie schon keine Jungfrau mehr war, hätte sie wenigstens so tun können, aber eine Frau wie sie doch nicht, wir waren noch nicht richtig durch die Tür, da hat sie sich schon die Kleider vom Leib gerissen, die hat mich gepackt wie eine Wölfin, und gebissen hat sie auch, sie mochte es, wenn sie oben ist, die erste Schlacht war noch nicht geschlagen, da hatte ich schon Kratzer und Bisse vom Kopf bis zu den Füßen. Dann nannte sie mich ihren »Patienten«, hat mich vom Bett gezerrt, und wir haben uns im Badezimmer gegenseitig gewaschen und geputzt, wie ein Mandarinenpärchen*, sie hatte mich vollkommen im Griff, nichts von wegen den Vorrechten des Mannsvolks. Einmal sagte ich, ich kann nicht mehr, du erdrückst mich ja, lass mich mal nach oben. Aber da ist die losgegangen wie eine Furie, ein richtiger Tyrann die Frau; die hat mich umgedreht und mir mit ihren kreisrunden Flossen den Arsch gehauen – und dann hat sie mir zu allem Überfluss auch noch ins Gesicht gepisst.

LIAO YIWU: Wenn ein Mann einmal so weit ist, dann soll er das mit dem Sex halt lassen.

LU RENBIAO: Lassen? Das war nicht drin! Meine Alte hat den ganzen Tag an nichts anderes gedacht. Sie sagte, sie sei schon als Kind arm gewesen, sie hätten zu viert in einem Neun-Quadratmeter-Zimmer gehaust, und auch wenn da ein Vorhang gewesen wäre, so sei sie doch mit den Geräuschen, die ihr Vater und ihre Mutter beim Sex machten, aufgewachsen, mit Anfang zehn hat sie sich dann angewöhnt, mitten in der Nacht im Quietschrhythmus von dem Bett Streckübungen zu machen. Sie hatte schon eine ganze Menge Männer gehabt. Wie das immer auseinandergegangen ist, habe ich natürlich nicht gewagt zu fragen. Später bin ich impotent geworden und war dann ein richtiger Wu Dalang**.

---

* Weil Mandarinenpaare ein Leben lang zusammenbleiben, sind sie in China Symbol und Vorbild für Ehepaare.
** Romanfigur, die in den *Räubern vom Liang-schan-Moor* wie auch im *Jin Ping Mei* auftritt.

LIAO YIWU: Und deine Frau war Pan Jinlian, die Goldorchidee*? Sie ist doch tot, du solltest nicht so schlecht über sie reden!

LU RENBIAO: Sie hat es noch viel doller getrieben als die. Die war ja von der Wang in den Schlamassel mit hineingezogen worden, sie hat wohl oder übel mit einem Mann heimlich herumgemacht, mit Xi Menqing**, und hatte für alle Zeiten einen Namen weg, aber meine Li Shuzhi hat mich erst impotent gemacht und dann doch tatsächlich die Stirn besessen, irgendwelche dahergelaufenen Kerle mit nach Hause zu bringen und mich aus dem Schlafzimmer auszusperren. Wenn es mit einem armen Arschloch so weit gekommen ist, sag selbst, soll man da lachen oder wütend werden? Und ausgerechnet in diesem Augenblick ist mein Schwengel, dieser Repräsentant der männlichen Würde, auf hab acht gegangen!

LIAO YIWU: Du hättest mit deiner Frau reden und, wenn sie auf mehrmalige Ansprache nicht reagiert hätte, dich scheiden lassen sollen. Ach, bevor ihr geheiratet habt, habt ihr einander doch auch nicht besonders gut kennengelernt.

LU RENBIAO: Du mit deinen modernen Ideen, als die mich geheiratet hat, war sie schon vierunddreißig, die hatte schon Torschlusspanik, die konnte nur mit ihrer Familie was hermachen. Sie hat nicht von Scheidung geredet und ich habe auch nicht den Mut gehabt, den Mund aufzumachen, und wer hat mir schließlich gesagt, ich soll nicht können? Der Dramatiker Wei Minglun hat die Goldorchidee in Schutz genommen, er fand, dass Wu Dalang und sie nicht zusammengepasst haben, und erst da hat sie etwas mit Xi Menqing angefangen – dem stimme ich zu.

LIAO YIWU: Am Anfang hast du noch gesagt, dass du den Prinzen auf dem weißen Pferd und Aschenputtel so heiß und innig geliebt hast, wie ist es denn zu der 180-Grad-Drehung gekommen? Du hättest bei Gericht die Scheidung einreichen sollen und dir eine Frau suchen,

---

* Pan Jinlian, Frau Wu Dalangs im *Jin Ping Mei*.
** Romanfigur, die in den *Räubern vom Liang-schan-Moor* wie auch im *Jin Ping Mei* auftritt.

die dich versteht, und nicht deine emotionalen Ideale über Bord werfen.

LU RENBIAO: Verstehen? Wenn es auf dieser Welt etwas gibt, was schwer zu finden ist, dann ist das Verständnis – und dann habe ich halt geplant, ihr mit einem Küchenmesser Verständnis beizubringen.

LIAO YIWU: Bist du eigentlich noch ein Mann?

LU RENBIAO: Ich lag mit ihr auf dem Bett, irgendwann in einer Lücke zwischen ihren Affären, ein fürchterlich heißer Tag, alle zogen sich bis auf die Haut aus, und die Ventilatoren liefen Amok, im Zimmer ist alles durch die Gegend geflogen. Li Shuzhi kam aus ihrer Schweiß-pfütze hoch, nahm eine Dusche, legte ein Band mit Teresa Teng auf, das erste Lied war »Die Nacht ließ mich einsam zurück«. Es war mittlerweile schon elf, Li Shuzhi murmelte noch was, sie wolle eine Matte rauslegen und auf der Treppe schlafen. Im Sommer war die enge Gasse gepflastert mit Leuten, die draußen die kühle Nachtluft genossen, alt und jung, Männlein wie Weiblein. Ich ermahnte sie, ich sagte, wir sollten uns mal eingehend unterhalten. Sie lachte komisch, und als ich sie lachen sah, da schauderte es mich innerlich, es hat nicht viel gefehlt und ich hätte zu heulen angefangen. Ich wollte bei den Liedern von Teresa Teng alles vergessen, damit alles wieder gut ist mit ihr, ich streckte die Hand aus und streichelte ihre Brust. Da hat sie mir doch tatsächlich die Hand weggeschlagen, sich zähneflet-schend auf mich draufgeschwungen und losgerammelt. Ich sage, mach ein bisschen sachte, ein bisschen zärtlich und dreh die Rollen nicht einfach um.

Sie sagte, selber schuld, wenn du nicht kannst.

Dann hat sie meinen Kleinen gepackt und gerieben und gezogen. Mir ist der kalte Schweiß ausgebrochen, aber sie hat nur hämisch gelacht: »Deine Vorfahren waren wohl Eunuchen, drei Generationen Impotenz!?«

Da bin ich richtig ausgerastet, und als sie sich runterbeugte, um mir in den Hals zu beißen, habe ich jäh den Eisenschädel-Gongfu ge-macht und ihr vor die Stirn gehauen. Sie dachte erst noch, ich mache Spaß, hielt sich die Augen zu und beschimpfte mich als Hurensohn, ich bäumte mich auf, tastete unter dem Bett nach dem Küchenmesser und habe, den Griff in beiden Händen, auf sie eingehackt!

LIAO YIWU: Was hast du dabei gedacht?

LU RENBIAO: Einen Scheiß habe ich gedacht. Mir brummte gewaltig der Schädel, aber die Schneide steckte fest in ihrer Stirn und trennte ihr Gesicht in zwei Hälften. Sie richtete sich ächzend auf, Mund und Augen sperrangelweit offen, als wolle sie mich verschlingen. Sie machte Anstalten, das Messer herauszuziehen, aber auf dem Bett konnte sie nichts machen, sie also raus aus dem Bett, gegen die Wand gestemmt und an dem Messergriff gerüttelt. Das Blut lief ihr runter, als wäre sie am Heulen, schließlich gab sie spitze Schreie von sich. Ich zu ihr rüber und ihr den Mund zugehalten und mit ihr um das Messer gerungen. Sie bekam es raus, woraufhin aus dem Loch ein Schwall Blut geschossen kam. Die grausame Frau, sie hatte auf einmal tatsächlich noch die Kraft, das Messer vom Boden aufzuheben und mich ins Nebenzimmer zu jagen und vom Nebenzimmer in die Küche. In meiner Not griff ich mir das Hackmesser, so eins, womit man Koteletts auslöst, blockte sie ab und das Messer flog. Jetzt war ich der Herr im Haus. Ich ritt auf ihr und habe mit dem Beil auf sie eingeschlagen, immer wieder, ich hörte, wie sie stöhnt, so sanft und so weit weg. Das hatte in den Büchern gestanden, dass Frauen, wenn sie einen Höhepunkt haben, nicht anders können, als so zu stöhnen. Mein Schwengel wurde dick und groß, wie noch nie in diesem Leben, er war mir noch nie so majestätisch vorgekommen. Um dieses Hochgefühl, diesen Sieg in die Länge zu ziehen, habe ich zunächst nur auf die fleischigen, nicht direkt lebensgefährlichen Stellen loggehackt. Die Arme, die Waden, die Oberschenkel, den Hintern. Aber ich wollte ihre Brüste nicht kaputtmachen. Diese Frau hatte so viel Fleisch, wo ich mit dem Beil zuschlug, öffnete sich eine Nut, sie hatte den ganzen Körper voller Vaginas. Das Zimmer, die ganze Welt war eine einzige Vagina! Diese Assoziationen haben mich extrem erregt, ich habe das Hackmesser hingelegt, ihr Blut geleckt und ihr immer wieder in die Brustwarzen gebissen. Jetzt konnte ich mit ihr tun und lassen, was ich wollte. Als Li Shuzhi den letzten Atemzug tat, ist ihr Kopf ein bisschen hochgegangen, ich habe ihr schnell einen Kuss auf dem Mund gedrückt. Anschließend haben wir Mandarinenentchen von einem Ehepaar ganz glücklich ein Bad genommen, früher hat sie mich dabei immer inspiziert, ihre Bewegungen waren grobschlächtig wie die von einem Metzger, aber diesmal war sie ganz sanft, richtig scheu und butterweich; erst jetzt war sie eine richtige Braut, erst jetzt war sie eine richtige Frau! Ich habe sie gedreht und gewendet und über zwei Stunden lang gewaschen, bis ich spürte, dass sie ein bisschen steif wird, da habe ich sie wieder auf das Bett gelegt. Sie klaffte überall auf! Das hat mich erst richtig in Fahrt gebracht! Ich habe sie acht Mal genommen, bis ich mich kaum noch rühren konnte, aber ich hatte immer noch nicht genug. Dann habe ich die Stellen ausgesucht, wo ihr Fleisch am zartesten war, und sie gegessen – roh: die Brustwarzen, die Schamlippen, die Achselhöhle.

LIAO YIWU: Mir kommt es gleich hoch.

LU RENBIAO: Ich *habe* gekotzt, damals, in der Tat schmeckt rohes Fleisch nicht besonders. Daraufhin habe ich einen großen Topf Wasser aufgesetzt, ihr Herz und Lunge rausgenommen, beides zehn Minuten gekocht, in Stücke geschnitten und mit Ingwer, Knoblauch und Sojasoße so zum Schnaps gegessen. Ich habe von ihrem Herz hundert Gramm verdrückt und war pappsatt. In meinem Rausch habe ich mich daran gemacht, ihr Fleisch abzutrennen und es in Stücken als Fleisch der Güteklasse A in fünf Plastikfolien zu packen und im Tiefkühlfach einzufrieren; Skelett und Kopf habe ich kleingehackt und vergraben. Die Hände und die Brüste hingen noch über dem Bett, die habe ich die ganze Nacht bewundert.

LIAO YIWU: Du hast alles auf einmal gemacht, gemordet, geschändet und gekocht. Warst du dir überhaupt im Klaren, was du da tust?

LU RENBIAO: Das hat der Anwalt auch mal gefragt, ich sagte, ich war hundertmal klarer im Kopf als sonst! Es war dreißig Jahre her, dass ich aus dem Bauch meiner Mutter gekommen war, immer hat die Gesellschaft mich schräg angesehen, aber in diesem Augenblick war ich frei. Ach, bevor ich es vergesse, bevor ich ihr Skelett kleingehackt habe, habe ich noch einen halben Topf voll Reisbrei mit Fleisch gemacht, ihr den Kopf abgeschnitten, an den Rand vom Tisch gestellt und sie damit gefüttert, das war das letzte gemeinsame Abendessen von uns zwei Hübschen, mir sind die Tränen gekommen. Ach, hab ich geschnieft, meine Li Shuzhi, mein Aschenputtel sieht auf einmal ganz anders aus, sie trägt wirklich kristallene Schuh' und tanzt durch die Luft. Vielleicht habe ich die erste Hälfte meines Lebens in dem Märchen von dem Dänen Anderson verbracht; dass

ich in einen anderen Körper gekommen bin, in China, das war ein
Irrtum.

LIAO YIWU: Du hättest überhaupt nicht auf die Welt kommen sollen.

LU RENBIAO: Das klingt aber nicht nach einem politischen Gefangenen, was du da sagst. Das Leben eines Menschen hat doch viele
Schwellen; solange man sie nicht überschritten hat, erscheinen sie
einem unermesslich tief, und man zieht sich zurück. Wenn ein
Mensch sein Leben lang die Türschwelle nicht überschreitet, dann
kann er hundert Jahre alt werden, es ist völlig sinnlos. Li Shuzhi war
ein böser Stern, den mir der alte Himmel geschickt hat, sie war ein
Horror für mich, aber auch die Sehnsucht, diesen Horror zu besiegen,
denn ihr Körper, der mich so lange unterdrückt hat, war sehr sinnlich.
Je impotenter ich wurde, um so mehr wollte ich es ihr besorgen, im
Traum habe ich sie ordentlich rangenommen, ich habe ihr sogar die
Haut abgezogen und mit dem Schwanz ein Loch in sie gemacht.
Doch erst als ich sie wirklich umgebracht hatte, fragte ich mich, was
daran eigentlich so unerträglich sein soll? Geschlechtsverkehr ist
auch Mord, zwischen Mann und Frau besteht im Grunde eine Beziehung wie zwischen Messer und Scheide.

LIAO YIWU: Willst du damit sagen, dass jeder jeden umbringen, das
Messer also in die Scheide stecken soll?

LU RENBIAO: Weiß der Himmel. Wir reden hier auf der Schwelle des
Todes, doch als ich Li Shuzhi zerteilt habe, war ich vollkommen
konzentriert, jeder einzelne Nerv schien unter Strom zu stehen, durch
ein unbeständiges, schlaffes, taubes, inwendiges Licht ist ein Teil
ihres Lebens auf mich gekommen. In ihrem Herzen, ihrer Leber,
ihrem Haar, auf ihrem zerrissenen Fleisch habe ich ihr Lächeln
gesehen, ihre Befriedigung nach dem Beischlaf, sie lag völlig schwe-
relos in meinem Arm, sie war ich. Wenn ich dich so anschaue, du
prächtiges und verwöhntes Muttersöhnchen, du wirst nie eine Frau
so bedingungslos lieben, deine Selbstverliebtheit geht dir über jede
Liebe zu einem anderen Menschen, mir fehlt deine Statur und deine
Veranlagung, also habe ich mein ganzes Sein und Wesen auf die Liebe
gesetzt.

LIAO YIWU: Du kommst dir wieder vor wie Othello, aber als der Desde-
mona aus einem Irrtum heraus getötet hat, hat er es schnell bereut
und mit dem Tod gesühnt und gehört damit zu den großen, furcht-
losen Ehrenmännern.

LU RENBIAO: Ich teile mit den Helden Shakespeares den gleichen
Geist, ich habe sie getötet und nachher geliebt.

LIAO YIWU: Ist das die Art und Weise, wie ein Metzger die Weltliteratur
versteht?

LU RENBIAO: Du hast mich doch selbst darauf gestoßen, dass gute
Autoren alles latente Mörder sind, trotzdem, sie toben diesen Impuls
auf dem Papier aus. Und dann hat man diese Geschichten von Freud
und Leid, Liebe und Trennung, die über Jahrhunderte weitergegeben
werden. Ich habe mich von klein auf von diesen Geschichten blenden
lassen, in der Wirklichkeit bin ich, was Frauen anbelangt, gegen
Wände gelaufen. Als die Li Shuzhi mich so richtig in Rage gebracht
hat, habe ich den Impuls, den die Schriftsteller auf dem Papier
austoben, auf ihrem Körper ausgetobt. Das war ein kreativer Akt, oder
etwa nicht?

LIAO YIWU: Fahr zur Hölle!

LU RENBIAO: Ob man heiratet oder nicht, das ist ganz egal, Hauptsache man tut, was man tut, mit Inspiration. Während des zweiten
Krieges hat sich ein Militärarzt der Nazis aus der Haut, die er jungen
Judenmädchen vom Busen abgezogen hat, einen Lampenschirm gemacht. Das war in der Tat ein Kunstwerk, das weltweit seinesgleichen
suchte. Stell dir mal vor, wie fein und zart die Haut eines jungen
Mädchens ist und was für ein warmer Duft aus den nur nadelkopf-
großen Poren strömt!

LIAO YIWU: Wie bist du denn entdeckt worden?

LU RENBIAO: Meine Mutter ist zurückgekommen. Eigentlich hat sie
seit der Hochzeit immer in unserem Gemischtwarenladen gewohnt
und sich um das Geschäft gekümmert, Li Shuzhis Leumund war zu
schlecht, deshalb hat meine Mutter sie mit Bedacht versteckt. Es war

schon über eine Woche her und ich hatte das Gefrierfleisch aus dem Eisfach fast schon aufgegessen. Doch dann ist meine Mutter zurückgekommen. Sie war noch nicht richtig zur Tür herein, da hat sie schon den komischen Geruch bemerkt, ich habe schnell Reis gemacht und was gekocht, aber ich hatte das Ganze kaum auf dem Tisch, da hat meine Mutter im Reisbrei einen Fingernagel entdeckt. Sie hat gewürgt und gekotzt. Dann hat sie einen Schrei ausgestoßen, ist aus der Tür gestürzt, und ich habe die Beine in die Hand genommen. Auf der Straße habe ich mich ihr in den Weg gestellt und sie ins Haus zurückgezerrt, aber sie wollte ums Verrecken nicht reinkommen, ich war in Panik und habe ihr ins Ohr gebissen. Die vom Nachbarschaftskomitee haben mich dann festgenommen und zur Wache gebracht, meine Mutter hat mich verraten und verkauft. Vielleicht nur noch zwei Tage und das Eisfach wäre leer gewesen, ich hätte den Kriegsschauplatz drinnen wie draußen durchgefegt, und nichts wäre gewesen, ausgerechnet in diesem entscheidenden Augenblick ...

LIAO YIWU: Aber bei dir fehlte eine erwachsene Person, das wäre irgendwann irgendwem aufgefallen.

LU RENBIAO: Sie wäre einfach weggegangen, Geld verdienen, außerhalb, ganz normal.

LIAO YIWU: Du hast alles sehr kalkuliert, trotzdem, dein Kannibalismus hat dich süchtig gemacht, wie es aussieht, gut möglich, dass du noch andere umgebracht und gefressen hättest.

LU RENBIAO: Nichts hätte an das Glück herangereicht, das mir Li Shuzhi gegeben hat, ich habe ihr mein ganzes Leben geschenkt. Du hast wohl zu viele Horrorfilme aus Taiwan und Hongkong geschaut? Wer bringt denn Leute um, mit denen er nichts zu tun hat?

LIAO YIWU: Ist es schwer, auf den Tod zu warten, so wie du jetzt auf den Tod wartest?

LU RENBIAO: Natürlich ist das schwer, aber wenn sie mir jetzt sagen würden, ich würde wegen erwiesener Unschuld entlassen, ich könnte doch nicht weiterleben. Ich habe eine Leiche zerstückelt und einen Menschen aufgefressen, kein Mensch will noch etwas mit mir zu tun haben; leben und von allen gemieden werden, das ist auch nicht viel anders, als im Knast sitzen. Mit dem einzigen Unterschied, dass hier alles Kriminelle sind, wenn keine Vergewaltiger, dann Räuber oder Mörder, die sind keinen Deut besser.

LIAO YIWU: Aber dein Appetit ist noch sehr gut.

LU RENBIAO: Ich möchte jeden Tag Fleisch oder Fisch haben, ich habe immer gedacht, Todeskandidaten hätten keinen Sinn für Essen und Trinken, aber ich habe schneller wieder Hunger als ein Schwein, ich schlafe genug, die Hand- und Fußfesseln stören mich nicht, und wegen der Hitze – ein kühles Herz schwitzt nicht. Aber ich hätte gern, dass ich gutes Wetter habe, wenn ich erschossen werde, ein bisschen Sonne wäre schön, dann werde ich mit Li Shuzhi im Himmel wiedervereint. Keine Ahnung, wie lange die Kerle vom Erschießungskommando nachher wohl freibekommen? Ob die Albträume haben?

LIAO YIWU: Wenn sie mir jetzt erlauben, dich umzulegen, werde ich bestimmt keine Albträume haben. In ausländischen Filmen entdecken die Verbrecher kurz vor der Hinrichtung oft ihr Gewissen und legen bei einem Priester die Beichte ab – und du?

LU RENBIAO: Bist du Priester? Nun gut, Priester, dann reich mir mal eine Kippe.

LIAO YIWU: Nein, in drei Teufels Namen.

LU RENBIAO: Nomen und Omen, Namen und Amen. Also gut dann, dann halt Amen.

ZHAO MIAOMIAO, DER GEFÄNGNISIRRE

Als ich im Knast saß, bin ich einer ganzen Reihe von Verrückten begegnet, Zhao Miaomiao war einer der glücklichsten unter ihnen.

Er hatte einen Mord begangen, nach dem Gesetz bedeutete das Kopf ab, aber weil die Motive für die Tat nicht klar waren und zwei Experten, Autoritäten auf ihrem Gebiet, sich nicht einig wurden, ob bei ihm nicht ein Fall von Schizophrenie vorlag, hatte er seine Zelte in einem Untersuchungsgefängnis in Chongqing-Stadt aufgeschlagen, er war seit vier Jahren hier und hatte keine Ahnung, wann er freikommen würde.

Im Sommer 1990 wurde ich vom Verhörgewahrsam hierhin verlegt, habe zwei Monate in Zelle Nr. 5 mit ihm gehaust und hatte die fragliche Ehre, zu seiner »Zielscheibe« und jeden Tag mehrmals »umgelegt« zu werden.

Er hatte auch schon mit dem oben erwähnten Lu Renbiao zusammengehaust, sie waren von ähnlicher Statur und Physiognomie, wie Zwillinge. In der Tat hatte der Kerl außer seinen endlosen »Schießübungen« keinerlei besondere Beschäftigung. Da er als Tagelöhner vom Verkauf seiner Arbeitskraft lebte, war er schon mehrmals zum fortschrittlichen Angeklagten gekürt worden und hatte entsprechend oft unter anderem parfümierte Seife, Handtücher und Zahnpasta als Auszeichnung bekommen.

Zhao Miaomiao war bereits 35 Jahre alt, hatte aber ein paar ungute Kindergewohnheiten noch nicht abgelegt.

—◍—

LIAO YIWU: Die Tage ziehen sich endlos, das Gefängnis wird zu deinem Zuhause.

ZHAO MIAOMIAO: Bist du etwa mein Anwalt, verdammte Scheiße? Ich habe keinen Anwalt zu Gesicht bekommen, nicht einen, aber ich habe auch nie einen verlangt. Ich bin der beste Profikiller von Chongqing, wie sie mich gefasst haben, war von der Kripo eine ganze Hundertschaft da. Ich denke, ich hätte schon längst zum Tode verurteilt werden sollen, ich warte schon so lange, und dann tauchst du hier auf, du verschissener Winkeladvokat. Von wem bekommst du das Geld? Wann komme ich vor Gericht?

LIAO YIWU: Das wissen die Götter.

ZHAO MIAOMIAO: Ich war schon vier Jahre nicht mehr draußen, unter Leuten, meine Brüder haben mich längst vergessen. Vor einem halben Jahr ist meine Mutter einmal dagewesen, ich habe acht Briefe geschrieben, habe mir auch Briefmarken ausgeliehen, aber sie ist gerade einmal gekommen, ein sehr kalter Tag, sie hat mir nur zehn Kuai reinreichen lassen und eine Nylonstrumpfhose. Die habe ich an, die geht sogar bis über den Nabel rauf, vorne wölbt sie sich vor, wie bei einem Balletttänzer, die Knastbrüder in meiner Zelle haben mich ausgelacht. Die verrückte Alte, ich habe ihr ganz klar gesagt, sie soll mir fünfzig Kuai schicken und Wollsachen und eine Wollhose, die will mich wohl auf den Arm nehmen, schickt die mir Nylons! In meiner Wut habe ich der verrückten Alten vielleicht einen Brief hingepfeffert, aber die Verwaltung hier hat den kassiert und mir eine Standpauke gehalten.

LIAO YIWU: Was hast du denn geschrieben?

ZHAO MIAOMIAO: Ich habe gar nicht viele Worte gemacht, ich habe mich mit Zeichnungen ausgedrückt. Ich kann zwar ein paar Zeichen, aber wenn man lange keine zu Gesicht bekommen hat, dann ist man ein bisschen aus der Übung; wie ein paar Leute bei uns in der Nachbarschaft, die kannte ich vom Gesicht, hätte aber ihren Namen nicht sagen können. Hier, schau, das Bild hier, die Alte mit den zauseligen Haaren, die aussehen wie ein Hühnernest, das ist meine Mutter, aber ich nenne sie schon lange nicht mehr so. Ich sage nur noch verrückte Alte zu ihr – guck, die verrückte Alte hebt die Hand und ergibt sich und winselt um Gnade. Sie hat vor Schreck die Hosen verloren, die paar Tuschepunkte unter ihrer Rosette, das ist die Scheiße, und die Wolken hier, das sind Fürze. Warum sie sich vor Schreck in die Hosen macht? Weil man ihr hier einer eine großkalibrige Knarre an die Stirn hält, der Abzug ist noch nicht gedrückt, sonst wäre ihr ganzer Oberkörper in Fetzen …! Ausgesprochen befriedigend! Bring der verrückten Alten bitte den Brief hier, sie soll sofort fünfzig Kuai schicken! Das ist ein Ultimatum!

LIAO YIWU: Behalt den Brief besser selber.

ZHAO MIAOMIAO: Hat die verrückte Alte es begriffen? In letzter Zeit mache ich hier in meinem Quartier jeden Tag Schießübungen. Auf den Fernseher, auf die Mauer, auf die anderen Knastbrüder, habe schon lange keine echten Patronen mehr zum Üben, wenn ich Wächter draußen mit dem Gewehr auf dem Rücken sehe, dann muss ich schlucken. Gestern Mittag habe ich am helllichten Tag geträumt, ich hätte mir mit einem Wächter einen Schusswechsel geliefert, da hat der Wärter oben auf einmal durchgeladen und mir befohlen aufzustehen – und da war es gar kein Traum gewesen. Wenn die verrückte Alte kein Geld schickt, dann werde ich sie in jedem Menschen wiedererkennen, ich werde sie jeden Tag ein paar tausend Mal erschießen, das wird sie spüren, da bin ich sicher. Wie ist denn der Grad ihrer Verletzungen?

LIAO YIWU: Wessen Verletzungen?

ZHAO MIAOMIAO: Von meiner Mutter.

LIAO YIWU: Sie hat keine Verletzungen.

ZHAO MIAOMIAO: Ein Geizkragen wie die verrückte Alte fängt an zu bluten, wenn man ihr Geld wegnimmt, gib du mir fünfzig Kuai, ich stelle dir eine Quittung aus, die bringst du ihr, das stillt die Blutung. Hier dieses halbe Blatt Papier, ich reiße die Pistole drauf ab und schreibe noch ein paar Zeichen drunter: »Vorläufig lasse ich dir dein Scheißleben.« Wie schreibt man »vorläufig«?

LIAO YIWU: Du hast wirklich eine Meise, und was für eine!

ZHAO MIAOMIAO: Das hat der Spezialist das letzte Mal auch gesagt, der hat mich dann ins Krankenhaus geschickt für ein Gehirnelektrobild. Was habe ich denn für eine Meise? Ein Leben für ein Leben, wer Schulden hat, muss zahlen, das will ich doch gar nicht abstreiten.

LIAO YIWU: Du sagst, du bist der beste Profikiller in Chongqing, von wem kam denn der Auftrag?

ZHAO MIAOMIAO: Ich habe Leute umgebracht wie die Fliegen, und Auftraggeber gab es viele, hehe, vorläufig bleibt das noch mein Geheimnis. Das Geld, das ich bekommen habe, haben sie mir auf ein Konto in Amerika und der Schweiz getan. Dieses Konto kann ich auch auf dich übertragen, wenn du versprichst, bei mir in die Lehre zu gehen. Alles Goldbarren, damit könnte man ganz Chongqing kaufen, warte nur, bis ich rauskomme, dann rufe ich als Erstes den Vorsitzenden des Nationalen Volkskongresses an, diesen Qiao Shi, und lasse ihn die weltgrößte Munitionsfabrik gründen, und dann werde ich als Erstes das Problem mit den Arbeitslosen einer Lösung zuführen. Und dann Qiao Mu und Gorbatschiaof, alle rufe ich an. Heißen sowieso alle »Qiao«. Hehe, jetzt habe ich mich verplappert, aber diese »Qiaos« sind alles meine Leute, Auftraggeber, ich bin Internationalismus, ich bin Bai Qiao'en.

LIAO YIWU: Du meinst Bai Qiu'en, Norman Bethune.

ZHAO MIAOMIAO: Bai Qiao'en! Auch so ein verdammter Politischer, wenn der den Mund aufmacht, kommt Scheiße raus! Keine Kultur.

LIAO YIWU: Ich heiße Qiao Naoqiao, Qiao der Schädel.

ZHAO MIAOMIAO: Dann bist du in der Partei.

LIAO YIWU: Ist der Genosse Zhang Chunqiao noch gut beieinander?

ZHAO MIAOMIAO: Der sitzt im Qincheng, in Beijing … verdammte Scheiße! Verräter wie du sind alle eingesperrt, nur du bist noch draußen.

LIAO YIWU: Weißt du etwas über die Schießerei vom 21. 5., die sich die Unterwelt in Chongqing geliefert hat?

ZHAO MIAOMIAO: 21. 5.? Das war ein Code. Meine Auftraggeber können nicht jedes Mal persönlich in Erscheinung treten, die nehmen dann mit 21–5 Kontakt auf. Die Gegenseite bringt einen Kof-

fer Geld und sagt »5«, ich nehme das Geld entgegen und antworte
»21«.

LIAO YIWU: Du willst der beste Profikiller von Chongqing sein und
weißt nichts über den 21. 5.? Die Axtbande aus Jiangbei und die
Befreiungsbande aus der Stadtmitte haben sich unter der großen
Brücke gegenseitig umgelegt, die Geschäftsführer von beiden Seiten
waren hinüber. Die Schießerei hat über eine Stunde gedauert, und
dann ist erst die Polizei gekommen.

ZHAO MIAOMIAO: Was für Schusswaffen haben die denn benutzt?

LIAO YIWU: Natürlich mit Pulver.

ZHAO MIAOMIAO: Wilde Schießereien sind uninteressant, richtig Geld
macht man nur als Einzelgänger.

LIAO YIWU: Hast du denn eigentlich viele umgebracht?

ZHAO MIAOMIAO: So viele, wie es Himmel gibt.

LIAO YIWU: Angeber! Nach dem, was die Regierung sagt, hast du nur
einen umgebracht, und das war auch noch eine Frau.

ZHAO MIAOMIAO: Ganz recht, es war eine Frau, sie hat über mir gewohnt, eine Nachkommin einer alten Revolverheldin aus der Partisa-
nentruppe der Kommunistischen Partei.

LIAO YIWU: Und du hast diese Nachfahrin einer Revolverheldin umgelegt? Alle Achtung!

ZHAO MIAOMIAO: Du darfst keine falschen Schlüsse ziehen, weil ich so
klein geraten bin, Kampfkunstleute sind so, alles harte Knochen. Die
Alte hat mich ein bisschen provoziert. Und als ich sie dafür hasste, hat
sie mich ignoriert, mit voller Absicht. Natürlich ist ignorieren ignorieren, wir Kämpfer sind ausgesprochen großzügig, wenn du mich
ignorierst, ich habe keine Lust, dich zu hassen. Aber was mich zum
Platzen gebracht hat, sie hat ihre Fernsehantenne vor mein Fenster
gezogen, ausgerechnet! Die hat mir meinen Himmel okkupiert, jedes

Mal, wenn ich daran gedacht habe, dass an meinem Himmel, *meinem* Himmel, verstehst du, eine feindliche Fernsehantenne ist, konnte ich nicht schlafen. Ich habe mit einer Bambusstange an der Antenne rumgestochert, aber dann hat mein eigenes Fernsehbild gewackelt. Aber eigentlich hatte sie ihre Antenne über meine Antenne gezogen. Was hatte das zu bedeuten? Führte sie etwas im Schilde, ich meine mit mir? Diese Dirne, ihre Kinder waren alle in der Schule, und da nimmt sie eine Antenne und verführt fremde Männer! Wer war ich denn? Ich war der erste Profikiller von Chongqing. Hatte ich Respekt vor ihr? Anschließend habe ich die Antenne abgerissen. Aber die Mutter vom Nachbarschaftskomitee kam, hinter sich einen ganzen Rattenschwanz von Leuten, die haben sich um mich rumgestellt und eine Kritikversammlung veranstaltet. Die haben meine Vorfahren bis zum Urgroßvater da reingezogen, von wegen, das sei das geistige Erbe meines Vaters. War das nicht Kulturrevolution? Abstammungslehre? Der Vater hat Probleme, also hat der Sohn auch Probleme. Am Ende kam die verrückte Alte, was meine Mutter ist, nach Hause, hat vor allen Leuten zugegeben, den »geschlossenen Antennenkreislauf kaputtgemacht« zu haben, und für mich gezahlt. Jetzt war mein Hass noch tiefer. Ich habe angefangen, die Nacht über eine Schießpulverpistole zu bauen, unter dem Bett hatte ich eine Kiste voll Patronenhülsen, vom Vater geerbt, der hat sie während der Kulturrevolution auf der Straße aufgelesen. Mit den Patronenhülsen war es ein Leichtes, eine Pistole zu bauen, im Übrigen war das Grundprinzip so ungefähr wie bei einer Steinschleuder. In einem halben Monat habe ich sieben solche Pistolen gemacht. Auf dem Schrottplatz habe ich Eisengranulat recycled, und als Letztes bin ich in einen Gemischtwarenladen und habe hundert Schachteln Streichhölzer gekauft, die Chefin dort hat einen richtigen Satz gemacht vor Schreck.

Sie fragte mich: »Miaomiao, willst du Geschäfte machen?«

Ich nickte und antwortete: »Ja, Rüstungsgeschäfte!«

Als ich wieder zu Hause war, bin ich ins Bett, habe unter der Decke eine Taschenlampe angemacht und mit einem Bleistiftspitzer das Pulver abgeschabt. Ich habe über einen Monat daran gearbeitet, das frisch geschabte Pulver habe ich in ein Tuch gewickelt. Aber tatsächlich haben die hundert Schachteln Streichhölzer nicht einmal für eine Handvoll Schießpulver gereicht. Es hat noch einen Monat gedauert, bis ich einen Vorrat an Schießpulver hatte.

Bevor es in die Schlacht ging, mussten Übungsmanöver abgehalten werden. Glücklicherweise geht meine Mutter außer sonntags immer früh aus dem Haus und kommt erst spät wieder zurück. Seit sie in Rente ist, verkauft sie Zeitungen. Ich war alleine zu Haus, mein Bett war der Schützengraben, ich legte mich da drin auf die Lauer und zielte mit der Pistole auf die offene Tür. Einmal ist mir eine Pistole losgegangen, und ich habe den Opa, der den Strom kassiert, angeschossen, ein Glück, dass nur sein Ohr ein bisschen geblutet hat. Meine Mutter kam nach Hause und hat meine ganzen Waffen konfisziert. Aber sie war kaum wieder weg, da habe ich mir wieder sieben Schießpistolen gemacht.

Aber ich habe die Lektion begriffen, ich habe den Ankleidespiegel gegenüber der Tür aufgestellt und jeden Tag auf meinen Feind im Spiegel gezielt. Hundert Schuss, hundert Treffer, jedes Mal, wenn ich draußen auf dem Treppenaufgang Schritte hörte, habe ich mich sofort in meinen Schützengraben geduckt, da hat nur noch die Mündung rausgeschaut. Der Feind kam langsam näher, meine Luftröhre spannte sich, mein Herz fing an zu wummern. Am Ende erschien die Frau von oben im Spiegel, ich habe den Abzug durchgezogen, und das Glas ist klirrend zu Bruch gegangen.

Um Pulver zu sparen, habe ich in drei Monaten nur elfmal das Glas gewechselt. Wenn die verrückte Alte kein Geld dafür herausgerückt hätte, wäre ich vor ihren Augen aus dem Fenster gesprungen, aber sie hat mich von der Fensterbank weggezogen und mich böse gebissen, ein Stück Fleisch hat sie mir rausgerissen, aber von meinem Vorhaben hat sie mich nicht abbringen können.

Der Oktober war vorbei, und es wurde kühler. Eines Nachmittags, ich wollte gerade das Fenster schließen, da hörte ich plötzlich Schritte. »Feind im Anmarsch!« Ich ging sofort in Deckung. Die Fensterscheiben klirrten im Wind, Regen wehte schräg herein, ein gerissener Feind wählt für seine Attacken oft mieses Wetter! Ich nahm an, die Frau würde im Spiegel erscheinen, das Haar wirr um die Schultern. Sie war nicht hoch in ihre Wohnung, sondern kam direkt auf mich zu. Verdammt, du wagst es, dem besten Killer weit und breit die Waffen abzunehmen!?

»Raus hier!«, das war ein Befehl, sie scherte sich nicht darum, ich fuchtelte mit einer Pistole. Seltsam, der Spiegel stand immer noch und die Frau im Spiegel ging mit einem dumpfen Bumm zu Boden! Sie war voller Blut, lag in der Tür und schrie. Ich wechselte die Pistole; Pistolen mit Schleuderprinzip haben natürlich nur einen

Schuss, bin zu ihr hin, hab sie ihr an den Kopf gehalten und noch mal abgedrüclt. Jetzt war sie still, der Kampf war zu Ende. Ich saß auf ihrem Körper und wartete auf die Polizei. Hehe, das war schon ziemlich komisch. Ich wollte den Spiegel kaputtmachen, und der Feind ging zu Boden; als ich noch den Feind treffen wollte, ist immer nur der Spiegel zu Bruch gegangen.

LIAO YIWU: Bist du vor Gericht gekommen?

ZHAO MIAOMIAO: Viel gefehlt hat nicht. Später hat mir das Gericht einen Anwalt bestimmt, vor der Verhandlung war er einmal bei mir, aber dann bin ich doch nicht vor Gericht gekommen, sondern in die Klinik. Später waren dann alle spurlos verschwunden, Anwalt wie Richter. Sie sagen, ich hätte kein Motiv gehabt für den Mord, aber mein Motiv war die Antenne. Ich bin jetzt schon vier Jahre hier drin, wie lang soll das noch so weitergehen?

LIAO YIWU: Ich frage mich auch, warum sie dich nicht in eine Nervenheilanstalt schicken, dort haben sie Elektroschocktherapien, das ist für so einen Killer wie dich genau das Richtige.

ZHAO MIAOMIAO: In der Nervenheilanstalt sind nur Verrückte, warum sollte jemand, der so gesund ist wie ich, dahin? Im Untersuchungsgefängnis brauche ich mich nicht um Essen und Trinken zu kümmern, außerdem kann ich jeden Tage ein paar tausend Papierschachteln falten und kriege noch Zigarettengeld.

LIAO YIWU: Wie es aussieht, fühlst du dich im Gefängnis frei und ungebunden.

ZHAO MIAOMIAO: Nur Fett und Fleisch gibt es zu wenig. Wenn ein Profikiller kein Fett und Fleisch bekommt, dann ist das, als würde das Patronenlager einer Pistole rosten.

LIAO YIWU: Kümmert sich denn dein Vater nicht um dich?

ZHAO MIAOMIAO: Der braucht selbst jemanden, der sich um ihn kümmert.

LIAO YIWU: Ist er im Gefängnis?

ZHAO MIAOMIAO: Im Krankenhaus.

LIAO YIWU: Wenn das so ist, dann bist du erblich vorbelastet.

ZHAO MIAOMIAO: Ich lege dich um!

LIAO YIWU: Ich bin in der Partei.

ZHAO MIAOMIAO: Geheimname?

LIAO YIWU: Qiao.

ZHAO MIAOMIAO: Qiao Shi, Qiao Dan* oder Gorbaqiaofu?

LIAO YIWU: Qiao Naoqiao.

ZHAO MIAOMIAO: Genosse, endlich habe ich dich gefunden.

LIAO YIWU: Ich habe den roten Stern gesehen, ich habe die rote Fahne gesehen. Ich bin Qiao Naoqiao, ich bin nicht umzubringen, ich bin in der Menge untergetaucht.

ZHAO MIAOMIAO: Ach, eine verwandte Seele, ein Parteimitglied, wenn du einen Auftrag für mich hast, dann schieß los!

LIAO YIWU: Die Partei hat mich geschickt, um deine Krankheit zu untersuchen, sie wollen wissen, ob sie erblich ist?!

ZHAO MIAOMIAO: Die Partei?

LIAO YIWU: Die Partei hat angeordnet, dir nach Abschluss der Untersuchung eine Million Dollar und ein paar hundert Pistolen zu geben, du wirst in ihre Dienste gestellt.

---

* Qiao Dan ist eine chinesische Sportartikelfirma, die unberechtigterweise mit dem Namen des amerikanischen Baseballstars Michael Jordan Reklame gemacht hat und dafür eine hohe Geldstrafe bezahlen musste.

ZHAO MIAOMIAO: Gut, ich werde alles sagen. Mein Vater war in der Kulturrevolution der Kopf einer Rebellenfraktion. Während des bewaffneten Kampfes hat er gerne den Revolverhelden gespielt; er hat einmal ein Kriegsschiff kommandiert und die Kais in Tianmen, das liegt in Hubei, angegriffen. Der Vorsitzende Mao ist gestorben, die Viererbande wurde gestürzt, und da hat es auch ihn erwischt, das ging über seinen Verstand, da ist er übergeschnappt. Im Traum hat er immer was von »losschlagen« und »bringt sie um« geschrien, sein Bett und der Schrank waren für ihn Bunker, und die hat er angegriffen. Dieses Mal hat meine Mutter einiges zu tun bekommen. Ein paarmal haben wir ihn ins Krankenhaus einweisen lassen, aber er ist jedes Mal abgehauen. Aber wenn es auf der Straße irgendeinen Auflauf gab, hat er sich ohne Hemd und Hose unter die Leute gemischt und die Aufmerksamkeit auf sich gezogen, zu allem Überfluss hat er auch noch Reden geschwungen, gequasselt, gesungen und dabei das Schriftzeichen für Loyalität getanzt. Einmal hat er den Kerosinkocher unter das Bett meiner Mutter geschoben, angezündet und ist weg; es hat nicht viel gefehlt und meine Mutter wäre bei lebendigem Leib verbrannt.

Der erste Feind meines Lebens war mein Vater. Ich machte Schießübungen, wagte aber nicht auf ihn zu schießen, aber nicht, weil er mein Vater war, sondern weil ich mich nicht getraut habe, er hatte zu viele Jahre Arbeitserfahrung als Killer. Jiang Qing, unsere Landesmutter, hat ihn ehedem beauftragt, ein Attentat auf unseren weisen Führer Hua Guofeng zu machen, aber er ist nicht in das Regierungsviertel Zhongnanhai reingekommen und unverrichteter Dinge wieder abgezogen. Später, als ich fünfundzwanzig war, hatte ich das Gefühl, ich muss meinem Vater über sein, also habe ich zu Hause mit ihm gekämpft, das Bett war der Schützengraben, wir standen uns gegenüber, Mann gegen Mann, und haben uns beschossen. Wenn die Munition alle war, dann sind wir einander an den Hals. Mehr als einmal habe ich erst wieder gewusst, dass das mein Vater ist, und losgelassen, wenn er die Augen in den Kopf verdreht hat; umgekehrt ist er mir an den Hals, und erst als ich die Augen verdrehte, mit Händen und Füßen um mich schlug und es fast nicht mehr ging, hat er realisiert, dass ich sein Sohn bin. Dann haben wir bis drei gezählt und im gleichen Augenblick losgelassen.

Wir haben eine sehr innige Beziehung zueinander, wie Kriegskameraden eben. Er hat mir eigenhändig gezeigt, wie man mit einer Waffe umgeht und wie man die Lakaien des Kapitalismus bekämpft. Er hat mir den Kopf nach unten gedrückt, mir ein schwarzes Schild umgehängt und mich zu Hause an den Pranger gestellt, wie man es mit diesen Lakaien gemacht hat. Ich habe mit ihm verhandelt: »Jetzt haben wir die Reform- und Öffnungspolitik, da kann man das nicht mehr machen!«

Er fragte: »Und was macht man jetzt?«

Ich sagte: »Fressen, saufen, spielen, rumhuren.«

Er sagte: »Du Kindskopf, du hast die falschen Freunde.«

Ich sagte: »Und du Kindskopf bist überholt.«

Er fragte: »Wo bin ich überholt?«

Ich sagte: »Heutzutage kann man als Killer Geld verdienen, aber du verdienst kein Geld.«

Er sagte: »Klassenbewusstsein ist bares Geld.«

Ich hielt ihm ein paar Scheine unter die Nase: »Sind das Scheine oder ist das Bewusstsein?«

Er überlegte eine halbe Ewigkeit herum und sagte: »Gib mir die Scheine, dann erhöht sich dein Klassenbewusstsein, das ist es, was Genosse Deng Xiaoping meint, wenn er sagt, den Aufbau der Wirtschaft in den Mittelpunkt stellen.«

Ich kam schlecht drauf und pflaumte ihn an: »Und du willst verrückt sein!? Aber wenn du Flocken siehst, dann machst du Augen!«

Er war eine halbe Ewigkeit sauer und sagte: »Willst du damit sagen, ich bin nicht verrückt?«

Ich sagte: »Du tust nur so.«

Er wiederholte: »Willst du damit sagen, dass ich nur so tue, als hätte ich sie nicht mehr alle?«

Ich sagte: »Du bist ein Simulant!«

Er packte mich und sagte: »Dann gut, gehen wir!«

Als wir auf der Straße waren, sagte er: »Ich werde jetzt die Hosen runterlassen, würdest du dich das trauen?«

Ich sagte: »Und ob!«

Da haben wir beide die Hosen ausgezogen, im Handumdrehen standen die Leute in drei Reihen um uns rum.

Er sagte: »Ich werde auf die Bühne gehen und eine revolutionäre Rede halten, würdest du dich das trauen?«

Ich sagte: »Und ob!«

Auf der Stelle bin ich auf die Verkehrskanzel in der Mitte der breiten Straße gestiegen und habe im Stil des alten sowjetischen

Films »Lenin 1918« losgelegt: »Das konterrevolutionäre Feuer frisst sich von Osten nach Westen ... sie wollten unseren Tod ... unseren Tod? Der Tod ist keine Sache der Arbeiterklasse!«

Ich habe ihn festgehalten, da ist ihm die Courage ausgegangen, und er hat notgedrungen unter der Kanzel das Schriftzeichen für Loyalität getanzt. Es dauerte eine Weile, bis die Polizei anbrauste, sie wollten uns festnehmen, wir sind in einem Atemzug bis unter die Wanfu-Brücke gelaufen, er sagte: »Würdest du dich trauen, in den Fluss zu springen?«

Ich sagte: »Und ob!« Und schon sind wir gesprungen. Platsch.

Wie mein Vater gesprungen ist, ist er mit dem Kopf auf den Boden von dem Flussbett geschlagen, und als er am anderen Ufer ankam, war sein Gesicht voll Blut.

Da habe ich gefragt: »Würdest du dich trauen ins Krankenhaus zu gehen?«

Mein Vater hatte ein schlechtes Gewissen und gab keinen Laut von sich, da habe ich zu ihm gesagt: »Du wirst alt, aber verrückt wirst du nie werden.«

Als er das hörte, wurde er ernstlich böse: »Und du wirst erst alt, gehen wir!«

Er ging voran und bestimmte den Weg, stürmte mordlustig in die Nervenklinik, wo sie uns ohne alle Formalitäten in Gewahrsam nahmen. Ich erklärte schnell: »Ich habe meinen Vater nur begleitet!«

Der Arzt sagte: »Soso, sie begleiten ihn, mit nacktem Hinterteil?«

Ich sagte: »Wenn ich das nicht gemacht hätte, wäre er da wohl mitgekommen, was meinen Sie?«

Der Arzt überlegte eine Weile, ob das Sinn machte, und ließ mir ein paar Klamotten geben, damit ich nach Hause gehen konnte. Mein Vater war damit nicht einverstanden und wollte unbedingt mit. Da habe ich halt auf den Spucknapf im Durchgang gezeigt und gesagt: »Würdest du dich trauen, den hochzuheben und leerzutrinken?«

Er sagte: »Und ob!«

Also hat er ihn hochgehoben, an den Mund gehalten, aber das Zeug da drin hat so gestunken, er hat die Augenbrauen hochgezogen, aber nicht zu trinken gewagt. Ich habe ihm das Ding weggenommen, den Hals gereckt und den Spucknapf bis auf den Grund geleert. Mein Vater war wie vom Donner gerührt, dieser falsche Irre, und da ist er halt mit dem Arzt mit.

Ich habe mich umgedreht und bin heim. Auf meinem Bett habe ich von einem gigantischen Spucknapf geträumt. Seither war ich der Vater meines Vaters, ich musste nur mit der Pistole auf ihn zielen, schon hat er die Hände gehoben und die Waffen abgeliefert. Zu guter Letzt ist er ganz brav in der Klinik geblieben und nie wieder zurückgekommen.

LIAO YIWU: Hast du die ganze Situation dem Spezialisten dort geschildert?

ZHAO MIAOMIAO: Das ist ein Parteigeheimnis, das darf man niemand Außenstehendem verraten.

LIAO YIWU: Und deine Mutter hat auch nichts gesagt?

ZHAO MIAOMIAO: Sie kann nicht sprechen, sie ist stumm.

LIAO YIWU: Damit ist meine Untersuchung und meine Aufgabe beendet. Genosse, die Krankheit, die du da hast, ist keine Kleinigkeit.

ZHAO MIAOMIAO: Ich bin nicht krank.

LIAO YIWU: Die Partei erteilt dir durch mich den Befehl, das, was du gerade mir erzählt hast, der Regierung zu gestehen.

ZHAO MIAOMIAO: Was habe ich denn gerade erzählt?

LIAO YIWU: Von deinem Papa.

ZHAO MIAOMIAO: Ich bin dein Papa. Jetzt hast du mich einmal untersucht, jetzt bist du an der Reihe.

LIAO YIWU: Ich bin dein Vorgesetzter, das ist Angriff auf einen Vorgesetzten.

ZHAO MIAOMIAO: Das kann nicht sein, Genosse, du bist krank.

LIAO YIWU: Ich bin nicht krank.

ZHAO MIAOMIAO: Du hast die Stirn, dich der Partei zu widersetzen? Verräter! Spitzel! Landesverräter!

LIAO YIWU: ...

ZHAO MIAOMIAO: Im Namen des chinesischen Volkes: Peng! Peng, peng!! Peng, peng, peng!!!

Liao Yiwu
Die Kugel und das Opium
Leben und Tod
am Platz des Himmlischen Friedens
Aus dem Chinesischen
von Hans Peter Hoffmann
432 Seiten. Gebunden

Am frühen Morgen des 4. Juni 1989 mobilisierte die chinesische Regierung die Volksbefreiungsarmee, um die friedlichen Demonstrationen Zehntausender Studenten niederzuschlagen, die mehr Freiheit und Demokratie forderten. Am Platz des Himmlischen Friedens richteten sie ein Massaker an, das die Welt schockierte.

Liao Yiwu, der über das Massaker ein Gedicht verfasste und dafür vier Jahre inhaftiert wurde, führte über Jahre hinweg heimlich Interviews mit Augenzeugen und Angehörigen der Opfer. Entstanden ist ein ebenso schockierendes wie bewegendes Zeugnis der unfassbaren Ereignisse des 4. Juni und eine Verneigung vor den mutigen Menschen, die für ihre Überzeugungen mit ihrem Leben einstanden.

»Ein starkes Plädoyer gegen das Vergessen!«
Deutschlandradio Kultur – Die Buchkritik

»Mit seinen Interviews entwirft er ein detailliertes Tableau
des Schreckens und macht auf diese Weise verständlich,
was im Juni 1989 in China geschehen ist.
Neue Zürcher Zeitung, Katharina Borchardt

Das gesamte Programm finden Sie unter
www.fischerverlage.de

fi 1-044815 / 1

Liao Yiwu
Für ein Lied und hundert Lieder
Ein Zeugenbericht
aus chinesischen Gefängnissen
Aus dem Chinesischen
von Hans Peter Hoffmann
Band 19000

Bis zum Vorabend des 4. Juni 1989 führt Liao Yiwu das Leben eines so unbekannten wie unpolitischen Hippie-Poeten. Doch mit dem Massaker auf dem Platz des Himmlischen Friedens ist schlagartig alles anders. Nachdem Liao ein kritisches Gedicht verfasst hat, wird er zu vier Jahren Haft im Gefängnis und in einem Arbeitslager verurteilt. Liao schildert schonungslos und auf literarisch höchst eindringliche Weise die brutale Realität seiner Inhaftierung: Er beschreibt, wie er und seine Mithäftlinge zu Halbmenschen degradiert werden und sie dabei manchmal selbst vergessen, was es bedeutet, Mensch und Mitmensch zu sein.
Mit einem Nachwort von Herta Müller.

»Sein Zeugenbericht kann neben Alexander Solschenizyns
Gulag-Berichten und neben den Kolyma-Erzählungen
von Warlam Schlamow gleichrangig bestehen.«
Sigrid Löffler, rbb/Kultur aktuell

»Dieses Buch kann nicht mehr gegen ihn verwendet werden,
sondern nur noch gegen die, die es verbieten wollten.
Es ist ein großes Buch, es ist ein wichtiges Buch.«
Raoul Löbbert, Deutschlandfunk

Das gesamte Programm finden Sie unter
www.fischerverlage.de